项目管理工程硕士规划教材

工程项目采购与合同管理

李启明　主　编
邓小鹏　陈江红　汪文雄　副主编
丁士昭　主　审

中国建筑工业出版社

图书在版编目(CIP)数据

工程项目采购与合同管理/李启明主编. —北京：中国建筑工业出版社，2008（2023.2重印）

（项目管理工程硕士规划教材）

ISBN 978-7-112-10116-0

Ⅰ.工… Ⅱ.李… Ⅲ.①基本建设项目-采购-管理-研究生-教材②基本建设项目-采购-经济合同-管理-研究生-教材 Ⅳ.F284

中国版本图书馆CIP数据核字(2008)第145394号

本书根据最新的法律法规，借鉴国际工程项目采购和工程合同管理的经验，结合国内工程项目采购和合同管理的研究与实践，全面、系统地介绍了国际常见的工程合同系列、发展趋势及合同管理要点，工程合同类型、应用及选择要点，DBB、DB、EPC、CM等主要项目采购模式及实际应用。在此基础上，本书还介绍了工程项目招投标、常见工程合同文本的主要内容、工程合同的签订与管理、项目目标控制与合同管理、项目合同履行与管理、项目风险与合同管理、项目合同索赔管理、项目合同争议处理等主要内容和实践运作。

本书可作为全国项目管理、土木与建筑工程等领域工程硕士教材，也可供工程管理、土木工程等专业的师生、相关科技人员以及政府、建设单位、监理单位、施工单位的技术管理人员参考使用。

* * *

责任编辑：张　晶　牛　松

责任设计：赵明霞

责任校对：刘　钰　陈晶晶

项目管理工程硕士规划教材

工程项目采购与合同管理

李启明　主　编

邓小鹏　陈江红　汪文雄　副主编

丁士昭　主　审

*

中国建筑工业出版社出版、发行(北京西郊百万庄)

各地新华书店、建筑书店经销

北京天成排版公司制版

北京建筑工业印刷厂印刷

*

开本：787×1092毫米　1/16　印张：32¼　字数：725千字

2009年1月第一版　2023年2月第二次印刷

定价：**52.00**元

ISBN 978-7-112-10116-0

(16919)

项目管理工程硕士规划教材编审委员会

序一

近年来，随着经济的快速发展和新型工业化进程的加快，我国各级各类建设项目迅速增加，建设项目资金投入不断增长，近几年我国年固定资产投资额已均在10万亿以上。但在建设行业蓬勃发展的今天，由于种种原因，有些项目并不成功，在质量、成本或进度上不能完全实现建设目标，造成了一定的资源浪费和经济损失。据调查，造成项目失败的主要原因之一是管理工作跟不上形势要求，特别是项目管理工作不到位。为了提高管理水平，建设领域迫切需要大量既精通专业知识又具备管理能力的项目管理人才。因此，为建设行业培养一大批专业基础扎实、专业技能强、综合素质高、具备现代项目管理能力的复合型、创新型、开拓型人才是高等院校和企业培训部门所面临的艰巨且迫切的任务。

为满足社会对项目管理人才的需求，从2003年开始，我国相继有100多所高校开设了项目管理工程硕士专业学位教育。该项目主要培养对象是具有某一领域的工程技术背景且在实践中从事项目管理工作的工程人员，期望他们通过对项目管理知识的系统学习、结合自身的工作经验，针对工程项目管理中存在的重大问题、重点问题或热点问题作为自己的毕业设计进行研究，这不仅可以很好地提高学员的项目管理能力，也为有效解决工程项目实际中的问题奠定了基础，因此受到了社会的广泛欢迎。本专业学位教育的快速发展，为工程领域培养高层次项目管理人才拓宽了有效的途径。

项目管理工程硕士教育作为一个新兴的领域，开展的时间比较短，各方面经验不足，因此，到目前为止，国内还没有一套能很好满足教学需要的教材。大家知道，项目本身是一个内涵十分广泛的概念，不同类型的项目不仅技术背景截然不同，其管理的内外环境也有很大差异，因此试图满足所有类型项目管理教学需要的教材往往达不到预期效果。同时有些教材在编写的过程中忽视了工程硕士教育的工程背景及实践特征，常常重理论、轻实践，案例针对性差、内容更新缓慢，用于实际教学，效果往往不尽如人意。

鉴于此，中国建筑工业出版社在充分调研的基础上，组织了国内高校及企业界数十位从事项目管理教学、研究及实际工作的专家，历时近两年，编写了这套项目管理工程硕士规划教材。在教材规划及编写过程中，既强调了项目管理知识的系统性，又特别考虑了教材本身的建设工程背景。同时针对工程硕士教育的特点，教材在保持理论体系完整的同时，结合工程项目管理成功案例，增加国内外项目管理前沿发展信息、最新项目管理的思想与理念，着重加大实践及案例讨论的内容。相信这套教材的出版会为本领域的人才培养工作提供有力的支撑。

我国正处在加速实现信息化、工业化和城市化的进程之中，今后相当长一段时期内，国家的各项建设事业仍将维持高速发展。真诚希望这套规划教材的出版，能够为项目管理工程硕士培养质量的提高，为越来越多的创新型项目管理人才的培养，为国家和社会的进步与发展作出应有的贡献。

同时，真诚欢迎各位专家、领导和广大读者对这套教材提出修改补充与更新完善的意见。

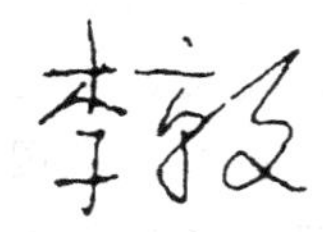

2008.10.6.

序二

工程科学技术在推动人类文明的进步中一直起着发动机的作用，是经济发展和社会进步的强大动力。自20世纪下半叶以来，工程科技以前所未有的速度和规模迅速发展，其重要作用日益突显，并越来越受到人们的重视。

当前，我国正处于经济建设快速发展时期，全国各地都在进行类型多样的工程建设，特别是大量的重大工程的建设，标志着我国已经进入工程时代，更凸显了工程科学技术的重要地位和工程管理的巨大作用。

在这一大背景下，2007年4月6日，首届中国工程管理论坛在广州召开。这次论坛是由中国工程院发起和组织的第一次全国性工程管理论坛，是我国工程管理界的盛大聚会，吸引了20余位院士、350余名代表齐聚广州。论坛以“我国工程管理发展现状及关键问题”为主题，共同探讨了我国工程管理的现状、成就和未来，提高了工程管理的社会认知度和影响力，促进了我国工程管理学科的发展。

一次大会就像播种机，播撒下的种子会默默地发芽、成长，会取得令人意想不到的收获。让人欣慰的是，中国建筑工业出版社以这次会议为契机，组织部分与会专家和代表编写了一套培养“项目管理工程硕士”的教材。这套教材融会了项目管理领域学者们的最新研究和教学成果，它的出版为高水平工程项目管理人才的培养提供了有力保障；对项目管理模式在工程建设领域的普及会产生积极的推动作用。

在人类文明的进程中，在中国经济发展和社会进步的潮涌中，需要具有创新思想的人才，需要掌握工程科学技术和先进项目管理思想的人才。日月之行，若出其中；星汉灿烂，若出其里。愿志存高远的青年朋友们，沉志于心、博览群书、勇于实践，以真才实学报效国家和民族，不负时代的期望。

何继善 识

2008，9，18.

序三

2007年初，当中国建筑工业出版社提出要规划出版一套项目管理工程硕士教材而向我征求意见时，我当即表示支持，并借2007年4月参加“工程管理论坛”之际参加了出版社在广州组织召开的教材编写工作会议，会上确立了强化工程背景的编写特色，教材编写工作正式启动。如今，在10余所高校数十位专家及中国建筑工业出版社的共同努力下，“项目管理工程硕士规划教材”终于面世了，这套教材的出版，必将进一步丰富我国项目管理工程硕士的特色教育资源，对提高我国项目管理工程硕士教育质量也将起到积极的促进作用。

现代项目管理学科起源于20世纪50年代，我国的项目管理则源于华罗庚教授在1965年开始从事的统筹法和优选法的研究和推广工作，而具有里程碑意义的项目管理在我国工程中的应用则始于20世纪80年代的鲁布革水电站引水隧洞工程。国家有关部门1987年总结了“鲁布革经验”，在工程建设领域提出了“项目法”施工的改革思路，推动了建筑业生产方式的改革和建筑企业组织结构的调整。考虑到社会对项目管理人才培养的迫切需求，有关行业协会制定了项目经理职业培训和资格认证体制，开展了数十万项目经理的职业培训和资格认证，培养了一支职业化、专业化的现代项目经理队伍。但随着经济的发展和竞争的加剧，各行业领域越来越需要以项目为单元进行精细的管理，而项目管理的国际化、信息化和集成化趋势日益明显，对高层次项目管理人才的需求越来越大。在这种情况下，我国的项目管理工程硕士教育一经推出就受到广泛欢迎并得到了迅猛的发展。

我国的项目管理工程硕士教育于2003年启动，经过近几年的发展，目前具有项目管理工程硕士学位授予权的高校已达到103所，项目管理工程硕士的报名人数及招生人数自2005年起一直居40个工程硕士领域之首。为促进工程硕士教育与国际接轨，在全国项目管理领域工程硕士教育协作组的积极努力下，促成了项目管理工程硕士与国际两大权威专业团体（IPMA和PMI）的实质性合作。与项目管理工程硕士教育的快速发展相比，适用于项目管理工程硕士培养的教材尤其是具有鲜明工程背景的特色教材还十分匮乏，制约了项目管理工程硕士教育的发展和质量的提高。因此，“项目管理工程硕士规划教材”的出版，是非常必要和及时的。

这套教材在确定各分册内容时充分考虑了项目管理知识体系的完整性和相对独立性，各分册自成体系又相互依托，力求全面覆盖项目管理工程硕士的培养要求。在编写过程中始终强调理论联系实际，强调培养学生的实际操作能力和解决问题的能力，全面满足项目管理工程硕士教学的需要。

这套教材最大的特点是具有鲜明的工程背景，这与全国工程硕士专业学位教育指导委员会一贯倡导的工程硕士教育要强调工程特性的指导思想完全一致。出版社在作者遴选阶段、编写启动阶段及编写过程中，都很好地落实了这一思想，全套教材以土木工程、水利工程、交通工程、电力工程及石油石化工程等为背景，做到了管理科学体系和工程科学体系的紧密结合。另外值得一提的是，这套教材的编写秉承了中国建筑工业出版社50余年来的严谨作风，实行了教材主审制度，每个分册书稿完成后都有一名业内专家进行审阅，进一步保证了本套教材的工程性和权威性。

这套教材除适用于高等学校项目管理工程硕士教育外，也可供管理类及技术类相关专业工程硕士、硕士、博士及工程管理本科生使用，还可作为社会相关专业人员的参考资料。

我衷心祝贺本套教材的出版，也衷心希望我国的项目管理工程硕士教育事业能够健康持续地发展！

(王守清)
清华大学建设管理系　教授
全国项目管理领域工程硕士教育协作组　组长
PMI全球项目管理认证中心　理事
2008年7月16日

前言

Preface

自20世纪60年代末、70年代初以来，国际建设领域工程项目采购模式与工程合同管理领域发生了巨大的变化，各种全新的项目采购模式与合同条件不断涌现，并且在工程实践中得到大量的采用。在项目采购模式方面，除了传统的设计—招标—施工(DBB)采购模式，设计—施工(DB)、设计—采购—施工(EPC)、建设管理(CM)、管理承包(MC)、建设—运营—转让(BOT)等新的采购模式相继出现。在工程合同领域，FIDIC(国际咨询工程师联合会)、ICE(英国土木工程师学会)、JCT(英国合同审定联合会)、AIA(美国建筑师学会)等国际组织制定的系列标准合同条件也不断修改、发展和完善，并且在许多工程中得以采用。同这些变化相比较，中国的项目采购模式显得较为单调，虽然在建设领域已经广泛地推行了建设监理制、招标投标制、合同管理制等工程建设基本制度，但是这些制度以及相应的制度环境基本上是基于传统的项目采购模式(DBB)，这种局面一定程度上束缚了我国工程建设行业的合理发展和对外拓展。与此同时，我国的标准工程合同格式比较单一，不能够反映建设合同关系的多样性和灵活性。因此，准确理解项目采购模式的内涵，把握工程合同管理的发展方向，完善和发展我国项目采购模式体系和标准工程合同条件，成为我国建筑业和企业实现"走出去"战略，加快实现与国际接轨步伐，提高国际竞争力的重要课题。

本教材编写小组在对国内外工程项目采购模式和工程合同管理充分调研的基础上，结合项目管理、土木与建筑工程等工程硕士教育的特点和要求，经过反复讨论和研究，确定了本教材的编写大纲、编写内容和编写要求。全书注重理论与实践紧密结合，具有较好的可读性。全书在结构体系上主要由工程项目采购模式和工程合同管理两部分构成。工程项目采购模式部分主要根据国际、国内建筑业的实践和发展，详细介绍固定总价合同、单价合同、成本加酬金合同等合同类型的特点、应用及选择要点，以及工程实践中常用的传统采购模式(DBB)、设计一施工模式(DB)、项目总承包模式(EPC)、建设管理模式(CM)等项目采购模式的特点、内容及实际应用。工程合同管理部分则是全面、系统地介绍了国际常见的工程合同系列、发展趋势及合同管理要点，以及工程项目招标投标、工程合同的主要内容、工程合同的签订与管理、项目目标控制与合同管理、项目合同履行与管理、项目风险与合同管理、项目合同索赔管理、项目合同争议处理等合同管理的主要内容和实践运作。两部分内容互相联系、互相影响。有关高校可根据工程硕士培养方案和教学计划时间，合理选择相关教学和研讨内容。

全书由李启明担任主编，负责总体策划、构思及统纂定稿，由同济大学丁士昭教授主审。全书共分 14 章，其中第 1、2、3、13、14 章由李启明、黎平、汪金敏编写，第 4、5、6 章由邓小鹏、李启明编写，第 7、8、9 章由汪文雄、张星编写，第 10、11、12 章由陈江红、张星编写。东南大学建设与房地产研究所的李静华、朱蕾、王超、吴文宪、付伟等研究生做了大量的基础资料收集、整理和分析工作，在此表示感谢。

本书在编写过程中，查阅和检索了许多工程项目采购和合同管理方面的信息、资料和有关专家、学者的著作、论文，并得到东南大学、同济大学、南京工业大学、华中农业大学、中国建筑工业出版社等单位和学者的支持和帮助，在此表示衷心的感谢。

由于工程项目采购和工程合同管理还需要在研究和实践中不断丰富、发展和完善，加之作者水平和时间所限，本书不当之处敬请读者、同行专家批评指正，以便再版时加以修改和完善。

李启明

2008 年 8 月于东南大学逸夫建筑馆

目 录
Contents

第4章 DB项目采购模式

第5章 EPC项目采购模式

第6章 CM项目采购模式

第7章 工程项目招标投标

第8章 工程项目合同主要内容

第9章 工程合同签订与管理

第10章 项目目标控制与合同管理

第11章 项目合同履行与管理

第1章 工程项目采购与合同管理导论

自20世纪60年代末、70年代初以来，国内外项目采购模式与工程合同领域发生了巨大的变化，各种全新的项目采购模式与合同条件不断涌现，并且在工程实践中得到大量的采用。在项目采购模式方面，除了传统的设计—招标—施工（DBB）采购模式，设计—施工（DB）、设计—采购—施工（EPC）、建设管理（CM）、管理承包（MC）、建设—运营—转让（BOT）等新的采购模式相继出现。在工程合同领域，FIDIC（国际咨询工程师联合会）、ICE（英国土木工程师学会）、JCT（英国合同审定联合会）、AIA（美国建筑师学会）、AGC（美国总承包商协会）等国际组织和机构制定的系列标准合同条件也不断修改、发展和完善，并且在许多工程中得以采用。这些变革有的是对传统工程建设模式的修改和完善，有的则是根本性的变革。同这些变化相比较，中国的项目采购模式显得单调和薄弱，虽然在建设领域已经广泛地推行了建设监理制、招标投标制、合同管理制等工程建设基本制度，但是这些制度以及相应的制度环境基本上是基于传统的项目采购模式（DBB），这种局面严重地束缚了我国工程建设行业的合理发展和对外拓展。与此同时，我国的标准工程合同格式比较单一，不能够反映建设合同关系的多样性和灵活性。因此，准确理解项目采购模式的内涵，把握工程合同管理的发展方向，完善和发展我国项目采购模式体系和标准工程合同条件，成为我国建筑业和企业实现"走出去"战略，加快实现与国际接轨步伐，提高国际竞争力的重要课题。

1.1 项目采购模式的演变和发展

随着全球市场一体化、经济全球化、信息化进程加快，项目建设和管理理念出现新的变革，这些变化深刻地影响建筑业的发展，同时也影响项目采购模式的演变和发展。

1.1.1 项目采购模式的演变

工程项目采购模式经历了由业主自营模式到现代采购模式演变的多个发展阶段（如图1-1所示）。14世纪前，一般是由业主直接雇佣工人进行工程建设。后来，由营造师负责设计和施工，这与当时的社会生产力水平和专业化协作程度都很低以及工程复杂度不是太高相适应的。随着社会生产力的发展和建设规模的扩大，近代建设项目由于投资大、结构和技术复杂等原因，产生了设计、施工、供应、管理等专业化分工，即由“合”变“分”，分阶段、分专业的平行承发包模式遂成为主流的采购模式。但随着业主适应市场要求的变化，加上信息技术等科技的高速发展，专业分工的进一步整合重新被人们所认同，项目采购模式出现由“分”变“合”的新趋势，逐步演变为设计—施工总承包、设计—施工—供应总承包、CM模式、PM模式、MC模式以及BOT等多种模式并存的局面。

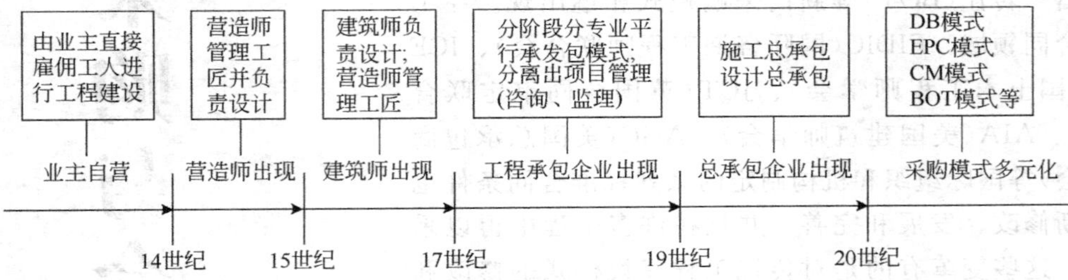

图1-1 项目采购模式的演变

1.1.2 项目采购模式演变的动因

项目采购模式的演变是基于以下四个方面的原因促成的。

1. 业主观念变化

（1）时间观念增强。世界经济一体化增加了竞争的强度，业主需要在更短的时间内拥有生产或经营设施，从而可以更快地向市场提供产品，因而要求项目工期尽量缩短。

（2）质量和价值观发生变化。由于工业领域的业主在生产过程中实行了全面质量管理（Total Quality Management，TQM），他们希望承包方也能采用这种管理，以保证工程的质量。另外，业主意识到项目价值应该是价格、工期和质量等的综合反映，是一个全面的价值度量标准，因而工程价格在价值衡量中的比重降低。

（3）集成化管理意识增强。提倡各专业、各部门的人员组成项目组联合工作，对项目进行整体统筹化的管理。目前许多大项目都采用联合项目组这种方式，将各个专业的人员组织起来共同办公，极大地提高了工程效率。

（4）伙伴关系意识增强。业主、承包商和专业工程师更倾向于为了项目的整体成功而合作，而不再是仅仅追求各自的经济利益。人们的观念正从时刻准备索赔向避免索赔转变。有的合同中还规定了多种争端解决方式，尽量避免仲裁或诉讼。

(5) 提供项目一揽子服务需求加大。由于现代建设项目具有规模大、资金需要量大、技术复杂且管理难度高等特点，业主自身项目管理能力和融资能力有限，因而业主越来越重视承包商提供综合服务的能力。

2. 设计与施工一体化趋势

(1) 工程项目管理理论的发展。建设项目各阶段都有较成熟的项目管理理论和丰富的实践经验，很多有关的理论和模型都可以被纳入一体化管理的体系中，这使得研究重点集中在设计、施工等阶段的衔接上，工作量大大减少。

(2) 工业领域的集成管理趋势。自从20世纪70年代中期以来，制造业领域提出了一系列新思想、新概念和新方法，例如并行工程、价值工程、准时生产、精益生产、柔性生产、计算机集成制造(CIMS)等，使制造业得到了快速的发展，同时也为工程领域设计施工一体化提供了可借鉴的丰富经验和理论方法工具。

(3) 项目管理信息化集成。信息技术的高速发展，软件工程理论和实践的突破为设计施工一体化提供了坚实的基础，使设计施工一体化要求的高速信息共享和交流成为可能，保障了设计施工一体化的实施效率。

3. 承包商利润的追求

承包商单纯的工程施工利润将逐渐降低，承包业务逐渐向项目前期的策划和设计阶段延伸以及向项目建成后的营运阶段拓展，利润重心向产业链前端和后端转移。承包商参与建设项目的时间已逐渐提前到项目的策划、可行性研究或设计阶段，这一承包方式的发展已经成为国际大型承包商提高竞争力和抗风险能力的重要手段。

4. 传统DBB模式的局限性

采用传统的分阶段平行采购(DBB)模式，其局限性表现在以下几个方面：

(1) 建设周期较长。对于大型工程项目来说，如果项目全部设计结束后才进行施工招标，然后再进行施工，承包商介入工程项目的时间太迟，建设周期延长而使投资增加，影响业主的投资效率。

(2) 设计变更频繁。随着现代建设项目构成日趋复杂化，设计商在设计时不知道谁将是施工者，因而不能结合承包商的特点和能力进行设计，施工过程中经常会引起设计修改，导致设计变更频繁。

(3) 设计的可施工性较差。设计商有时对施工过程的具体工艺缺乏足够的重视，对施工方法和工艺了解较少，在设计过程中很难从施工方法及实际成本的角度来选择造价尽可能低且不影响使用功能的设计方案。

(4) 业主项目总体目标控制困难。业主组织、协调工作量大，业主对项目总体目标的控制有困难，主要是不利于项目投资控制和进度控制。在整个项目实施过程中，业主对项目的投资控制既缺乏系统性、连续性，同时也缺乏足够的深度。

(5) 承包商处于被动地位。承包商"按图施工"，基本上处于被动地位，影响其积极性的发挥。

于是在20世纪80年代，产生了将设计和施工相结合的单方负责方式(Single Resource Responsibility Systems)，其中包括设计—建造(Design-Build)总承包模式、一揽子(Package Deal)总承包模式和EPC(Engineering Procurement Construction)模式等。在一系列的单方负责承包模式中，EPC模式是承包商所承揽的工作内容最广、责任最大的一种。

虽然DB和EPC模式可以很好地将设计与施工结合起来，业主的组织协调工作量较少，但建设周期完全取决于项目总承包单位的分包模式，具有很大的不确定性。为了解决工期要求紧、业主要求其自身工作量最小的大型建设项目的采购问题，人们引入了Fast-Track模式。在这种情况下，项目的设计过程被分解成若干部分，每一部分施工图设计后面都紧跟着该部分的施工招标。整个项目的施工不再由一家承包商总包，而是被分解成若干个分包，按先后顺序分别进行设计、招标、施工。这样，设计、招标、施工三者充分搭接，施工可以在尽可能早的时间开始，与传统模式相比之下，缩短了整个项目的建设周期，由此产生了CM模式。

1.2 项目采购模式要点

1.2.1 项目采购模式的基本内涵

国内建筑业中习惯使用的“发包”一词在国际建筑业被称为“采购”。本书中所指的“采购”术语，不是泛指材料和设备的采购，而是指建设项目本身的采购。项目采购是从业主角度出发，以项目为标的，通过招标进行“期货”交易。而“承包”从属于采购，服务于采购。采购决定了承包范围，业主采购的范围越大，承包商承担的风险一般就越大，对承包商技术、经济和管理水平的要求也越高。业主为了获得理想的建筑产品或服务就必须进行“采购”，而采购的效果与采购方式的选择密切相关。项目采购方式(Project Procurement Method，PPM)就是指建筑市场买卖双方的交易方式或者业主购买建筑产品或服务所采用的方法。

在英国和英联邦国家(澳大利亚、新加坡等)以及中国香港地区，项目采购模式一般称为“Procurement Method”或者“Procurement System”，这两个名字在含义和使用上没有任何区别，本书所用的“采购模式”即是直接从这两个词翻译过来的。在美国以及受美国建筑业影响比较大的国家，项目采购模式一般称为“Delivery Method”或者“Delivery System”，它们两个在含义和使用上也没有任何区别，如果把它们直接翻译成中文就是“交付方式”。英国的“Procurement Method(System)”和美国的“Delivery Method(System)”从概念上讲是完全相同的。Procurement的意思是采购，是从购买方(业主)的角度来讲的。Delivery的意思是交付，是从供货方(设计者、承包商、咨询管理者等)的角度来讲的。不管从哪个角度，它们的意思都是指交易，所以项目采购模式本质上就是指工程项目的交易模式。

国内目前对项目采购模式的叫法相当混乱，如：“承发包模式”、“承包模式”、“采购方式”、“项目交付方式”、“分标方式”、“承发包方式”、“项目实施方式”、“项目管理模式”、“工程建设模式”、“组织实施方式”等。“承发包模式”是国内使用比较多的一个叫法，但是工程项目的交易不仅仅是指承发包，承发包仅仅是指业主和承包商之间的关系，业主与设备、材料供应商之间的关系是一般的货物交易关系，与工程咨询方、项目管理方、设计方之间的关系是委托与被委托的关系。承发包与委托关系有着很大的差异，也与一般的货物交易有着明显的不同。所以“承发包模式”并不能完全揭示项目采购模式的所有含义。“项目采购模式”直接从英文翻译过来，忠实于原意，容易被理解，而且也容易与国际交流、与国际接轨。

项目采购模式的严格定义是：对建设项目的合同结构、职能范围划分、责任权利、风险等进行确定和分配的方式，其本质上是工程项目的交易方式。从不同的角度来看，它也可以被理解成工程项目的组织方式、管理方式或者实施方式。不同的项目采购模式有着不同的合同结构和合同安排，项目采购模式的变化深刻地决定着工程合同和管理的变化。

1.2.2 项目采购模式的基本形式

目前国际国内建筑市场普遍采用的项目采购模式有：传统采购模式(Design-Bid-Build，DBB)，设计—建造模式(Design-Build，DB)、建设管理模式(Construction Management，CM)、设计—采购—建设模式(Engineering Procurement Construction，EPC)、项目管理模式(Project Management，PM)、管理承包模式(Management Contracting，MC)、项目融资模式(Build-Operate-Transfer，BOT)和项目伙伴模式(Project Partnering)等。下面对几种主要的项目采购模式进行分析比较。

1. 设计—招标—建造模式(DBB 模式)

该项目采购模式是传统的、国际上通用的项目管理模式，世界银行、亚洲开发银行贷款项目和采用国际咨询工程师联合会(FIDIC)合同条件的项目均采用该种模式。这种模式最突出的特点是强调工程项目的实施必须按照设计—招标—建造的顺序进行，只有一个阶段结束后另一个阶段才能开始。采用这种方法时，业主与设计商(建筑师/工程师)签订专业服务合同，建筑师/工程师负责提供项目的设计和合同文件。在设计商的协助下，通过竞争性招标将工程施工任务交给报价和质量都满足要求且/或最具资质的投标人(承包商)来完成。在施工阶段，设计专业人员通常担任重要的监督角色，并且是业主与承包商沟通的桥梁。《FIDIC 土木工程施工合同条件》代表的是工程项目建设的传统模式。同传统模式一样采用单纯的施工招标发包，在施工合同管理方面，业主与承包商为合同双方当事人，工程师处于特殊的合同管理地位，对工程项目的实施进行监督管理。各方合同关系和协调关系如图 1-2 所示。

DBB 模式具有如下优点：

(1) 参与项目的三方即业主、设计商(建筑师/工程师)和承包商在各自合同的约定下，行使自己的权利，并履行自己的义务，因而这种模式可以使三方的权、责、利分配明确，避免相互之间的干扰。

(2) 由于受利益驱使以及市场经济的竞争，业主更愿意寻找信誉良好、技术过硬的设计咨询机构，这样具有一定实力的设计咨询公司应运而生。

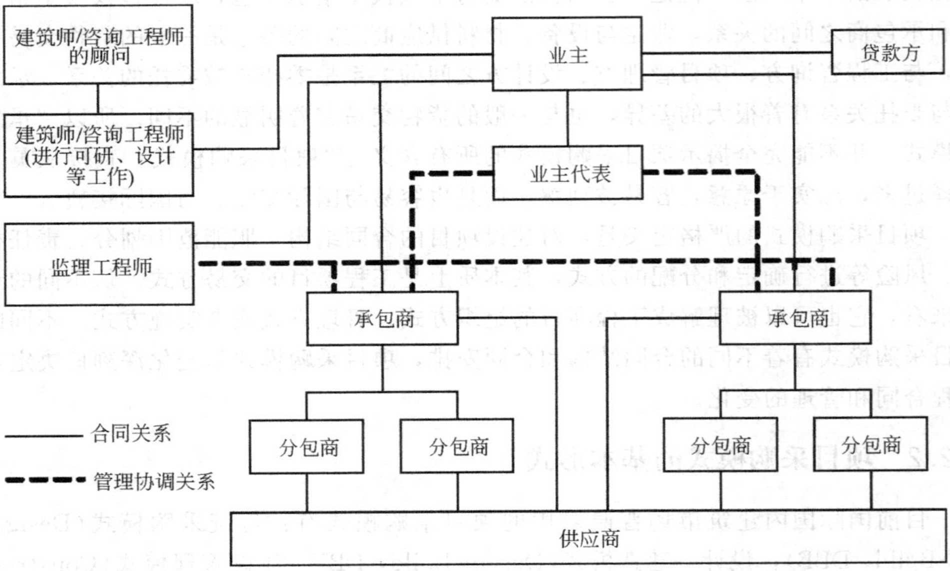

图 1-2 DBB 模式中各方合同关系和协调关系

(3) 由于该模式长期、广泛地在世界各地采用，因而管理方法成熟，合同各方都对管理程序和内容熟悉。

(4) 业主可自由选择设计咨询人员，对设计要求可进行控制。

(5) 业主可自由选择监理机构实施工程监理。

DBB 模式具有如下缺点：

(1) 该模式在项目管理方面的技术基础是按照线性顺序进行设计、招标、施工的管理，建设周期长，投资或成本容易失控，业主方管理的成本相对较高，设计师与承包商之间协调比较困难。

(2) 由于承包商无法参与设计工作，可能造成设计的“可施工性”差，设计变更频繁，导致设计与施工协调困难，设计商和承包商之间可能发生责任推诿，使业主利益受损。

(3) 按该模式运作的项目周期长，业主管理成本较高，前期投入较大，工程变更时容易引起较多的索赔。

(4) 对于那些技术复杂的大型项目，该模式已显得捉襟见肘。

长期以来 DBB 模式在土木建筑工程中得到了广泛的应用。但是随着社会、科技的发展，工程建设变得越来越庞大和复杂，此种模式的缺点也逐渐显现出来。其明显的缺点是整个设计—招标—施工过程的持续时间太长；设计与施工的责任不易明确划分；设计者的设计缺乏可施工性。而工程建设领域技术的进步也使得工程建设的复杂性与日俱增，工程项目投资者在建设期的风险也在不断的增大，因而一些新型的项目采购模式也就相应地发展起来，其中较为典型和常见的是 DB 模式、CM 模式、EPC 模式、PM 模式和 BOT 模式等。

2. **设计—建造模式**(Design-Build，DB 模式)

DB 模式是近年来国际工程中常用的现代项目管理模式，它又被称为设计和施工(Design-Construction)、交钥匙工程(Turn-key)或者是一揽子工程(Package Deal)。通常的做法是，在项目的初始阶段业主邀请一家或者几家有资格的承包商(或具备资格的设计咨询公司)，根据业主的要求或者设计大纲，由承包商或会同自己委托的设计咨询公司提出初步设计和成本概算。根据不同类型的工程项目，业主也可能委托自己的顾问工程师准备更详细的设计纲要和招标文件，中标的承包商将负责该项目的设计和施工。DB 模式是一种项目组织方式，DB 承包商和业主密切合作，完成项目的规划、设计、成本控制、进度安排等工作，甚至负责土地购买、项目融资和设备采购安装。DB 模式中各方关系如图 1-3 所示。

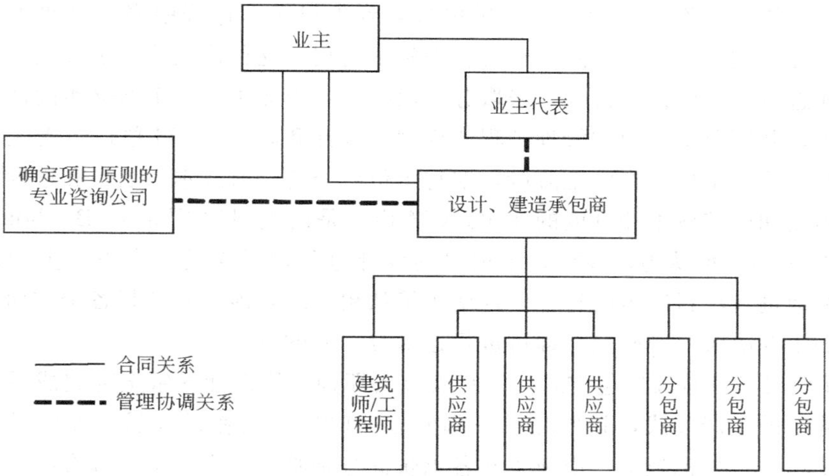

图 1-3 DB 模式中的各方关系

FIDIC《设计—建造与交钥匙工程合同条件》中规定，承包商应按照业主的要求，负责工程的设计与实施，包括土木、机械、电气等综合工程以及建筑工程。这类“交钥匙”合同通常包括设计、施工、装置、装修和设备，承包商应向业主提供一套配备完整的设施，且在移交“钥匙”时即可投入运行。这种模式的基本特点是在项目实施过程中保持单一的合同责任，但大部分实际施工任务要以竞争性招标方式分包出去。

DB 模式是业主和一实体采用单一合同(Single Point Contract)的管理方法，由该实体负责完成项目的设计和施工。一般来说，该实体可以是大型承包商，或具备项目管理能力的设计咨询公司，或者是专门从事项目管理的公司。这种模式主要有两个特点：

(1) 具有高效率性。DB 合约签订以后，承包商就可进行施工图设计，如果承包商本身拥有设计能力，会促使承包商积极提高设计质量，通过合理和精心的设计创造经济效益，往往达到事半功倍的效果。如果承包商本身不具备设计能力和资质，就需要委托一家或几家专业的咨询公司来做设计和咨询，承包商进行设计管理和协调，使得设计既符合业主的意图，又有利于工程施工和成本节约，使设计更加合理和实用，避免了设计与施工之间的矛盾。

(2) 责任的单一性。DB承包商对于项目建设的全过程负有全部的责任，这种责任的单一性避免了工程建设中各方相互矛盾和扯皮，也促使承包商不断提高自己的管理水平，通过科学的管理创造效益。相对于传统模式来说，承包商拥有了更大的权利，它不仅可以选择分包商和材料供应商，而且还有权选择设计咨询公司，但需要得到业主的认可。这种模式解决了项目机构臃肿、层次重叠、管理人员比例失调的现象。

DB模式的缺点是业主无法参与建筑师/工程师的选择，工程设计可能会受施工者的利益影响等。DB模式的详细内容参见第4章。

3. 建设管理模式(Construction Management，CM模式)

CM模式是采用快速路径法施工(Fast Track Construction)时，从项目开始阶段业主就雇用具有施工经验的CM单位参与到项目实施过程中来，以便为设计师提供施工方面的建议，并且随后负责管理施工过程。这种模式改变了过去全部设计完成后才进行招标的传统模式，采取分阶段招标，由业主、CM单位和设计商组成联合小组，共同负责组织和管理工程的规划、设计和施工。CM单位负责工程的监督、协调及管理工作，在施工阶段定期与承包商交流，对成本、质量和进度进行监督，并预测和监控成本和进度的变化。CM模式是由美国的Charles B Thomsen于1968年提出的，他认为，该模式中项目的设计过程被看作是一个由业主和设计师共同连续地进行项目决策的过程。这些决策从粗到细，涉及到项目各个方面，而某个方面的主要决策一经确定，即可进行这部分工程的施工。

CM模式又称阶段发包方式，它打破过去那种等待设计图纸全部完成后，才进行招标施工的生产方式，只要完成一部分分项(单项)工程设计后，即可对该分项(单项)工程进行招标施工，由业主与各承包商分别签订每个单项工程合同。阶段发包方式与一般招标发包方式的比较如图1-4所示。

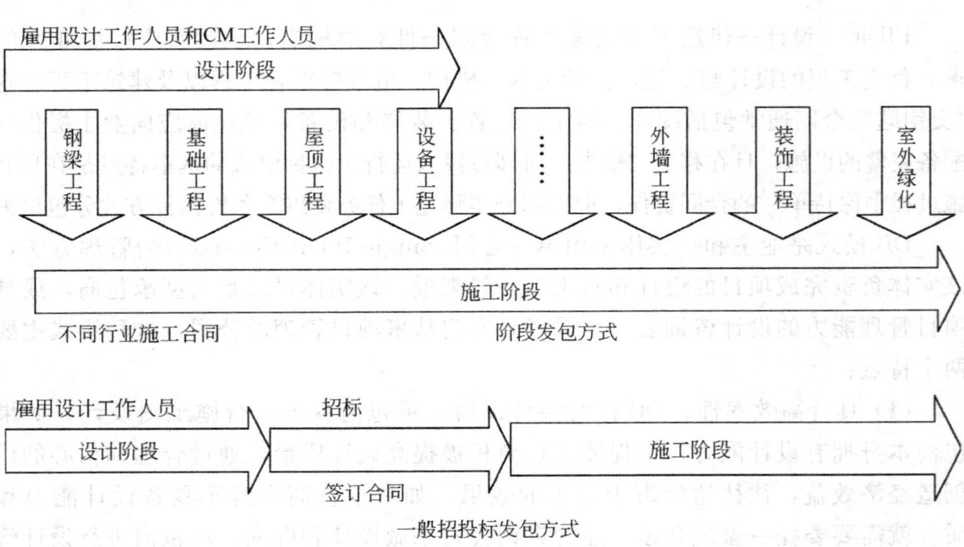

图1-4 阶段发包方式与一般招标发包方式的比较

根据合同规定的CM经理的工作范围和角色，可将CM模式分为代理型建设管理("Agency" CM)和风险型建设管理("At Risk" CM)两种方式。

(1) "Agency" CM方式。在此种方式下，CM经理是业主的咨询和代理。业主选择代理型CM主要是因为其在进度计划和变更方面更具有灵活性。采用这种方式，CM经理可只提供项目某一阶段的服务，也可以提供全过程服务。无论施工前还是施工后，CM经理与业主是委托关系，业主与CM经理之间的服务合同是以固定费用或比例费用的方式计费。施工任务仍然大都通过竞标来实现，由业主与各承包商签订施工合同。CM经理为业主提供项目管理，但他与各专业承包商之间没有任何合同关系。因此，对于代理型CM经理来说，经济风险最小，但是声誉损失的风险很高。

(2) "At Risk" CM方式。采用这种形式，CM经理同时也担任施工总承包商的角色，业主一般要求CM经理提出保证最高价格限额(Guaranteed Maximum Price, GMP)，以保证业主的投资控制，如最后结算价格超过GMP，则由CM公司赔偿；如低于GMP，则节约的投资归业主所有，但CM经理由于额外承担了保证施工成本风险，因而应该得到节约投资的奖励。有了GMP的规定，业主的风险减少，而CM经理的风险则相应增加。风险型CM方式中，各方关系基本上介于传统的DBB模式与代理型CM模式之间，风险型CM经理的地位实际上相当于一个总承包商，他与各专业承包商之间有着直接的合同关系，并负责工程以不高于GMP的成本竣工，这使得他所关心的问题与代理型CM经理有很大不同，尤其是随着工程成本越接近GMP上限，他的风险越大，他对项目最终成本的关注也就越强烈。两种形式的各方关系如图1-5所示。

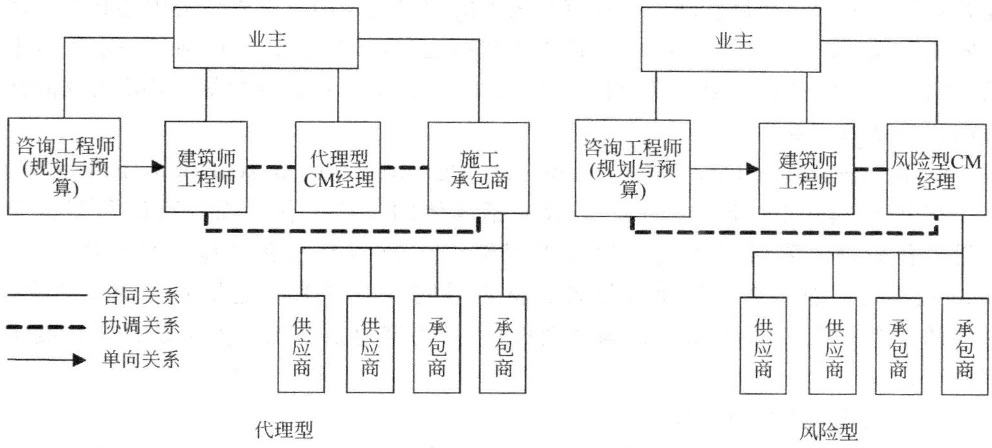

图1-5 CM模式下两种管理方式的各方关系

CM模式具有如下优点：

(1) 建设周期短。这是CM模式的最大优点。在组织实施项目时，打破了传统的设计、招标、施工的线性关系，代之以非线性的阶段施工法(Phased Construction)。CM模式的基本思想就是缩短工程从规划、设计、施工到交付使用的周期，即采用 Fast-Track 方法，设计一部分，招标一部分，施工一部分，实现有条件的“边设计、边施工”。在这种方法中，设计与施工之间的界限不复存在，二者在时间上产生了搭接，从而提高了项目的实施速度和缩短了项目的施工周期。

(2) CM 经理的早期介入。CM 模式改变了传统管理模式中项目各方依靠合同调解的作法，代之以依赖建筑师和(或)工程师、CM 经理和承包商在项目实施中的合作，业主在项目的初期就选定了建筑师和(或)工程师、CM 经理和承包商，由他们组成具有合作精神的项目组，完成项目的投资控制、进度计划与质量控制和设计工作，这种方法被称为项目组法。CM 经理与设计商是相互协调关系，CM 单位可以通过合理化建议来影响设计。

CM 模式具有如下缺点：

(1) 对 CM 经理的要求较高。CM 经理所在单位的资质和信誉都应该比较高，而且具备高素质的从业人员。

(2) 分项招标导致承包费用较高。

CM 模式可以适用于：

(1) 设计变更可能性较大的工程项目。

(2) 时间因素最为重要的工程项目。

(3) 因总体工作范围和规模不确定而无法准确定价的工程项目。

采用 CM 模式，业主把具体项目管理的事务性工作通过市场化手段委托给有经验的专业公司，不仅可以降低项目建设成本，而且可以集中精力做好公司运营。

CM 模式在美国、加拿大、欧洲和澳大利亚等许多国家，被广泛地应用于大型建筑项目的采购和项目管理，比较有代表性的项目是美国的世界贸易中心和英国诺丁安地平线工厂。在 20 世纪 90 年代进入我国之后，CM 模式也得到了一定程度上的应用，如上海证券大厦建设项目、深圳国际会议中心建设项目等。CM 模式的详细内容参见第 6 章。

4. 设计—采购—建设模式(Engineering Procurement Construction，EPC 模式)

在 EPC 模式中，Engineering 不仅包括具体的设计工作，而且可能包括整个建设工程的总体策划以及整个建设工程组织管理的策划和具体工作；Procurement 也不是一般意义上的建筑设备、材料采购，而更多的是指专业成套设备、材料的采购；Construction 应译为“建设”，其内容包括施工、安装、试车、技术培训等。

EPC 模式具有以下主要特点：

(1) 业主把工程的设计、采购、施工和试运行(试车)服务工作全部委托给总承包商负责组织实施，业主只负责整体的、原则的、目标的管理和控制。

(2) 业主可以自行组建管理机构，也可以委托专业项目管理公司代表业主对工程进行整体的、原则的、目标的管理和控制。业主介入具体项目组织实施的程度较低，总承包商更能发挥主观能动性，运用其管理经验，为业主和承包商自身创造更多的效益。

(3) 业主把管理风险转移给总承包商，因而总承包商在经济和工期方面要承担更多的责任和风险，同时承包商也拥有更多的获利机会。

(4) 业主只与总承包商签订总承包合同。设计、采购、施工的实施是统一策划、统一组织、统一指挥、统一协调和全过程控制的。总承包商可以把部分工作委托给分包商完成，分包商的全部工作由总承包商对业主负责。

(5) EPC 模式还有一个明显的特点，就是合约中没有咨询工程师这个专业监控角色和独立的第三方。

(6) EPC 模式一般适用于规模较大、工期较长，且具有相当技术复杂性的工程，如化工厂、发电厂、石油开发等项目。

EPC 的利弊主要取决于项目的性质，实际上涉及到各方利益和关系的平衡，尽管 EPC 给承包商提供了相当大的弹性空间，但同时也给承包商带来了较高的风险。从"利"的角度看，业主的管理相对简单，因为由单一总承包商牵头，承包商的工作具有连贯性，可以防止设计商与承包商之间的责任推诿，提高了工作效率，减少了协调工作量。由于总价固定，业主基本上不用再支付索赔及追加项目费用(当然也是利弊参半，业主转嫁了风险，同时增加了造价)。从"弊"的角度看，尽管理论上所有工程的缺陷都是承包商的责任，但实际上质量的保障全靠承包商的自觉性，他可以通过调整设计方案包括工艺等来降低成本(另一方面会影响到长远意义上的质量)。因此，业主对承包商监控手段的落实十分重要，而 EPC 中业主又不能过多地参与设计方面的细节要求和意见。另外承包商获得业主变更令以及追加费用的弹性也很小。EPC 模式的详细内容参见第 5 章。

5. 项目管理模式(Project Management，PM 模式)

PM 模式是指项目业主聘请一家公司(一般为具备相当实力的工程公司或咨询公司)代表业主进行整个项目过程的管理，这家公司被称为"项目管理承包商"(Project Management Contractor)，简称为 PMC。PM 模式中的 PMC 受业主的委托，从项目的策划、定义、设计、施工到竣工投产全过程为业主提供项目管理服务。选用该种模式管理项目时，业主仅需保留很小部分的项目管理力量，对一些关键问题进行决策，而绝大部分的项目管理工作都由 PMC 来承担。PMC 是由一批对项目建设各个环节具有丰富经验的专门人才组成，它具有对项目从立项到竣工投产进行统筹安排和综合管理的能力，能有效地弥补业主项目管理知识与经验的不足。PMC 作为业主的代表或业主的延伸，帮助业主进行项目前期策划、可行性研究、项目定义、计划、融资方案，以及在设计、采购、施工、试运行等整个实施过程中有效的控制工程质量、进度和费用，保证项目的成功实施，达到项目寿命期的技术和经济指标最优化。PMC 的主要任务是自始至终对业主和项目负责，这可能包括项目任务书的编制、预算控制、法律与行政障碍的排除、土地资金的筹集等，同时使设计者、工料测量师和承包商的工作正确地分阶段进行，在适当的时候引入指定分包商的合同和任何专业建造商的单独合同，以使业主委托的活动得以顺利进行。PM 模式各方关系图如图 1-6 所示。

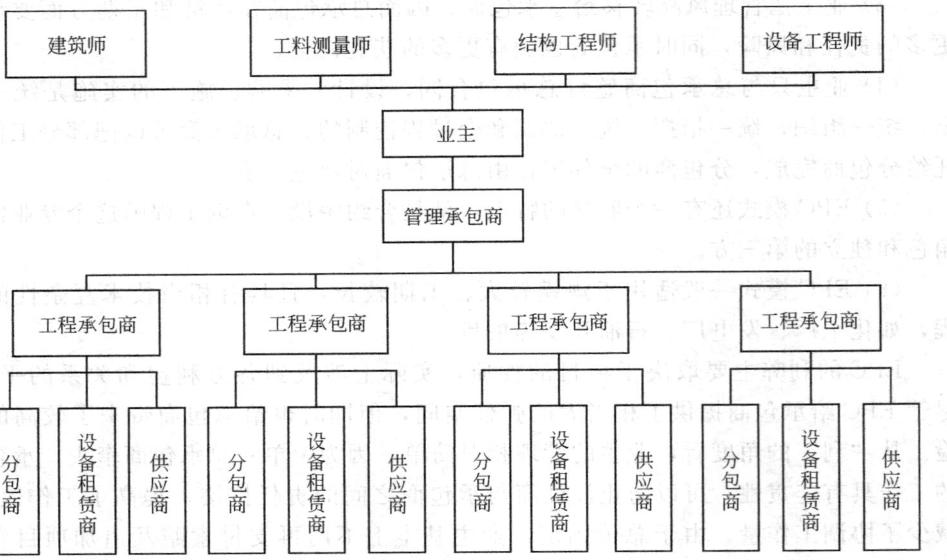

图 1-6 PM 模式的各方关系

采用 PM 模式的项目，通过 PMC 的科学管理，可大规模节约项目投资：

(1) 通过项目优化设计以实现项目全寿命期成本最低。PMC 会根据项目所在地的实际条件，运用自身的技术优势，对整个项目进行全方位的技术经济分析与比较，本着功能完善、技术先进、经济合理的原则对整个设计进行优化。

(2) 在完成基本设计之后通过一定的合同策略，选用合适的合同方式进行招标。PMC 会根据不同工作包的设计深度、技术复杂程度、工期长短、工程量大小等因素综合考虑采取何种合同形式，从整体上为业主节约投资。

(3) 通过 PMC 的多项目采购协议及统一的项目采购策略降低投资。多项目采购协议是业主就某种商品(设备/材料)与制造商签订的供货协议。与业主签订该协议的制造商是该项目这种商品(设备、材料)的惟一供应商。业主通过此协议获得价格、日常运行维护等方面的优惠。各个承包商必须按照业主所提供的协议去采购相应的材料、设备。多项目采购协议是 PM 项目采购策略中的一个重要部分。在项目中，要适量地选择商品的类别，以免对承包商限制过多，直接影响积极性。PMC 还应负责促进承包商之间的合作，以符合业主降低项目总投资的目标，包括最优化项目内容和全面符合计划等要求。

(4) PMC 的现金管理及现金流量优化。PMC 可通过其丰富的项目融资和财务管理经验，并结合工程实际情况，对整个项目的现金流进行优化。

6. 建造—运营—移交模式(Build-Operate-Transfer，BOT 模式)

BOT 模式的基本思路是：由项目所在国政府或所属机构为项目的建设和经营提供一种特许权协议作为项目融资的基础，由本国公司或者外国公司作为项目的投资者和经营者安排融资，承担风险，开发建设项目，并在有限的时间内经营项目获取商业利润，最后根据协议将该项目转让给相应的政府机构。BOT 方式是 20 世纪

80 年代在国外兴起的基础设施建设项目依靠私人资本的一种融资、建造的项目管理方式，或者说是基础设施国有项目民营化。政府开放本国基础设施建设和运营市场，授权项目公司负责筹资和组织建设，建成后负责运营及偿还贷款，规定的特许期满后，再无偿移交给政府。BOT 模式的各方关系如图 1-7 所示。

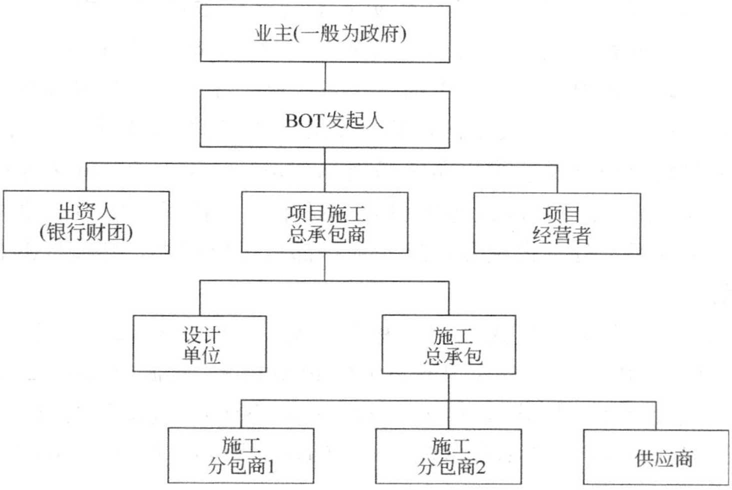

图 1-7　BOT 模式的各方关系图

BOT 模式具有如下优点：

(1) 降低政府财政负担。通过采取民间资本筹措、建设、经营的方式，吸引各种资金参与道路、码头、机场、铁路、桥梁等基础设施项目建设，以便政府集中资金用于其他公共物品的投资。项目融资的所有责任都转移给私人企业，减少了政府主权借债和还本付息的责任。

(2) 政府可以避免大量的项目风险。实行该种方式融资，使政府的投资风险由投资者、贷款者及相关当事人等共同分担，其中投资者承担了绝大部分风险。

(3) 有利于提高项目的运作效率。项目资金投入大、周期长，由于有民间资本参加，贷款机构对项目的审查、监督就比政府直接投资方式更加严格。同时，民间资本为了降低风险，获得较多的收益，客观上就更要加强管理，控制造价，这从客观上为项目建设和运营提供了约束机制和有利的外部环境。

(4) BOT 项目通常都由外国的公司来承包，这会给项目所在国带来先进的技术和管理经验，既给本国的承包商带来较多的发展机会，也促进了国际经济的融合。

BOT 模式具有如下缺点：

(1) 公共部门和私人企业往往都需要经过一个长期的调查了解、谈判和磋商过程，以致项目前期过长，投标费用过高。

(2) 投资方和贷款人风险过大，没有退路，使融资举步维艰。

(3) 参与项目各方存在某些利益冲突，对融资造成障碍。

(4) 机制不灵活，降低私人企业引进先进技术和管理经验的积极性。

(5) 在特许期内，政府对项目失去控制权。

BOT 模式被认为是代表国际项目融资发展趋势的一种新型结构。BOT 模式不仅得到了发展中国家政府的广泛重视和采纳，一些发达国家政府也考虑或计划采用 BOT 模式来完成政府企业的私有化过程。迄今为止，在发达国家和地区已进行的 BOT 项目中，比较著名的有横贯英法的英吉利海峡海底隧道工程、香港东区海底隧道项目、澳大利亚悉尼港海底隧道工程等。20 世纪 80 年代以后，BOT 模式得到了许多发展中国家政府的重视，中国、马来西亚、菲律宾、巴基斯坦、泰国等发展中国家都有成功运用 BOT 模式的项目，如中国广东深圳的沙角火力发电 B 厂、马来西亚的南北高速公路及菲律宾那法塔斯尔(Novotas)一号发电站等都是成功的案例。BOT 模式主要用于基础设施项目，包括电厂、机场、港口、收费公路、隧道、电信、供水和污水处理设施等，这些项目都是投资较大、建设周期长和可以自己运营获利的项目。

除了以上几种项目采购模式外，还有合伙模式(Partnering，起源于美国 20 世纪 90 年代)、PC—项目总控模式(Project Controlling，起源于德国 20 世纪 90 年代)、PFI—私人主动融资模式(Private Finance initiative，起源于英国 20 世纪 90 年代)以及新近兴起的 PPP—公私合营模式等(Private Public Partnership)。不同项目采购模式的承包范围参见图 1-8。

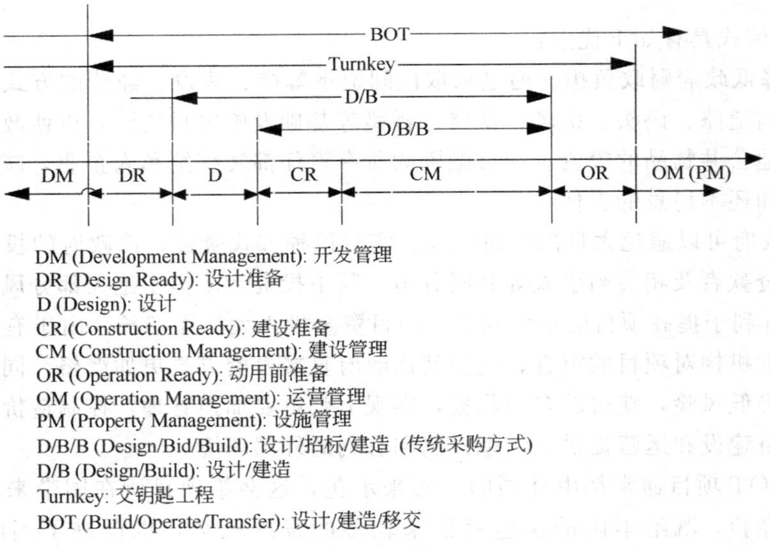

图 1-8 不同项目采购模式的承包范围

1.2.3 不同项目采购模式的区别

本节主要介绍传统项目采购模式(DBB)与设计—建造模式(DB)、建设管理模式(CM)的区别。

1. 业主介入施工活动的程度不同

(1) 传统项目采购模式中，业主聘用工程师为其提供工程管理咨询，成本工程师、工料测量师或造价工程师等为其提供完善的工程成本管理服务。在国际工程中，建筑师也为业主承担大量的项目管理工作，因此，业主不直接介入施工过程。

（2）设计建造模式中，业主缺乏为其直接服务的项目管理人员，因此在施工过程中，业主必须承担相应的管理工作。

（3）建设管理模式中，一般没有施工总承包商，业主与多数承包商直接签订工程合同。虽然CM经理协助业主进行工程施工管理，但业主必须适当介入施工活动。

2. 设计师参与工程管理的程度不同

（1）传统模式中授予建筑师或工程师极其重要的管理地位，建筑师或工程师在项目的大多数重要决策中起决定性作用，承包商必须服从建筑师或工程师的指令，严格按合同施工。因此，在传统的项目采购方式中，设计师参与管理工作的程度最高。

（2）设计建造模式中，设计和施工均属于同一公司内部的工作，设计参与管理工作的程度也很高。设计建造承包商通常首先表现为承包商，然后才表现为设计师，在总价合同条件下，设计建造承包商更多地关注成本和进度。设计工作和工程管理工作一定程度地分离。

（3）建设管理模式中，设计工作和工程管理工作彻底分离。设计师虽然作为项目管理的一个重要参与方，但工程管理的中心是建设管理承包商，建设管理承包商要求设计人员在适当时间提供设计文件，配合承包商完成工程建设。

3. 工作责任的明确程度不同

（1）传统项目采购模式中承包商的责任是按设计图纸施工，任何可能的工程纠纷首先从设计或施工等方面分析，然后从其他方面寻找原因。如果业主使用指定分包商，则导致工程责任划分更加复杂和困难。

（2）设计建造模式具有最明确的责任划分，承包商对工程项目的所有工作负责，即使是自然因素导致的事故，承包商也要负责。

（3）在建设管理模式中，业主和承包商直接签订工程合同，有助于明确工程责任。

4. 适用项目的复杂程度不同

（1）传统项目采购模式的组织结构一般较复杂，不适用于简单工程项目的管理。传统模式在招标前已完成所有工程的设计，并且假定设计人员比施工人员知识丰富。

（2）设计建造模式的管理职责简明，比较适用于简单的工程项目，也可以适用于较复杂的工程项目。但是，当项目组织非常复杂时，大多数设计建造承包商并不具备相应的协调管理能力。

（3）对于非常复杂的工程项目，建设管理模式是最合适的。在建设管理模式中，建设管理承包商处于独立地位，与设计或施工均没有利益关系，因此建设管理承包商更擅长于组织协调。同样，建设管理模式也适合于简单项目。

5. 工程项目建设的进度快慢不同

(1) 由于传统项目采购模式在招标前必须完成设计，因此该模式下的项目进度最慢。为了克服进度缓慢的弊端，传统模式下业主经常争取让可能中标的承包商及早进行开工准备，或者设置大量暂定项目，先于施工图纸进行施工招标，但效果并不理想，时常导致问题发生。

(2) 设计建造模式的工作目标明确，可让设计和施工搭接，可以提前开工。

(3) 建设管理模式的建设进度最快，能保证工程快速施工，高水平地搭接。

6. 工程成本的早期明确程度不同

工程项目的早期成本对大多数业主具有重要意义，但是由于风险因素的影响，导致工程成本具有不确定性。

(1) 传统项目采购模式具有较早的成本明确程度。传统模式中工程量清单是影响成本的直接因素，如果工程量清单存在大量估计内容，则成本的不确定性就大，如果工程量已经固定，则成本的不确定性就小。

(2) 设计建造模式一般采用总价合同，包含了所有工作内容。虽然承包商可能为了解决某些未预料的问题而改变工作内容，但必须对此完全负责。从理论上而言，设计建造模式的工程成本可能较高，但早期成本最明确。

(3) 建设管理模式由一系列合同组成，随着工作进展，工程成本逐渐明确。因此，工程开始时一般无法明确工程的最终成本，只有工程项目接近完成时才可能最终明确工程成本。

1.2.4 项目采购模式选择的影响因素

每种典型的项目采购模式都可以有它的变体，它们不是固定不变的，而是不断发展变化的。它们的发展变化是工程建设管理对建筑业科技进步的一种客观反映。项目采购模式的发展和变化并不是扬弃和替代的过程，不能够简单地认为后来出现的新模式就肯定比原来的模式好，采购模式的发展和变化丰富了人们对工程建设进行组织管理的方式。由于工程项目的特殊性，现实中并不存在一个通用的采购模式，选择工程采购模式的时候必须考虑各种具体因素灵活应用。

在对项目采购模式进行选择时，不能仅根据模式本身的优缺点进行选择，而是要依据工程项目自身和参与各方的特点来综合考虑。不同建设项目的特点均不相同，应该根据具体情况选择最适宜的模式。影响项目采购模式选择的因素主要有三个方面。

1. 工程项目特点

(1) 工程项目的范围。项目的范围包括项目的起始工作、项目范围的界定与确认、项目范围计划和变更的控制。确定了项目范围也就定义了项目的工作边界，明确了项目的目标和主要交付成果。一般而言，DBB 模式和 DB 模式要求项目的范围明确，并且早在设计阶段就已经明确了项目的要求；当工程项目的范围不太清楚，并且范围界定是逐渐明确时，比较适合 CM 模式。

(2) 工程进度。时间是大多数工程中的一个重要约束条件，业主必须决定是否需要快速路径法以缩短建设工期。DBB模式的建设工期比较长，因为建设过程一经划分后，设计与施工阶段在时间上就没有了搭接和调节工期的可能，而CM模式则减少了这种延迟，使得设计和施工可以顺利搭接。

（3）项目复杂性。工程设计是否标准或复杂也是影响采购模式选择的一个因素。DB模式适用于标准设计的工程，当设计较复杂时，DBB模式比较适用。如果业主还有诸如快速路径等特殊要求时，CM模式就比较适用。

（4）合同计价方式。按照工程计价方式的不同，承包商与业主的合同可以采用总价合同、单价合同或成本加酬金合同。DBB模式、DB模式一般均采用总价合同，而CM模式则通常采用成本加酬金方式，即CM单位向业主收取成本和一定比例的利润，不赚取总包与分包之间的差价，与分包商的合同价格对业主也是公开的。

2. 业主需求

（1）业主的协调管理。不同的项目采购模式要求业主与承包商签订的合同不同，因此项目系统内部的接口也随之不同，导致业主的组织协调和管理的工作量也有所区别。在DB模式下，业主的管理简单，协调工作量少。采用DBB模式和平行承发包模式时，业主的协调管理工作量增加。在CM模式下，业主的协调管理工作量介于这两者之间。

（2）投资预算估计。在DBB模式和平行承发包模式中，业主在施工招标前，对工程项目的投资总额较为清楚，因此有利于业主对项目投资进行预算和控制。而在DB模式下，由于业主和承包商之间只有一份合同，合同价格和条款都不容易准确确定，因此只能参照类似已完工程估算包干。在CM模式中，由于施工合同总价要随各分包合同的签订而逐步确定，因而很难在整个工程开始前确定一个总造价。

（3）价值工程研究。价值工程是降低成本提高经济效益的有效方法，在设计方案确定后，可采用价值工程方法，通过功能分析，对造价高的功能实施重点控制，从而最终降低工程造价，实现建设项目的最佳经济效益和环境效益。如果在工程实践中，业主要求在工程设计中应用价值工程以节省投资，则可以优先选用CM模式。

3. 业主偏好

（1）责任心。由于在DB模式下，总承包商承担了工程项目的设计、施工、材料和设备采购等全部工作，对工程进展中遇到的各种问题也由其自己解决，因此，当业主不愿在项目建设过程中较多参与时，可以优先考虑DB模式。然而在这种模式下，业主对项目质量控制的难度将有所增加。因而，有些业主宁愿选择其他模式，以利于在设计与施工中的监督与平衡。

（2）业主对设计的控制。业主需要决定在设计阶段愿意多大程度地参与设计以影响设计的最终结果。如果业主希望更富有创造性的或是独特的外观设计，则需要更多的参与设计工作，这样，CM模式和DBB模式就较为合适。DBB模式由于设计与施工的阶段划分，容易造成设计方案与实际施工条件脱节，从而不利于项目的设计优化。在其他模式下，业主对设计控制的难度较大。

(3) 业主承担风险的大小。随着工程项目规模不断扩大，技术越来越复杂，项目风险的影响因素也日益复杂多样。业主是否愿意在工程建设中承担较大的风险也成为影响采购模式选取的重要因素。在DB模式下，对有些工程项目的任务指标在工程合同中不易明确规定，因此业主和总承包商都有可能承担较大风险。如果业主不愿承担较大的风险，则可以选用其他模式。

根据以上对影响项目采购模式选取因素的分析，可建立模糊层次分析法的递阶层次结构模型，第一层为目标层，即选择合适的项目采购模式；第二层为指标层，是评价的主指标体系，即影响项目采购模式选取的主要因素；第三层为子指标层，是对第二层指标的细化；第四层为方案层，分别为可供选择的项目采购模式，如图1-9所示，并可利用模糊数学和层次分析法(AHP)，将之运用于实际项目采购模式的优选。

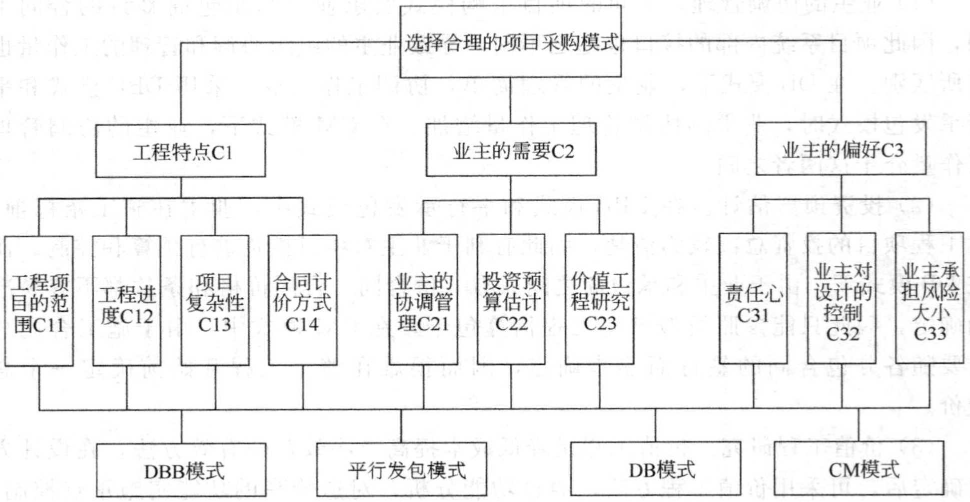

图1-9 项目采购模式选择的层次结构模型

1.2.5 项目采购模式应用的实证分析

对于各种项目采购模式，从理论上分析都有各自的优缺点。随着各种模式的不断应用和项目建设的完成，国外在20世纪90年代开展了几种主要采购模式的实证研究。其中美国宾夕法尼亚州立大学的Konchar博士和Sanvido教授的研究影响较大。他们受美国建筑业学会委托，对DB模式、传统DBB模式、风险型CM模式从费用、工期、质量方面进行了系统的比较研究，得出了定量的比较结果。实证分析的建设项目主要是在1990年到1996年之间完成的，分析研究的关键指标为费用、进度和质量。他们对符合调查条件的351个工程项目进行了分析，得到以下数据和比较结果。

1. 三种采购模式项目费用和进度的比较分析

三种采购模式下项目进度和费用的有关数据参见表1-1和图1-10。

项目费用和进度的中值分数比较　　　表 1-1

指标	单位	CM 模式	DB 模式	DBB 模式	最大标准差
单位费用	$/m²	1140	861	1291	197
超支费用	%	3.37	2.17	4.83	2.2
工程延期	%	0	0	4.44	1.7
施工速度	m²/月	761	845	477	220
工程交付速度	m²/月	438	636	302	191
工程建设强度	($/m²)/月	50	62	40	13

(资料来源：Mark Konchar、Victor Sanvido 1998)

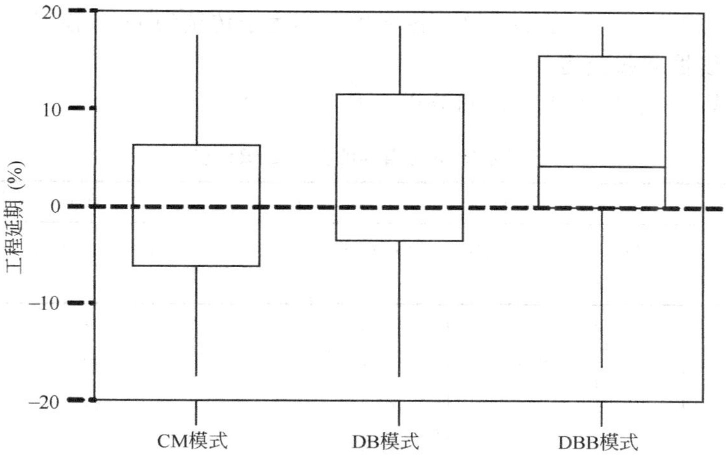

图 1-10　三种采购模式的工程延期情况

(资料来源：Mark Konchar、Victor Sanvido 1998)

图 1-10 块状图中显示了不同模式的工程延期情况，每个图块的水平线表示了表 1-1 中三种模式的工程延期中值。DB 模式和 CM 模式项目中 50%的工程延期在 0%以下(即缩短工期)，这显示了前两种模式和传统模式在这一点上的显著区别。DBB 模式的项目中有 50%超过了 4%的工程延期量。

2. 三种采购模式项目质量的比较分析

调查的业主被要求根据建筑物的实际功能情况和期望功能之间进行比较打分，分值越高表示指标情况越满意，如较低的启用难度、较少的维护费用等，并且用平均值来代表离散变量的中心趋势，参见表 1-2。

三种模式质量结果分析　　　表 1-2

质量指标 (1)	CM 模式 (2)	DB 模式 (3)	DBB 模式 (4)	最大标准差 (5)
设施启用难度	7.43	7.5	5.96	0.19
招回承包商的次数和程度	8.07	7.94	7.04	0.19
操作维护费用	6.69	7.67	6.88	0.19

续表

质量指标 (1)	CM模式 (2)	DB模式 (3)	DBB模式 (4)	最大标准差 (5)
围护结构、顶部、结构、基础的质量	5.36	5.71	4.95	0.19
室内空间和布置	6.28	6.15	5.19	0.19
通风采光等环境系统	5.34	5.24	4.86	0.19
工艺设备质量	5.63	5.61	5.07	0.19

（资料来源：Mark Konchar、Victor Sanvido 1998）

从表1-2可以明显看到，DB模式在质量指标上如果没有优于也至少持平于其他的项目采购模式。特别是DB模式各项指标都优于传统的DBB模式。

3. 多元线性回归模型

三种模式不同指标的多元回归分析，参见表1-3。

三种模式不同指标的多元回归比较 **表1-3**

多变量模型	U.S			R^2 (%)	UK	R^2 (%)
	DB与CM (%)	CM与DBB (%)	DB与DBB (%)		DB与DBB (%)	
单位费用	少 4.5	少 1.5	少 6.0	99	少 13	51
施工速度	快 7.0	快 6.0	快 12	89	快 12	90
交付速度	快 23	快 13	快 33	87	快 30	80
超支费用	少 12.6	多 7.8	少 5.2	24	NA	NA
工程延期	少 2.2	少 9.2	少 11.4	24	NA	NA

（资料来源：Mark Konchar、Victor Sanvido 1998，其中：DB代表设计建造模式；DBB代表传统模式；CM代表建设管理模式；NA表示没有进行分析。）

以上实证研究，表明了DB模式确实具有一定的优越性，而且不断得到不同学者的研究支持。这些研究发现消除了人们对DB模式的疑虑，增强了人们对该模式的信心，大大促进了其在工程建设方面的应用。虽然也有学者研究指出DB模式与传统模式相比，除了工期上的优势之外，并没有在费用和生产力方面的优势，但有一点得到了共识：要成功实行DB模式，业主必须具有工程经验，能够在准备设计说明书阶段向承包商准确传达工程概念。因此我国的业主在选择DB模式时，除了看到DB模式的优势，同时也要审视自己的能力，只有这样才能充分发挥DB模式的优势和特点。

1.3 工程合同文本及合同管理要点

1.3.1 标准合同条件及其发展变化

1. 标准合同条件

合同条件规定了合同各方的权利、责任以及风险分配，是合同文件最重要的内容之一。工程标准合同条件(Standard Conditions of Contract)能够合理地平衡合同各方的利益，特别是可以在合同各方之间比较公平地分配风险和责任。另外，使用标准合同条件使得各方对合同都较为熟悉和理解，减少了合同管理的风险。国际上著名的标准合同格式有：FIDIC(国际咨询工程师联合会)、ICE(英国土木工程师学会)、JCT(英国合同审定联合会)、AIA(美国建筑师学会)、AGC(美国总承包商协会)等组织制定的系列标准合同格式。其中最为常见的是FIDIC标准合同格式，特别是FIDIC土木工程施工合同条件(红皮书)。ICE和JCT的标准合同格式是英国以及英联邦国家和地区的主流合同条件。AIA和AGC的标准合同格式是美国以及受美国建筑业影响较大国家的主流合同条件。FIDIC标准合同格式主要适用于世界银行、亚洲开发银行等国际金融机构的贷款项目以及其他国际工程，是我国工程界最为熟悉的国际标准合同条件，也是我国《建设工程施工合同示范文本》1991版和1999版的主要参考蓝本。在这些标准合同条件中，FIDIC和ICE合同条件主要应用于土木工程，而JCT和AIA合同条件主要应用于建筑工程。

2. 国际上权威的合同条件

(1) ICE标准合同。ICE的标准合同条件具有很长的历史，它的《土木工程施工合同条件》已经在1991年出版了第6版本。ICE的标准合同格式属于单价合同，即承包商在招标文件中的工程量清单(Bill of Quantities)填入综合单价，以实际计量的工程量而非工程量清单里的工程量进行结算。此标准合同格式主要适用于传统施工总承包的采购模式。随着工程界和法律界对传统采购模式以及标准合同格式批评的增加，ICE决定制定新的标准合同格式。1991年ICE的“新工程合同”(New Engineering Contract，NEC)征求意见版出版，1993年“新工程合同”第一版出版，1995年“新工程合同”又出版了第二版，第二版中“新工程合同”成了一系列标准合同格式的总称，用于主承包合同的合同标准条件被称为“工程和施工合同”(Engineering and Construction Contract，ECC)。制定NEC的目的是增进合同各方的合作、建立团队精神，明确合同各方的风险分担，减少工程建设中的不确定性，减少索赔以及仲裁、诉讼的可能性。ECC一个显著的特点是它的选项表，选项表里列出了六种合同形式，使ECC能够适用于不同合同形式的工程。

(2) JCT标准合同。JCT是由RIBA(英国皇家建筑师学会)主导的由多个专业组织组成的一个联合组织，其标准合同条件的制定可以追溯到1902年。JCT的“建筑工程合同条件”(即JCT80)用于业主与承包商之间的施工总承包合同，它的最新版本是1991年版。同ICE的传统合同条件一样，JCT80主要适用于传统的施工总承包。JCT80属于总价合同，这是和ICE传统合同条件不同的地方。JCT还分别在1981年制定了适用于DB模式的JCT81，在1987年制定了适用于MC模式的JCT87。

(3) FIDIC标准合同。FIDIC于1945年出版了“土木工程施工合同条件”(红皮书)，最新版本是1989年的第四版。红皮书来源于ICE传统的合同条件，它们之间有很多相同的地方，它同样适用于传统的施工总承包模式，同样是单价合同类型。红皮书虽然被工程界称为工程领域的“圣经”，但是红皮书里工程师的角色也引起了不少争议，这促使FIDIC在1996年红皮书的增补本里引入了“争端裁决委员会”（Dispute Adjudication Board，DAB），以替代工程师的准仲裁员角色。值得注意的是我国几种标准施工合同格式基本上都是以FIDIC红皮书为蓝本的，故必须重新考虑其中工程师（监理单位）的角色是否恰当的问题。另外，FIDIC在1990年出版了“业主/咨询工程师标准服务协议书”（白皮书），在1994年出版了“土木工程施工分包合同条件”（与红皮书配套使用），在1995年出版了“设计—建造与交钥匙合同条件”（桔皮书）。这几个标准合同格式和1987年第三版“电器与机械工程合同条件”（黄皮书）共同构成了1999年以前的“FIDIC合同条件”。1999年，FIDIC正式出版了一系列新的标准合同条件，即“施工合同条件”（新红皮书）、“工程设备和设计—建造合同条件”（新黄皮书）、“EPC（设计—采购—建造）交钥匙合同条件”（银皮书）、“合同的简短格式”（绿皮书）。这四个新的合同条件和1999年以前的系列合同条件有着极大的不同，不仅在适用范围上大大拓宽，而且在具体的合同条件、形式、措辞上也有很大的不同，可以说它们是对原有FIDIC合同格式的根本性变革。“新红皮书”不仅可以用于土木工程，还可以用于机械和电器工程。“新黄皮书”和“银皮书”可以用于“设计—建造”和“EPC（设计—采购—建筑）交钥匙”等情况。“绿皮书”则适用于各类中小型工程。

（4）AIA标准合同。AIA从1911年就不断地编制各种合同条件，到目前为止AIA已经制定出了从A系列到G系列完备的合同文件体系，其中A系列是用于业主与承包商之间的施工承包合同，B系列是用于业主与建筑师之间的设计委托合同。AIA系列合同文件的核心是“通用条件”（A201），采用不同的项目采购模式和合同价格类型时，只需要引用不同的协议书格式与通用条件。AIA合同文件涵盖了所有主要项目采购模式，如应用于“传统模式”（即施工总承包）的A101、B141、A201（A101是业主与承包商之间的协议书，B141是业主与建筑师之间的协议书），应用于代理型CM的B801/CMa、A101/CMa、A201/CMa（CMa即CM agency），应用于风险型CM的A121/CMc、A201（CMc即CM constructor）。

3. 国内工程合同标准条件及完善

住房和城乡建设部的建设工程施工合同示范文本、水利部的水利水电工程施工合同条件以及交通运输部对道路工程施工所制定的合同示范文本是我国当前使用的标准施工合同条件，这几个示范文本都是以FIDIC的红皮书作为参考蓝本，可以说是中国化的FIDIC红皮书。虽然它们对我国工程施工合同制的建立和完善起着重要作用，但是它们的单一性也是显而易见的：都是基于传统采购模式的施工合同。完善我国的标准合同条件应该从三个方面着手：首先，标准合同条件应该能够反映各种项目采购模式，不同的项目采购模式应该分别由不同的标准合同条件来反映，而不是体现在同一个标准合同条件里；其次，标准合同条件必须能够反映各种合同类型，即总价合同、单价合同、成本加酬金合同，对于每个具体的标准合同条件来说，可以增加相关条款来反映合同类型的多样性；最后，标准合同条件应该全面，也就是说合同条件应该反映各种工程：土木工程、建筑工程、机电工程等。此外，还应该制定专门的工程施工分包合同条件和适用于小型工程和简单工程的施工合同简短格式。为了应对国际建筑业的快速发展和激烈竞争以及适应加入世界贸易组织的要求，必须对我国的工程建设体制进行更深刻的改革，使我国的建筑业尽快与国际接轨。就工程合同方面，我们必须采取更加积极的应对措施，改革和完善我国项目采购模式的制度环境，使项目采购模式能够实现多样性和灵活性，以建立起完善的项目采购模式体系；另外也必须发展和完善我国的标准合同条件体系，使其更能够反映工程合同关系的多样性。

随着全球经济一体化进程加快及我国投资主体多元化，我国建筑业与国际建筑业的接轨显得越来越重要，项目采购模式必须实现多样化。由于长期计划经济体制的深刻影响以及其他种种原因，我国工程建设领域中传统模式和平行发包模式一直占据着绝对的主导地位，其他模式应用得很少。相应地，我国项目采购的制度环境也只是针对传统模式和它的变体—平行发包模式，这种情形也体现在相关的法律、法规和规章中。这种局面使得我国项目采购模式多样化的进程举步维艰，阻碍了我国工程建设领域与国际接轨的步伐。因此必须加大改革力度，清理、完善相关的法律、法规，使它们能够适应项目采购模式多样化的要求。

工程合同标准条件的详细内容参见第 2 章。

1.3.2 工程合同管理要点

市场经济的本质是契约(合同)经济，合同是市场主体进行交易的依据。合同的本质在于规范市场交易、节约交易费用。工程合同确定了项目的成本、工期和质量等目标，规定了双方的权利、义务和责任。因此合同管理是工程项目管理的核心，合同管理贯穿于工程实施的全过程。现代工程项目是一个复杂的系统工程，技术复杂、建设周期长、投资额大、不确定因素多、项目参与方多、合同种类和数量多，有的大型项目甚至由上千份合同组成，每份合同的圆满履行意味着项目的成功，只要有一份合同履行出现问题，就会影响和殃及其他合同甚至整个项目的成功。

1. 工程合同管理特点

工程合同管理不仅具有与其他行业合同管理相同的特点，还因其行业和项目的专业性具有自身的特点，主要有以下方面：

(1) 合同管理周期长。相比于其他合同，工程合同周期较长，在合同履行过程中，会出现许多原先订立合同时未能预料的情况，为及时、妥善地解决可能出现的问题，必须长期跟踪、管理工程合同，并对任何合同的修改、补充等情况做好记录和管理。

(2) 合同管理效益显著。在工程合同长期的履行过程中，有效的合同管理可以帮助企业发现、预见并设法解决可能出现的问题，避免纠纷的发生，从而节约不必要的涉讼费用。同时通过大量有理、有据的书面合同和履约记录，企业可以提出增补工程款项等相关签证，通过有效的索赔，合法、正当地获取应得利益。可见合同管理能够产生效益，合同中蕴藏着潜在的、有时甚至是巨大的经济效益。

(3) 合同变更频繁。由于工程合同周期长，合同价款高，合同不确定因素多，导致合同变更频繁，企业面临大量的签证、索赔和反索赔工作，因此企业的合同管理必须是动态、及时和全面的，合同的履约管理应根据变更及时调整。

（4）合同管理系统性强。业主、承包商等市场主体往往涉及众多合同，合同种类繁杂多样，合同管理必须处理好技术、经济、财务、法律等各方面关系，通过合理的、系统化的管理模式分门别类地管理合同。

（5）合同管理法律要求高。工程合同管理不仅要求管理者熟悉普通企业所要了解的法律法规，还必须熟知工程建设专业法律法规。由于建设领域的法律、法规、标准、规范和合同文本众多，且在不断更新和增加，要求企业的合同管理人员必须在充分、及时地学习最新法律法规的前提下，结合企业的实际情况开展才有效。

（6）合同管理信息化要求高。工程合同管理涉及大量信息，需要及时收集、整理、处理和利用，应当建立合同管理信息系统，才能开展有效的合同管理。

2. 合同管理阶段和主要内容

合同生命期从签订之日起到双方权利义务履行完毕而自然终止。而工程合同管理的生命期和项目建设期有关，主要有合同策划、招标采购、合同签订和合同履行等阶段的合同管理，各阶段合同管理主要内容如下：

（1）合同策划阶段

合同策划是在项目实施前对整个项目合同管理方案预先作出科学合理的安排和设计，从合同管理组织、方法、内容、程序和制度等方面预先作出计划的方案，以保证项目所有合同的圆满履行，减少合同争议和纠纷，从而保证整个项目目标的实现。该阶段合同管理内容主要包括以下方面：

1）合同管理组织机构设置及专业合同管理人员配备；

2）合同管理责任及其分解体系；

3）项目采购模式和合同类型选择和确定；

4）项目结构分解体系和合同结构体系设计，包括合同打包、分解或合同标段划分等；

5）招标方案和招标文件设计；

6）合同文件和主要内容设计；

7）主要合同管理流程设计，包括投资控制、进度控制、质量控制、设计变更、支付与结算、竣工验收、合同索赔和争议处理等流程。

（2）招标采购阶段

合同管理并不是在合同签订之后才开始的，招投标过程中形成的文件基本上都是合同文件的组成部分。在招投标阶段应保证合同条件的完整性、准确性、严格性、合理性与可行性。该阶段合同管理的主要内容有：

1）编制合理的招标文件，严格投标人的资格预审，依法组织招标；

2）组织现场踏勘，投标人编制投标方案和投标文件；

3）做好开标、评标和定标工作；

4）合同审查工作；

5）组织合同谈判和签订；

6）提供履约担保等。

(3)合同履行阶段

合同履行阶段是合同管理的重点阶段，包括履行过程和履行后的合同管理工作，主要内容有：

1）合同总体分析与结构分解；

2）合同管理责任体系及其分解；

3）合同工作分析和合同交底；

4）合同成本控制、进度控制、质量控制及安全、健康、环境管理等；

5）合同变更管理；

6）合同索赔管理；

7）合同争议管理等。

3. 合同管理制度

鉴于工程合同管理的特点，工程项目的合同管理必须注重专门化、专业化、协调化和信息化。具体而言就是：企业或项目应设立专门的合同管理机构，统一保存和管理合同；配备专门的专业人员具体负责合同管理工作；强化合同管理过程中企业或项目内外部的分工、协调与合作，逐步建立和完善合同管理体系和制度。合同管理制度主要包括以下方面：

(1)合同会签制度

由于工程合同涉及企业或项目相关部门的工作，为了保证合同签订后得以全面履行，在合同正式签订之前，由办理合同的业务部门会同企业或项目的其他部门共同研究，提出对合同条款的具体意见，进行会签。实行合同会签制度，有利于调动各部门的积极性，发挥各部门管理职能作用，群策群力，集思广益，以保证合同履行的可行性，并促使企业或项目各部门之间的相互衔接和协调，确保合同全面、切实的履行。

(2)合同审查制度

为了保证企业签订的合同合法、有效，必须在签订前履行审查、批准手续。合同审查是指将准备签订的合同在部门会签后，交给企业主管合同的机构或法律顾问进行审查；合同批准是由企业主管或法定代表人签署意见，同意对外正式签订合同。通过严格的审查和批准手续，可以使合同的签订建立在可靠的基础上，尽量防止合同纠纷的发生，维护企业或项目的合法利益。

(3)合同印章管理制度

企业合同专用章是代表企业在经营活动中对外行使权利、承担义务、签订合同的凭证。因此，企业对合同专用章的登记、保管、使用等都要有严格的规定。合同专用章应由合同管理员保管、签印，并实行专章专用。合同专用章只能在规定的业务范围内使用，不能超越范围使用；不得为空白合同文本加盖合同印章；不得为未经审查批准的合同文本加盖合同印章；严禁与合同洽谈人员勾结，利用合同专用章谋取个人利益。出现上述情况，要追究合同专用章管理人员的责任。凡外出签订合同时，应由合同专用章管理人员携章陪同负责办理签约的人员一起前往签约。

（4）合同信息管理制度

由于工程合同在签订和履行中往来函件和资料非常多，故合同管理系统性强，必须实行档案化、信息化管理。

应建立文档编码及检索系统，每一份合同、往来函件、会议纪要和图纸变更等文件均应进入计算机系统，并确立特定的文档编码，根据计算机设置的检索系统进行保存和调阅；

应建立文档的收集和处理制度，有专人及时收集、整理、归档各种工程信息，严格信息资料的查阅、登记、管理和保密制度，工程全部竣工后，应将全部合同及文件，包括完整的工程竣工资料、竣工图纸、竣工验收、工程结算和决算等，按照国家《档案法》及有关规定，建档保管；

应建立行文制度、传送制度和确认制度，合同管理机构应制定标准化的行文格式，对外统一使用，相关文件和信息经过合同管理机构准许后才能对外传送。一旦经由信息化传送方式传达的资料需由收到方以书面的或同样信息化的方式加以确认，确认结果由合同管理机构统一保管。

（5）合同检查和奖励制度

企业应建立合同签订、履行的监督检查制度，通过检查及时发现合同履行管理中的薄弱环节和矛盾，以利提出改进意见，促进企业各部门的协调配合，提高企业的经营管理水平。通过定期的检查和考核，对合同履行管理工作完成好的部门和人员给予表扬鼓励；成绩突出并有重大贡献的人员，给予物质和精神奖励。对于工作差、不负责任的或经常“扯皮”的部门和人员要给予批评教育；对玩忽职守、严重渎职或有违法行为的人员要给予行政处分、经济制裁，情节严重、触及刑律的要追究刑事责任。实行奖惩制度有利于增强企业各部门和有关人员履行合同的责任心，是保证全面履行合同的有利措施。

（6）合同统计考核制度

合同统计考核制度，是企业整个统计报表制度的重要组成部分。合同统计考核制度，是运用科学方法，利用统计数字，反馈合同订立和履行情况，通过对统计数字的分析，总结经验，找出教训，为企业经营决策提供重要依据。合同考核制度包括统计范围、计算方法、报表格式、填报规定、报送期限和部门等。承包商一般是对中标率、合同谈判成功率、合同签约率、索赔成功率和合同履行率等进行统计考核。

（7）合同管理目标制度

合同管理目标是各项合同管理活动应达到的预期结果和最终目的。合同管理的目的是企业通过自身在合同订立和履行过程中进行的计划、组织、指挥、监督和协调等工作，促使企业或项目内部各部门、各环节互相衔接、密切配合，进而使人、财、物、信息等要素得到合理组织和充分利用，保证企业经营管理活动的顺利进行，提高工程管理水平，增强市场竞争能力。

（8）合同管理质量责任制度

合同管理质量责任制度是承包商的一项基本管理制度，它具体规定企业内部具有合同管理任务的部门和合同管理人员的工作范围、履行合同中应负的责任以及拥有的职权。这一制度有利于企业内部合同管理工作分工协作，责任明确，任务落实，逐级负责，人人负责，从而调动企业合同管理人员以及合同履行中涉及的有关人员的积极性，促进承包商管理工作正常开展，保证合同圆满完成。

（9）合同管理评估制度

合同管理制度是合同管理活动及其运行过程的行为规范，合同管理制度是否健全是合同管理的关键所在。因此建立一套有效的合同管理评估制度是十分必要的。合同管理评估制度的主要内容有：

1）合法性：指合同管理制度应符合国家有关法律法规的规定。

2）规范性：指合同管理制度具有规范合同行为的作用，对合同管理行为进行评价、指导和预测，对合法行为进行保护奖励，对违法行为进行预防、警示或制裁等。

3）实用性：指合同管理制度能适应合同管理的需求，便于操作和实施。

4）系统性：指各类合同的管理制度互相协调、互相制约，形成一个有机系统，在工程合同管理中能发挥整体效应。

5）科学性：指合同管理制度能够正确反映合同管理的客观规律，能保证按照客观规律进行有效的合同管理。

本 章 小 结

本章介绍了建设项目采购模式的基本内涵以及 *DBB*、*DB*、*CM*、*EPC*、*BOT* 等基本形式和主要内容；分析了不同项目采购模式的主要区别和模式选择的影响因素。本章还简要介绍了国际和国内的系列标准工程合同条件；探讨了工程合同管理的特点、各阶段合同管理的主要内容以及合同管理制度建设等问题。

复习思考题

1. 分析项目采购模式演变的动因和发展历程。
2. 如何认识项目采购模式的定义和内涵？
3. 试分析不同项目采购模式的承包范围和主要区别。
4. 影响业主或工程师选择项目采购模式的因素有哪些？
5. 国际主要的工程合同条件有哪些？其使用范围和特点是什么？
6. 试分析工程合同管理有哪些特点？各阶段合同管理的主要内容是什么？
7. 结合工程项目和企业实际，应建立的合同管理制度有哪些？

第2章 工程合同条件系列

2.1 FIDIC合同系列

2.1.1 FIDIC合同条件综述

1. FIDIC组织

FIDIC是国际咨询工程师联合会的法文缩写，于1913年在英国成立。FIDIC是国际上权威的被世界银行认可的咨询工程师组织，目前已有60多个成员组织，分属于2个地区性组织，即ASPAC—亚洲及太平洋地区成员协会，LAMA—非洲成员协会集团。中国工程咨询协会于1996年10月代表中国加入了FIDIC组织，并首次代表中国参加了在南非开普敦召开的1996年年会。FIDIC总部设在瑞士洛桑，主要职能机构有：执行委员会(TEC)、土木工程合同委员会(CECC)、业主与咨询工程师关系委员会(CCRC)、职业责任委员会(PLC)和秘书处等。

2. FIDIC合同条件的形成和发展

FIDIC已出版了多种模式的国际合同条件或协议书，典型的有：《土木工程施工合同条件》和《土木工程施工分包合同条件》(简称红皮书)、《业主/咨询工程师标准服务协议书》(简称白皮书)、《设计—建造和交钥匙工程合同条件》(简称桔皮书)。红皮书用于雇主方(或雇主委托方)与承包商所订立的合同或合同专用条件，其估价依据是基于测定的工程量和合同单价。黄皮书用于设备的提供和安装，一般适用于大型项目中的部分工程。桔皮书用于以承包商提供设计为基础进行的工程施工。其中《土木工程施工合同条件》的适用范围广泛，权威性远超过黄皮书和桔皮书的影响。一般来讲，如果没有专指，提到“FIDIC合同条件”，就是指FIDIC《土木工程施工合同条件》。FIDIC《土木工程施工合同条件》是以英国土木工程师学会 ICE 合同条件为蓝本，由 FIDIC 和 FIEC(欧洲建筑业国际联合会)负责编订，由美国承包商协会(AGGA)、泛美建筑业联合会(FIIC)和美洲及西太平洋承包商协会国际联合会(IFA WPCA)等核准并推行的，世界银行和亚洲开发银行推荐用于土建工程国际和国内的竞争性招标。

1957 年 FIDIC 首次出版了标准的《土木工程施工合同条件》，在此之前没有专门编制用于国际工程的合同条件。第二版于 1963 年发行，只是在第一版的基础上增加了用于疏竣和填筑工程的第三部分，并没有改变第一版中所包含的条件。第三版于 1977 年出版，对第二版作了全面修改，得到欧洲建筑业国际联合会、亚洲及西太平洋承包商协会国际联合会、美洲国际建筑联合会、美国承包商联合会、国际疏浚公司的共同认可。经世界银行推荐将 FIDIC 合同条件第三版纳入了世界银行与美洲开发银行共同编制的《工程采购招标文件样本》。第三版具有里程碑意义，已臻于成熟，获得国际上的广泛认可和推荐。第四版于 1987 年出版，1988 年出版了第四版订正版并体现于 1989 年出版的《土木工程施工合同应用指南》之中。1992 年对第四版个别条款又进行了修订。1999 年 9 月，FIDIC 出版了《施工合同条件》(称为"新红皮书")，共 20 条 163 款。从其文本构成、适用范围和条款内容来看，是不同于红皮书的另一种文本，而不是红皮书的新版，该书也注明为 1999 年第一版。

3. FIDIC 合同条件编制原则

(1) 标准化原则：它采用了标准的合同样式、详尽的合同条款、规范的工作关系和程序。

(2) 竞争择优原则：合同条件仅适用于采用竞争性招标方式选择承包商。合同条件还规定了招标的程序和办法，以确保竞争的可靠性，确保承包商的技术和质量，又能控制造价和工期。

(3) 他人监督原则：FIDIC 合同条件是针对独立的工程师进行项目管理而编制的，适用的前提是委托工程师进行项目管理。

(4) 依法管理原则：FIDIC 合同条件明确了它据以解释的有关法律和适用的后继法律，以法律为应用保障。

(5) 平等交换原则：工程建设实质上是实物工程量和货币金额之间的等价交换，该合同条件以固定单价方式编制招标文件为前提，工程价格随工程量的变化而变化，体现了承包商和业主之间的平等交换。

4. FIDIC 合同条件的特点

(1) FIDIC 合同条件的基本特点

1) 国际性、权威性、通用性。FIDIC《土木工程施工合同条件》的国际性和权威性，从其出台的过程以及它被多年应用于国际工程所证实。其通用性表现在只要是土木工程，包括房屋工程、桥隧工程、公路工程等均通用；另一方面，它不仅用于国际工程，也可应用于国内工程，如我国国内工程广泛应用的交通部编制的《公路工程施工施工合同条件》就是等同采用 FIDIC 合同条件，铁道部编制的《铁路工程施工合同条件》就是等效采用 FIDIC 合同条件而出台的。

2）权利与义务明确，职责分明，内容趋于完善。主要是对承包商的一般权利、义务规定十分明确，所占条款数多，在 72 条 194 款中占 26 条 54 款。对于工程师职责和权力的规定也十分明确，涉及到 72 条中的 50 条。经过国际工程领域多年的广泛使用，四次再版，日臻完善。文字严密，逻辑性强，内容广泛具体，可操作性强。

3）法律制度严格。合同条件中形成了一整套科学的具有法律特性的管理制度，如工程监理制度、合同担保制度、工程保险制度、质量责任制度等，为合同的履行提供了制度保证。

4）合同文本构成科学合理。通用条件和专用条件的有机结合，也即固定模式和机动模式的有机结合，既完备又简洁。这样能保证合同当事人依法或按照国际惯例签订合同，避免了缺款少项等现象的发生。合同公开性好，具体表现在权利义务趋于平等，风险分担合理。

5）具有社会成本的效益性。在投标前，由于采用严谨的标准合同条件作为招标文件的组成部分，因而投标人在投标时有一个细致而稳定的依据，容易形成较低的标价。在项目实施中，由于合同条款的严密性及对各方责任的严格要求，对降低社会成本、控制质量和进度、提高业主和承包商的效益等都有好处。从总体上讲，减少了项目实施的社会成本。

（2）FIDIC 最新合同条件发展变化

1）适应国际工程承包方式的新发展。自 20 世纪 70 年代以来，国际建筑市场的承包方式有了迅速发展，使得 FIDIC 原有的合同条件体系在适应国际工程承包方式发展和需要方面不是特别及时，因此，所作的修改适应了当今世界的发展形势，同时，也有利于扩大 FIDIC 组织以及 FIDIC 合同条件在国际工程界的影响。

2）结构体系统一。FIDIC1999 年新版合同条件实现了结构体系的统一，三个合同条件文本均为 20 条(与桔皮书一致)163 款。这为承包商分析和比较不同合同条件(实质上反映的是不同采购方式)的区别提供了便利。

3）大多数条款相同。在新红皮书、新黄皮书、银皮书三个合同条件中，大多数条的名称和条款的数目均相同(实际上大多数款的名称也相同，只是未在表中反映出来)，可以明显反映出不同合同条件的根本区别。

4）利于计算机辅助合同管理。上述结构体系统一和多数条款相同两个特点，将大大提高计算机辅助合同管理的效率和水平。

2.1.2 FIDIC 合同条件系列

FIDIC 于 1999 年出版了四份新的合同标准格式的第一版，其中包括《施工合同条件》(Conditions of Contract for Construction，以下简称新红皮书)、《生产设备和设计—施工合同条件》(Conditions of Contract for Plant and Design-Build，以下简称新黄皮书)、《设计采购施工(EPC)/交钥匙工程合同条件》(Conditions of Contract for EPC/Turnkey Projects，以下简称银皮书)、《简明合同格式》(Short Form of Contract)。

1.《施工合同条件》（新红皮书）

（1）简述

FIDIC施工合同条(99版，简称新红皮书)的通用条件共包括20条163款，涉及的内容包括：一般规定，雇主，工程师，承包商，指定分包商，职员和劳工，工程设备、材料和工艺，开工、延误和暂停，竣工检验，雇主的接受，缺陷责任，测量和估价，变更和调整，合同价格和支付，雇主提出终止，承包商提出暂停和终止，风险和责任，保险，不可抗力，索赔，争端和仲裁。对于每一份具体的合同，都必须编制专用条件，通用条件和专用条件共同构成了约束合同各方权利和义务的全部合同条件。

该合同条件被推荐用于由雇主设计或由其代表(工程师)设计的房屋建筑或土木工程(Building or Engineering Works)。一般的合同安排是承包商按照雇主提供的设计进行工程施工，但该工程可以包括由承包商设计的土木、机械、电器和(或)构筑物的某些部分。

（2）与原红皮书的区别

该合同条件与原来的《土木工程施工合同条件》相对应，其名称的改变并不是出于简化目的，而在于其适用的工程范围扩大，不仅可以用于土木工程，也可以用于房屋建筑工程。新版FIDIC《施工合同条件》继承了以往合同条件的优点，并根据多年实践取得的经验以及专家学者和相关各方的意见和建议，在布局、结构、措辞等方面做了重大的修改，定义和措辞更加准确，包括了施工合同的通用条件和专用条件、附有争端裁决协议书、一般条件、各担保格式以及投标函、合同协议书等文件。

2.《生产设备和设计—施工合同条件》（新黄皮书）

（1）简述

该合同条件被推荐用于电气和(或)机械设备的供货以及房屋建筑和工程构筑物的设计与施工。一般合同安排是承包商按照雇主要求来设计和提供生产设备和(或)其他工程，此类工程可以包括土木、机械、电器、房屋建筑和(或)工程构筑物以及他们的组合。

（2）与原黄皮书的区别

该合同条件与原来的《电气与机械工程合同条件》相对应，不仅其合同名称发生了改变，内容等方面也有不小的变化，具体如下：

1）新版的适用范围已有所扩大。它适用于所有以机电为主要内容的承包项目。不仅包括原版所指的土木和市政工程中的泵站、水处理厂等，还指所有工业生产和加工项目。可以用于世界银行贷款项目和私人投资的工业生产项目。

2）新版的工作内容扩大了。新版加上了“成套设备，设计施工承包”，而旧版只提到“包括场地吊装”。它其实是用于工业项目的设计施工总承包。

3）新版强调了对“Plant”的承包。这个名词从设计开始，包括设备、配套的土建工程和现场安装。在此，我们可以将此词理解为成套设备，可以是一个工厂，也可以是一个车间。

4）承包跨度很大。承包的跨度包括建成验收、投产前的调试验收和投产一段时间后的测试。

3.《设计采购施工(EPC)/交钥匙工程合同条件》(银皮书)

(1)简述

该合同条件适用于在交钥匙基础上进行的工厂或类似设施的加工或动力设备，或其他类型开发项目的实施。这种合同条件所适用的项目有：

1）可以有一个较准确的最终价和完成时间的开发项目。

2）承包商完全负责项目的设备和施工，雇主基本不参与工作。在交钥匙项目中，一般由承包商实施所有的设计、采购和建造工作，即在交钥匙时，提供一个配套完整、可以运行的设施。

(2)EPC合同

该合同条件与原来的《设计—建造和交钥匙(工程)合同条件》(桔皮书)有一定的相关性，但FIDIC并无意以银皮书取代桔皮书。EPC的英文名称是“Engineering Procurement Construction”，它原来是20世纪80年代美国大建筑公司打出的一种营销方式。这里的Engineering是关于工程技术上的安排，包括规划、工程或建筑设计、结构等都在内。Procurement包括置办、采购以及所有过程中的管理，如招标、订约、催办、运输、报关、验货、检查、入库等，在概念上不仅仅是采购。Construction实际是发包管理直至竣工验收，不是单指施工。

4.《简明合同格式》

该合同被推荐用于资本金额较小的房屋建筑或工程构筑物项目。根据工程类型和情况，这种合同格式也可用于资本金额较大的工程，特别是用于简单或重复性的工程或工期较短的工程。采用这种合同格式时，通常由承包商按照雇主或其代表(如有时)提供的设计进行工程施工，但这种格式也可适用于包括或全部是由承包商设计的土木、机械、电器、房屋建筑和(或)构筑物的合同。

2.1.3 FIDIC合同条件的应用方式

FIDIC合同条件是在总结了各个国家、地区的业主、咨询工程师和承包商经验基础上编制出来的，也是在长期的国际工程实践中形成并逐渐发展成熟起来的，是目前国际上广泛采用的高水平、规范的合同条件。考虑到工程项目的一次性、惟一性等特点，FIDIC合同条件分成了通用条件(General Conditions)和专用条件(Conditions of Particular Application)两部分。通用条件适用于某一类工程，专用条件则针对一个具体的工程项目，在考虑项目所在国法律法规不同、项目特点和业主要求不同的基础上，对通用条件进行的具体修改和补充。

1. FIDIC土木工程合同条件的适用条件

(1) 适用于竞争性招标项目。适用于根据公开招标或有限竞争招标的国际惯例选择承包商，不适用于议标、直接委托等非竞争方式。

(2) 适用于单价合同。不适用于“总价合同”及“成本加酬金”等其他类型的合同。单价合同是一个重新计量合同，合同总价除标价评判外很少有用。单价合同比固定总价合同更具有实用性，对合同双方当事人更具有公平性。

(3) 适用于由工程师进行施工管理的项目。因为合同条件旨在建立以工程师为中心的专家管理体系。

(4) 完善和良好的法制环境。FIDIC 合同条件的实施需要一个良好的法制环境。

2. FIDIC 合同格式选择

(1) 不同性质的项目应当选择相应的 FIDIC 合同形式

由雇主或其代表(工程师)设计的工程项目，由承包商按雇主提供的设计进行工程施工，对此类工程应当选用新编 FIDIC《施工合同条件》；关于电气和(或)机械设备供货或工程的设计与设备，承包商按照雇主的要求设计、提供生产设备和(或)其他工程，应使用《生产设备和设计—施工合同条件》；建设工厂或类似设施的加工、动力设备、基础设施项目或其他类型开发项目，项目的工期、最终价格确定的交钥匙工程，由承包商进行全部设计、采购和施工，最终提供一个配备完整设施的工程应选用新编《设计采购(EPC)/交钥匙工程合同条件》；对于投资金额较小的建筑工程，或投资较大但工程简单、重复或工期较短的，应当选择使用《简明合同格式》。

(2) 不同投资主体对合同形式的选择

业主为中国法人(含中外合资、外方独资的企业)的项目，工程在中国境外，或虽在境内但雇主与承包商一方或双方为中国境外的外国法人，工程项目进行国际招标的，合同当事人除按工程性质或状况选择相应的 FIDIC 格式合同外，还应对所适用该合同形式的通用条款、专用条款进行修改、确认与补充，如法律适用、争端解决(DRB)与仲裁(管辖)等作出选择与约定。

3. FIDIC 合同条件的应用方式

(1) 国际金融组织和一些国际项目直接采用

在世界各地，凡世行、亚行、非行贷款的工程项目以及一些国家和地区的工程招标文件中，大部分全文采用 FIDIC 合同条件。在我国，凡亚行贷款项目，全文采用 FIDIC“红皮书”。凡世行贷款项目，在执行世行有关合同原则的基础上，执行我国财政部在世行批准和指导下编制的有关合同条件。

(2) 在合同管理中对比使用

许多国家在学习、借鉴 FIDIC 合同条件的基础上，编制了一系列适合本国国情的标准合同条件。这些合同条件的内容与 FIDIC 合同条件大同小异。主要差异体现在处理问题的程序规定以及风险分担规定。FIDIC 合同条件的各项程序是相当严谨的，处理业主和承包商风险、权利及义务也比较公正。因此，业主、工程师、承包商通常都会将 FIDIC 合同条件作为一把尺子，与实际工程中遇到的其他合同条件相对比，进行合同分析和风险研究，制定相应的合同管理措施，防止合同管理上出现漏洞。

(3) 在合同谈判中使用

FIDIC 合同条件的国际性、通用性和权威性，使合同双方在谈判中可以以“国际惯例”为理由，要求对方对其合同条款的不合理、不完善之处作出修改或补充，以维护双方的合法权益。这种方式在国际工程合同谈判中普遍使用。

（4）部分选择使用

即使不全文采用 FIDIC 合同条件，在编制招标文件、分包合同条件时，仍可以部分选择其中的某些条款、规定、程序甚至某些思路，使所编制的文件更完善、更严谨。在项目实施过程中，也可以借鉴 FIDIC 合同条件的思路和程序来解决和处理有关问题。需要说明的是，FIDIC 在编制各类合同条件的同时，还编制了相应的“应用指南”。在“应用指南”中，除了介绍招标程序、合同各方及工程师职责外，还对合同每一条款进行了详细解释和说明，这对使用者是很有帮助的。另外，每份合同条件均列有有关术语的定义和释义，这些定义和释义非常重要，它们不仅适合于合同条件，也适合于全部合同文件。

2.2 AIA 合同系列

美国建筑师学会(The American Institute of Architects，简称 AIA)已有近 140 年的历史，致力于提高建筑师的专业水平，促进其事业的成功以达到改善大众的居住环境和生活水准。作为建筑师的专业社团，其制定的 AIA 系列合同条件在美国建筑业界及美洲地区工程界具有很高的权威性，影响大、使用范围广。AIA 经历了十五次修改，其最后一次修改在 1997 年，可见美国建筑师协会对于合同文本的实用性是非常重视的。

2.2.1 AIA 合同系列的项目采购模式

AIA 系列合同条件主要用于私营的房屋建筑工程。AIA 合同文件涵盖了主要的项目采购模式，如应用于传统 DBB 模式的 A101、B141、A201(A101 是业主与承包商之间的协议书，B141 是业主与建筑师之间的协议书)；应用于代理型 CM 的 B801/CMa、A101/CMa、A201/CMa(CMa 即 CM agency)；应用于风险型 CM 的 A121/CMc、A201(CMc 即 CM constructor)。其中传统模式又按工程规模大小划分为普通工程、限定范围工程、小型工程、普通装饰工程和简单装饰工程等。

AIA 合同针对三种不同的项目采购模式制定了各自的合同文件体系，主要包括标准协议书和通用条件。从计价方法上看，AIA 合同文件主要有总价、成本补偿和最高限定价格三种方式。

2.2.2 AIA 的主要特征

1. 适用范围广、合同选择灵活

AIA 是一套适用于美国建筑业通用的系列文件，广泛被美国建筑业所采用并被作为拟定和管理项目合同的基础。AIA 合同系列涵盖了主要项目采购模式的各种标准合同文件，主要包括业主与总承包商，业主与建设管理承包商，业主与设计商，业主与建筑师，总承包商与分包商等众多标准合同文本，这些标准合同文件可应用于不同的项目采购模式和计价方式，为业主提供了充分的选择余地，使用范围广泛。

2. 对承包商的要求非常细致

美国工程界所采用的合同形式很多，其中业主和承包商以固定总价合同和成本加补偿合同较为常见，这两类合同中关于承包商职责的条款有21条之多，要求非常细致。而相对来说，对业主的利益较为保护，如合同中规定业主代表要对实施过程检查和验收，但通过检查和验收并不等于免除承包商的责任等。

3. 使用法律范围较为复杂

美国作为一个联邦国家，各州均有独立的立法权和司法权，因此，AIA合同条件中均有适用法律的有关条款，法律关系较为复杂，但是为了减少争端，一般选择采用项目所在地法律。

2.2.3 AIA系列合同的分类

1. AIA系列合同分类

AIA合同条件针对不同的项目采购模式及不同的合同类型编制了多种形式的合同条件，大体包括A、B、C、D、F、G系列，如：

(1) A系列——用于业主与承包商之间的标准合同文件，其中包括合同条件、承包商资质报表、各类担保的标准格式等。

(2) B系列——用于业主与建筑师之间的标准合同文件，其中包括专门用于建筑设计、室内装饰工程等特定情况的标准合同文件。

(3) C系列——用于建筑师与专业咨询人员之间的标准合同条件。

(4) D系列——建筑师行业内部使用的文件。

(5) F系列——财务管理报表。

(6) G系列——建筑师、企业及项目管理中使用的各种文件。

每个系列又有其不同的标准合同文件，如A系列有：

(1) A101——业主与承包商协议书格式——总价

(2) A105——业主与承包商协议书标准格式——用于小型项目

(3) A205——施工合同一般条件——用于小型项目(与A105配合)

(4) A107——业主与承包商协议书简要格式——总价——用于限定范围项目

(5) A111——业主与承包商协议书格式——成本补偿

(6) A121——业主与CM经理协议书格式

(7) A131——业主与CM经理协议书格式——成本补偿

(8) A171——业主与承包商协议书格式——总价——用于装饰工程

(9) A171——业主与承包商协议书简要格式——总价——用于装饰工程

(10) A181——业主与建筑师协议书标准格式——用于房屋建筑

(11) A188——业主与建筑师协议书标准格式——用于房屋建筑服务

(12) A191——业主与设计—建造承包商协议

(13) A201——施工合同通用条件

(14) A271——施工合同通用条件——用于装饰工程

(15) A401——承包商与分包商协议书标准格式

(16) A491——设计—建造承包商与承包商协议书

2. AIA 系列合同部分主要条款

(1) 业主与建筑师协议书标准格式(AIA—B141)

美国建筑师协会制定的《业主和建筑师协议书标准格式》(Standard Form of Agreement Between Owner and Architect)，简称 AIA—B141，于 1977 年 7 月发行第十三版。它规定业主与建筑师之间签订咨询服务合同的模式，共有 14 个主题条款，每个主题条款下又有若干分条款。14 个主题条款(Articles)包括：建筑师的服务与职责、业主的职责、工程造价、人员的直接开支、可予报销开支、对建筑师的支付、建筑师的会计记录、文件的所有权及其应用、仲裁、协议书终止、其他条款、继承人及其制定、协议范畴、报酬的计算。

(2) 施工合同的通用条件(AIA—A201)

施工合同的通用条件(General Conditions of Contract for Construction)提供了土建工程通用合同模式，简称 AIA—A201，也包括 14 个主题条款，每个主题条款又有若干分条款，最多的达 36 条。14 个主题条款包括：合同文件、建筑师、业主、承包商、分包商、由业主或其他承包商完成的工作、其他规定、工期、建成与支付、人员及财产的保护、保险、工程变更、工程剥露与修改、合同的终止。

根据上述合同条款编写每个工程项目的合同条件时，应对该项目提出一份“补充条件”，具体包括工程地点、工作范围、现场勘察、开工、实施及完工、税收、工资、临时设施、施工图纸、支付、保险以及场地清理等具体事项。补充条件是通用条款的具体补充，它们共同组成工程的施工合同条件。

(3) 总价合同协议书的标准格式(AIA—A101)

业主和承包商之间总价合同协议的标准格式(Standard Form of Agreement Between Owner and Contractor Stipulated Sum)，被简称为 AIA—A101，于 1977 年 6 月发行第十一版。该协议书标准格式比较短，仅提出施工协议书的模式，作为具体工程施工协议书的建议格式，由工程合同文件的编印者填入具体数据或说明，协议书标准格式包括以下七条：

1) 合同文件：列出合同文件的组成部分。

2) 工程项目：列出工程的名称，位置。

3) 开工时间及基本建成：写明开工的日期，施工天数，以及拖期完工的每日赔偿金条款。

4) 合同价：写明总价条款及其组成部分。

5) 进度款的支付：写明支付方式及支付的时间安排。

6) 最终付款：写明最终一次付款的条件及具体时间。

7) 其他。

2.2.4 AIA 合同核心文件的特点

AIA 系列合同 A 系列中的文件 A201，即施工合同通用条件，类似于 FIDIC 的土木工程施工合同条件，是 AIA 系列合同中的核心文件，在项目传统采购模式和 CM 模式中被广泛采用。以下从五个方面分析 A201 文件(以下简称“AIA 合同”)的特点，并与 FIDIC 的土木工程施工合同条件(以下简称“FIDIC 红皮书”)进行比较。

1. 关于建筑师

建筑师在 AIA 合同中具有类似 FIDIC 红皮书中“工程师”的作用。建筑师是业主与承包商的联系纽带，是施工期间业主的代表，在合同规定的范围内有权代表业主行事。建筑师主要有以下权力：

(1) 检查权：检查工程进度及质量，有权拒绝不符合合同文件的工程。

(2) 支付确认权：建筑师审查、评价承包商的付款申请，检查、证实支付数额并签发支付证书。

(3) 文件审批权：建筑师对施工图、文件资料和样品的审查批准权。

(4) 编制变更令权：建筑师负责编制变更令、施工变更指示和次要变更令，确认竣工日期。

尽管 AIA 合同规定建筑师在作出解释和决定时对业主和承包商要公平对待，但建筑师的“业主代表”身份和“代表业主行事”的职能实际上更强调建筑师维护业主的一面，相应淡化了维护承包商权益的一面，这与 FIDIC 红皮书强调工程师“独立性”和“第三方性”的特点有所不同。

2. 关于工程变更的三种形式

AIA 合同划分了三种不同的工程变更形式，即变更令、施工变更指示和次要工程变更令。分成这三种形式是因为它们的变更依据各不相同。变更令是基于业主、承包商和建筑师之间的协议，用以说明工程变更、合同总价调整和工期调整；而施工变更指示是在不具备业主、承包商和建筑师之间协议的情况下使用的，是由建筑师成文并由业主和建筑师单方面签发的书面指示，承包商可能同意也可能不同意，但承包商接到施工变更指示后应及时实施工程变更，并可向建筑师提出因变更导致合同总价调整或工期调整的意见和建议，对此，合同中专门规定了具体的解决程序；次要工程变更令不涉及总价或工期调整，这种变更以签发命令的形式生效，对业主和承包商都有约束力，承包商应及时执行。

3. 关于支付及其相关问题

(1) 关于付款申请书和工程价值一览表

AIA 合同规定在承包商第一次提交付款申请书前，承包商应向建筑师提交一份在报告形式和数据精度上都能满足建筑师要求的工程价值一览表，该表对工程的各部分价值进行细分，建筑师今后将以此表作为审查承包商付款申请的基本依据。在每次进度款支付日到达至少 10 日前，承包商应根据工程价值一览表就本期完成的工作向建筑师提交付款申请书。与 FIDIC 红皮书类似，在 AIA 制定的业主与承包商标准协议书中也提出了按月结算的方式。

（2）关于由于不支付导致的停工

AIA合同在承包商申请付款问题上有倾向于承包商的一面，如规定在承包商没有过错的情况下，如果建筑师在接到承包商付款申请后7日内不签发支付证书，或在收到建筑师签发支付证书情况下，业主在合同规定的支付日到期7日内没有向承包商付款，则承包商可以在下一个7日书面通知业主和建筑师，将停止工作直到收到应得的款额，并要求补偿因停工造成的工期和费用损失。尽管实际上建筑师和业主很容易找出理由拒绝向承包商支付，但相对FIDIC红皮书而言，AIA合同从承包商催款到停工的时间间隔更短，操作性更强。三个7日的时间限定和停工后果的严重性会促使三方避免长时间扯皮，特别是业主面临停工压力，要迅速解决付款问题，体现了美国工程界的办事效率，这也是在美国建筑市场上未造成工程款严重拖欠的原因之一。

（3）关于支付与工程所有权

与FIDIC红皮书比较而言，AIA合同在支付与工程所有权问题上也有倾向于业主的一面，如承包商应保证将支付申请书中涉及的工程所有权在业主支付前移交给业主。这样，所有颁发过支付证书并得到业主支付的一切工程就不存在承包商、分包商或其他个人、团体对该工程的抵押、索赔、抵押收益或财产留置权，同时还规定业主可随时占用或使用已竣工或部分竣工的任何部分工程，并且这种占用或使用并不构成对不符合合同要求的工程的接受。这些条款有效地防止了承包商因未得到工程款等原因而通过拒绝移交工程来给业主施压，使业主蒙受损失，避免了国际工程中经常出现的业主不支付、承包商不移交的恶性循环、两败俱伤情形。

（4）关于对分包商的支付

对分包商的支付，FIDIC红皮书规定：在承包商没有或拒绝在适当时候支付给指定分包商应得的各项款额的特定情况下，业主可直接将款额支付给指定分包商，并从应付给承包商的各项款额中抵扣。而AIA合同只是提出承包商在收到业主付款后应及时向每个分包商支付款项，尽管建筑师可以向分包商通报业主对承包商的支付情况，以利于分包商向承包商催款，但业主和建筑师没有义务查看承包商对分包商的支付情况，也没有义务越过承包商而直接向分包商支付。可见AIA合同在付款问题上，业主、建筑师只和承包商发生收支关系，分包商只和承包商发生收支关系，是一种单对单链条式的责任机制。这种做法有利于承包商对分包商的管理，但不利于指定分包商的支付保障。

4. 关于保险

AIA合同将保险分成了三个部分，即承包商责任保险、业主责任保险、财产保险。与FIDIC红皮书相比，AIA合同中业主明显地要承担更多的办理保险、支付保费方面的义务，除了业主责任保险外，业主还要为财产投保保险。AIA合同规定：业主应按照合同总价以及由他人提供材料或安装设备的费用投保并持有财产保险。该保险中包括了业主以及承包商、分包商的权益，并规定业主如果不准备按照合同条款购买财产保险，业主应在开工前通知承包商，这样承包商可以自己投保，以保护承包商、分包商的利益，承包商将以工程变更令的形式向业主收取该保险费用。比较而言，承包商责任保险的种类相对较少，主要是人身伤亡方面的保险。值得注意的是AIA合同规定了对保险期限要相互通告的具体要求，即在保险单包括的险种取消或到期至少30日前，合同一方要向另一方发出书面通知，以避免漏保的发生。

5. 关于索赔

AIA合同在索赔问题上的一个鲜明特点是：详细列明在发生不同索赔事件情况下，分别按照什么样的时间、方式、处理和调整办法进行索赔，如列举了以下几种情况：

(1) 发现地表以下或其他不明情况与合同文件有出入或其他异常情况。

(2) 承包商要求增加费用的索赔。

(3) 承包商要求延长工期的索赔。

(4) 合同一方蒙受了因另一方人员过失造成的财产损失或人员伤亡。

(5) 因变更令或施工变更指示使原定的工程量发生了根本性变化。

AIA合同的上述规定为索赔内容、范围、程序和处理办法提供了指南，使合同双方有据可查，有章可循，同时提高了索赔结果的可预见性。AIA合同还包括应放弃向对方索赔后续损失的规定，如放弃双方对租赁开销、行政办公开销、商誉等一些间接损失进行索赔，防止要价过高或互相扯皮，简化明确了索赔内容，有利于索赔的快速有效处理。

与FIDIC红皮书(1987年第四版)比较，AIA合同索赔与争端的处理程序在时间要求上呈现出“两快一慢”的特点：一“快”是建筑师做决定的时间(10日+7日)快，远短于FIDIC红皮书84日的决定时间；二“快”是建筑师作出索赔决定后，留给索赔双方考虑是同意还是提出仲裁的时间短(30日)，远短于FIDIC红皮书70日的决定时间；一“慢”是登记仲裁后调解期的时间长(60日)，略长于FIDIC红皮书56日的调解期。AIA合同上述特点体现出务实的风格，实际上双方本来是可以很快对建筑师的意见作出判断和决定的，因此留给各方作出判断和决定的时间短，防止了一方(主要是业主方)故意不做决定，拖延时间，同时又为鼓励和争取调解解决争端留有较充裕的时间。

6. 关于AIA合同的争议解决方式

AIA合同的争议解决方式主要有协商、调解、仲裁和诉讼等，鼓励争议双方采用协商、调解等非诉讼争议解决方式。

(1) 协商

出现争议后，首先通过有权解决争议的双方代表的直接磋商来解决争议。若双方代表不能迅速解决争议，有权解决争议的双方高级管理人员应于争议发生的21日内会晤。若争议在提交给高级管理人员的7日内仍未解决，则将争议提请调解。

(2) 调解

在争议付诸其他解决程序之前双方应按照美国仲裁协会《施工行业调解规则》努力调解争议。一旦一方向对方和美国仲裁协会提出调解要求，双方应在提出要求后的 60 日内解决。

（3）争议解决菜单

若争议在 60 日内不能通过调解予以解决，双方应将争议提交合同附录的争议解决菜单，当事人可从菜单中选出双方同意的单一或累进使用的程序。这些程序主要有：

1）争议评审委员会。一般由 3 名成员组成，应该在施工开始之前选出该委员会，委员会应定期开会并作出咨询决策。

2）咨询仲裁。按照美国仲裁协会《施工行业调解规则》进行咨询仲裁。

3）小审判。在高级管理人员出席的情况下，将争议提交经双方共同推荐的个人成员，作出非约束力的建议。

4）有约束力仲裁。将争议提交距工地现场最近的美国仲裁协会 AAA 办公室，由仲裁协会作出有约束力的裁决，该裁决应是终局的。

5）诉讼。向项目所在地具有管辖权的相应的州或联邦法庭提出诉讼。

关于争议处理，AIA 合同文本有二个突出特点：一是大力实践非诉讼纠纷解决方式，这与美国积极鼓励采用非诉讼纠纷解决方式相对应。1998 年美国通过了《替代性纠纷解决法》，对非诉讼纠纷解决方式有充分的认识和广泛应用的基础。二是强调业主和承包商的友好关系，现代合作双赢的思想逐步取代了传统管理中的风险转嫁、利益纷争的作法。

7. 业主所承担义务

对于任何一个工程项目，支付工程款和提供项目相关资料尤其是地质勘察资料都是业主应承担的主要义务。针对以上两项义务，AIA 标准合同文本与 FIDIC 合同条件分别作出了不同程度的规定。众所周知，在建筑市场已经成为买方市场的今天，承包商事先替业主垫付巨额工程款已经成为相当普遍的现象，因此，业主能否按时按量支付工程款就成为承包商面对的一大风险。像比较成熟完善的 FIDIC 标准合同也规定承包商要提供相当于合同价款 10% 的履约保函，而对业主的支付能力却没有作出规定。显然这样的规定有利于业主，而不利于承包商，在权利和义务的规定上是不对等的。但在 AIA 合同文本中却对业主的支付能力作出了明确的规定。AIA2.2.1 条规定：“按照承包商的书面要求，工程正式开工之前，业主必须向承包商提供一份合理的证明文件，说明业主方面已根据合同开始履行义务，做好了用于该项目的资金调配工作。提供这份证明文件是工程开工或继续施工的先决条件。证明文件提供后，在未通知承包商前，业主的资金安排不得再轻易变动”。虽然此条款不一定在每一个项目上都能得到切实的贯彻，但它起码可以对业主的资金准备工作起到一定的推动和监督作用，同时也说明 AIA 在业主和承包商的权利义务分配问题上处理得比较公正合理。对于提供项目地质勘察资料的问题，FIDIC 和 AIA 合同文本都作出了明确的规定，但存在着细微的差别。FIDIC 合同文本第 11.1 条规定：“在承包商提交投标书之前，业主应向承包商提供该工程的水文及地表以下的资料，但承包商应对上述资料的解释负责”。熟悉工程索赔的人员都清楚，由于此条款而引发的工程索赔不胜枚举，大都因为业主提供的勘察资料不准确或不全面，而他们又将此风险通过这个条款推给了承包商。但 AIA 合同文本对此内容却有不同的规定，该合同文本第 2.2.3 条规定："业主须负责对现场进行勘察测量，要对项目现场的实际特征、法律限定以及具体位置作出说明，从而完成一份正式合法的情况报告。对业主的情况报告，承包商可以充分依赖其准确性"。可见，如果执行此合同文本，业主就不能把现场环境或地质条件的风险推给承包商，而是由其自己承担。

2.3 JCT 合同系列

2.3.1 JCT 合同简介

JCT 合同条件是英国 Joint Contracts Tribunal 出版的房屋建筑合同系列的标准文本，是英国最权威的合同条件之一，在欧洲被广泛采用，也是香港地区标准合同文本的原型。

英国的土木工程师学会(ICE)创立于 1818 年，至今已有近 200 年的历史。ICE 在 1945 年出版了《土木工程合同文件》(ICE Conditions of Contract)，在欧洲具有权威的学术地位。

英国的共同合同评议委员会(JCT)是一个关于审议合同的组织，它于 1963 年在 ICE Conditions of Contract 基础上制定了建筑工程合同的标准格式，1977 年进行修订，JCT 的"建筑工程合同条件"(即 JCT80)用于业主与承包商之间的施工总承包合同，主要适用于传统的施工总承包。JCT80 属于总价合同，这是和 ICE 传统合同条件不同的地方。JCT 还分别在 1981 年和 1987 年制定了适用于 DB 模式的 JCT81，在 1987 年制定了适用于 MC 模式的 JCT87。目前在香港地区较多采用的主要是 JCT1998 年版本。

Joint Contracts Tribunal 是英国建设工程行业的一些知名组织的联合，出版了房屋建筑合同系列的标准文本。目前其成员包括：英国工程顾问联合、大不列颠地产联盟、建设联合会、当地政府协会、国际承包商委员会、英国皇家建筑学院、苏格兰房屋建筑合同委员会等。

2.3.2 JCT 主要合同文本及适用条件

1. JCT98(Joint Contracts Tribunal Standard Form of Building Contract 1998 Edition)

JCT98 是 JCT 的标准合同，在 JCT98 的基础上发展形成了 JCT 合同系列。JCT98 主要用于传统采购模式，也可以用于 CM 采购模式，共有 6 种不同版本，分别为私营项目和政府项目的带工程量清单、带工程量清单项目表和不带工程量清单形式。JCT98 还有一些修订和补充条款，包括私营项目和政府项目的通货膨胀补充，计算规则，带工程量清单、带工程量清单项目表的分段竣工，不带工程量清单的分段竣工，带工程量清单的承包商完成部分设计工作补充条款，以及不带工程量清单的承包商完成部分设计工作补充条款。另外，还有和 JCT98 配套使用的分包合同条款。JCT98 的适用条件如下：

（1）传统的房屋建筑工程，发包前的准备工作完善；

（2）项目复杂程度由低到高都可以适用，尤其适用项目比较复杂，有较复杂的设备安装或专业工作；

（3）设计与项目管理之间的配合紧密程度高，业主主导项目管理的全过程，对业主项目管理人员的经验要求高；

（4）大型项目，总金额高，工期较长，至少 1 年以上；

（5）从设计到施工的执行速度较慢；

（6）对变更的控制能力强，成本确定性较高；

（7）索赔条件较清晰；

（8）违约和质量缺陷的风险主要由承包商承担，但工期延误风险由业主和承包商共同承担。

2. MW98(Agreement for Minor Work)

MW98 包括一份简单的协议书和关于税收的补充条款，主要用于小型的简单工程。合同条件仅给出了双方责任和义务的简要概括，它可以用于一些小型的直接分包工程，但通常合同金额较低，以不超过 50 万元为宜(英国标准是按照 1992 年物价水平，总价低于 70000 英镑)。它的主要优点就是简单，但对于大型工程项目来说就是最大的缺点。MW98 的适用条件如下：

（1）工程规模较小，工期较短，采用固定总价包干形式；

（2）设计与项目管理之间的配合紧密程度高，建筑师和项目经理常常是同一个人，业主参与项目管理的程度低；

（3）总价包干的范围包括图纸、技术规范、施工组织等，没有详细工程量；

（4）合同总金额较小；

（5）对变更的控制能力不强，成本的确定性不高；

（6）项目简单，不需要控制专业分包的选择，如果有专业分包，则可以以暂定金额的形式或在招标文件中指定分包商，但最好是直接总包或平行发包；

（7）从设计到施工的执行速度中等或较快；

（8）索赔条件不清晰；

（9）违约、工期延误和质量缺陷的风险主要由承包商承担。

3. IFC98(Intermediate Form of Building Contract)

IFC98 是一种界于 JCT98 和 MW98 之间的合同条件形式。IFC98 比 JCT98 要短但仍然比较复杂，它主要用于一些没有复杂安装工程的项目，适用于传统采购模式或 CM 采购模式。IFC98 同样也分为私营项目和政府项目的带工程量清单或不带工程量清单的形式。虽然它没有指定分包选项，但也有一种不同的作法可以实现类似的结果，它主要通过在招标文件中列出分包商的名称或列出暂定金额来控制。IFC98 的适用条件如下：

（1）传统的房屋建筑工程，发包前的准备工作完善；

（2）项目复杂程度中等或较低，施工工艺简单，没有复杂的专业分包工作；

(3) 设计与项目管理之间的配合紧密程度高，建筑师和项目经理常常是同一个人，业主参与项目管理的程度低，项目由建筑师主导；

(4) 项目工期较长，分期开发；

(5) 从设计到施工的执行速度中等；

(6) 对变更的控制能力强，成本的确定性较高；

(7) 索赔条件的清晰程度一般；

(8) 违约、工期延误和质量缺陷的风险主要由承包商承担。

4. CD98(JCT Standard form Contract with Contractor's Design 1998 Edition)

CD98 主要用于承包商承担房屋的设计和施工的情况，设计和施工的责任全部由承包商承担。与 JCT98 不同的是，CD98 中业主没有委派建筑师和测量师。CD98 的适用条件如下：

(1) 传统的房屋建筑工程，发包前的准备工作不完善；

(2) 业主熟悉施工项目管理，参与项目管理的程度较高；

(3) 业主对项目的工期、成本、功能、质量等目标的重要度明确；

(4) 设计与项目管理之间的配合紧密程度低，业主不聘请建筑师，设计和施工全部由承包商承担，建筑师不参与项目管理；

(5) 项目的工期较长，采用边设计边施工，从设计到施工的执行速度快；

(6) 对变更的控制能力弱，成本的确定性很高；

(7) 索赔条件的清晰程度高；

(8) 违约风险全部由承包商承担，但工期和质量风险由业主和承包商共同承担。

5. CDPS98(Contractor's Designed Portion Supplement)

CDPS98 主要用于承包商承担房屋的部分设计和全部施工的情况，设计和施工的责任仍然全部由承包商承担。CDPS98 中业主聘请建筑师完成方案设计，承包商根据业主的要求继续深化设计，再完成施工。CDPS98 的适用条件如下：

(1) 传统的房屋建筑工程，发包前的准备工作不完善；

(2) 业主熟悉施工项目管理，参与项目管理的程度较高；

(3) 业主对项目的工期、成本、功能、质量等目标的重要度明确清晰；

(4) 设计与项目管理之间的配合紧密程度较低，业主仅聘请建筑师做方案设计，深化设计和全部施工由承包商承担，建筑师基本上不参与项目管理；

(5) 项目的工期较长，采用边设计边施工，从设计到施工的执行速度快；

(6) 对变更的控制能力弱，成本的确定性很高；

(7) 索赔条件的清晰程度高；

(8) 违约风险全部由承包商承担，但工期和质量风险由业主和承包商共同承担。

6. JCT Construction Management Contract

JCT Construction Management Contract 主要用于 CM 采购模式，业主必须是项目管理的专家，所有承包商由业主直接发包确定，所有的顾问服务也同样由业主直接发包。JCT Construction Management Contract 没有固定的标准格式，可以根据业主的要求而变化，最大程度地满足了灵活性要求，其适用条件如下：

（1）业主精通工程项目管理，同时对一些或所有的专业顾问及承包商比较熟悉，全程参与项目管理；

（2）项目的主要风险是工期和成本，业主是私营企业，对房屋建筑的经济性要求较高；

（3）项目的设计与管理之间配合紧密程度低，设计协调工作少；

（4）对变更的控制能力比较弱，但调整设计的灵活度高；

（5）违约、质量风险和JCT98一样，大部分由承包商承担，但工期、成本的风险由业主和承包商共同承担。

7. JCT Building Contract for a Home Owner/Occupier

仅适用于家庭或个体业主的房屋建筑工程。

2.3.3 JCT98合同主要条款

1. 双方的基本权利和义务

（1）承包商的义务

1）执行和完成各项工作，以及工作完成的质量和标准（包括客观要求如图纸、技术规范并取得验收合格证书，主观要求如令建筑师合理的满意）。

2）业主授权建筑师发出的一切工程指令，承包商应完全遵守并执行。

3）承包商若发现工程规范与图纸及说明不一致，或合同文件之间出现不一致，有义务向建筑师提出，虽然造成上述不一致的责任在于业主或建筑师。

4）承包商必须遵守法定要求，如按当地政府规定交纳税费，遵守当地政府的环保法规、劳动法规等。

5）承包商采用的物料、工艺和货物应符合合同规定的种类和标准，以及取得当地政府的使用许可，若使用专利权须支付专利费用。

6）承包商有义务采用合理的技术执行相关工作。

7）竣工后的缺陷保修。

（2）建筑师/业主的义务

1）向承包商交付工程现场，提供放线资料。

2）提供合同文本、图纸和工程规范。

3）按照合同条件规定，向承包商发出相关指令或文件，如完工证书、中期付款证书等。

（3）承包商完成工作的时间要求

1）进占工程现场时间和竣工的时间。

2）延长竣工期限的条件，如不可抗力、异常恶劣天气等。

3）拖期违约赔偿。

4）工程正常进度受到建筑师或业主干扰引起的损失。

5）分段竣工。

（4）业主须支付的金额

1）合同条件第13条承包金额的规定（如：无论如何不得以任何方法调整或变

更，包括物价波动、汇率变动等因素)。

2）合同条件第 12 条工程量清单内说明或数量的任何错误或项目遗漏的处理（如：任何错误无论是否属承包商计算金额时的算术错误应视作被双方接受)。

3）合同条件第 12 条工程量清单对暂定数量、暂定项目的规定(如：工程量清单中所列的暂定数量只是为工程所估计的工程量，不能作为承包商按本合同履行其义务的实际工程量。暂定数量将按图纸重新计量，承包单价则不会因实际数量的多少作出修订或调整，而承包金额将按承包单价和实际数量重新计算)。

4）变更、暂定金额和指定金额的规定。

5）施工措施项目费用的规定。

2. 变更条件及范围

(1) 变更的权力

1）建筑师发出变更工程指令的权力。

2）建筑师有责任就暂定金额、暂定项目的工作发出指令，取消或执行。

(2) 费用结果

1）发生变更的费用估价程序及方法。

2）合同终止情况下的相关规定。

3. 执行情况的监督和控制

(1) 给承包商的指令

如：当工程质量明显地与合同条件不符时，建筑师可向承包商发出停工指令，但建筑师必须在发出停工指令后三个工作日内予以确认。

(2) 各种管理规定

如：合约图纸和工程量清单的保管，证书的签发等。

(3) 执行情况的监督

1）承包商应向建筑师提供施工进度计划，以便建筑师根据进度发出早期延误警告。

2）物料和货物的报送和审批。

3）建筑师进入工程现场，以及为合同作预备工作的车间或其他地方的权利。

4）委派工程监理。

(4) 控制谁执行工作和谁被委派执行工作

1）转让和分包。

2）建筑师有权拒绝不合格的承包商或其代表进入工地。

3）拒绝承包商分包和转让。

4）指定分包。

5）指定供应商。

4. 付款的估价和承兑期

(1) 进度付款期限

1）中期付款证书中应注明付给承包商的金额，根据合同规定在一个月内完成的工程量及价值计算得出。

2）承兑期限为从发出付款证书之日起14天。

3）付款证书发出后不迟于5天，业主应向承包商发出书面说明，描述付款金额的计算。

4）一切关于扣款的书面说明须在付款证书期限届满前5天发给承包商。

5）除非另有扣款说明，业主应按照付款证书的金额支付给承包商。

（2）中期付款证书金额

1）完成的工程量及价值，含变更工程量和暂定金额项目。

2）为配合完成合同工程运抵现场的物料或货物。

3）上述金额总数扣除5%的保留金就是付款金额。

（3）倒数第二次付款期限

1）合同工程全部实际完工后14天内。

2）承兑期限为从发出付款证书之日起14天。

3）付款证书发出后不迟于5天，业主应向承包商发出书面说明，描述付款金额的计算。

4）一切关于扣款的书面说明须在付款证书期限届满前5天发给承包商。

5）除非另有扣款说明，业主应按照付款证书的金额支付给承包商。

（4）倒数第二次付款金额

1）根据合同支付给承包商的金额应为实际完工工程量及价值，含变更工程量和暂定金额项目。

2）上述金额总数，扣除已支付的进度款和2.5%的保留金就是付款金额。

（5）最终付款

1）承包商在工程实际完工后3个月内提交合理的最终结算报告书。

2）如果缺陷完工证书已发出，建筑师在收到最终结算报告书28天内发出最终付款证书。

5. 工期风险与措施

（1）如果造成承包商工期延误的原因是由于完成建筑师的指令，且这些指令的发出并非由于承包商的违约，承包商将被允许延长工期。

（2）未完工损失：如果承包商没有按工期完工（包括延期时间），业主可以向承包商收取规定的工期违约赔偿金或直接在根据合同支付给承包商的工程款中扣除。

2.4 ICE合同系列

2.4.1 ICE合同特点

1. ICE简介

ICE是英国土木工程师学会（The Institution of Civil Engineers）的英文缩写。该组织创立于1818年，它是根据英国法律具有注册资格的有关教育、学术研究和资质评定的团体，现已成为世界公认的资质评定组织及专业代表机构。FIDIC“红皮书”的最早版本就源于ICE合同条件。ICE合同属于普通法(Common Law)体系，即判例法(Case Law)。判例法属于由案例汇成的不成文法，英、美及英联邦国家现行的都是判例法，因此这些国家对生效的典型判例非常重视。

ICE的标准合同条件具有很长的历史，它的《土木工程施工合同条件》在1991年已经出版到第6版。ICE标准合同格式采用单价合同，即承包商在招标文件中的工程量清单(Bill of Quantities)中填入综合单价，以实际的工程量而非工程量清单中的工程量进行结算。此标准合同格式主要适用于施工总承包的传统采购模式。随着工程界和法律界对传统采购模式以及标准合同格式批评的增加，ICE决定制定新的标准合同格式。1991年ICE的“新工程合同”(New Engineering Contract，NEC)征求意见版出版，1993年“新工程合同”第一版出版，1995年“新工程合同”又出版了第二版，第二版中“新工程合同”成了一系列标准合同格式的总称，用于主承包合同的合同标准条件被称为“工程和施工合同”(Engineering and Construction Contract，ECC)。制定NEC的目的是增进合同各方的合作、建立团队精神，明确合同各方的风险分担，减少工程建设中的不确定性，减少索赔以及仲裁、诉讼的可能性。ECC一个显著的特点是它的选项表，选项表里列出了六种合同形式，使ECC能够适用于不同合同形式的工程。

2. ICE合同条件的特点

(1) ICE合同条件没有独立的第二部分(即专用条件)，而是将第71条作为其专用条款，在第71条中专门列举工程项目的特殊要求及相关数据。

(2) ICE合同条件对土木工程合同中经常遇到的问题，在条款中都有较全面和严格的规定，如第69条、第70条就专门对税收问题作了严密的规定。

(3) 有关工程师的职责和权限的规定，ICE合同条件明确指出，工程师在向承包商发布是否属于不利的自然条件、延长工期、加速施工、工程变更指令以及竣工证书等指示之前，必须事先得到业主的批准。

(4) ICE合同条件主要在英国及英联邦国家中使用，一些历史上与英国关系密切的国家，也有使用ICE合同条件的。

(5) FIDIC合同1999年版明显与ICE合同框架相异。FIDIC合同是亲承包商的(Pro-Contractor)，它维护承包商的利益更多些。ICE合同是亲业主的(Pro-Employer)，它侧重于维护业主的利益。作为承包商，要善于维护自己的利益，对业主争取使用FIDIC合同，而对分包商却要尽量采用ICE合同或ICE的分包合同，并不主动推荐FIDIC版本的分包合同。

2.4.2 ICE合同条件

ICE由英国土木工程师学会、咨询工程师协会、土木工程承包商联合会共同设立的合同条件常设联合委员会制定，适用于英国本土的土木工程施工。现用版本为1991年第6版的1993年8月校订本，全文包括合同条件1991年第6版原文，1993年8月发行的勘误表，合同条件索引，招(投)标书格式及附件，协议书格式和保证书格式。合同条件共23章、71条，目录如下(二级条款从略)：

(1) 定义与解释。包括工程师和工程师代表的定义；工程师的义务和权力。

(2) 转让与分包。包括合同转让和分包的规定。

(3) 合同文件。包括文件相互解释；文件的供给；后续图纸、技术说明和指示。

(4) 一般义务。包括承包商的一般责任；合同协议；履约担保；信息资料的提供与解释；不利的外界条件和人为障碍；工程应使工程师满意；制定计划；承包商的监督；承包商雇员的免职；放线；钻孔与勘探挖掘；安全保卫；照管工程；工程等的保险；人身与财产的损害；第三方保险；人员的事故或受伤；保险证明和保险期限；发送通知与支付费用；1950公共设施街道工程法；专利权；对交通和毗邻财产的干扰；避免损坏公路等；为其他承包商提供设施；化石等；竣工时的现场清理；劳务人员和承包商设备报告。

(5) 操作工艺和材料。包括材料和工艺质量及检测；进入现场；工程覆盖前的检查；不合格工程与材料的排除；暂时停工。

(6) 开工时间与延误。包括工程开始日期；现场占用与出入；竣工时间；延长竣工时间；夜间和星期日工作；施工进度。

(7) 误期损害赔偿。包括整个工程实际竣工的误期损害赔偿。

(8) 实际竣工证书。包括实际竣工通知。

(9) 未完工程与缺陷责任。包括工程未完；承包商进行调查。

(10) 变更、增加与省略。包括指令变更；指令变更的估价。

(11) 材料和承包商设备的所有权。包括承包商设备的归属；不在现场的货物和材料的归属。

(12) 计量。包括工程量；测量与估价；计量方法。

(13) 暂定与原始成本金额和指定分包合同。包括暂定金额的使用；指定分包商及对指定分包商的反对。

(14) 证书与付款。包括月报表；缺陷改正证书。

(15) 补救措施和权力。包括紧急修理；承包商雇用的终止。

(16) 挫折。包括发生挫折时的付款。

(17) 战争条款。包括战争爆发时工程继续28天。

(18) 争议的解决。包括争议的解决方法和程序。

(19) 用于苏格兰。用于苏格兰的条款。

(20) 通知。包括给承包商的通知。

(21) 税务。包括劳务(税)的变动；增值税。

(22) 专用条件。专用条件没有具体的条文，仅说明任何专用条件都应合并于相应的合同条件之中，并予以编号，构成合同条件的一部分。

(23) 招(投)标书及附件、协议书、保证书等格式有简单的说明，以指导正确使用。

2.4.3 ICE与FIDIC合同条件的比较

ICE土木工程施工合同条件自1945年出台进行了6次修改，最新版本为1991年1月的第六版，其内容基本上与FIDIC合同条件相同，所不同的主要有以下方面(或ICE合同条件的事先规定)：

(1) 关于工程师。合同中规定的工程师应是英国皇家注册工程师，否则该工程师应授权某皇家注册工程师代替其承担合同规定的全部责任。

(2) 关于转让。雇主和承包商均可将合同或合同的某一部分或权益转让出去，但这部分转让必须得到另一方的书面同意。

(3) 关于进度计划。在授权后21日内，承包商应编制一份进度计划并提交工程师批准，如果工程师不批准，则承包商应在21天内提交经修订后的进度计划。如果在21天内，工程师未表态，则可认为工程师已经接受了所提交的进度计划。

(4) 关于噪声干扰及污染。如果在工程实施过程中产生了不必要的噪声、干扰和其他污染，承包商应承担由此产生的一切责任，包括一切有关的索赔和各种费用。但是，如果工程施工过程中不可避免地要产生噪声、干扰和其他污染，业主应承担由此产生的一切责任，包括一切有关的索赔和各种费用。

(5) 关于保险。工程保险是合同条件中规定的承包商的重要义务之一。承包商应以承包商和业主的联合名义，以全部重置成本加10%的附加金额对工程、材料和工程设备进行保险，以弥补各种损失所产生的费用。

(6) 关于暂时停工。在停工持续了三个月后承包商可要求复工。如不能复工可视为将工程删减或认为业主违约。

(7) 关于业主未能支付。如果工程师未能及时对月支付、最终支付或保留金的支付出具证明或业主未能及时支付，业主应当按照月复利向承包商支付每日的利息。

(8) 关于争端的解决。一般情况下，如果承包商和业主之间发生争端，包括与工程师的决定、建议、指令、命令、证明和评估的争端，则首先提交工程师来调解。双方在收到调解人建议一个公历月内如果没有提出仲裁要求，则认为采纳了调解人的建议。

(9) 关于安全管理中的职责。ICE合同条件规定(1991年第6版，1993年修正版)："承包商应为一切现场操作和施工方法的足够稳定性和安全性负责"(第8条)；"承包商在工程实施全过程中，应全面关心留在现场上的任何人员的安全，并保持现场(在承包商控制范围内)和工程(尚未竣工或尚未为雇主占用)处于秩序良好状态，以避免对上述人员造成危险"(第19(1)款)，还要求提供各种防护装置和安全标志。ICE合同条件中规定，"如业主方使用自己的工人在现场工作，则业主应全面关心现场所有人员的安全……，如业主在现场雇用其他承包商，则应要求他们同样关心安全，避免危险"(第19(2)款)。

2.5 NEC合同系列

2.5.1 NEC合同简介

英国土木工程师学会(ICE)于1995年出版的第二版“新工程合同”(New Engineering Contract，简称NEC合同)是对传统合同的一次挑战，它具有明显的指导思想，即力图促使合同参与方按照现代项目管理的原理和实践，管理好其自身的工作，并鼓励良好的工程管理，以实现项目质量、成本、工期等目标。这一指导思想在NEC系列合同中的工程施工合同(Engineering and Construction Contract，简称ECC合同)核心条款第一条第一款作了明确规定：“雇主、承包商、项目经理和监理工程师应按本合同的规定，在工作中相互信任、相互合作，裁决人应按本合同的规定独立工作”。而且，这一指导思想贯穿于所有合同条件中，特别反映在如“早期警告”机制、“裁决人”制度、“提前竣工奖金”、“补偿事件”等合同条件中，充分反映了NEC合同“新”的指导思想。

NEC合同首先引入合同双方“合作合伙”(Partnering)的思路来管理工程项目，以减少或避免争端。合同双方虽有不同的商业目标，但可以通过共同预测及防范风险来实现项目目标，同时实现各自的商业目标。NEC合同强调合同双方的合作，强调各自的管理工作，鼓励开展良好的管理实践以减少或避免争端，使合同参与各方均受益。业主从项目达到预期目标而受益；承包商可从施工中节省成本并充分地在工程实践中运用他们的施工技术而获利；项目经理和监理工程师可以从更有效的管理和更充分地在工程中运用他们的管理技能而获益。由于争端事件减少，项目目标就能顺利实现，最终业主受益。

2.5.2 NEC合同中参与方之间的合同关系

NEC合同明确项目经理(Project Manager)与监理工程师(Supervisor)是业主的代表，他们不是独立的第三方，他们受雇于业主，从业主处获得服务费用，他们的职责是代表业主管理工程，维护业主的利益。但项目经理与监理工程师分别与业主签订“NEC专业服务合同”，各自的工作范围及工作职责不相同。ECC合同核心条款第13.6条、第14条对项目经理和监理工程师的工作范围、工作内容作出了明确规定。项目经理可向业主和承包商签发证书，而监理工程师只能向项目经理和承包商签发证书。

NEC合同中的设计工作，既可由类似传统合同中由业主聘用的工程咨询公司完成所有永久性工程的设计，也可由承包商来完成设计，或由业主负责部分设计(如机电设备、工艺流程)，承包商承担部分设计(如土建工程)，以满足业主对工艺或功能的要求。承包商承担设计的范围、内容应在合同文件中的工程信息中作出规定。承包商对其设计所承担的合同责任在第21.5条中有明确规定。因此，“设计师”在NEC合同中可以与业主或承包商签订专业服务合同。

项目经理为合同管理的关键人物，应该认为项目经理作出的任何决定均已得到业主的认可，他有权随时与业主就工程实施中涉及的工期、成本、质量等问题进行商量，作出最适合业主要求的决定，并将此决定通知承包商。

监理工程师由业主聘用，其主要任务是进行质量控制，检查工程是否按合同技术说明的要求来实施，指出工程中存在的缺陷并检查承包商对缺陷的整改。监理工程师的行为可能产生工程成本方面的后果，但监理工程师不直接介入项目成本问题。NEC 合同还规定，项目经理与监理工程师的行为应相对独立，当监理工程师的行为受到承包商质问时，监理工程师不得求助于项目经理。当承包商对项目经理或监理工程师的行为不满意时，应诉诸于裁决人。

NEC 合同中的裁决人是独立于业主和承包商双方的人，是由业主和承包商共同指定的，NEC 裁决人合同是由业主和承包商共同与裁决人签订。裁决人的作用类似于 FIDIC 合同中的“咨询工程师”，主要是处理争端和纠纷。不管裁决决定如何，裁决人的费用由业主和承包商平均分摊。

新工程合同中项目参与方之间的合同关系参见图 2-1。

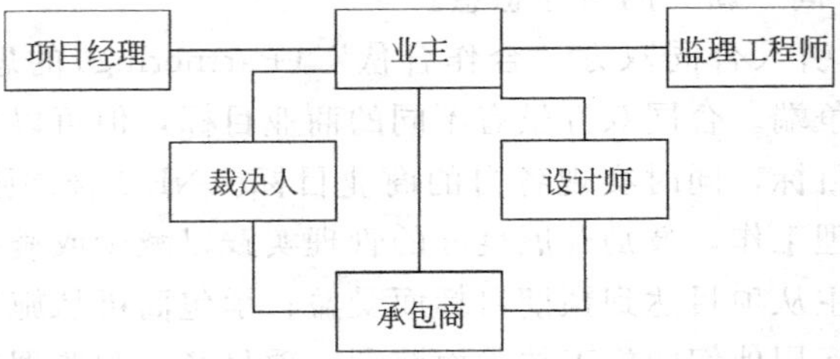

图 2-1 新工程合同中项目参与方之间的合同关系

2.5.3 NEC 合同系列的分类

为适用合同各方之间不同的关系，NEC 合同包括了以下不同系列的合同和文件：

(1) 工程施工合同(ECC)，用于业主和总承包商之间的主合同，也被用于总包管理的一揽子合同。

(2) 工程施工分包合同(ECS)，用于总承包商与分包商之间的合同。

(3) 专业服务合同(PSC)，用于业主与项目经理、监理工程师、设计师、测量师、律师、社区关系咨询师等之间的合同。

(4) 工程施工简要合同(ECSC)，适用于工程结构简单，风险较低，对项目管理要求一般的项目。

(5) 裁决人合同，用来作为雇主和承包商(联合在一起)与裁决人订立的合同，也可以用在工程施工分包合同中和新工程合同中的专业服务合同中。

工程施工合同和工程施工分包合同于 1993 年 3 月出版，1995 年 11 月再版；专业服务合同和裁决人合同于 1994 年发行第一版。

2.5.4 NEC施工合同的特点和主要内容

NEC系列合同中的工程施工合同，类似于FIDIC的土木工程施工合同条件，是NEC系列合同中的核心文件，在许多国家得到广泛采用，并成为英国及英联邦国家施工行业的标准合同。以下从几个方面来探讨分析NEC施工合同的内容和特点，并将其与FIDIC土木工程施工合同条件进行简单的比较。

1. NEC施工合同的特点

(1) 灵活性

NEC施工合同可用于包括任一或所有的传统领域，诸如土木、电气、机械和房屋建筑工程的施工；可用于承包商承担部分、全部设计责任或无设计责任的承包模式。NEC施工合同同时还提供了用于不同合同类型的常用选项，诸如目标合同、成本偿付合同等。NEC施工合同除了适用于英国外，也适用于其他国家。这些特点是通过以下几个方面来实现的：

1) 合同提供了6种主要计价方式的选择，可使业主选择最适合其具体合同的付款机制；

2) 具体使用合同时，次要选项与主要选项可以任意组合；

3) 承包商可能设计的范围从0%～100%，可能的分包程度从0%～100%；

4) 可使用合同数据表，形成具体合同的特定数据；

5) 针对特殊领域的特别条款从合同条件中删除，将它们放入工程信息中。

(2) 清晰和简洁

尽管NEC施工合同是一份法律文件，但它是用通俗语言写成的。该文件尽可能地使用那些常用词以便能被第一语言非英语的人们容易理解，而且容易被翻译成其他语言。NEC施工合同的编排和组织结构有助于使用者熟悉合同内容，更重要的是让使用合同的当事人的行为被精确地定义，这样，对于谁做什么和如何做的问题就不会有太多争议。NEC施工合同是根据合同中指定的当事人将要遵循的工作程序流程图起草的，有利于简化合同结构。有利于使用者阅读的很重要的一点是合同所使用的条款数量和正文篇幅比许多标准合同要少得多，且不需要、也没包含条款之间的互见条目。

(3) 促进良好的管理

这是NEC施工合同最重要的特征。NEC施工合同基于这样一种认识：各参与方有远见、相互合作的管理能在工程内部减少风险，其每道程序都专门设计，有助于工程的有效管理。主要体现在：

1) 允许业主确定最佳的计价方式；

2) 明确分摊风险；

3) 早期警告程序，承包商和项目经理有责任互相警告和合作；

4) 补偿事件的评估程序是基于对实际成本和工期的预测结果，从而选择最有效的解决途径。

总之，工程施工合同旨在为雇主、设计师、承包商和项目经理提供一种现代化手段以求合作完成工程。该合同还可以使他们更加协调地实现各自的目的。使用工程施工合同可以使雇主大大减少工程成本和工期延误以及竣工项目运行不良的风险。同时，使用工程施工合同还增加了承包商、分包商和供应商获得利润的可能性。

2. NEC 施工合同的内容及结构

（1）核心条款

核心条款是所有合同共有的条款，共分为 9 个部分：总则、承包商的主要责任、工期、测试和缺陷、付款、补偿事件、所有权、风险和保险、争端和合同终止。无论选择何种计价方式，NEC 施工合同的核心条款均是通用的。

（2）主要选项条款

针对 6 种不同的计价方式设置，任一特定的合同应该而且只能选择 1 个主要选项，这种选择的范围涵盖了各种类型的工程和建筑施工中的大多数情况。每个选项的风险在业主和承包商之间的分摊不一样，向承包商付款的方式也就不一样。对一个特定的合同，必须选用一个主要选项条款和核心条款合在一起构成一个完整的合同。以下是每个主要选项的主要特征和用途的简要概述：

1）选项 A——带有工程量表的总价合同。分项工程量表由承包商制定并对其进行报价，这些分项工程的价格总和就是承包商承包整个工程的价格，即价格风险和数量风险均由承包商承担。选项 A 提供的是阶段付款。

2）选项 B——带有工程量清单的单价合同。工程量清单包含了工作项目和数量，承包商根据招标文件及有关资料进行报价，承包商承担价格风险，业主承担数量风险，与 FIDIC 计价方式基本相似。

3）选项 C 和 D——带有分项工程量表和工程量清单的目标合同。按分项工程总价确定目标总价，价格风险和数量风险由业主和承包商按约共同承担。目标合同适用于拟建工程范围没有完全界定或预测的风险较大的情况。财务风险主要依以下方式分担：①承包商通过使用分项工程表或工程量清单以合同总价的形式报出目标价格。目标价格包括承包商估算的实际成本加其他成本以及承包商间接费中的管理费和利润。②承包商按实际成本的间接费率报出自己的间接费。③在合同执行的过程中，承包商得到的款项是实际成本加间接费，即迄今已完工程总价（PWDD），可因补偿事件和通货膨胀因素而调整。④在合同结束之时，承包商根据合同资料中提供的计算公式应得到（或支付）最终合同总价与最终迄今已完工程总价（PWDD）之间的分摊金额。

4）选项 E——成本偿付合同。承包商不再承担成本风险，其得到的款项是实际成本加上所报的间接费。成本偿付合同适用于当施工工程的范围界定不充分，甚至作为目标价格的基础也不够充分而又要求尽快施工的情况。

5）选项 F——工程管理合同。管理承包商不必亲自施工，但其承担的责任等同于那些根据其他主要选项工作的承包商所承担的责任，分包商与管理承包商签订分包合同。管理承包商就他的费用以及他所估算的分包合同总价报价，分包合同的价格是作为实际成本支付给管理承包商的，并且是以这种方式支付的惟一款项。

以上计价方式的不同主要是注意到了设计的深度、工期的紧迫性、业主风险分担意愿的不同。在上述6种支付方式中，工程管理合同不包括CM(Construction Management)模式，总价合同不包括设计建造及交钥匙工程(Design-Building and Delivery Key)模式。对业主而言，工程造价不确定性的风险按A至F的顺序逐渐增加。业主或由咨询工程师协助选择合适的支付方式对项目的成功是非常重要的。若业主以工程造价作为主要因素则应选择总价合同；若以工期或质量为首要因素，则应选择其他合同形式。

(3)次要选项

在决定了主要选项后，当事人可根据需要选择部分、全部或根本不选择次要选项，选定的次要选项和选定的主要选项必须在合同资料文件第一部分的首要说明中加以说明。次要选项包括：

1) J——完工保证；

2) K——总公司担保；

3) L——工程预付款；

4) M——结算币种(多币种结算)；

5) N——部分完工；

6) O——设计责任；

7) P——价格波动；

8) Q——保留(留置)；

9) R——提前完工奖励；

10) S——工期延误赔偿；

11) T——工程质量；

12) U——法律变更；

13) W——特殊条件；

14) X——责任赔偿；

15) Y——附加条款。

其中，M项选择仅适用于总价合同和单价合同；P项选择不适用于成本补偿合同和工程管理合同；Q项选择不适用于工程管理合同。业主可根据工程的特点和要求从上述条款中(J—Y)中作出选择。若选择Y项(附加条款)，应尽可能按NEC的风格编写附加条款。

(4)成本组成表

对成本组成项目进行全面定义，从而避免因计价方式不同、计量方式差异而导致不确定性。成本组成表的作用有两点：一是规定了因补偿事件引起的成本变化的计价中所包含的成本组成项目，适用于选项A、B、C、D及E；二是规定了承包商可直接得到补偿的成本组成项目，适用于选项C、D及E。而成本组成表不适用于选项F(管理合同)。在使用时，业主要根据具体项目进行选择，如认为表中的任何项目与特定合同无关，可将其删除。

(5)合同资料

合同资料是指在合同生效日起有效的资料，包括由业主发给投标人的文件、投标人投标的文件、双方谈判期间的改动以及合同实施过程中的变更等，它明确了达成的合同协议的细节，使合同趋于完善。

2.5.5 NEC与FIDIC的比较

1. 合同的原则

NEC是对ICE合同条件的发展，NEC施工合同在订立时坚持灵活性、清晰简洁性和促进良好管理的原则，但纵观合同全文的条款以及运用中的一些实际情况，NEC合同还是倾向业主的，它侧重于维护业主的利益。

FIDIC的最大特点是程序公开、公平竞争、机会均等，对任何人都没有偏见，至少出发点是这样。从理论上讲，FIDIC对承包商、业主、咨询工程师都是平等的，谁也不能凌驾于其他人之上。相对NEC合同，FIDIC合同条件更倾向承包商，它维护承包商的利益更多。因此，作为承包商应尽量选用FIDIC，这样才能更好地保护自己的经济利益及合法权利；而作为业主或向外分包，则希望采用NEC合同。

2. 合同的结构

NEC旨在适用于包括所有传统领域(诸如土木、电气、机械和房屋建筑工程)的施工，为了在合同使用时具有灵活性，其在核心条款后规定了主要选项条款和次要选项条款，首先从主要选项条款中选择合同形式，然后再从次要选项中选出适合合同的选项。

FIDIC土木工程施工合同条件分为通用条件和专用条件两个部分，把土木工程普遍适用的条款以固定性文字形成合同通用条款，条款中详细规定了在合同执行过程中出现开工、停工、变更、风险、延误、索赔、支付、争议、违约等问题时，工程师处理问题的职责和权限，同时也规定了业主和承包商的权利、义务等。而把结合具体工程情况需要双方协商而约定的条款作为合同专用条款，在签订合同时，合同双方根据工程项目的性质、特性将通用条件具体化。

3. 项目的组织模式

NEC工程施工合同假定的项目组织包括以下参与者：雇主、项目经理、监理工程师、承包商、分包商和裁决人。两个合同条件对于雇主、承包商和分包商在合同中的地位、项目管理中的角色等方面的主要规定是基本相同的；不同之处在于，对项目管理的执行人和准仲裁者的规定上。FIDIC施工合同条件项目管理的执行人是工程师，而NEC施工合同规定项目管理由项目经理和监理工程师共同承担，其中监理工程师负责现场管理及检查工程的施工是否符合合同的要求，其余的由项目经理负责；FIDIC施工合同条件中准仲裁的执行人是工程师，由于依附于雇主而很难独立，而NEC施工合同的准仲裁人是独立于当事人之外的第三方，由雇主和承包商共同聘任，更具独立性和公正性。

4. **承包商的义务**

在承包商的设计、施工方面，两个条件的规定是很类似的，只是侧重点不同，FIDIC注重工作范畴的界定，而NEC却对实施的细节步骤加以明述。但在遵守法律、现场环境和物品、设备运输等方面，FIDIC作出了细节性的阐述，而NEC却对这些方面没有涉及。同时，在FIDIC中出现了为其他承包商提供机会和方便的规定，而在NEC中提到的却是承包商与其他方的合作，以及分包时承包商责任的规定。

5. **索赔问题**

FIDIC有一个专门的“索赔程序”条目，把索赔过程写得一清二楚，进行索赔时可依据这个程序进行工作；而NEC对此没有相应条款。主要原因是FIDIC属于普通法(Common Law)体系，是判例法，属于案例汇成的不成文法；而NEC是在成文性的法律体系基础上编制的，并且NEC施工合同强调的是合同条件的简明和促进良好的管理，在成文法律的规定下，雇主和承包商以一种合作式的管理模式来完成项目。所以，为了促进这种关系，NEC没有涉及法律中有规定的而又是表现雇主和承包商之间矛盾的索赔问题。

2.5.6 NEC—ECC合同的参与方关系

NEC系列中的工程施工合同(ECC)，自1993年第一版问世以来，已在英国、南非、中国香港地区等大型土木工程上广泛应用并取得了良好的效果，工程风险分配明确，工程争端事件明显减少，因而有利于工程的顺利实施。ECC中合同当事方之间的关系如图2-2所示。

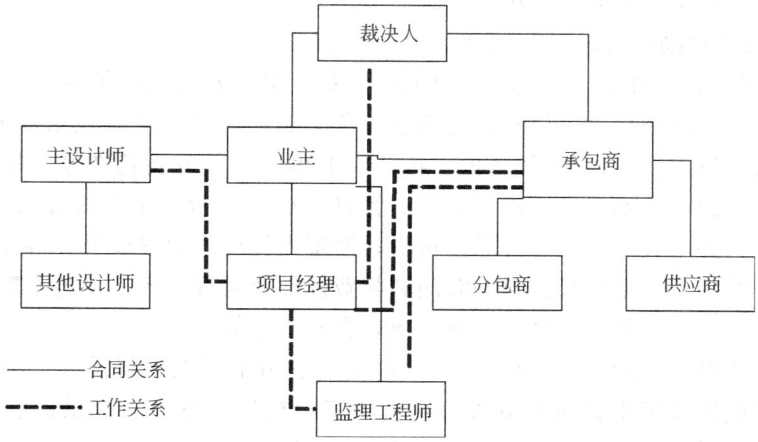

图2-2 ECC中合同当事人之间的关系

ECC合同中“项目经理”为业主代表，从事工程项目的全过程管理。“监理工程师”是由业主为某一特定合同而指定，其基本工作是检查工程的施工是否符合合同要求。“裁决人”是由业主与承包商联合指定的。ECC合同的工作原则是业主、承包商、项目经理和监理工程师应按合同规定，在工作中相互信任、相互合作。裁决人应按合同规定独立工作。

从图 2-2 中不难看出，ECC 合同中监理工程师(Supervisor)的地位和作用类似我国目前监理单位在工程项目管理中所处的地位和作用。ECC 规定了监理工程师的职责为检查工程是否按合同要求实施，包括对所用材料、设备的测试和对施工质量的检查以及监督和观察承包商所进行的各类试验。一旦发现缺陷，监理工程师有责任立即向承包商指出并检查、认可承包商对缺陷的整改工作，并且在最终证书签发时，有权证实是否尚存缺陷。合同核心条款第 4 条“测试和缺陷”对监理工程师的职责作了具体的规定。因此，ECC 合同中监理工程师的主要任务是从事施工质量管理。

2.6 国内建设工程合同系列

与国际工程合同条件均由专业学会(协会)编制不同，国内的工程合同示范文本基本上是由主管政府部门(如建设部、交通部、水利部等)与国家工商行政管理局联合制定并颁布实施的。1991 年 3 月颁布的《建设工程施工合同》(GF—1991—0201)是国内最早的工程合同示范文本，之后陆续制定并颁布了工程监理、工程勘察、工程设计、建设工程施工(修订)、公路工程施工、水利水电工程施工、建设工程施工专业分包和劳务分包等工程合同示范文本，基本形成了具有中国特色的工程合同系列。上述示范文本借鉴了国际工程合同系列文本及合同管理的有益经验，吸收了最新工程建设法律法规的内容，并结合国内工程合同管理的实践，对于规范工程合同当事人的行为，完善工程合同制度和内容，提高工程合同履约水平和效果，均起到了重要的指导和规范作用。

1. 建设工程勘察合同(GF—2000—0203/0204)

建设工程勘察合同(GF—2000—0203)主要适用于岩土工程勘察、水文地质勘察(含凿井)、工程测量、工程物探等勘察工作。合同协议书主要包括双方当事人；工程概况(含名称、地点、工程规模、特征、工程勘察任务委托文号、日期、工程勘察任务(内容)与技术要求、承接方式、预计勘察工作量、工程内容)；发包人提供的文件资料并对其准确性、可靠性负责；勘察人提交的勘察成果资料并对其质量负责；开工及提交勘察成果资料的时间和收费标准及付费方式；发包人责任；勘察人责任；违约责任；争议处理；合同生效；合同终止等条款。

建设工程勘察合同(GF—2000—0204)主要适用于岩土工程设计、治理、监测等工作。合同协议书主要包括双方当事人；工程概况；发包人提供的有关资料文件；承包人交付的报告、成果、文件；开工及提交勘察成果资料的时间；勘察费用；变更及工程费的调整；发包人、承包人责任；违约责任；材料设备供应；报告、成果、文件检查验收；争议解决办法；合同生效与终止等条款。

2. 建设工程设计合同(GF—2000—0209)

建设工程设计合同(GF—2000—0209)主要适用于民用建设工程设计工作。合同主要包括双方当事人；合同签订依据；设计项目的内容(名称、规模、阶段、投资及设计费等)；发包人应向设计人提交的有关资料及文件；设计人应向发包人交付的设计资料及文件；定金及其支付；设计收费及支付进度；发包人责任；设计人责任；违约责任；现场设计代表；争议处理；合同生效等条款。

3. **建设工程监理合同**(GF—1999—0202)

建设工程监理合同示范文本(GF—1999—0202)包括建设工程委托监理合同、标准条件和专用条件三个部分。标准条件中主要包括词语定义、适用范围和法规、监理人义务、委托人义务、监理人权利、委托人权利、监理人责任、委托人责任、合同生效、变更与终止、监理报酬、争议的解决、其他等条款。

4. **建设工程施工合同**(GF—1999—0201)

建设工程施工合同(GF—1999—0201)可适用于土木工程，包括各类公用建筑、民用住宅、工业厂房、交通设施及线路管道的施工和设备安装。主要由合同协议书、通用条款和专用条款构成，并附有三个附件：附件一是《承包人承揽工程项目一览表》，附件二是《发包人供应材料设备一览表》，附件三是《工程质量保修书》。合同协议书包括双方当事人；工程概况；工程承包范围；合同工期；质量标准；合同价款；组成合同的文件；合同术语定义；双方承诺；合同生效。《通用条款》包括：词语定义及合同文件、双方一般权利和义务、施工组织设计和工期、质量与检验、安全施工、合同价款与支付、材料设备供应、工程变更、竣工验收与结算、违约索赔和争议、其他，共 11 部分 47 条，是一般土木工程所共同具备的共性条款，具有规范性、可靠性、完备性和适用性等特点，该部分可适用于任何工程项目，并可作为招标文件的组成部分而予以直接采用。《专用条款》也有 47 条，与《通用条款》条款序号一致，是合同双方根据企业实际情况和工程项目的具体特点，经过协商达成一致的内容，是对《通用条款》的补充、修改，使《通用条款》和《专用条款》成为双方当事人统一意愿的体现。《专用条款》为合同双方补充协议提供了一个可供参考的提纲或格式。

正在修订的建设工程施工合同示范文本将会有较大改变，主要借鉴了 NEC 的结构和经验，由四部分构成：第一部分是合同协议书，与 GF—1999—0201 基本相同。第二部分是合同选项表，包括主要选项，必须在固定总价合同、固定单价合同、可调价格合同和成本加酬金合同四种合同类型中任意选择一种；以及次要选项，可在支付担保、履约担保、保密承诺、裁决和廉政责任五个选项中任意选择一种，或任意组合或不选。第三部分是通用条款，包括核心条款、主要选项条款和次要选项条款。核心条款包括一般规定、双方一般权利和义务、施工组织设计和工期、质量与检验、安全施工、合同价款与支付、材料设备供应、工程变更、竣工验收与结算、违约、索赔和争议、其他共 11 个部分。主要选项条款包括采用固定总价形式的合同、采用固定单价形式的合同、采用可调价格形式的合同、采用成本加酬金形式的合同四项。次要选项条款包括支付担保、履约担保、保密承诺和廉政责任四项。第四部分是专用条款，也包括核心条款、主要选项条款和次要选项条款。此外文本还包括承包人承揽工程项目一览表、发包人供应材料设备一览表、发包人支付委托保证合同、发包人支付保函、承包人履约委托保证合同、承包人履约保函、房屋建筑工程缺陷责任书、建设工程廉政责任书、裁判协议、仲裁协议等合同附件。

5. 水利水电土建工程施工合同(GF—2000—0208)

水利水电土建工程施工合同条件(GF—2000—0208)分为“通用合同条款”和“专用合同条款”两部分，其中通用条款有22部分共60个条款、220个子款；专用合同条款中的各条款是补充和修改通用合同条款中条款号相同的条款或当需要时增加新的条款，两者应对照阅读，一旦出现矛盾或不一致，则以专用合同条款为准，通用合同条款中未补充和修改的部分仍有效。

根据水建管［2000］62号文件规定，凡列入国家或地方建设计划的大中型水利水电工程使用《水利水电土建工程施工合同条件》，小型水利水电工程可参照使用。其中，通用合同条款应全文引用，不得删改；专用合同条款则应按其条款编号和内容，根据工程实际情况进行修改和补充。除专用合同条款中所列编号的条款外，通用合同条款其他条款的内容不得变动。若确因工程的特殊条件需要变更通用合同条款的内容时，应按工程建设项目管理的隶属关系报送水利部、国家电力公司和国家工商行政管理局的业务主管部门批准。

通用合同条款包括词语涵义、合同文件、双方的一般义务和责任、监理人和总监理工程师、联络和图纸、转让与分包、承包人的人员及其管理、材料和设备、交通运输、工程进度、工程质量、文明施工、计量和支付、变更、违约与索赔、争议的解决、风险和保险、其他等条款。

6. 建设工程施工专业分包合同(GF—2003—0213)

建设工程施工专业分包合同(GF—2003—0213)由协议书、通用条款、专用条款三部分组成。协议书主要包括分包工程概况、分包合同价款、合同工期、工程质量标准、组成分包合同的文件、合同术语定义、双方承诺、合同的生效等10个方面的内容。《通用条款》基本适用于各类建设工程施工专业分包合同，包括双方一般权力与义务、工期、质量与安全、合同价款与支付、工程变更等10部分38条组成。《专用条款》与《通用条款》是相对应的，承包人与分包人通过协商将工程的具体要求填写在《专用条款》中，建设工程专业分包合同《专用条款》的解释顺序优于《通用条款》。

7. 建设工程施工劳务分包合同(GF—2003—0214)

建设工程施工劳务分包合同(GF—2003—0214)与建设工程施工合同(GF—1999—0201)、建设工程施工专业分包合同(GF—2003—0213)的结构有很大不同，仅由一部分组成，没有再细分为协议书、通用条件、专用条件，但另附有3个附件。附件一是工程承包人供应材料、设备、构配件计划；附件二是工程承包人提供施工机具、设备一览表；附件三是工程承包人提供周转、低值易耗材料一览表。主要条款包括合同文件及解释顺序、总(分)包合同、合同双方的权利与义务、安全控制、劳务报酬及计价、材料和机具等供应、质量控制、违约责任、索赔、争议处理、不可抗力、合同解除等。

2.7 国际施工合同条件的发展趋势

本节以 FIDIC 及 NEC 施工合同条件的形成和发展为主线，分析国际施工合同条件的发展趋势。

2.7.1 结构化、系统化、系列化、集成化

1. FIDIC 施工合同条件 1999 版的结构化、系统化探索

没有结构和系统的施工合同文件往往会存在约定不完善、内容交叉重叠甚至逻辑谬误的问题。如 NEC 没有对合同风险作系统的分析，在其有关业主风险的规定中根本没有考虑到自然风险，导致根据其规定可能得出这样的结论：除恶劣气候条件以外的自然风险，如地震，哪怕影响再大工期也不能顺延；自然风险引起的工程、材料、设备的损害责任由承包商来承担。又如，因同样的原因，根据 FIDIC 和 NEC，由地震等自然风险和暴乱等社会风险引起的业主雇员的伤害和损害要由承包商来承担责任。这样的规定明显不符合情理，在具体适用法律时可能导致该条款无效。

新版 FIDIC(1999)彻底改变 FIDIC(1987)合同结构散乱的局面，向结构化、系统化方向迈出了实质性的一步。FIDIC(1987)共分 72 条。同一条中的各款往往没有必然联系，正如其第 1.2 条款说明的那样，标题和旁注不应视为本合同文本的一部分。同时条款之间没有逻辑关系或者逻辑关系混乱，且其条款之间相互解答、相互引用，最终使其成为一个没有框架体系、杂乱的混合体。与之相反，FIDIC(1999)则初步形成了结构化、系统化的体系。FIDIC(1999)分为 20 条，具体为：一般规定、业主、工程师、承包商、指定分包商、职员和劳工、设备、材料和工艺、开工、延误和暂停、竣工检验、工程移交、缺陷责任、测量和估价、变更和调整、价款和支付、业主解除合同、承包商提出暂停和解除合同、风险和责任保险、不可抗力、索赔、争端和仲裁。其各部分相对独立，各条款不再相互引用。

事实上，施工合同的结构化、系统化不是 FIDIC(1999)标新立异的冲动之举，而是工程施工活动安全性和便捷性的必然要求。工程承发包活动的安全性要求施工合同具有完备的条款，涉及面甚广的施工合同如果仅仅凭经验起草是难以避免疏漏的，而分析、起草合同的系统化是避免疏漏的有效方法。工程承发包活动的便捷性要求施工合同易于理解、便于履行，而施工合同的结构化、条理化正是正确理解合同本身的保证。

2. FIDIC 和 NEC 的系列化进程

经过 40 多年的发展，特别是近 10 年的发展，FIDIC 合同形成了较为完备的合同体系：按照适用工程类型不同可分为土木工程合同及电气和机械工程合同；按照适用对象不同可分为咨询服务合同、总承包合同及分包合同；按照承包商参与设计的程度不同可分为施工合同和设计—施工合同。

从表面上看，NEC 合同系列化没有 FIDIC 合同明显，但实质上，NEC 合同已

经经历了系列化的过程。作为其起草基础和依据的合同体系已经达到足够详尽的系列化程度，如作为其起草基础和依据之一的JCT合同文件，早已形成了17种文本的系列，除了FIDIC合同文件所考虑的情况外，还考虑了其他计价方式(如成本加酬金合同)、其他承包方式(如设计、施工总承包合同)、其他分包形式(如完全的自定义分包)等。

FIDIC和NEC合同的系列化是由现代工程施工活动的特点决定的。首先，业主希望根据工程准备的情况及工程实施的特定要求采取广泛的合同策略；其次，工程施工的专业分工要求合同能够反映各个工程施工自身的特点和要求；再次，承包商的专业化分工及其施工管理水平的提高也使施工合同系列化、多元化成为可能。

3. NEC体现出的集成化趋势

当工程合同系列化发展到一定程度后，就明显地出现了种种弊端。在过去的25年中，工程建设某些专门领域的多种合同形式日趋增加，并在最近又有进一步加速的趋势。每种新的合同文件发起人和制定人都有明确的目的和意图，但总的效果是：要求工程施工领域从业人员熟悉不同合同的风格、内涵、确切性以及商业敏感性。正如FIDIC《土木工程施工合同条件》(第4版)和FIDIC《电气与机械工程合同条件》，即使由同一个标准合同组织制定，并且前者已尽可能作出努力与后者协调，但仍存在明显的差异。这使得同一工程人员遇到不同类型的合同时很难尽快适应，还使得在同一工程项目中运用众多合同文本时存在不可避免的种种冲突。

为了克服施工合同系列化过程中存在的上述弊端，ICE集成了各种主要系列合同的实质性内容，并考虑相互间的差异，制定了一种用途广泛、简单的合同形式——NEC工程施工合同。这种集成化主要表现在：集成了适应不同工程类型的合同；集成了管理合同和传统的总承包合同；集成了有全部、部分、无工程量清单的合同；集成了承包商承担设计、部分设计、不承担设计任务的情况；集成了成本加酬金合同和目标合同。

2.7.2 现代合同原则的引入与强化

1. 公平原则对工程师地位的重新界定

公平原则是市场经济中价值规律的客观要求，也是法律化了的社会道德。公平原则是对合同自由原则的制约，其作用主要在于：防止当事人滥用权力，有利于保护当事人的合法权益，维护和平衡当事人之间的利益。合同的效率原则认为合同制度“蕴藏着完整的经济逻辑，其目的是增加经济效益”。人们对合同的理解存在着这样的分歧：效率是合同的第一要素，还是公平是合同的第一要素？然而近年来各国对公平原则的强调和重视，彻底否定了合同的效率原则。与强调效率原则相比，合同制度更强调公平原则归根到底是经济上的需要。因为合同双方形式上或实质上的不公平，最终影响了双方通过合同共同达到最大限度增加经济效益的可能性。

工程师担任准仲裁者制度是合同效率原则的要求，但却是对合同公平原则的否认。工程师担任争端的准仲裁者是传统工程施工合同的共同点。这种制度早在二百多年前即已出现并一直停滞不前，于是有人认为这种制度的存在是有成效的，值得建筑业界继续支持。然而如上所述，对工程施工合同来说，实质上的效率—公平原则比表面的效率原则更为必要、更为有用。

事实上，有些施工合同标准文件已经采纳了上述现代合同的原则。FIDIC(1999)和NEC工程施工合同文件均摒弃了工程师担任准仲裁者这一角色，而将工程师仅仅限制在业主的代理人这一地位。FIDIC(1999)除了约定准仲裁者处理争端的一般程序外，还提供了《争端裁决协议书通用条件》和《争端裁决协议书格式》。

2. 合作原则对合同双方关系的全新定义

合作原则是诚实信用原则的要求和强化。诚实信用原则表现在合同的缔结过程中会产生协作义务，要求合同双方共同尽力促成合同的缔结和履行。诚实信用原则是《合同法》对合同的一般要求，而合作原则则要求合同双方以相互信任、相互合作的精神进行工作，始终主动努力寻求解决问题的方法。合作原则的作用是：使合同双方当事人从相互对立的状态中解放出来，避免了合同一方总认为自己比对方聪明，尽力使对方失利，结果两败俱伤的后果，最终达到双方都有收益。

NEC工程施工合同率先将合作义务作为合同义务予以明确规定，使得合同双方的关系从传统的对立转变为合作。该合同文件要求承包商和业主应相互合作，不合作将被视为违反合同并应承担相应的违约责任。如其规定双方要共同保证进度计划不断更新，双方应就影响质量、工期、造价的因素向对方及时发出早期警告等。

3. 严格责任原则对合同内容提出的严格要求

严格责任原则要求合同的约定明确、客观，尽量摒弃事后需要主观判断的约定。严格责任原则是指违约发生后，确定违约当事人的责任时，不考虑当事人主观上有无故意或过失，而只考虑违约结果是否因当事人的行为造成的一种归责原则。其与过错责任原则相对，都是确定违约当事人民事责任的根据和标准。严格责任原则是《合同法》发展的趋势，如《联合国货物销售合同公约》和《国际商事合同通则》均采用严格责任原则。而大陆法系奉行的过错责任原则已日趋衰落，并向严格责任原则靠拢。严格责任原则分配风险完全通过事先的合同约定。合同约定的客观与否决定了该归责原则的有效性。

NEC工程施工合同较好地满足了违约责任原则的上述要求，而FIDIC(1999)较FIDIC(1987)有较大的进步。首先，NEC最为引人注目的约定是工程管理者进行工程管理时，对几乎所有的不批准或不认可必须有合同约定的标准，如"项目经理应对承包商提交的或再次提交其认可的函件作出答复。若答复为不认可，项目经理应说明理由……项目经理不予认可的理由是需要承包商提供进一步的资料，从而全面评价承包商所提交的函件"。其次，NEC明确约定了几乎所有的期限，如函件的答复期等。NEC甚至连支付进度款时间的约定都比FIDIC(1987)要独到得多，FIDIC(1987)约定业主支付进度款的时间为工程师签发临时支付证书日起28天内支付(注意：工程师签发临时支付证书之日为一个不确定的日期)，而NEC则约定为结算周期末期3周内支付，FIDIC(1999)也有同样的约定。再次，NEC对其他标准的约定也是尽可能的明确、客观，如NEC第60.1(13)条约定的"不利气候条件"为"在1个日历月内，整个合同竣工日前，合同资料指定的场所所记录的气象实测数据低于10年一遇的气象数据的平均值"。

2.7.3 现代项目管理原则和技术的引入与渗透

1. 传统工程管理方法对工程施工合同的制约

传统工程管理方法主要是基于工业化初期的工程特点：项目规模较小，项目参与方不多，施工技术简单。然而，现代工程项目较工业化初期已发生了巨大的变化，目前绝大部分工程施工合同仍停留在传统工程管理的阶段。这种停滞主要表现在目前绝大部分工程施工合同规定的工程管理关系为：工程师作用如同主人，承包商作用如同仆人，仆人接收许多工程中固有的风险。在工程进展过程中，工程师也许会发出新的指示，而承包商必须服从。工程师对承包商因执行这些新的指示而应获得的额外时间和额外费用作出决定。当承包商和工程师发生争端时，该争端由工程师作出决定。

尽管上述传统工程管理方法所确定的原则一直被认为是有效的方法，但其产生的不能预料和无法事前估算的额外付款及其产生的工程索赔等众多的争端已经使其有效性受到人们的质疑：管理体系存在的不理想的特性并未被工程界所认同，当出现纠纷时，工程师们请来律师而不是将它纠正，常常导致了费时费钱的法律程序，最终毫无结果。

2. 现代项目管理原则和技术的引入

近30年来，由于现代管理理论、管理方法及管理手段的引入及项目管理的社会化、专业化、标准化和规范化发展，现代项目管理学科已发展到了被广泛接收并付诸实践的程度。在这种情况下，作为连接业主和承包商的工程施工合同引入并强化现代项目管理原则和技术成为一种必然的趋势。NEC和FIDIC工程施工合同文件，特别是NEC合同文件，在这方面已作出了有益的尝试。

(1)事前控制原则对NEC和FIDIC的改造

事前控制原则是前馈控制理论的基本准则，不同于已出现问题后再寻求解决问题的传统控制方法，前馈控制理论要求根据项目投入的实际情况，预测将要产生的和可能产生的问题，提前采取措施，在问题出现之前将其解决。

NEC规定的预警程序及NEC和FIDIC(1999)规定的工程变更前预先估价程序是事前控制原则的具体应用。NEC规定：一经发现可能发生价款增加、竣工推迟、使用功能削弱时，承包商或项目经理应以通知形式单独通知对方；警告方可要求对方出席会议，讨论解决方案并采取行动；承包商未发出一个有经验者应有的预警，则项目经理将未早期警告的情况通知承包商，则应按已发出过早期警告的情形计价。该预警程序将事前控制作为合同双方的义务，违反该程序则视为违约，而遵守该程序则意味合同双方均有所获益，即所谓的"双赢规则"(Win-Win)。

NEC确定了先进行计价、后进行工程变更的一般原则，FIDIC(1999)也有部分类似的规定。NEC规定：项目经理决定或指示变更时应指示报价，承包商应在接到指示报价后3周内提交报价，项目经理收到报价后2周内答复或解释理由后指示修改；项目经理就变更指令要求承包商提交多种方案报价；变更可以预计成本的变化进行估价。该规定要求工程管理者不得随意发出工程变更指令，他应在变更前考虑该变更对工程目标的影响。FIDIC(1999)也规定工程师可以以要求承包商提交建议书的方式进行变更。

(2)整体风险最小原则对FIDIC和NEC的强化

整体风险最小原则是系统管理理论的要求。传统管理方法强调管理工作的专业化，把任务、职责、权限分得很清楚，这当然也是项目管理所必不可少的，但系统管理理论则更强调各类人员和各个部分之间的沟通、协调和综合。前者较注重各个部分的高效率，而后者则以达到整个系统的高效率为主要目标。如果将整个工程项目作为一个系统，则系统风险最小显然是系统高效率的标志。

事实上，工程施工合同确立整体风险最小原则对业主和承包商来说都有好处：

1）承包商报价中的不可预见费较少，业主可以得到一个合理的报价。

2）减少合同的不确定性，承包商可以准确地计划和安排工程施工，业主也可以准确地预测工程的成本。

3）可以最大限度地发挥合同双方的风险控制和履约的积极性。

FIDIC和NEC都根据整体风险最小原则规定了合同风险的分配：技术风险、经济风险对合同权利的损害责任由业主承担；社会风险、自然风险对财产的损害责任按所有权分担，对人身的损害责任按雇佣关系分担，对合同权利的损害责任、延误由业主承担，费用由承包商承担。

NEC还根据计价方式的不同规定了6种主要选项，每种选项的风险分配情况各不相同。在具体确定工程施工合同时，由业主决定选择某个主要选项。为此，NEC提醒业主在确定主要选项时应考虑工程的实际情况及双方控制风险的能力。NEC根据整体风险最小原则确定了风险的分担方法：

1）含分项工程表的报价合同，承包商承担价格风险和数量风险。

2）含工程量清单的报价合同，承包商承担价格风险，业主承担数量风险。

3）含分项工程表的目标合同，价格风险和数量风险由双方按约分担。

4）含工程量清单目标合同，数量风险由业主承担，价格风险由双方按约分担。

5）成本补偿合同，承包商风险小，其获取相对固定间接费而不关心实际成本的控制。

6）管理合同，承包商本人不必从事工程的具体施工任务，其风险也小。

(3)进度计划控制技术对FIDIC和NEC的强化

进度计划控制技术是项目管理的重要工具。进度计划控制技术是随着关键路线法(Critical Path Method，CPM)和计划评审技术(Program Evaluation and Review Technique，PERT)等网络计划方法出现而成熟和完善的，它是进度控制的基础，也与质量控制和成本控制密切相关。

NEC对进度计划作了详细的规定，承包商应及时保证进度计划能跟上实际施工的节奏，工程管理者应及时审批进度计划，并以此为标准，以指令停工和指令加速为手段，监控实际进度，确保工期目标的实现。此外，NEC还对进度计划的内容、提交的时间、工程管理者对其的审批、进度计划修改时间、内容等作了规定。

2.7.4 方便用户原则的强化

工程施工合同文件中方便用户原则是指工程施工合同文件应该尽量满足更广泛的用户的需要，引起更多的共鸣。其中，用户包括实际工程施工合同条件的制定者、该合同文件的阅读者、实际工程施工合同的投标人、在实际合同管理中或工程实施过程中涉及到的人。

方便用户原则并不是近年来的工程施工合同文件的创造。1957年制定的FIDIC《土木工程施工合同条件》(第1版)将合同条件分为两个部分：通用合同条件和专用合同条件。熟悉通用合同条件的用户只需要阅读专用合同条件就可了解整个合同条件的内容，这标志着方便用户原则开始应用于工程施工合同。在FIDIC《土木工程合同条件》的后续版本中，方便用户原则都有所强化，这种趋势一直持续到最新的FIDIC(1999)。

但是，只有在NEC工程施工合同中，方便用户原则才真正贯穿于整个工程施工合同条件。这主要表现在：

(1) 清晰、简洁。NEC用常用语言书写，易于被母语为非英语的人员理解并翻译成其他语言。NEC尽量使用常用词，无冗长的句子，仅在保险部分保留了少量法律用语。

(2) 便于信息管理。NEC提供了条款编码系统，易于理解条款；提供程序流程图。传统的ICE合同、JCT合同或者FIDIC合同不能用电子交换必要的信息来管理众多的界面工作及合同管理工作。NEC则打破了这种枷锁，结合其编码系统和程序流程图应用现代信息技术，最终可以实现无纸化的工程管理。

(3) 减少争议的出现。NEC条款数目少且相互独立，尽量不使用模糊用词，避免歧义。

2.7.5 国内施工合同文本所处阶段及其发展

从理论上讲，国内施工合同文本与国际施工合同条件存在着较大的差距。国际施工合同条件已在结构化、系统化、集成化方向大步前进，国内施工合同文本虽已有一定结构化、系统化趋向，但系列化、集成化差距明显。国际施工合同已经融入了现代合同原则和现代项目管理原则与技术的精华及最新发展，而国内施工合同文本仍停留在国外传统施工合同的阴影中。国际施工合同文件已开始考虑满足用户需要、方便用户，开始了自我营销之旅，而国内施工合同文本仍由国家制定，并需要政府半强制性推行。

从实践上讲，国内施工合同文本比国际施工合同条件更能满足我国工程建设需要。国内施工合同文本完全立足于我国国情：包括法律、工程习惯及现实情况，内容也较精简，更能为我国广大业主和承包商所理解、接受并应用。实践证明，国内施工合同文本总体上是行之有效的。国际施工合同条件有当事人较高的管理水平和工程合同意识及一整套技术、标准作为支撑，前者是我国业主、承包商及其他参与方所达不到的，后者与我国技术标准存在很大的差距，故国际施工合同条件较难满足我国工程建设的一般需要。

从发展角度上讲，随着全球经济一体化和我国建筑市场的成熟，合同双方的管理水平和合同意识的提高，国内施工合同文本最终会迈向实践与理论的统一，同国际施工合同条件完全接轨。因此，我国应在立足国情、满足我国工程建设需要的前提下，借鉴、吸收国际施工合同的精华和成功经验，而最具操作性的方式就是针对我国施工合同文本在应用中存在的主要问题，借鉴国际施工合同条件完善国内施工合同文本。

本 章 小 结

本章介绍了国际上主要采用的 *FIDIC*、*AIA*、*JCT*、*ICE*、*NEC* 系列工程合同条件的分类、特点、适用条件和主要内容，以及国内建设工程勘察、设计、监理、施工、分包等系列合同文本；分析了国际施工合同条件的发展趋势和国内施工合同文本的发展方向等问题。

复习思考题

1. 分析 *FIDIC* 合同条件的形成、发展和基本特点。
2. 分析 *AIA* 合同条件的类型和主要特点。
3. 试分析 *JCT* 和 *ICE* 合同条件的特点和适用范围。
4. 试分析 *NEC* 合同条件的结构和特点。
5. 国内主要的工程合同系列有哪些？各自的适用范围是什么？
6. 试分析国际施工合同条件的发展趋势及对中国建设工程合同示范文本的影响？

第3章 工程合同类型及优选

土木工程本身的复杂性决定了工程合同的多样性，不同的合同类型对招投标文件、合同价格确定及合同管理工作也有不同的要求。按照计价方式不同，工程合同主要可分为固定总价合同、成本加酬金合同和单价合同。为了获得对合同类型概念和内容的准确和完整理解，本章主要以欧美发达国家为参考蓝本来论述工程合同类型及其选择要点。

3.1 固定总价合同(Stipulated-Sum Contracts)

固定总价合同(AIA Document A101，Standard Form of Agreement Between Owner and Contractor refers to the *stipulated sum*，The Canadian Standard Construction Document CCDC2 by The Canadian Construction Documents Committee refers to a *stipulated price*. The Terms *stipulated sum*，*lump-sum*，and *stipulated price* all mean the same thing.)是指投标者以固定的总价完成某项工程(The stipulated-sum contract is such a contract the bidder stipulates the amount for which he will do the work)。这种合同也许是近一百年甚至更长时间内我们最熟悉的合同形式。这种合同形式也许现在仍然是最普遍的合同，至少是使用最多的合同形式，但现在许多大型工程不再签订固定总价合同。由于它的广泛应用和形式简单，它是开始理解和审核工程合同主要类型的最佳合同。

3.1.1 固定总价合同中承包商的职责

1. 以一个固定的总价完成一个完整的工程

在固定总价合同中，承包商最主要的职责是按照合同协议规定的工期和合同文件完成工程项目

(The contractor's primary duty in a *lump-sum contract* is to do the work as required by the contract documents within the contract time stated in the agreement)，而承包商最主要的权利是以双方同意的方式、合理的时间，通常是分期付款方式取得合同价款(The contractor's primary right is to be paid the contract amount，usually in installments，in the agreed manner and at proper times)。

固定总价合同中影响承包商责任的一个重要法律观点是：以一个固定的总价完成一个完整的工程(a fixed sum for a complete job of work)。例如对于传统建筑，承包商也许会同意为业主以基于图纸和规范(没有现在详细和明确)的固定总额建造一所乡村别墅；社会形成的合同本质、承包商的信誉和通常采用的传统交易和材料足以保证业主能获得合适的建筑并能使用；合同的本质是以固定的总价完成一个完整的建筑，一个符合业主生活质量的带有合适装修、设施、配件、设备、辅助建筑的别墅，尽管在合同文件中可能没有描述上述细节。

固定总价合同的概念仍坚持要求承包商提供和完成合同文件中可以"合理推断出来的、产生预期结果所必需的工作"(The concept of a lump-sum contract still persists and requires a contractor to provide and install work that "is reasonably inferable from the contract documents as being necessary to produce the intended results")。"合理推断出来的、产生预期结果所必需的工作"(AIA Documents A201-1997，*General Conditions of the Contract for Construction*，*Article*1，*Contract Documents*，§1.2.1. Other lump-sum Contracts contain similar wording. For example，CCDC2-1998 contains the words "properly inferable")这段话含义丰富，但只能由法庭上案件审理的法律告诉我们。例如尽管一个两层别墅的设计图纸没有楼梯，技术规范也没有说明，承包商仍有义务安装一个楼梯，以实现"预期结果"——提供一个能适宜居住的两层别墅。在一个固定总价合同中，为了完成整个工程某些不可缺少的必需的工作和合理推断的工作，即使没有明确，都属于合同隐藏包含的工作(Works that are indispensably necessary to complete the whole work，and are reasonably inferable，are included by implication，if not specifically，in the *lump sum* of a contract)。

如果固定总价合同文件中包含了工程量清单，那么将会引发一个合同含义和意图的问题，即工程量是否构成合同一部分及是否决定合同的工作范围，或它们仅作为信息和根据合同条款决定单价变更的一个基础，这一点合同必须明确规定。

2. 承包商应承担的投标风险

业主或被授权的设计师，可以通过签订一份固定总价合同，实际上转移自己所有的风险，让承包商在合同规定的时间内完成工程，并可以供业主使用。与此同时如果业主想节省投资，必须考虑这样的规定对投标人的影响。投标人可能会更多地考虑他们的风险，计算风险的影响和可能性，并在估价和报价时对每个风险增加费用，这也不是业主明智的选择。

在固定总价合同中，任何明确的风险都可以被孤立、描述和排除。合同应该设置如果发生偶然性事件业主可支付额外费用的合同条款，这样投标人在投标时就不需要考虑偶然性事件、额外工作，报价时可以不考虑风险费用，偶然性事件发生后也能得到补偿，不会产生额外损失。为了达到这样的目的，在固定总价合同中应该规定明确的内容和条款，并且投标人的报价也必须符合合同这样的规定。

3. **工程变更**

固定总价合同另外一个影响双方当事人的重要特征是它的固定特性，非常重要的一点就是，绝大多数的固定总价合同都包含一个在不影响合同效力时业主可以作出工程变更的条款。如果没有这样明确的条款，固定总价合同就不能作出变更，除非业主和承包商双方同意。有了这样的条款，承包商就必须完成所有的有效变更，这在普通法和有些国家标准合同条款中是一个事实，但变更必须在“合同的总体范围”内，这意味着如果业主可以指示变更，那么变更不能超出合同范围和本质，这是事实也是法律解释。例如某业主按固定总价合同建造一幢别墅，他可以指示变更外墙粉刷采用灰泥的类型，但不能将卧室数量从3个变更到4个，尤其当承包商不希望如此，即使业主准备支付额外的费用。事实上，惟一可以让承包商改变方式的是放弃原来的合同，双方协商重新签订一份新的合同。

值得注意的是，尽管所有的标准工程合同文件，在合同有效的前提下都为业主提供了一定的工程变更权利，但是标准合同文件同样要求业主对双方同意的变更支付额外费用，

如果不能达成协议，通常情况下承包商必须完成业主命令的工作，并保留详细的会计记录，使工程价值能得到设计师的认可。最后承包商如果不满意的话，可以提交给仲裁或法庭。总体来说，在商谈变更时承包商一般都处在相对较强的地位。

4. **施工组织和方法**

在固定总价合同中，承包商通常完全控制工程并且有单独的责任去组织和决定分包商，这也从侧面反映出了这种合同的本质。总的来说，承包商可以自己决定施工方法，但一个增长的趋势是由设计师来说明施工的方法和手段。

由判例形成的普通法要求承包商按照通常的交易实践完成工程，以合理的速度完成固定总价合同中业主需要的合适建筑物。但是技术已经超出了传统，普通法变得越来越难适用，因为普通法基于传统，且被成文法否决。现在，设计师必须采用新材料和新的施工方法设计，并尽可能详细和明确，因为没有传统的东西可以依照，所以承包商必须等待设计师告诉他们该干什么，这样承包商就失去了主动权。同时由于工程的复杂性，设计师(和承包商配合)已经修改完善了总价合同来克服原来合同文本的约束，常包括多方案投标(Alternates in Bids)、合同现金补贴(Cash Allowances: an amount of money specified to be followed by all bidders in their bids for specific parts of work of a project for which the owner or an agent of the owner is unable or unwilling at the time of preparing the bidding documents to provide sufficient design information to enable the bidders to estimate the costs of that specific part or parts; which specified amount is the agent's best estimate of the costs. The contract sum is subsequently adjusted according to the amount of variation between the actual amount instructed (by the agent of owner) to be expended on the specified parts of work and the specified amount of the cash allowance. Also known as a prime cost sum (P. C. sum) or a provisional sum, especially outside the United States)(或称暂定金额，参见图 3-1)、工程变更和工程延期等。在这种形式下，为了适应现在的需要，固定总价合同的基本本质已经被扭曲，同样有些承包商的基本责职在改革中也不分明或者被丢失。

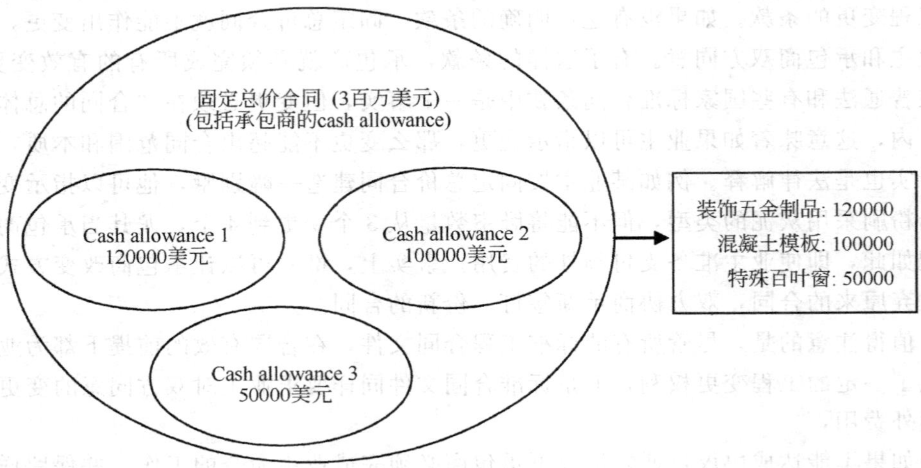

图 3-1 作为总价合同一部分的暂定金额

（备注：实际支付的暂定金额可能会变化，合同总额会相应调整）

5. 承包商的其他责任

在固定总价合同的标准文本中，承包商有责任保证业主、设计师及他们的代理人和雇员免于因工程履行所导致的所有索赔、损害、损失和开支而造成的损失。这意味着业主和设计师，无论在现场或其他地方，对建造过程中完成任何的工作不承担责任，如果它是由承包商、分包商及他们雇用的任何人的全部或部分的疏忽或删除所导致的。

6. 承包商的现场项目经理

在合同履行期间承包商应聘请一位全职的经理(和必需的助理)，在现场他将代表承包商。在很大程度上，工程的圆满履行和合理的进度都得依靠他。许多的项目经理拥有一定商业训练和实际经验，他们大多是从工长的职位上提升的，并逐渐承担更大规模和更复杂的工程。

现在的项目经理拥有了不同的背景，他们在工程或施工方面受过专业和技术教育，有办公室工作的经验，在现场做过工程估价、成本核算或经理助理，但没有行业师徒关系式的训练，最理想的项目经理是既得到行业训练又有实际经验。

困扰有些承包商的一个问题是从开始施工到竣工一直都有一个好的项目经理，尤其是当许多工作由分包商完成、承包商可能要求该项目经理开始新的项目且工程趋于结尾时，所以通常换个差点的项目经理，将好的项目经理换到新的项目上去。但是承包商有责任按照合同要求合理完成工程，包括所有分包商和班组的工作，这些工作承包商必须组织和监督，对业主完全负责。在工程完成到某一阶段(如75%)时调换项目经理，对工程竣工是有害的。许多合同规定项目经理的任命和免除要得到业主和设计师的认可。

7. 承包商的缺陷弥补责任

承包商的一个主要责任是在施工过程中和基本完工(Substantial completion of the work)后修改有缺陷的工作，即在所谓的保修期内，国际上通常是从基本竣工后的一年内(In CCDC2-1994, the warranty period is one year, but effectively six years, with certain requirements and limitations. See the current editions, including A201-1997, in which Article 3.5, *Warranty*, mentions no period of time; whereas Article 12.2, *Correction of work*, refers to a one year period "for correction of work")。有这样的事实常未注意到，即一份建造合同没有结束，在一般条款规定的保修期内仍然有效。同样的事实是承包商弥补缺陷的责任也不受保修期的限制；当合同不再有效，业主虽然不能因承包商拒绝修复缺陷而寻求违反合同的损害赔偿，但他随时可按照工程所在地有效的法律管辖提起诉讼赔偿要求(Although an owner cannot seek damages for breach of contract because of defective work which the contractor refuses to make good if the contract is no longer in force, an owner can sue for damages at any time, subject to the statute of limitations in force at the place of the work)，这意味着业主在基本竣工若干年后还能向承包商提出诉讼赔偿要求，并且只要有好的理由和证据，这样的诉讼可能会成功，只要承包商公司还存在着。

8. 承包商未获得付款后的责任

如果承包商没有得到应得的支付，他可以停止施工直到他得到支付，但是绝大多数合同要求承包商在采取这种严重行为前提交一个有明确天数的书面通知。这是承包商按照合同条款应该得到支付的合同基本权利。类似的，在有设计师的标准合同文本中，设计师签署了承包商有权获得固定数额的书面证明后，业主应该支付给承包商。所以根据标准合同条件，如果设计师没有及时签发付款证明，承包商可能会停工。如果在一定时间内(通常30天)没有获得一个付款证明或付款，承包商在书面通知后可终止合同，并要求支付已完工程及其遭受的损失赔偿。很明显，这是合同意图赋予承包商在这些情况下的行动权利，但不是立即和严重的行动，书面通知将劝说对方去做他们能力范围内应该做的事。如果他们不做——或许因为他们完成不了——此时才能采取停止施工的最后行动。

给承包商的付款通常是按月支付的，根据直至当月已完工程的总价值和运到现场的材料，折算成合同总额的一定比例，再扣除以前的付款，这样操作可以避免累积误差(Payments usually are made to a contractor each month on the basis of the total value of work completed and materials delivered to the site up to the date of the month set out in the contract as a proportion of the contract sum, less any previous payments, in this way, cumulative errors are avoided.)。通常情况下承包商每月不能获得所有应得之款，因为工程合同包含有业主在竣工前扣留一定比例保留金的条款。

3.1.2 固定总价合同中业主的职责

1. 业主的主要职责

在任何标准工程合同中，业主的主要职责是：(1)提供工程相关资料和现场通道；(2)按照协议和合同条款支付承包商工程价款。几乎所有的其他事情都是由代表业主的设计师完成的，而业主都是通过设计师签发所有的指令给承包商。有一些行为只能由业主作出，例如终止合同，但他通常不能单方面终止，需要得到设计师的许可。在标准合同中，业主几乎没有职责，这些职责被赋予了设计师。在有些合同中要求业主购买保险(事实上他可以选择)；但对于一份特定的合同，无论保险是由业主购买还是由承包商购买，它总是由业主直接或间接支付(Insurance in construction contracts is of two basic kind: 1) insurance against loss due to damage (such as from fire) to the construction work; and 2) insurance against loss due to injury of third parties(persons not a party to the contract), or to their property, because of the work.)。

在 AIA 文本 A201-1997 中，业主需要提供为完成其义务的合理资金安排的证据、所有的现场勘查、支付土地费用、及时提供所有信息和服务，以便于承包商行使自己的权力、履行义务，避免工程延期。同时业主须指派一名业主代表。

2. 工程缺陷弥补

业主的权利通常大于自己的义务。例如，如果承包商没有改正不合格工程或者不能持续供应构成工程实体必需的材料或设备，业主有权命令工程停止。如果承包商没有按照合同条款履行义务，业主在取得设计师许可的情况下可以自行修复工程缺陷，并向承包商索取相应工程款。然而这个规定并没有起到预想的效果，首先，该情况含义并不明确；其次，很难寻找一家新的承包商进驻场地修复缺陷或完成施工；最后，如果承包商有困难，可能是财务上出现问题，这样业主可能很难讨回自己的工程款。尽管如此，业主必须要有续建工程的最终权力；另外一个保护可能是担保公司提供的履约担保，多数的合同会提供上述两个保护。另外一种办法是在招标时选择一个实力较强、信誉较好的承包商。但在固定总价合同中，业主也必须承担一些风险。当然，业主可以选择一个对自己有利的合同条件。一般的，这里所说的都是标准合同，其他的合同可能不同。

3. 业主终止合同

业主在取得设计师的许可后，有权按照通用条款所列理由终止合同。通常包括承包商破产、承包商坚持拒绝继续执行合同、未能支付分包商或材料供应商款项、持续违反法律和法规、严重地违反法律和法规和严重违反合同条件。不过业主通常要有设计师的书面认可和足够的证据才可以采取这种极端的做法，并且业主必须给承包商书面通知。这是业主、设计师和承包商之间的相互关系的一种说明。正如上面所说，设计师是位于施工合同当事人之间的一个仲裁人。在标准合同中业主通常没有单方面的行为权力，因为大多数业主合同行为的权利被授予设计师。我们应该注意，在业主可以终止合同之前，承包商必须正在或者即将违反合同。美国和加拿大的标准合同文本都参考了合同的这种实质违反。当然，在合法且承包商最初同意的情况下，业主有可能拥有更大的个人权力。许多非标准的合同(由或为业主起草的)为业主提供了更多的权力。

如果工程对业主有用，业主通常有权接受一个不符合合同规定的缺陷工程。例如实用的工程或紧急的工程，此时需要折减合同价款(美国 AIA 文本 A201-1997)(A201-1997，Article 12.3，*Acceptance of nonconforming work.*)。

4. 误期损害赔偿

标准的固定总价合同文本中包含有特殊条款的空间，如与承包商没有按时完工有关的误期损害赔偿(*Liquidated Damages* are damages which are settled (liquidated) in advance of any loss, or damages incurred. Damages included in construction contract agreement and payable in the event of late completion of the work.)。如果协议中包含这样的条款并且承包商未能及时完工，业主就可以根据设计师的许可和合同条款，有权从应支付给承包商的任何款项中扣除相应的金额，并且可以通过任何其他法律途径要求赔偿损失。一般来说，任何涉及到完工和合同工期的“罚款—奖励条款”(Penalty-Bonus Provision)都可能给业主带来其他的责任(权力或义务)。

3.1.3 固定总价合同中设计师(设计商)的责任

1. 设计师的地位

可以说，设计师在固定总价合同中没有任何责任，因为他不是合同的主体，只有合同主体才承担由合同所产生的责职。然而标准工程合同赋予设计师特定的责任并对业主负责。我们可以看到工程合同中设计师的通常地位，一般称其为建筑师、工程师、业主代理。在标准合同通用条款中(AIA 和 CCDC)，对于建筑师作用的描述还在不断发展中。

在 A201-1997 标准协议中(A101)及 A201 第 4 条款“合同管理”中，建筑师(不管是个人还是企业)在建设过程至最终付款前被描述为业主代表，类似的措词在加拿大 CCDC2-1994 中也能见到。

因为业主的主要义务是支付给承包商工程款，而支付需要设计师的证明，这可被定义为设计师的基本职责。如果设计师雇佣被终止，标准合同要求业主取代协议中定义的建筑师，另一个原因是设计师作为合同仲裁人和解释者不能偏袒合同任何一方。

2. 设计师的解释或指令

建筑师所做的解释必须是公正的并与合同文件的意图和合理推断相一致

（A201-1997，4.2.12），CCDC 2-1994 中有相同的表述，在 AIA 文件 A201-1997 中规定“如果与合同文件表示的意图符合时，建筑师对与审美影响相关事件的决定是最终的”（4.2.13），它暗示其他的决定不是最终的，并且 4.6 小节提供了仲裁，正如 CCDC2 第 8 条款“争议解决”一样。

由设计师所作出的解释会产生潜在的争议，因为要解释的文件是由设计师准备或在其指导下准备的，而争议常导致诉讼。然而鉴于建筑工程的本质，由于合同文件不可避免的缺陷，解释通常是需要的，同时还要公正。

虽然北美的合同文件总体上标准很高，实际上，他们不可能处理好每一个细节问题——潜在的歧异来源，尤其在固定总价合同中总价是固定的。工程建设中细节规定不够是工程少量变更(Minor changes in the work: contractually (in AIA standard contracts) the subject of an order by an architect with authority under construction contract to order minor changes in the work that do not involve an adjustment to the contract sum or the contract time and that are not inconsistent with the intent of the contract.)的基础(The details of construction are less so, which is on basis for minor changes in the work)。然而受双方合同约束，要求双方不应参与合同总价或合同工期的调整。这是设计师不同解释说明的结果，也是潜在歧异的原因。在 CCDC2-1982 中相应地被称为“附加指令”（Additional Instructions)，在 CCDC2-1994 中被称为“补充指令”（2.2.9）(Supplemental Instructions)，其重要性没有以前的版本高。

当任何一方要求建筑师作出解释时，建筑师应作出解释。但在 A201-1997 中并没有指出任何一方可以要求发布少量变更。CCDC2-1994 中说到“补充指令”应由顾问(建筑师、工程师)根据合同双方同意的计划来签发，明显忽视了补充指令和少量变更的可能要求。重申一点，所有设计师的解释、少量(大量)变更以及指令应与合同文件一致。

对于固定总价合同的招标文件尤其是技术规范，投标者必须要找到必需的信息来完成全面准确的报价，但合同文件并不绝对包括实际完成工程所需要的所有信息(A similar situation usually exists with shop drawings to be provided by a contractor(which are usually provided to him by his subcontractors) for approval by the designer. Shop drawings must be consistent with the contract, otherwise the contractor is required to state in writing to the designer where they differ from the contract documents.)。例如，投标者通常不需要了解油漆的颜色——只需要知道油漆的种类和涂层数。但直到合同工程开工时，设计师通常才准备配色方案。投标者只有从技术规范或自身的实践经验了解情况，并在工作开始和在他或其油漆分包商需要之前，从设计师处取得配色方案。颜色能影响成本(例如在一些沥青涂层中的亮色)，这要求设计师在招标文件中明确油漆的颜色，如果没有明确，投标者可以合理假设一种比较便宜的颜色，那么后来要求更鲜艳的配色方案可认为是与合同条款不相符。

设计师的解释或附加指令必须与合同文件相一致，因为承包商是根据指标文件来编制报价及投标的，而且是工程合同双方达成协议的基础。承包商所做的每一项合同工作必须可以从招标文件中合理的看出或推断，这样承包商才能在投标报价中计算所有成本。

然而设计师可能会根据标准文件的通用条款作出一些少量工程变更，从而影响合同工期与总额，但需与合同文件的意图一致，合同的连贯性是最重要的，但同时会产生解释的问题。设计师总能够以承包商的眼光看问题吗？设计师能够完全明白少量工程变更对承包商组织和进度的影响吗？显然这取决于设计师个人，设计师最终应从实践中获得更多的建筑经济知识和理解力。例如，合同图纸指出门窗在混凝土砖外墙上开设，门窗和周围砖的尺寸是以暴露面的一块砖长为模数的，设计师签发变更指示需要改变个别门窗的位置，并归类于“轻微变更”（在 CCDC2 中叫做“补充指示”），而承包商声明这不是一个轻微变更，因为这需要切割砖块来满足变更要求的非模数化尺寸。

一个熟悉砌筑工程方法和成本的、有经验的设计师知道这样的变更会导致额外费用，因此不应该归为轻微变更。总价合同在签订时总价就是固定的，所有后续的解释或变更会引起争议，在执行过程中这些问题的解决需要知识、理解和相互的善意。

根据标准合同文件，设计师是合同和双方履行行为的解释者，在双方之间不能有任何的偏袒。但设计师的决定很少是有约束力的最终决定，标准合同文本提供了争议的仲裁程序。然而 AIA 文本 201 中规定，即使符合合同文件意图，但有关最终艺术效果的事宜还需要建筑师的决定，这种条款一定是难以解释和应用，因为涉及艺术效果及与合同保持一致本身就容易产生争议，而且合同双方并不总是接受建筑师的决定。有必要说明，一般在法律尤其是合同中，最后的裁定来自最高法院，但即使是这样也经常会产生争议。

3. 设计师或其代表的现场工作

按照合同要求，设计师通常应访问现场，检查工程的进展，但他或她不对工程的合理施工负责，除非法律有明确要求，这是承包商按照合同做好工程的主要义务。然而如果技术规范要求承包商用一种被证明是有缺陷的特殊方法完成工程，有一些责任很可能属于建筑师，但通常很难划分清楚。这里有一个设计师和承包商的共同责任区域，有缺陷的工程可能是引起争议的原因，需要他们解决问题的知识和理解。简单说作为专业工程的合格律师，责任划分问题可能是建筑业中的最大问题。

业主和设计师可能同意设计师委派常驻现场的全职代表来履行他的职责，此时代表的授权范围和职责必须在施工合同中明确规定。许多施工合同并没有明确规定双方应该在现场，所以许多日常的事务通常由他们的代表处理。在施工过程中，有设计师的业主还可能会有另外的全职代表在现场，与设计师或其代表一起工作，尤其对于大型的综合商业性工程，每天需要当场作出决定。同样大型工程的设计师通常有一个兼职或全职的代表在现场，他可能是一个初级的伙伴或者雇员，来处理合同中规定的日常事务；承包商按照合同规定在现场也应该有项目经理。设计师其他重要的职责是签署工程基本竣工证书和签发最终付款证书。

3.1.4 固定总价合同中分包商的职责

1. 业主和设计师对分包商的认可

在业主与总承包商签订的主合同中，分包商是没有责任的，因为分包商从来就不是主合同的当事人，分包商是与总承包商签订分包合同的一方，而且分包合同可能是总价合同。在业主与总包商签订的主合同中通常会涉及到分包商，因为他们将要完成大部分施工工作，因此业主和设计师都比较关注分包商。尽管总承包商在所有的工作中只对业主负责，而且在业主和分包商之间不存在直接的关系，但是在主合同的标准文本中要求总承包商给予业主和设计师审批所有分包商的权利，而且标准合同会通过总承包商的分包合同来维护业主和设计师的权益。

2. 替换分包商

业主和设计师通常会在提交投标书或者中标后不久要求总承包商提供准备聘用的分包商名单。比较而言，业主要求投标人在提交标书时就提供分包商的名单更好一些，因为此时业主在处理这些事情时将比在中标后处于更有利的地位。如果业主和设计师决定拒绝名单上的分包商并且要求总承包商替换其他的分包商，则标书的标价(或者是后来的合同价格)可能需要调整(很可能增加)，因为大多数情况下，分包商的最低标价会包含在总承包商的固定总价标书中，由于替代分包商的标价会比原来分包商的标价高，则固定的总价就必须随之增加。

由于所有的主合同(分包合同)必须在双方自愿并达成一致的情况下签订，如果任何一方受到强迫或过分影响，则合同无效。所以总包商不能够被强迫与某一个分包商签订合同，同时业主和设计师享有批准所有分包商的权力。因此如果他们对建议的分包商不认可，可以要求总包商(或者未签订合同时的投标人)提供替换的分包商。由于业主和设计师都比较关注成本和质量，因此设计师能够知道分包工程的标价是有利的，他或她可以在投标时把这一信息作为应该满足的要求。在批准分包商之前，业主和设计师没有好的理由等待或者有理由不等待授予合同。

3. 分包商报价的公开

美国建筑师协会(AIA)和美国承包商联合会(AGCA)曾经建议在签订主合同之前，承包商不应该向任何人透露分包合同的标价，但是这种情况并没有持续太久。一些业主可能不同意，在潜在承包商与业主签订合同之前，这些都应最大程度的公开。对于因变更分包商而产生的标价变更，业主如何才能知道这会增加他多少成本？仅仅在这种情况下，业主和设计师应该有充分的理由知道分包合同的标价。

4. 分包商责任与总承包商责任的联系

分包合同中分包商的责任会明显地受到主合同中总承包商责任的影响，总承包商有责任要求分包商根据主合同的条款和条件来完成他们那部分的工程。换句话说，考虑到分包商是在分包合同范围内完成工程，他们的责任必须在一定程度上反映主合同合适和必需的要求。遗憾的是，有些总承包商忽略了这点，而某些分包商也从未签署过书面分包合同，甚至在大型工程上，分包商有时候将分包工程投标和中标信件作为他们的分包合同，而且分包合同的签订程序也是不正式的。有些分包商承认他们从来没有阅读过主合同，然而主合同要求总承包商和所有分包商应维护业主的利益，总承包商应按照主合同的要求和分包商签订施工合同。如果一个分包商不能完全知道和理解主合同，那他怎样签订一份合适的分包合同呢？AIA 文本 A201-1997 第 5.3 章“分包合同关系”中试图处理这类问题，但是签订合同前的一些补救措施是必要的。

每一份分包合同都应该是书面形式的，所有分包工程的投标文件和合同文件都应在形式和内容上反映主合同，并且要符合分包工程的施工要求，至于为什么没有做到这一点还没有找到很好的原因。同样重要的是每一个分包工程的投标人都应该有主合同招标文件的复印本，便于每个人都能确切地知道投标工程的有关内容。分包商的责任，连同由分包合同以及分包合同中的特殊工程引起的额外责任都是主合同中总承包商的责任在适当程度上的反映和延伸。

3.1.5 固定总价合同中供应商的职责

像分包商一样，供应商在主合同中也没有责任，但是同样，供应商签订的合同在一定程度上受主合同的影响。然而，比起分包合同与主合同的关系，供应合同与主合同的距离更远。在我们提到的标准合同中，相对于分包合同的处理条款，并没有关于处理供应合同的条款，这可能是应该有待改进的一个缺陷。

在过去，供应商与分包商是完全不同的，但是今天，工程合同的标准文件并不总是认可供应商的作用：传统分包商的最佳替代者。在工业领域正在发生一种变化，供应商与分包商的区别正在减弱，越来越多的建筑工作都是在施工现场之外完成的，所有的主合同应该认可那些提供材料或专门设计部件的分包商(As in CCDC2-1994, *Definitions*: 5, *Subcontractor*, *and* 6, *Supplier*. See also AIA Document A201-1987, Article 5, *Subcontractors*, which defines a subcontractor and a sub-subcontractor, as having a contract with the contractor, or a subcontractor, to perform any of work at the site.)。

3.1.6 固定总价合同的优缺点

在分析承包商的责任中我们已经认识了固定总价合同的特点，该类合同的基本特点是总价固定或是相对不可改变，我们可以看出现在的标准合同正通过追加条款尽量减弱这些固定的特点，这样业主(通过设计师)就可以进行工程变更而不至于使合同无效。下面的分析可以看出固定总价合同的优缺点。

对于业主来说，固定总价合同的主要优点就是他可以评价收到的标书并且选择一个在预算范围内的标书(如果设计团队已经完成预算工作)，可以确定工程开支不会超过规定的总价—合同价格。不过并不总是这么干脆利落，例如承包商后来遇到一些不可预料的底层土，这就需要一些额外的成本，比如要炸开硬石或是抽干地下水。由于拥有现场的归属权，业主就应该承担这些风险，尽管有时候承包商会按照规定的条款接受这些风险，但这些在施工过程中经常是变化的。

如果设计师在设计图纸、技术规范和制定其他文件时能够做好细节工作，而且业主没有变更，那就可能不用变更指令而实施固定总价合同，这有可能发生，但不常见。工程变更除了会产生纠纷外，对业主来说还会产生较大代价，因为这与固定总价合同的基本特点是相反的，而且业主必须按照能够达成的最好协议去支付变更价款。在建筑业领域合同变更和索赔通常是承包商获取利润而不是损失的主要手段。然而业主要通过固定总价合同达到对开支的控制，业主和设计师必须向投标人提供足够的设计信息(Design Information：that information about a project provided to bidders and to contractors by the owner and designer and others (agents of the owner)；as distinct from experiential information together with which the design information ideally comprises all of the information needed to perform the construction contracts of the project.)，设计和施工中的细节问题必须在招标前予以解决，在这方面业主的劣势就显露出来了。只有在合同签订之后才能开始施工，而且必须在所有的文件准备好后才能签订合同。整个工程必须先设计好，工程的设计期与施工期一样长、甚至更长是常见的。

为了让投标人能在相同的基础上投标(为了相同工程的投标而且便于直接对比)，设计师必须对每一部分工程作出设计决策和技术说明，施工过程中任何一种改变都会产生变更指令，这就存在内在的风险和问题。然而，即使是最细心最认真的设计师都会承认他并不总是能够在第一时间对每一部分工程作出最好的决定，只要不在根本问题上作出变更，变更指令通常都是可取的。但是一旦完成了施工详图和技术说明，它们就成了整个铁板一块的总价合同的一部分，如果业主或设计师作出变更指令就会像混凝土大坝出现裂缝，如果变更过大或过多就会导致整个工程瘫痪。

因为固定总价合同的本质，业主基本上无法了解承包商的施工技能和经验。在做完设计工作后，业主就只能在未知和沉默状态下等待了，最后当他看到了图纸和规范并且准备进行估价和招标时，投标人也很少有时间和兴趣对设计提出建议，即使他知道他的建议会很好地被接受(设计师可能要求投标人采用多种方式报价，成为多方案投标，但这样也不能让投标人作出什么建议，而且通常会让投标人感到厌烦)。

固定总价合同一般会让承包商做一些附属工作，此时承包商对工程施工也不会有创造性的贡献。相反，此种合同类型的承包商仅考虑按设计施工，不会受到创造性的挑战，毫无疑问对业主来说是一个损失。在过去，设计阶段能够获得承包商专业技能的常用方法是采用业主要承担风险的成本补偿合同。现在最常用的方法是聘请一位建设经理(Construction Manager)，这种采购方式(CM)的广泛应用正是过去总价合同或成本补偿合同都没有满足需要的印证。

然而，一些承包商更喜欢生产商的角色，在设计师的指挥下完成产品的施工。对于承包商，总价合同是有吸引力的，因为他能够在整体上控制整个工程，而且他会以最大的效率施工以获得最大的利润。固定总价合同有自己的应用范围，它们多适合于一些简单的工程，如标准的住宅和商业建筑；能够全面描述和明确规定以提供最多设计信息的工程；以及现场条件可预见和风险较小的工程，这样的工程容易投标和报价，而且有效率的承包商在总价合同中会得到利润。

3.1.7 固定总价合同的标准文件

在前面我们已经提到在北美得到广泛应用的总价合同的标准文件：在美国被结合使用的AIA-A101和A 201文件和包含了协议书和通用条款的加拿大标准工程合同文件CCDC2。

美国的合同文件更长、更细致，并且不停地改版。因为合同内容更多和详细，对学习工程合同的学生具有特别的指导作用；同时对于比较美国和加拿大(英国)标准文件的区别也有指导作用。例如加拿大文件(在通用条款中)包括了合同文件存在争议或差异时的相对优先解释顺序，如合同协议书具有最优解释权，而图纸具有最低的解释权。尽管有些美国设计师按照加拿大标准文件对AIA标准文件进行补充，但美国标准文件A201并没有规定合同文件的优先解释权。

3.1.8 固定总价合同的关键点总结

(1) 合同的一般法律原则仅能作为解决具体合同问题的指导，通常在处理特定事件时需要向律师咨询适当的建议和指导。

(2) 固定总价合同有它独特的法律特征，即“用固定的价格完成工程”；合同文件可能不需要对完成工程所需的每一件事都作出明确的说明。

(3) 在固定总价合同中，承包商的主要责职是履行合同并相应得到支付。

(4) 在固定总价合同中，业主的主要责职是提供现场通道以及按照合同对已完工程进行支付。

(5) 设计师的主要责任是按照合同及时签发付款证书和竣工证书；需要时对合同作出解释；按照标准合同规定，监督合同双方的履行情况。

(6) 在固定总价合同中，没有与承包商达成一致，业主不能随意作出工程变更，不论是合同规定的(在标准形式合同中)，还是双方后来达成的协议。

(7) 分包合同应该包含主合同的相关条款。

(8) 在固定总价合同中，承包商比业主承担更大的风险。

(9) 固定总价合同如果允许工程变更，业主就要承担增加成本的风险。

(10) 固定总价合同要求招标前设计工作应差不多全部完成并确定，但业主在设计和施工阶段就不能吸取承包商的知识和技能。

(11) 设计简单和标准化施工的工程最适合采用固定总价合同类型。

3.2 成本加酬金合同(Cost-Plus-Fee Contracts)

3.2.1 CPF合同内涵及风险

成本加酬金合同是指业主支付承包商所有的工程成本，再加上承包商的运行管理费用和利润(The cost-plus-fee contract is such a contract the owner pays the contractor all the costs of the work, plus a fee to cover the contractor's operating overhead and profit)。该类合同最简单的形式(无固定的保证最高成本，with no guaranteed maximum cost stipulated)与固定总价合同正好相反，因为在简单的CPF合同中，业主承担了大部分风险，而承包商承担较少风险，而固定总价合同正好相反。事实上，业主和承包商在两种合同类型(固定总价合同和成本加酬金合同)中的理论合同风险分布正处于最高和最低两头，参见图3-2。

在总价合同中，承包商承担了大部分财务损失的风险，因为他承诺用固定的总价去完成合同工程，这个总价包含了承包商对成本的估价和承担的风险。如果业主不能选择到采用经济合理的合同总价去完成工程的承包商，那么业主可选择采用其承担大部分风险的成本加酬金合同形式，参见图3-2。

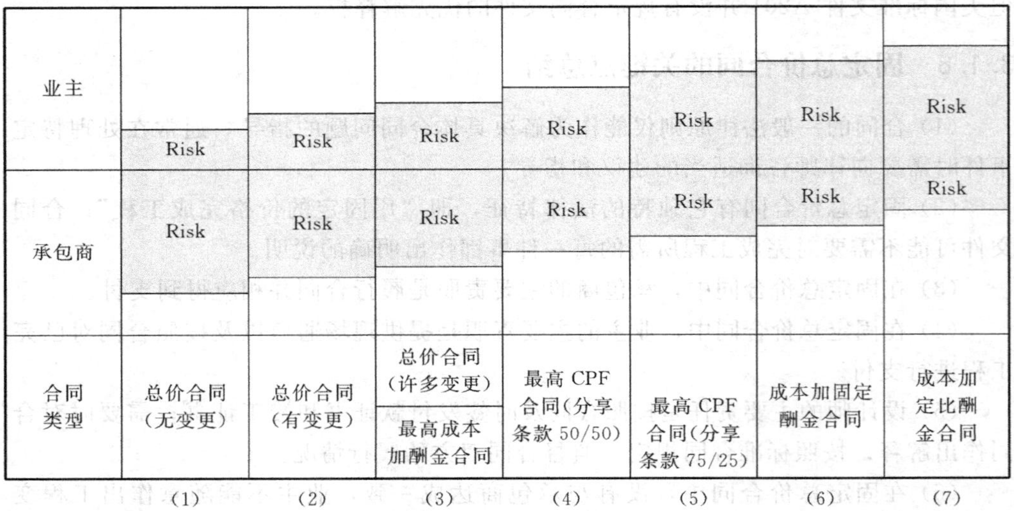

图3-2 不同合同类型的风险分布

注释：

(1) 业主承担少量风险。

(2) 允许一些变更的合同改变了总价合同的性质，业主承担一定损失风险。

(3) 允许许多变更的合同改变了总价合同的性质，业主承担相当损失风险。

(4) 理论上假设(非实际中)风险平均分配(50/50)。

(5) 风险分配的变化取决于许多因素，包括最高成本的数额，节省与损失的分配等。

(6) 对承包商有一定风险(如果合同范围增大，固定酬金是否恰当)。

(7) 对承包商只有少量风险(定比酬金是否恰当)。

风险分配的主要决定因素是度量成本和风险的信息的可获得性。我们可以看到承包商通常获得一份工程施工合同，按照设计信息和其他可利用信息的数量，将风险在业主和承包商之间进行分配。没有信息，就不能完成费用估价。如果业主想要这个工程妥当完成，那他必须承担支付所有费用的风险，显而易见，业主将处在一个非常不利的境地。如果业主和他的设计师能为投标人提供一些设计信息，那投标人就可以估算成本与风险。随着有效信息数量的增加，估算工程最大成本的有效性也相应增加，直到获得所有需要的信息，投标者就可以充分准确地估价，并按照固定总价来提供投标报价。

在最大信息条件下固定总价合同是可行的，因为此时成本估算较为准确。而在最小信息条件下就只有采用成本补偿合同。工程合同必须按可获得的信息量进行设计，参见图 3-3。为了同时降低双方的风险，一份合同应当尽可能多地提供以下资料：

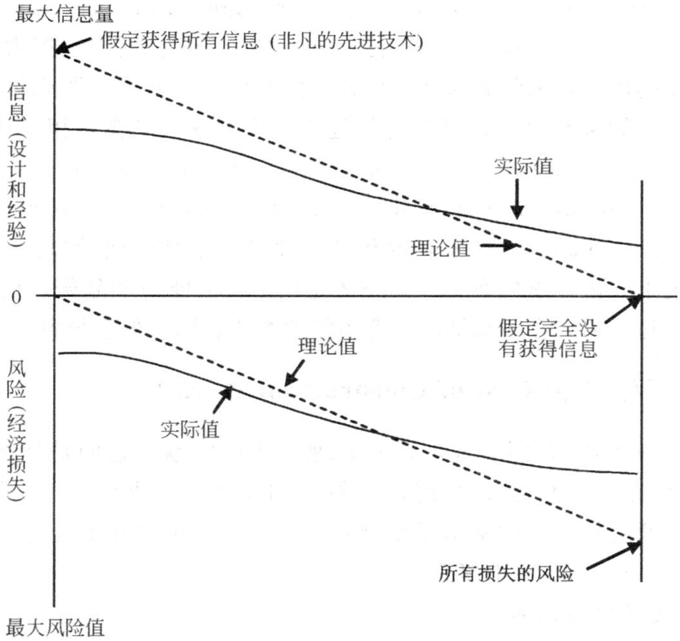

图 3-3　招标与合同中的风险和信息

(1) 设计资料(如图纸、说明)；

(2) 承包商对于设计要求的设计响应(Design Responses: submissions by a contractor to a designer in response to a contract's general conditions or specifications that give to the contractor responsibility for the design of certain minor parts or details of work, or for provision of information about specific materials, tests, etc. (i. e., samples, shop drawings and product data.))(如施工图)；

(3) 对第三方的风险分配(如分包商、供应商、保险公司)；

(4) 风险的防范措施(如保险、保证、施工条件的信息、施工过程中的检查)；

(5) 详细的管理要求(如工程进度、工程预算、工程控制、施工报告)；

(6) 详细的员工守则(如资格管理、成本核算);

(7) 各方的资金保证(如银行及其他借贷方的证明)。

如果业主想得到一个更好运行的建设项目以及更好的建筑物，他们必须支付足够的工程费用并保证提供工程合同中所涉及到的各项必需事项(如独立的工程监督)。考虑其他的评标标准比单单采用最低价中标的方法往往更加有效。一份合同应该满足双方的要求，适当的工程需要合理的价格，合同双方都应负责承担自己最有控制能力的风险。

显然，业主如果能采用其他合同形式，通常不会使用 CPF 合同。采用这种类型的合同，业主不仅要承担大部分风险，而且容易被承包商所控制。业主想要获得公平的交易，就需要承包商遵守公平合同的精神。书面合同的文字并不能包括所有的可能性，CPF 合同比其他合同类型要求双方更大程度的相互信任和信心(The cost-plus-fee contracts demand from both parties a much greater degree of mutual trust and confidence than other kinds of contracts)，这是因为虽然业主在 CPF 合同中承担大部分的风险，但对于来自业主的风险，承包商通常有更大的控制权。业主的主要风险是由成本超支导致的财务损失，如果承包商认真并有效施工，成本就会减少，相反成本就会增加(The owner's primary risk is one of financial loss through excessive costs, if the contractor is efficient and careful, the costs will be less; if the contractor is inefficient and careless, the costs will be more)。对于业主和设计师来说很难促使承包商高效和用心工作，在很大程度上要依赖承包商又好又经济完成工程的能力和品德。根据合同规定，设计师有一定的控制权，在极端情况下业主能够终止合同，但会导致重大损失。

3.2.2 建设工程成本(Cost of Construction Work)

要合理地理解 CPF 合同形式，首先要理解建设成本，它们是什么，它们从哪里来，它们如何分类。但在此之前，必须明白工程(work)、工程子项(items of work)及其相关术语如工程的基本子项(basic item of work)和工程的具体子项(particular item of work)等的基本概念。

1. 工程成本的构成内容

工程成本通常包括下列内容:

(1) 工程直接成本(Direct costs of work)

1) 人工费用(Labor costs)。

2) 材料费用(Materials costs)。

3) 工具、机械和设备费用(Tools, plant and equipment costs)。

4) (现场)工程管理费用(Job overhead costs)。

(2) 间接工程成本(Indirect costs of work)

1) (企业)运行管理费用(Operating overhead costs)。

2) 利润(Profit)。

直接成本是与特定的现场和项目相关并由他们确定的费用，但间接成本不是，因为它们在性质上与企业整体和企业所有项目更相关，参见表 3-1。

工程成本：分类与相互关系 表 3-1

<table>
<tr><td rowspan="2">间接成本</td><td colspan="3">利润</td><td rowspan="2">酬金(%)
(L/Sum)</td><td rowspan="4">建设工程
总成本</td></tr>
<tr><td colspan="3">运行管理费用</td></tr>
<tr><td rowspan="2">工程直接成本</td><td colspan="3">现场管理费用</td><td rowspan="2">(成本加酬金合同定义的)
工程成本</td></tr>
<tr><td>材料费用</td><td>人工费用</td><td>设备费用</td></tr>
</table>

2. CPF 合同关于工程成本的支付规定和要求

工程成本在 CPF 合同中是非常关键的，在承包商出示合适的会计记录并由业主、其代理人或其项目雇员认可后，直接成本由业主偿付给承包商。但间接成本并不采用相同的方法，因为它们不是由特定项目直接产生的，甚至没有项目也会产生大部分间接成本，它们是企业经营的费用。

在 CPF 合同中，承包商的一部分运行管理费用将以包含利润的酬金的方式支付给承包商，可以是一个固定的酬金总额，也可以按照直接成本一定比例计算的酬金。在固定价格合同中，包括一个固定数额的价款，称为提价幅度(Markup：a popular term for the inclusion in an estimate of the operating overhead costs and the profit, often (either singly or jointly) as a percentage of the direct costs to arrive at the total estimated costs as a basis for a bid or for negotiations leading to a construction contract.)，用于支付承包商一部分运行费用和利润。

不同项目的现场管理费用和运行管理费用有时很难区别。例如办公设备既可用于现场又可用于承包商的永久办公室。如果 CPF 合同对管理费用没有明确，即有些管理费用是由现场工程直接产生的，有些则是(办公室)运行管理费用(作为酬金的一部分)，那么业主可能会发现其支付了所有的办公设备和不是现场所需要的其他费用(甚至应该是在承包商永久办公室而非在现场办公室工作的人员费用)。

在固定总价合同中，业主对人工费用、承包商支付材料或租赁设备的费用或现场管理费用等并不关心，只要工程能够按照合同履行。而在 CPF 合同中，业主关心所有的直接成本，包括现场管理费用，但对承包商关注的间接成本却不关心，业主所关心的是间接费用应包括在酬金之内。

因此业主能采用固定总价合同就不应该使用 CPF 合同，如果不能避免，应该寻求采用含有保证最高价格(Guaranteed Maximum Price, GMP)的 CPF 合同，其次采用成本加固定酬金合同(Cost-plus-fixed-fee contract)。

成本加百分比酬金合同(Cost-plus-percentage-fee contract)对于业主来说是最困难的，糟糕的是基于标准合同形式的成本加百分比酬金合同还没有修改，以减少业主超额支付的风险，尤其是现场管理费用。CPF 合同应精确定义哪些现场管理费用在多大程度上由业主直接负责。例如关于补偿成本(不是酬金)，CPF 合同应规定：

现场管理费用包括：

1) 下列全职和认可的现场人员的工资及标准福利：1 名现场经理，……。

2) 下列现场临时设施直接和认可的租赁费用：一辆办公挂车，尺寸……。

所有可补偿的现场管理费用均应详细列出和描述，而且合同应指出没有列出的任何其他管理费用应被认为包含在酬金中。对于大多数项目某些现场管理费用是共同的，有些仅是具有一定特征的现场需要的（如距离遥远，地点偏僻，规模巨大等）。显然，为满足业主项目和现场一般和特定的需要，CPF合同应该由熟悉成本的成本估价师、工料测量师或其他专业工程师来起草和编制。

CPF合同与固定总价合同正好相反，参见图3-2。因此，CPF合同中的业主或其代理人或雇员必须与承包商及其雇员具有一样的成本知识。

关于设备，现场需要什么设备、需要多长时间以及现场保留设备与先运走需要时再运回相比较的经济性（考虑设备在现场的闲置时间），在CPF合同中业主不得不关心许多这类成本问题，这也可以解释为什么在CPF合同中要求承包商应该公正、诚实并关心成本节约。与此同时，需要业主理解如某个设备在再需要前有时在现场保持闲置是最佳的。

还没有书面的CPF合同能处理影响成本的每个方面和细节，合同中的交易双方应该通过公正和诚实表示真实意图并达成协议。

有了对CPF合同中成本的一般了解，我们可以更好地理解双方的责职和义务以及承担的风险。

3.2.3 CPF合同中承包商的职责

1. 承包商的主要职责

与任何合同一样，在CPF合同中，承包商的首要职责是依据合同协议和条款进行施工，其首要权利是得到支付。在对这类合同的考察中，问题在于可能的合同条件和条款存在多样性。存在多样性（排除合同各方的要求）的主要原因是在投标时设计信息数量的变化。鉴于此，我们将首先讨论基于最少设计信息和无最高规定成本的一种简单CPF合同中各方的责职，然后再分析规定最高成本的其他CPF合同。

大多数CPF合同的标准形式在合同协议中都会包含一个要求承包商及现场机构提供现场管理和监督服务的条款。由于承包商在现场的所有工程成本都会获得补偿，这意味着承包商应对其酬金之外的管理和监督工作付出代价。因此成本、酬金的定义和酬金的数量对双方都非常重要。

由于CPF合同条款和条件的变化范围很大，投标人应当仔细阅读。

【案例3-1】 某大型工程项目采用CPF合同招标，多家投标企业受邀按照成本加百分比酬金的基础投标。在标书提交后、合同授予前，投标人开始了解到各家标书的报价。大多数报价中的酬金都在5%左右，而最低的只有1%。这时其他投标人会暗示最低价投标人犯了某些明显的错误，他应该撤回投标，但该投标人并没有退出投标且最终签下了合同，结果是最低价投标人从该工程中获得了满意的利润。之后，他告诉其他的竞争者，很明显他们没有研究合同的协议和通用条款。合同条款规定承包商会获得包括所有监督、管理、会计核算、草图和详图在内的所有成本的补偿。换句话说，工程的管理工作已全部包括在内，酬金纯粹是利润，而对于数百万美元的项目获得1%的利润已经足够。

经常有这种情况，投标人不去研究招标文件的条款和条件，来充分理解他们希望获得的合同，而想当然地认为“那些要求和往常是一样的”。与此相似，有些设计师者也带着同样的想法使用合同的标准形式，而不去充分理解它们，不会针对工程的具体条件和要求对合同文件进行修改或补充，对 CPF 合同来说这尤其有害。可补偿成本的准确定义对业主和承包商双方都是至关重要的。

【案例 3-2】 在 CPF 合同中承包商提交的支付申请中包含许多现场管理费用时，比如现场办公室的租赁费(承包商在现场已含有所有设施的办公挂车)、办公用具和日用品费用，设计师应寻求建议。设计师十分反感承包商为小的条目如订书机等索要支付，尤其当承包商向其出具原始的、不可更改的标准合同条文来表明他们这样做是正当的。设计师并没有研究和理解标准文件，所以不知道建设成本的构成条目以及酬金中应该准确地包含哪些费用。

2. 履行合同的诚意和公正

双方达成一致协议对所有合同来说都是根本的，特别就 CPF 合同来说，承包商和设计师全面理解合同文件是非常关键的，即使是最好的文件也不能够充分地表达这类合同所有需要被理解的内容。但若是所选的标准文件没有被彻底地研究、理解并适当修改，结果会更糟。所有合同都要求双方一定程度的诚意和信任，因此我们说合同的精神实质或者合同意图已超出了合同文件文字表达的内容。CPF 合同尤其要求双方保持诚信和信任的态度以及激发信任的本质。正如一个 CPF 合同标准文本描述：“在本协议中承包商接受和业主之间建立诚意和信任的相互关系”(AIA Document A111，*Standard Form of Agreement Between Owner and Contractor Where the Basis of Payment Is the Cost of the Work Plus a Fee*，Article 1，§3.1.)。但是如果承包商不承认诚意和信任的相互关系，如果承包商缺乏诚意，如果 CPF 合同文件文字表达不严密，承包商常常可以获得好处。即使业主在现场雇佣了全职的代表，也不可能审查和评价承包商要求的每项成本。在相互不信任氛围下项目不可能成功，如果值得采用 CPF 合同，业主也必须对承包商信任和诚实。

3. 承包商经济而高效工作

在 CPF 合同中，承包商有义务像在固定总价合同中那样尽可能高效而经济地实施工程。然而，由于工程性质以及这类合同的特有条款，承包商不是永远能做到这点。但是坚持合同的精神实质，是合同双方要努力追求的理想。例如非必要的工作人员不应在现场，除非需要设备不要进场，不需要时设备应被移走，或者为正当的设备闲置收取低额的费用。承包商应当以竞争性价格去采购材料，且应当将其有能力拿到的交易折扣收益给予业主，但早期支付款项获得的贴现利息是承包商利用自由资金获得的正当回报。作为回报，承包商有权利按合同条款及时得到支付。通常做法是基于承包商的实际支出按月支付款项，并加上一定比例的酬金。就这些而言，承包商的权利基本与固定总价合同相同。事实上，在 AIA 标准形式合同中，这两类合同的通用条款采用的形式是相同的。

4. 承包商的酬金支付

关于 CPF 合同中承包商的酬金，它既可以是工程成本的一定比例，也可以是固定数额的酬金或者这些形式的组合。随着合同总量不同，酬金会变化，可以采用浮动计算法。决定支付酬金的类型是很重要的。因为如果只有少量的设计信息，则CPF合同应是“可修改的”，由于不知道工程的范围，承包商无法合理地估计出一个固定数额的酬金，酬金可能就会按成本的一定比例计算。相对的，如果有大量的设计信息，承包商就可以对工程的总成本作出准确的估计。业主和设计师可能期望支付固定总价的酬金，并且在合同中予以规定。我们可以回顾图3-1关于风险量度的说明，在成本加固定酬金合同中，业主承担较大程度的风险，而在成本加定比酬金合同中，业主承担的风险达到最大，承包商承担的风险降到最小。有一点很重要，就是设计师要认识到他所准备的合同类型以及由之规定的酬金类型。就固定酬金来说，如果合同已完工程量大量增加，合同中应制定条款来调整酬金，这就自然地引导我们考虑将规定最大成本的条款写进合同协议中，于是CPF合同就表现出一些规定最大成本合同的特点，详见3.2.8节中的讨论。

3.2.4 CPF合同中业主的职责

1. 业主的主要职责

业主在CPF合同中的职责(义务和权利)和固定总价合同相似：依据合同条款支付工程款；提供信息；通常在最初设计师任职被终止时，任命另外的设计师。和固定总价合同一样，业主大部分的其他职责交给了业主代表，即设计师。

业主在标准CPF合同中的权利通常也和标准固定总价合同相似：如前所述，根据情况暂停施工和终止合同的权利；业主从来都有普通法权利要求合理的完工时间，但在CPF合同中，完工时间的控制权更多地掌握在业主和设计师手中，而不是承包商。不过，如果承包商不能提供足够的劳动力或材料，或者不能高效施工，那么业主可以终止合同，虽然这些可能很难在CPF合同中规定和声明，因为和固定总价合同相比，成本补偿合同有更多易变和不确定的因素。

2. 关于工程缺陷的弥补

通常，CPF合同中(和固定总价合同中相同)会有这样的条款：如果承包商有所忽视，或者承包商不履行合同条款，那么业主有权利自己完成工程。CPF合同可能发生的问题是，承包商对缺陷工作的修补。标准形式的CPF合同陈述或者暗示承包商将为缺陷的修补承担成本；但是在业主支付缺陷修复费用前，业主和设计师通常无法发现这些缺陷，或者发出修补缺陷指令后，这项费用就很难分离。这时，我们又要回归到这类合同的本质，以及CPF合同中十分重要的诚信和信任关系。尽管CPF合同也需要这种关系，业主可能仍然希望雇用专职现场代表。标准的CPF合同一般(或者应该)要求承包商保持业主或设计师满意的完整系统的所有交易清单和工程成本清单(有些标准形式有不同规定)，并且业主(或设计师)有权利查看所有清单，直到工程最终付款后指明的时间。

3.2.5 CPF合同中设计师的责任

1. 设计师的主要责任

代表业主的设计师在CPF合同中的责任和固定总价合同相同：作为业主代理

人的义务；作为合同解释者的义务；和作为仲裁者力求使双方履行合同的义务。但在CPF合同中，设计师可能发现他会更多地被卷入现场工作和合同执行工作，不仅是因为设计师在施工过程中需要准备施工图纸和技术说明，而且由于合同弹性较大的特征，业主和承包商会更频繁地向设计师寻求建议。所以CPF合同实践中，业主、设计师通常会指派他们的代表到施工现场，代表可以是全职的或者根据工作需要和业主的支付情况经常访问现场。

2. 设计师对工程成本的控制

就CPF合同来说，对设计师在施工技术和工程发包程序方面的知识要求更高，并且要求设计师充分了解工程成本的本质，以便准备文件和施工期间核实支付申请。在文件准备过程中，主要的工作就是对业主要补偿的成本以及由承包商自己承担的费用进行定义，并规定酬金的组成方式(按固定比例或者固定数额及调整性条款的制订)。在核实成本和支付申请时，设计师会发现拥有一位经验丰富的现场代表来核查材料购进清单、施工进度表和其他与成本有关的条目是十分必要的，同样业主也会雇用一位代表来做这些工作。对于要核查补偿成本的设计师和支付成本补偿的业主，两者都满意并同意按支付条款支付是很重要的。业主可能勉强支付了现场人员发生的费用，但是如果业主认为超出了他应当支付的，那么他一定会为此指责设计师。设计师应当在开始就保证业主能全面理解所有的CPF合同条款和条件，以及设计师-业主合同中设计师的管理职责(A designer's duties in a construction contract (to which he is not a party) arise from his obligations in the design contract he has with the owner, and that a designer's right in a construction contract come to him only because he is both the owner's agent and the arbiter between owner and contractor.)。

3.2.6 CPF合同中分包商的职责

CPF主合同下的分包合同通常是总价分包合同，原因是在CPF合同程序中，业主和设计师可以有替换分包商的直接控制权，如果熟悉条款，业主通常更喜欢固定总价合同，出于相同的原因，业主更喜欢总价分包合同。在CPF合同中所有分包合同的数量都是工程成本的一部分(补偿费用)，在总包商支付了自己的费用后，补偿费用由业主支付给承包商。因此业主(和设计师)会对分包合同的选择以及数量产生兴趣。

1. 分包商的选择

在CPF合同中，总包商常规做法是以竞争性招标方式签订分包合同，但是邀请的分包商名单通常是由承包商、业主和设计师共同决定的，以使所有投标人名单在开始就是双方所认可的。这样做绝对是必要的，因为业主应该有认可的权利，但总包商也有认可的权利，因为他必须和每一个分包商签订分包合同，没有总包商对分包商的完全同意和接受，合同是无法签订的。分包工程由总包商进行招标，并且由总包商选择中标人，但投标书通常是递交到设计师办公室，在那里业主、设计师和总包商一起审查投标书，设计师会选择或推荐分包商，然后设计师会指示总包商接受选择的分包商并相应地签订合同。当总包商有合理理由(根据标准通用条款)反对某个分包商时，可以拒绝和他签订分包合同，避免这种问题的最好措施是寻求总包商对分包投标人名单的早期认可。不过可以预见的是，在认可分包投标人名单后总包商也可能合理拒绝与业主和设计师选择的分包商签订合同，例如，总包商认为分包商的中标价太低，如果接受分包商，那么他不会是一个可靠的分包商。

CPF 合同中关于分包和分包合同的安排是一种可行的方法，同时这也是一个难以平衡的问题。任何分包合同均是总包商和分包商之间的法律关系，不涉及到第三方。总包商和业主还有合同关系，然而分包合同却主要是在业主或设计师(代表业主)的指示下签订的。围绕业主与总包商之间的 CPF 主合同以及业主与设计师之间的设计合同所产生的一系列相互影响的合同与非合同关系是很微妙的。

2. 分包商的地位

分包商在 CPF 主合同下的地位和固定总价主合同没有显著差别。例如，从设计师获得分包合同中已完工程付款证书的信息上是相同的。区别在于 CPF 主合同下分包商的处境可能比固定总价主合同更保险一些，在 CPF 合同中，设计师和业主更直接地参与到分包合同的签订中，而且 CPF 合同中设计师在现场的施工管理中扮演更重要的角色。因此在固定总价合同中很多分包商有理由反对的事情，例如总包商要求的逐步再降价(Bid Shopping: the practice of some contracting companies which, having received sub-bids for work, suggest separately to each of the sub-trade bidder with the lowest sub-bids that they reconsider their bids and submit new and lower sub-bids because their original sub-bids were, they say, not quite low enough; something like a Dutch auction conducted covertly)和含糊的费用，在 CPF 合同中发生的可能性会减少。

3.2.7 CPF 合同中供应商的职责

供应商在 CPF 合同中的地位和固定总价合同相比，除了可从业主和设计师参与分包合同签订中受益以外(和分包商类似)，没有太大区别。但是 CPF 合同的标准形式没有特别提到供应商。由于 CPF 合同的固有本质，加上施工过程中业主和设计师的即时介入，像分包合同一样，材料供应合同也引起业主和设计师的密切关注。在有些 CPF 合同中，业主直接与某些供应商签订供应合同。例如，业主可能之前和某个供应商有过商业往来；或者业主是在许多地方操作不同项目的总公司，他和同一个供应商签订一系列的标准构件和设备供应合同，这些合同分别为业主的多个项目服务。这类合同中，主要成本可能是供应的标准构件和设备本身，而安装作为次要成本，由业主通过 CPF 合同支付。

3.2.8 CPF 合同的优缺点

概括来说，业主在 CPF 合同中的主要优势是业主可在设计未完成的情况下开始施工，同时承担大部分风险，工程施工可能会在不经济的情况下完成或者根本不能完成。在该类合同中，业主其他的优势是付款的灵活弹性，也可能要付出更高的价格。在 CPF 简单合同中，业主最大的劣势是不知道最终成本有多少，为了减少这种风险，业主应该尝试尽量增加设计信息，使投标者能够提供一个完成工程需要的最大成本。

承包商的优势是承担相对较小的风险，只要酬金是充足的。惟一的劣势就是这种合同的无结果性，它通常减少了激励，有时对其他工程的计划难以开展，因为承包商不能确定 CPF 合同何时结束。在 CPF 合同中，双方当事人最大的劣势可以通过合同对工程最高成本的规定来减轻或消除。

业主在 CPF 合同中的另外一个优势通常是分阶段施工(Phased Construction: that in which the design and the production of work more or less overlap, thus shortening the time of a project)，一些施工可以在设计完成前开始，设计和施工阶段可重叠进行。分阶段施工的目标往往是为业主节省时间和金钱，由于提早完工从而降低财务成本，提前实现投资回报。在分阶段施工中，材料供应的及时性可能特别关键，因此在 CPF 合同下设计师和业主要对一部分或全部供应合同的安排负责。

随着建设管理(Construction Management)(作为分阶段施工的一种方法)的出现和在工程设计阶段成本估价技术的发展，令人质疑的是，大部分工程需要或者应该在 CPF 简单合同环境下运行并且业主不可避免地承担成本超支的风险。几乎每个工程，在缺少完整设计信息情况下，都可以提出并应用一些成本限制的方法，其中之一就是保证最高成本加酬金合同。

3.2.9 保证最高成本加酬金合同(Guaranteed Maximum Cost-plus-Fee Contract)

当我们能提供大量设计信息时，投标人就能够估算工程的最高成本，再加上酬金总额，投标人即可以在保证最高成本加酬金合同(GMCPF)环境下投标并完成工程。

【案例 3-3】 某商业建筑设计和招标文件已完成，并以总价合同形式准备招标。但在邀请招标前，根据未来客户要求，业主告诉设计师工程项目需要作大的变更。然而业主不可能在几周内作出决策，并对工程开工感到焦急(影响短期财务成本)。经过讨论和咨询，业主觉得总价合同中的变更将是昂贵的，于是业主接受了设计师的建议，将总价合同改为 GMCPF 合同，需要做的是修改招标文件中的“协议和通用条款”部分，包括含有最高成本和酬金总额的 CPF 合同标准形式，以及投标书格式。另外在协议中添加了一个条款：即任何工程节省额(完成工程的实际成本小于最高成本)将按照业主获得 75%、承包商获得 25%的比例分享(通常称为分享条款)。

邀请的投标者收到了按总价合同形式准备的招标文件(图纸和技术说明)，但要求他们以含有分享条款的 GMCPF 合同形式代替投标。所有收到的标书非常相近，接受的最低标低于设计师估价的 1%。因此，最高成本和酬金的总数大约低于设计方对工程总价估算值的 1%(Under the AIA Document A111, *Owner-Contractor agreement*, for a CPF contract, the Maximum Costs is defined (in article 5 of the

1974 edition) as including the Contractor's Fee, and the Fee is stipulated in the following article. In the example quoted the Maximum Cost was defined as the maximum cost of the work excluding the Fee, or the maximum total of reimbursable costs. The difference usage is not significant, but obviously the definition in a contract must be clearly made. In the 1978 edition, Cost of the Work is defined in Article 8, and "Such reimbursement shall be in addition to the Contractor's Fee stipulated in Article 6.)。

合同签订后工程开工，工程需要变更，设计师在变更通知(Notice of change: a written notice without real contractual significance issued to a contractor by an owner (usually through his agent) giving notice only of an intention to order a change in the work of a construction contract; intended to initiate the necessary negotiations for the change without making a commitment.)前发出每个变更指令(Change Order: an order issued by owner and agent of the owner according to the terms and conditions of a construction contract to the contractor to make a specific change in the work that may result in a change in the scope of the contractor's work, the contact sum, or the contract time, depending on the change order's purpose and substance.)给承包商，承包商对每个变更估算成本，同时设计师也对其进行估算。通过对比估价、讨论和谈判，设计师和承包商达成了每个变更的数额。按照图纸、技术说明和完成工程需要的其他指令，签发了从合同最高成本扣除或增加双方同意数额的变更指令。在少数情况下，给出的变更通知和估价由于太昂贵而放弃，变更指令也就不签发。在大多数情况下，双方对变更的数额能达成协议，工程变更也能实施。最后竣工工程的总成本低于合同调整的最高成本，承包商分享的节约额也得到了支付。

究其本质，该工程似乎是以总价合同的形式投标的，但用两个总额，即最高成本和酬金，代替了一个总价。按照 CPF 合同管理工程，但每次变更对最高成本的影响均由设计师和承包商评估并达成一致，这样可以调整最高成本，节约的价款可以计算和分享。为了成功地执行本合同，关键的是设计师及其人员能够准确地估算变更成本并与承包商很快地确定。

如果合同规定实际成本超出了合同中确定的最高成本，承包商就要承担所有额外的成本，这对于投标人和承包商都是可以接受的，因为提供的所有设计信息对于相当精确地估算最高成本是可能的，就像总价合同一样。如果设计信息不完整，投标人要承担更大的风险，其报价可能也会更高。

有个问题也许会提出：对于业主来说，签订一个 GMCPF 合同总是绝对比一个没有最高成本的简单 CPF 合同更好吗？绝对的答案不能简单给出。如果设计信息非常少，那么投标人的最高成本将会包括他认为必需的成本和风险费用，如果太高可能使业主不能接受。潜在的节约款额可能会很高，业主可能会放弃含有分享条款的 GMCPF 合同，而冒着一定风险采用简单的 CPF 合同。同样的问题是：对于业主来说，使用固定总价合同是否总是比 GMCPF 合同更好呢？我们可能要针对上述分析过的例子来回答，如果关于合同的问题是相反的，答案要由工程的性质来决定。我们已经讨论了总价合同的优缺点以及对于标准、简单工程项目的适用性，如果项目没有变更，总价合同可能对业主是比较好的，问题是没有办法绝对地确定是否会有变更，因为每个工程都是有差异的。采用何种合同形式给业主的回答是寻求最好的专业建议，但是这不是结论性，还会出现其他的问题：什么是最好的建议？它来自于谁？

根据工程、现场和获得的信息，合同协议中的分享条款可以为业主和承包商提供双方同意的节约和损失的任何分享比例。当设计信息基本完成，通常业主分享较大比例的节约额，实际成本超过最高成本的任何损失由承包商全部承担。对于信息较少、风险较大的合同，需要规定能大体反映风险分担的损失分担比例。可以设想合同能提供由双方平等承担节约价款和损失的规定。

根据工程类型、现场条件、投标时所提供的设计信息、风险性质和程度，可以设计适合任何特定工程环境的GMCPF合同。理想情况下，这种合同的条款和条件是通过谈判达成的，而不是设计师在招标文件中规定，然后邀请投标人即时投标，因为只以一方规定的条款和条件要达成双方高度一致的协议几乎不可能的。

如果合同的条款和条件由业主和设计师规定，那么来自投标人的投标文件只会响应一组条款和条件，除非他们主动提出可选择条款，而这通常被拒绝，因为它们不符合投标者须知的要求(假设业主和设计师能容易地在相同的基础上比较投标书)。当按总价合同投标时，业主和设计师就没有理由不规定条款和条件，如果现场和工程适宜采用这类合同，并且条款和条件通常是合理的。但是当按其他类型合同投标时，如含有分享条款的GMCPF合同，指定的方法就不一定适用，应当以更合适的方法代替。遗憾的是，人们总想采用旧的方法达到新的目标，由于偏好规定条款和条件的成功经验，常常回避谈判。

推荐使用CPF合同最简单的形式，即没有最高成本和分享条款，仅是一个权宜的考虑，业主在没有其他办法时也可以这样完成工程。但是对于大型复杂工程，含有实际最高成本和反映项目环境的公平分享条款的GMCPF合同，通常优于任何其他种类的合同。工程规模不仅仅是选择GMCPF合同而不是总价合同的主要标准。一个200000平方英尺和耗资几百万美元的仓库建筑可能是采用总价合同理想的工程。相反，工程的复杂性、导致决策灵活性的复杂现场和需要分阶段施工的项目，通常是选择GMCPF合同而不是总价合同的正确原因。

获得灵活性和分阶段施工的替代方案可通过主合同和建设项目经理(CM模式)来安排。在各种合同类型(可能是其他类型合同，但通常是总价合同)和实行总分包施工的GMCPF合同之间一开始作出选择并不容易，一个重要标准就是在设计阶段聘用建设项目经理。如果设计团队能够提供精确的投标前成本估算，那么通过GMCPF合同设计团队也能为业主提供同样类型的服务。但如果没有这个估算，业主可能会处于不利境地。最后，业主所获得的服务质量是由个人而不是系统整体和合同方案决定的。

3.2.10 CPF合同的标准文件

CPF合同可变性的广泛衡量标准使编制和出版合适的标准形式比固定总价合同更困难，使用CPF合同频率较低可能是它们受到较少关注的另一个原因。然而，AIA文件的A111："基于工程成本加酬金付款基础的业主和承包商之间的标准协议"，通常可作为一个优秀的指导文件，只要使用者遵循AIA给出的建议并考虑是否需要对标准形式进行修改。这种协议形式是为含有规定最大成本的CPF合同编制的，如果需要可以为CPF简单合同删减该条款，同时其他条款的修改也是必要的。没有充分理解和必要的修改补充就使用标准合同文件是危险的，这在本节已经论述过。AIA文件A111同样可用于总价合同通用条款的标准形式，而经过修改的AIA文件A201也可用于CPF合同。还有一些CPF合同的其他形式在美国和加拿大出版，但是AIA文件在形式和内容上都是最好的。

3.2.11 CPF合同的关键点总结

(1) CPF合同和固定总价合同是合同的基本类型，处于高低风险相反的两端。两种合同类型的变化取决于风险的度量，最重要的是含有反映风险分担的分享条款的最高保证成本加酬金合同。

(2) 对于CPF合同的业主来讲有两种费用：1)定义的成本(通常是直接费)；2)定义的酬金(通常包含工程间接成本)，成本和酬金的定义是非常关键的。

(3) 工程成本包含人工、材料、机械和现场管理成本等直接成本以及企业运营成本和利润等间接成本。

(4) 成本估算和核算的基本单位是工程子项。

(5) 人工成本是工资、法定薪酬、奖金和差旅费、住宿费、车船费等直接成本。生产效率同样会影响人工成本。

(6) 材料成本受产量、质量、时间(季节性需求)、地点、信用和折扣等因素影响。

(7) 机械和设备成本由折旧、维修、投资费用和进场、出场和运行费用决定，还有工作和空闲时间。

(8) 现场管理成本包括监管(通常是最大的成本)、保险和担保费用、许可费用、安全和保护成本、临时服务和设施、清理、出清存货等成本。

(9) 企业运营成本是那些不能直接区分和归结到特定工程的费用，包括管理人员费用、房租及办公设备、通讯等办公费用。

(10) 对于业主来说利润属于成本，利润率是投资回报的度量，也是量化利润的更好方法。

(11) CPF合同的成功需要双方的信任和诚实。

(12) CPF合同中业主通常承担较大的风险。

(13) 与其他类型合同相比，CPF合同中的业主和设计师更多地参与到工程和成本管理中。

（14）在大型建筑工程中，最高保证成本加酬金合同通常比传统的固定总价合同更受到偏爱，因为它能提供更多的灵活适应性。

（15）最高保证成本加酬金合同的招标与固定总价合同相似，其管理则与成本加酬金合同相似，以便能调整最高成本，而最高成本反过来又会影响合同的分享条款。

（16）CPF合同标准形式在具体工程上的使用需要注意和小心。

3.3 单价合同（Unit-Price Contracts）

单价合同在北美最不为人们所熟知，因为它通常被严格用于工程师所设计的土木工程项目，这些工程大多地点遥远、偏僻，不像城市中的新建筑能真实看到。但大多数工程建设人员对单价（Unit Price: similar to a unit cost but usually consisting of all direct costs and some or all indirect costs, as in a bill of quantities or a schedule of unit prices; usually based on historical unit costs that are based on actual costs.）并不陌生，至少是固定总价合同中对变更的估价，单价合同的单价是固定的并且可用于所有或者绝大多数子项（It is common practice with engineering works to apply unit prices to those items likely to vary in quantity, and to require separate lump sum prices for other items. For example, for an earth-filled dam, different fill materials priced by unit prices and penstock gates by a lump sum.）。

3.3.1 工程单价

多年来，由于与超市或杂货店所售的食品相联系，“单价”这个术语已经变得很普通。而今，成千上万的产品每盎司或每克的价格都是以单价表示的。在工程建设中，随着工程类型、位置、风俗和个人喜好的不同，单位也是变化的。在美国并没有官方的建设工程标准计量方法（而英国和加拿大有）。最终公制计量系统的采用或许会促使这种标准的颁布，目前缺乏该标准的主要原因是没有感兴趣的学会或专业机构。

许多被广泛接受的工程计量单位已被约定俗成，即使在一些实例中不是最好的选择，它们的使用却有着广泛的认同。例如：土方开挖和材料填充（在适当部位）的单位是立方码；混凝土浇注的单位也是立方码；钢筋加工（在适当的部位）的单位是磅/吨等。

普通的计量单位是工程主要材料在买卖中使用的单位，但在某些建设工程中，例如钢结构和木结构，它并不总是适用于报价工程计量和成本核算的最好单位，尤其是劳动密集性工程。因此工程计量方法的说明是单价合同必需的组成部分，但有时会被忽略，编写单价表的设计师可能相信他对计量单位的选择、使用和习惯与投标人的理解完全一致，相信可能没有任何误解。除非规定基本的计量规则，否则误解就很容易出现。发布国家计量标准方法的国家，如大多数说英语的国家，通常非强制性使用这些标准，但为了使有关方完全理解，必须明确指明与标准方法的偏差或对其的补充。

单价是平均价格，即任何工程子项的单价是通过该子项的总费用除以总工程量来计算的。由于每个工程项目的独特性以及影响子项成本的变化条件，一个具体子项的单价会随项目不同而不同。

估价师估算某项单价时，会借鉴过去不同环境下已完工程的该项单价的实践经验。除了不同的项目条件，单价也受工程量的影响。一般来说，工程量越少，单价就越高。这种互成反比的关系在有些情况下会变得更加突出，如在安装工程中，常常会有一个制定、安排工程计划和学习该具体工程流程的初始人工费用，这种初始人工费用或多或少是固定的，而不论需完成的工作量多少。因此，如果一个子项工程量小，该子项每单位需要的人工费比例将更大，也就意味着单位成本会更高，这个事实已经被大多数单价合同所认可。

我们需要对北美国家土木工程中常用的单价合同与其他英语通用国家的房屋建筑和土木工程合同作个区别。在英语通用国家，工程量清单（Bill of Quantities (BOQs)：used in contracts with quantities as bidding documents and as contract documents and containing the terms and conditions (commonly by reference to standard contract documents), specifications, and accurately measured quantities of work (according to a published standard method of measurement) which during bidding are priced by the bidders in the calculation of their bids.）常被作为招标和合同文件的一个文件。

北美国家土木工程的单价合同常常是以工程子项的近似工程量为基础的，由设计师计算工程量并列入单价表（Schedule of unit price：usually is used in North America in referring to a document used in a unit-price contract-usually for engineering or industrial construction. The terms bill of quantities usually is used in other English-speaking countries, and in some other countries, in referring to a document used in contracts for all kinds of construction work. Fundamentally, the two are the same, but the latter usually is more detailed and its quantities integrated with specifications for the work.）。之所以要签订单价合同，是因为业主虽然知道自己想要什么工程，但他却不知道准确的工程数量，以及因为现场条件无法事先精确估算工程量。尽管如此，由于已经知道工程的性质和近似工程量，业主就没有必要采用成本加酬金合同形式。在单价合同下完成的工程总是不像房屋建筑那样由数目庞大的不同子项组成；相反，它是由相对较少的不同子项组成的重型工程（Heavy Engineering），但工程量常常很大，例如管道、下水道、道路和水坝等工程，有时大型工程的基础和现场工程会单独采用单价合同，而其上部结构则采用另外的合同形式。例如，由于地基下层土质信息限制，打桩工程量就不能精确的预估，因此，投标人是按照含有近似工程量的单价合同形式投标，并计算打桩工程合同总额，当工程完成后进行计量，承包商将根据工程量和单价获得工程款。

对于大量工程子项能够精确计量的大型房屋建筑合同，被称为工程量合同（Contracts with Quantities：a construction contract in which the contract documents (and the bidding documents) include bills (schedules) of quantities prepared by a quantity surveyor employed as an agent by the owner.)，通常不需要现场计量工作，主要有以下原因(除地下工程外)：首先，地上房屋建筑部分的工程量能根据图纸精确地预估；其次，完成计量的专业工料测量师在工程计量方面技能熟练；最后，工程计量国家标准可作为计量和互相理解的基础。尽管如此，对于工程量合同，双方都有在工程完工时进行复测的权利，但往往没有必要行使，或者仅在少量子项上使用。

3.3.2 单价合同中承包商的职责

1. 承包商的主要职责

承包商首要的职责永远是相同的：按照合同完成工作和按照约定的方式获得工程款。在单价合同中，需要对已完工程的计量来确定支付工程款的数目，除此之外，单价合同与典型的总价合同非常类似。但对于具有每个子项的工程，一个独立的总价取决于子项的单价和完成的工程量。当实际工程量与合同规定的工程量有重大变化时，承包商(和业主)有权对任何单价寻求变更，即使合同条件和条款对此没有规定，因为工程量的变化构成了合同范围和本质的变化，如果原来的合同范围改变，合同法提供了新的付款条款。可是问题在于，如何对构成工程量的重大变更达成一致，因此在单价合同中最好有明确的条款，说明工程量变更超过多大幅度，才能变更单价，在已发行的单价合同标准文件中包含了这样的条款，在招标文件的空白处，由业主或设计师填写实际的数据，或者在签订合同时与承包商达成一致并填写到合同文件中，最常选的数据是15%；因此如果这个数据写入到招标文件并得到认同，当任何已完工程子项的工程量超出合同规定的15%时，该子项的单价将会降低，反之，单价将会提高。这个新单价将会成为代表业主的设计师或成本顾问与承包商谈判的话题。

单价合同的这项条款使得设计师或顾问谨慎和精确地计量合同工程量变得非常重要，以避免与承包商谈判新单价，因为承包商往往处于谈判中的有利位置。承包商清楚业主一定会处理，并且他有权索赔，承包商比业主或设计师更了解工程成本以及工程量变更对他们的影响。

2. 工程计量

施工进程中，满足支付要求的工程计量往往由承包商和业主双方的代表完成。常常问到的一个问题是：谁来主导工程量的计量？除非合同中另有明确的说明，承包商当然有权派遣自己的代表参加现场的工程计量，但会被认为不公平。

工程必须根据合同规定或明确隐含的方法来精确计量，因此工程计量国家标准是有用的。有时，包含子项工作内容描述的工程量清单实际上并不能进行工程的精确报价，例如，模板工程包含在混凝土里；以体积计量的大面积土方机械挖掘，和为浇筑基础混凝土需要的表面人工挖土或基底找平并不相关。

单价合同的工程子项清单必须由熟悉建筑材料、方法和成本，并且熟悉估价和成本核算的人员来准备。如果承包商签订了一份包含子项计量错误或遗漏的单价合同，并且以后计量方法和它产生的结果被证明对他不利时，承包商就没有有效的权利提出索赔，尤其当这份合同明确是固定总额时。

3.3.3 单价合同中业主的职责

1. 业主的主要职责

单价合同中业主的职责在很大程度上与更为常见的不含工程子项清单(a Schedule of quantities (SOQ): similar to a bill of quantities, but whereas the latter is usually part of the bidding documents and contract documents for a contract with quantities, a schedule of quantities often refers to a list of items of work, the unit prices for which are submitted with a bid for a contract, often a unit price contract. Schedule of quantities are more common in North America than bills of quantities, are found mostly in contracts for engineering work, and can emulate bills of quantities for building work as contract documents)的总价合同一样：根据合同付款的义务；提供所需要的信息；任命一位设计师作为自己的代表监督双方合同的履行。当承包商没有正确履行，业主也有权自己完成工程，并且根据特定状况和合同规定，最后终止合同。几乎在所有方面，业主在单价合同中的职责(和承包商职责一样)和总价合同是相同的。

2. 变更工程及其单价确定

单价合同的显著特点是在合同规定的限制幅度内业主有权变更工程量，幅度常常是合同工程量加上或减去15%。超出幅度部分，合同规定需要对单价进行重新谈判并作出调整。如果业主要求完成工程量清单项目以外的额外工程，单价合同通常规定按照成本加酬金方式完成这些额外工程。为此，单价合同的标准形式常包含CPF合同标准形式必要的和相同的合同条款。

尽管如此，为什么单价合同指示的额外工程不是按照原有合同同意的单价，或按总价合同对总价的限定和认同，或任何其他合同形式中的方法来完成，这是没有任何理由的。甚至在总价合同里，业主通常也能够指示额外工程和变更合同工程，在任何其他形式的合同中也是如此。这些额外工程或许能在双方认同的基础上完成：按照单价、成本加酬金或是规定和接受的总额(事前或事后合同)。一份合同由双方同意的主要付款方法所确认和说明，但并不排除有些工作以其他方法完成和支付。

业主也可以选择这样的单价合同：建筑物的基础和框架按照合同单价完成和支付(如模板工程、混凝土工程和钢筋工程)，此外，合同可能含有许多现金补助(Cash Allowances)，或称暂定金额来覆盖工程的其他部分，包括空洞、粉刷和服务等。工程的这些部分或许可以通过总价或单价分包合同完成，甚至希望通过成本加酬金分包合同完成。任何愿意使用和合适的合同安排都是可能的，并且每个工程的所有合同都要特定的设计。

3.3.4 单价合同中设计师的责任

1. 设计师的主要责任

作为业主的代表、工程合同的解释者和仲裁者，设计师的职责与以前一样。在单价合同里，设计师签发付款证书的职责中包括对已完工程量的核实。当然，设计师在所有种类合同中总是有责任核实付款证书的数量，但单价合同需要精确的计量作为支付的基础，惟一的方式是设计师或其代表参与到工程的实际计量中。

2. 工程计量

设计师(代表业主利益)和承包商都应对已完工程进行计量，记录双方共同完成的计量结果。一方可能会接受另一方的计量结果，但这并不是一个好的做法。设计师不应当接受是因为他有为业主核实的职责；承包商也不应当接受，不仅因为他有为自己公司核实计量结果的责任，而且他需要将工程计量作为日常管理和成本核算的一部分，对待所有工程项目都应当如此。

在单价合同里，设计师一个基本的职责实际上在合同签订之前就产生了，事实上，这或许对签订一份好的合同是很关键的：检查业主准备中标的投标书所提交的单价清单，但它并不总是最低标。设计师(或成本顾问)应当检查单价清单并达到算术精确(If there is an arithmetical error, the entered unit price may be required to stand with the error corrected, or the unit price may be corrected, or the accumulated errors may be adjusted (before a contract is made) by applying a percentage to all unit prices. The intended method of correction should be stipulated in the documents or subsequently agreed. The purpose is to keep the original total figure stipulated unchanged.)，但更重要的是价格本身的数量，它们对项目的适应性和它们相对的重要性。由于是近似的工程量以及根据工程需要的变更，投标的总价格对业主来说并不是惟一重要的。

3. 对不平衡报价的处理

在使用单价合同的工程项目中，一些有经验和敏锐洞察力的承包商(或一个投机者的本能)可能会蓄意提高一些项目的单价并降低另外一些项目的单价。他们相信提高单价的子项工程量会增加而降低单价的工程量会减少，他们将会获得额外的利润；或者提高单价的部分属于早期施工项目。投标人可能比设计师有更多的工程经验，他们知道工程或现场的性质将可能会产生某些特定项目的工程量变更。

提高和降低有些项目单价的一个原因是在开始就获得额外的付款，例如通过提高初始管理项目和早期施工项目的价格(比如临时服务和设施、表层土清除和大面积土方工程等)和降低后期实施的其他项目的价格，这样承包商就能够用业主的钱为工程筹集部分资金，也就节省了自己的筹资成本。

为了避免这种被称为前后倒置(Front-end loading: (of a schedule of values, or a schedule of unit prices) the deliberate overstatement of the costs of earlier work, balanced by the equivalent understatement of the costs of later work, by a contractor, in order to be paid more than he is entitled to in the earlier part of a contract's duration)，或称不平衡报价的现象，设计师或成本顾问必须确定管理费的补助总额和所有主要项目的单价是真实的、没有被歪曲的。这并不容易做到，需要设计师对工程的成本有自己精确真实的估量，以便在收到标书和授予合同前和投标人的标书、补助表和单价清单作比较。当业主和设计师仍然能影响合同授予时，这是关键的时刻，为了形成一个平衡的投标，投标人对单价调整的合理建议是比较开放的，而在合同授予之后要求承包商调整不合理单价的建议将会很难实现，同样的程序也适用于总价合同中的价值清单(Schedule of values (SOV): a breakdown (analysis) of a contract sum, usually required of a contractor in a stipulated-sum contract before submission of the first application for payment for checking and approval by an agent of the owner, after which the SOV is the basis for all future applications for payment in that contract. A SOV usually shows the various section of work; the names of contractor, contractor, or subcontractor responsible; and the value (total costs to the owner) of each section or part section, the total of which equals the contract sum. Cash allowances are usually shown separately.)，参见表 3-2。

工程价值清单示例(A Schedule of values) 表 3-2

项目名称：＊＊教学楼	合同日期：2006-6-6	合同总价：1160000 美元
工程分项	姓名	工程价值
1 一般开支	总承包商	
(1) 初始开支	同上	18000
(2) 连续开支	同上	84000
2 现场工程	同上	36000
3 钢筋混凝土工程		
(1) 模板	同上	110000
(2) 钢筋	同上	65000
(3) 混凝土	同上	95000
4 砌筑工程	Acme 公司	33000
5 金属工程		
(1) 杂项	Ferrous 公司	28000
(2) 结构	Cansteel 公司	5500
6 木作工程		
(1) 粗木作	总承包商	5000
(2) 细木作	同上	12000
(3) 打磨	Foursquare 公司	28000
7 保护工程		
(1) 屋面	Blackspot 公司	21000
(2) 防水	同上	7000
8 孔洞		
(1) 铝合金和玻璃	Alspec 公司	40000
(2) 室内门	Portico 公司	12500
9 装修工程		
(1) 粉刷	Stucco 公司	51000
(2) 隔声砖	Denman 公司	20000
(3) 弹性地面	Vyner 公司	10000
10 机械工程		
(1) 管道	Cobre 公司	52000
(2) 供热和通风	Cobre 公司	214000
11 电子工程	Sparks 公司	104000
工程总价值		1051000
加：暂定金额：		
意外事件补偿 10000		
装饰五金制品(供应) 63000		
检测和测试 5000		
电子装置(供应) 21000		
景观工程 10000		
	=	+109000
		1160000
合同总额：		

注：根据合同通用条件，本价值清单是业主和建筑师所需要的，并由承包商在第一次付款前提交。合同所需要的暂定金额将从分包商报价中扣除并将单独列出。

3.3.5 单价合同中分包商和供应商的职责

同所有的工程合同一样，分包商和供应商的职责实质上是总承包商责任的反映，所以，本节不再赘述。单价合同的通用条款和总价合同几乎一样，除了与单价紧密相连的条款，例如工程量变动和导致单价变动的条款，但是以单价合同作为主合同的分包合同并不必然是单价分包合同，它们可能会是任何一种合同形式。基于单价的主合同会包含与成本加酬金合同相关条款的另外一个理由，是不能以合同单价对变更工程进行计价(因为它们不合适)，而且要确立业主和设计师在基于成本加酬金的任何分包合同中的要求。

3.3.6 单价合同的优缺点

概括地说，业主在单价合同中的主要优势是他能以更小的风险开展工程，尽管业主由于工程或现场性质不能告诉投标人准确的工程量。一个最有可能的选择是成本加酬金合同，但对业主风险较大。在北美，单价合同常预先假定一个土木工程项目不需花费较多的时间和费用就能迅速完成计量，在这类合同中，工程的特定部分需要按总价计价，而其他部分以单价计价。

业主在单价合同中的劣势在于近似工程量严重不准确的可能性以及远超过预估的花费，尤其是它们与包含价格扭曲且承包商已经正确判断或压注的“不平衡投标”结合的话，情况会更糟。这种合同类型下完成的工程往往会产生不可预见性：如不合适的地质条件需要更多的土方开挖和回填；地下水层需要降水设备来保持工作面干燥，这些类似的意外事件都是不可预见的，或者至少不可能在合同中注明每一个意外事件。未注明的意外事件不得不由业主和设计师通过承包商来处理，同时双方协商费用。只有当承包商对额外工程的报价无理取闹时，另找承包商来完成新要求的工程才是可行的。即使承包商只有一半理由，他也经常能谈判商定一个好的价格，因为他已经在现场并能按照意外事件来准备必要的施工，对业主来说，这些花费可能既高又不可预测。此时业主惟一的选择，如果额外工程必须做的话，就是重新签订合同和选择承包商，这二种环境对业主都是不利的。

相比其他同类合同，单价合同中承包商惟一的优势就是不需要工程计量就能投标并排除了伴随的风险，否则，对承包商来说，就很像不含单价的、传统的总价合同，除了由于不平衡报价带来的财务优势，或者上述描述的业主的劣势。正如权利对应责任一样，对一方的劣势可能隐含另一方的优势。毫无疑问，平衡(天平的两臂)在古代罗马签订合同的仪式中扮演着重要作用。

3.3.7 单价合同的标准形式

美国和加拿大的建筑学会并不出版单价合同的标准形式，北美仅有的标准形式是由工程学会发布的。对于大多数土木工程而言，合同文件看上去是由设计师准备的非标准文件，常常是明显地但又不承认参考了现有的标准形式。作为专业人员，工程师似乎比建筑师更不愿意使用合同的标准形式，这或许是因为土木工程更加多样化；或是工程师们相信不同种类的土木工程无法使用标准形式；或是因为更多的工程是为政府或带有政府性质的机构和公司而完成的，这些机构都与众不同地喜欢他们自己的合同形式。

由美国土木工程师学会(ASCE)和美国总承包商会(AGC)联合编写和发布的工程建设项目合同标准形式(The standard Form of Contract for Engineering Construction Projects，ASCE Form JCC-1，AGC Standard Form 3)，特别不推荐在房屋建筑工程中使用。这是一个混合的文件，包含基于总价、单价、成本加酬金的可选择的合同协议形式，以及用于上述三种合同类型的通用条款的标准系列。

加拿大使用固定单价的工程合同标准形式是 ACEC、CCA、EIC 第 4 号文件(Canadian Standard Form of Construction Contract for Use Only When the Work Is Being Done on the Basis of Stipulated Unit Prices，ACEC，CCA，EIC Document No. 4)，这是由加拿大咨询工程师协会(The Association of Consulting Engineers of Canada，ACEC)、加拿大建设协会(The Canada Construction Association，CCA)和加拿大工程学会(The Engineering Institute of Canada，EIC)批准的，并在编制准备过程中咨询了加拿大皇家建筑学会(The Royal Architectural Institute of Canada)。这份文件由一份协议书和通用条款所构成，与加拿大总价合同标准形式(The Canadian Lump-Sum Standard Forms of Contract)相类似。虽然是合同文件隐含的，这两种含有单价的北美标准合同形式都不需要特定地处理工程的复核计量，并且项目子项的工程量被认为是近似的。

使用近似工程量的房屋建筑合同的一个标准形式(The Standard Form of Building Contract，1980 Edition，Private，With Approximate Quantities，Private Edition，Issued by the Joint Contracts Tribunal. Variants of the Standard Form are published：1)Private 2) Local Authorities；each with or without quantities of the work included in the contract，or，as in this case(as cited)，with approximate quantities)是由英国联合合同审理委员会(The Joint Contracts Tribunal of Britain，JCT)发布的，为了工程发包目的，招标时设计还没有完成，因此竣工时需要对工程量进行复核。它声明对已完工程的计量“应当根据准备合同清单(工程量和单价表清单)采用的原则”，它们也是合同清单参照的国家标准计量方法的原则，类似于项目手册。这种合同有一点是明确的，就是工程要在竣工时计量并作为支付的基础，类似于北美的单价合同，除了它是适用于房屋建筑工程。当然也有土木工程的类似形式，但应特别关注合同含有的“近似工程量”，因为它用于房屋建筑工程，因此在北美没有相同的版本。

3.3.8 单价合同的关键点总结

(1) 单价是项目子项每个单位的平均价格。

(2) 单价合同在北美仅限于土木工程；但在固定价格合同中，单价可用于对房屋建筑变更的估价。

(3) 当已完工程的工程量超过或少于规定数量(一般为 15%)时，单价合同通常需要对单价进行调整。

(4) 对于单价合同的招标，业主的工程师应当注意投标人的不平衡报价。投标人通过不平衡报价可以从不同子项工程量的变化中获得好处或在项目早期获得额外的付款。

(5) 单价合同要求对已完工程进行计量和计量的工程量以单价计价；作为合同一部分，有必要明确工程的计量方法。

(6) 在许多其他国家，基于单价的合同(其中一些或所有已完工程都需计量)常用于房屋建筑工程(以及土木工程)。

(7) 单价合同的标准形式在北美是由专业工程师学会发布的。

3.4 合同类型选择要点

不同的合同类型具有不同的应用范围和特点，合同类型的比较可参见表 3-3。

合同类型比较表　　表 3-3

	总价合同	单价合同	成本补偿合同			
			百分数酬金	固定酬金	浮动酬金	目标成本加奖励
公式	$C=aC_0$	$C=\sum_{i=1}^{m}u_i m_i$	$C=C_d(1+p)$	$C=C_d+F$	$C=C_d+F\pm\Delta F$	$C=C_d+p_1C_0+p_0(C_0-C_d)$
应用范围	广泛	广泛	紧急工程、保密工程、为试验研究和技术发展修建工程，业主与承包商长期共事、相互信任等项目			酌情
业主控制投资	易	较易	最难	难	不易	有可能
承包商	风险大	风险小	无风险			有风险

注：C——总造价；C_0——预期(目标)成本；C_d——实际发生的直接费；F——规定数额的酬金；ΔF——酬金增减部分；p——酬金百分比；p_1——基本酬金百分比；p_0——奖励酬金百分比；u_i——单价；m_i——工程量。

采用何种合同类型实施工程建设，与招标前已完成的设计准备详细程度有关。一般来讲，如果一个工程仅达到可行性研究、概念设计阶段，只需要满足主要设备、材料的订货，项目总造价的控制，技术设计和施工方案设计文件的编制等要求，多采用成本补偿合同。工程项目达到初步设计的深度，能满足设计方案中的重大技术问题和试验要求及设备制造要求等，多采用单价合同。工程项目达到施工图设计阶段，能满足设备、材料的安排，非标准设备的制造，施工图预算的编制，施工组织设计编制等，多采用总价合同。表 3-4 所列的不同设计深度与选择合同类型关系，可供参考。

合同类型选择参考表　　表 3-4

合同类型	设计阶段	设计包括的主要内容	设计深度要求满足
总价合同	施工详图设计阶段	(1) 详细设备清单 (2) 详细材料清单 (3) 施工详图 (4) 施工图预算 (5) 施工组织设计	(1) 设备、材料的安排 (2) 非标准设备的制造 (3) 施工图预算的编制 (4) 施工组织设计的编制 (5) 其他施工要求

续表

合同类型	设计阶段	设计包括的主要内容	设计深度要求满足
单价合同	技术 设计阶段	(1) 较详细的设备清单 (2) 较详细的设备材料清单 (3) 工程必需的设计内容 (4) 修正总概算	(1) 设计方案中重大技术问题的要求 (2) 有关试验方面的要求 (3) 有关设备制造方面的要求
成本补偿合同	初步 设计阶段	(1) 总概算 (2) 设计依据、指导思想 (3) 建设规模、产品方案 (4) 主要设备选型和配置 (5) 主要材料需要概数 (6) 主要建筑物、构筑物 (7) 公用、辅助设施 (8) 主要技术经济指标	(1) 主要材料设备订货 (2) 项目总造价控制 (3) 技术设计的编制 (4) 施工组织设计的编制

本 章 小 结

本章主要分析了固定总价合同、成本加酬金合同和单价合同的概念、特点、优缺点、各参与方职责、标准合同条件选用及关键因素总结等问题，并介绍了合同类型的选择要点。

复习思考题

1. 分析固定总价合同的定义、内涵和优缺点。
2. 固定总价合同中业主、承包商和设计师的主要职责是什么？
3. 分析成本加酬金合同的定义、内涵和优缺点。
4. 成本加酬金合同中业主、承包商和设计师的主要职责是什么？
5. 分析单价合同的定义、内涵和优缺点？
6. 单价合同中业主、承包商和设计师的主要职责是什么？
7. 业主或设计师应如何选择合同类型？

第4章 DB项目采购模式

4.1 DB 采购模式概述

4.1.1 DB 采购模式的基本概念

工程总承包是一个内涵丰富、外延广泛的概念。建设部《关于培育发展工程总承包和工程项目管理企业的指导意见》文件中指出，工程总承包是指“从事工程总承包的企业受业主委托，按照合同约定对工程项目的勘察、设计、采购、施工、试运行(竣工验收)等实行全过程或若干阶段的承包”。工程总承包模式包括设计—建造(Design-Build，DB)、交钥匙工程(Turnkey)和设计—采购—施工(Engineering Procurement Construction，EPC)三种主要模式。

设计—施工总承包(DB 模式)是指工程总承包企业按照合同约定，承担工程项目设计和施工，并对承包工程的质量、安全、工期、造价全面负责。也就是说，DB 模式是一个实体或者联合体以契约或者合同形式，对一个建设项目的设计和施工负责的工程运作方法。

在我国台湾，将 DB 总承包模式称为统包制度。台湾的“统包”这个术语首先来源于国外的 Turnkey 模式，由其字面意思可以理解为由承包商负责工程的设计、施工、采购等，最后把钥匙(Key)交到(Turn)业主手中。后来又引入 Design-Build 采购模式，但是由于 Turkey 制度和 Design-Build 最本质的特征都在于同一承包商负责工程的设计与施工，因此在一般情况下不加以严格的区分，对 DB 模式仍然沿用统包这一名词。美国的工程总承包模式包括 Turnkey、Design - Build、Design - Construct、EPC (Engineer，Procure，and Construct)等，而近年来多以 Design-Build 称之。国际上一些主要机构或团体对这些术语在范围的界定上有些不同，如：

（1）美国土木工程师学会（American Society of Civil Engineering，ASCE）认为Turnkey工程契约是由一个机构负责完成契约中所载明的设计和施工任务。该机构可以是单一公司也可以是几个公司联合的组织。契约承揽方式可以是议价或者竞标，并且可以采用总价承揽、成本加酬金等多种计价方式。

（2）美国建筑师协会（American Institute of Architect，AIA）认为设计—施工总承包是由一个机构同时负责设计和施工，并与业主签订负有工程全部责任的单一契约，此设计—施工机构同时提出设计及施工报价，并在工程进行初期即获施工委托，设计与施工有可能并行作业。而Turnkey模式经常与DB模式通用，但Turnkey契约常超出设计与施工范围，例如由厂商提供其他服务，如土地取得、融资、营运、运转及维护以及人员培训等。

（3）联合国跨国机构中心（United Nation Centre on Transnational Corporation）认为Turnkey契约（Turnkey Contract）又称为设计施工契约，其内容包括设计、施工、设备采购及营运前测试工作，并由承包商承担工程设计、施工的全部契约责任。

（4）美国设计—建造协会（Design-Build Institute of American，DBIA）也认为Turnkey和Design-Build之间存在些许差异，该协会认为Turnkey通常用在业主不只是需要单一机构提供设计和施工服务，其他还包含该设施的融资，甚至营运及日后的维修。

（5）国际咨询工程师协会（International Federation of Consulting Engineers，FIDIC）认为Turnkey系指总承包商执行各项工程设计、供应与施工，以提供配备完整的设施，由其负责整体工程的设计、施工直到营运为止。在某些情况下，这种方式可能还包括工程的财务筹措。而Design-Build是由DB承包商负责办理全部设计施工工作。

综上所述，Turnkey与Design-Build的本意相近，但对于总承包商提供服务范围的界定不一致，其中Design-Build的范围较小，承包商仅负责工程的设计与施工；而Turnkey要求承包商提供的服务范围较广，除了设计和施工外，还可能包含项目的融资、规划以及工程完工之后的营运与维修等工作，如图4-1所示。

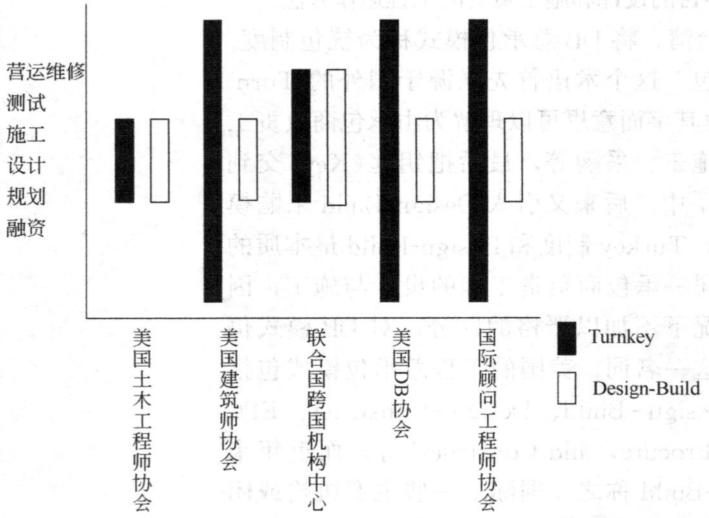

图4-1 国外工程总承包模式定义的比较

从图 4-1 可以看出，和传统模式相比，DB 模式将设计商与业主的合同关系转变为设计商与承包商的合同关系。这样，业主的管理难度大大降低，而承包商作为甲方的身份进行设计管理和协调，使得设计既符合业主的意图，又有利于施工和节约成本，设计更加合理和实用，避免了两者之间的矛盾。

4.1.2 DB 采购模式的研究现状和实践应用

4.1.2.1 DB 采购模式的研究现状

随着 DB 模式的兴起和应用，国内外学术界对该模式进行了广泛的研究。

1. 国外研究现状

国外学者对 DB 模式的研究可以归纳为以下几个方面：

(1) DB 模式的特点及适用性、DB 项目的选择模型，以及业主对 DB 模式的需求态度。

(2) DB 模式制度特性以及与其他相关模式之间的比较。

(3) DB 模式的成功因素、指标框架，以及 DB 项目合约成功的因素。

(4) DB 模式的项目管理，包含组织策略、过程控制、成本控制、风险管理及分担。

(5) DB 承包商的选择标准、选择过程、选择方法、选择指标和选择模型。

(6) DB 模式中的招投标，包括评标的指标、资格预审系统等。

(7) DB 对承包商的影响、立法环境。

(8) 预测 DB 项目的实施情况等。

2. 国内研究现状

中国的学者主要在工程总承包模式的层面上研究问题，虽然重点没有集中在 DB 模式上，但其中的许多成果对 DB 模式仍然是适用的。在国内学术界，对 DB 模式的研究主要还停留在对该模式的基本特性介绍，缺少对 DB 模式原创性研究。国内对 DB 模式(包括工程总承包)的研究可以归纳为以下几个方面：

(1) DB 模式的招标与投标。

(2) 总承包项目成本控制，包括成本核算对象、成本分配的原则、核算的程序和方法。

(3) 工程总承包项目的运作过程、组织方式、合同责任及制度效率。

(4) 工程总承包的风险管理。

(5) 传统设计商、承包商向 DB 总承包商以及项目总承包商转变等。

4.1.2.2 DB 采购模式的实践应用

设计—施工模式的渊源可以追溯到公元 4500 年前，当时埃及人为建造金字塔采用的“主营造商”概念，即法老为其项目选定一个承担所有设计和施工责任的主营造商。采用 DB 模式的项目自二战以后不断增长，据美国《工程新闻记录》(Engineering News Record，ENR)报道，前 100 家国际大承包商以设计—施工(DB)形式完成的工业项目合同就达到 360 亿美元。

如今，DB 模式已运用到高技术建筑、办公楼、机场、桥梁、高速公路、公共交通设施及污水处理等项目，尤其是在桥梁、高速公路等公共交通设施上应用得更广。

1. 国外实践情况

到1994年欧洲有40%以上的非住宅工程采用此采购模式，在日本这一比例超过60%。以下简要介绍DB模式在一些发达国家和地区的发展情况。

(1) 欧洲

DB模式于20世纪80年代初开始在欧洲出现，因其能减少建设活动时间而日益发展成流行的项目采购方式。据统计，1984～1991年间，英国DB合同的市场份额由5%增至15%；20世纪90年代初到中期，15%～20%的工程采用DB模式。据英国皇家特许测量师学会(RICS)和英国里丁大学的研究表明，截止到1996年，DB模式在英国市场的份额已达30%。

(2) 美国

美国的DB模式可以追溯到1913年国内的第一座电灯厂，早期的DB项目多为美国的石化工业建厂工程，如化工、厂矿等。但1968年后，DB工程在小规模及简单工程上陆续成功的案例越来越多，20世纪80年代已经扩展到一般工程，如公路建设。采用DB模式的项目规模从数十万美元到数亿美元的都有。美国业主采用DB模式的主要原因是为了缩短工期、减少成本、使设计具有良好的可建造性等。DB模式在美国公共工程上的应用，曾经受到很大的限制，主要原因在于：

1）竞标法令的限制。

2）限制采用工程议价制度。

3）传统观点认为业主、设计顾问与承包商之间必须互相制衡。

4）业主和DB承包商之间缺乏共同分担工程风险的办法以及一些法律上的障碍。

1987年，美国总务署开始采用DB模式进行工程采购，并制订该署的DB契约范本。1993年美国设计—建造协会(Design-Build Institute of American，DBIA)学会成立，促进了DB模式的实施。此后，在美国建筑市场上，无论是私人部门还是公共部门在招标时采用DB模式的比例均呈现出持续性的增长。据美国设计—建造协会(DBIA)的统计，截止到2005年，采用DB模式的项目达到40%，预计2015年将达50%，DB模式将超过传统模式而占据主要的建设市场。而与此相对应，传统的采购模式市场占有率出现大幅度的下降。另据报道，美国排名前400位的承包商利税值的1/3来自DB合同。

在美国，大多数是由负责施工的承包商与业主签订合同，但是以设计顾问公司为总包商的项目在逐渐增加。此外，除了以往的设计商和承包商以外，美国有所谓的A/E/C公司(Architect/ Engineer/Construction Firm)，即兼营设计和施工的公司，A/E/C公司是美国承揽总承包工程的主流企业。

(3) 日本

DB模式在日本具有悠久的历史，现在许多大型的商社发迹于17世纪的木匠工作。由于木匠在工作成果上自主追求品质至上的荣誉感，促使业主不断委托后续营建工作。直到1912年西方建筑艺术传入日本后，才有所谓的独立设计的建筑师。由于传统的施工者的设计能力长时间获得业主的认同，所以设计和施工分离的承包制度在日本并没有获得扩张。随后由于日本境内大兴土木，针对业主部门更为广泛和全面的需求，许多施工承包商不断扩编设计部门，成为更全面的DB承包商。美国设计—建造协会的研究表明，日本有70%的工程采用DB模式，许多日本营造商社的承揽量中超过三分之一为DB承包工程。

(4) 新加坡

新加坡的统包工程从1970年代开始，该国政府尝试以总包方式发包较小规模的项目。在1970～1990年间，DB模式应用的例子多为土木工程或一些以营利为目的的工程，属初期发展阶段；在1990年初期，新加坡政府决定全面推行总承包，其主要决策原因如下：

1）解决政府人力不足问题；

2）刺激厂商研发创新、技术升级；

3）节约物料资源与提升生产力；

4）配合民间承揽工程能力的成长。

1991年，新加坡的房屋开发委员会(Housing Development Board，HDB)大量采用DB模式建造房屋、住宅，促进了总承包模式在新加坡的推广使用。DB模式在新加坡所有住宅工程的占有率由1992年约1%开始，逐年稳定的增加到1998年的23%以上。新加坡使用DB模式的合同额也逐年增长，从1992年的0.74亿新元增长到1996年的10.95亿新元，在1992～2000年间公共工程增长到16%，私人工程增长到34.5%。在DB承包商的主导企业方面，由于新加坡有95%的设计公司是属于员工数30人以下的中小型公司，因此，在新加坡没有设计公司主导DB项目的案例，全部由施工商主导DB项目的开发实施。

(5) 中国香港特别行政区

由于历史原因，香港的建设制度长期以来沿用英国的典章制度。有九成以上的民间住宅、商业大楼及工业工程采用传统承包制度。这主要是因为香港地价昂贵、开发成本高，民间业主通常针对工程采购类别的资源、承包商经验、财务能力稳定性、技术能力等选择承包商，以确保中标对象为有履约能力的承包商。因此香港民间业主对由单一主体负责施工和设计的DB模式采取观望态度。

相较于民间工程，公共工程采用DB模式正处于蓬勃发展中。香港在19世纪80年代曾经将DB采购模式应用在工业厂房、医院、大学校舍等工程中。一些大型公共工程项目，如青马大桥、大老山隧道基本上采取DB模式，这些案例中的土木工程作业，由专业厂商提供设计与施工的服务。近年来一些需要并行作业采购方式与复杂施工专业的公共建筑工程，其中涉及土木、机电工程等，也由各专业厂商负责设计与施工。

(6) 中国台湾地区

在台湾最早开始采用DB模式的是1973年的中国造船厂船坞工程，随后只有高雄过港隧道工程、台北市区地铁工程等少数几个项目采用DB模式。这是由于受到建筑相关法律的限制，且欠缺相关的准则可供遵循。1999年实施的《政府采购法》明确了总承包制度，赋予了总承包制度的法律依据，使得DB工程制度在近年来逐渐被广泛接受，并且在政府公共项目建设中得到广泛的应用。目前台湾政府每年在公共工程投资的规模在7000亿元左右，有高速公路、机场、大型购物中心、金融大楼、码头、垃圾焚化场等，其中大都适合于采用DB模式。而且台湾不少公共工程的业主具有高度的意愿采用DB模式进行项目建设，台湾工程界认为岛内87%的公共工程有需要实施DB模式。

2. 国内实践情况

近几年来，随着我国建筑业的不断发展，传统的工程采购模式(DBB)在不断成熟和规范的同时，其本身的一些问题也不断显现。因此新的采购模式，尤其是以统一设计与施工为主的工程总承包模式如DB模式、CM模式、EPC模式等应运而生，如2000年在柳州市双冲桥项目中就采用了DB模式。2003年建设部发布了《关于培育发展工程总承包和工程项目管理企业的指导意见》，其中规定设计—施工总承包是工程总承包的一种形式。但是由于种种原因，DB模式没有得到广泛的应用，大多数项目仍然采用的是传统DBB建设模式。

中国目前的DB合同大约仅为1%左右，据对全国22个行业236家工程公司和设计院的不完全统计，自1993年至2001年，共完成国内工程总承包3409项，合同金额2550亿元；完成国外工程总承包123项，合同金额25亿美元。应用DB模式的项目主要有：武汉阳逻长江大桥南锚碇工程、南京地铁盾构二、三标段，以及北京乐喜金星大厦(LG)工程等。

4.2 DB采购模式的内容和特点

4.2.1 DB采购模式的类型

DB采购模式按照不同的依据，其分类方式也不相同。

1. 按照设计深度分类

按照设计的深度，DB采购模式可以分为：传统设计—施工合同、详细设计—施工合同和咨询代理设计—施工合同。

(1) 传统设计—施工合同。业主在项目早期阶段邀请一家或少数几家的承包商投标。承包商让自己的设计人员根据业主的要求或设计任务书提出方案和费用概算。业主的设计任务书可能只提出一些基本的设计要求。有些业主可能请咨询公司帮助编制较为详细的设计任务书和招标说明书。一旦中标，承包商必须对项目的工程设计和施工负起全责，业主仅需与承包商打交道。其合同结构如图4-2所示。

(2) 详细设计—施工合同。业主自行或外请设计咨询公司作出项目的概念和方案设计(达到一定深度)，然后进行招标。要求投标的公司提出进行详细设计和完成其余未完设计工作的建议以及设计费用估算。业主一般根据投标者所报的费用对建议书进行评估。当业主将全部设计任务交给承包商感到不放心，或想对设计过程进

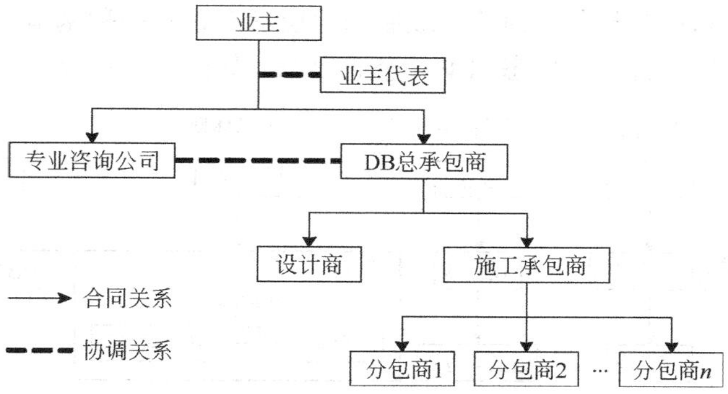

图 4-2　传统设计—施工合同结构示意图

行控制，但又打算让一家公司负责项目的详细设计和施工时，可选用这种作法。其合同结构如图 4-3 所示。

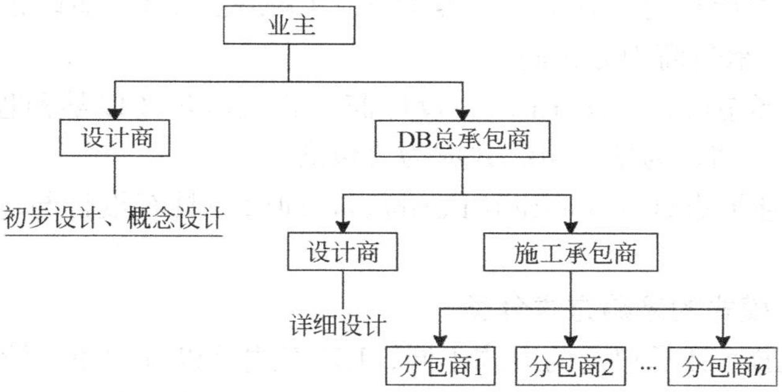

图 4-3　详细设计—施工合同结构示意图

(3) 咨询代理设计—施工合同。同详细设计—施工合同一样，业主先自行或外请设计咨询公司作出工程项目的概念设计和方案设计，然后请投标的公司提交建议书和费用估算。在选定承包商时，业主将委托的设计咨询公司介绍给承包商，承包商同该设计咨询公司签订协议，后者协助承包商进行详细设计，完成未完的其余设计工作，并在施工阶段提供帮助。转换型合同(Novation Contract)就属于这种情况，如图 4-4 所示。

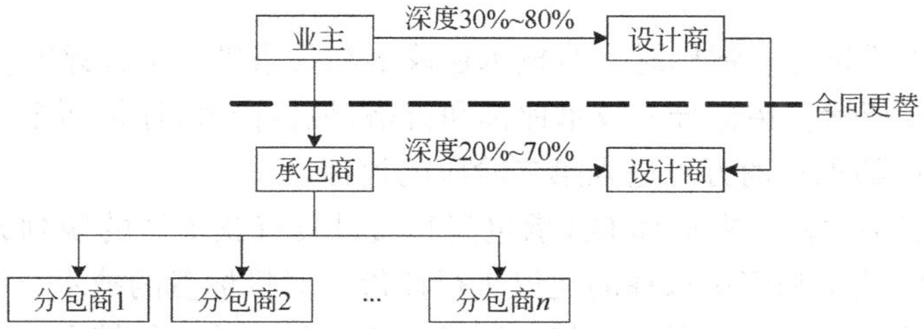

图 4-4　转换型合同结构示意图

2. 按照 DB 承包商的组成形态分类

DB 承包商可透过许多不同的组织形态来承揽工程，这些形态最简单的区分方式就是由业主、总包商与分包商等三级制的阶层形态，其四种基本形态为：承包商主导、设计商主导、合伙人形态和单一企业形态，如图 4-5 所示。

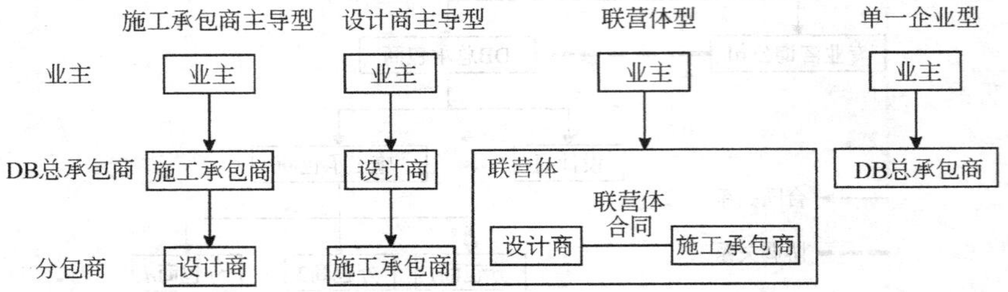

图 4-5　DB 承包商的组成类型

(1) 承包商主导形态(Contractor as Prime Contractor)。即以施工企业为总包商，设计顾问机构为分包商。

(2) 设计商主导形态(Architect as Prime Contractor)。即以设计顾问机构为 DB 总包商，施工承包商为分包商。

(3) 联营体形态(Jiont venture)。设计商与施工承包商以某种程度的伙伴关系或联合承揽关系，结合为单一组织并成为总包商。

(4) 单一企业形态(Corporation Format)，即由一具有设计与施工业务能力的企业为总包商。

3. 按照 DB 模式的采购方式分类

根据业主选择 DB 承包商的方式不同，DB 模式可以分为单一阶段(One-step)、双阶段(Two-step)和基于资格(Qualifications-based)三种招标方式(如表 4-1 所示)。

不同招标方式 DB 模式的区别　　**表 4-1**

招标类型	设计深度	资格预审	授标标准	授标方式	适用范围
单一阶段	0～50%	否	价格； 或者资格、价格	固定总价	小型、简单的项目
两 阶 段	0～35%	是	资格、价格	固定总价	复杂、风险大的项目
基于资格	0～10%	是	资格； 或者资格、价格	谈判	有专利技术的项目

(1) 单一阶段招标。评标时，对技术建议书和价格进行综合评定。

(2) 双阶段招标。招标分为技术评标和价格(最佳价值)评标两个过程，只有技术建议书被认可的承包商方可进入第二阶段的评标。

(3) 基于资格招标。在选择 DB 承包商时通过具有竞争性的谈判方式，选择过程针对投标者的技术和资源选择的建议进行评价。对投标者的技术、施工质量、产品功能、管理能力、财务情况、价格、同类工程的经验等进行综合评选，选择最优中标者。

4. 按照 DB 模式的合同价格确定方式分类

DB 模式合同价格的确定方式有：固定总价、保证最大工程费用(Guaranteed

Maximum Price，GMP）和成本加酬金三种形式。在 DB 模式发展的早期，业主一般选择总价合同形式，而随着项目的发展，业主希望对各分包工程进行竞争性招标而变为保证最大工程费用形式。

固定总价合同多用于普通建筑上，保证最大工程费用合同多用于特殊项目上，而成本加酬金合同主要用于紧急工程，如抢险、救灾，以及一些风险很大的技术创新项目。三种合同的风险在业主与 DB 承包商之间的分担不同，如图 4-6 所示。在固定总价合同中，业主承担的风险最小，DB 承包商承担的风险最大；与此相对应的是，在成本加酬金合同中，业主承担的风险最大，DB 承包商承担的风险最小；保证最大工程费用合同则介入两者之间。

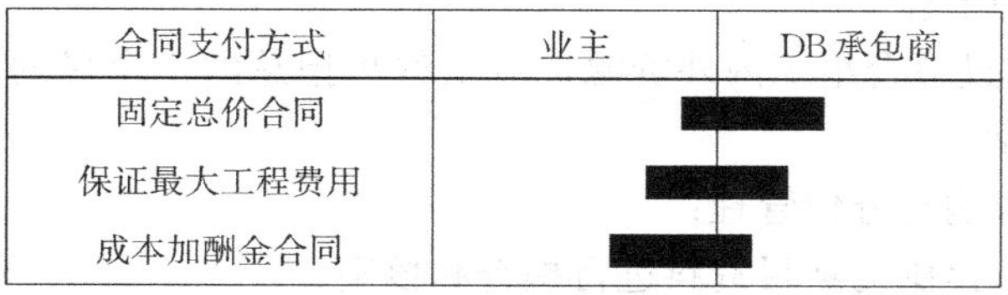

合同支付方式
业主
DB承包商
固定总价合同
保证最大工程费用
成本加酬金合同

图 4-6　不同合同价格方式的风险分担

4.2.2　DB 采购模式的工作流程及工作内容

DB 采购模式的工作流程与传统模式有些相同（如图 4-7 所示）。业主要拟定详细的资格预审要求（Request for qualifications，RFQ）、投标须知（Instructions to Bidders，ITB）以及建议书要求，这些文件用于确定 DB 承包商的短名单，其最关键的问题是如何选择合适的投标方案以及具备相应资格和能力的投标人。DB 承包商最关键的问题是如何编制一套完全符合业主要求的设计图纸和技术要求，以及在项目实施阶段如何满足业主对项目的目标要求。DB 模式的工作流程如图 4-7 所示。

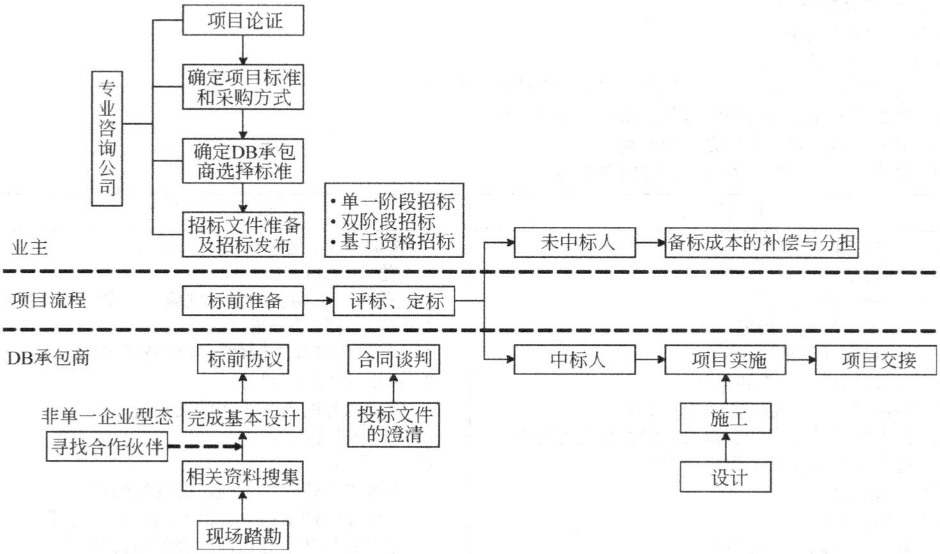

图 4-7　DB 模式的工作流程示意图

DB模式可能会给业主提供一些有利的方面，但通常不容易去量化衡量。若DB承包商信誉不佳或执行成效差，则业主就可能处于风险之中。在DB模式下，业主应对下述问题进行关注：

(1) 对DB合同有多大程度的了解？

(2) 是否需要独立的顾问/代理来准备招标邀请和评价收到的标书？

(3) 在招标文件中要预定和规定拟建工程的设计、成本和进度计划是多少？

(4) 应采用哪种合同形式？

(5) 如何评价和比较投标书？(需要同时考虑设计和成本)

(6) 需要给未中标的投标人补偿吗？

(7) 如何管理工程？

DB承包商通过整合组织内外资源，对工程承担总的、全局的责任，其主要负责的工作内容包括：

(1) 项目的采购与分包管理；

(2) 对业主所提供的项目资料进行检查和核实；

(3) 对业主及分包工程计价作业；

(4) 成本、工期及质量管理等总体控制工作。

在美国DB协会(Design-Build Institute of American，DBIA)所制定的合同条款中，可以了解DBIA所规划的DB承包商各成员的主要工作架构(如表4-2所示)。

DB承包商各成员的主要工作 **表4-2**

<table>
<tr><td colspan="2">DB承包商的主要工作</td></tr>
<tr><td colspan="2">1. 项目的采购与分包管理
(1) 寻找合适的合作伙伴
(2) 合同谈判、签订和审核
2. 对提供的项目资料进行检查和核实
(1) 地质分析报告
(2) 项目环境条件评估
(3) 项目标准和要求
3. 工程质量、成本、工期、健康、安全、环境的控制
4. 对业主工程款项的领取与分包商的工程款发放
5. 项目规划方案的适当更新和调整
6. 设计、施工、供应各参与方的协调处理</td></tr>
<tr><td>设 计 商</td><td>施 工 商</td></tr>
<tr><td>1. 工程设计
(1) 现场踏勘
(2) 绘制工程设计图
(3) 制定工程施工规范
(4) 解释设计图纸
(5) 设计图纸的变更和修订
2. 协助DB总承包商编写投标文件
3. 检查施工承包商所反馈的替代方案的可行性
4. 提供每月的设计工作状况报告
(1) 工作进度报告
(2) 问题报告
5. 管理及协调设计分包商
6. 承担所有法定设计责任</td><td>1. 协助DB承包商执行下列工作
(1) 施工方式的选择
(2) 质量、工期、成本、健康、安全、环境控制
(3) 施工可行性分析
(4) 设计图纸与合同的一致性及适当性
2. 提供施工组织设计
3. 提供每月的施工工作状况报告
(1) 工作进度报告
(2) 问题报告
4. 提供工程建议、工地状况反馈情况
5. 管理及协调下属分包商并承担相应责任
6. 在工地与其他分包商的合作与协调
7. 承担所有法定施工责任</td></tr>
</table>

续表

分包商
1. 在符合工作规范的条件下完成其工作 2. 提供工程建议 3. 在工地与其他分包商间的合作与协调 4. 承担所有法定分包的责任

4.2.3 DB采购模式的特点及适用范围

4.2.3.1 DB采购模式的特点

DB模式也称为一站式采购(One-stop shopping)，它与传统模式的重要区别在于设计文件未产生或未完成时，设计—施工联合体与业主的关系就开始了。

为了减少设计、施工分离可能出现的工程变更，控制工程总体造价，减少承包中的中间环节，提早投产使用，发挥经济效益，使工程的成本和风险分担具有更大的确定性，业主方更多地希望设计和施工紧密结合，倾向以设计—建造采购模式发包。采取设计和施工总承包模式，可以在很大程度上解决这些问题。与传统模式相比，DB模式具有单一职责、降低管理成本、缩短工期、降低造价等一系列优点，尤其对于大型、复杂的工程项目，DB承包模式具有不可比拟的优势。DB模式与传统采购模式的区别如表4-3所示。

DB模式与传统采购模式比较 **表4-3**

	设计—建造模式(DB)	传统模式(DBB)
招标	设计、施工仅需招一次标	设计完成后才能进行施工招标
承包商的责任	总承包商对设计、施工负全责	设计商、承包商承担各自的相应责任
设计、施工衔接	DB承包商在设计阶段介入项目，设计与施工联系紧密，设计更加经济，使成本有效降低，所以能获得较大的利润	设计与施工脱节，有时设计方案可建造性差，容易形成责任盲区，项目出现问题，解决的效率低
业主管理	业主管理、协调工作量小，对项目控制程度较弱	业主管理、协调工作量大，对项目控制程度较强
工期	设计与施工搭接，工期较短	工期相对较长
保险	没有专门的险种	有相应的险种
相关法律	缺乏特定的法律、法规约束	相应的法律、法规比较完善

DB模式的特点主要体现在单一的权责界面、可提供项目投资的综合效益、风险的重新分配等方面。

1. 单一的权责界面

DB模式通过将设计和施工在一个联合体(企业)内部一体化，不仅有利于发挥各自的核心竞争力，而且进一步加强了各自的责任。对于工程的质量、成本与工期的整体绩效而言，可形成一个紧密互动的单一权责界面，在DB模式下，业主方只需直接同项目DB总承包商保持联系，仅承担单一的项目责任，项目各参与方之间更容易协调处理，有利于把纠纷、矛盾减小到最少。

同时，DB承包商参与项目的设计和施工，打通了设计与施工的界面障碍，这种安排可以减少由于设计与施工之间的责任分担而带来的问题，从而更好地降低工程索赔事件的发生。由于设计方案由DB承包商所提出，设计和施工均是承包商的责任，能避免设计、施工之间的矛盾和纠纷，消除责任盲区。倘若在设计与施工的权责范围之间发生矛盾、抵触甚至冲突时，则由DB承包商自行负责整合解决。

2. 可提高项目投资的综合效益

由于DB承包商在设计阶段的介入，在设计阶段可较早考虑可施工性(Constructability)，通过革新设计和施工方法，减少设计变更的机会，保证有效的设计和对工程成本的早期控制，进而达到降低工程造价的目标。

DB模式下，可通过交叉设计和快速路径法(Fast Track)来缩短工程项目建设的总周期(指从编制招标文件至工程竣工)。各项材料设备的购置与施工作业都可以在相关设计文件尚未完整齐备的情况下就开始办理，并且由于招标次数的减少，以及整合设计与施工后重新设计机会减少，可大幅缩短整体设计与施工所需要的工期。

对于传统的采购模式(DBB)，必须依靠契约上的限制性条文，以本位对立的立场看待工程采购中的每件事情，利用大量的检验程序和法律手段来确保工程的品质，或仅仅限制契约所规定的消极行为。而在DB模式下，由于DB承包商的各组织成员共同对项目的目标承担连带责任，单一的权责界面，促使其相互合作并整合资源，以创造组织最高效能与最佳工程品质。

因此，业主采用DB模式能从包干报价、承包商对工程(包括设计与施工)的整体责任以及潜在的节约(费用和时间的组合优化上)等方面获得益处，提高工程项目的综合效益。

3. 风险的重新分配

业主提供设计要求或把设计部分全部委托给承包商，由承包商提供大部分的或全部的设计(包括详细设计)。这样，设计部分所涉及的风险便都转移至承包商，业主方所承担的风险相应地减少了，DB模式可更好地满足业主避免风险的要求。业主在DB模式下主要是提出工程项目的总体要求(如工程的功能要求、设计标准、材料标准的说明等)，进行宏观控制，对工程项目的设计和施工具体过程的控制相对减少。若DB承包商信誉不佳或执行成效差，则业主风险较大，因此业主应尽可能选择技术、管理能力及信誉优秀的承包商，以尽可能地避免这方面的不利因素。

建筑师和总承包商长期在传统DBB模式下工作，积累了相当多的经验并形成了各自的行为方式，传统DBB模式与设计—施工模式的文化差异是各方需要克服的。DB模式的优缺点，如表4-4所示。

DB 模式的优缺点 **表 4-4**

对象		优点	缺点
建筑业		1. 提高建筑业准入门槛，优化建筑业产业结构 2. 规模经济效应，提高行业利润率 3. 提高产品差异性，便于发挥承包商的竞争优势 4. 促进建筑业资源整合和技术革新	1. 倾向于有限竞争，投标竞争性降低 2. 投标成本相对较高 3. 传统 DBB 模式下的制衡体系在设计—施工模式中不复存在 4. 标准的 DB 合同仍在改进 5. 法规有可能不支持 DB 合同
业主		1. 减少发包作业次数 2. 单一的权责界面，易于追究工程责任 3. 利用快速路径法(Fast Track)的建设管理技术来缩短工期 4. 对设计的反馈在统一组织内进行，有利于项目全过程优化 5. 设计部分所涉及的风险都转移至承包商，业主方所承担的风险相应地减少	1. 业主对 DB 模式不熟悉 2. 若 DB 承包商信誉不佳或执行成效差，则业主风险较大 3. 业主不易查核、评估 DB 承包商的设计或施工计划的适宜性 4. 不同设计方案与施工计划之间的评比较为复杂和困难 5. 业主对项目的控制降低
DB 承包商	施工商	1. 统筹设计、施工作业，增加对整体计划控制程度 2. 设计阶段的介入，承包商对业主的需求更加了解，有利于实现项目的目标 3. 减少设计—施工协调的时间和成本，能快速处理工程变更问题 4. 与设计商的紧密合作，引入新式施工技术与概念，提升专业施工技术	1. 必须承担设计作业的过错责任 2. 在设计尚未全部完成前承揽工程，成本难以确定，风险大 3. 备标费用较高，增加投标企业的财务负担 4. DB 项目获得合适的保险、保证和支付担保很困难 5. 总承包市场相对较少，业务获取不易
	设计商	1. 获得参与决策机会，有利于提高设计质量 2. 减少与施工承包商之间的索赔纠纷 3. 与施工承包商之合作，引入新式施工技术与概念，使设计的可施工性更强	1. 必须承担施工作业的过错责任 2. 倾向于施工方法的经济考虑，而舍弃较佳的设计方案 3. 有损于传统采购方式中独立超然的立场

4.2.3.2 DB 采购模式的适用范围

DB 采购模式的基本出发点是促进设计和施工的早期结合，以便能充分发挥设计和施工双方的优势，提高项目的经济性。每一种采购模式都有其自身的特点，因此也有其相应的适用范围。DB 采购模式主要适用于那些专业性强、技术含量高、结构、工艺较为复杂、一次性投资较大的建设项目(包括 EPC 项目或类似投资模式的项目)。根据文献资料和工程案例表明，适于 DB 模式的工程类型大致可分为下列五类：

(1) 建筑工程，包括简单的建筑工程(如一般住宅、办公大楼)、特殊用途的建筑工程(如医院、体育馆、看守所)和社区开发工程等。

(2) 需要专利技术的工程，包括石化工厂(如石油裂解厂、化学材料制造厂、肥料厂等)、电厂工程(如水力、火力、核能发电厂工程)、废弃物处理工程(如垃圾焚化场、污水处理厂)等。

(3) 交通工程，包括隧道工程、公路工程、捷运工程、地铁等。

(4) 机密性工程，如配置重要军事武器的基地工程、具有国家安全机密的特殊工程。

(5) 业主有特定需求的工程，如医院或研究单位的无菌室、放射性工程等。

下列项目不适用采取DB采购模式：

(1) 纪念性建筑。因为这种建筑往往优先考虑的不是造价和进度等经济因素，而是建筑造型艺术和工程细部处理等的技术。

(2) 新型建筑。这类建筑一般有较高的建筑要求，同时结构形式的选择和处理有许多不确定性因素，无论是对于设计者还是对于施工者可能都缺乏这方面的经验，如果采用设计—建造采购模式，对于项目总承包商来说风险过大，也不符合建设单位的利益。

(3) 设计工程量较少的项目，比如大型土石方工程。

在下述情况下，对于业主而言则不宜采用DB采购模式：

(1) 设计不宜单独发包的工程。

(2) 业主需要对承包商的施工图纸进行严格审核并严密监督或控制承包商的工作进程。

(3) DB承包商不具备较高的素质要求，如DB承包商资金较为薄弱、技术和协调能力差、承担风险的能力差。

DB采购模式对于DB承包商而言具有较大的风险，DB承包商不宜承接项目的情况有：

(1) 在投标阶段没有足够时间或资料仔细研究和证实业主的要求，或对设计及将要承担的风险没有足够的时间进行评估。

(2) 建设内容涉及相当数量的地下工程，或承包商未能调查的区域内的工程。

(3) 中期付款证书的金额要经过类似工程师的中间人审定。

4.3 DB采购模式合同条件分析

4.3.1 DB采购模式的标准合同条件

随着DB模式的快速发展，国际上许多专业机构都出版了设计—建造模式的标准合同范本，比较典型的标准合同条件有：

1. 国际咨询工程师联合会(International Federation of Consulting Engineers, FIDIC)

国际咨询工程师联合会(FIDIC)在1995年出版了设计—施工与交钥匙合同条件(Conditions of Contract for Design-Build and Turnkey)(桔皮书)，用于设计施工模式和交钥匙工程中。1999年，FIDIC出版了工程设备和设计—施工合同条件(Conditions of Contract for Plant and Design-Build)(新黄皮书)、设计—采购—施工交钥匙合同条件(Conditions of Contract for EPC Turnkey Projects)(银皮书)。新黄皮书用于设计施工模式，银皮书用于EPC和交钥匙工程模式。FIDIC所编制的这3个合同条件适用的都是总价合同类型。FIDIC的标准合同格式主要适用于世界银行、亚洲开发银行等国际金融机构的贷款项目以及其他的国际工程，是我国工程界最为熟悉的国际标准合同条件。FIDIC 合同条件主要应用于土木工程。

2. 英国合同审定委员会(Joint Contracts Tribunal，JCT)

英国合同审定委员会(JCT)在 1981 年出版了承包商负责设计的标准合同格式(Standard Form of Contract with Contractor's Design，JCT 81)。JCT 81 适用于承包商对所有设计都负责的情况，包括在签订设计施工总承包合同之前很大一部分设计已经由业主所委托的设计者完成的情况。如果在很大一部分设计已经完成的情况下签订设计施工总承包合同，总承包商实际上并没有做那部分设计，但是却要对包括那部分在内的所有设计工作负责，这其实是设计施工模式的变体—转换型合同(Novation Contract)模式。研究表明 JCT 81 标准合同条件在英国的 DB 模式中得到了成功的应用。1998 年 JCT 在 JCT 81 的基础上出版了最新的承包商负责设计的标准合同格式，并称之为 WCD98。

1981 年 JCT 出版了 Contractor's Designed Portion Supplement to JCTS0，对传统施工总承包模式下承包商负责部分设计的情况制定了一个指南。根据该指南，如果承包商承担部分设计，承包商只对其所完成的那部分设计负责，而不是对所有设计负责。JCT 合同条件主要应用于建筑工程。

3. 英国土木工程师学会(The Institution of Civil Engineers，ICE)

英国土木工程师学会(ICE)在 1992 年出版了设计—建造合同条件(Design and Construction Conditions of Contract)，在 2001 年又出版了此合同条件的第二版，该合同文本适用于土木工程领域设计加施工模式的合同条件。ICE 在 1995 年第二版的“新工程合同”(New Engineering Contract，NEC)也适用于承包商承担部分设计或者全部设计的情况。ICE 合同条件主要应用于土木工程。

4. 美国建筑师协会(American Institute of Architect，AIA)

AIA 系列合同条件的核心是 A201，不同的采购模式只需要选用不同的协议书格式。与 DB 模式相对应的标准协议书格式有三个：

(1) 业主与 DB 承包商之间标准协议书格式(Standard Form of Agreements Between Owner and Design-Builder)(A191)；

(2) DB 承包商与施工承包商之间标准协议书格式(Standard Form of Agreements Between Design-Builder and Contractor)(A491)；

(3) DB 承包商与建筑师之间标准协议书格式(Standard Form of Agreements Between Design-Builder and Architect)(B901)。

A191 和 A491 都分别由两部分组成。A191 的第一部分涵盖初步设计和投资估算服务，第二部分涵盖后面的设计和施工。A491 的第一部分涵盖初步设计阶段的管理咨询服务，第二部分涵盖施工。AIA 的 DB 合同条件都要求在设计开始之前签订 DB 合同，因此工程费用要到初步设计完成并经过业主的同意后才能够确定。AIA 合同条件主要应用于建筑工程。

5. 美国总承包商协会(Association General Contractors of America，AGC)

AGC 所制定的 DB 模式标准合同条件和 AIA 相类似，但是更加综合，主要包括：

(1) 业主与承包商之间设计施工的简要协议书(Preliminary Design-Build Agreement Between Owner and Contractor)(AGC400)；

(2) 在以成本加酬金并带有保证最大价格的支付方式下，业主与承包商之间设计加施工的标准协议书格式及一般合同条件(Standard Form of Design-Build Agreement and General Conditions Between Owner and Contractor, Where the Basis of Payment is the Actual Cost Plus a Fee with a Guaranteed Maximum Price)(AGC410)；

(3) 在总价支付方式下，业主与承包商之间设计施工的标准协议书格式及一般合同条件(Standard Form of Design-Build Agreement and General Conditions Between Owner and Contractor, Where the Basis of Payment is a Lump Sum)(AGC415)；

(4) 承包商与建筑师/工程师设计施工项目的标准协议书格式(Standard Form of Agreement Between Contractor and Architect/Engineer for Design-Build Projects)(AGC420)；

(5) 设计施工承包商与分包商的标准协议书格式(Standard Form of Agreement Between Design-Build Contractor and Subcontractor)(AGC450)。

AIA 和 AGC 的设计施工合同条件都要求在设计开始之前签订设计加施工合同，因此工程费用，包括保证最大工程费用(Guaranteed Maximum Price, GMP)要到初步设计完成并经过业主的同意后才能够确定。

6. 美国工程师联合合同委员会(Engineers Joint Contract Documents Committee, EJCDC)

美国工程师联合合同委员会(EJCDC)为 DB 模式所制定的合同条件包括：

(1) 业主与设计施工总承包商之间的标准一般合同条件(Standard General Conditions of the Contract Between Owner and Design-Builder)(1910-40)；

(2) 业主与设计施工总承包商之间在确定的价格基础上的标准协议书格式(Standard Form of Agreement Between Owner and Design-Builder on the Basis of a Stipulated Price)(1910-40-A)。Stipulated Price 即“确定的价格”，也就是总价，是指在合同中约定一个确定的总价，此总价不一定是固定的；

(3) 业主与设计施工总承包商之间在成本加酬金基础上的标准协议书格式(Standard Form of Agreement Between Owner and Design-Builder on the Basis of Cost Plus)(1910-40-B)；

(4) 设计施工总承包商与工程师之间的设计职业服务分包标准协议书格式(Standard Form of Sub-agreement Between Design-Builder and Engineer for Design Professional Services)(1910111)；

(5) 设计施工总承包商与分包商之间的施工分包协议标准一般合同条件(Standard General Conditions of the Construction Sub-agreement Between Design-Builder and Subcontractor)(1910-48)；

(6) 设计施工总承包商与分包商之间在确定价格基础上的施工分包协议标准协

议书格式(Standard Form of Construction Sub-agreement Between Design-Builder and Subcontractor on the Basis of a Stipulated Price)(1910-48-A);

(7) 设计施工总承包商与分包商之间在成本加酬金基础上的施工分包协议标准协议书格式(Standard Form of Construction Sub-agreement Between Design-Builder and Subcontractor on the Basis of Cost Plus)(1910-48-B)。1995年EJCDC对这些文件都作了一定的修改。

此外，还有英国咨询建筑师学会(Association of Consulting Architects, ACA)、美国设计—建造学会(Design-Build Institute of American, DBIA)、日本工程促进协会(Engineering Advancement Association of Japan, ENAA)也都制定了相应的应用于DB模式的标准合同条件。这些组织所编制的标准合同条件都对合同双方的权利、责任、义务进行了约定，并对风险进行了合理的分配。此外，这些标准合同条件对设计文件的版权、对设计优化的奖励、支付程序、争端处理方式、履约担保等也做了相应规定。这些组织所编制的标准合同条件对规范、引导DB模式的应用起着重要作用。

DB模式合同条件的要素和任何其他合同条件一样，包括对合同双方的权利、责任、风险的确定，同时还应反映DB模式的特征，其要素有以下几个方面：

(1) 在质量方面反映总承包商对其所承包的设计和施工的单点责任(Single-point responsibility)，也就是说总承包商是其所承包的设计和施工任务的责任主体。单点责任避免了传统施工总承包模式下设计者和施工承包商之间互相推诿责任的问题。

(2) 在工程进度方面反映设计与施工合理搭接技术，如快速路径技术(Fast-track)的应用，以缩短整个建设周期。快速路径技术的应用主要牵涉到合理划分合同包(Packaging)的问题，合同条件里要有关于合同包的划分以及合同界面协调方面的规定。

(3) 在合同价格方面应反映计价方式(单价、总价或成本加酬金)，反映工程款的具体支付方式。

(4) 反映施工与设计的整合，将施工知识、经验等融入到设计过程中，以增强设计方案的可建造性，降低工程造价，缩短整个建设周期。这个方面牵涉到总承包商的可建造性研究和价值工程活动。FIDIC1995年版《设计—建造与交钥匙合同条件》的14.2款就对价值工程做了专门的规定。

(5) 确定总承包商所承包工作的范围。范围管理(Scope Management)对于DB模式十分重要，合同条件里必须有确定总承包商工作范围方面的内容。

4.3.2 DB模式下各参与方的风险和责任

4.3.2.1 业主方的合同风险和责任

不同的采购模式下，合同各方所面临的风险和责任并不相同，这些风险和责任总是多方面的、相互的和不可避免的。

1. DB模式下业主方的主要风险

按照DB合同要求，业主所面临的主要风险是：设计—建造合同失去了传统承包合同中固有的多道检查监督机制，一旦某个环节失控，工程目标将会受到严重的影响。因此，业主应就项目的投标方案进行评估，而非仅仅是价格，并且针对承包商的选择，更应看重承包商的信誉、经验和能力。

2. DB模式下业主的责任

在DB模式下，业主的责任主要有：

(1) 编写设计任务书。设计任务书至少应有下列内容：

1) 基本要求说明书，包括工程状况一览表和主要技术经济指标；

2) 红线及场地的地质情况；

3) 建设场地的交通运输条件；

4) 主要材料设备的技术要求和规格；

5) 配套设备设计所需参数，如水、电、气、通行等设计参数；

6) 对设计文件的认可和审批；

7) 采用的设计规范和标准，特别是工程强制性建设标准的应用情况。

(2) 不应妨碍承包商的工作。这是一项隐含责任，不妨碍承包商工作可以广泛地理解，如不及时向承包商发出必要的指示、不及时向承包商提供施工场地等均可理解为妨碍承包商的工作。

(3) 向承包商支付合同款。如果业主不按合同及时向承包商付款，承包商有权根据合同停止工作或终止合同，并可按程序申请索赔。

4.3.2.2 承包方的合同风险和责任

1. DB承包商的风险

在DB模式下，DB承包商将承担比传统施工承包商更大的风险，主要体现在：

(1) 承包商需预先支付设计、投标方案及报价等费用。

(2) DB承包商对技术要求说明中的错误要比传统采购方式中承包商承担的责任大得多。如果设计图纸或技术要求说明中出现错误造成的损失，则必须由承包商而不是业主承担。DB承包商在项目出现差错时不能再引用技术要求说明书的隐含担保来为自己开脱责任。DB承包商可能还要为技术要求说明书中的错误向施工分包商负责，要为施工错误以及图纸规定的设备或材料使用不当造成的损失负责。

(3) 在DB合同中，要求承包商做到的是实现合同中规定的某些目标，承包商一般要保证实现这些目标，从而大大增加了自己的责任风险。

(4) DB合同可能会产生保险问题。原来设计商所投保的专业责任险一般不考虑施工中发生的错误，而施工商所投保的工程一切险一般又无关于设计中错误和疏漏的规定。在DB模式下，上述两种保险都不适用。因此，DB承包商在投保时应与保险公司商谈，在保险单中列入包括设计和施工两方面的条款。

2. DB 承包商的责任

在设计—建造合同中，DB 承包商对业主所负的责任有：

(1) 合同条款严格约定的；

(2) 技术和专业方面的疏忽或不负责任行为；

(3) 违背承诺；

(4) 发生了质量缺陷或质量事故；

(5) 承包商应支付设计中的不当费用，此外，承包商一般还要对履约保证负责；

(6) DB 承包商如对工程在完工后应具备的功能作出保修承诺，则必须对此负责。

在设计—建造合同中，承包商对分包商也负有一定的责任，且所负责任一般比传统采购方式更大，因为业主的参与减少了，原来由业主承担协调的设计问题将由 DB 承包商直接承担。

DB 承包商可以通过设立责任范围条款减少因设计和施工中的缺陷或不足而应承担的责任。这些条款可以通过下列方式限制损失赔偿数额：

(1) 排除所有隐含保证；

(2) 要求业主对建筑工程风险投保；

(3) 排除次生损失的责任；

(4) 限制承包商在工程出现缺陷时重新设计或处理所造成的额外费用；

(5) 为承包商应当支付的损失赔偿费设立上限。

4.3.2.3 其他参与方的责任

DB 模式下其他参与方还有担保方、分包商和贷款机构。

1. 担保方

DB 合同提出了若干独特的担保问题。许多担保公司虽然可多收取一些担保手续费，但仍不愿意为 DB 项目提供履约担保和付款担保。原因之一是 DB 合同常用于边设计边施工项目，对于这样的项目，担保公司不能准确地确定担保数额。为了减少风险，担保公司只能分阶段为边设计边施工项目担保。当项目未完成之前就遭受较大损失时，容易出现担保公司在施工过程中停止担保，不再为项目的后续阶段继续提供担保。一旦出现这种情况，业主就很难找到其他公司为项目的其余部分担保。担保公司遇到的另一个问题是，设计商不再是独立的设计单位，因此担保公司可聘请独立的建筑师或工程师对付款证书进行审查，防止 DB 承包商多收工程进度款，降低风险。

2. 分包商

采用 DB 合同时，一般而言，分包商的地位与采取传统采购方式时基本相同。在付款、工作范围、与其他分包商的协调等方面，若遇到问题仍需找 DB 承包商解决。然而，情况有时也会有所不同，如：在某些地区(如美国的有些州)，同 DB 承包商签订分包合同的承包商和设计商就没有同业主直接签订合同时所拥有的留置权。因此，此类地区的分包商应在签订项目合同协议前，对 DB 承包商的信誉和技术水平进行认真的考察。

3. 贷款机构

贷款机构的风险要比传统采购方式大。如果业主根据未完成的设计寻求贷款，情况更是如此。不过，贷款单位与担保单位的情况略有不同，贷款人的风险有一部分可以由DB合同的优点弥补，其中之一就是设计和施工的所有责任都交给了一家公司负责。贷款人可以请独立的机构检查DB承包商的实际工作情况，防止承包商多收工程进度款。

4.4 DB采购模式案例分析

4.4.1 工程背景

在上海IKEA(宜家家居)标准店的建设过程中，IKEA管理层委托一家香港管理公司进行全程管理，该管理公司采用了传统的项目运作模式。但对该项目管理过程进行分析后，认为该项目所采用的模式存在如下问题：

(1) 作为外资公司的管理公司对大陆的设计单位、监理单位和施工单位的运作方式并不了解；传统的项目运作模式使得信息的传递层次过多，存在信息损失和变形，从而使IKEA最初的要求出现失真现象，同时也使得交易成本加大，项目周期相对延长，IKEA的投资回报速度相应放缓；

(2) 施工单位面对工期的压力，由于很难从管理上寻求解决方案，只能采用赶工的办法，从而导致一系列的质量通病的出现；

(3) 传统的项目运作模式使得施工单位对项目运作的前期参与甚少，一些本来可以在设计阶段避免的质量通病无法避免，同时由于施工单位前期的过少参与，对IKEA标准店的总体文化氛围不甚了解，从而在施工过程中无法充分站在业主的文化需求上考虑施工重点的安排和布置。

经过审慎分析和考虑，IKEA管理层决定在北京的IKEA卖场的项目采购宜采用DB模式。

4.4.2 项目运作

DB模式在北京IKEA卖场项目的具体运作如下。

1. 确定项目需求

业主分析并确定项目的地点、规模、功能、装饰装修、质量要求、投资大小及需要满足的法律法规等。这些要求通过业主自己的工程师或者外聘的顾问准备的设计概要来体现。如果业主希望在设计方面有更大的影响力，也可以将准备设计草图包含在项目需求内。作为IKEA的标准店来说有详尽的规定。

2. 邀请招标

邀请承包商进行投标。大多数情况下，在进行投标之前业主将对承包商进行资格预审。承包商可以与设计单位组成联合体参加资格预审，当然对一些同时具备设计和施工能力的公司，也可以单独进行资格申报，而且其优势更加明显。在进行资格预审时，承包商的财务状况、同类工程的经验作为主要的考虑条件。由于进行DB项目的投标是既耗时又耗力的工作，因而供选择的DB团队一般不宜过多。

提供设计方案的承包商在接到邀请函之后，会同其负责建筑设计、结构设计和机电设计的工程师一起按照业主的要求进行设计优化。根据工程项目的不同，投标的周期将为2～5个月。

3. 评标

进行设计方案评价和承包商的选择，经过一定的评标程序决定出哪一种方案最符合业主的要求。一般对设计方案可以从与招标文件的符合性、设计的创意和项目的成本等方面进行评判。

通常有下列四种评标模式：

(1) 业主对技术标书和投标报价进行打分，总分最高的投标商将赢得该工程；

(2) 业主只对技术标书进行评价打分，投标报价可以根据技术标书的得分情况进行调整，调整后的最低价将赢得该项工程；

(3) 业主给定承包总价，评标过程中只对承包商的技术标书的编制情况进行评价；

(4) 跟传统的项目采购方式(设计—招投标—建造)类似，工程将交给符合基本条件和呈报最低报价的团队进行项目管理。

在IKEA的项目，采用第一和第三种方式进行评标。

4. 合同签订

中标的承包商正式与承担设计的公司签订合约。合约中清晰界定各方的工作范围、设计费用、付款方式和设计进度等方面的要求。承包商将与设计单位在详图设计和施工图设计方面紧密合作。承包商同时需保证所有的审批手续得到准许。IKEA工期要求比较紧，工程施工在设计工作进行到一定阶段时就开始进行。

5. 施工和交付

承包商开始施工，业主可委派自己的项目管理班子监督项目的运行以保证各项要求的实现。承包商确保项目的最终测试通过，同时保证项目交给业主之前试运行的各项指标均达到要求。

4.4.3 经验与教训

由于上海IKEA标准店已经投入运营，维修服务部的相关工作人员对先期项目管理的不妥所带来的后遗症感受颇深。因而在其他地区的IKEA卖场的建造过程(特别是设计阶段)中，他们的参与尤其重要。在施工阶段，业主委托独立的监理单位进行质量监督是必不可少的。业主在进行承包商的选择时，不能将造价作为评判承包商的惟一依据。

4.5 DB模式对建筑业的影响及建筑业企业的应对

4.5.1 DB模式对建筑业的影响及应对策略

DB模式对承包商的选择策略与执行特性会使建筑市场准入障碍提高，因此较具规模及绩效良好之承包商，其竞争优势将更为明显，而且DB工程庞大的备标费用及履约时较高的风险，会加速建筑业市场设计与施工的垂直整合化进程。由于我国建筑业多为仅具有设计或施工之单一能力的企业，处于产品无差异化、同质竞争的状态。短期而言，设计商与施工商会以战略联盟的方式进行合作；长期而言，较具规模的施工承包商或设计商将发展成整合设计与施工业务的大型承包商，主导未来总包工程市场，而较小规模的企业则仅能以专业分包商的方式经营。

DB承包商的前身通常是设计或施工公司，它们将业务向前后延伸。中国存在着大批功能单一的设计院和施工公司。设计单位进行的是单一、静态的功能设计，使原本系统化的工程在建设过程中相互脱节，设计在建设过程中发挥不了应有的作用，并且由于设计酬金根据投资额的百分比计算，设计单位往往很少考虑经济性，使投资增加，有些本可以实施DB模式的项目也无法实现。

DB模式提高了建筑业准入门槛和产品差异性，便于发挥承包商的竞争优势，优化建筑业产业结构，促进建筑业资源整合和技术革新。但是，我国对推行DB模式还处于探索阶段，DB模式的优越性并没有凸现出来，况且相关的配套政策和法规系统尚未建立和完善，给DB项目中的业主和承包商带来了很多潜在的风险。比如，纠纷不能得到有效解决、合同文件不完整等，特别是现行法律、法规主要适用于传统采购模式，有些条款的制约给项目实施带来风险。如《建筑法》第十三条规定从事建筑活动的主体取得相关资质等级后才可在其范围内从事建筑活动，《建筑法》第二十六条规定，禁止建筑施工企业超越本企业等级许可业务范围承揽工程，而《建筑业企业资质管理规定》中只规定了建筑业企业资质分为施工总承包、专业承包和劳务分包3个序列；《建设工程勘察设计企业资质管理规定》中就设计资质分为工程设计综合资质、工程设计行业资质、工程设计专项资质，其承接的为设计业务。在这两类企业资质管理办法中，均未界定DB总承包企业的资质标准序列，因此，施工企业或设计企业欲组建为DB总承包企业就面临着法律问题。

在建设程序中也存在着限制DB总承包企业发展的条文。如《建筑法》中规定建筑工程要依法进行招标发包，即建设程序为：设计招标→设计→施工招标→施工；而在DB模式下，其建设程序为：招标→设计、施工。按此程序显然有悖于我国的基本建设程序。《建筑法》第五十八条规定建筑施工企业要按图施工，《建筑工程质量管理条例》第二十八条规定的仅是施工单位在施工过程中发现差错时，应提出意见和建议。因此，施工企业无法在设计时就施工中的方便性、经济性提出自己的方案，也无法在工程中利用新工艺和施工方法。这些条文都在一定程度上限制了施工企业向DB总承包企业发展。

因此，完善相关的配套政策和法规体系应是当务之急，具体措施为：

(1) 确立DB总承包商的法律地位和责任，资质等级序列上应在原有的三个序列下为DB总承包商列名，并在具体的资质管理办法中规定；

(2) 建立一套适合DB模式的建设程序；

(3) 拟定DB模式实施细则，比如在评标方面；

(4) 借鉴国际DB合同文本的基础上尽快制定适应中国国情的DB模式标准合同文本。

总而言之，应营造良好的DB模式应用环境，增强建筑企业的竞争力，打破无差别化经营的僵局，促使建筑行业良性地发展。

4.5.2 DB模式对建筑业企业的影响及应对策略

4.5.2.1 DB模式对建筑业企业的影响

DB承包商承担工程设计、施工的全过程责任，这对于DB承包商而言，既是挑战也是一个发展的机遇。DB模式对建筑业企业的影响主要体现在：规模经济效应、绝对成本优势、产品差异性。

1. 规模经济(Economies of Scale)**效应**

规模经济系指某一产品(或投入生产的作业或功能)在绝对数量增加时，单位成本下降的现象。对于DB包商而言，规模经济效应主要体现在以下几个方面：

(1) 项目融资与财务调度的成本。由于DB工程投标时图纸并未完成，以致在工程所需人力及材料的数量上波动较大，并且DB承包商须负责对业主的工程款的申领以及对分包的工程款项发放等计价工作，项目融资与财务调度的难度相对提高，因此，财务能力强的企业将比较小规模的企业更具竞争优势。

(2) 采购与分包管理的成本。DB工程在某些设计或施工的业务上需通过采购或分包的方式来完成，DB承包商只是审核及整合各项工作。在材料方面，因采购规模大，与供货商的长期合作将产生较高的议价能力，甚至企业业务向后整合形成规模经济；而在分包管理方面，总承包商期望降低分包价钱的筹码在于是否能提供下游企业稳定且足够规模的工作。因此，具备相当规模的企业，有较低的成本优势。

(3) 备标成本。备标成本的规模经济可从两个方面来考虑：其一，为在同一个标花费较少备标成本的规模经济；其二，为可承受好几个项目的备标成本的规模经济。

DB模式在投标阶段尚缺详细设计图，仅凭着招标要求进行设计和施工的考虑，因此DB承包商须投入相当大的设计、采购、财务、施工人员等成本，方能在投标期作出准确且具有竞争性的报价。如在美国，竞争采用DB模式的一栋普通大小的办公大楼投标费用需达50万美元。因此，若公司具备完整的估算、投标体系，并根据公司已往的经验判断，可获得竞争优势。

2. 绝对成本优势(Absolute Cost Advantage)

绝对成本优势系指现有的建筑业企业因技术或声誉等因素，而能得到较为低廉的生产投入成本。DB承包商创造成本优势在于业主给予的设计空间。一般而言，DB项目较传统项目可让DB承包商在工法以及材料上有较多创新的空间，同时也可增进企业整合的效率。DB承包商可能产生的成本优势如下：

(1) 获得较低成本材料的优势；

(2) 因良好的管理而产生的成本优势；

(3) 因特殊施工技术、工法或其他材料专利权而产生的成本优势；

(4) 价值工程或替代方案的实行；

(5) 因设计具有良好可建造性而产生的成本优势。

3. 产品差异性(Product Differentiation)

产品差异性系指某种具有多样特性的产品，使顾客不能找到完全的替代品的特性，亦即厂商能提供消费者某种独特的价值，使消费者对特定厂商提供的产品有不同的偏好。

在传统上，由于我国设计与施工分开的原因，施工商对于大多数工程的材料以及工法的选择上受到相当大的限制，使得建筑业企业不可能有所谓"产品差异性"的优势。企业仅有的竞争方式为价格竞争，其竞争优势是在既有的设计与规范下追求更低的成本以达到更低的报价。

然而DB模式提供了企业能整合设计与施工的机制，因此建筑业企业在材料、工法上有相当程度的选择权，加上业主可依据承包商的经验、信誉、技术和价格等多方面的因素，对竞标企业进行评选，这个改变使得总包市场有了因产品差异化的非价格性竞争，这部分的竞争优势可以在单价上及评分上得到体现。单价上的优势即指总包商因为有良好设计与施工的整合管理所带来的低成本优势；而评分上的优势系指企业因为经验、信誉和技术等因素，在综合评选时可获得较好的优势。

4. 刺激承包商研发投入

在传统的工程建设(DBB模式)中，施工承包商的责任就是按图施工。在DB模式中，在符合业主需求功能和规范的情况下，为DB承包商提供了革新设计和施工的空间，可刺激其投入研发。日本承包商之所以在全球建筑市场颇具口碑，主要是因为其重视研发。我国建筑业企业研发投入占产值比例普遍小于1%，达不到DB模式技术、智力密集性的要求，DB模式将促使我国建筑业企业增加研发投入、进行技术革新。

4.5.2.2 建筑业企业对DB模式的应对策略

承包商要突破DB模式的市场进入障碍有两种做法：其一，是以较低的单价竞争；其二，是做更高质量的设计，如专利材料或工法所保证提供的产品特殊功能以及较短的工期保证等提供给业主独特的价值，以抵销甚至取代业主的风险心理。但这两种做法皆会导致承包商付出不少的移转成本(Switching Cost)。这对于组织健全、绩效良好的企业较有利，而掌握专利材料或技术的企业有更大的发挥空间。企业可通过对其组织内外的资源进行整合以克服市场进入障碍。

1. 内部化组织垂直整合

企业内部化组织垂直整合有两种情况：对于施工承包商而言，可以成立设计部门或购并的方式整合设计与施工业务，因为设计商的进入障碍小，则其整合成本较低；对于设计商而言，由于施工承包商的进入障碍较高，加上多数设计商的财力本来就不如施工承包商，设计商采用内部化垂直整合方式的可能性较低，少数大型设计商则以整合施工管理人才，其余施工业务采用分包方式较为合理。

2. 市场交易横向整合

企业以市场交易的方式进行横向整合主要采取的方式是战略联盟(Strategic Alliances)。战略联盟指由两个或两个以上有着共同战略利益的企业为达到共同拥有市场、共同使用资源等战略目标，通过各种协议、契约而结成的优势互补或优势相长、风险共担的一种松散的合作模式。战略联盟是一种组织安排，同时也是一种经营策略，从组织安排的角度讲，它具有不同形式，如合资、合作、联合研究开发等。战略联盟是一种企业间的合作关系，是一种竞合(Co-competition)关系，而非简单的合作。如设计商和施工承包商组成联营体进行设计—施工总承包。

企业在决定采取横向整合或垂直整合策略时，会受到许多因素的影响，但组织成本和交易成本的大小是企业考虑整合策略最重要的因素之一，其简化公式如下：

组织成本＝内部生产成本＋内部管理成本；

交易成本＝外包成本(市场采购价格)＋市场交易成本。

当组织成本大于交易成本时，企业会选择市场交易的方式筹措资源；当交易成本大于组织成本时，企业则会倾向以垂直整合或内部化的方式取得必要资源。此外，除了市场交易与内部化组织两种情况外，企业也可基于策略考虑，选择或介于两者之间的组织型态。

本 章 小 结

本章介绍DB模式的基本概念、研究现状、实践应用、工作流程及工作内容，重点分析了DB采购模式的合同条件，并以上海IKEA(宜家家居)标准店采用DB模式进行了分析；最后探讨了DB模式对建筑业的影响及建筑业企业的应对策略。

复习思考题

1. 如何评价和比较DB模式中的投标书？
2. DB承包商如何有效地管理项目？如何处理好设计与施工的关系？
3. DB模式中的风险在业主与DB承包商之间是如何分担的？
4. 我国的承包商如何承接和管理DB项目？
5. 我国的承包商、设计商如何向DB承包商转变？
6. DB承包商如何编制一套完全符合业主要求的设计图纸和技术要求？

第5章 EPC项目采购模式

5.1 EPC采购模式概述

5.1.1 EPC采购模式基本概念

EPC是一个源于美国工程界的固定短语，它是规划设计(Engineering)、采购(Procurement)、施工(Construction)的英文缩写，是总承包商按照合同约定，完成工程设计、材料设备的采购、施工、试运行(试车)服务等工作，实现设计、采购、施工各阶段工作合理交叉与紧密融合，并对工程的进度、质量、造价和安全全面负责的项目管理模式。EPC模式的概念侧重承包商的全过程参与性，承包商作为除业主外的主要责任方参与了整个工程的所有设计、采购及施工阶段。EPC模式具体包括以下三个方面：

(1) 规划设计(Engineering)：一般包括具体的设计工作，如设计计算书和图纸，以及根据“业主的要求”中列明的设计工作(如配套公用工程设计、辅助工程设施的设计以及建筑结构设计等，而且可能包括整个建设工程内容的总体策划以及整个建设工程实施组织管理的策划和具体工作，甚至可能包括项目的可行性研究等前期工作)。

(2) 采购(Procurement)：不仅包括建筑设备和材料采购，还包括为项目投入生产所需要的专业设备、生产设备和材料的采购、土地购买，以及在工艺设计中的各类工艺、专利产品以及设备和材料等。

采购工作包括设备采购、设计分包以及施工分包等工作内容。其中有大量的对分包合同的评标、签订合同以及执行合同的工作。与我国建设单位采购部门的工作相比，工作内容更广泛，工作步骤也较复杂。

(3) 施工(Construction)：EPC 承包商除组织自己直接的施工力量完成土木工程施工、设备安装调试以外，还包括大量分包合同的管理工作。一般包括全面的项目施工管理，如施工方法、安全管理、费用控制、进度管理及设备安装调试、工作协调、技术培训等。

在 EPC 方式中，承包商在各个阶段的工作深度是随着具体合同的规定而变化的。如对于采购，承包商可能只提供供应商名单；可能在提供供应商名单的同时还要提供报价及分析报告；也有可能完全负责在充分询价比较基础上的订货购买。对于施工，可能只负责协调管理，也可能只负责部分实施工作。此外，对承包商的支付方式也有多种组合。在设计、采购、施工各阶段根据其服务的性质和特点，可分别采用支付服务费用、支付承包价格或两者相结合的形式。

5.1.2 EPC 采购模式的研究现状和实践应用

5.1.2.1 EPC 采购模式的研究现状

国外理论界一直以来将 EPC 模式作为设计建造模式的一个分支。1999 年国际咨询工程师联合会(FIDIC)认识到这种模式与设计建造模式的根本区别以及其广泛的应用前景，将原来的《设计建造和交钥匙合同条件》划分为《工程设备和设计建造合同条件》及《EPC/交钥匙项目合同条件》两个单独的合同条件，从而确立了 EPC/交钥匙模式在工程采购模式体系中的独立地位。

1. 国外研究现状

国外学者对 EPC 模式的研究可以归纳为以下几个方面：

(1) EPC 模式下信息管理对项目造价和进度的影响；

(2) EPC 模式的关键链项目管理及采购框架耦合；

(3) EPC 项目中的时间管理等。

2. 国内研究现状

国内学者的研究主要集中在以下几个方面：

(1) EPC 项目的合同管理、争端及索赔；

(2) 设计管理和风险管理及风险分担；

(3) EPC 合同的法律特性及运作流程；

(4) EPC 项目的成本管理、费用变更管理及价值管理等。

5.1.2.2 EPC 采购模式的实践应用

1. 国外实践情况

目前全球最大的 225 家国际承包商几乎都能提供交钥匙承包业务，国际上许多大型的工程项目也都已或正在采用这种采购方式。近年来，由于私人融资项目有了更快的发展，将有更多的建设项目都需要这种固定最终价格和竣工日期的合同形式，EPC 模式将在工程建设市场中逐渐占有更多的份额。表 5-1 所示为国际上若干 EPC 工程项目。

国际上若干 EPC 工程项目　　表 5-1

序号	国　家	项目名称	规　模
1	美　国	乔治亚发电站	发电能力 936MW
		联合电力系统	发电能力 550MW
2	德　国	东布鲁士威克废气发电项目	发电能力 10MW
3	日　本	San Roque 大坝	灌溉面积 18800ha(公顷)
4	加拿大	Iroquois 瀑布电站	发电能力 110MW
5	卡特尔	Ras Abu Fontas 电站	发电能力 600MW
6	印　度	Cochin 电站	发电能力 622MW
		Petronet 输油管道	合同价 650000000 美元
7	菲律宾	Ilijan 电站	发电能力 1200MW
8	老　挝	Nam OU 大坝	发电能力 110MW
9	哥伦比亚	LA MIEL 电站	发电能力 375MW

2. 国内实践情况

国内真正有能力承包 EPC 项目的总承包商大约有 100 多家，最早开展这种业务的是化工行业的一系列设计单位。如今，我国承包商承建的 EPC 项目已逐渐从国内市场走向国际市场(见表 5-2)，获得了良好的社会效益和经济效益。

我国承包商承建的部分 EPC/交钥匙工程　　表 5-2

序号	总承包商	项目名称	项目规模
1	北京勘测设计研究院	陕西汉江喜河水电站工程	装机 3 台 6 万 kW 机组，建设总工期 4.5 年。工程总投资 13.8 亿元
2	中国国际信托投资公司	伊朗德黑兰地铁 1 号、2 号线机电系统交钥匙工程	5 座高压变电站、牵引及动力照明输配电网、通信信号及控制系统、车站及隧道通风系统和大修厂等五个子系统。合同总金额 3.85 亿美元
3	中国石油工程建设(集团)公司	苏丹油田生产设施项目	该项目设计年原油生产能力近 1000 万 t。合同金额 1.9 亿美元

随着 EPC 模式在国际上的推广应用，国内也有不少项目采取 EPC 模式，如：张庄入黄闸改建加固工程、洛阳石化总厂化纤工程、海南电站、唐山电站等。

5.2 EPC 采购模式的内容和特点

5.2.1 EPC 合同分类

由于各个项目的自身特点不同，签订合同的具体条款不完全相同，EPC 总承包的工作范围也不尽相同，EPC 合同可分为以下几种方式。

1. 设计、采购、施工总承包(EPC)

EPC总承包是指业主对项目的目的和要求进行招标，承包商中标并签订具体的合同，承包商承担项目的设计、采购、施工全过程工作的总承包。业主只与总承包商形成合同关系，其他的项目管理工作都由总承包商承担并对项目最终产品负责。其合同结构形式如图5-1所示。

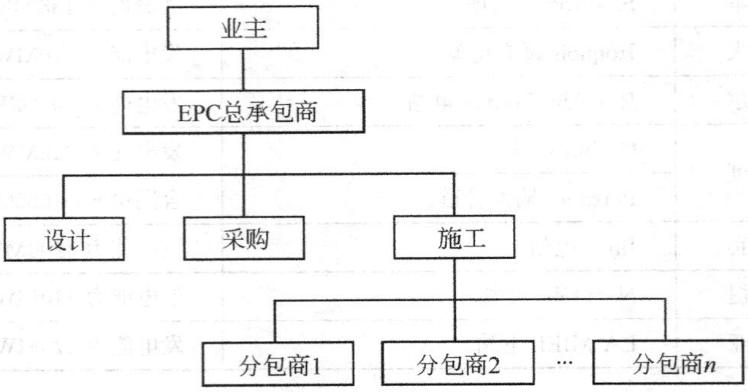

图5-1 EPC模式的合同结构示意图

2. 设计、采购、施工管理总承包(EPCm)

设计、采购、施工管理总承包(Engineering, Procurement, Construction Management)是指EPCm总承包商与业主签订合同，负责工程项目的设计和采购，并负责施工管理。另外由施工承包商与业主签订施工合同并负责按照设计图纸进行施工。施工承包商与EPCm总承包商不存在合同关系，但是施工承包商需要接受EPCm总承包商对施工工作的管理。设计、采购、施工管理承包商对工程的进度和质量全面负责。具体的合同结构如图5-2所示。

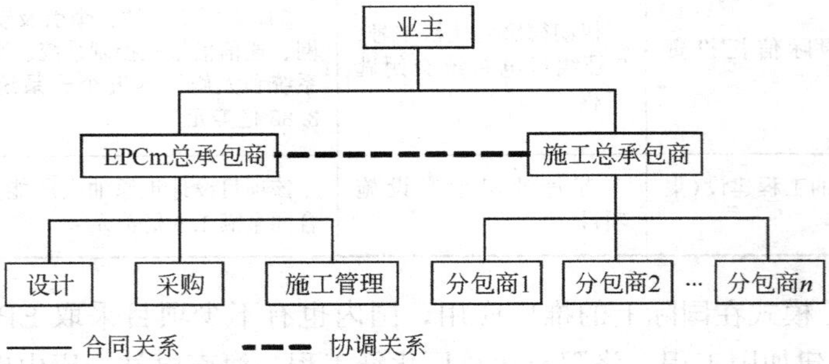

图5-2 EPCm模式的合同结构示意图

3. 设计、采购和施工咨询总承包(EPCa)

设计、采购和施工咨询是指EPCa总承包商负责工程项目的设计和采购，并在施工阶段向业主和施工承包商提供咨询服务。施工咨询费不包含在承包价中，按实际工时计取。施工承包商与业主另行签订施工合同，负责项目按图施工，并对施工质量负责。合同结构如图5-3所示。

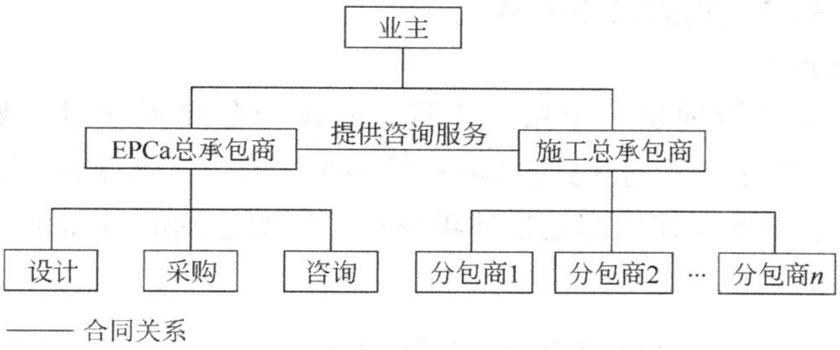

图 5-3 EPCa 模式的合同结构示意图

5.2.2 EPC 采购模式的工作流程及工作内容

5.2.2.1 EPC 采购模式的工作流程

EPC 总承包项目的产品就是工程，因此拥有工程建设本身所特有的过程。完整的工程总承包项目，其创造项目产品的过程一般要经过 5 个阶段，即策划阶段、设计阶段、采购阶段、施工阶段和调试/移交阶段，其工作流程如图 5-4 所示。

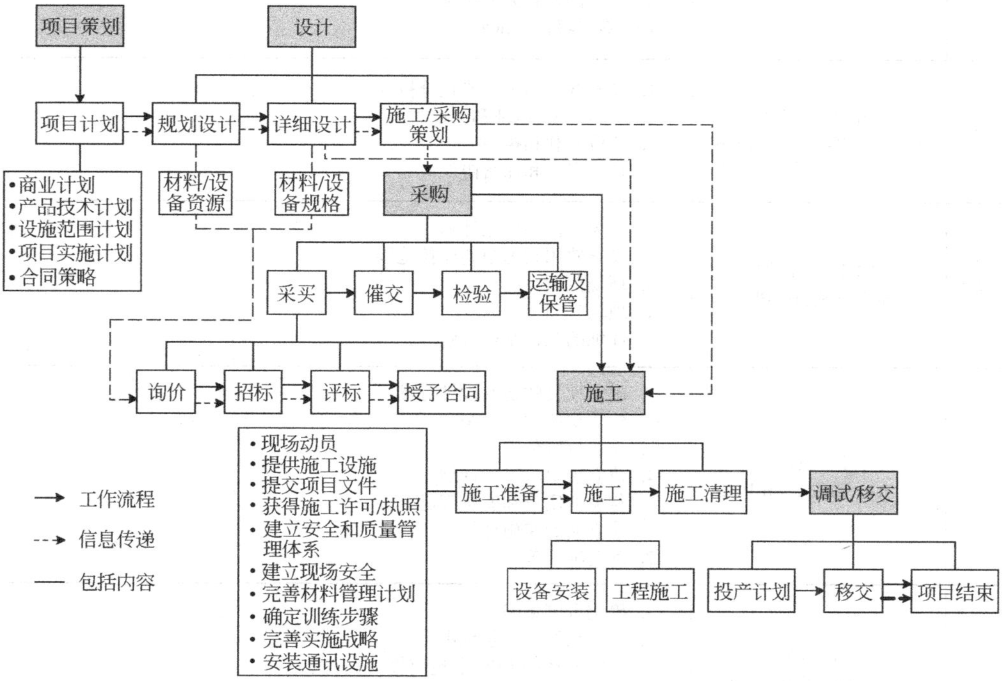

图 5-4 EPC 模式工作流程示意图

策划阶段主要是拟定项目计划，包括商业计划、产品技术计划、设施范围计划、项目实施计划以及合同策略；设计阶段主要包括规划设计、详细设计以及施工与采购策划；采购阶段包括采买、催交、检验、运输及保管等工作；施工阶段包括施工前准备、施工以及施工后清理等工作；调试/移交阶段项目投产计划、移交以及项目结束等工作。

5.2.2.2 EPC 采购模式的工作内容

1. 项目策划阶段

EPC 总承包项目管理是一个系统工程，必须十分重视项目策划阶段的工作。“凡事预则立，不预则废”，重视项目策划阶段的工作，往往能收到事半功倍的效果。项目策划阶段主要工作内容是描述项目产品所要达到的目标和一般要求，具体工作内容如表 5-3 所示。

EPC 项目策划阶段的主要工作内容 表 5-3

序号	工作类型	工作内容
1	商业计划 (Business Plan)	1. 确定商业目标 2. 确定设施目标和需求容量 3. 市场调查研究和分析 4. 建立愿景和公众联系 5. 项目选址 6. 相关的法律问题 7. 拟定融资计划 8. 原材料资源分析 9. 劳务计划和人力资源问题 10. 确定项目调试要求
2	产品技术计划 (Product Technical Plan)	1. 技术调查和工艺流程分析 2. 产品开发/认证和测试过程 3. 获得专利和执照 4. 签订安全和保密协议
3	设施范围计划 (Facility Scope Plan)	1. 拟定工艺和实施计划 2. 设施效用和远距离监控范围 3. 环境范围 4. 现场计划 5. 详细的工作结构分解
4	项目实施计划 (Project Execution Plan)	1. 确定项目的初始设计标准 2. 建立初始项目组织 3. 完成投资估算 4. 建立主要项目的计划 5. 相关的质量和安全问题 6. 建立初始实施计划 7. 确定项目范围
5	合同策略 (Contract Strategy)	1. 确定合同策略 2. 确定招标工作包范围 3. 拟定潜在的 EPC 承包商投标人名单 4. 选定 EPC 承包商 5. 劳务策略

2. 项目设计阶段

EPC 项目总承包的设计过程是创造项目产品的重要阶段，即详细和具体描述项目产品的阶段。设计阶段完成的设计文件和图纸是采购、施工和设备调试等各个阶段的依据。在 EPC 总承包项目中，设计起主导作用，这反映在：

(1) 设计工作对整个项目的影响

根据 W. E. Back 在 1998 年对美国 20 个 EPC 项目的统计，设计工作平均消耗承包商在整个项目中 28%的劳动力成本和 22%的实施时间，但它对整个项目的影响远远不止于此，而且：

1) 一个项目 80%的投资在方案设计阶段就已经确定下来了，而后续的控制只能影响到其余的 20%的投资；

2) 生产率的 70%～80%是在设计阶段决定的；

3) 40%的质量问题起源于不良的设计。

(2) 设计变更对工程的影响

工程变更的成本随时间推迟呈对数关系上升，因此，虽然设计工作本身所占成本不高，大部分费用由其下游的生产准备、采购和施工过程消耗，但它对整个工程的成本、投入运营的时间以及质量有着巨大的影响。因此承包商在早期设计阶段就必须及早全面地考虑工程建设中的各个后续环节。否则，进行设计变更的时间越晚，变更的成本越大。

对 EPC 总承包项目的设计过程进行有效的管理，通常会起到事半功倍的效果。而要做到这点，就有必要了解如何对设计阶段进行划分、如何对设计专业进行设置以及如何对设计的版次进行有效的管理。对于设计阶段的划分方法国内与国际上有一些不同，目前比较通行的划分方法如表 5-4 所示。

发达国家设计阶段的划分 **表 5-4**

	专利商		工程公司	
设计阶段	工艺包(Process package)基本设计(Basic Design)	工艺设计(Process Design)	基本设计(Baisic Engineering)、分析和规划设计(Analytical and Planning engineering)	详细设计(Detailed Engineering)、最终设计(Final Engineering)
主要文件	1. 工艺流程图 2. 工艺控制图 3. 工艺说明书 4. 工艺设备清单 5. 设计数据 6. 概略布置图	1. 工艺流程图 2. 工艺控制图 3. 工艺说明书 4. 物料平衡表 5. 工艺设备表 6. 工艺数据表 7. 安全备忘录 8. 概略布置图 9. 各专业条件	1. 管道仪表流程图 2. 设备计算及分析草图 3. 设计规格说明书 4. 材料选择 5. 请购文件 6. 设备布置图 7. 管道平面设计图 8. 地下管网 9. 电气单线图	1. 详细配管图 2. 管段图 3. 基础图 4. 结构图 5. 仪表设计图 6. 电气设计图 7. 设备制造图 8. 其他图纸
用途	提供工程公司作为工程设计的依据、技术保证的基础	把专利商文件转化为工程公司文件，开展专业工程设计，并提交用户审查	为开展详细设计提供资料，为设备、材料采购提出请购文件	提供施工所需的全部详细图纸和文件，作为施工依据和材料补充订货

发达国家设计阶段划分与我国现行设计阶段划分相比有以下优点：

1) 设计过程是连续的，阶段间没有中断进行的初步设计审核环节；

2) 设计过程是渐进的，工艺包—工艺设计—基本设计—详细设计，逐步深化和细化；

3）前一阶段的工作成果是后一阶段工作的输入，对前一阶段的成果通常只能深化而不能否定。

由于设计过程要完成对项目产品的详细和具体的描述，因此设计专业的设置直接影响EPC总承包项目产品的水平和质量。我国先前的设计专业设置不够科学，例如，工艺专业包含的设计内容太广太杂，如工艺计算、工艺流程、布置、配管、保温、涂漆、安装材料等，因此设计技术水平和设计质量都不高；有的与工程项目产品密切相关的专业，例如，系统专业、管道机械专业等又没有单独设置，严重影响了工程总承包项目产品的水平和质量。

在整个项目的设计阶段，由于要涉及各个专业，接触到不同界面（尤其是设计方与施工方的界面），随着设计的深入，必然导致设计文件和图纸的不断变更、调整，这就需要对其进行科学的版次设计来反映最新的设计动态，不至于由于设计理念的沟通不畅造成不必要的损失。不同专业的版次数目根据实际情况自行调节，即根据项目的进展所反映的问题对相关的文件图纸进行实时升版。

(3) 设计过程与采购过程的关系

EPC总承包项目是一个系统工程，各个阶段其实是相互交叉运行的，这也是EPC总承包模式的最大特点。以设计为主导，设计、采购、施工、调试的合理交叉，为保证工程质量，缩短建设工期，降低工程造价提供了有力的保障。

采办纳入设计过程是指在设计过程中，设计与采办工作合理的交叉、密切的配合，进行设计可施工性分析，以保证设计成品（文件和图纸）的质量和采办设备、材料的质量。具体做法为：

1）其一，由设计专业负责编制设备材料清单和技术规格书。设计专业按专门制定的表格和要求编制设备材料清单和技术规格书，能准确表达设计要求，减少采购过程的技术错误，同时使合同采办部门在与供货商谈判时心中有数。

2）其二，由设计专业负责对供货商报价中技术部分进行技术评审。设计专业负责对供货商报价中技术部分的技术评审，确保采购的设备、材料符合设计要求。这点尤其重要，在大型工程项目建设中，当需要进行设备、材料采办时，首先由合同采办部组织招投标，然后由其组织设计部门专业人员、各个分项目组的专业工程师对合格供货商提供的标书中的技术部分进行评定，拿出各自的意见并汇总，最后交由合同采办部同供货商商谈，看其是否能满足项目所需设备、材料的技术要求，以决定是否与其签订合同。这会在很大程度上避免日后施工、调试阶段发生的各种问题。此外，如果采办的设备、材料出现质量问题，设计人员还能参与到索赔中，并提出自己的建议。

3）其三，由设计专业负责审查确认供货商的先期确认图和最终确认图。在合同采办部同供货厂家签订采办合同后，设计专业首先要负责审查确认供货商提供的先期确认图，找出其中的不足并反馈给厂家，之后厂家根据设计专业提出的意见和建议对先期确认图进行修改并提交最终确认图，设计专业还需负责审查确认供货商的最终确认图，保证设备、材料制造质量。

4）最后，由设计专业分期分批提交设备、材料采办清单。在整个工程项目建设中，所需的材料、设备有先后次序之分，这就需要设计专业分期分批及时的提供设备、材料采办清单，保证关键、长周期设备提前订货，缩短采购周期和工程建设总周期。

项目设计阶段的主要工作内容是描述项目产品详细的和具体的要求，具体内容如表 5-5 所示。

EPC 项目设计阶段的主要工作内容 **表 5-5**

序号	工　作　类　型	工　作　内　容
1	项目最终范围 (Fninalize Scope)	1. 最终的设施范围计划 2. 确定主要的设备和材料标准 3. 最终的设施效用和远距离监控范围 4. 法规、标准和环境影响要求 5. 获得许可和法律授权、批准 6. 场地评价
2	详细估价 (Detailed Cost Estimate)	1. 估计设备成本 2. 估计安装成本 3. 估计需要提供服务的成本 4. 估计材料成本 5. 估计间接成本 6. 估计其他成本(如通货膨胀、应急费等)
3	详细计划 (Detailed Schedule)	1. 详细设计计划 2. 详细的材料管理计划 3. 详细的施工计划 4. 详细的调试计划
4	详细设计 (Detailed Design)	1. 详细的工程设计图纸 2. 最终的图纸和施工标准/规程 3. 费用和进度分析 4. 设计/施工审视 5. 获得业主阶段性审查和批准 6. 对变更的审查和批准 7. 对设计的可建造性进行审查 8. 对设计的质量进行审查 9. 对项目的范围和估价进行审查 10. 协调供应和施工 11. 设计文件的发放
5	工作包准备 (Prepare Work Package)	1. 项目计划方案 2. 拟定材料标准/要求 3. 拟定材料清单

3. 项目采购阶段

在创造 EPC 总承包项目产品的整个过程中，设计以前的阶段是项目产品的描述过程，从采购阶段开始，是实际制造和形成工程实体的过程。

采购过程在工程项目运行中实际上起到了一个承上启下的作用，一方面它根据设计阶段的成果来采办工程所需的设备、材料；另一方面，采办回来的设备材料要应用到工程中去，所以说采办过程监控和管理的好坏能直接体现在整个工程质量上。采购在创造项目产品中的具体作用体现在：

1）由于设备、材料的质量是工程质量的基础，这就要求合同采办部门能够找到提供合格产品的供货商。

2）设备、材料运抵施工现场的时间是工程进度的保障，这就要求合同采办部门实时监控合同执行的情况，在保证提供合格产品的前提下，按照交货日期及时提供产品。

3）设备、材料费用约占工程总成本的50%～60%，采购成本直接影响工程的造价。采购过程的重要性决定了在EPC模式中，要对其实施有效的项目管理。

对于EPC模式，项目组织里一般都设有合同采办部，专门负责招投标、谈判、签订合同并负责跟踪合同的执行情况。采购阶段的主要工作内容就是按照设计的要求来采办设备和材料，其具体工作内容如表5-6所示。

EPC项目采购阶段的主要工作内容 **表5-6**

序号	工作类型	工作内容
1	大批商品 (Bulk Commodities)	1. 详细指明材料 2. 询价 3. 供应招标 4. 供应评标 5. 授予合同 6. 材料运输
2	设备制造 (Fabricated Items)	1. 最终的材料规格/标准 2. 询价 3. 供应招标 4. 供应评标 5. 授予合同 6. 供应商资料管理 7. 制造设备的材料 8. 材料运输
3	标准设计设备 (Standard Engineered Equipment)	1. 详细指明设备 2. 询价 3. 供应招标 4. 供应评标 5. 授予合同 6. 供应商资料管理 7. 供应商制造 8. 设备运输
4	特殊设计设备 (Specialized Engineered Equipment)	1. 详细指明设备 2. 询价 3. 供应招标 4. 供应评标 5. 授予合同 6. 协调供应商设计 7. 供应商资料管理 8. 供应商制造 9. 设备运输

续表

序号	工 作 类 型	工 作 内 容
5	现场管理 (Field Management)	1. 接收和检查材料 2. 材料的清点、储存和维修 3. 材料问题 4. 供应商检查 5. 引导会计业务
6	服务 (Services)	1. 工作包/服务范围 2. 供应商/分包商资格预审 3. 供应商/分包商招标 4. 授予合同
7	文件 (Documentation)	准备采购的最终报告/移交文件
8	现场设备管理 (Field Equipment Management)	1. 协调材料管理计划 2. 协调材料管理

项目采购工作一般由采买、催交、检验、运输及保管几个步骤组成，如表5-7所示。

EPC项目采购的步骤及内容 **表5-7**

采购环节	采购的步骤及内容
采买	1. 接受设计提交的采办清单，包括设备、材料采办清单，设备、材料采购说明书、询价等 2. 编制询价文件，包括技术部分和商务部分 3. 选择合格询价厂商，并对合格供货厂商进行资格预审 4. 根据设计提供的请购文件向多家供货商询价 5. 报价的技术评审(设计部门负责)和商务评审(采购部门负责) 6. 确定2～3家拟合作的可能供货商 7. 和可能供货商进行合同谈判 8. 签订合同，发放定单 9. 供货厂商协调会 10. 签发采买定单(签订采购合同)
催交	1. 落实供货厂商设备、材料制造计划和交付计划 2. 落实供货厂商原材料供应及其他辅料的供应 3. 催办先期确认图和最终确认图的提交，审查确认和返回给制造商 4. 跟踪制造计划和交付计划
检验	1. 落实第三方检验计划及合同的签订 2. 落实业主检验计划 3. 关键设备、材料安排驻厂建造和设备材料出厂检验 4. 进出口海关检验 5. 运抵现场开箱检验
运输及保管	1. 选择合理的运输方式 2. 签订运输委托合同 3. 办理或督办运输保险 4. 办理或委托办理进出口报关手续 5. 跟踪货物运输(重点是超限或关键设备、材料)

4. 项目施工阶段

在 EPC 总承包项目管理模式下，施工过程是受控于设计和采购过程的，因为设计没有进行到一定阶段或者设备、主要材料没有采购到位，是不可能进行施工的。但对于施工过程本身，它又是完全独立的，因为施工方要根据设计方制定的设计方案来进行施工。施工阶段在创造项目产品过程中的具体作用体现在：

(1) 施工是创造 EPC 总承包项目产品的最后环节，即按照设计文件和图纸的描述和要求，把采购提供的设备、材料组合成项目产品，形成生产力的过程；

(2) 施工是把设计质量和采购质量转化为项目产品(工程)质量的过程。

对于 EPC 总承包项目，施工阶段的主要工作内容是完成整个工程项目的建设和安装，这一阶段风险最大，不可预知的因素也最多，所以对这一阶段的投入也就越大，管理难度也最大，其具体工作内容如表 5-8 所示。

EPC 项目施工阶段的主要工作内容 **表 5-8**

序号	工作类型	工作内容
1	施工前准备 (Pre-work)	1. 现场动员 2. 提供施工设施 3. 提交项目文件 4. 获得施工许可/执照 5. 建立安全和质量管理体系 6. 建立现场安全 7. 完善材料管理计划 8. 确定训练步骤 9. 完善实施战略 10. 安装通讯设施
2	施工 (Execution)	1. 完善工作计划 2. 实施劳务管理和施工 3. 监控进度状态，及时调整计划 4. 建立设计支持与沟通联系方式 5. 进度报告 6. 资料管理 7. 材料管理并监控其状态 8. 变更管理 9. 支付 10. 监控成本/预算状态 11. 人力资源管理 12. 检查和调试设备 13. 分包商管理 14. 工程质量文件
3	施工后清理 (Demobilize)	1. 协调竣工后争议的解决 2. 按合同归还剩余的材料 3. 移出施工设备、临时设施和施工设施，并进行现场清理

施工过程总承包商的主要任务是对施工分包商的管理。这就要求对施工过程的关键环节进行有效的管理：

(1) 分包商管理。将整个 EPC 项目工作分解并进行施工分包招标，完成分包合同的签订，在与分包商签订分包合同后，要派专人对合同的实施情况以及合同的变更进行实时监控和管理。

(2) 进度控制。EPC总承包模式对项目进度要求很高，因为只有缩短工期才能最大限度的获得利润。总承包商对进度的控制包括施工计划和进展的测量、分析以及预侧，当发现影响进度的因素时，及时采取纠正措施对其进行调整。

(3) 费用控制。总承包商对施工费用的控制主要包括审查工程预算、对工程进展进行测量、各个分包商工程款的结算控制等。

(4) 质量控制。质量是衡量项目产品是否合格的标准，具体实施办法主要包括建立质量管理体系，对项目的各道工序进行质量检查，然后对其进行质量确认，对发生的质量事故要记录在案，分析其产生的原因，吸取教训防止以后类似事件再次发生。

(5) 安全管理。EPC模式对安全管理相当重视，如制定安全管理计划、进行现场安全监督、实行危险区域动火许可证制度、对安全事故进行通报等措施。

5. 项目调试/移交阶段

项目产品在交付使用也就是在投产之前都要进行调试并移交，这个阶段是项目投产前的最后一个阶段。通过对大型设备(如发电机)的试运转，可以及时发现问题，并会同供货厂家一起解决。其主要作用表现在：

(1) 调试过程是对EPC总承包项目产品的验证，其重点是项目产品的范围、功能、特性和质量。

(2) 调试过程实施整体调试，也就是对整个项目的工艺流程进行试运行。通过调试使工程达到预期的设计能力。

(3) 通过调试使产品质量达到设计或合同要求。

(4) 通过调试为业主和第三方验收提供依据。

调试/移交阶段的主要工作内容是对项目产品的质量、特性等进行检验并移交给业主，具体如表5-9所示。

EPC项目调试阶段的主要工作内容 **表5-9**

序号	工作类型	工作内容
1	项目投产计划 (Start-Up Plan)	1. 拟定项目投产的实施步骤(包括安全检查、投产方案) 2. 投产人员安排 3. 人员训练 4. 供应商的审查 5. 获得原材料(如催化剂、化学药品等) 6. 审视经营和维修手册
2	移交 (Commissioning)	1. 移交主要工程系统 2. 移交工艺设施 3. 移交远距离监控设施 4. 指导产品测试 5. 提供原材料投放 6. 审视项目实施保证

续表

序号	工作类型	工作内容
3	项目结束 (Project Close-Out)	1. 确认保证条款 2. 最终的成本状况 3. 提交最终报告/移交文件 4. 最终的竣工图

对于 EPC 总承包项目的调试过程需要注意以下的关键环节：

(1) 试运行。试运行是项目投产前的一切准备工作，包括部分单元或整个系统的联动试运行。需要注意的是，试运行工作要由业主负责组织进行并且有第三方参与和见证。

(2) 投产方案。注意现场实际条件与原设计条件的差别，根据现场实际条件编制投产方案，包括根据实际情况调整操作条件等。

(3) 调试。设计、采购、施工的缺陷都可能在调试过程中暴露出来，调试阶段应有设计人员、关键设备制造商的专家参加。

(4) 项目产品验收。项目产品验收应在整个工程达到了设计能力，产品质量符合设计或合同要求并连续稳定运行的条件下进行。

5.2.3 EPC 采购模式特点及适用范围

5.2.3.1 EPC 采购模式的特点

交钥匙模式是一种简练的工程项目管理模式，是一种具有特殊性的设计—建造方式，即由承包商为业主提供包括项目科研、融资、土地购买、设计、施工直到竣工移交给业主的全套服务。采用此模式，在工程项目确定之后，业主只需选定负责项目的设计与施工的实体——交钥匙的承包商，该承包商对设计、施工及项目完工后试运行全部合格的成本负责。项目的供应商与分包商仍须在业主的监督下采取竞标的方式产生。

项目实施过程中保持单一的合同责任，在项目初期预先考虑施工因素，减少管理费用；能有效地克服设计、采购、施工相互制约和脱节的矛盾，有利于设计、采购、施工各阶段工作的合理深度交叉。

由于工程公司是长期从事项目总承包和项目管理的永久性专门机构，拥有一大批在这方面具有丰富经验的优秀人才，拥有先进的项目管理集成信息技术，可以对整个建设项目实行全面的、科学的、动态的计算机管理，这是任何临时性的领导小组、指挥部、筹建处和生产厂直接进行项目管理无法实现的，从而达到业主所期望的最佳项目建设目标。

1. 单一的权责界面

业主只与总承包商签订工程总承包合同，把工程的设计、采购、施工和试运行工作全部委托给总承包商负责组织实施。业主只负责整体的、原则的、目标的管理和控制。这样，由单个承包商对项目的设计、采购、施工全面负责，项目责任单一，简化了合同组织关系。EPC 总承包商签订工程总承包合同后，可以把部分设计、采购、施工或投产服务工作，委托给分包商完成。分包商与总承包商签订分包合同，而不是与业主签订合同。分包商的全部工作由总承包商对业主负责。

2. EPC总承包商在项目实施过程中处于核心地位

该模式要求EPC总承包商具有很高的总承包能力和风险管理水平。在项目实施过程中，对于设计、施工和采购全权负责，指挥和协调各分包商，处于核心地位。EPC模式给总承包商的主动经营带来机遇的同时也使其面临更严峻的挑战，总承包商需要承担更广泛的风险责任，如出现未预计到或不良的场地条件以及设计缺陷等风险。除了承担施工风险外，还承担工程设计及采购等更多的风险。特别是在决策阶段，在初步设计不完善的条件下，就要以总包价格签订总承包合同，存在工程量不清、价格不定的风险。另一方面，对总承包商而言，虽然风险加大，但这些风险总承包商可以通过报价体现，同时可以在施工时通过设计优化获得额外利润。

业主介入具体组织实施的程度较浅，EPC总承包商更能发挥主观能动性，充分运用其管理经验，为业主和承包商自身创造更多的效益。项目的业主只负责提供资金，提供合同规定的条件，监控项目实施，按合同要求验收项目，而不负责具体组织实施项目。EPC模式中业主把大部分风险转移给承包商，因此承包商的责任和风险大，同时获利的机会也多。

3. 业主权力受到更多限制

EPC模式的承发包关系与传统模式的承发包关系不同，在签订合同以后的实施阶段角色发生变换，承包商处于主动地位。EPC承包商有按自己选择的方式工作的自由，只要最终结果能够满足业主规定的功能标准。而业主对承包商的工作只进行有限的控制，一般不应进行干预。例如，FIDIC银皮书第3.5条规定，业主就任何事项对承包商表示同意或不同意时，应该与承包商商量，促使其作出努力，达成协议；如不能达成协议，则业主应按合同作出一个公平的终止，并接管所有有关事项。这些通知和决定，应该用书面表达同意或不同意，并附有支持材料。在业主发出通知14天内，承包商可以通知业主，表示失望和不支持。此时，就应该启动合同争议解决程序。

4. 业主易于管理项目

EPC模式业主参与工程管理工作很少，一般由自己或委托业主代表来管理工程，重点在竣工检验。在有些实际工程中，业主委派项目管理公司作为其代表，对建设工程的实施从设计、采购到施工进行全面的严格管理。总承包商负责全部设计、采购和施工，直至做好运行准备工作，即“交钥匙”。由于全部设计和工程的实施、全部设施装备的提供，以至于业主在工程实施过程中的合同管理都由承包商承担，因此对业主来说管理相对简单，极大地减少了业主的工作量。同时业主承担的项目风险减少，项目的最终价格和要求的工期具有更大程度的确定性。

5. 项目整体经济性较好

EPC总承包模式的基本出发点在于促成设计和施工的早期结合，整合项目资源，实现各阶段无缝连接，从项目整体上提高项目的经济性。由于EPC项目设计、采购、施工等工作均由同一承包商组织实施，设计、采办、施工的组织实施是统一策划、统一组织、统一指挥、统一协调和全过程的控制。承包商可以对设计、采办、施工进行整体优化；局部服从整体，阶段服从全过程，实施设计、采办、施工全过程的进度、费用、质量、材料控制，促进项目的集成管理，以确保实现项目目标，最终提高项目的经济效益。

EPC模式之所以在国际上被普遍采用，是因为和其他项目采购模式相比，具有明显的优势，如表5-10所示。

EPC模式的优势与劣势 表5-10

对象	优　势	劣　势
业主	1. 能够较好的将工艺的设计与设备的采购及安装紧密结合起来，有利于项目综合效益的提升 2. 业主的投资成本在早期即可得到保证 3. 工期固定，且工期短 4. 承包商是向业主负责的惟一责任方 5. 管理简便，缩短了沟通渠道 6. 工程责任明确，减少了争端和索赔 7. 业主方承担的风险较小	1. 合同价格高 2. 对承包商的依赖程度高 3. 对设计的控制强度减弱 4. 评标难度大 5. 能够承担EPC大型项目的承包商数量较少，竞争性弱 6. 业主无法参与建筑师、工程师的选择，降低了业主对工程的控制力 7. 工程设计可能会受分包商的利益影响，由于同一实体负责设计与施工，减弱了工程师与承包商之间的检查和制衡
承包商	1. 利润高 2. 压缩成本、缩短工期的空间大 3. 能充分发挥设计在建设过程中的主导作用，有利于整体方案的不断优化 4. 有利于提高承包商的设计、采购、施工的综合能力	1. 承包商承担了绝大部分风险 2. 对承包商的技术、管理、经验的要求都很高 3. 索赔难度大 4. 投标成本高 5. 承包商需要直接控制和协调的对象增多，对项目管理水平要求高

5.2.3.2 EPC采购模式的适用范围

EPC合同适合于业主对合同价格和工期具有“高度的确定性”，要求承包商全面负责工程的设计和实施并承担大多数风险的项目。因此，对于通常采用此类模式的项目应具备以下条件：

(1) 在投标阶段，业主应给予投标人充分的资料和时间，使投标人能够详细审核“业主的要求”，以便全面地了解该文件规定的工程目的、范围、设计标准和其他技术要求，并进行前期的规划设计、风险评估以及估价等。

(2) 该工程包含的地下隐蔽工作不能太多，承包商在投标前无法进行勘察的工作区域不能太大。这是因为，这两类情况都使得承包商无法判定具体的工程量，无法给出比较准确的报价。

(3) 虽然业主有权监督承包商的工作，但不能过分地干预承包商的工作，如：要求审批大多数的施工图纸等。既然合同规定由承包商负责全部设计，并承担全部责任，只要其设计和完成的工程符合“合同中预期的工程目的”，就认为承包商履行了合同中的义务。

(4) 合同中的期中支付款(Interim Payment)应由业主方按照合同支付，而不再象新红皮书和新黄皮书那样，先由业主的工程师来审查工程量，再决定和签发支付证书。

不适用 EPC 合同的情况：

(1) 时间仓促或信息不足，使投标厂商无法详查并确认业主需求或办理设计、风险评估及估价；

(2) 含有相当数量的地下工作，投标厂商无法及时勘察，取得准确的资料作为判断；

(3) 业主意欲严格督导或控制承包商的工作；

(4) 每次期中付款金额须由业主或其他第三人决定。

业主在采用 EPC 模式时，必须谨慎考虑下述情形：

(1) 承包商可能基于成本考虑，采用最低设计标准；

(2) 当业主质疑设计成果的安全性及耐久性时，承包商常以施工责任抗辩；

(3) 承包商可能基于成本考虑，选用较低标准材料及设备的同等品；

(4) 承包商可能选用低成本的过时设备而不采用自动化的新设备；

(5) 对附属设备或设施尽量省略，增加业主营运成本及不便；

(6) 如有终止契约的情形出现时，因厂商拥有专门技术(know-how)与智慧财产权，更换承包商不易，接续施工产生问题；

(7) 初期运转如不顺利或未达到规定或保证的功能，业主要求承包商负瑕疵改善责任，而承包商却希望业主能减价收受，常为争议所在。

EPC 模式常用于基础设施工程，如公路、铁路、桥梁、自来水或污水处理厂、输电线路、大坝、发电厂，以及以交钥匙方式提供工艺和动力设备的工厂等。

5.3 EPC 采购模式合同条件分析

1999 年 9 月 FIDIC 出版了四本新版合同条件，其中的《EPC/交钥匙项目合同条件》第 1 版(Conditions of Contract for EPC/Turnkey Projects，以下简称 EPC 合同条件")是 FIDIC 第一次编制出版的一种新型的合同条件。因为 EPC 合同条件的封面为银灰色，有时被简称为“银皮书”。

在 FIDIC 对四份新合同文件的统一前言中，对《EPC/交钥匙项目合同条件》这一新的文本介绍指出：这是一份为工业生产或电力项目提供交钥匙工程的合同。它可以用于整个工厂或与之类似的设施，或用于一个基础设施项目。在此合同下，承包人负担了全部设计、采购和施工(EPC)，提供全部完全装备好的设施，直至做好运行准备，这就是“交钥匙”。FIDIC 在起草此合同条件时，有通用的条件加以规定。特定项目的许多条件可以在使用时作出调整，写出专用条件，以适应项目环境。

5.3.1 EPC 合同条件内容

EPC 合同条件与传统的 FIDIC 合同一样分为通用条件和专用条件及附录和附件等。其中通用条件共有 20 条 166 款，包括：一般规定；业主；业主的管理；承包商；设计；职员和劳务；工程设备、材料和工艺；开工、延误与暂停；竣工检验；业主的接收；缺陷责任；竣工后实验；变更与调整；合同价格与支付；业主的终止；承包商的暂停与终止；风险与责任；保险；不可抗力以及索赔、争端与仲裁（如表 5-11 所示）。

FIDIC—EPC 的主要合同条款 表 5-11

主题条款	分条款
1. 一般规定 (General Provisions)	1.1 定义(Definitions) 1.2 解释(Interpretation) 1.3 通信交流(Communications) 1.4 法律和语言(Law and Languag) 1.5 文件的优先次序(Priority of Documents) 1.6 合同协议书(Contract Agreement) 1.7 权益转让(Assignment) 1.8 文件的照管和提供(Care and Supply of Documents) 1.9 保密(Confidentiality) 1.10 业主使用承包商文件(Employer's Use of Contractor's Documents) 1.11 承包商使用雇主文件(Contractor's Use of Employer's Documents) 1.12 保密事项(Confidential Details) 1.13 遵守法律(Compliance with Laws) 1.14 共同的和各自的责任(Joint and Several Liability)
2. 业主 (The Employer)	2.1 现场进入权(Right of Access to the Site) 2.2 许可、执照或批准(Permits, Licenses or Approves) 2.3 业主人员(Employer's Personnel) 2.4 业主的资金安排(Employer's Financial Arrangements) 2.5 业主的索赔(Employer's Claims)
3. 业主的管理 (The Employer's Administration)	3.1 业主代表(The Employer's Representative) 3.2 其他业主人员(The Employer's personnel) 3.3 受托人员(Delegated Persons) 3.4 指示(Instructions) 3.5 确定(Determinations)
4. 承包商 (The Contractor)	4.1 承包商的一般义务(The Contractor's General Obligations) 4.2 履约担保(Performance Security) 4.3 承包商代表(Contractor's Representative) 4.4 分包商(Subcontractors) 4.5 指定的分包商(Nominated Subcontractors) 4.6 合作(Co-operation) 4.7 放线(Setting out) 4.8 安全程序(Safety procedures) 4.9 质量保证(Quality Assurance) 4.10 现场数据(Site Data) 4.11 合同价格的充分性(Sufficiency of the Contract Price) 4.12 不可预见的困难(Unforeseeable Difficulties) 4.13 道路通行权和设施(Rights of way and Facilities)

续表

主题条款	分条款
4. 承包商 (The Contractor)	4.14 避免干扰(Avoidance of Interference) 4.15 进场道路(Access Route) 4.16 货物运输(Transport of Goods) 4.17 承包商设备(Contractor's Equipment) 4.18 环境保护(Protection of the Environment) 4.19 电、水和燃气(Electricity, Water and Gas) 4.20 雇主的设备和免费提供的材料(Employer's Equipment and Free-Issue Material) 4.21 进度报告(Progress Reports) 4.22 现场保安(Security of the Site) 4.23 承包商的现场作业(Contractor's Operations on Site) 4.24 化石(Fossils)
5. 设计 (Design)	5.1 设计义务一般要求(General Design Obligations) 5.2 承包商文件(Contractor's Documents) 5.3 承包商的承诺(Contractor's Undertaking) 5.4 技术标准和法规(Technical Standards and Regulations) 5.5 培训(Training) 5.6 竣工文件(As-Built Documents) 5.7 操作和维修手册(Operation and Maintenance Manuals) 5.8 设计错误(Design Error)
6. 职员和劳务 (Staff and Labor)	6.1 员工和劳务的雇佣(Engagement of Staff and Labor) 6.2 工资标准和劳动条件(Rates of Wages and Conditions of Labor) 6.3 为业主服务的人员(Persons in the Service of Employer) 6.4 劳动法(Labor Laws) 6.5 工作时间(Working Hours) 6.6 为员工和劳务提供设施(Facilities for Staff and Labor) 6.7 健康和安全(Health and Safety) 6.8 承包商的监督(Contractor's Superintendence) 6.9 承包商人员(Contractor's Personnel) 6.10 承包商人员和设备的记录(Records of Contractor's Personnel and Equipment) 6.11 无序行为(Disorderly Conduct)
7. 工程设备、材料和工艺 (Plant, Materials and Workmanship)	7.1 实施方法(Manner of Execution) 7.2 样品(Samples) 7.3 检验(Inspection) 7.4 试验(Testing) 7.5 拒收(Rejection) 7.6 修补工作(Remedial Work) 7.7 生产设备和材料的所有权(Ownership of Plant and Materials) 7.8 土地(矿区)使用费(Royalties)

续表

主 题 条 款	分 条 款
8. 开工、延误与暂停(Commencement, Delays and Suspension)	8.1 工程的开工(Commencement of Works) 8.2 竣工时间(Time for Completion) 8.3 进度计划(Program) 8.4 竣工日期的延长(Extension of Time for Completion) 8.5 当局造成的延误(Delays Caused by Authorities) 8.6 工程进度(Rate of Progress) 8.7 误期损害赔偿费(Delay Damages) 8.8 暂时停工(Suspension of Work) 8.9 暂停的后果(Consequences of Suspension) 8.10 暂停时对生产设备和材料的付款(Payment for Plant and Materials in Event of Suspension) 8.11 暂停延长(Prolonged Suspension) 8.12 复工(Resumption of Work)
9. 竣工检验(Tests on Completion)	9.1 承包商的义务(Contractor's Obligations) 9.2 延误的试验(Delayed Tests) 9.3 重新试验(Retesting) 9.4 未能通过竣工试验(Failure to Pass Tests on Completion)
10. 业主的接收(Employer's Taking Over)	10.1 工程和分项工程的验收(Taking Over of the Works and Sections) 10.2 部分工程的接收(Taking Over of Parts of the Works) 10.3 对竣工试验的干扰(Interference with Tests on Completion)
11. 缺陷责任(Defects Liability)	11.1 完成扫尾工作和修补缺陷(Completion of Outstanding Work and Remedying Defects) 11.2 修补缺陷的费用(Cost of Remedying Defects) 11.3 缺陷通知期的延长(Extension of Defects Notification Period) 11.4 未能修补的缺陷(Failure to Remedy Defects) 11.5 移出有缺陷的工程(Removal of Defective Work) 11.6 进一步的试验(Further Tests) 11.7 进入权(Right of Access) 11.8 承包商调查(Contractor to Search) 11.9 履约证书(Performance Certificate) 11.10 未履行的义务(Unfulfilled Obligations) 11.11 现场清理(Clearance of Site)
12. 竣工后试验(Tests after Completion)	12.1 竣工后试验的程序(Procedure for Tests after Completion) 12.2 延误的试验(Delayed Tests) 12.3 重新试验(Retesting) 12.4 未能通过的竣工后试验(Failure to Pass Tests after Completion)
13. 变更与调整(Variations and Adjustments)	13.1 变更权(Right to Vary) 13.2 价值工程(Value Engineering) 13.3 变更程序(Variation Procedure) 13.4 以适用货币支付(Payment in Applicable Currencies) 13.5 暂列金额(Provisional Sums) 13.6 计日工(Day-work) 13.7 因法律改变的调整(Adjustments for Changes in Legislation) 13.8 因成本改变的调整(Adjustments for Changes in Cost)

续表

主题条款	分条款
14. 合同价格与支付 (Contract Price and Payment)	14.1 合同价格(The Contract Price) 14.2 预付款(Advance payment) 14.3 期中付款的申请(Application for Interim Payments) 14.4 付款价格表(Schedule of Payments) 14.5 拟用于工程的生产设备和材料(Plant and Materials intended for the Works) 14.6 期中付款(Interim Payments) 14.7 付款的时间安排(Timing of Payments) 14.8 延误的付款(Delayed Payment) 14.9 保留金支付(Payment of Retention Money) 14.10 竣工报表(Statement at Completion) 14.11 最终付款的申请(Application for Final Payment) 14.12 结清证明(Discharge) 14.13 最终付款(Final Payment) 14.14 业主责任的中止(Cessation of Employer's Liability) 14.15 支付的货币(Currencies of Payment)
15. 业主的终止 (Termination by Employer)	15.1 通知改正(Notice to Correct) 15.2 业主终止(Termination by Employer) 15.3 终止日期时的估价(Valuation at Date of Termination) 15.4 终止后的付款(Payment after Termination) 15.5 业主终止的权利(Employer's Entitlement to Termination)
16. 承包商的暂停与终止 (Suspension and termination by Contractor)	16.1 承包商暂停工作的权利(Contractor's Entitlement to Suspend Work) 16.2 承包商终止(Termination by Contractor) 16.3 停止工作和承包商设备的撤离(Cessation of Work and Removal of Contractor's Equipment) 16.4 终止时的付款(Payment on Termination)
17. 风险与责任 (Risk and Responsibility)	17.1 保障(Indemnities) 17.2 承包商对工程的照管(Contractor's Care of the Works) 17.3 业主的风险(Employer's Risks) 17.4 业主风险的后果(Consequence of Employer's Risks) 17.5 知识产权和工业产权(Intellectual and Industrial Property Rights) 17.6 责任限度(Limitation of Liability)
18. 保险 (Insurance)	18.1 有关保险的一般要求(General Requirements for Insurances) 18.2 工程和承包商设备的保险(Insurance for Works and Contractor's Equipment) 18.3 人身伤害和财产损害险(Insurance against Injury to Persons and Damage to Property) 18.4 承包商人员的保险(Insurance for Contractor's Personnel)
19. 不可抗力 (Force Majeure)	19.1 不可抗力的定义(Definition of Force Majeure) 19.2 不可抗力的通知(Notice of Force Majeure) 19.3 将延误减至最小的义务(Duty to Minimize Delay) 19.4 不可抗力的后果(Consequences of Force Majeure) 19.5 不可抗力影响分包商(Force Majeure Affecting Subcontractor) 19.6 自主选择终止、支付和解除(Optional Termination, Payment and Release) 19.7 根据法律解除履约(Release from Performance under the Law)

续表

主 题 条 款	分 条 款
20. 索赔、争端与仲裁 (Claims, Disputes and Arbitration)	20.1 承包商的索赔(Contractor's Claims) 20.2 争端裁决委员会的任命(Appointment of the Dispute Adjudication Board) 20.3 争端裁决委员会未能取得一致(Failure to Agreement Dispute Adjudication Board) 20.4 取得争端裁决委员会的决定(Obtaining Dispute Adjudication Board's Decision) 20.5 友好解决(Amicable Settlement) 20.6 仲裁(Arbitration) 20.7 未能遵守争端裁决委员会的决定(Failure to Comply with Dispute Adjudication Board's Decision) 20.8 争端裁决委员会任命期满(Expiry of Dispute Adjudication Board's Appointment)

通用条件与专用条件的合同条款分别从合同文件管理，工期管理，费用和支付，质量管理，环保，风险分担以及索赔和争端的解决等方面对合同双方在实施项目过程中的职责、义务和权利作出了全面而明确的规定。

1999 年 9 月与银皮书同时出版的还有另外三本新版 FIDIC 标准合同条件，它们一同被称为 FIDIC"彩虹族"合同条件(如表 5-12 所示)，是一个能涵盖大多数工程承包模式的完整体系。

银皮书与其他 FIDIC 彩虹族合同条件　　表 5-12

名称	简明合同格式	施工合同条件	生产设备和设计—施工合同条件	设计采购施工(EPC)/交钥匙项目合同条件
英文名称	Short Form of Contract	Conditions of Contract for Construction	Conditions of Contract for Plant and Design-Build	Conditions of Contract for EPC/Turnkey Project
简称	绿皮书	新红皮书	新黄皮书	银皮书
适用项目类型	投资额较低，或简单小型项目	由业主(或其工程师)负责设计的项目	由承包商负责设计或包含大量电力、机械设备安装项目	以交钥匙方式实施的加工厂、电站类似项目以及基础设施的建设等
承包商的工作	视具体合同而定	施工	设计、施工	规划设计、采购、施工
风险分担原则	视具体合同而定	双赢原则	双赢原则	承包商承担绝大部分风险

FIDIC"彩虹族"合同系列都有各自的特点和适用范围，具体选择哪一种合同，应根据项目的特点、业主的要求而定，图 5-5 为 FIDIC 合同系列的选择示意图。

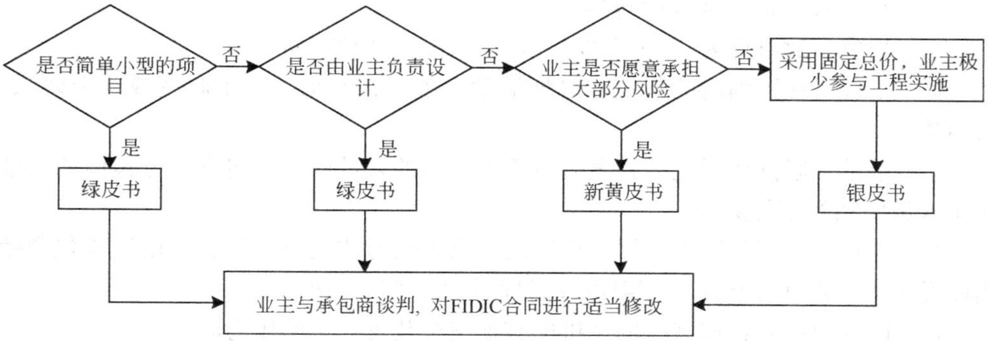

图 5-5 FIDIC 合同系列的选择示意图

5.3.2 EPC 合同中的各方权利义务

在《EPC/交钥匙项目合同条件》通用条件里第 2 部分和第 4 部分对业主与承包商的权利和责任作了明确说明。

1. 业主的权利和责任

(1) 拥有现场进入权，但应按照合同要求交付给承包商进入和占用现场各部分的权利，这既是业主的权利也是业主的责任；

(2) 业主有责任根据承包商的请求对其提供包括取得工程所在国法律文本、许可、执照或批准等合理的协助；

(3) 业主应对雇主人员负责，并对雇主人员与承包商的合作负责；

(4) 业主有责任按照合同支付工程款，并在期限内提出资金安排计划的合理证明。同时合同也规定，业主认为根据合同条款或合同有关事项，有权利得到任何付款或者缺陷通知期的延长，业主拥有索赔的权利，可向承包商发出通知，说明细节后进行索赔。

2. 承包商的权利和责任

(1) 承包商的一般义务是按照合同设计、实施和完成工程，并修补工程中的任何缺陷，工程应能满足合同规定的预期目的；

(2) 承包商有义务按照合同或惯例向业主提交履约担保；

(3) 承包商有权利指派承包商代表，但应经过业主的认可；未经业主事前同意，承包商不能撤销或更改承包商代表的任命；

(4) 承包商要对分包商的行为和违约负责，并且不能将整个工程分包出去；

(5) 承包商有权利合理拒绝与业主指定的分包商签订合同；

(6) 承包商有义务按照合同遵守安全程序，做好质量保证和环境保护，负责核实与解释业主提供的现场水文及环境资料。合同中规定的承包商其他义务如道路通行权和设施及其全部费用开支，负责进场通路，电、水、燃气供应，避免干扰公众等。

5.3.3 EPC 合同条件的风险分担

EPC 合同条件在 17.3 款(业主的风险)中明确划分了业主与承包商的风险分担

情况。其中，业主的主要风险包括：

(1) 战争、敌对行为(不论宣战与否)、入侵、外敌行动；

(2) 工程所在国国内的叛乱、恐怖活动、革命、暴动、军事政变或篡夺政权，或内战；

(3) 暴乱、骚乱或混乱，完全局限于承包商的人员以及承包商和分包商的其他雇用人员中间的事件除外；

(4) 工程所在国的军火、爆炸性物质、离子辐射或放射性污染，由于承包商使用此类军火、爆炸性物质、辐射或放射性活动的情况除外；

(5) 以音速或超音速飞行的飞机或其他飞行装置产生的压力波。

与新红皮书和新黄皮书相比，EPC合同中业主的风险缺少以下三项，这就意味着以下三项风险在EPC合同条件中转移给了承包商：

(1) 业主使用或占用永久工程的任何部分，合同中另有规定的除外；

(2) 因工程的任何部分设计不当而造成的，而此类设计是由业主的人员提供的，或由业主所负责的其他人员提供的；

(3) 一个有经验的承包商不可预见且无法合理防范的自然力的作用。

前两条由于EPC交钥匙合同的性质自然消失，但后一条则是业主按EPC交钥匙合同条件转由承包商承担的风险。这就意味着，在EPC合同条件下，承包商要单方面承担发生最频繁的“外部自然力的作用”这一风险，这无疑大大地增加了承包商在实施工程过程中的风险。

另外，从其他一些条款中也能看出，在EPC合同条件中，承包商的风险要比在新红皮书和黄皮书中多。如：

(1) EPC合同条件第4.10款(现场数据)中明确规定：承包商应负责核查和解释(业主提供的)此类数据，业主对此类数据的准确性、充分性和完整性不负任何责任。而在新红皮书和新黄皮书相应条款中的规定则比较有弹性：承包商应负责解释此类数据。考虑到费用和时间，在可行的范围内，承包商应被认为已取得了可能对投标文件或工程产生影响或作用的有关风险、意外事故及其他情况的全部必要的资料。

(2) EPC合同条件第4.12款(不可预见的困难)中规定：

1) 承包商被认为已取得了可能对投标文件或工程产生影响或作用的有关风险、意外事故及其他情况的全部必要的资料。

2) 在签订合同时，承包商应已经预见到了今后为圆满完成工程而可能发生的一切困难和费用。如对于业主所提供的地质资料等，业主认为在签订合同时，承包商已进行过必要的调查核实，由此引起的变更等责任由承包商自行负责。

3) 不能因任何没有预见的困难和费用而进行合同价格的调整。如对于工程量的变化，业主认为承包商已考虑到工程量的变化并包括在合同总价中。

而在新红皮书和新黄皮书中的相应条款第4.12款(不可预见的外部条件)中却规定：如果承包商在工程实施过程中遇到了一个有经验的承包商在提交投标书之前无法预见的不利条件，则他就有可能得到工期和费用方面的补偿。这表明在EPC

合同条件下，承包商要承担远多于其他合同条件下的风险，这无疑大大增加了承包商成功实施工程的难度。EPC项目实际操作中承包商几乎要承担全部工作量和报价风险，对业主要求的理解负责，以及现场环境和水文地质条件等风险。这些风险在其他合同条件下大都由业主承担。

5.3.4 EPC合同的特点

EPC合同条件具有FIDIC合同公正公平的特点，与其他FIDIC合同相比又有显著的不同，其特点主要体现在以下几个方面：

1. 固定总价和工期

EPC合同的最大特点是固定总价和工期，这与前文所述EPC的产生背景有密切关系。此外，由于EPC通常与融资有密切关系，为了偏重于融资安排的缘故，融资人要求项目成本一定要有确定性，不能敞口，并且还要有前瞻性，以保证融资金额的相对固定和安全，固定总价和工期这一特点对于EPC项目的管理有很大的影响。

(1) 首先，由于是固定总价，投标和签订合同时总价的确定就显得非常重要，此时，项目没有详细完整的设计方案和图纸，只能依据已经建成和在建的同类型项目及承包商的经验来定价，这对承包商投标报价和投标管理要求很高。

(2) 其次，中标后谈判过程时间较长，这与FIDIC红皮书的单价合同不同，固定总价合同议标、谈判的过程是一个讨价还价的讨程，因为价格一旦固定就很难再索赔。例如不良地质条件之类的未知因素在普通FIDIC合同中很明确不是承包商承担的风险，属于可索赔的范畴，而在EPC合同条件下是由承包商承担的。这使得EPC承包商必须在签订合同时争取更有利的价格及工期，以便在面对完全固定的硬性规定时保证利润。

(3) 最后，固定总价和工期还导致项目实施过程费用控制和进度控制的难度加大，在FIDIC合同“红皮书”中，工程量的变更导致费用增加是可以索赔的，而EPC承包商承担设计、采购、施工全部责任，总价一旦固定就很难索赔。

2. 没有“工程师”第三方

与传统的采用独立的“工程师”管理项目不同，EPC合约中没有咨询工程师这个专业监控角色和独立的第三方，项目参与各方的关系不再是“红皮书”条件下的三角关系。业主按照EPC合同第三条“业主的管理”的规定，委派业主代表来管理项目，并将业主代表的姓名、地址、任务和权利，以及任命日期通知承包商，当业主希望替换已任命的业主代表，只需要提前14天将替换人的姓名、地址、任务、权利以及任命日期通知承包商即可。而在新红皮书和新黄皮书中，业主更换工程师，接替原工程师的人选需要经过承包商的同意。

此外，EPC项目中业主代表作出决定时，也要求不像“工程师”那样，业主代表对项目的管理主要是监控进度，对承包商的监管很弱，业主实际参与项目的力度很小。

在我国具体实践中，由于EPC合同模式应用时间还不长，国内应用经验不足，对 EPC 合同的做法还不完全一样，工程的具体实施方式和对项目的监管力度是由业主根据自己的实际情况来决定。

3. 里程碑式的付款方式

EPC 合同的支付是“里程碑式的付款方式”，而不像传统的 FIDIC 合同那样，计算已完工程量来确定期中支付，最终支付合同价款必须通过“竣工试车”验收并最终成功。

EPC 合同的支付方式，有时在业主的招标文件中作出原则性规定，例如规定项目达到某种要求和功能时支付已完工程的金额。承包商根据业主的原则性规定，在填写支付表确定支付里程碑时提出详细的支付要求。必要时，常常在授标之前协商有关支付事项，确定最终的支付方式和里程碑事件并签订合同。

例如，中国—阿拉伯化肥有限公司一期工程总投资 5800 万美元，首先总承包商(法国 SB 公司)按照合同范围，列出全部工程清单，并分解为许多个工作包，然后每月依据已完成的工作包提出付款申请。工程包的分解就是里程碑的界定，以工作包的完成情况和完成多少来确定支付数额。

承包商在确定“里程碑”填写支付计划表时，除了上述划分工作包，按里程碑支付已完工程金额的方式，还可按投标时的进度计划支付，在支付表中为合同期的每个月份填入一个合同价格的百分数作为支付依据。另外，也可以根据工程项目的性质灵活采用上述两种支付方式，例如土石方量和混凝土浇筑量等可以合理划分工作包，按实际进度支付；设计可以采用工作深度里程碑(初步设计、详细设计等)来划分。

5.4 EPC 采购模式与其他模式比较分析

2003 年建设部《关于培育和发展工程总承包和工程项目管理企业的指导意见》中规定，除了设计—施工总承包(DB)和设计、采购、施工(EPC)/交钥匙工程总承包之外，还可采用设计—采购总承包(E-P)、采购一施工总承包(P-C)等方式。但实际上，设计—采购总承包(E-P)和采购—施工总承包(PC)模式并不是国际上通行的方式。各种总承包模式的区别在于承包商所承担的工作内容及进入项目的阶段不同，如表 5-13 所示。

几种工程总承包模式的工作阶段比较　　表 5-13

阶段 / 承包模式	工程项目建设程序						
	项目决策	初步设计	技术设计	施工图设计	材料/设备采购	施工	试运行
EPC	—	—	—	—	—	—	—
DB		—	—	—	—	—	
E-P		—	—	—	—		
P-C					—	—	
施工总承包						—	

工程总承包中应用广泛的是DB模式及EPC模式，二者的差别在于采购。按照国家《关于培育和发展工程总承包和工程项目管理企业的指导意见》中各自的概念定义，DB模式只是包括了设计、建造，对采购的管理并未提及，既没有规定采购属于总承包合同之一，也没有规定是业主自身进行采购管理。而EPC中则明确规定，采购与设计、施工一起，以整体的形式发包给总承包商，业主本身不介入任何采购管理。

5.5 EPC模式的管理要点

EPC模式的管理要点主要体现在工程报价、项目综合管理以及全过程费用控制三个方面。

1. 工程报价

EPC总承包项目的成败，与项目报价关系密切。报价工作应特别注意下列问题：

（1）完全理解业主要求。业主要求是业主对项目范围和目标的描述，疏于对业主要求的完全理解，严重的将导致项目的完全失败。

（2）技术建议书尽量达到基本设计的深度。对于EPC总承包项目，报价阶段的技术建议书工作做得越深，合同签订之后变更的概率越小。对承包商来说，意味着风险越小。当然工作深度越深，投标费用越大，这需要根据项目特点和经营策略作出权衡。

（3）报价估算做到偏差控制在110%的准确度。EPC总承包项目，对业主和承包商风险都比较大，应该控制报价估算的准确度。通常技术建议书做到接近基本设计的深度，报价估算的偏差可以控制在±10%之内。

2. 项目综合管理

EPC总承包项目管理的实质是EPC的综合管理，如果不强调综合，就失去EPC总承包的意义。1987年版美国PMI《项目管理知识体系指南》（PMBOK Guide），没有列入项目整体管理这一章，到1996年版和2000年版，PMI正式承认了项目整体管理知识领域的存在，列入了项目整体管理这一章，强调项目综合管理的重要性。项目综合管理的意义在于保证在EPC之间及项目管理各要素之间作出平衡，协调和控制它们之间的相互影响，使项目顺利开展，有效地达到项目目标。

EPC总承包项目的综合管理是项目经理的职责。有经验的项目经理能熟练地协调、平衡和控制EPC之间及项目管理各要素之间的相互影响，满足或超出项目业主的需求和期望。综合管理的重要表现就是在保证工程质量的前提下，尽量使项目进度深度交叉，从而缩短工程建设总周期。进度交叉会带来返工的风险，但同时创造缩短建设周期提高投资效益的机会。有经验的工程公司或项目经理能权衡和把握进度交叉的风险和机会，采取合理措施，在可接受的风险条件下，协调设计、采办、施工之间合理、有序和深度交叉，在保证各自合理周期的前提下，可使EPC工程建设总周期缩短（如图5-6所示）。据统计，采用EPC模式建设工程比采用传统的DBB模式要节省20%～30%的工期，既降低了融资费用，又能使工程提早投入运行产生收益。

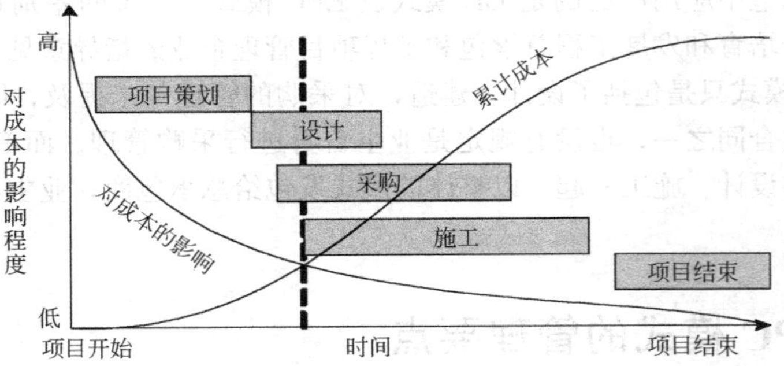

图 5-6　EPC 模式的各阶段交叉及成本关系

3. 全过程费用控制

EPC 总承包项目管理着眼于全过程的费用控制，关注每一个经济增长点，因而有可能使工程总造价降至最低。如果 E、P、C 分别承包，虽然设计商要对初步设计做概算，然而对概算的准确性责任不大，设计人员更关注的是先进性和可靠性，经济性的观念比较薄弱。只有在 EPC 工程总承包的模式下，项目经理才会要求实行定额设计及设备、材料的采购定价，超出定额或定价要经过批准。

通过合格供货厂商采购设备、材料，既能保证供货进度和质量，价格又比较合理，还能避免返工造成的浪费。施工过程中 EPC 总承包商严格的管理和积极主动的变更控制，可以大大降低施工成本。EPC 全过程的费用控制，使工程造价比传统的管理模式降低，使 EPC 总承包这种组织实施方式显示出强大的生命力。

5.6 EPC 采购模式案例分析

5.6.1 孟巴矿项目

1. 工程概况

孟加拉巴拉库普利亚煤矿项目（以下简称孟巴矿项目）是中国第一个大型海外煤炭资源开发的国际工程，也是孟加拉国第一个煤矿项目。该项目位于孟加拉国的东北部，井田面积为 5.8km^2，距离首都达卡（Dhaka）约 360km。20 世纪 80 年代初期经过孟加拉地质勘探局以及英国 WA 公司勘探，探明在该项目区域有丰富的煤炭资源。该国能源消耗主要是石油和天然气，其中天然气资源相当丰富，但这些资源开发权主要控制在西方发达国家公司手中。为了改善该国的能源结构，孟加拉国政府在 1994 年决定开发煤炭资源，于是将孟巴矿项目进行国际公开招标，寻找开发建设的承包商。中国机械进出口总公司（以下简称 CMC）主要从事机电产品的进出口和国际工程承包业务，具有丰富的商务经验，最终获得该项目的中标。

项目总目标为：矿井设计生产能力为年产 100 万 t（或日产 3333t）的井工煤矿一座，包括相应的地面生产、生活设施。

项目的技术方案采用了 2 个综合机械化采煤工作面，配备两条综合机械化掘进生产线，每个工作面年产原煤50万t，井田开拓采取立井与暗斜井相结合，立井井底水平－260m，为主要生产水平（井深293.6m）；暗斜井井底水平－430m，为辅助生产水平（高差190m）。

项目中可能遭遇的风险主要有：

（1）孟巴矿井水文地质条件较复杂，水患与涌水量较大；

（2）矿井地温较高，井下湿度大，工作环境恶劣；

（3）孟巴矿项目是孟加拉国和该矿区第一个矿井，在地质构造、煤层赋存条件和开采条件方面缺乏可比性，存在发生不同程度变化的可能性或风险；

（4）孟加拉国整体工业化水平较低，孟巴矿作为一个独立的矿区，缺乏相关工业的有力支持；

（5）维持正常施工的后勤保障线长，投入大，不可预见因素多。

2. 项目的组织结构及合同关系

该项目采取EPC模式，CMC以EPC交钥匙方式总承包整个项目的建设：包括设计、建设、设备采购、安装、试运转和移交等工作，项目组织机构的设置具有明显的中国特色。以中方（CMC）管理为主，孟加拉国营石油、天然气和矿业公司（以下简称PB）管理为辅。

在1992～1999年孟巴矿项目的组织结构图（如图5-7所示）中，国内由CMC，总承包公司、设计院、基建公司、其他协作单位组成。国外由项目办、现场办、总承包、设计院、基建公司、其他协作单位组成。在实际运行过程中发现组织机构层次多，特别是在工地现场，责任不明确，容易造成相互扯皮，影响项目执行。因此在1999年末将组织机构进行了调整（如图5-8所示），国内由CMC、设计院、基建公司、其他协作单位组成。国外由项目办、基建公司组成。

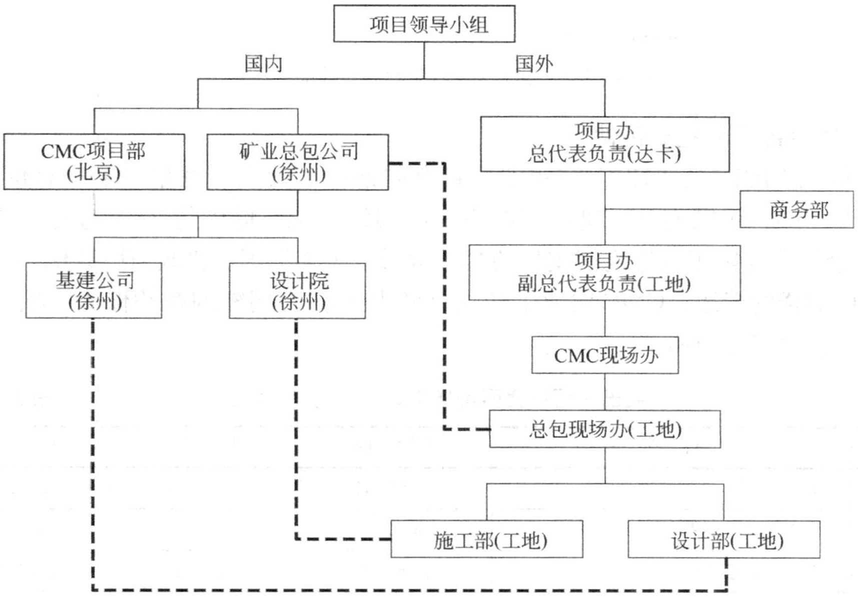

图5-7　孟巴矿项目组织结构示意图（1992～1999年）

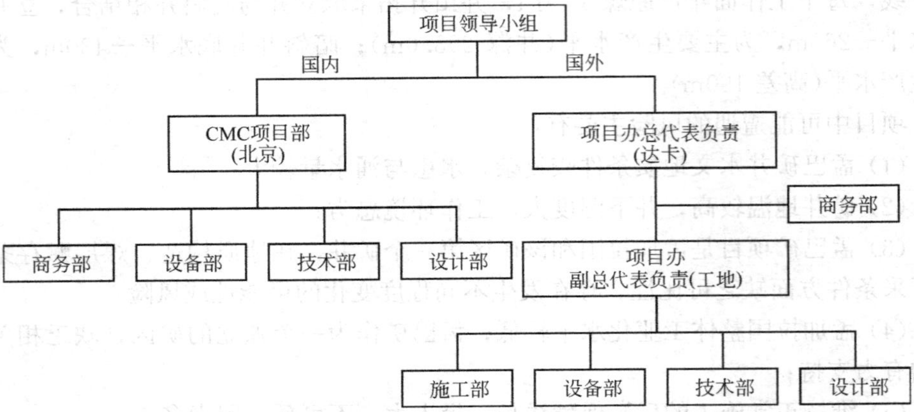

图 5-8 孟巴矿项目组织结构示意图(2000～2004 年)

孟巴矿项目的合同关系如图 5-9 所示，CMC 在与孟加拉方签订了总承包合同后，采用邀请招标方式，选定了国内的设计分包单位、施工分包单位和培训分包单位，分别承担对外合同责任和义务项下的设计任务、施工任务和培训任务。

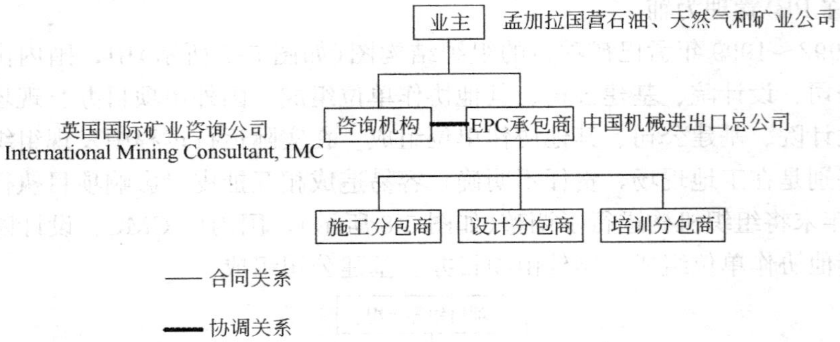

图 5-9 孟巴矿项目合同关系示意图

3. 项目合同的主要条件

合同以 FIDIC 的《EPC/交钥匙项目合同条件》为主要框架，采取总价合同，合同金额为 1.99 亿美元，建设工期为 60 个月。CMC 提供约 70%的卖方信贷资金，其余资金为随工程进度而支付的当地货币。孟加拉国提供政府财政保函，来保证 CMC 信贷的偿还。CMC 向业主开立总额为 10%合同额的履约保函。项目合同价格构成如表 5-14 所示。

孟巴矿项目合同价格构成(单位：万美元) **表 5-14**

序号	项 目 名 称	合同总价	外汇部分	当地货币部分
1	建安工程	11798.51	6485.88	5312.63
	1.1 矿建工程	7422.36	3999.05	3423.31
	1.2 土建工程	1996.15	714.84	1281.31
	1.3 安装工程	2380.00	1771.99	608.01

续表

序号	项 目 名 称	合同总价	外汇部分	当地货币部分
2	设备购置	4875.31	4653.82	221.49
3	其他费用	2835.19	1516.00	1319.19
	3.1 设计费	388.00	388.00	0.00
	3.2 咨询费	265.00	231.00	34.00
	3.3 培训费	400.00	200.00	200.00
	3.4 开办费及其他费用	1782.19	697.00	1085.19
4	合 计	19509.01	12655.7	6853.31

5.6.2 渤南油气田项目

1. 工程概况

渤南油气田位于渤海湾南部，距离最近的陆地(山东省龙口市)大约 90km 左右。项目包括一个新建平台、两个改造平台、一个单点系泊系统以及两条海底管线，其终端处理厂位于龙口港附近。总投资在人民币 20 亿元以上。

2. 组织结构

由于渤南油气田产权隶属于中海油总公司，而施工地点位于渤海湾，所以由总公司(北京)委任一名项目总经理，由他负责联合渤海石油公司(天津)各个部门，抽调所需的各个专业人员，组建联合项目组——渤南油气田开发工程项目组(Bo Nan Project Management Team，BNPMT)，负责整个油气田的开发工作，包括设计、采办、施工以及调试、投产，直至最后通过总公司天津分公司生产部门的验收并交付其使用。BNPMT 实行项目总经理负责制，组织结构如图 5-10 所示。

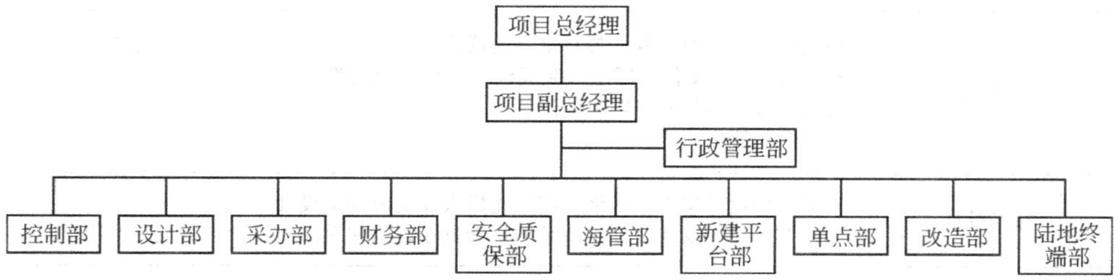

图 5-10 BNPMT 组织结构图

3. 项目进度及工作安排

渤南油气田开发项目为 EPC 总包项目，计划工期为 26 个月，进度计划的划分如图 5-11 所示，它的特点是各个阶段相互交叉(这也正是 EPC 模式项目管理的特点)。

根据渤南油气田开发项目的特点，将项目划分为启动阶段、基本设计阶段、详细设计阶段、采办阶段、加工设计、施工阶段、调试阶段、投产并移交阶段等八个阶段，每个阶段的主要工作内容如表 5-15 所示。

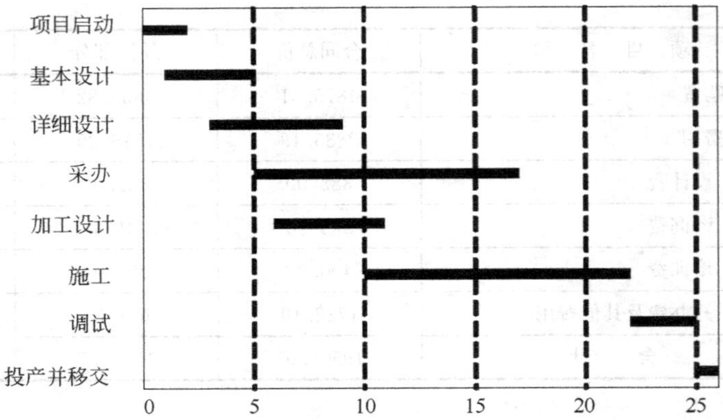

图 5-11 渤南油气田开发项目进度计划

渤南油气田各阶段的工作安排 **表 5-15**

序号	工作阶段	工 作 内 容
1	项目启动阶段	1. 组建联合项目组，编制组织机构图 2. 在工作分解结构(WBS)和组织分解结构(OBS)的基础上，对所有工作包进行编码 3. 编制项目执行计划 4. 完成工艺流程图(PFD)和工艺数据表
2	基本设计阶段	1. 对各个专业进行基本设计，包括机械、电器、仪表、结构、防腐、舾装等 2. 确定主要采办的设备、材料等的基本技术要求 3. 建立文件和材料信息控制系统
3	详细设计阶段	1. 细化基本设计所涉及的各个专业的工作 2. 完成所有详细设计文件、图纸 3. 编制材料单(Materials Take-off，MTO)
4	采办阶段	1. 招投标、和厂家谈判、签订采办协议或合同 2. 根据 MTO 等文件、图纸，完成设备、材料的采购 3. 实时监控最终材料采购单的最新发布 4. 监控合同变更
5	加工设计	1. 根据详细设计文件、图纸，按照先后次序完成加工设计 2. 实时监控详细设计文件、图纸的最新发布，以便对加工设计作出及时的调整
6	施工阶段	1. 施工前的准备，包括现场“三通一平”、临时建筑的搭建以及办公设施的到位等 2. 施工 3. 绘制竣工图纸
7	调试阶段	1. 对各种设备进行试运行，发现问题及时处理 2. 准备和生产部门交接所需的文件等
8	投产并移交阶段	1. 投产 2. 办理项目移交，即交由生产部门验收并接管 3. 文件、图纸等归档 4. 安置剩余材料、设施等 5. 编制完工报告，做项目总结

4. 项目各阶段的协调与控制

EPC项目采购模式的一个最大特点就是项目各个阶段相互交叉、重叠进行，这必然会涉及到不同单位、部门的利益，处理不好就会产生矛盾并有可能影响项目进展。据此，BNPMT采取了如下管理措施：

(1) 由设计部牵头，组建设计协调小组。设计是工程的根本，但同时设计也是矛盾最集中的地方，因为后续的大部分工作都是围绕它来展开的，对设计阶段管理的好坏直接影响整个工程的质量。设计协调小组就是把设计各个专业以及大量供应商的设计部门有机的联系为一个整体。当初步的技术规格书、数据表格、材料单和图纸准备完毕后，由设计协调小组分发给相应的各子项详细负责人并登记签收，负责设计文件及图纸的各专业之间的会审、传递；供应商文件图纸从行政管理部传来后，他们要负责登记并分发到各专业，跟踪催促直到获得审查意见，然后返还给行政管理部发回供应商做进一步修改。

(2) 在详细设计阶段，施工经理派遣专业技术人员协助计划工程师编制尽可能详细的施工计划和施工方案，使设计、采办部门及时的了解施工的先后次序，即哪些文件图纸、材料设备必须先到场，这样设计、采办部门在项目前期就能够有计划的支持施工。施工方提前介入设计阶段的好处就是把设计、采办、施工等部门紧密的联系在一起，从而最大限度的保证工程质量，避免返工和怠工。

(3) 施工方在设计阶段还要安排各个专业的技术人员从日后现场施工的可操作性和易于维护性等方面来审查详细设计文件图纸，这样做的好处就是及时发现设计中的错误和纰漏，避免返工等情况的发生。

(4) 详细设计阶段，定时召开由各专业负责人参加的设计例会，着重解决设计各个专业间信息流动的问题。行政管理部的文秘组通过计算机软件跟踪详细设计文件图纸的升版并出具升版报告，它还要和设计协调小组紧密配合，及时有效的保证系统信息快速流动，尤其要催促设计部门加快对供应商文件图纸的审查进度，以保证采办工作的及时进行。

(5) 从项目启动阶段开始，每周五召集各相关单位和部门负责人参加项目协调例会。在例会上要着重解决设计部门与采办部门、设计部门与施工部门之间出现的矛盾，理顺工作关系和工作界面，并就项目运行中各阶段出现的问题进行及时的协调和解决。

(6) 施工阶段，相关专业的设计人员要长期驻扎现场进行设计支持服务，及时解决有关设计规范和图纸的问题，并就详细设计和加工设计出现的冲突作出及时的设计变更。

(7) 生产调试阶段，组织相关专业的设计人员、设备供应商进行整个生产系统的试运行，就出现的问题及时反馈和解决。

(8) 投产和移交阶段是项目运行的最后阶段，这个阶段事件相对繁琐，这就需要项目组所有的部门联合起来，特别是施工单位和行政管理部门需紧密配合，共同整理完工文件、图纸和移交工作所需的一切资料，以保证项目的圆满结束。

5. 项目费用控制

费用控制的重点是尽量将工程最后实际发生的费用限定在最初的预算之内。BNPMT对费用的控制主要按照如下程序：编制预算→控制变更→成本实时监控→费用偏离报告→费用控制报告。

(1) 编制预算

EPC模式下的成本预算并不是一开始就非常清晰，而是随着设计的逐渐深入而逐步明确的。BNPMT编制预算系统是按照下面的步骤进行的：

1）初步估算。根据标书中提到的设计费用、设备及主要材料询价的结果，直接和间接施工费用等估算得到。它可以为编制项目实施规划和主进度计划提供必要的基础数据。

2）初步预算。从基本设计阶段开始到此阶段中期完成。控制部收集各方面的人工工时初步预算、设备材料估算和其他估算，发布初步预算。其中人工工时预算以动员阶段的实耗人工工时情况为参考。

3）控制预算。从基本设计阶段中期开始，到进入详细设计阶段后2个月完成。它应该是足够准确、可用于控制人工工时耗费的预算。其中，设计、采购人工工时部分是在设计各专业完成详细设计图纸文件目录清单和明确规定所有进度统计活动后开始形成的，剩余部分要在详细设计阶段完成。

4）精确预算。在详细设计阶段后期形成，误差率±5%，它是对控制预算的更新。此时，设备、主材料的数量和单价绝大部分已经落实，设计人工工时耗费已发生，会有变化的不确定性因素主要是施工的直接人工费和间接费。

5）施工预算。在所有的分包商已经选定、直接和间接的人工费基本清楚，施工计划确定后形成的。它是对精确预算的更新。

6）预算储备。这部分主要是项目的备用金，是随着项目的不断进展而发生的不可预见费用。

(2) 控制变更

随着项目的进展，变更不可避免的会发生。控制变更过程就是使变更有利于工程顺利进行，同时最大可能的缩减与之相对应的费用。变更包括设计变更和现场变更：

1）设计变更。设计变更在工程项目中是最常见的。随着工程的进展，施工单位、采办部门等有可能对原设计文件图纸提出异议，这时就要进行相应的设计变更。但需要注意的是：任何在设计各个专业工作中出现的合同工作范围和设计标准的变更，都只有在通知业主有关工期和费用的影响后才能执行。如业主批准变更，则变更单应被登记，增加的费用和工期进入预算和计划系统。设计变更尽量发生在设计阶段前期，越往后期，越应该减少设计变更。

2）现场变更。现场变更是在施工现场发生的变更。现场变更要包括现场成本、材料费用、工期延误以及不可预见费的估算等。

(3) 成本实时监控

随着项目的不断深入，成本也在不断的增加，这就需要一个成本实时监控系统来保证。BNPMT采取的做法是：

1）设计人工实耗成本报告。在基本设计阶段，通过对工时单以及费率的录入，形成设计人工实耗成本报告。

2）详细设计成本报告。包括设计单位各个专业的人工成本、各支持小组的成本以及所有订货设备和材料的订单、变更单、付款。

3）现场目标成本报告。现场目标成本报告记录实际完成工程量、实耗人工工时、费率、人工成本以及其他实际发生的费用。

（4）费用偏离报告

根据成本实时监控系统与最初编制的预算系统可形成费用偏离报告，应对超出预算的活动及时采取措施。

（5）费用控制报告

在项目即将关闭时，应形成费用控制报告，它显示项目的最终成本、进度状况和毛利润。

6. 进度统计和付款

进度统计在项目管理中是非常重要的，它能反映项目进行到了什么程度，离目标还有多远。付款计划一般也是根据进度统计的结果分阶段（如里程碑点）来支付的。

（1）进度统计

BNPMT的进度统计以周、月、年为单位来进行，结果反映在周、月、年进度报告中。周、月、年进度报告由文字叙述、进度统计表和进度曲线组成。在海上施工时，还要有工作日报，反映每天的进度。

对于设计工作，设计部中每个专业按合同要求具体制定一份详细图纸文件目录清单（包括规格书、图纸以及材料单等），清单上每项工作任务都定出人工工时，控制部据此设定若干进度关键控制点，而且每个控制点都标明达到该点时已取得的进度百分数，用它乘以设计所占的权重就是设计目前工作的完成占项目总进度的百分数。

对于设备、材料的采办工作，首先要编制所要采办的所有设备、材料的清单，然后由控制部设定若干进度关键控制点（采办工作一般分为发询价、发定单、到货验收等），同样也要标注达到该点时已完成的进度百分数，用它乘以采办所占的权重就是目前采办工作的完成占项目总进度的百分数。

对于施工工作，首先要把工作分解，建立工作包，即执行PMBOK中的WBS（工作分解结构）一项，如BNPMT海底管线施工可分成平管铺设、立管安装、后挖沟、清管试压、充氮干燥以及后调查等几部分。然后对每个工作包进行设定，如完成平管铺设占总进度的百分数，用它乘以施工所占的权重就是此工作包工作的完成占项目总进度的百分数。最后对所有工作包完成的百分数进行累加就可以得到施工完成量占项目总进度的百分数。

（2）付款

BNPMT的付款工作由控制部和财务部紧密配合共同完成。承包商凭月赢得值

(Earned Value，即每月实际完成的进度百分数×预算值)向业主申请月进度付款。

本 章 小 结

本章介绍了EPC模式的定义、概念、研究现状及实践应用；分析了EPC模式的分类、工作流程、工作内容、特点及适用范围，并重点探讨了EPC模式的合同条件；将EPC模式与其他采购模式进行了比较分析，阐述了EPC模式的管理要点；最后介绍了两个EPC项目的运作过程。

复习思考题

1. EPC采购模式有几种？各种EPC模式的特点是什么？
2. EPC模式的主要工作内容是什么？工作的重点应在哪些方面？
3. FIDIC银皮书中关于风险分担与FIDIC新红皮书、新黄皮书有哪些不同？
4. FIDIC银皮书的合同条件特点体现在哪些方面？
5. EPC模式与DB模式相比有哪些异同点？

第6章 CM项目采购模式

6.1 CM 采购模式概述

6.1.1 CM 采购模式的基本概念

CM 是英文 Construction Management 的缩写，若直译为“施工管理”或“建设管理”，但由于“施工管理”或“建设管理”在汉语中已有其明确的内涵，而 CM 作为一种项目采购模式，有其特定的内涵，因此不宜将 CM 进行直译，文中沿用“CM 模式”这一术语。

CM 模式是美国的 Charles B Thomsen 等人在 1968 年受美国建筑基金会的委托，研究关于如何加快设计与施工进度以及如何改进控制方法时，通过对美国许多大型建筑公司的调查，在综合各方面经验和体会的基础上，提出了一份名为 *Fast Track* 的研究报告。报告中详细研究了设计与施工的搭接、施工阶段的管理和系统工程的管理方法。1981 年，Charles B Thomsen 又在其代表作 *CM: Developing, Marketing, and Developing Construction Management Service* 一书中指出 CM 的全称应为 Fast-Track-Construction Management，并指出在这一模式中：项目的设计过程被视作一个由业主和设计人员共同连续地进行项目决策的过程，这些决策从粗到细，涉及项目各个方面，而某个方面的主要决策一经确定，即可进行这部分的工程施工。

采用 Fast-Track，由于项目采用分段招标、分段施工的方式，这将使施工招标工作量明显增加；同时，众多施工分包单位参与项目施工，使承包合同的数量明显增加、合同管理工作变得复杂；同时也给业主对分包单位的管理、组织和协调工作增加了难度。因此，业主为了有效地控制项目实施，就必须委托一家公司来负责项目的设计协调、组织和管理施工，以解决因采用Fast-Track方式而使业主管理工作复杂化的问题，从而降低业主管理工作的难度。CM模式由此应运而生，这也体现了Fast-Track模式与CM概念的内在联系。

此后，有关学者对CM概念又提出了不同的观点，有代表性的有：

1983年，美国建筑业研究及信息协会(Construction Industry Research and Information Association，CIRIA)认为CM是一种措施，即业主委托一个外部组织去管理和协调设计与施工，这个CM单位负责组织建筑安装和设备工程，但一般情况下不直接承担永久或临时工程的施工。

1984年，Batt认为CM是：那些和某一建设过程(施工阶段)有关的管理活动，并经常地包括项目的设计和审批阶段的咨询服务，CM经理与业主签订合同，提供专业性的咨询服务并收取服务费。

1985年，Nahapiet提出CM经理是受业主的委托与其他专业咨询顾问一起工作，其目的是保证有关施工的专家意见能在项目的早期(设计)就能得到体现。

1989年，美国工程新闻记录(Engineering News-Record，ENR)指出：所有开展建设管理服务(CM服务)的公司，无论是设计公司、管理承包商、还是“纯粹”的建设管理公司，都是为了收取服务费用而提供专业服务。

1990年，Bennett和Grice将CM定义为一种系统：业主委托建筑师、承包商或委托一个咨询顾问单位对建造过程进行管理并收取一定的费用，由它负责进行议标或公开招标，确定分包单位。

1999年，国内学者乐云将CM模式定义为：由业主委托CM单位，以一个承包商的身份，采取有条件的“边设计、边施工”，即Fast-Track的生产组织方式，来进行施工管理，直接指挥施工活动，并在一定程度上影响设计活动的一种承发包模式。

从这些不同角度对CM模式的解释可以看出，CM模式的基本概念可以归纳为如下：

(1) 其初衷是为了使设计和施工充分搭接，在生产组织上实现有条件的边设计边施工，以缩短建设周期，从而提高建设项目的效益。Fast-Track是指在设计尚未结束之前，当工程某些部分的施工图设计已经完成，即先进行该部分施工招标，从而使这部分工程施工提前到项目尚处于设计阶段时即开始。Fast-Track方法使设计、招标、施工三者充分搭接，项目的设计过程被看成是一个由业主和设计师共同不断地进行项目决策的过程。这些决策从粗到细，涉及项目的各个方面，而某一方面的主要决策一经确定下来，即可进行这部分的工程施工。与传统的建设项目实施模式相比，采用Fast-Track方法，使施工在尽可能早的时间开始，缩短了项目的建设周期(如图6-1所示)。

(2) 产生了CM单位，其受业主的委托工作，扮演着建设组织者和管理者角色，其目的在于减少业主的工作量。

(3) 非代理型CM模式采用的是GMP合同，即保证最大工程费用；代理型CM模式采用的是“成本加利润”合同，其意义在于提高CM单位管理积极性。

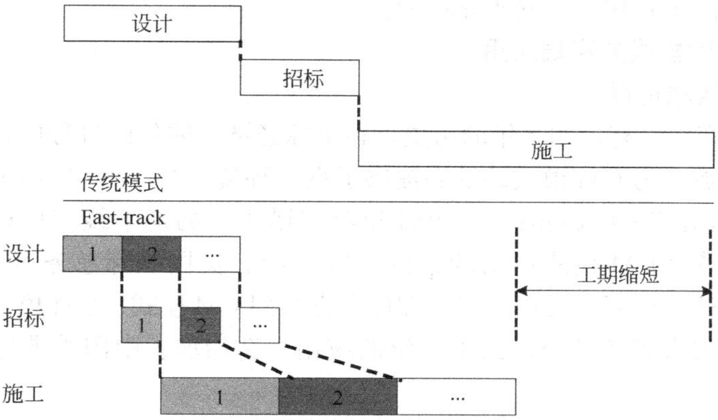

图 6-1 传统模式与 Fast-Track 模式对比

Fast-Track 模式、CM 单位和 GMP 方式，它们的组合减少了业主的管理工作量，而且三者之间存在着前后传承的关系：Fast-Track 模式采用流水化作业的方式，把一个大型工程分解为可以前后衔接的“包”，按不同先后顺序分别进入设计、招标、施工的流水中；Fast-Track 模式使参与工程的设计、施工、监理单位增多，增加了业主的协调、管理工作，业主试图从这种繁重的工作中解脱出来的意愿直接催生了 CM 单位；为了最大程度调动 CM 单位的积极性，保障业主利益，GMP 方式成为 CM 采购模式(风险型)常用的计价方式。

CM 模式有两种形式，一种是代理型 CM(CM/Agency，Pure CM，Professional CM)，在这种安排下，业主与 CM 承包商(Construction Manager)签订建设管理合同，然后业主再与多个施工承包商(Trade Contractor)分别签订施工合同。CM 承包商只承担施工管理任务，它并不负责具体的施工，也不对施工任务负责；另一种为非代理型 CM(CM/Non-Agency，CM at Risk)，在这种安排下，CM 公司负责与设计商、承包商、材料供应商等签订合同，并与业主方签订保证最大工程费用合同(GMP 合同)。

由业主委托的 CM 经理与建筑师组成一个联合小组共同负责组织和管理工程的规划、设计和施工，但 CM 经理对设计的管理是协调作用，完成一部分工程的设计后，即对该部分工程进行招标，发包给一家承包商，由业主直接就该部分工程与承包商签订施工合同。CM 经理与各个承包商之间是管理和协调关系。

6.1.2 CM 采购模式的研究现状及实践应用

1. CM 采购模式的研究现状

国外学者对 CM 模式的研究主要集中在 CM 模式的合同结构及合同条件分析。国内对 CM 模式的研究和应用还不够成熟和广泛，仍处于探索时期。自从 20 世纪 90 年代引进 CM 模式概念以后，国内关于该采购模式的研究，主要集中于概念的论述，并且从理论上阐述了 CM 采购模式在水利水电工程、城市轨道交通、公路工程、跨流域调水工程、铁路工程等方面的应用。但上述研究还只处于理论研究的层面上，与实际工程相结合的研究较少。

2. CM 采购模式的实践应用

(1) 国外实践情况

CM 模式产生已有近四十年的历史，在全球经济一体化的进程中，建筑市场的迅猛发展和开放，为 CM 模式的发展提供了良好环境。如 1966 年美国的世界贸易中心(The World Trade Centre)，1983 年英国诺丁安的地平线工厂(The Horizon Factory)都是采用 CM 模式成功的案例。1972 年，美国联邦总务署(GSA)规定：公共工程规模达 500 万美元以上者，即应考虑采用 CM 模式。CM 模式在美国、加拿大、欧洲、澳大利亚已经得到了广泛的应用，新加坡、中国香港地区正在推广使用。

1993 年，英国皇家特许建造师协会(The Chaptered Institute of Building，CI-OB)对传统模式、CM 模式和 DB/EPC 模式在西方发达国家中的应用情况作了统计和预测，结果如图 6-2 所示。

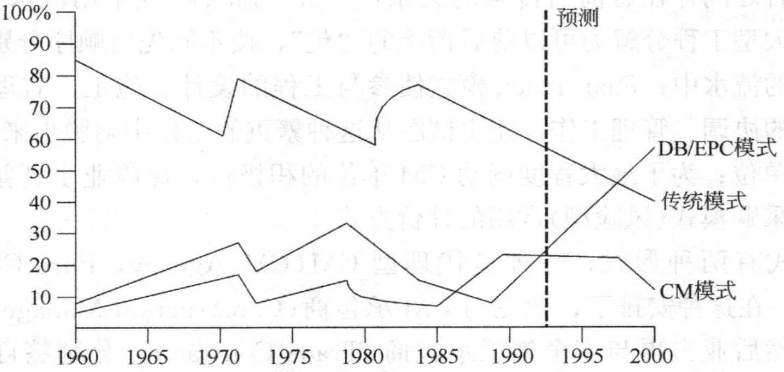

图 6-2　项目采购模式的发展趋势(1960～2000 年)

CM 单位大部分是由以前的大型承包商转化而来，在项目的建设过程中，这些公司积累了大量的管理经验、成本控制方法，能够编制切实可行的进度计划，能够较早地参与项目，为项目设计提供更好的建议和优化方法。据美国《工程新闻记录》(Engineering News Record)统计表明：美国建筑承包 500 强企业中有半数以上提供 CM 服务，其合同金额占总承包金额的三分之一以上。

(2) 国内实践情况

一些国内项目也尝试使用了 CM 模式，如上海证券大厦、上海岳阳大酒店、深圳国际会议中心等。国内对 CM 模式的研究和应用还不够成熟和广泛，仍处于探索时期。国内目前提供 CM 服务的多为监理公司，采用的均是代理型 CM 模式，风险型 CM 模式应用不多，原因在于这种模式下 CM 单位需要承担很大的 GMP 风险和管理风险，这些风险已超过了国内监理公司的承受范围。从国际 CM 模式发展的情况来看，CM 公司均是由大型建筑施工企业发展而来的，或者是由几家施工企业联合组成 CM 公司。

CM 采购模式相对传统模式而言具有合理协调设计与施工，缩短建设周期的优越性，有利于业主合理组织生产与管理，有利于合理利用投资，提高投资效益。但是 CM 模式也存在不足：

1）从质量控制的角度来看，CM 模式对质量控制的有利并不是绝对的。因为作为承包商角色的 CM 单位在工程设计阶段就进入了项目，其设计、施工的风险由 CM 单位承担。对于有经验的 CM 单位而言，规避风险有一定的经验，对质量控制相对有利；而如果 CM 单位经验并不丰富，则质量控制的风险时刻存在。同时，由于设计与施工是搭接的，一好皆好，一损皆损，如果某一处存在质量隐患，对整个工程的质量就如“多米诺骨牌”效应，后果难料，不易补救。

2）从 CM 模式的特点看，CM 单位的角色仍显单一，还是传统模式所涉及的工作范围，仍然是围绕设计、施工与施工管理方面。而随着业主方对采购需求的新动向，业主希望承包商提供的服务能够延伸到前期立项决策、融资，以及完工后的采购管理等方面，CM 在这方面已有落后的趋势。

3）由于国际建筑市场争夺激烈，为了获得市场，带资承包的方式兴起，这种方式解决了业主紧急的资金短缺，与之相比，CM 模式靠纯粹的技术与管理优势已不能引起业主足够的兴趣。

4）CM 模式在我国的应用也存在一些法律问题。如《建筑法》规定建筑工程总承包单位可以将承包工程中的部分工程分包给具有相应资质条件的分包单位，同时《建设工程质量管理条例》规定：施工总承包单位不得将主体结构施工分包给其他单位等。

6.2 CM 采购模式的内容和特点

6.2.1 CM 采购模式的类型

美国建设管理协会（The Construction Management Associations of America，CMAA）将 CM 模式分为两种类型：代理型 CM 模式和非代理型 CM。

代理型 CM 模式（CM/Agency），又称为非风险型 CM 采购模式、Pure CM 或 Professional CM。代理型 CM 模式是指 CM 单位仅以“业主代理”的身份参与项目工作，为业主提供专业性咨询服务，CM 单位不负责分包的招标发包，由业主直接与分包商签订合同。

非代理型 CM 模式（CM/Non-Agency），又称为风险型 CM 模式（CM at Risk）或保证最大费用型 CM 模式（CM/GMP-Type）。CM 单位是以管理承包商的身份工作，受业主委托负责进行工程项目的发包和与施工单位签订分包合同。但与施工总承包不同，它不直接从事工程施工活动，其工作性质仍属于专业咨询服务的范畴。

6.2.1.1 代理型 CM 采购模式

代理型 CM 模式下，业主直接与各分包商或供货商签订合同，业主所签订合同数量多，合同管理工作量以及组织协调工作量大。CM 单位不直接从事施工活动，也不承担保证最大工程费用，而是代表业主行事，协助业主进行合同管理、签订设计、施工、材料供应合同（如图 6-3 所示）。

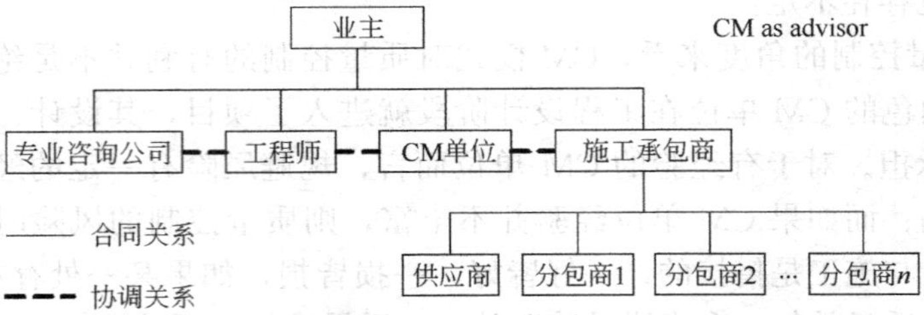

图 6-3　代理型 CM 模式组织结构示意图

代理型 CM 模式下，业主和 CM 单位服务合同的计价方式通常是固定酬金加管理费。该模式的优点是：可以充分利用中介机构的专业化管理，弥补业主建设管理水平不足的缺陷；招标前可确定完整的工作范围和项目原则；完善的管理与技术支持。缺点是：CM 经理不对进度和成本作出保证；可能索赔与变更的费用较高，业主方风险很大。

代理型 CM 模式下 CM 单位的性质主要体现在：

(1) CM 单位介入项目的时间很早。CM 单位的委托不取决于设计深度，也不依附于施工图和工程量清单，因此它有别于一般的施工总承包管理。CM 单位受业主委托，扮演了咨询机构的角色。

(2) CM 单位与设计商、承包商之间的关系是相互协调的关系，它可以通过合理化建议来影响设计，但它区别于项目总承包，它与设计商没有紧密的合作关系。

6.2.1.2　非代理型 CM 采购模式

在非代理型 CM 采购模式下，CM 单位负责与设计商、承包商、材料供应商等签订合同，并与业主方签订保证最大工程费用合同(GMP 合同)，CM 单位扮演了总承包商的角色(如图 6-4 所示)。

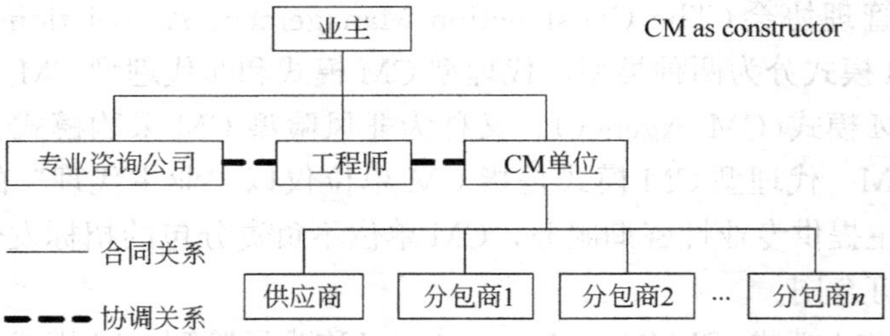

图 6-4　非代理型 CM 模式组织结构图

从形式上看，非代理 CM 采购模式的合同结构与 PM 模式、项目总承包模式等有很大的区别，与施工总承包却有类似之处，但其实质明显不同。与项目总承包和施工总承包相比，非代理型 CM 单位只是一个中介机构，提供的是对工程项目实施的管理、控制和协调服务，侧重于合同管理、三大目标控制及组织协调工作，其实质仍是属于工程咨询服务的范畴。其特点表现为以下几点：

(1) 对业主来说，除自行采购和自行分包之外，业主与 CM 单位签订 CM 合同，而与大部分的分包商/供货商之间无直接的合同关系。因此，对业主来说，合同关系简单，合同管理工作量小，对各分包商的组织协调工作量也较小，大部分合同管理和协调工作转移给了CM单位。原则上业主与分包商或供货商之间没有合同关系，但在许多项目中，业主希望保留与某些分包商或供货商直接签约的权力。CM单位往往同意接受，并愿意有条件地对其进行管理。

(2) CM单位与分包商和供应商直接签订合同，对CM单位来说，一方面增加了对分包商/供应商的约束力；另一方面也增加了CM单位的工作量，同时也加大了CM单位的责任和风险。一般来说，CM单位自己不进行施工，但有时需要为分包商提供通用的设施，如现场进出道路、临时用水、用电、脚手架等。当然，业主有特殊要求或针对项目具体情况，CM单位有时也要进行一些零星工程的施工。

(3) CM单位对各分包商的资格预审、招标、议标以及签约都是对业主公开的，而且一般需经业主确认才有效，有时CM单位与分包商的合同价款亦可以由业主直接支付。另外，业主还可向CM单位指定与其签约的分包商或供货商。

(4) 非代理型CM单位由于履行了类似于施工管理公司的职责，相应地取得一笔酬金。CM单位介入项目时间较早，并且通常采用Fast-Track方法，进行招标、投标时尚无完整的设计图纸，不能准确地确定工程量，因此，CM合同形式一般采用“成本加酬金”(即CMcost＋CMfee)方式。只有CM单位与分包商签订合同，才能确定该分包合同价，而不是事先把总价包死，这与施工总承包模式有很大区别。

(5) 业主为了加强投资控制，往往要求CM单位要承担工程费用不超过预算的保证责任，即保证最大工程费用(Guarantee Maximum Price，GMP)。如果工程竣工结算超过这一限定，那么，超额资金由CM单位承担，反之则归还业主。因此，CM公司承担了较大的风险，业主的风险降低。

在非代理型CM的合同结构中，虽然原则上所有的分包合同/供货合同都是由CM单位来签订，但是，考虑到以下原因，业主往往会希望保留与某些分包商或供货商直接签约的权力：

1) 业主十分信赖某个分包商，对其水平和实力很有把握或曾经有过合作的经验，并且相信该分包商报价合理、严守合约，因此希望在某些分项工程上继续与之合作；

2) 业主在某些材料或设备方面有可靠的供应渠道，从价格便宜或质量可靠、信誉保证等方面考虑，愿意直接签约购买；

3) 业主对某些占投资比例较大的设备系统、或工程的重点关键部位，对由CM单位来选择分包商或供货商缺乏信任；

4) 由于CM单位自身的原因，在招标、合同谈判以及合同管理等各项实际工作中的某些方面缺乏能力，业主不得不采取的一种补救措施。

保留部分签约权是业主的权力，因此CM单位只能表示同意。但是如果与业主直接签约的分包商或供货商过多，则往往会对CM单位产生以下不利：

1) 业主直接与分包商或供货商签约，CM单位的直接工作任务将减少，因此CM酬金有可能被业主扣减；

2）过多的分包商或供货商与业主直接签约，会影响 CM 单位管理工作的系统性和连续性。尽管业主往往会将这部分分包商或供货商仍交由 CM 单位管理，但间接的合同关系将削弱 CM 单位对这些分包商或供货商的控制能力；

3）由于 CM 单位在这部分分包、采购工作的委托中很少有发言权，一旦业主决策错误，或产生其他问题，将会给 CM 单位的工作造成不利影响，如工期拖延、甚至整个合同的终止。

因此，CM 单位往往是有条件地接受"业主保留部分直接签约权"，要求业主在自行签订发包、采购合同时，征求 CM 单位的意见，并且要在 GMP 所限定的数额内签约，否则，CM 单位对此不承担风险和经济责任。同时，业主应在与 CM 单位签订的 CM 合同中，事先明确业主自行签约的范围，而不能在项目实施过程中随意地决定或改变自行签约的范围，否则可能造成招标准备工作的重复，或造成 CM 单位工作被动，给 CM 单位带来不利。

业主在保留部分签约权的同时，也会给自身带来以下问题：

1）由于业主直接与分包商或供货商签约，将会大大增加业主招标及合同管理的工作量，使业主的组织协调任务明显增加；

2）如果业主过多地与分包商或供货商直接签约，可能会造成业主过份干预工程施工和管理的倾向，在一定程度上可能会挫伤 CM 单位的积极性，同时也给 CM 工作造成不必要的干扰；

3）业主与分包商或供货商直接签约，减少了 CM 单位的风险，同时却增加了业主自己的风险。业主可以减少给 CM 单位的酬金，但却可能会增加其他方面的费用，甚至有可能造成事与愿违的结果。

非代理型 CM 模式下的 CM 单位具有以下性质：

1）CM 单位的基本属性是承包商，而不是咨询单位，它区别于 PM(项目管理，国内的建设监理)，可直接参与施工活动，因此一般咨询单位不宜承担 CM 任务；

2）CM 承包是一种管理型承包，CM 单位的工作重点是协调设计与施工的关系，以及对分包商和施工现场进行管理，它区别于施工总承包；

3）CM 单位不是仅仅拥有技术和管理人员的纯管理型公司，很多 CM 公司的背景是大型承包商，拥有施工机械和工人，拥有直接从事施工活动的力量(不排除有其他背景的公司承担 CM 任务，但这不是本质上的 CM 单位)；

4）CM 单位受业主的委托，但不同于代表业主利益的项目管理，在经济关系上与业主有一定的对立。

6.2.1.3 CM 模式的变体

在 CM 模式下，CM 单位只负责项目的建造及相应的项目管理工作，与设计商只是协调关系，CM 单位与设计商的这种关系可能造成设计与建造的脱节，增大项目风险；另一方面，CM 单位与设计商的平行关系，需要业主的介入才能解决某些问题，使两者之间达到平衡，这无疑增加了业主的工作量。在这种情况下，可以把 CM 模式与其他采购模式相结合，在 CM 单位和设计商与业主之间加入一个单位，在平衡设计商与 CM 单位关系的同时，减少业主介入项目的程度。图 6-5 是 CM 模式与 PM 模式结合所形成项目各参与方的关系图。

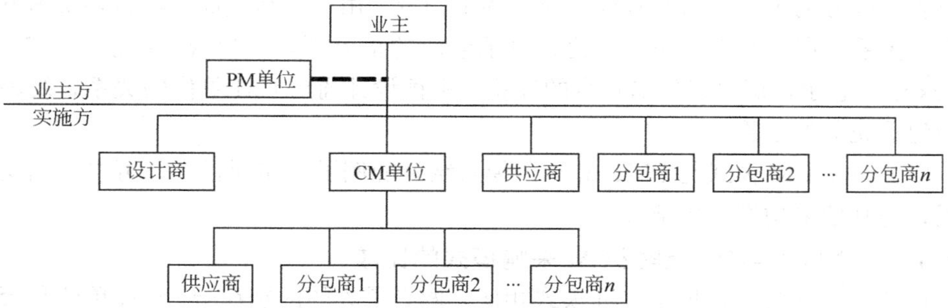

图 6-5　CM 模式与 PM 模式结合示意图

在 CM 模式与 PM 模式的混合形式中，业主与 PM 单位组成业主方；设计商、CM 单位(包括与 CM 单位签订合同的分包商和供货商)、业主直接签订合同的分包商和供货商一起组成项目的实施方。PM 单位虽然只是业主聘用的一个项目管理咨询机构，但在实际工程中，可以代表业主管理设计商、CM 单位和直接与业主签订合同的分包商和供货商，减少了业主介入项目的程度，使业主从大量的协调工作中解脱出来。特别是在 Fast-Track 中，PM 可以凭借自身的经验，平衡设计商与 CM 单位的关系，缓解设计与建造脱节的矛盾。

CM 模式与 PM 模式混合形式中，业主仍保留了与设计商、CM 单位、部分供货商和供应商的合同关系，由此增大了其合同管理的工作量，在这种情况下，业主可以采用总承包模式与 CM 模式混合的形式，不仅能解决 CM 模式的弊病，还可以从复杂的合同管理中解脱出来。图 6-6 是 CM 模式与 DB 总承包模式结合所形成项目各参与方的关系图。

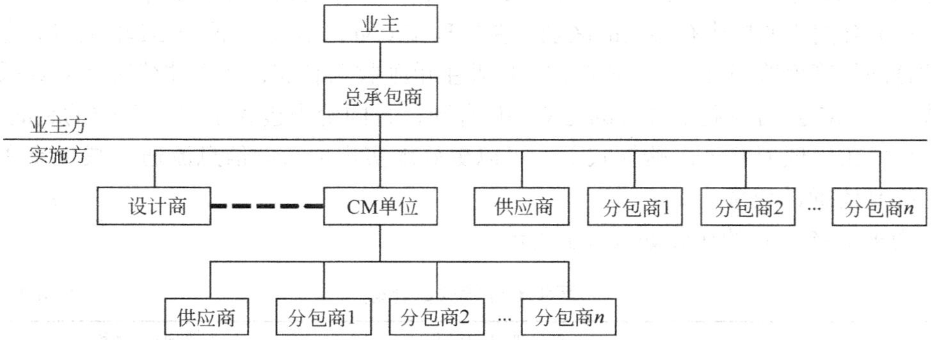

图 6-6　CM 模式与 DB 总承包模式结合示意图

在 CM 模式与 DB 总承包模式结合的形式中，业主与总承包商组成业主方(总承包商可看作形式上的业主)；设计商、CM 单位(包括与 CM 单位签订合同的分包商和供货商)、业主直接签订合同的分包商和供货商一起组成项目的实施方。业主与总承包商签订总承包合同，总承包商再根据项目的特点，自行组织实施方，并与设计商、CM单位、部分分包商和供货商签订合同(业主也可以保留与部分分包商和供货商签订合同的权利，但这必须在总承包合同中指明)。总承包商承担了协调项目各实施方的工作，从而减少了业主的工作量。由于总承包商与项目各实施方存在合同关系，所以与PM单位相比，总承包商的指令更具有权威。特别是在Fast-Track中，总承包商可以凭借自身的经验，平衡设计商与CM单位的关系，缓解设计与建造脱节的矛盾。

以上只是CM模式与PM、总承包模式结合的例子，在项目中，可以根据实际情况，与其他采购模式相结合。

6.2.1.4 代理型与非代理型CM采购模式的比较

代理型CM与非代理型CM模式相比，两者最大的区别在于：CM单位是否与分包商签约。由此又会产生以下的不同：

(1) 采用非代理型CM模式时，CM单位承担的风险大于代理型CM模式，因为任何工程合同的签约者都将承担风险。而对业主来说，与非代理CM采购模式相比，它所签订合同数量明显增加，因此合同管理工作量以及组织协调工作量将增加。

(2) 采用非代理型CM模式，CM单位对分包商的控制强度要大于代理型CM模式，业主要对工程实施变更，需要CM单位的积极配合才行，业主对项目的控制力明显减弱。而在代理型CM采购模式下，CM单位对分包商的控制强度要小，业主对项目掌握较大的控制力，当项目需要进行大的变更时，能够通过与承包商友好的协商而解决。

(3) 合同条件的内容和组成有很大的区别。在代理型CM采购模式下，各项目参与方的角色和责任在项目的组织结构中更为清晰，这样就会减少项目风险不合理分配和转移的可能性。在代理型CM采购模式下，当CM单位不能胜任工作而导致合作关系破裂时，业主要解除与CM单位之间的合同关系相对简单。

(4) 合同价的构成有很大的区别。在代理型CM采购模式下，CM单位与业主签订的合同是管理费用合同，CM单位不向业主单独收取利润；而在非代理型CM采购模式下，CM公司与业主签订的是GMP合同，合同价中包含了CM单位的利润。

(5) 在代理型CM采购模式下，可以更好地实现项目的信息流通，减少流通环节、提高流通的效率。

两种CM模式的比较如表6-1所示。

两种CM模式的比较 **表6-1**

<table>
<tr><th>比 较 内 容</th><th>非代理型CM模式</th><th>代理型CM模式</th></tr>
<tr><td>与分包商的关系</td><td>签订合同</td><td>不签合同</td></tr>
<tr><td>对分包合同的管理</td><td rowspan="2">业主任务较轻；
CM单位工作量较大</td><td rowspan="2">业主任务较重；
CM单位工作量较小</td></tr>
<tr><td>项目组织与协调</td></tr>
<tr><td>投资控制</td><td>有GMP保证，CM单位风险较大</td><td>业主风险较大</td></tr>
<tr><td>是否参与施工任务</td><td>可能参与</td><td>一般不参与</td></tr>
</table>

具体项目究竟选用哪一种合同结构，关键取决于业主班子自身的管理能力，特别是是否具有合同管理和组织协调方面的高级人才。当业主自身管理能力较强，有熟悉工程招投标、设备采购合同管理方面的人才时，一般可以采用代理型CM模式，相反则适合采用非代理型CM模式。出现以下情况时，可考虑采用代理型CM采购模式：

(1) CM单位不了解当地建筑市场情况，不了解分包商情况，没有把握承担GMP；

(2) 在试行CM采购模式初期，CM单位对CM采购模式尚不熟悉，业主方拟通过控制与分包商的签约权来强化业主班子的总体控制能力。

6.2.2 CM单位的工作内容

1. CM单位在准备阶段所承担的主要工作

采用CM模式使传统的业主、设计商、承包商和供货商组成的项目团队中增加了一个新的角色—CM单位。CM单位受业主的委托而工作，在项目团队中扮演着非常重要的建设组织者和管理者角色。CM单位在准备阶段所承担的主要工作(参见表6-2)包括以下方面：

CM单位在准备阶段的工作内容 **表6-2**

工作任务	工作内容
咨询服务	1. 分析业主提供的项目资料，提出项目规划的建议 2. 对方案设计、技术设计和施工图设计提出合理化建议，并对场地利用、材料和设备选用提出意见 3. 对影响工程成本、工期、质量目标的各种因素进行分析，并对设计进行价值工程分析，优化设计
进度控制	1. 初步评估业主提供的总进度安排，在业主提供的项目要求基础上，编制项目初步进度计划，报建筑师和业主批准 2. 研究“边设计、边施工”的可行性，提出Fast-Track的分包进度计划 3. 及时向业主报告实际进度情况，分析实际进度与计划进度之间的差异，提出纠偏措施或修改方案 4. 定期召集并出席由业主、设计商、分包商和供货商以及其他有关单位参加的进度协调会议，商讨加快进度的措施
费用控制	1. 根据业主的详细要求和设计图纸，采取单位面积或体积成本及其他估价方法，编制初步预算，报业主和建筑师审核 2. 随着设计的不断深入，相应地修改费用预算，若修改后的预算超过原来的数值，分析原因，采取调整措施 3. 当施工图设计即将完成，在已修改的预算基础上，编制GMP，与业主和建筑师协商后确定(适用于非代理型CM模式) 4. 采用价值工程的方法，向业主和建筑师提出节约费用的建议
质量控制	1. 向业主提出选择材料和施工工艺的建议，以确保工程质量 2. 主持或参与提前采购的材料和设备的招标及合同谈判，保证材料和设备满足工程要求

续表

工作任务	工 作 内 容
合同管理	1. 向业主提供可选择的分包商和供货商的名单 2. 编制分包项目和采购项目的招标文件，主持招标、评标和合同谈判，确定中标单位，报业主批准 3. 协助业主准备施工合同，在取得业主同意后，签订分包合同和采购合同(适用于非代理型 CM 模式) 4. 提出材料、设备的采购建议，协助业主询价、比价，并签订合同 5. 协助业主进行合同管理
施工场地管理	1. 编制施工现场总平面图 2. 协助业主完成施工临时用水、电、道路、通讯等准备工作 3. 协调各分项工程的进场顺序、场地占用范围，合理布置场地

(1) 合理地确定分包合同结构和招标方案，制定周密的项目进度计划，实现设计和施工的相互搭接，使各承包商的进场、设备、材料以及预制构件供应的招标、生产和到货等各项工作得到妥善安排；

(2) 为了控制项目总投资，CM 单位要在项目的各个阶段准确地编制项目估算，并进行不断调整，在设计阶段采用价值工程等方法，向设计商提供能降低施工成本的合理化建议；

(3) 在整个招标过程中，CM 单位要负责全部招标工作的组织、招标文件和合同文件的编制，并主持招标和合同谈判甚至直接与分包商签约；

(4) 在施工阶段，CM 单位负责直接管理和指挥、协调各分包商，甚至直接从事未分包工程和零星工程的施工，最终使工程高质量地完成；

(5) 协调与设计商的关系，提出有利于施工的设计合理化建议；

(6) 进行项目质量的总体策划，开展质量控制工作。

2. CM 单位在施工阶段所承担的主要工作

CM 单位在施工阶段的主要任务是：进度控制、费用控制、质量控制、合同管理、信息管理和施工现场管理，主要的工作内容如表 6-3 所示。

CM 单位在施工阶段的工作内容 **表 6-3**

工作任务	工 作 内 容
进度控制	1. 进一步调整和完善施工前阶段编制的初步进度计划，以确定项目的施工进度计划 2. 若有重大工程变更时，应采取对策以尽量减少工期延误 3. 确保分包商、供货商之间的计划安排保持连续性，尤其是各分项工程接口处的衔接安排无误 4. 编制短期动态进度计划，检查各分包商和各分项工程的日、周、月进度，及时向业主报告工程进展情况 5. 定期召开由业主、设计商、CM 单位及有关分包商、供货商参加的进度会议，讨论工程进度情况，商讨加快进度的措施

续表

工作任务	工 作 内 容
费用控制	1. 确保施工费用不超过 GMP(适用于非代理型 CM 模式) 2. 编制各分包项目、采购项目的分项预算，并据此进行分包和采购的招标 3. 审核各分包商、供货商的付款申请，向业主提交付款申请，在收到业主的付款后，及时向各分包商和供货商付款(非代理型 CM 模式) 4. 有工程变更时，及时提交变更引起的成本变化报告，提出建议或措施，尽量减少因变更引起的费用增加 5. 编制现金流量计划，并按实际情况定期更正，以便业主及时安排资金 6. 定期审查实际费用数据，并与预算比较，提出调整措施 7. 采用价值工程方法，提交合理化建议
质量控制	1. 建立质量控制和检查程序以及质量保证计划，监督工程质量，严格按质量标准和合同进行检查、验收 2. 配合政府质量部门开展质检工作，配合业主聘请的其他检验部门的工作
合同管理	1. 对各分包商和供货商进行合同执行期间的跟踪管理，协调各分包商和供货商 2. 处理合同纠纷以及有关索赔事宜
信息管理	建立合理、完整的工程档案系统(包括施工日记等)，保证业主和设计商在现场能使用合同文件、图纸及其他技术资料
施工现场管理	1. 合理安排和布置施工场地，做到文明施工 2. 及时协调和解决各分包商之间的矛盾，使工程顺利进行 3. 联络材料和设备的运送，做好仓储及发料工作 4. 负责施工现场的安全和保卫工作 5. 完成业主指定的或合同约定的其他工作

从 CM 单位应承担的工作内容可以看出，CM 单位必须非常熟悉施工工艺和施工方法，并且十分了解施工成本，只有这样它才能在设计阶段向设计单位提出合理化建议；另外 CM 单位必须具有很高的施工管理和组织协调能力，这样才能在施工阶段直接管理和指挥分包商。因此，在国外 CM 这一角色大多由承包商来扮演，它们除了拥有技术和管理人员外，还拥有施工机械和工人，因此可以在管理承包商的同时，直接承担部分零星工程的施工，甚至可以参加该项目的某个分部工程的投标。

6.2.3 CM 采购模式的特点及适用范围

6.2.3.1 CM 采购模式的特点

CM 采购模式的特点主要体现以下几个方面。

1. 有利于合理协调设计与施工的关系，缩短建设周期

CM 的生产组织方式是 Fast-Track，可实现有条件的边设计、边施工，通过设计和施工充分的搭接来缩短建设周期。CM 单位在设计阶段的介入，改变了传统模式设计与施工相互脱离的弊病，使设计师在设计阶段可以获得有关施工成本、施工方法等方面的意见和建议，因而在一定程度上有利于设计优化。同时，在施工过程中，比较容易发现设计的疏忽，可以及时地对设计进行变更。这种边做边改的办法，避免了传统模式由于大量设计变更所带来的工期延误和返工等问题。需要注意的是，尽管在CM采购模式中施工的开始被提前到设计尚未结束之前进行，但是由于整个施工被分解成若干个工作包，而每一个工作包的施工招标都是在具备了该部分完整施工图的基础上进行的。

2. 有利于业主合理组织生产与管理，简化管理程序

采用CM模式合同关系比较简单，对于风险型CM只有业主和CM单位之间一层合同管理，就是CM单位与业主签订的主干合同关系。而代理型CM中业主有多个合同关系，一方面是CM单位与业主之间的合同关系，另一方面是业主与各承包商、供货商之间的合同关系，但主要还是业主和CM单位之间的合同关系，CM单位将会合理确定分包合同结构和招标方案，制定周密的进度计划，使得各项设计、施工、设备的安装、材料的调配等工作得到妥善的安排，最终高质量地完成项目。

3. 合理利用投资以提高投资效益

CM模式合理利用投资在以下三个方面得到体现：第一，传统模式在理论上相对比较谨慎，它使业主的管理任务简单，且能保证投资，使业主不会承担太大的风险，但是其最大局限在于设计与施工的相互分离，承包商介入项目的时间太迟，使建设周期延长而使投资增加。而CM模式由于设计与施工的充分搭接，使承包商得以及时进入项目，也有助于设计商与承包商的沟通，及时变更设计方案，减少不必要的损失。第二，采用CM模式，由于有GMP和Budget，所以对业主来讲，付给CM单位的酬金是完全可以控制的，即使工程实际费用低于GMP，对节约的部分，CM单位仅获取合同约定比例的奖励，但若超出，CM单位会承担所有超支部分的费用，业主没有预算超支的风险。第三，CM模式使得业主管理的层次单一，协调工作减少，因此，业主支出的管理费用也将大大减少。

4. 有利于确立和促进信息交流的协作关系

CM模式可以减少其他模式中常见的对立关系。由于承包商和设计商相互找茬，关系比较紧张，参与工程建设的单位众多，如设计、施工、材料供应商、政府机构、中介咨询以及许多专业分包商等，每一单位又往往只关心自身利益，免不了会产生许多矛盾和冲突。CM模式强调集体协作，其目的就是要求每个单位以协作、而不是对立的态度参与工程项目的建设。显然，要达到这个目标，取决于CM单位的管理技巧和手段。此外，CM模式与其他模式相比，它可以创造更多的集体协作机会。

CM单位具有以下性质和地位：

(1) CM单位的基本属性是承包商，而不是咨询单位，它区别于PM，可直接参与施工活动，因此一般咨询单位不宜承担CM任务。

(2) CM承包是一种管理型承包，CM单位的工作重点是协调设计与施工关系，以及对分包商和施工现场进行管理，它区别于施工总承包。

(3) CM单位不仅仅是拥有技术和管理人员的纯管理型公司，很多CM单位的背景是大型建筑公司，拥有施工机械和工人，拥有直接从事施工活动的力量。

(4) CM单位介入项目的时间很早，CM单位的委托不取决于设计深度，也不依附于施工图和工程量清单，因此它区别于一般施工总承包管理。

(5) CM单位与设计商的关系是相互协调的关系，CM单位在一定程度上不是单纯的按图施工，它可以通过合理化建议来影响设计。但它区别于项目总承包，它与设计商没有紧密的合作关系。

(6) CM单位受业主的委托，其基本属性决定了它所处的承包商的地位。因此CM单位的基本身份不同于代表业主利益的项目管理单位，在经济关系上与业主有一定的对立。

该模式的缺点主要体现在：可供选择的CM单位较少；总成本中包含设计和投标的不确定因素等。

6.2.3.2 CM采购模式的适用范围

虽然CM模式在很多方面具有优势，但是CM模式同任何其他模式一样，都有一定的局限性。因此在实际应用时，应了解其主要的特点和适用范围。根据CM采购模式的内容和特点，其适合的工程项目应具有以下特点：

(1) 需要有独立的、专业的机构来负责工程设计和项目管理等(对应于CM单位)；

(2) 要求尽早开工和快速采购、不能等到设计全部完成后再招标的项目(对应于Fast-Track模式)；

(3) 合同为目标价格合同，而不是总价合同，由于工作范围和规模不确定而无法准确定价的项目(对应于GMP模式)；

(4) 项目组成或参与单位复杂，对灵活性要求较高，各方面技术不够成熟的项目。

具体来讲，CM采购模式可适用于以下类型的工程项目：

(1) 工业项目：如大型工业单体建筑和群体建筑。这些项目组成复杂，由很多子项目组成，而且大多需要采用现代化高科技手段，施工难度大，或者是参与项目的单位多，有多家中外单位参与设计和施工。

(2) 民用建筑：如房地产项目中的住宅小区开发、高层公寓、外销商住楼等项目，业主往往要求工期很紧，缩短建设周期对房地产开发商来说特别重要；又如现代化的群体高层建筑或智能大厦、国际会议中心、大会堂、博物馆、学校、医院、旅游城等项目，项目实施的周期长，而且投资大、技术复杂。

(3) 市政项目：如道路、桥梁、地铁、水坝等项目。

虽然CM模式的应用范围十分广泛，但也不是任何项目都适合于CM模式，具有以下特征的建设项目不适合采用CM采购模式：

(1) 规模小、工期短、技术不复杂的小型项目；

(2) 设计已经标准化的项目(如普通住宅等)；

(3) 施工图设计已经完成的项目；

(4) 设计简单、或工期不紧(不需要进行设计与施工的搭接)的项目。

从以上CM模式的应用范围来看，业主在选用项目采购模式时，应根据项目的规模大小、技术复杂程度、投资额度、建设周期等因素来考虑，不能排斥其他项目采购模式和项目管理模式。一般地，复杂项目宜采用 CM 模式，而对于标准化的建筑更适合采用项目总承包方式。

6.3 CM 采购模式合同条件分析

CM 模式产生于美国，并且在北美得到了广泛的应用，故美国形成了一套完整的、独立的适用于 CM 采购模式的一系列合同条件，它们是由美国建筑师学会(American Institute of Architects，AIA)和美国总承包商协会(Associated General Contractors，AGC)共同制定的 CM 标准合同条件。但在 FIDIC、JCT 和 ICE 体系中目前还没有专门适用的标准合同文本，因此目前国际上采用 CM 模式的项目通常采用或参考美国 AIA 合同条件。该文件系列共有两份，其中一份适用于代理型 CM 模式，被 AIA 定为 B801/CMa，同时被 AGC 定为 AGC510；另一份适用于非代理 CM 模式，被 AIA 定为 A121/CMc，同时被 AGC 定为 AGC565。具体适用合同条款见表 6-4 所示。

CM 模式适用合同条款　　表 6-4

类　型	核心文件	业主与 CM 经理协议书	业主与承包商协议书	业主与建筑师协议书	
代理型 CM	A201/CMa	B801/CMa AGC510	A101/CMa	B141/CMa	CM 经理不作为承包商
非代理型 CM	A201/CM	A121/CMc AGC565	—	B141/CM	CM 经理作为承包商

6.3.1 代理型 CM 采购模式的合同条件

B801/CMa 和 AGC510 合同条件的全称为《业主与 CM 经理协议书标准文本，其中 CM 经理不作为承包商》(Standard Form of Agreement Between Owner and Construction Manager，Where the Construction Manager is not a Constructor)，该文件颁发于 1992 年。

6.3.1.1 B801/CMa 和 AGC510 合同条款

B801/CMa 和 AGC510 合同条件由 14 个主题条款和若干分条款组成，其具体条款如表 6-5 所示。

代理型 CM 模式的主要合同条款　　表 6-5

主　题　条　款	分　条　款
1. CM 经理的责任	1.1　CM 经理提供的服务
2. CM 经理的基本服务范围	2.1　定义 2.2　施工前阶段 2.3　施工阶段—施工合同管理

续表

主 题 条 款	分 条 款
3. 增加的服务	3.1 总则 3.2 不可预见的额外服务 3.3 可预见的额外服务
4. 业主的责任	4.1 提供全部资料 4.2 确定和更新项目总预算 4.3 提供财务保证 4.4 业主指定的代表 4.5 建筑师的委托 4.6 提供有关检验和测试报告 4.7 提供法律、会计和保险的辅助服务工作 4.8 提供施工文件
5. 施工费用	5.1 定义 5.2 施工费用的责任
6. 施工机构活动	6.1 受承包商协议的约束 6.2 款项的偿还
7. 建筑师图纸说明书和其他文件的说明	7.1 CM经理对图纸、说明书和其他文件不得拥有版权
8. 仲裁	8.1 根据美国仲裁协会、建筑业仲裁协会规则执行 8.2 仲裁申请 8.3 施工前阶段的仲裁 8.4 施工阶段—施工合同的管理
9. 终止、暂停或放弃	
10. 其他规定	
11. 保险	11.1 CM经理的责任保险
12. 对CM经理的付款	12.1 直接人工费 12.2 应支付费用 12.3 对基本服务的付款 12.4 对额外服务和应支付费用的付款 12.5 不付款的规定 12.6 CM经理财务记录
13. 服务费基础	13.1 首期付款 13.2 基本服务费 13.3 额外服务费 13.4 应支付费用 13.5 补充规定
14. 其他条件和服务	

为了适应CM模式不断发展的需要，AIA和AGC规定B 801/CMa，AGC510必须与下列文件一起配套使用：

(1) A101/CMc《业主—承包商的协议书，固定总额CM合同—建议版》(Owner-Constructor Agreement，Stipulated Sum Construction Manager-Advisor Ed)；

(2) B141/CMa《业主—建筑师的协议书，CM合同—建议版》(Owner-Archi-

tect Agreement，Construction Manager-Advisor Ed)；

(3) A201/CMa《工程施工通用合同条件，CM 合同—建议版》(General Conditions of the Contract for Construction，Construction Manager-Advisor Ed)。

A101/CMc 和 B141/CMa 界定了在代理型 CM 采购模式下，业主与承包商、建筑师之间的关系；A201/CMa 则规定了在此模式下施工合同的条款和细则。

6.3.1.2 B801/CMa 和 AGC510 合同规定

1. 对 CM 单位提供服务的规定

B801/CMa 和 AGC510 对代理型 CM 单位所应承担的工作进行了详细的规定，文件规定 CM 单位的服务如图 6-7 所示。

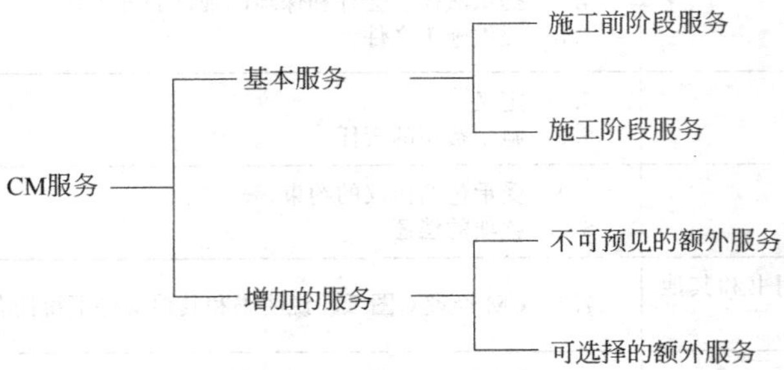

图 6-7 代理型 CM 单位的服务

对 CM 单位提供的服务，B801/CMa 和 AGC510 的规定比 A121/CMc 和 AGC565(非代理型 CM 采购模式采用的合同条件)的规定详细得多。有关施工前阶段共计 21 项，而 A121/CMc 中只有 10 项；有关施工阶段的服务共计 25 项，而 A121/CMc 中只有 7 项。但是这并不意味着 B801/CMa 所规定的 CM 单位的工作量和范围比 A121/CMc 所规定的大。事实上，由于非代理型 CM 单位要与分包商签订合同，因此其组织协调和合同管理的工作量将大于代理型 CM 单位。除此之外，单从 CM 单位所承担的工作任务和内容来看，两者并无太大的区别。

在 CM/Non-Agency 模式中，CM 单位是承包商，它要承担经济责任，因此其应承担的责任和应从事的工作相对比较明确。而在 CM/Agency 模式中，CM 单位提供的是顾问和咨询服务，而顾问和咨询服务不同于承包，其工作内容和标准不是十分明确，因此其具体内容必须在合同中予以明确，从而为业主检查和衡量 CM 单位的工作业绩提供标准。

另一方面，在 CM/Agency 模式中，CM 单位与业主班子的工作关系更加密切，合作更加频繁，因此必须通过合同文字来明确分清双方的责任和义务。在 B801/CMa 中，之所以要详细规定 CM 单位的服务范围，主要原因如下：

(1) 明确 CM 单位与业主班子的工作任务分工，分清双方各自所应承担的责任，避免因双方职责不清而产生矛盾；

(2) 为业主检查和监督 CM 单位的工作提供合同依据和标准。

2. CM 酬金的有关规定

B801/CMa 和 AGC510 详细规定了 CM/Agency 模式中，业主所应支付 CM 单

位的酬金，如图 6-8 所示。

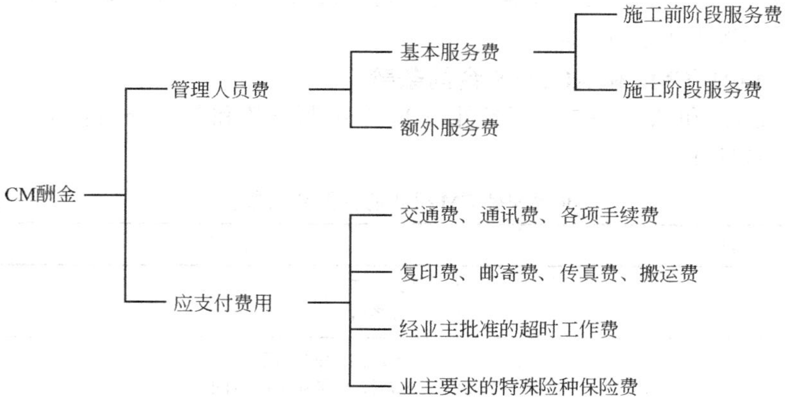

图 6-8　代理型 CM 单位的酬金

管理人员费包括工资、税金、保险、假期工资、病假工资、休假工资、退休金以及类似的其他收益。

业主对 CM 酬金中应支付费用的实际支付，不单是各项费用的实报实销，而应包括对基本服务和额外服务的服务费补偿。其计算公式如下：

应支付费用＝CM 经理和其雇员或咨询人员为本项目发生费用×系数　(6-1)

因此，CM 单位在报价时应报出该系数。由此可以看出 CM/Agency 酬金有以下特点：

(1) CM 单位收取的是 CM 班子的直接工作成本加一定比例的补偿，CM 单位不向业主单独收取 CM 管理费。

(2) CM 合同价中不包括在 CM/Non-Agency 中所包括的"Cost of the Work"(有风险补偿的作用)，其组成比 CM/Non-Agency 简单得多。

3. 施工费用

与 A121/CMa 和 AGC565 类似，在 B801/CMa 和 AGC510 中对施工费用也进行了定义和说明，施工费用是指由建筑师设计和确定的，本项目由业主承担的所有部分的费用和相关费用。

施工费用包括业主提供的劳动和材料费、设备费、各分包商合同价和 CM 酬金等，不包括设计费、土地费和资金费用等。

B801/CMa 和 AGC510 规定由 CM 经理负责对施工费用进行初步估算、修订和详细估算，但不要求 CM 经理保证实际费用与估算不发生偏差，不要求 CM 经理对施工费用确定一个固定的限价，除非当事人双方对此固定限价取得一致书面同意。即使有固定限价，CM 经理也不对实际费用超出的部分承担经济责任，也不对节约的部分提成。

6.3.2　非代理型 CM 采购模式的合同条件

A121/CMc 和 AGC565 合同条件的全称为《业主与 CM 经理之间协议书标准

文本，其中 CM 经理又是承包商》(Standard Form of Agreement Between Owner and Construction Manager，Where the Construction Manager is also the Constructor)，该文件颁发于 1991 年。

6.3.2.1 A121/CMc 和 AGC565 合同条款

A121/CMc 和 AGC565 合同条件由 11 个主题条款和若干分条款组成，其具体条款如表 6-6 所示。

非代理型 CM 模式的主要合同条款　　表 6-6

主 题 条 款	分 条 款
1. 总则	1.1 双方关系 1.2 一般条件
2. CM 经理的责任	2.1 施工前阶段的责任 2.2 GMP 提出和确定的时间 2.3 施工阶段的责任 2.4 专业性服务工作 2.5 不安全因素
3. 业主的责任	3.1 提供资料及帮助 3.2 业主任命的代表 3.3 建筑师 3.4 协作要求
4. 施工前阶段工作的报酬和付款	4.1 报酬 4.2 付款
5. 施工阶段工作的报酬	5.1 报酬 5.2 GMP 5.3 工程变更
6. 施工阶段的工程费用	6.1 应支付费用 6.2 不应支付费用 6.3 贴现、折扣和退款 6.4 账目记录
7. 施工阶段付款	7.1 施工进度付款 7.2 最终付款
8. 保险和保函	8.1 CM 经理需要的保险 8.2 业主需要的保险 8.3 履约保函和付款保函
9. 其他规定	9.1 施工前争议的解决 9.2 施工中争议的解决 9.3 其他约定
10. 终止或中止	10.1 在确定 GMP 之前的终止 10.2 GMP 之后的终止 10.3 中止
11. 其他条件或服务	

由于在 CM/Non-Agency 模式中，CM 经理是以承包商的身份工作，在合同履行过程中要面临许多复杂的关系，而在适用于非代理型 CM 合同文本中，仅有 11 个条款是远远不够的。因此，A121/CMc 和 AGC565 中规定，该文件必须与下列

文件一起协调使用：

（1）AIA 文件 B141《业主与建筑师协议书标准文本》（Standard Form of Agreement Between Owner and Architect），于 1977 年 7 月发行第 13 版。它规定了业主和建筑师之间签订咨询服务合同的模式，也有 14 个主题合同条款，每个主题条款下又有若干分条款。

（2）AIA 文件 A201《工程施工通用合同条件》（General Conditions of the Contract for Constructions），于 1976 年 8 月发行第 13 版。该文件具体规定了业主（建筑师）、承包商（分包商）之间的权利和义务，包括 14 个主题条款和诸多分条款。

AIA 文件 B141 界定了在非代理型 CM 采购模式下，业主与建筑师之间的关系；AIA 文件 A201 规定了在此模式下，施工合同的细则和条款。

此外，为了使业主能够随时监控工程成本，也可以采用成本加酬金而非最高限定价格的方法签订合同，但此时应采用另外一个协议书文本 A131/CMc，即《业主与CM经理协议书(CM经理负责工程施工)—成本加酬金》，该条件亦应与 A201 配合使用。

6.3.2.2 A121/CMc 和 AGC565 合同规定

1. 对 CM 单位提供服务的规定

CM 单位在项目建设中究竟应该承担哪些工作，在 A121/CMc 和 AGC565 中作了明确说明，CM 单位的服务分为两个阶段，如图 6-9 所示。

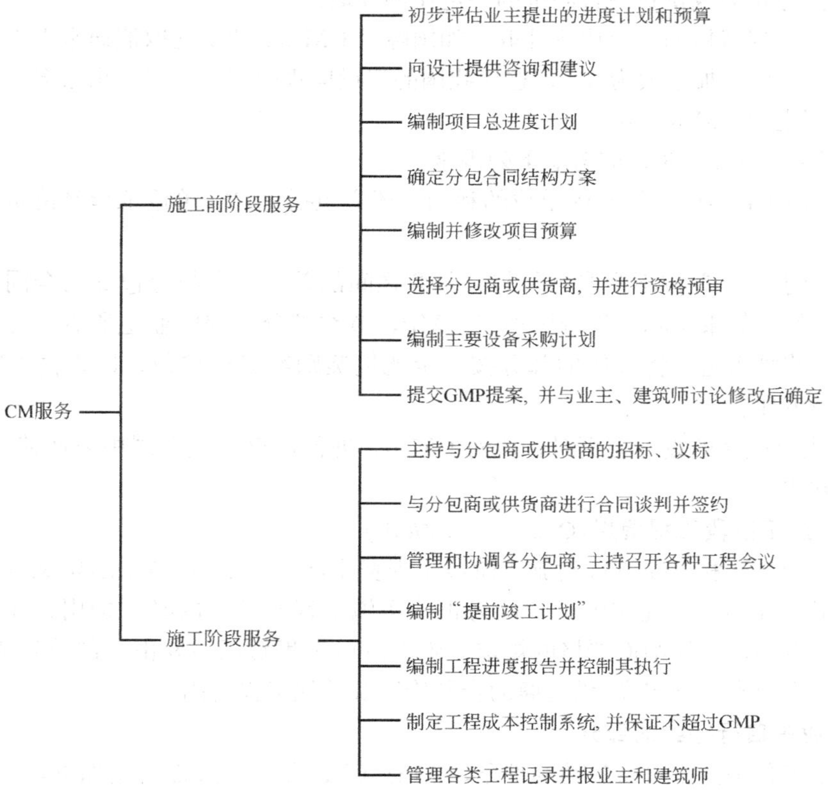

图 6-9 非代理型 CM 单位的服务

2. 业主支付 CM 单位费用的规定

按照 A121/CMc 和 AGC565 规定，业主支付 CM 单位的费用由施工前阶段工作的报酬和施工阶段合同总费用两部分组成，如图 6-10 所示。

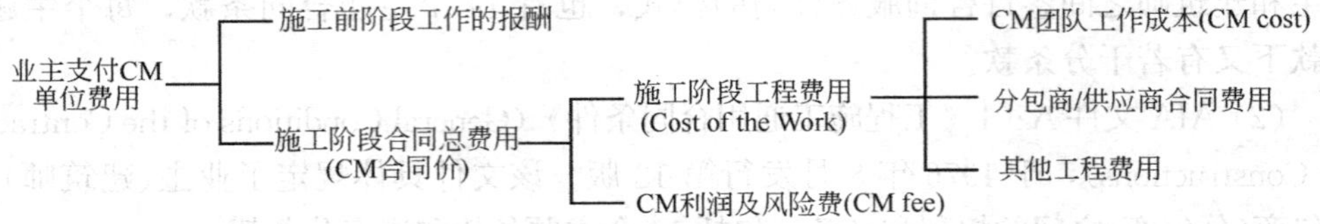

图 6-10 业主支付 CM 单位的费用

根据 A201/CMc 和 AGC565 规定，非代理型 CM 模式施工阶段合同总费用（即 CM 合同价）由施工阶段工程费用（Cost of the Work）和 CM 利润及风险费（CM fee）两大部分组成（施工前阶段 CM 单位工作报酬另计，通常按照管理人员的直接人员费的一定比例计取），CM 单位对 Cost of the Work 承担 GMP 责任。

(1) CM 利润及风险费（CM fee）

CM 利润及风险费（CM fee）是 CM 合同价中的一个重要组成部分，是业主支付的 CM 单位的利润，其中包括 CM 单位承担管理工作所包含的风险补偿金，通常是业主和 CM 单位在合同谈判时的焦点问题之一。CM fee 的计算方法有三种：

1）按分包商或供货商合同价的一定比例计取。

2）按工程费用的一定比例计取。如国际上 CM fee 的平均取值通常占工程总费用的 2%～4%，加拿大为 3%，这比我国的建设监理收费标准要高出很多。

3）固定的 CM fee 金额。

在确定 CM fee 时，应考虑下列因素：

1）CM fee 不单单是 CM 单位的利润，还应包括对 CM 单位承担经济责任的风险补偿。

2）由于 CM 单位不赚取总包与分包商之间的差价，它与分包商的合同价对业主是公开的。如果实际工程费用小于 GMP，节约部分全部归业主所有。业主应制定一定的奖励措施，将节约的部分按一定比例奖励给 CM 单位，以提高 CM 单位的工作积极性。

3）当有较大的设计变更时，应对 CM fee 进行调整，在合同中要明确 CM fee 的调整方式。

(2) 施工阶段工程费用（Cost of the Work）

A121/CMc 和 AGC565 对施工阶段工程费用（Cost of the Work）定义为：工程费用是指 CM 项目经理在施工阶段为正确实施工程所发生的必须费用。在该文件中对工程费用作了详细而严格的规定。施工阶段工程费用主要由三部分组成：CM 团队的工作成本、分包商/供货商的合同价以及其他工程费用。

3. 业主自行签约的部分

关于工程中业主自行签约的部分，A121/CMc 和 AGC565 规定如下：

(1) 业主自行发包和采购的部分，如果仍由 CM 单位负责管理，则属于 GMP

的范围，但此时业主自行签订的合同价应不超过 GMP 中相应的数额，否则 CM 单位有权要求对 GMP 进行调整。

（2）如果业主自行签约的部分由业主自行管理，则不属于 GMP 的范围，CM 单位当然也不承担经济责任和风险。

6.4 非代理型 CM 模式的工程费用及 GMP

6.4.1 CM 模式的工程费用

在 A121/CMc 和 AGC565 中，工程费用(Cost of the Work)由 CM 班子工作成本、分包商/供货商合同价以及其他工程费用三大部分构成，如图 6-11 所示。

1. CM 团队工作成本

CM 团队工作成本简称 CM cost，是指 CM 团队为实施管理工作而发生的管理人员的实际工作成本，包括人员费用和工作费用。CM cost 的计算依据是 CM 班子的组织结构及其人员构成，以及 CM 管理人员的工作时间。由于 CM 单位报价时已将利润(CM fee)作为专项单列，因此，计算 CM cost 时不应再计取补偿费用，而应按实际结算。通常情况下，业主都希望 CM 单位对 CM cost 实行总价包干，或者对大部分进行包干，小部分事先无法准确估计的费用进行实报实销。

如在上海证券大厦 CM 招标中，业主要求 CM 单位对 CM cost 逐项报价，然后在谈判过程中与 CM 单位逐项讨论，最后确定一个 CM cost 数值，由 CM 单位包干。

一般而言，人员费占 CM cost 的比例在 50%～70%之间，整个 CM cost 则占到工程费用的 5%左右。

2. 分包商/供货商合同价

分包商/供货商合同价之和在 CM 合同中占有很大比例。由于每一个分包合同价都要经过招投标、议标和合同谈判后才能确定，因此尽管 CM 单位在招标时要对工程费用作出预算，但这部分合同费用仍不能确定，致使 CM 合同总价亦不能事先确定。CM 单位和业主只能在合同谈判时确定 CM 合同总价的程序和时间，等到 CM 单位与每一个分包商/供货商签订合同，且每一个合同价都向业主公开时，才能确定最后的工程费用总额。若通过每一份分包合同谈判，最终的工程费用低于 GMP，节约部分归业主所有，也可在合同中协商给 CM 单位部分奖励提成；若高于 GMP，则超出部分由 CM 单位承担，这就为业主控制投资提供了保证，也加重了 CM 单位的责任和风险。

3. 其他工程费用

其他工程费用是指在施工阶段除了 CM cost 和分包商/供货商合同价之外的其他必需费用，AGC565 对此作了严格规定。由于在工程施工过程中有许多不确定因素，因此 CM 单位很难对其他工程费用进行计算并包干，一般是按实际发生的费用结算。为此，CM 经理必须保存完整和详细的有关费用资料，并制定必要的财务

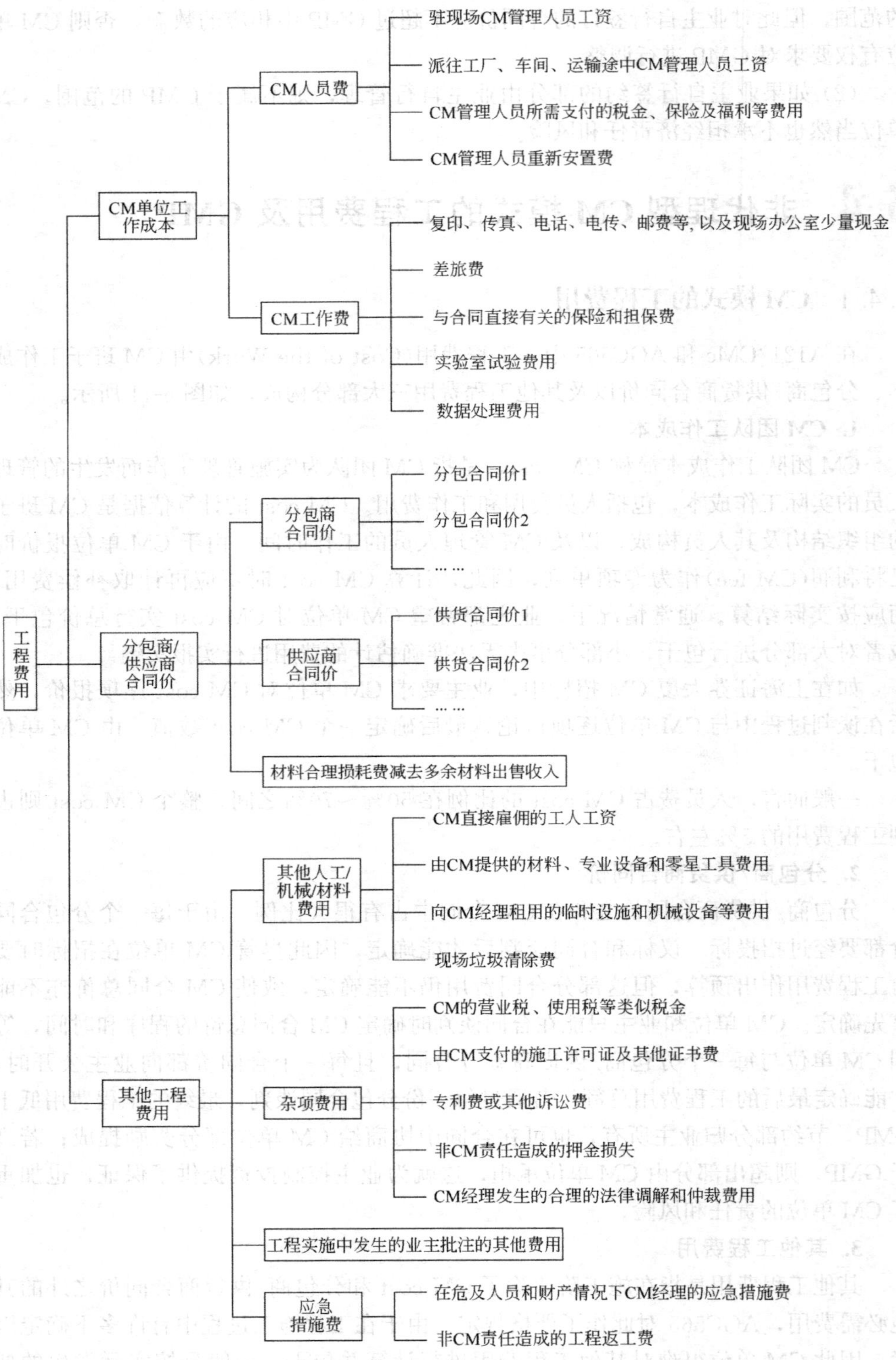

图 6-11　AGC 规定的工程费用构成

管理措施，在费用发生前制定费用计划报业主批准，在费用发生后向业主提供账本、记录、发票等有关凭证和资料，以便业主核实付款。

6.4.2 保证最大工程费用(GMP)

1. 采用GMP的目的

CM模式的最大特点是Fast-Track，与DB/EPC总承包一样，CM的招标投标工作也在设计前期进行，但CM模式对整个工程费用没有采取总价包干，因此有学者指出：在整个工程开始前没有固定或保证的最终费用，这是业主承担的最大风险，也是CM模式的最大弱点。由于CM模式通常在设计初期(如方案设计阶段)发包，此时尚无完整设计图纸，投标者很难准确地确定施工工程量，并在此基础上进行准确估价。因此，CM合同一般既不采用总价合同，也不采用单价合同，而采取工程限价的方式，这也是CM模式与其他模式的主要区别之一。由于CM合同总价是在CM合同签订以后，因此如果不在合同中对合同总价进行最高限价，业主将无法控制工程总费用，承包商也无法提前对自身的成本和收益进行总核算。

采用GMP就是为了克服CM模式的这个弱点，减少业主的费用控制风险，将业主承担的工程费用风险转嫁给CM单位，同时为业主控制工程费用提供一个明确的标准。因此采用GMP从根本上是为了保护业主的利益，另外对CM单位的管理也是一种约束和鞭策。对GMP概念、范围等的理解和编制方法的准确性，是CM模式下工程实施的关键，其直接关系到CM单位和业主的经济利益以及整个项目的成败。

2. GMP的概念

保证最大工程费用(GMP)是非代理型CM合同条件中的重要内容之一，对于减少业主风险，控制工程费用具有重大作用。在A121/CMc和AGC565文件第5.2条中规定：CM经理在施工阶段向业主保证工程费用和CM fee的总和(称为CM合同总费用)不超过附件1规定的数额，这个最大数额在合同文件中称为“保证最大工程费用”(除合同文件规定的设计变更之外)，超过保证最大工程费用的那部分应由CM单位支付，业主不予承担。其含义如下：

(1) CM单位对其施工阶段的工作要承担经济责任，即必须按GMP的限制来计划和组织施工。因此CM模式有别于PM模式，不但有控制工程费用的义务，并要对此承担直接的经济责任。

(2) 业主向CM单位支付的合同总费用中除CM cost和CM fee外，其他组成的数额在签约时并不事先固定。但是随着GMP确定以后，实际上就是事先确定了CM合同总费用所能够达到的最大数额。

(3) GMP表明了CM单位向业主保证的最大合同价格，但并不表明CM单位按这个固定数字向业主承包。业主实际支付的费用可能会小于或等于GMP。因此，GMP有别于施工总承包中固定的合同总价。如果实际工程费用加CM fee超出了GMP，将由CM单位承担；反之如果实际工程费用小于GMP，节余部分将归业主。

(4) 为鼓励CM单位控制工程费用的积极性，通常经双方协商，CM单位可对节约部分作一定比例的提成。

由此可见，所谓保证最大工程费用(GMP)就是CM单位通过施工管理和组织，保证实际施工阶段的费用与CM fee之和不超过预先与业主商定的目标值，这个目标值是CM经理向业主保证的最大CM合同价格，即：

GMP＝工程费用(Cost of the Work)＋CM单位利润酬金(CM fee)　(6-2)

GMP仅仅是业主项目总投资的一部分，不包括土地费、设计费、业主方的管理费用等投资，只是项目施工阶段建筑安装工程投资和设备投资中，由CM单位负责管理或实施的那一部分投资。CM单位对不属于自己管理范围的分包合同、供货合同的投资部分不负经济责任，由业主自行签订的合同价的数额不属于GMP范围，由业主自行承担经济责任和风险。对于业主指定的分包商/供货商，如果仍由CM单位负责主持招标和合同谈判并签约，这部分合同价格属于GMP范围，如果指定的分包商/供货商合同价大于GMP中相应的数额，CM单位可以拒绝与之签约，或由业主根据CM经理建议的报价与实际签署合同价之差值来重新调整GMP目标值。

另外，A121/CMc和AGC565文件第2.2条中规定：GMP的“工程费用中应包括CM经理的不可预见费”，“应包括在制定GMP时法规规定的税费”。不可预见费是CM经理的专项费用，主要用于支付工程中事先无法估计的费用，但是不能用来支付因设计变更而造成的费用。在CM合同谈判中，不可预见费往往是确定GMP时双方争论的焦点之一，其大小一般应取决于工程项目的复杂程度、项目所在地的市场状况和物价水平等因素。

3. GMP的编制

确定一个合理的GMP是业主和CM单位的首要任务。但是，由于非代理型CM模式一般采用在设计阶段即进行招投标，CM单位不可能在投标时提出一个合理的GMP，因此，GMP一般是在CM合同签订之后，当设计图纸和文件达到足够深度时，由CM单位在双方商定的规定时间内提出，并由业主确定。值得注意的是，GMP确定得太早或太迟，都将失去其控制投资和工程费用的意义；同时，GMP的编制是一个连续的不断修正的过程。在实际工程中通常的做法是：

(1) 在工程建设开始阶段，业主提出建设任务和要求，CM单位与建筑师、业主一起共同研究，对项目的规模、标准、功能要求、技术条件等达成一致意见，并提出初步投资建议，CM单位据此编制工程费用的第1号预算(Budget 1)。

(2) 在工程初步设计阶段，随着设计工作的不断深入，CM经理同业主和设计商一起分析和确定项目的标准和功能要求，并对这些要求达成一致意见，然后由CM单位根据这些标准和要求着手编制工程费用。按照CM合同的事先商定，在合同签订后的合理时间内，CM经理不断修改和细化工程费用预算，不断报业主批准，先后编制出第2号、第3号预算…(Budget 2，Budget 3，…)，并报业主审核。

(3) 在工程设计进展到某一阶段，通常是在施工图设计全部或基本完成后，CM单位提出GMP方案报业主批准，经业主接受和批准的工程费用详细预算在合同中称为最高限价，即保证最大工程费用(GMP)。该GMP方案及其修正文件将一同作为业主工程付款的最大限额。

GMP何时提出取决于设计图纸的深度和技术说明书的深度。因此CM单位同业主谈判时不能笼统地承诺在签字后的若干周即可提出。但是，CM单位在投标时编制的项目总进度计划中，应包括提出GMP的时间计划，合同双方在谈判时进一步估计并商定提出和确定GMP的相对时间计划。

GMP的编制是经过诸多动态过程而导致的一个静态结论，即GMP数额。与DB/EPC等模式由预算编制(静态过程)得出的结论相比，这种方式要更切合实际，不论对业主还是CM单位都更为合理、有利。

从以上GMP的编制过程来看，GMP的编制是一个连续的动态过程，由估算、概算到预算，循序渐进，逐步细化，以达到GMP的要求。确定GMP是一个复杂的过程，对CM单位的费用估算能力要求较强。

4. GMP的调整

GMP一经确定下来，即成为业主与CM单位之间协议的组成部分，双方均应遵守执行，原则上不得修改。但是，考虑到施工过程的复杂性或业主方面的原因，CM合同文件中规定了在下列情况下，可以对GMP进行修改和调整：

(1) GMP生效后，发生设计变更和补充图纸；

(2) 因业主的原因，改变材料或设备的种类、规格、数量和质量，或者是改变装修的范围、标准和质量等；

(3) 当业主指定的分包商或由业主自行签约而由CM单位管理的分包商的合同价格大于GMP中相应部分的价格时。

经业主批准后的对原GMP的修改和调整，将作为合同中新的最高限价。实际上，CM单位为了控制工程费用，通常要在项目实施过程中，随着工程实际情况的变化，不断地编制工程费用预算。对其中影响GMP限额的部分进行修正，并报业主审核批准。若双方意见发生分歧，则由一个双方均能接受的第三方(如仲裁机构)来仲裁，以确定业主付款的最大额度。

6.5 CM采购模式与其他采购模式的比较

6.5.1 CM与PM模式的比较

CM(Construction Management)模式与PM(Project Management)模式在称谓上很接近，仅一字之差，在应用中很容易将两者混淆。

PM模式是在20世纪50年代末、60年代初开始逐步在美国和西欧等国广泛应用的一种国际通用的项目管理方法，它包括业主方的项目管理、设计方的项目管理和施工方的项目管理三种类型(如图6-12所示)。

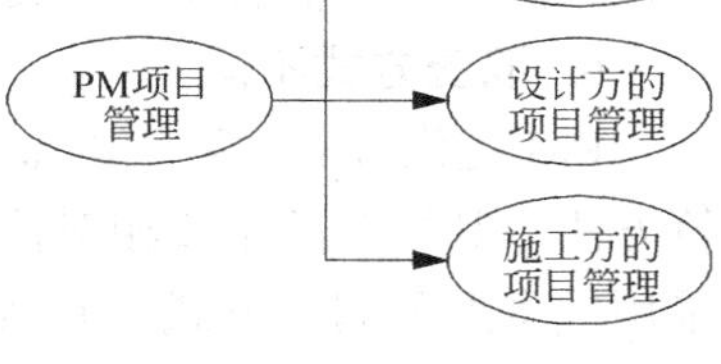

图6-12 PM项目管理

国内主要采用的类型为业主方的项目管理。在这种类型中，项目管理咨询公司受业主的委托，采用科学的管理思想、组织、方法和手段，对项目投资、建设周期和项目质量三大目标实施控制，并向业主提供合同管理、信息管理和组织协调等服务。项目管理咨询公司既不参与设计、也不参与施工活动，其基本属性是向业主提供咨询，它受业主的委托，在工作中代表业主的利益，是业主忠实的顾问。而且在PM模式下，对施工组织、合同价款方式没有特殊规定。国内实行的建设监理制度从指导思想上借鉴了国外的“业主方的项目管理”。

两者存在着一些共同点，如CM与PM一样，都是一种工程管理咨询的模式，都可以仅拥有高级技术和管理人员，而不直接拥有机械和工人等施工力量等，但是两者又存在着一些区别，PM模式的“业主方的项目管理”与CM模式之间的区别主要体现在以下几个方面：

1. 基本属性不同

PM是为业主提供咨询，在工作中代表业主的利益；而CM模式是为加快建设速度而产生的一种特殊的采购模式，CM单位一般是承包商的身份，并不是代表业主利益的身份，它与设计商、分包商及供货商共处于项目实施方。

2. 出发点不同

PM的出发点是实现项目的三大目标控制(投资控制、进度控制和质量控制)；而CM模式尽管也会对投资、质量进行控制，但其根本出发点是缩短项目建设周期，因此CM采购模式在方法上的最大特点是快速路径法。

3. 介入项目的时间不同

PM是指项目全过程的管理，因此PM的工作应从项目一开始就介入，而且对PM来说项目前期的工作对目标控制尤为重要；而CM的工作往往在设计阶段中途介入。CM单位开始工作的时间有多种可能性：在方案设计结束后开始、在扩初设计结束后开始或在施工图设计期间(施工图结束前)开始。也就是说，PM模式作为全过程的项目管理比CM模式介入项目的时间更早。

4. 与分包商的关系不同

PM对分包商是指令关系(通过总承包商)，没有合同关系，即PM不可能直接与分包商签订合同；但是对于非代理型CM模式，CM单位可以与分包商产生合同关系。

5. 与设计商的关系不同

PM代表业主的利益工作，在工作中依据业主的意见，PM方可向设计商发布指令；而CM单位与设计商之间没有指令关系，它们之间是相互协调的关系，CM单位只能向设计商提出合理化建议，在一定程度上影响设计。

6. 取费方式不同

PM提供服务的咨询酬金，通常采用按投资百分比、按人月单价或人月数的计算方法，其酬金的组成相对比较简单。对于代理型CM模式而言，CM合同价通常采用成本加利润的方式，其成本除了提供CM服务的管理成本外，还包括未分包及零星工程费用以及CM单位为完成任务所发生的其他直接成本，CM单位除收取固定的利润外，尚在合同中增加了多项有关奖励的条款，使 CM 合同价的组成变得较为复杂；对于非代理 CM 模式而言，其合同价包括施工阶段工程费用和 CM 利润及风险费，多采用保证最大费用(GMP)方式。

7. 承担的单位不同

PM 既不参与设计活动、也不从事施工活动，因此 PM 工作一般都由咨询公司承担；而 CM 单位往往需要承担部分零星工程或未分包工程，甚至参加某个分部工程的投标，因此 CM 工作往往由承包商承担。这个承包商不是仅拥有技术和管理人员的纯管理型公司，而往往是拥有机械和工人的具有施工力量的承包公司。

8. 承担的风险不同

PM 提供的是咨询服务，因此它只为在其专业领域内的活动承担专业责任。在 FIDIC 条款中明确规定，咨询工程师在下列情况下，要承担经济责任：

(1) 违反法律规定的行为；

(2) 严重的疏忽和失职；

(3) 由咨询工程师的重大失误和直接错误指示导致项目损失。

一般而言，PM 单位承担的经济责任将不超过 PM 合同总酬金。与 PM 模式相比，CM 单位承担的风险要大得多。在非代理型 CM 合同中有关于保证最大工程费用(GMP)的条款，要求 CM 经理向业主保证工程费用的总和不超过合同文件中规定的最大数额。如果超过，则要由 CM 单位承担，这也是 CM 工作要由具有一定承包实力的承包商来承担的原因之一。

综合以上分析，CM 模式与 PM 模式的区别可以用表 6-7 表示。

CM 模式与 PM 模式(业主方的项目管理)比较　　表 6-7

序号	比较方面	CM 模式	PM 模式
1	基本属性	承包商	咨询机构，代表业主的利益
2	出发点	缩短建设工期	项目目标控制
3	介入项目的时间	略迟	早
4	与分包商的关系	协调关系	指令关系
5	与设计单位的关系	协调关系	指令关系
6	承担的单位	承包商	咨询公司
7	取费方法	复杂	简单
8	承担的风险	大	小

6.5.2 CM 与 PMC 的比较

PMC(Project Management Contract/Contractor)中文为项目管理承包/承包商，是指具有相应的资质、人才和经验的项目管理承包商，在工程项目立项决策阶段为业主进行可行性分析和项目策划，编制可行性研究报告；在工程项目实施阶段为业主提供招标代理、设计管理、采购管理、施工管理和试运行(竣工验收)等服务，代表业主对工程项目进行质量、安全、进度、费用、合同、信息等管理和控制，保证项目的成功实施。

建设项目是一个系统工程，有其内在的规律，需要通过与之相适应的管理模式、管理程序、管理方法、管理技术去实现。事实证明，一个项目如果采用先进的技术或设备只能使工程利润提高3%～5%，而依靠良好的管理方式却能使工程利润增加10%～20%，因此，PMC管理模式应运而生。一个项目的投资额越高、项目越复杂且难度越大、业主提供的资产担保能力越低，就越有必要选择PMC进行项目管理。PMC一般来讲只负责项目策划和项目管理工作，并不承担具体的设计、采购、施工等。因此PMC必须根据项目管理层次和管理跨度的要求以及国际和国内资源的状况将整个项目分解成若干个工作包，为每个工作包确定最有竞争力的承包商，并监督和管理承包商工作的实施。PMC有以下特点：

(1) 采用业主参与型的一体化管理方式；

(2) PMC承包商对设计、采购、施工等承包单位统一进行协调管理，进行整体统筹安排、优化设计方案，对质量成本和进度进行有效的综合控制。

PMC对承包单位要求很高，承包的工程项目性质比较复杂，比较适于下列项目：

(1) 项目投资额很高且包括相当复杂的工艺技术；

(2) 项目业主是由多个大公司组成的联合体；

(3) 投资额巨大，需要从商业银行和出口信贷机构取得国际贷款的项目；

(4) 业主自身的资产负债能力无法为项目提供融资担保的项目；

(5) 业主对工程项目管理生疏，凭借自身的资源难以完成的项目；

(6) 一些缺乏管理经验地区的建设项目。

与CM模式相比，两者的区别主要体现在项目组织合同关系、项目管理工作范围、介入项目的时间、承担的风险、业主介入项目管理的程度等方面。

1. 在项目组织合同关系方面

代理型CM单位只与业主签订合同，而与其他参与方的关系属于协调关系，非代理型CM单位除与业主签订CM合同外，还直接与各施工分包商、供应商签订分包合同，但与设计商没有合同关系；在PMC模式中，项目管理承包商与业主签订PMC合同，然后将全部工程分包给各分包商。

2. 工作范围

CM模式主要是在设计阶段做好设计与施工的协调工作，负责招投标并随后管理施工现场；PMC的工作范围则比较广泛，通常是全过程的项目管理承包，工作内容也是全方位的，涵盖目标控制、合同管理、信息管理、组织协调等各项管理工作。

3. 介入项目的时间

PMC模式在全过程的项目管理服务时介入项目的时间较早，一般在项目的前期就开始介入项目，完成有关的项目策划和可行性研究等工作；而CM模式一般在初步设计阶段介入项目，时间上滞后于PMC模式。

4. 承担的风险

虽然CM单位和PMC单位同时作为承包商，对项目的责任和风险相对较大，特别是非代理型CM单位，一般要承担保证最大工程费用GMP，项目风险较大。

5. 业主介入的程度

非代理型 CM 模式中，业主需要承担较多的管理和协调工作，特别是在设计阶段，虽然 CM 单位可以提出合理化建议，在一定程度上影响设计，但由于 CM 单位与设计商没有合同和指令关系，很多决策和协调工作需要由业主完成，因此业主介入项目管理的程度较深；而在 PMC 模式中，业主方只需要很少的项目管理人员，介入项目管理的程度较浅。

6.5.3 CM 与 MC 模式的比较

管理承包(Management Contracting，MC)模式起源于 20 世纪 60 年代的英国，是在仿效美国 CM 管理模式的基础上，结合英国建筑管理现状产生的一种工程项目采购模式，是传统项目管理模式和 CM 模式相结合而产生的一种管理模式。它既象传统项目管理模式下的项目咨询机构，又采用美国 CM 模式中的 Fast-Track 等思想。所以 MC 模式在美国被定义为代理型 CM 模式。

MC 项目管理模式中的组织形式如图 6-13 所示。在这种管理模式中业主选择一个外部的 MC 管理公司来管理项目的设计和建设，MC 公司自己不从事任何项目的建设，而是把整个项目划分成合理的工作包，然后将工作包发包给分包商。

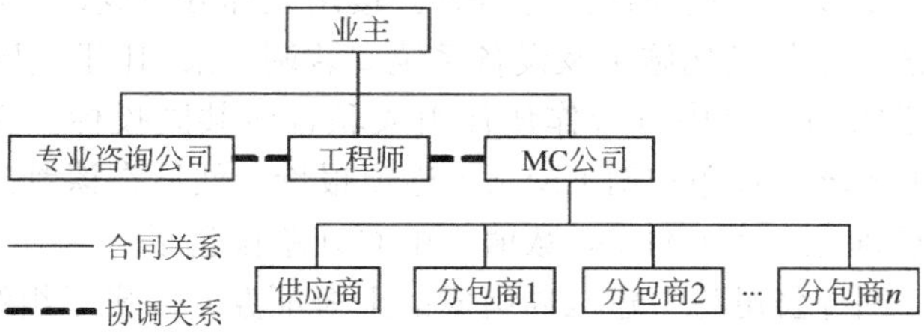

图 6-13　MC 模式组织结构图

从图 6-13 可以看出，MC 模式实质上就是非代理型 CM 模式在英国应用的一种变体。

综合前述，PM、CM(代理型、非代理型)PMC 和 MC 几种模式的对比见表 6-8所示。

PM、CM、PMC、MC 几种模式的对比分析　　　**表 6-8**

比较方面	PM 模式	代理型 CM	非代理型 CM	PMC 模式	MC 模式
项目组织中的性质	提供项目管理服务	非承包商性质	承包商性质		提供施工管理服务
合同关系	只同业主有合同关系		除与业主签订合同，还与其他分包商签订合同		
项目管理工作范围	可以是建设全过程或某个阶段	设计和施工阶段		从项目策划开始的建设全过程	施工阶段
介入项目时间	项目前期策划阶段	初步设计阶段		项目前期策划阶段	施工阶段

续表

比较方面	PM模式	代理型CM	非代理型CM	PMC模式	MC模式
项目责任和风险	承担管理责任风险较小		承担承包责任风险较大	承担管理责任有一定的风险	承担管理责任风险较大
需业主介入的程度	一定程度		较深	较浅	一定程度
与其他模式的共存	可与DB、非代理型CM共存，但不与代理型CM、PMC和EPC共存	不与PM和PMC共存	可与PM模式共存，但不与PMC共存	可与EPC、DB模式共存，但不与CM和PM模式共存	可与PM、DB模式共存，但不与EPC共存

6.6 CM采购模式案例分析

1. 上海证券大厦工程

国内第一个试行CM模式的大型建筑项目是上海证券大厦项目，该工程位于上海浦东新区陆家嘴金融贸易区，总建筑面积约10万m^2，总投资约1.4亿美元，由亚洲最大的证券交易所和高层次的综合办公楼两大部分组成，采用国际上先进的现代化设备和系统。主体结构施工及设备系统安装调试采用国际招标。在招标文件上要求国外单位必须与一个中方合作伙伴组成联合体共同投标。在上海证券大厦CM招标中，业主要求CM单位对CMcost逐项报价，然后在谈判过程中与CM单位逐项讨论，最后确定一个CMcost数值，由CM单位包干。

在该工程中，国外公司与中建八局组成的上海证券CM班子组织结构如图6-14所示，其组织结构有如下特点：

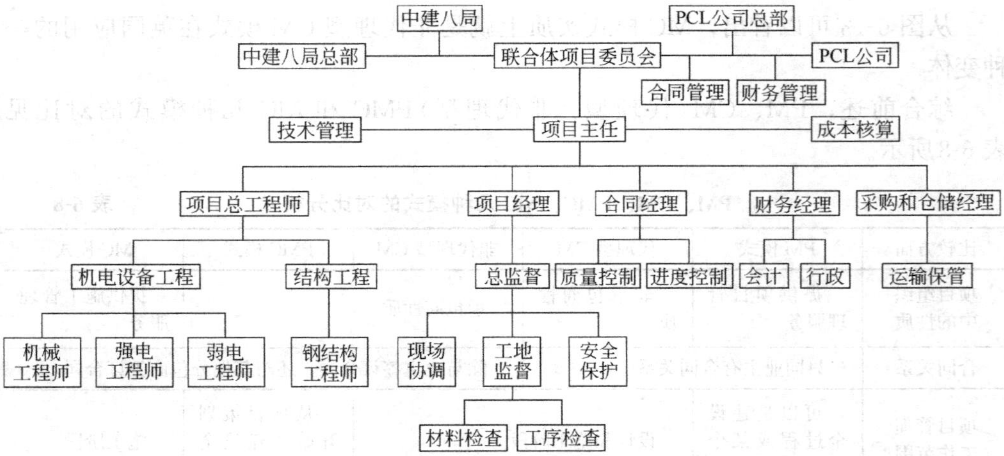

图6-14 上海证券大厦工程组织结构示意图

(1) 由于项目规模较大，因此在经理上增设一位项目主任，CM班子的工作由项目主任负责领导，该职务由外方人员担任。项目主任是CM班子的总指挥，全权负责CM班子的工作。项目主任一直驻守现场，直至工程竣工。项目主任有五个直接下级：项目总工程师、项目经理(应为CM经理)、合同经理、财务经理和采购和仓储经理。

(2) 项目总工程师负责领导技术部的工作，该职务由中方人员担任。由于该项目采用高层钢结构、全玻璃幕墙，技术较为复杂，因此在总工程师手下配备了两名外方技术人员，一名负责设备安装组，另一名负责钢结构和外墙组。在项目总工领导下的技术部负责与设计单位的协调和联系，向设计者提出合理化建议，在施工过程中指导和协助分包商解决出现的有关技术难题。

(3) 施工工作由项目经理负责，此处的项目经理实际上是CM经理。在该组织结构中，项目经理由中方人员担任。项目经理负责整个工程施工的管理和协调工作，向项目主任汇报工作，协调、监督、管理分包商，对工程施工进度、质量和安全负责。

该组织结构中的施工部职能被加强了，其班子由三个层次组成，即项目经理—总监督—工地监督。总监督负责处理分包商之间的具体协调工作，督促和检查分包商的施工进度计划，是施工现场的总负责人，他必须确保工程按计划竣工日期完成。工地监督负责对材料、施工工序进行监督和检查，向总监督汇报工作，审查分包商的质量保证措施、安全措施和文明施工措施。

(4) 除了分管施工的项目经理以外，项目主任的另一重要助手是合同经理。合同经理的责职包括两个方面：

1) 合同管理，包括确定“Fast-Track”的分包合同结构方案、主持分包商和供货商招标、起草合同文件、主持合同谈判，以及负责合同执行期间的跟踪管理等。

2) 费用控制，包括编制工程费用预算、修改和调整工程费用预算、编制工程费用控制报告等。

合同管理和工程费用控制是CM班子的两大重要任务，不但工作量大，而且难度高。从图6-14所示CM班子组织结构来看，这部分力量仍显得较为薄弱。一方面，本项目中有大量国际招标工作，而该项工作是国内人员的薄弱环节，只能由合同经理(外方人员)专人负责；另一方面，编制工程费用预算和控制费用要运用计算机软件，比较好的办法是外方派专人在现场从事费用控制工作。

(5) 财务经理负责CM班子的财务管理工作，保管所有的会计凭证，编制财务报表报送项目主任，由项目主任上报业主。财务经理还要负责工程的资金管理工作，编制资金使用计划，并负责向分包商和供货商支付工程款和购货款等有关款项。财务经理同时兼管现场办公室的行政工作。

(6) 采购和仓储经理负责工程所需的材料、设备的供应和管理工作，包括编制材料、设备采购计划；参与材料、设备招标和合同谈判；监督设备、半成品的生产过程，负责运输、保管等管理工作；以及现场物资贮存管理调配工作。由于单独设立了采购部，在一定程度上缓解了合同经理在材料、设备合同管理方面的压力，这是大型项目可取的一种方法。

2. 上海浦东东南花苑主题项目

中建八局三公司在上海浦东东南花苑主题项目上也是采用CM模式，且是为数不多的正式实施CM模式的项目之一。下面以CM单位与施工单位间的合同关系为主进行简介。

该工程位于上海浦东，总建筑面积8.9万m^2，建筑高度99.7m，公寓400套，办公房22套，剪力墙及框架结构。该项目的业主为上海浦东新区东南置业有限公司，通过招投标确认由韩国极东建设株式会社为项目的CM承包方(上海浦东新区东南置业有限公司是韩国极东建设株式会社设于上海的子公司，该公司希望项目能够采用CM的模式达到节省费用、合理安排设计与施工间关系、缩短工期的目的，但又不希望一笔可观的CM费用被别人赚取，所以采用了子公司发包，母公司承包的方式)。

韩国极东建设株式会社作为CM方就工程的各分项全面进行了公开的招投标，最后确定：设计总包是上海华东建筑设计研究院浦东分院，方案设计为法国F. R. I设计所，施工总包是中建八局第三建筑公司，工程监理单位为上海市建设工程监理公司。

从项目的合同关系和各分项合同签订的主体可以看出，韩国极东建设株式会社在项目中不是以业主顾问的身份出现，而是以承包商的身份进行工作的，所以该项目采用的是CM/Non-Agency的组织结构。

(1) 关于设计与施工的充分搭接。在1997年12月28日CM单位与施工单位签订的项目主体工程施工合同(DNHY/CONTRICT/04)中第三条合同工程内容和第十二条图纸中明确指出，在提交的任何技术说明、设计、绘图中出现的错误或疏忽、不妥随时都可以更正，承包方要安全、准确地完成合同工程范围内的工程施工。这种"随时"更充分体现了设计与施工的搭接，减少设计变更，力求完美的思想。

(2) 关于项目施工过程中CM单位的权利。在合同第十三条一般义务的第1款中规定了CM单位的工作权利，如：

1) CM单位可以委派有关的具体管理人员，承担自己的权利和职责，也可以在任何时候撤回委派，只要在委派和撤回发生前5天通知承包方即可。

2) 紧急情况下CM代表要求承包方立即执行的指令，即使承包方有异议，但如果CM代表决定仍继续执行的指令，承包方应予执行。

3) CM代表可就承包方在施工中违反合同规定的任何问题向承包方发出指示，承包方必须立即执行，若在收到CM单位催促执行指示的书面通知后的7天后，承包方仍未执行，CM单位可另聘他人执行该指示中所要求的工作，并向承包方追讨所有有关费用，或从合同应付和将付的款项中扣除该部分的费用。针对不同可能发生的情况，CM单位有权顺延工期，还可以随时终止合同，只需要56天前给承包方发出终止合同的通知即可。

(3) 关于项目施工过程中CM单位的工作任务。合同明确规定了CM单位的任务：

1) 将施工所需水、电、电信线路从施工场地外部接至施工场地，保证施工期间的需要；

2）向承包方提供施工场地的工程地质和地下管网线路资料，保证数据真实准确；

3）协助办理施工所需各种证件、批件和临时用地；

4）将水准点与坐标控制以书面形式交给承包方，并进行现场交验；

5）组织承包方和设计单位进行图纸会审，向承包方进行设计交底；

6）审批承包方的施工组织设计(或施工)方案及进度计划，提出改进意见；

7）CM单位的工程师可以在任何时候进入现场，检查、管理并发布可以使施工顺利进行的命令和指示，如果发现有不满意之处要及时向承包方提出予以修正；

8）确定合同款项，并在合同签订15天内，在承包方提供履约保函后30天内，向承包方提供合同总价5%的预付工程款，开工后按月和比例逐次扣回；

9）按月核实确认承包方的工作量并支付工程款，按照约定的材料种类、规格、数量、单价、质量等级和提供时间、地点的清单，向承包方提供材料设备及其产品合格证明，CM代表在所供材料设备验收24小时前将通知送达承包方；

10）确定设计变更和确定变更价款；

11）CM代表在收到承包方提供的完工验收报告及完工资料后50天内组织有关部门验收，并在验收后10天内给予批准或提出修改意见；

12）完工后，CM代表在收到承包方的结算报告后应及时给予批准或提出意见；

13）在发生不可抗力后，迅速采取措施与承包方共同解决，并为灾害处理提供必要的条件。

6.7 国际著名DB/EPC/CM承包商的经验

6.7.1 Bechtel公司概况

创建于1898年的Bechtel公司是一家具有国际一流水平的集工程设计、建设于一体的综合性建设公司。2006年Bechtel公司营业额达到了153.67亿美元，其中国际营业额89.31亿美元，工程总承包和工程项目管理是Bechtel公司的主要服务形式，其中工程总承包业务占60%～85%，工程项目管理服务占5%～15%。工程总承包的方式主要有：DB总承包、EPC总承包、施工管理承包、CM承包和工程设计、采购、咨询等形式，2006年以DB模式承包的工程营业额全球排名第一。

该公司总部设在旧金山，公司大约拥有5万名员工，2005年的净收入为18.1亿美元。在全球140个国家和地区完成了22000多个项目，包括Hoover大坝、英吉利海峡隧道、香港国际机场、旧金山高速公路系统、三藩市海湾地区快速运输系统、海湾战争后科威特油田的重建、Jubail工业城及Alma铝冶炼等项目。其业务领域涉及施工、管理、开发、财务等领域。

1. 公司组织结构

公司总部分为工程部门和职能管理部门，在工程开发部门下设专业公司和地区代表处(如图6-15所示)。各专业公司管理采用事业部制的组织形式，公司在世界各地按照业务领域都建立若干专业分公司，各分公司在组织结构形式上基本相同，大都设有项目管理部、项目控制部、质量管理部、设计部及相关专业设计室、采购部、施工部等。

Bechtel 公司项目管理采用矩阵制管理模式，职能部门与作业区域双汇报制。项目部设有现场经理、工程总管、总工程师。下面分设安全健康与环境主管（经理），费用控制与计划主管（经理），劳资主管，采购经理，施工经理，合同主管六个部门。即以永久的专业机构设置为依托，按临时的、综合严密的项目管理组织，具体组织实施项目。

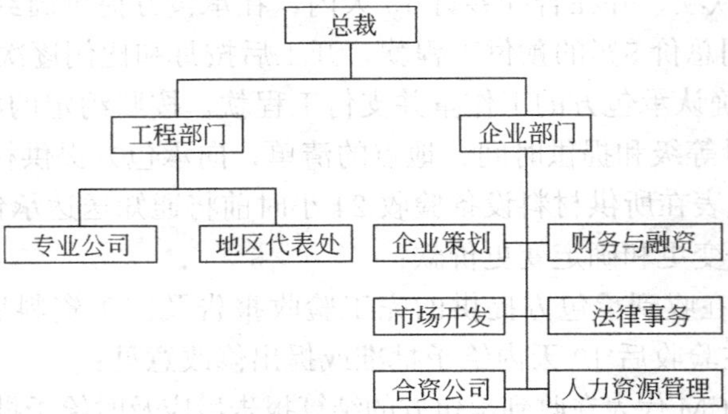

图 6-15 Bechtel 公司组织结构图

2. 人员结构

Bechtel 在全球拥有 5 万余名员工，其中，白领 3 万多人，蓝领 2 万多人，分布在 140 多个国家和地区。其人员构成以设计人员最多，占 36.79%，其他技术类人员较多的是工艺、安全与环境专业人员，以及项目管理与工程规划技术人员，非技术人员比例仅为 14.0%，如图 6-16 所示。

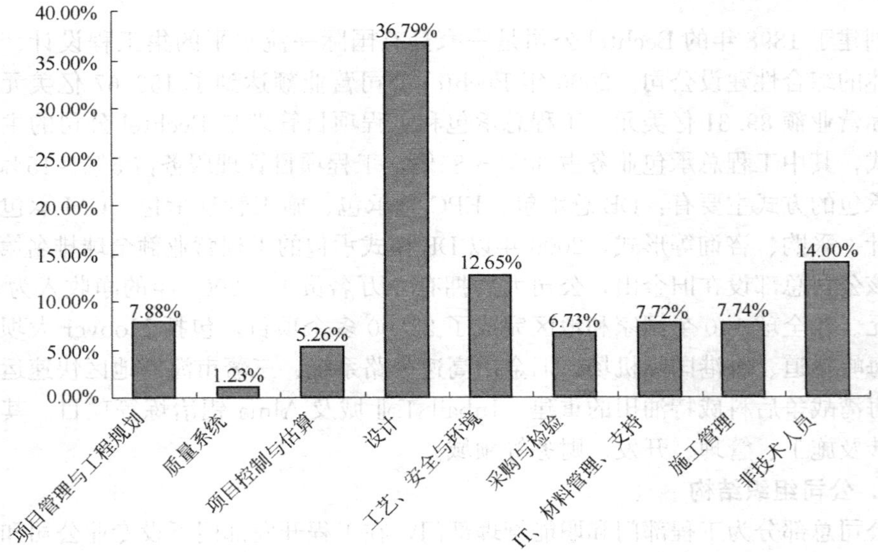

图 6-16 Bechtel 公司的人才结构比例

3. 行业结构

Bechtel公司的主要业务领域为工业/石化、交通和能源，同时涉足排污/垃圾废物处理(如图6-17所示)。在Bechtel公司经营结构中能源领域占21%，在该行业市场高居首位。

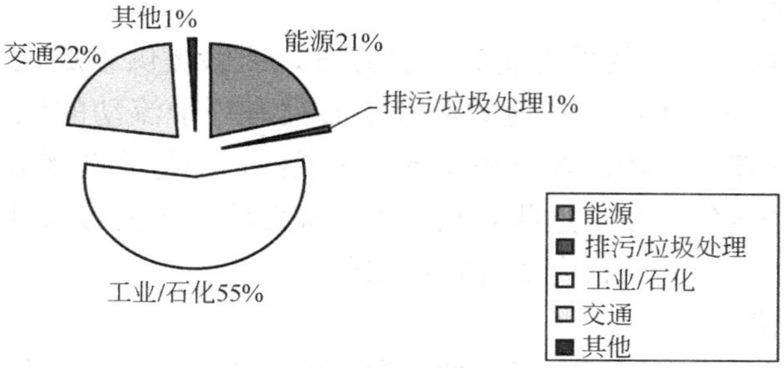

图6-17 Bechtel公司行业结构图

6.7.2 Bechtel公司竞争优势

Bechtel公司的核心竞争能力主要体现在：项目管理能力、工程设计能力、创新能力、融资能力、采购业务能力和营销能力等几个方面。

1. 项目管理能力

Bechtel公司拥有大规模和复杂项目的管理能力，不仅拥有良好的项目管理体制和机制，还有先进的项目管理技术和手段作支撑。项目管理技术和手段包括：项目管理手册、项目管理程序文件、施工管理规范、项目管理数据库、先进的计算机系统和网络体系、集成化的项目管理软件等。Bechtel公司把组织机构和营运、规程、经营管理作为企业项目管理金字塔的组成部分。通过3D模型设计、4D工程进程监测技术使公司的项目管理处于世界的领先水平。

2. 工程设计能力

Bechtel公司力图让工程设计实现智能化，公司在澳大利亚、加拿大、印度和美国都设有设计中心，设计工程师超过了350人，能够提供全天候的服务，公司拥有的全球化高速通讯设施使公司人员能够时时保持联系，以确保设计工作能够与工程进度相匹配。

3. 创新能力

Bechtel公司利润一部分来自危险废弃物处理，这类工程对操作员可能产生巨大伤害，需要特殊的操作程序和防护措施，因此，能够承接这些项目的承包商比较少，项目的利润也相对较高。Bechtel公司通过技术创新，向高科技施工项目转移，利用其雄厚的资金和技术创新优势，进入利润率相对较高的行业承接项目，从而提高公司的竞争能力。

4. 融资能力

Bechtel公司具有很强的融资能力，在市场上竞争力很强。Ben是Bechtel公司旗下专门从事项目开发、融资和投资管理的公司。该公司主要提供项目拓展、结构化融资和信贷方面的专业顾问服务。自 1990 年来，Ben 已经帮助客户通过商业银行、多边贷款机构、国际贷款机构、出口信贷机构和资本市场安排了超过 340 亿美元的融资。除此之外，Bechtel 公司还提供投资和资产管理服务。通过与业主密切的合作，Bechtel 公司已经成功投资了 77 个项目，总值达 320 亿美元。

5. 采购业务能力

Bechtel 公司拥有自己的采购业务解决方案，能够提供集成化可靠的和经济的供应链管理服务。公司在世界各地的业务中心拥有一个流动的职业或专业的智囊库，通晓当地的法律、市场、客户和物流采购惯例，并与关键制造商和承包商建立了长期和高层次的合作关系。这些有利的条件都促使公司能够从世界各地以较快的速度和较低的价格及时地获得合适的货物和服务。

6. 营销网络优势

优秀的国际承包商在国际市场上拥有发达的营销网络，便于他们在各地收集市场信息和国际工程招标信息，并以整个公司优势力量投标，开拓新市场。Bechtel 公司全球性的知识与资源网融入了各个地区的组织当中，并能直接为当地的业主提供服务。Bechtel 公司全球性的组织网络包括：

(1) 亚太地区(中国、中国香港、印度尼西亚、日本、韩国、马来西亚、大洋州、菲律宾、新加坡、中国台湾、泰国)；

(2) 欧洲、非洲、中东和东南亚(英国、法国、西班牙、俄罗斯、沙特阿拉伯、阿拉伯联合酋长国、阿曼、土耳其、埃及、印度)；

(3) 拉丁美洲(阿根廷、巴西、智利、墨西哥、秘鲁、委内瑞拉)；

(4) 北美(加拿大、美国)。

在中国，Bechtel 公司从 1979 年开始在北京设立办事机构以来，一直积极活跃于中国市场。Bechtel 在北京和上海设立了常驻办事机构，上海办事处是中国执行单位，在 1994 年 12 月获得中国的建设许可证，成为第一个获得此类许可的外方公司，并且拥有在北京、上海、天津、福建、河南和辽宁建设的许可证。Bechtel 公司在中国大约完成了 70 个项目，主要从事土木工程、电厂和工业建设等领域的业务。

6.7.3 Bechtel 公司技术创新

Bechtel 公司始终将最新的技术应用于业主的工程与建设项目当中，并积极进行技术创新。其主要的技术创新体现在：信息管理、安全管理、知识管理等方面。

1. 信息管理

随着建设工程项目的类型和特征的日趋复杂化，工程服务方式的多样化、市场化，使得各类业主对项目管理的精益程度要求也越来越高，传统的管理手段很难实现精确、高效的项目管理，因此国际著名承包商都把发展信息化技术作为提升行业竞争力的重点。

Bechtel 公司每年投入 1000 万美元以上的费用用于工程项目管理软件的开发。Bechtel 正努力开发信息系统和运用电子商务，包括：

(1) 确定下一代针对供应商的应用程序，以便加速信息在工程、建设、采购和项目管理活动中的流动。创建基于大功率的网络导向的物流和协作工具，发展新的网络技术，帮助 Bechtel 提供世界范围内的安全沟通，时时了解全世界项目进程、物料价格信息。这种信息系统优势使得 Bechtel 公司能够在世界范围内提供最好的工程师、建筑经理、全球采购专家和物流专家，也使得公司能够处理各类复杂的项目，从而获得较高的利润。

(2) 开发新的网络技术，如虚拟个人网络。随着大量小型、临时项目的增加，为了减少因安装专用线路而花费高昂的费用，虚拟个人网络为 Bechtel 提供全球范围的安全沟通线路。

(3) 通过 Bechtel 技术风险投资(BTV)投资互联网业务，以优化内部操作的流程。

(4) 运用多种基于网络的采购与合作工具。

(5) 开发整合的语音数据网络，不但节约费用，还可以为在边远的、无通讯设施地区的项目提供支持。

(6) 对现有的软件进行升级换代，以确保其适应新的环境。

2. 安全管理

安全问题对于公司信誉和形象十分重要。Bechtel 公司将相当多的资金用于对员工安全的保障和保险，并使得其工伤死亡率一直处于很低的水平。在 2000 年，Bechtel 全球 90%的项目(1.1 亿工作小时)保持了零事故记录，公司的安全绩效远高于行业标准。“安全第一”的宗旨不但有助于工人的安全，而且有利于自身，因为事故率越低，保险费就越少。

在 Bechtel 公司，安全被注入工作的每一个环节，从项目规划开始形成一套综合的安全与健康程序。其安全与健康程序包括了最新的数据管理系统、基于计算机的训练程序、基于行为的安全过程以及全球医疗服务系统。

公司在总部建立了强大的安全技术支持系统，很多安全专家专门致力于研究安全管理、安全施工技术和个人防护技术，进行事故调查，分析原因，制定措施，编制计划等，为现场安全健康与环境工作提供技术支持，工程现场安全人员的主要工作是执行安全计划。

Bechtel 公司通过综合现场执行程序、培训与教育过程、评估过程等开发了健康、安全和环境(Health, Safe, Environment, HSE)管理系统，并应用于所有的项目中。每个 Bechtel 公司的分包商与合作者均被要求采用其安全与健康要求，Bechtel 公司还要审查他们的安全记录和 HES 资格。Bechtel 公司通常为全球的业主提供全方位的 HSE 服务，包括：

(1) 制定现场环境、安全和健康计划；

(2) 监控现场的化学与射线辐射；

(3) 在工作的所有国家承诺 HSE 计划；

(4) 开发安全培训计划和适用所有有关语言的资料；

(5) 提供全球紧急计划设施，包括联系、撤出和医疗支持。

3. 知识管理

一些具有多年工程建设工作经验的项目团队自然积累了大量的专业知识，遗憾的是，其中很多知识根本不为企业其他人所知。这些知识始终处于封闭隔绝的状态，他人难以接触，其利用率也就大打折扣。国际著名承包商把知识与经验看作企业的重要资产，投入资金加强管理。只有对企业的“复合型知识”进行优化管理，才能获得最充分的收益。如果能够为积累知识与经验提供更多的投入，企业就能创造更多的财富并降低成本。

Bechtel公司投入大量资金建立了一套基础知识管理体系，以促进复合型知识的迅速普及，这一措施在很大程度上免除了公司人员的培训负担。公司通过建立“知识超级便利店”缩短项目周期，关注知识管理系统的服务质量并获得更大的效益。为了使信息不断更新，Bechtel公司要求项目经理必须在项目结束后抽出5%的时间来进行归纳、整理的工作。在培训机制上，公司层层设有训练机构，并在总公司设立了一个规模很大的“管理人员训练中心”。

6.7.4 Bechtel公司的开拓之路

Bechtel公司的业务拓展更多地采用战略联盟机制，通过与23家企业结成战略联盟开拓全球市场，这些联盟企业可划分成如下四类：

1. 当地的合作伙伴

这样的合作伙伴通常都是针对海外市场所建立的合资企业，往往基于战略互补而形成，但是，合作伙伴不一定要有相同的目标。例如，Bechtel和Metodo结成联盟，组建BMT公司，Bechtel公司是为了扩大在巴西的电信市场份额，而Metodo是期望从Bechtel引进先进的工程技术。Bechtel在全球范围内的重点工程的分布主要集中在美国本土、智利、秘鲁及加勒比海地区、埃及、英国、挪威、俄罗斯、马来西亚、中国和阿拉伯海地区。与此相对应的在伦敦、埃及、土耳其、中国、加拿大、加勒比海地区、智利、秘鲁、巴西各有一个Bechtel的战略联盟伙伴。

2. 与美国政府的合作

Bechtel公司与美国政府合作，获得了伊拉克战后重建中的首份大额合同(合同总额高达6.8亿美元)。Bechtel公司与美国政府的合作项目主要有：AMWTP公司、BPMI公司、Bechtel Jacobs公司和Los Alamos公司。其中，AMWTP公司主要是协助美国海军处理爱德华州的铀污染；BPMI主要服务于国家舰队及海军，通过提供卓越的设计、采购及技术服务成为美国安全系统的重要组成部分；Bechtel Jacobs公司主要为美国能源管理部门提供环境治理和垃圾再利用的管理服务；Los Alamos公司与加利福尼亚大学、BWX技术公司和华盛顿国际小组形成战略联盟；建设21世纪全球最先进的国家安全实验室。在经营这四家联盟合作企业时，Bechtel公司的主要目标并非赢利，甚至有可能要花费一些资金，但这种与政府部门的合作却是必不可少的。它带来的技术支持较短期的赢利更为重要，并为以后更多的与政府部门的合作打下了良好的基础。

3. 咨询服务、技术支持类的战略联盟

咨询服务、技术支持类的战略联盟通常是依据互补技能选择伙伴。在这类战略联盟中，有三家企业是独立于Bechtel公司而为其提供独立的咨询、技术服务。它们是：EPCglobal公司、APX公司和Bentley公司。其中EPCglobal公司是一家很有代表性的提供人力资源信息服务的企业，目前有超过10万家建筑企业与其合作。如Bechtel在沙特阿拉伯的一个项目，由于其历时较长，需要不断供给劳动力，EPCglobal也就成为它的主要劳务提供机构。

4. 以子公司形式的技术支持

虽然子公司从表面来看不足以形成一种战略联盟，但是Bechtel参与PECL公司、Nexant公司和BSC公司的经营管理，这些公司为Bechtel提供专业领域的技术支持，对Bechtel的全球战略起到了举足轻重的作用，而IPSI LLC公司和Bechtel Bettis两家子公司则主要以研发来为母公司提供技术支持服务。

6.7.5 Bechtel公司对中国建筑业企业的启示

目前我国许多大型承包商都已经发展到规模不经济的阶段，要发展企业需要更多的资源，但是如果继续增大企业的规模，其管理成本将会急剧增加，组织内耗也会变得相当巨大，所以建立战略联盟可以有效整合企业的外部资源，使企业进一步发展而达到一个新的高度。

通过研究Bechtel公司的战略联盟机制，不难发现其战略联盟的建立层次清晰，纵向联盟和横向联盟都已较为完善。中国建筑业企业也可结合自身特点，例如公司的技术强项等，建立以下四种联盟：

(1) 建立以国际工程为中心的当地合作伙伴战略联盟；

(2) 加强与政府的合作；

(3) 与科研机构和高等院校的技术合作；

(4) 与提供技术、资源支持的公司建立战略联盟。

本 章 小 结

本章介绍了CM的基本概念、研究现状及实践应用；分析了CM模式的特点、工作内容、适用范围，重点探讨了CM模式的合同条件、工程费用及保证最大工程费用(GMP)，并将CM模式与其他模式进行了比较分析；最后介绍了上海证券大厦及上海浦东东南花苑主体两个CM项目以及国际著名DB/EPC/CM承包商-Bechtel公司的经验。

复习思考题

1. CM模式特点体现在哪些方面？CM模式的优点和缺点有哪些？
2. 代理型CM模式与非代理型CM模式有哪些异同点？
3. 比较CM与MC模式有哪些异同？
4. 非代理型CM模式的工程费用是如何计取的？
5. 我国的承包商如何承接和管理CM项目？

第7章 工程项目招标投标

7.1 工程项目施工招标投标及其管理

7.1.1 概述

工程项目施工招标投标是市场经济条件下进行工程项目施工的发包与承接过程中所采用的一种交易方式，是建设市场中一对相互依存的经济活动。

工程项目施工招标是指发包人(或称招标人，即依照招标投标法的规定提出招标项目、进行招标的法人或其他组织)在发包建设项目之前通过公共媒介告示或直接邀请潜在的投标人(即潜在的、可能响应招标、参加投标竞争的法人或其他组织)，根据招标文件所设定的包括功能、质量、数量、期限及技术要求等主要内容的标的，提出实施方案及报价，经过开标、评标、决标等环节，从众多投标人中择优选定承包人的一种经济活动。

工程建设投标是指具有合法资格和能力的投标人根据招标文件要求，提出实施方案和报价，在规定的期限内提交标书，并参加开标，中标后与招标人签订承包协议的经济活动。

招标投标实质上是一种市场竞争行为。招标人通过招标活动在投标人中选定报价合理、工期较短、信誉良好的承包商来完成工程建设任务。而投标人则通过有选择地投标，竞争承接资信可靠的业主的建设工程项目，以取得较高的利润。

我国建设工程招标投标活动所依据的法律、法规及部门规章主要有：《中华人民共和国招标投标法》、国家计委等七部委联合签署的第 12 号令《评标委员会和评标方法暂行规定》和第 30 号令《工程建设项目施工招标投标办法》以及住房与城乡建设部等部委颁布的有关招投标管理的办法规定。

1. 我国工程项目招标范围

依照我国招标投标法及有关规定，在我国境内建设的以下项目必须通过招标投标选择承包人。

(1) 关系社会公共利益、公众安全的大型基础设施项目

1) 煤炭、石油、天然气、电力、新能源项目。

2) 铁路、公路、管道、水运、航空以及其他交通运输业等交通运输项目。

3) 邮政、电信枢纽、通信、信息网络等邮电通讯项目。

4) 防洪、灌溉、排涝、引(供)水、滩涂治理、水土保持、水力枢纽等水利项目。

5) 道路、桥梁、地铁和轻轨交通、污水排放及处理、垃圾处理、地下管道、公共停车场等城市设施项目。

6) 生态环境保护项目。

7) 其他基础设施项目。

(2) 关系社会公共利益、公众安全的公用事业项目

1) 供水、供电、供气、供热等市政工程项目。

2) 科技、教育、文化等项目。

3) 体育、旅游等项目。

4) 卫生、社会福利等项目。

5) 商品住宅，包括经济适用房。

6) 其他公用事业项目。

(3) 全部或部分使用国有资金投资的项目

1) 使用各级财政预算资金的项目。

2) 使用纳入财政管理的各种政府性专项建设基金的项目。

3) 使用国有企业事业单位自有资金，并且国有资产投资者实际拥有投资权的项目。

(4) 全部或部分使用国家融资的项目

1) 使用国家发行债券所筹资金的项目。

2) 使用国家对外借款或者担保所筹资金的项目。

3) 使用国家政策性贷款的项目。

4) 国家授权投资主体融资的项目。

5) 国家特许的融资项目。

(5) 使用国际组织或者外国政府贷款的项目

1) 使用世界银行、亚洲开发银行等国际组织贷款资金的项目。

2) 使用外国政府及其机构贷款资金项目。

3) 使用国际组织或者外国政府援助资金项目。

以上范围内总投资超过3000万元人民币的各类工程建设项目，包括项目的勘察、设计、施工、监理以及与工程建设有关的重要设备、材料等的采购必须进行招标。另外，总投资虽然低于3000万元人民币，但单项合同估算价达到下列标准之一的，也必须进行招标：

1）施工单项合同估算价在200万元人民币以上的；

2）重要设备、材料等货物的采购，单项合同估算价在100万元人民币以上的；

3）勘察、设计、监理等服务的采购，单项合同估算价在50万元人民币以上的。

根据《工程建设项目施工招标投标办法》第12条规定，需要审批的工程建设项目，有下列情形之一的，可以不进行施工招标：

1）涉及国家安全、国家秘密或者抢险救灾而不适宜招标的；

2）属于利用扶贫资金实行以工代赈需要使用农民工的；

3）施工主要技术采用特定的专利或者专有技术的；

4）施工企业自建自用的工程，且该施工企业资质等级符合工程要求的；

5）在建工程追加的附属小型工程或者主体加层工程，原中标人仍具备承包能力的；

6）法律、行政法规规定的其他情形。

2. 工程项目施工招标方式

我国《招标投标法》规定，工程建设项目招标可采取公开招标或邀请招标方式。

(1) 公开招标

公开招标是指招标人以招标公告的方式邀请不特定的法人或者其他组织投标。招标的公告必须在国家指定的报刊、信息网络或者其他媒介上发布。招标公告应当载明招标人的名称、地址，招标项目的性质、数量、实施地点和时间，投标人的资格以及获得招标文件的办法和投标截止日期等事项。如果要进行投标资格预审的，则在招标公告中还应载明资格预审的主要内容及申请投标资格预审的办法。招标人应当保证招标公告内容的真实、准确和完整。

公开招标的优点是招标人有较大的选择范围，可在众多的投标人中选择报价合理、工期较短、技术可靠、资信良好的承包商，有助于公平竞争。其缺点是由于投标的承包商多，招标工作量大，组织工作复杂，需投入较多的人力、物力，招标过程所需时间较长。

招标人选用了公开招标方式，就不得设置不合理的条件限制或者排斥潜在的投标人，不得限制或者排斥本地区、本系统以外的法人或者其他组织参加投标，不得对潜在投标人实行歧视待遇。

(2) 邀请招标

邀请招标是指招标人以投标邀请书的方式邀请特定的法人或者其他组织投标。投标邀请书上同样应载明招标人的名称、地址，招标项目性质、数量、实施地点和时间，获取招标文件的办法以及投标截止日期等内容。招标人采取邀请招标方式的，应邀请3个以上具备承担招标项目的能力且资信良好的潜在投标人投标。根据《工程建设项目施工招标投标办法》第11条规定，有下列情形之一的，经批准可以进行邀请招标：

1）项目技术复杂或有特殊要求，只有少量几家潜在投标人可供选择的；

2）受自然地域环境限制的；

3）涉及国家安全、国家秘密或者抢险救灾，适宜招标但不宜公开招标的；

4）拟公开招标的费用与项目的价值相比，不值得的；

5）法律、法规规定不宜公开招标的。

邀请招标一般邀请的都是招标人所熟悉的或在本地区、本系统拥有良好业绩、建立了良好形象的投标人，所以较之公开招标的投标人资格审查，工作量就要少得多，招标周期就可缩短，招标费用也可以减少，同时还可减少合同履行过程中承包人违约的风险。因此，除了法定必须公开招标的建设工程招标，邀请招标是采用得较多的招标方式。

邀请招标虽然能保证潜在的承包人具有可靠的资信和完成任务的能力，保证合同的履行，但由于受招标人自身条件所限，不可能对所有的潜在投标人都了解，有些技术上、报价上都很有竞争力的潜在投标人可能会没有被邀请到。

3. 施工招标范围的确定

(1) 招标范围

施工招标范围可以是全部工程招标，也可以是对某一个单位工程进行招标，还可以就某一特殊专业工程招标。对于大型工程建设项目的施工招标有时可以分成几个部分招标，也即分成几个标段招标。几个标段既可以同时招标，也可以分批招标。

(2) 确定招标范围的原则

如果工程项目的全部施工任务作为一个标发包，则招标人仅与一个中标人签订合同，施工过程中管理工作比较简单，但有能力参与竞争的投标人较少。如果招标人有足够的管理能力，也可以将全部施工内容分解成若干个单位工程和特殊专业工程分别发包，一则可以发挥不同投标人的专业特长，增强投标的竞争性；二则每个独立合同比总承包合同更容易落实，即使出现问题也是局部的，易于纠正或补救。但招标发包的数量多少要适当，标段太多会给招标工作和施工阶段的管理协调带来困难。因此，分标段的原则是有利于吸引更多的投标者来参加投标，以发挥各个承包商的特长，降低工程造价，保证工程质量，加快工程进度，同时又要考虑到便于工程管理、减少施工干扰，使工程能有条不紊地进行。

(3) 确定招标范围应考虑的影响因素

1）工程特点。准备招标的工程如果场地比较集中、工程量不大、技术上不是特别复杂，一般不用分标。而当工作场面分散、工程量较大或有特殊的工程技术要求时，则可以考虑分标，如高速公路、灌溉工程等大多是分段发包的。

2）对工程造价的影响。一般来说，一个工程由一家承包商施工，不但干扰少、便于管理，而且由于临时设施少，人力、机械设备可以统一调配使用，可以获得比较低的工程报价。但是，如果是一个大型的、复杂的工程项目（如城市轻轨工程项目），则对承包商的施工经验、施工能力、施工设备等方面都要求很高，在这种情况下，如果不分标就可能使有能力参加此项目投标的承包商数大大减少，投标竞争对手的减少，很容易导致报价的上涨，不能获得合理的报价。

3）施工专业化要求。尽可能按专业划分标段，以利于发挥承包商的特长，增加对承包商的吸引力。如将土建施工与设备安装分别招标，土建施工采用公开招标，以便跨行业、跨地域在较广泛的范围内选择技术水平高、管理能力强而报价又合理的投标人实施，设备安装工程由于专业技术要求高，可采用邀请招标来选择有能力的中标人。

4）工地的施工管理问题。在分标时要考虑工地施工管理中的两个问题：一是工程进度的衔接；二是工地现场的布置。工程进度的衔接很重要，特别是对“关键线路”上的项目一定要选择施工水平高、能力强、信誉好的承包商，以保证能按期完成任务，防止影响其他承包商的工程进度，以至于引起不必要的索赔。从现场布置角度看，则承包商越少越好。分标时一定要考虑施工现场的布置，不能有过大的干扰，对各个承包商的料场分配、附属企业、生活区安排、交通运输、甚至弃渣场地等都应事先有所考虑。

5）其他因素。工程项目的施工是一个复杂的系统工程，影响划分合同分标段的因素很多，如资金问题，当资金筹措不足时，只有实行分标，先部分工程招标。

总之，分标时对上述因素要综合考虑，可以拟定几个分标方案，进行综合比较后确定，但不允许将单位工程肢解成分部、分项工程进行招标。

7.1.2 工程施工招标及管理

工程施工招标一般要经历招标准备、投标邀请、发售招标文件、现场勘察、标前答疑、开标、评标、定标、签约等过程。

7.1.2.1 招标准备

招标准备包括3个方面，即招标组织准备、招标条件准备和招标文件准备。

1. 招标组织准备

招标活动必须有一个机构来完成，这个机构就是招标组织机构。如果招标人具有编制招标文件和组织评标的能力，则可以自行组织招标，并报建设行政管理部门备案，否则应选择招标代理机构，与其签订招标委托合同，委托其代理招标事宜。

(1) 招标单位自行组织招标

《招标投标法》规定，招标人是依法提出招标项目、进行招标的法人或其他组织。工程项目业主必须满足下列资质条件和能力时，才可以进行施工招标。

1）是法人或依法成立的其他组织。

2）具有与招标项目规模和复杂程度相适应的工程技术、概预算、财务和工程管理等方面的专业技术力量。

3）有从事同类工程建设项目招标的经验。

4）设有专门的招标机构或者拥有3名以上专职招标业务人员。

5）熟悉和掌握招标投标法及相关的法律法规。

招标人具有编制招标文件和组织评标能力的，可以自行办理招标事宜。任何单位和个人不得强制其委托招标代理机构办理招标事宜。招标人有权自行选择招标代理机构，委托其办理招标事宜。

(2) 招标代理机构应具备的条件

从事招标代理机构应具备下列条件：

1）有从事招标代理业务的营业场所和相应资金。

2）有能够编制招标文件和组织评标的相应专业力量。

3）有符合招投标法规定条件、可以作为评标委员会成员人选的技术、经济等方面的专家库。

无论是自行办理招标事宜还是委托招标代理机构办理，招标人都要组织招标领导班子，如招标委员会、招标领导小组等，以便能够对招标中的诸如确定评标办法、投标人、中标人等重大问题进行决策。

2. 招标条件准备

根据《工程建设项目施工招标投标办法》第 8 条的规定，依法必须招标的工程建设项目，应当具备下列条件才能进行施工招标：

（1）招标人已依法成立；

（2）初步设计及概算应当履行审批手续的，已经批准；

（3）招标范围、招标方式和招标组织形式等应当履行核准手续的，已经核准；

（4）有相应资金或资金来源已经落实；

（5）有招标所需的设计图纸及技术资料。

3. 招标文件准备

不同的招标方式、招标内容，招标用的文件是不一样的，如公开招标用的文件就包括招标公告、资格预审、投标邀请、招标文件乃至中标通知书等在内的全部文件。而邀请招标用的文件中就不含招标公告、投标资格预审等内容。招标的文件准备并不要求全部同时完成，可以随招标工作的进展而跟进。

招标用文件的核心是发售给投标人作为投标依据的招标文件。招标文件编制得好坏，直接关系到招标的成败，要予以特别的重视，最好由具备丰富招投标经验的工程技术专家、管理专家及法律专家合作编制。

7.1.2.2 投标邀请

招标方式不同，邀请的程序也不同，公开招标一般要经过招标公告、资格预审、投标邀请等环节；而邀请招标则可直接发出投标邀请书。

1. 招标公告

招标公告由招标人通过国家指定的报刊、信息网络或者其他媒介以及工程建设招标投标的有形市场（如建设工程交易中心、工程建设招标投标市场等）发布信息。招标公告或投标邀请书至少应当载明下列内容：

（1）招标人的名称和地址；

（2）招标项目的内容、规模、资金来源；

（3）招标项目的实施地点和工期；

（4）获取招标文件或者资格预审文件的地点和时间；

（5）对招标文件或者资格预审文件收取的费用；

（6）对投标人的资质等级的要求。

如果要进行资格预审的，公告中应载明资格预审的条件、标准和方法。

2. 投标资格预审

招标人可以根据招标工程的需要，对投标申请人进行资格预审，也可以委托工程招标代理机构对投标申请人进行资格预审。

(1) 投标资格预审的内容

资格预审的基本内容主要包括投标人签约资格和履约能力。

1）签约资格：是指投标人按国家有关规定承接招标项目必须具备的相应条件，如投标人是否是合法的企业或其他组织；有无与招标内容相适应的资质；是否正处于被责令停业或财产被接管、冻结或暂停参加投标的处罚期；最近3年内有无骗取中标和严重违约及重大工程质量问题。

2）履约能力：是指投标人完成招标项目任务的能力，如投标人的财务状况、商业信誉、业绩表现、技术资格和能力、管理水平、人员设备条件、完成类似工程项目的经验、履行中的合同数量等。

(2) 投标资格预审文件的内容

投标资格预审文件包括资格预审通知、资格预审须知、资格预审表、资格预审评分表等。

1）资格预审通知

资格预审通知一般都包含在公开招标的公告中，也就是在招标公告里载明资格预审的内容、申请资格预审的条件、索购资格预审文件的时间和地点及提出资格预审申请的最后期限。

2）资格预审须知

资格预审须知主要包括招标人名称、住所、电话，联系人姓名、职务，招标项目详细介绍及招标日程安排，资格预审表的填写说明，对投标人资信、能力的基本要求及递交资格预审申请的时间、地址，有关的资信、业绩、能力的证明文件及资料要求。

3）资格预审表

资格预审表的内容应当全面，要确保有足够的信息量，条目的含义要明确、不会发生歧义。其主要内容包括：

① 投标人的名称、住所、电话、E-mail地址、网址、资质等级、内部组织结构，法定代表人姓名、职务、联系办法等。

② 投标人的财务状况。如注册资本、固定资产、流动资金、上年度产值额、可贷款额、能提供担保的银行或法人。

③ 投标人的人员、设备条件。

④ 投标人的业绩。如投标人近年来在技术、管理、企业信誉等方面所取得的成绩；近年来完成的承包项目及履行中的合同项目情况(名称，地址，主要经济技术指标，交付日期，评价，业主名称、电话等)；完成类似招标项目的经验。

⑤ 投标人在本招标项目上的优势。

⑥ 资格预审结论。由招标人在审查结束后填写。

⑦ 资格预审表附件。主要包括：投标人法定资格的证明文件，如企业法人营

业执照等；投标人资质等级证明文件，如资质证书；投标人近几年的财务报表，如资产负债表、损益表等；证明投标人业绩、信誉、水平的证明文件，如完成项目的质量等级证书、获奖证书、资信等级证书、通过 ISO 9000 系列质量认证的证书等。

4）资格预审评分表

评分表的内容是资格预审表中所列的反映企业资信和能力的内容。招标人根据招标项目的特点确定各评分项目的权重或最高分值，并将每一个评分项目分成若干个评分等级或从最高分到最低分确定若干个分值，评分项目的权重或最高分多少是反映该评分项目对确定投标人投标资格的重要程度，而评分等级则反映潜在投标人对该评分项目的满足程度。

(3) 资格预审程序

投标资格预审程序一般要经过发布资格预审通知、发售资格预审文件、资格预审申请、审查与评议等多项步骤。

1）发布投标资格预审通知。一般情况下，投标资格预审通知是包含在公开招标公告中作为公告的一项内容发布的。通知应在招标投标有权管理部门指定的媒介及一般的公共媒介上发布。

2）发售资格预审文件。资格预审文件的发放可以是有偿的，也可以是无偿的，还可以是先收取押金、待申请人提交全套的资格预审申请文件后退还押金。收费或收押金的目的是要求申请人事先认真考虑，以免出现索取资格预审文件的申请人很多、提交正式资格预审申请文件者很少的现象。自发售资格预审文件之日到停止发售之日，不得少于 5 个工作日。

3）申请人填写、递交资格预审申请文件。申请人获得资格预审文件后应组织力量实事求是地填写并认真地准备好预审表附件。对预审文件有疑问的，可以向招标人质询。对于带有普遍性的问题，招标人应同时通知所有获得资格预审文件的申请人。无论是申请人质疑还是招标人的回答或对预审文件的修改、补充，都应以书面形式进行。申请人完成资格预审表的填写和相关文件、资料的准备后，要郑重声明对提交的资格预审表和相关文件资料的真实性负责，由申请人的法定代表人或其代理人签字并加盖公章。然后，按投标资格预审须知上规定的时间、地址送达招标人或招标代理人。

4）审查与评议。投标资格评审工作由招标委员会负责，可以邀请专家及有关方面的代表，组成评审委员会来完成。招标人首先要对资格预审申请文件的完整性和真实性进行审查，在此基础上由评审委员会进行评审。评审办法可以事先拟订，在资格预审通知中公布，也可由评审委员会在评审前确定。

5）通知资格预审结果。对于通过投标资格预审者，发给资格预审合格通知书或投标邀请书。对于未通过者，发出致谢信。

3. 发出投标邀请

公开招标的投标邀请书是在投标资格预审合格后发出的，所以也可用投标资格预审合格通知书的形式代替。但无论是投标邀请书还是投标资格预审合格通知书，都要简单复述招标公告的内容。在邀请招标的情况下，被邀请人是通过投标邀请书了解招标项目的，所以投标邀请书对项目的描述要详细、准确，保证有必要的信息量。投标人收到投标邀请书后要以书面形式回复是否参加投标。无论是公开招标还是邀请招标，被邀请参加投标的法人或者其他组织都不能少于3家。

7.1.2.3 发售招标文件

招标人根据施工招标项目的特点和需要编制招标文件。根据《工程建设项目施工招标投标办法》第24条的规定，招标文件一般包括下列内容：

(1) 投标邀请书。它是发给通过资格预审投标人的投标邀请信函，并请其确认是否参与投标。

(2) 投标须知。内容主要包括：工程概况介绍、发包工作范围、招标程序、招标文件的组成、投标书的编制要求和注意事项、评标和定标的原则等。

(3) 合同主要条款。合同主要条款包括专用条款和通用条款，是与中标人签订合同的基础。在招标文件中发给投标人，一方面是要求他们充分了解合同义务和应该承担的风险责任，以便在编制投标文件时加以考虑；另一方面允许投标人在投标书中以及合同谈判时提出不同意见，如果发包人同意也可以对部分条款的内容予以修改。

(4) 工程量清单。工程量清单是投标人报价的主要依据。工程量清单应与投标须知、合同条件、合同协议条款、技术规范和图纸一起使用。工程量清单所列的工程量是招标人估算的，作为各投标人报价的共同基础。支付工程款时，应以由承包人计量、监理工程师核准的实际完成工程量为依据。

(5) 技术规范。施工技术规范大多套用国家和部委、地方编制的规范、规程内容，它是施工过程中承包商控制质量和工程师检查验收的主要依据。

(6) 设计图纸。设计图纸是投标者拟定施工方案、确定施工方法，以及提出替代方案、计算投标报价必不可少的资料。

(7) 评标标准和方法。在评标过程中，不得改变招标文件中规定的评标标准、方法和中标条件。

(8) 投标辅助材料。

招标文件的发放有两种形式：一种是卖给有资格的潜在投标人，酌收工本费；另一种是无偿发给有资格的潜在投标人，但收取一定的招标文件押金，待招标活动结束收回招标文件或其中的设计文件时退还。自发售招标文件之日到停止发售之日，不得少于5天。

按照《招标投标法》第23条规定，招标人对已发出的文件可以进行必要的澄清和修改，但应遵守以下3个方面的规定：①应在要求提交投标文件截止时间至少15天前将澄清和修改内容通知招标文件收受人，以保证投标人对已做完的投标文件和制定好的投标策略作出相应的修改；②招标人对已发出的招标文件进行必要的澄清和修改应以书面形式通知所有招标文件收受人；③招标人对已发出的招标文件的澄清和修改内容视为招标文件的组成部分，与已发出的招标文件具有同等效力。

7.1.2.4 组织现场勘察

《招标投标法》第21条规定，招标人根据项目的具体情况，可以组织投标人踏勘项目现场，包括亲临现场勘查和市场调查两个方面。在招标文件规定的时间，招标单位负责组织各投标人到施工现场进行考察，不得单独或者分别组织任何一个投标人进行现场踏勘。组织现场考察的目的，一方面是让投标人了解招标现场的自然环境、施工条件、周围环境，调查现场所在地材料的供应品种和价格、供应渠道，设备生产、销售情况等，以便于编制报价。另一方面是要求投标人通过自己的实地考察，以决定投标的策略和确定投标的原则，避免实施过程中投标人以不了解现场为理由推卸应承担的责任。为此，招标单位在组织现场考察过程中，除了对现场情况的简要介绍外，不对投标人提出的有关问题作进一步说明，以免干扰投标人由此判断作出决策，这些问题一般都留到标前会议上解决。

7.1.2.5 标前会议

标前会议是指招标单位在招标文件规定的日期，为解答投标人研究招标文件和现场考察中提出的有关质疑而召开的会议，一般大型和较复杂的工程召开此类会议。在正式会议上，除了向投标人介绍工程概况外，还可对招标文件中某些内容加以修改或补充说明，有针对性地解答投标人书面提出的各种问题，及会议上投标人即席提出的有关问题。会议结束后，招标单位应按其口头解答的内容以书面补充的形式发给每个投标人，作为招标文件的组成部分，与其具有同等效力。

标前会议上，招标单位对每个单位的解答都必须慎重、认真，因为他的任何话语都可影响投标人的报价决策。为此，召开标前会议以前，招标单位应组织人员对投标人的书面质疑所提的全部问题归类研究，列出解答提纲，由主答人解答。对会议中投标人即席提出的问题，主答人有把握时可以扼要解答。

7.1.2.6 开标

开标是同时公开各投标人报送的投标文件的过程。开标使投标人知道其他竞争对手的要约情况，也限定了招标人员只能在这个开标结果的基础上评标、定标。这是招标投标公开性、公平性原则的重要体现。

按照《招标投标法》第 34 条规定，开标应当在招标文件确定的提交投标文件截止时间的同一时间公开进行。《招标投标法》第 35 条规定，开标由招标人主持，邀请所有投标人参加，其目的在于确保开标在所有投标人的参与、监督下，按照公开、透明原则进行。也可以由招标人委托的代理机构负责开标，对依法必须进行的招标项目，有关行政机关可以派人参加开标。

1. 开标程序

在招标文件规定的日期、时间、地点，由招标单位组织举行开标仪式。所有投标人均应参加开标会议，并可邀请公证机关、项目有关主管部门、当地计划部门、相关银行等的代表出席，招标投标管理机构派人监督开标活动。开标时，由投标人或其推选的代表检验投标文件的密封情况，也可由招标人委托的公证机构检查并公证；确认无误后，由工作人员当众拆封，宣读投标人名称、投标价格和投标文件的其他主要内容；所有在投标致函中提出的附加条件、补充声明、优惠条件、替代方案等均应宣读；如果设有标底，也应同时公布。开标过程应当记录并存档备查。开标后，任何人都不允许更改投标书的内容和报价，也不允许再增加优惠条件。

2. 开标时确认的无效投标文件

根据《工程建设项目施工招标投标办法》第50条规定，投标文件有下列情形之一的，招标人不予受理：

(1) 逾期送达的或者未送达指定地点的；

(2) 未按招标文件要求密封的。

如果在开标会议上发现有下列情况之一者，应宣布投标书为废标，无效标书不得进入评标：

(1) 无单位盖章并无法定代表人或者法定代表人授权的代理人签字或者盖章的；

(2) 未按规定的格式填写，内容不全或者关键字迹模糊、无法辨认的；

(3) 投标人递交两份或者多份内容不同的投标文件，或者在一份投标文件中对同一招标项目有两个或多个报价，且未声明哪一个有效的(按招标文件规定提交备选投标方案的除外)；

(4) 投标人名称或组织结构与资格预审不一致的；

(5) 投标人未按照招标文件的要求提供投标保函或者投标保证金的；

(6) 联合体投标未附联合体各方共同投标协议的。

7.1.2.7 评标

1. 评标组织

评标由招标人依法组建的评标委员会负责。评标委员会由招标人的代表和有关技术、经济等方面的专家组成，人数为5人以上单数，其中从专家库中抽取的技术、经济等方面的专家不得少于成员总数的2/3，其负责人在评标委员会中选举产生。

与投标人有利害关系的人不得进入相关项目的评标委员会，已进入的应当更换，以保证评标的公平性和公正性。评标委员会成员的名单在中标结果确定之前应当保密。评标委员会成员和有关工作人员不得私下接触投标人，不得接受投标人的任何馈赠，不得参加投标人以任何形式组织的宴请、娱乐、旅游等活动，不得透露对投标文件的评审和比较、中标候选人的推荐以及与评标有关的其他情况。

2. 评标程序

评标一般要经过评标准备、初步评审和详细评审等三个阶段。

(1) 评标准备

评标准备是评标工作的重要步骤。评标委员会中的专家是临时请来的，他们对招标项目、招标文件以及评标方法事前并不知晓，评标准备就是要让这些评委了解招标项目、招标目标和招标文件，熟悉评标标准和方法，必要时还要对一些特别的问题进行讨论，以统一评标尺度，使评标更公正、更科学。

(2) 初步评审

初步评审重点在投标书的符合性审查，主要是审查投标书是否实质上响应了招标文件的要求。初评主要包括以下内容：

1) 投标书的有效性。审查投标单位是否与资格预审的名单一致，递交的投标保函或投标保证书在金额和有效期上是否符合招标文件的规定。

2）投标书的完整性。标书是否包括了招标文件规定应递交的全部文件，例如除报价单外，是否按要求提交了工作进度计划表、施工方案、合同付款计划表、主要施工设备清单等招标文件中要求的所有材料。如果缺少一项内容，则在详细评标阶段无法对该标书进行合理的评审比较。

3）投标书与招标文件的要求有无实质性背离。投标文件应实质上响应招标文件的要求，即指投标文件应该与招标文件的所有条款、条件和规定相符，无显著差异或保留。如果投标文件实质上不响应招标文件的要求，招标单位将予以拒绝，并不允许投标单位通过修正或撤消其不符合要求而成为具有响应性的投标。

4）报价计算的正确性。由于只是初评审标，不研究各项目报价金额是否合理、准确，仅审核是否有计算统计错误。若投标书存在计算或统计错误，由评标委员会予以改正后请投标人签字确认。投标人拒绝确认，按投标人违约对待，没收其投标保证。

没有通过初步评审的投标书不得进入下一阶段的评审。

(3) 详细评审

经初步评审合格的投标文件，评标委员会根据招标文件确定的评标标准和方法，对其进行技术评审和商务评审。

1）商务评审。商务评审主要是对投标价格进行分析，其目的在于从成本、财务和经济分析等方面评定投标报价的合理性和可靠性，并估量授标给投标人后的不同经济效果。商务评审的主要内容如下：

① 报价构成分析。用标底与投标书中各单项工作内容的报价进行对比分析，对差异较大之处找出原因，并评定是否合理。

② 计日工报价分析。分析没有名义工程量只填单价的机械台班费和人工费，以及报价的合理性。

③ 分析不平衡报价的变化幅度。虽然允许投标人为解决前期施工中资金流通的困难采用不平衡报价法投标，但不允许有严重的不平衡报价，否则会过大地提高前期工程的付款要求。

④ 分析标书中所附资金流量表的合理性。包括审查各阶段的资金需求计划是否与施工进度计划相一致；对预付款的要求是否合理；采用公式法调价时所取用的基价和调价系数的合理性及估算可能的调价幅度等内容。

⑤ 分析投标人所提出的财务或付款方面的建议和优惠条件。如延期付款、垫资承包等，并估计接受其建议的利弊，特别是接受该建议后可能导致的风险。

2）技术评审。技术性评审包括方案可行性评审，关键工序评审，劳务、材料、机械设备、质量控制措施评估以及施工现场周围环境的保护措施的评估。技术性评审的目的在于确认备选的中标人完成本招标项目的技术能力以及其所提方案的可靠性。技术性评审的主要内容包括以下几个方面：

① 企业施工能力。主要对拟派该项目主要管理人员和技术人员的评价，要拥有一定数量、有资质、有丰富工作经验的管理人员和技术人员。

② 施工总体布置。着重评审布置的合理性，对分阶段实施的项目，还应审查

各阶段之间的衔接方式是否合适，以及如何避免与其他承包商之间(如果有的话)发生作业干扰。

③ 施工方案的可行性。主要评审施工方案是否科学、合理，施工方案、施工工艺流程是否符合国家、行业、地方强制性标准规范或招标文件约定的推荐性标准规范的要求，是否体现了施工作业的特点。

④ 施工进度计划。首先要看进度计划是否满足招标要求，进而再评价它是否科学和严谨，以及是否切实可行。业主有阶段工期要求的工程项目，对里程碑工期的实现也要进行评价。评审时要依据施工方案中计划配备的施工设备、生产能力、材料供应、劳务安排、自然条件、工程量大小等诸多方面因素，将重点放在审查作业循环和施工组织是否满足施工高峰月的强度要求，从而判断其总进度计划是否建立在可靠基础上。

⑤ 施工方法和技术措施。主要评审各单项工程所采取的方法、程序与技术组织措施。包括所配备的施工设备性能是否合适；数量是否充分；采用的施工方法是否既能保证工程质量，又能加快进度并减少干扰；安全保证措施是否可靠等。

⑥ 材料和设备。规定由承包商提供或采购的材料和设备，是否在质量和性能方面满足设计要求和招标文件中的标准。必要时可要求投标人进一步报送主要材料或设备的样本；技术说明书或型号、规格、地址等资料。评审人员可以从这些材料中审查和判断其技术性能。

⑦ 是否可靠和达到设计要求。

⑧ 技术建议和替代方案。对投标书中提出的技术建议和可供选择的替代方案，评标委员会应进行认真细致的研究，评定该方案是否会影响工程的技术性能和质量。在分析建议的可行性和技术经济价值后，考虑是否可以全部采纳或部分采纳。

⑨ 文明施工现场措施。评审对生活区、生产区的环境有无保护与改善措施。

⑩ 施工安全措施。评审有无保证施工安全的技术措施及保证体系。

3. 评标方法

评标方法包括经评审的最低投标价法和综合评标法以及法律与行政法规允许的其他评标方法。

(1) 经评审的最低投标价法

经评审的最低投标价法是以价格加上其他因素为标准进行评标的方法。以这种方法评标，首先对所有投标人的投标报价以及投标文件报价以外的商务部分数量化，并以货币折算成为价格，形成评标价，然后按价格高低排出次序。评标价是按照招标文件的规定，对投标价进行修改、调整后计算出的标价。在质量标准及工期要求达到招标文件规定的条件下，经评审的最低评标价的投标人应作为中标人。

经评审的最低投标价法能最大程度降低工程造价，节约建设投资，有利于促进建筑施工企业加强管理和技术进步，节省评标时间，减少评标工作量。但可能造成投标单位在投标时盲目压价，在施工过程中却没有采取有效的措施降低造价，导致工程质量下降，违背了最低报价法初衷。

经评审的最低投标价法一般适用于具有通用技术性能标准或者招标人对技术、

性能没有特殊要求的招标项目。

(2) 综合评标法

不宜采用经评审的最低投标价法的招标项目，一般应采用综合评标法进行评审。综合评标法中的技术部分的评审主要由评委中的技术专家负责进行，主要是对投标书的技术方案、技术措施、技术手段、技术装备、人员配置、组织方法和进度计划的先进性、合理性、可靠性、安全性、经济性进行分析评价。对于一些特殊的项目，如果招标文件要求投标人拟派任招标项目负责人参加答辩的，评标委员会应组织他们答辩，这对于了解投标人的项目负责人的工作能力、工作经验和管理水平都有好处。没有通过技术评审的标书，不能得标。

商务部分的评审应由经济专家负责进行，主要是对投标报价的构成、计价方式、计算方法、支付条件、取费标准、价格调整、税费、保险及优惠条件等进行评审。在国际工程招标文件中，报关、汇率、支付方式等也是重要的评审内容。商务评审的核心是评价报价的合理性以及投标人在履约过程中可能给招标人带来的风险。

4. 评标报告

详细评审完成后，评标委员会应向招标人提交评标报告，作为招标人最后选择中标人的依据。评标报告的内容一般包括评标过程、评标标准、评审方法、评审结论、标价比较一览表或综合评估比较一览表、推荐的中标候选人、与中标候选人签约前应处理的事宜、投标人澄清(说明、补正)事项的纪要及评委之间存在的主要分歧点等。

采用经评审的最低价法的，应提交标价比较一览表，表中载明各投标人的投标报价、商务偏差调整及其说明以及经评审的最终投标价。采用综合评标法的，应提交综合评估比较表，表中载明投标人的投标报价、所作的任何修正、对商务偏差的调整、对技术偏差的调整、对各评审因素的评估以及对每一投标文件的最终评审结果。

评标报告中应按照招标文件规定的评标方法，推荐不超过3名有排序的合格的中标候选人。如果评标委员会经过评审，认为所有投标都不符合招标文件的要求，可以否决所有投标。出现这种情况后，招标人应认真分析招标文件的有关要求以及招标过程，对招标工作范围或招标文件的有关内容作出实质性修改后重新进行招标。

评标报告由评标委员会全体成员签字。对评标结论持有异议的评标委员会成员可以书面方式阐述其不同意见和理由。评标委员会成员拒绝在评标报告上签字且不陈述其不同意见和理由的，视为同意评标结论，评标委员会应当对此作出书面说明并记录在案。评标的过程要保密。评标委员会成员和评标有关的工作人员不得私下接触投标人，不得透露评审、比较标书的情况，不得透露推荐中标候选人的情况以及其他与评标有关的情况。

7.1.2.8 定标

定标是招标人享有的选择中标人的最终决定权、决策权。招标人应当在投标有效期结束日起30个工作日确定中标人。《工程建设项目施工招标投标办法》第57条规定："评标委员会推荐的中标候选人应当限定在1～3人，并标明排列顺序。招标人应当接受评标委员会推荐的中标候选人，不得在评标委员会推荐的中标候选人之外确定中标人。”当招标人确定的中标人与评标委员会推荐的中标候选人顺序不一致时，应当有充分的理由。当评委会在评标定标中无明显的失误和不当行为时，招标人应尊重评标委员会的选择。使用国有资金投资或者国家融资的工程项目，招标人应当按照中标候选人的排序确定中标人。当确定中标的中标候选人放弃中标或者因不可抗力提出不能履行合同的，招标人可以依序确定其他中标候选人为中标人。

招标人可以授权评标委员会直接确定中标人，而自己行使定标审批权和中标通知书的签发权。招标人不得在评标委员会依法推荐的中标候选人以外确定中标人，也不得在所有投标书被评标委员会依法否决后自行确定中标人。否则所做的中标决定无效，并要被处以中标价 0.5%～1%的罚款，且责任人将依法受到处罚。

7.1.2.9 签发中标通知

依法必须进行招标的项目，招标人应当给排名第一的中标候选人签发中标通知书。只有当排名第一的中标候选人放弃中标或未能按规定提交履约保证金时，方可确定排名第二的中标候选人为中标人，依此类推。

投标人在收到中标通知书后要出具书面回执，证实已经收到中标通知书。中标通知书对招标人和中标人具有法律效力。中标通知书发出后，招标人改变中标结果的，或者中标人放弃中标项目的，应当依法承担法律责任。

《工程建设项目施工招标投标办法》第 65 条规定，依法必须进行施工招标的工程，招标人应当自发出中标通知书之日起 15 天内，向有关行政监督部门提交招标投标情况的书面报告。书面报告至少包括下列内容：

（1）招标范围；

（2）招标方式和发布招标公告的媒介；

（3）招标文件中投标人须知、技术条款、评标标准和方法、合同主要条款等内容；

（4）评标委员会的组成和评标报告；

（5）中标结果。

7.1.2.10 提交履约担保和订立书面合同

《工程建设项目施工招标投标办法》第 62 条规定：“招标人和中标人应当自中标通知书发出之日 30 日内，按照招标文件和中标人的投标文件订立书面合同。招标人和中标人不得再行订立背离合同实质性内容的其他协议。”

招标文件要求中标人提交履约保证金或者其他形式履约担保的，中标人应当提交；拒绝提交的，视为放弃中标项目。招标人要求中标人提供履约保证金或其他形式履约担保的，招标人应当同时向中标人提供工程款支付担保。招标人不得擅自提高履约保证金，由银行出具的保函一般要求的担保额为合同价格的 5%，由独立法人资格企业出具履约担保书的担保额为合同价格的 10%。投标人应使用招标文件中提供的履约担保格式。如果中标人不按规定执行，不肯提交履约担保、拒签合同，招标人将废除授标，并没收其投标保证金。中标人提交了履约担保并与招标人签订合同之后的 5 个工作日内，招标人应将投标保证金或投标保函退还给未中标的投标人。

7.1.3 工程施工投标及管理

按照《招标投标法》的规定，投标人必须是响应招标，参加投标竞争的法人或者其他组织。投标人应具备承担招标项目的能力，国家有相关规定或者招标文件对投标人资格条件有规定的，投标人应当具备规定的资格条件。

7.1.3.1 施工投标的主要工作

1. 组建投标机构

为了在投标竞争中获胜，投标人平时就应该设置投标工作机构，掌握市场动态、积累有关资料。建筑施工企业决定要参加某工程项目投标之后，最重要的工作是组建强有力的投标班子。参加投标的人员要经过认真挑选，并具备以下条件：

(1) 熟悉投标工作。会拟订合同文稿，对投标、合同谈判和签约有丰富的经验。

(2) 熟悉建设法律、法规。

(3) 要有经济、技术人员参加。

建筑施工企业应建立一个按专业和承包地区分组的、稳定的投标班子，但应避免把投标人员和工程实施人员完全分开，即部分投标人员必须参加所投标项目的实施，这样才能减少工程失误和损失，不断总结经验，提高投标人员的水平并有利于后续工程施工的顺利进行。

2. 接受资格审查

根据《招标投标法》第 18 条的规定，招标人可以对投标人进行资格预审。投标人在获取招标信息后，可以从招标人处获得资格预审调查表，投标工作从填写资格预审调查表开始。

(1) 为了顺利通过资格预审，投标人应在平时就将一般资格预审的有关资料准备齐全。例如企业的财务状况、施工经验、人员能力等，最好储存在计算机中。若要填写某个项目资格预审调查表，可将有关文件调出来加以补充完善。

(2) 填表时要加强分析，即针对工程特点，填好重要信息。特别是要反映出本公司施工经验、施工水平和施工组织能力，这往往是业主考虑的重点。

(3) 做好递交资格预审调查表后的跟踪工作，以便及时发现问题，补充资料。

3. 研究招标文件

投标单位报名参加或接受邀请参加某一工程的投标，通过了资格审查，取得招标文件之后，首要的工作就是认真仔细地研究招标文件，充分了解其内容和要求，以便有针对性地安排投标工作。

研究招标文件，重点应放在投标者须知、工程范围、合同条款、设计图纸以及工程量表上，当然，对技术规范要求等也要弄清有无特殊要求。对于招标文件中的工程量清单，投标者一定要进行校核，因为这直接影响到中标的机会和投标报价。在校核中如发现相差较大，工程量有重大出入的，特别是漏项的，投标人不能随便改变工程量，而应致函或直接找业主澄清，要求业主认可，并给予书面声明，这对于固定总价合同尤为重要。

4. 调查投标项目环境

所谓投标项目环境，就是招标工程施工的自然、经济和社会条件，这些条件都是工程施工的制约因素，必然会影响到工程成本，是投标单位报价时必须考虑的，所以在报价前要尽可能了解清楚。

(1) 工程的性质及其与其他工程之间的关系。

(2) 工地地形、地貌、地质、气候、交通、电力、水源等情况，有无障碍物等。

(3) 工地附近有无可利用的条件，如料场开采条件、其他加工条件、设备维修条件等。

(4) 工地所在地的社会治安情况等。

5. 参加标前会议并提出疑问

在投标前招标人一般都要召开标前会议，投标人应在参加会议前把招标文件或踏勘现场中发现的问题整理成书面文件，传真或邮寄到招标文件指定的地点，或在标前会议上提出来。

6. 编制投标文件

投标人应当按照招标文件的要求编制投标文件，投标文件应当对招标文件提出的实质性要求和条件作出响应，投标文件一般包括下列内容：

1) 投标函；

2) 法定代表人证书及其签发的委托代理人授权委托书；

3) 投标保证金或投标保函；

4) 投标报价；

5) 施工组织设计(或者施工方案)；

6) 对招标文件中的合同协议条款内容的确认和响应；

7) 招标文件要求提供的其他材料。

其中投标报价和施工组织设计是编制投标文件的关键，下面主要介绍报价计算和施工组织设计方案的制定。

(1) 制定施工方案

施工方案是投标报价的一个前提条件，也是招标人评标时要考虑的因素之一。施工方案应由投标单位的技术负责人主持制定，主要应考虑施工方法、施工机具的配置，各工种劳动力的安排及现场施工人员的平衡，施工进度的安排，安全措施等。施工方案的制定应在技术和工期两方面对招标人有吸引力，同时又有助于降低施工成本。

1) 选择和确定施工方法。根据工程类型，研究可以采用的施工方法，对于一般的土方工程、混凝土工程、房建工程、灌溉工程等比较简单的工程，可以结合已有施工机具及工人技术水平来选定施工方法，努力做到节省开支、加快进度。对于大型复杂工程则要考虑几种施工方案，综合比较。如水利工程中的施工导流方式，对工程造价及工期均有很大影响，承包商应结合施工进度计划及施工机械设备能力来研究确定。又如地下开挖工程、开挖隧洞或洞室，则要进行地质资料分析后，确定开挖方法。

2）选择施工设备和施工设施。选择施工设备和施工设施一般与研究施工方法同时进行。在工程估价过程中还要进行施工设备和施工设施的比较，如是修理旧设备还是采购新设备、是国内采购还是国际采购、是租赁还是自备。

3）编制施工进度计划。编制施工进度计划应紧密结合施工方法和施工设备的选定。施工进度计划中应提出各时段内应完成的工程量及限定日期。施工进度计划可用网络图表示，也可用横道图表示。

4）确定投标策略。正确的投标策略对提高中标率并获得较高的利润有重要作用。常用的投标策略有以信誉取胜、以低价取胜、以缩短工期取胜、以改进设计取胜，同时也可采取以退为进的策略、以长远发展为目标的策略等。应综合考虑企业目标、竞争对手情况等来确定投标策略。

(2) 报价的计算

报价计算是投标单位对承建招标工程所要发生的各种费用的计算。在进行投标报价计算时，必须首先根据招标文件复核或计算工程量。作为投标计算的必要条件，应预先确定施工方案和施工进度。此外，报价计算还必须与采用的合同形式相协调。报价是投标的关键性工作，报价是否合理直接关系到投标的成败。

1）标价的组成

投标单位在针对某一工程项目的投标中，最关键的工作是计算标价。根据《招标文件范本》，关于投标价格，除非合同另有规定外，具有标价的工程量清单中所报的单价和合价以及报价汇总表中的价格应包括施工设备、劳务、管理、材料、安装、维护、保险、利润、税金、政策性文件规定及合同包含的所有风险、责任等各项费用。投标单位应按招标单位提供的工程量计算工程项目的单价和合价。工程量清单中的每一项均需填写单价和合价，投标单位没有填写出单价和合价的项目将不予支付，并认为此项费用已包括在工程量清单的其他单价和合价中。

2）标价的计算依据

① 招标单位提供的招标文件。

② 招标单位提供的设计图纸及有关的技术说明书等。

③ 国家及地区颁发的现行建筑、安装工程预算定额及与之相配套执行的各种费用定额等。

④ 地方现行材料预算价格、采购地点及供应方式等。

⑤ 因招标文件及设计图纸等不明确，经咨询后由招标单位书面答复的有关资料。

⑥ 企业内部制定的有关取费、价格等的规定、标准。

⑦ 其他与报价计算有关的各项政策、规定及调整系数。

⑧ 在报价的过程中，对于不可预见费用的计算必须慎重考虑，不要遗漏等。

3）标价的计算过程

计算标价之前，应充分熟悉招标文件和施工图纸，了解设计意图、工程全貌，同时还要了解并掌握工程现场情况，对招标单位提供的工程量清单进行审核。工程量确定后，即可进行标价的计算。

标价可以按工料单价法计算：即根据已审定的工程量，按照定额的或市场的单价，逐项计算每个项目的合价，分别填入招标单位提供的工程量清单内，计算出全部工程直接费，再根据企业自定的各项费用及法定税率，依次计算出间接费、计划利润及税金，得出工程总造价，对整个计算过程，要反复进行审核，保证据以报价的基础和工程总造价的正确无误。

标价也可以按综合单价法计算：即所填入工程量清单的单价，应包括人工费、材料费、机械费、其他直接费、间接费、利润、税金以及材料价差及风险金等全部费用。将全部单价汇总后，即得出工程总造价。

7. 投标

投标人应当在招标文件要求提交投标文件的截止时间前，将投标文件送达招标文件规定的投标地点。招标人收到投标文件后，应当签收保存，开标前任何单位或个人均不得开启。逾期送达或未送达指定地点的标书以及未按招标文件要求密封的标书，招标人应当拒收。投标人在招标文件要求提交投标文件的截止时间前，可以补充、修改或者撤回已提交的投标文件，并书面通知招标人。补充、修改的内容同为投标文件的组成部分。

招标人可以在招标文件中要求投标人提交投标担保，投标担保可以采用投标保函或者投标保证金的方式。投标保证金可以使用支票、银行汇票等，一般不得超过投标总价的 2%，最高不得超过 80 万元。投标保证金有效期应超出投标有效期 30 天。

递交有效投标文件的投标人少于 3 个的，招标人必须重新组织招标。重新招标后投标人仍少于 3 个的，属于必须审批的建设项目，报经原审批部门批准后可以不再进行招标；其他工程项目，招标人可以自行决定不再进行招标。

从招标文件发出之日起到递交投标文件截止日的时间应是投标人理解招标文件、进行必要的调研、完成投标文件编制所必需的合理时间，不得少于 20 天。

两个以上法人或者其他组织可以组成一个联合体，以一个投标人的身份共同投标。联合体各方均应具备承担招标项目的相应能力。国家或者招标文件对投标人资格条件有规定的，联合体各方均应当具备规定的相应资格条件。由同一专业的单位组成的联合体，按照资质等级较低的单位核定其资质等级。联合体各方应当签订共同投标协议，明确约定各方拟承担的工作和责任，并将共同投标协议连同投标文件一并提交招标人。联合体各方的法定代表人应签署授权书，授权其共同指定的牵头人代表联合体投标及合同履行期间的主办与协调工作。联合体中标的，联合体各方应当共同与招标人签订合同，就中标项目向招标人承担连带责任。但招标人不得强制投标人组成联合体共同投标，不得限制投标人之间的竞争。联合体成员也不得再以任何的名义单独参加其他联合体在同一个项目中的投标。

投标人不得相互串通投标报价，不得排挤其他投标人的公平竞争，损害招标人或者其他投标人的合法权益。投标人不得与招标人串通投标，损害国家利益、社会公共利益或者他人的合法权益。投标人不得以低于成本的报价竞标，也不得以他人名义投标或者以其他方式弄虚作假，骗取中标。

7.1.3.2 报价技巧与策略

1. 不平衡报价

不平衡报价是指在一个项目的投标总报价基本确定后，保持工程总价不变，适当调整各项目的工程单价，在不影响中标的前提下，使得结算时得到更好的经济效益的一种报价策略。通常采用的不平衡报价具体有以下几种情况：

(1) 前期结算回收工程款的项目。一个有经验的投标人，往往会把投标报价中前期实施项目的单价适当调高，如进场费、土石方工程、基础和结构部分等，而把后期实施项目的单价相应调低，做到“早收钱”。这样既能保证不影响总标价中标，又使项目早日回收资金，形成项目资金的良性周转。

(2) 招标文件的工程量清单中提供的工程量是预估的，实际结算的工程量要按合同约定的计量规则进行计量并最终确定，因此，实际结算的工程量与工程量清单的工程量有存在差异的可能。如果承包商在报价过程中分析判断某一个项目的实际工程量会增加，则应相应调高单价，而且量增加得越多的条目单价调整幅度越大；同时，如果判断工程量要减少的项目则相应调低单价，从而保证工程实施后获得较好的经济效益。

(3) 在单价合同中，图纸内容不明确或有错误的项目，估计修改图纸后工程量增加的，其单价可以提高些；减少的项目，其单价可以降低些。

(4) 暂定项目又叫任意项目或选择项目。对这类项目要做具体分析，因这一类项目要开工后由业主研究决定是否实施和由哪一家承包商实施。如果工程不分包，只由一家承包商施工，则其中肯定要做的单价可高些，不一定要做的则应低些。如果工程分包，该暂定项目也可能由其他承包商施工时，则不宜报高价，以免抬高总价。

(5) 有的招标文件要求投标者对工程量大的项目报“单价分析表”，投标时可将单价分析表中的人工费及机械设备费报得较高，而材料费算得较低。这主要是为了在今后补充项目报价时可以参考选用“单价分析表”中的较高的人工费和机械设备费。而材料则往往采用市场价，因而可获得较高的收益。

不平衡报价一定要建立在对工程量清单中工程量仔细核对的基础上，特别是对于报低单价的项目，如工程量一旦增多将造成承包商的重大损失，同时一定要控制在合理幅度内，以免引起业主反对，甚至导致废标。如果不注意这一点，有时业主会选出报价过高的项目，要求投标者进行单价分析，而围绕单价分析中过高的内容压价，以致承包商得不偿失。

2. 多方案报价法

多方案报价有两种情况：第一，有些工程项目，业主要求按某一招标方案报价后，投标者可以再提出几种可供业主参考与选择的报价方法。例如：某地面水磨石项目，工程量清单中规定的是 25cm×25cm×2cm 规格，投标人应按此规格进行报价。与此同时，招标人也允许采用其他规格进行投标报价。在这种情况下，投标人可以采用更小规格(20cm×20cm×2cm)和更大规格(30cm×30cm×3cm)作为业主可选择的报价方案。投标时要调查惯用水磨石砖的情况并询价，对于将来有可能被采用方案的水磨石砖单价，适当的提高些；对于当地难以提供的某种规格地面砖，可将其价格有意抬高些，以阻挠业主的选用。

第二，是在招标文件中写明，允许投标人另行提出自己的建议。有经验的投标人除了按原招标文件如实填报标价外，常在投标致函中提出某种颇有吸引力的建议，并对报价作出相应的降低。当然，这种建议不是要求业主降低其技术要求和标准，而是通过改进工艺流程或工艺方法来降低成本，降低报价。如果属于改变材料和设备的建议，则应说明绝不降低原设计标准和要求，而可以起到降低造价的作用。例如：某招标工程所提出的工期要求过于苛刻，且合同条款中规定每拖延 1 天工期罚合同总价的 1/1000。若要保证实现该工期要求，必须采取特殊措施，从而大大增加成本；并且原设计结构方案采用框架剪力墙体系过于保守。因此，该投标人在投标文件中说明业主的工期要求难以实现，因而按自己认为的合理工期(比业主要求的工期增加 6 个月)编制施工进度计划并据此报价，还建议将框架剪力墙体系改为框架体系，并对这两种结构体系进行了技术经济分析和比较，证明框架体系不仅能保证工程结构的可靠性和安全性、增加使用面积、提高空间利用的灵活性，而且可降低造价约 3%。另外应注意，提出这种建议时可以列出降价数字，但不宜将建议内容写得十分详细、具体。否则业主可能将你的建议提交给最低报价者研究，并要求可能得标者再进一步降价，这样就等于自己的建议免费提供给了竞争对手，对自己的中标很不利。

3. 区别对待报价法

以下情况报价可高些：施工条件差的，如场地狭窄、地处闹市的工程；专业要求高的技术密集型工程，而本公司这方面有专长；总价低的小工程以及自己不愿意做而被邀请投标的工程；特殊的工程，如港口码头工程、地下开挖工程等；业主对工期要求急的；投标竞争对手少的；支付条件不理想的。

在下列情况下报价应低一些：施工条件好的工程；工作简单、工程量大，一般公司都能做的工程，如一般房建工程；本公司急于打入某一市场、某一地区；公司任务不足，尤其是机械设备等无工地转移时；本公司在投标项目附近有工程，可以共享一些资源时；投标对手多，竞争激烈时；支付条件好的，如现汇支付工程。

4. 增加建议方案

有时招标文件中规定，可以提一个建议方案，即可以修改原设计方案，提出投标者的方案。投标者应抓住这样的机会，组织一批有经验的设计和施工工程师，对原招标文件的设计和施工方案仔细研究，提出更为合理的方案以吸引业主，促成自己的方案中标。这种新建议方案或是降低总造价，或是缩短工期，或是改善工程的功能。建议方案不要写得太具体，要保留方案的技术关键，防止业主将此方案交给其他承包商。同时要强调的是，建议方案一定要比较成熟，有很好的操作性。另外，在编制建议方案的同时，还应组织好对原招标方案的报价。

5. 突然降价法

由于投标竞争激烈，为迷惑对方，有意泄漏一点假情报，如制造不打算参加投标、准备投高价标或因无利可图不想干的假象。然而，到投标截止之前，突然前往投标，并压低投标价，从而使对手措手不及。突然降价法是用降价系数调整报价，降价系数是指投标人在投标报价时，预先考虑的一个未来可能降低报价比率，如果考虑在报价方面增加竞争能力是必要时，则应在投标截止日期以前，在投递的投标补充文件内写明降低报价的最终决定。采用这种报价的好处是：

(1) 可以根据最后的信息，在递交投标文件的最后时刻，提出自己的竞争价格，给竞争对手以措手不及；

(2) 在最后审查已编好的投标文件时，如发现某些个别失误或计算错误，可以采用调整系数来进行弥补，而不必全部重新计算和修改；

(3) 由于最终的降低价格是由少数人在最后时刻决定的，可以避免自己真实的报价向外泄露，而导致投标竞争失利。

降低投标价格可以从两方面入手：(1)降低计划利润。投标时确定计划利润既要考虑自己企业承建任务饱满程度的情况，又要考虑竞争对手的情况。适当的降低利润和收益目标，从而降低报价会提高中标的概率。(2)降低经营管理费。为了竞争的需要，可降低这部分费用，可以在施工中加强组织管理予以弥补。

7.2 CM 采购模式下的工程招标投标

CM 模式是一种区别于传统采购模式的新型模式，在 CM 模式招标和评标工作中，无论是对 CM 单位进行资格预审、编制招标文件、选择招标方式、还是制订评标原则、准备合同谈判，这一系列工作都有其特点。以下着重介绍 CM 模式合理的招标、评标方法和工作程序。

7.2.1 CM 项目招标的资格预审

CM 承包商的工作任务与普通承包商有很大的不同，因此 CM 模式下的资格预审与传统模式的资格预审相比有许多不同点，具体如下：

(1) 应着重于对其管理人才资源的审查。CM 承包商的资格预审，应着重于考察其管理人员所具有的管理经验和能力、对大型项目的组织、指挥和控制能力(即"人力")，而不同于对普通承包商资格预审所侧重考察的"财力"和"物力"。

(2) 应着重于对 CM 承包商经验的审查。国外大型承包商能胜任 CM 项目，靠的是多年的 CM 实践的积累和总结，因此对 CM 承包商进行资格审查时，应着重审查其所承担过的 CM 工作的经验，而不同于普通承包商资格审查所侧重的近年内完成的产值和正在施工的项目数量等。

(3) 应着重于对其招标、合同管理能力的审查。CM 项目为了实现 Fast-Track，必须进行一系列的分包，因此 CM 承包商必须具备普通承包商所不要求具备的很强的国际采购招标与合同管理能力以及很强的组织协调能力。

(4) 应着重于对其合作伙伴情况的审查。由于国外建筑项目的管理过程与国内有区别，同时为国内承包商学习国外 CM 经验提供机会，我国对国外单位进行资格预审时，应要求国外单位拥有国内合作伙伴，可以是分包商，也可以是联合体承包。

综上所述，我们可以得出 CM 承包商资格预审主要包含以下内容：
(1) CM 经理资质；
(2) 具备承担 CM 任务的成功经历；
(3) 掌握 CM 模式的管理操作的经验与能力；
(4) 拥有从事三大目标控制有经验的管理人员；
(5) 拥有合同管理方面有经验的管理人员；
(6) 拥有现场管理和指挥经验的管理人员。

7.2.2 CM 项目招标文件的编制

CM 项目招标文件内容通常由 7 大部分组成，如图 7-1 所示。在 CM 项目招标文件组成中，有一部分内容与普通招标文件是相同的，如投标邀请书(或预审合格通知书)、工程概况、投标书格式、投标保证金格式、授权书格式等；但是绝大部分内容与普通招标文件有区别。下面就与普通招标文件不同的部分作一些介绍。

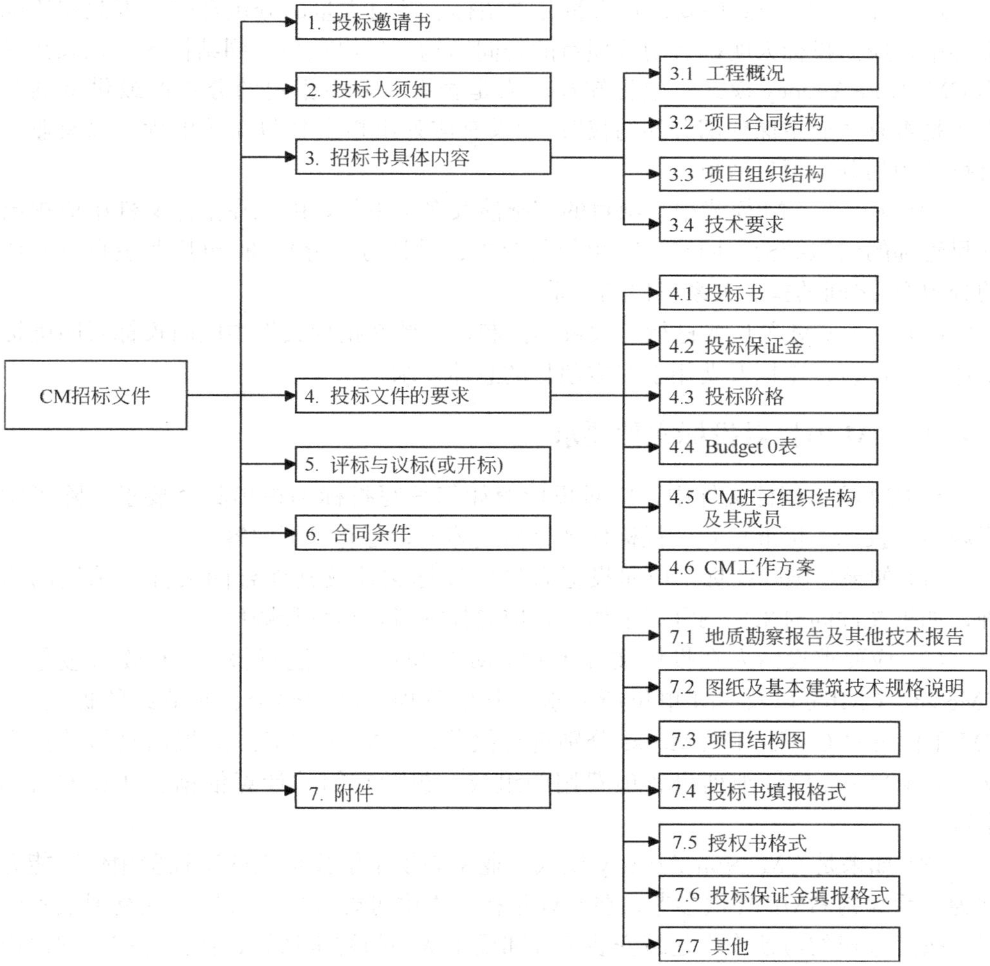

图 7-1 CM 项目招标文件的构成

1. 投标人须知

在投标人须知中除了常规内容如招标单位联系人、招投标工作具体日程等以外，还应该有以下内容：

(1) 应向投标者明确所采用的采购模式是 CM/Non-Agency 或 CM/Agency，因为两种不同的 CM 模式，其合同结构、CM 单位的责任、CM 取费以及合同条款等有很大的区别。

(2) 如果是国际招标，可要求投标人有中方合作伙伴，并要求投标人在投标书中提供中外双方的有关资料。因外国公司不了解中国的有关政策、法规和基本建设程序，故宜与国内公司联合投标。

2. 招标书的具体内容

尽管 CM 招标文件中没有工作量清单，甚至没有图纸，但 CM 招标书的具体内容中应按常规向投标人提供工程概况，并提供在招标时所尽可能提供的技术资料。除此之外，招标书应有以下内容：

(1) 由于 CM 模式中要进行大量分项招标、签订大量的分包合同，因此在招标文件中，应向投标人明确表明该项目的合同结构，提出项目合同结构图。如果是采用 CM/Non-Agency 模式，应告知投标人是否有“业主指定的分包商或供货商”，以及是否有“业主保留部分签约权”；如果有应列出指定分包商或供货商以及业主自行签约的分项项目清单。

(2) 由于在 CM 模式中，项目的实施涉及多个单位，因此在招标文件中应提出项目管理的组织结构，明确 CM 单位与业主、设计方、分包商(包括业主自行签约的分包商)之间的指令关系或协调关系。

(3) 由于 CM 单位要进行三大目标控制，因此在招标文件中应向投标者明确提出业主在质量、工期及费用上对本项目的总体要求。

7.2.3 CM 项目对投标文件要求

在 CM 项目招标文件中，应对投标商如何编写投标书提出具体要求。除了常规内容如投标书标准格式、投标保证金格式等外，还有以下内容：

(1) 如果是国际招标，应向投标者提出投标文件及其他合同文件所采用的语种，如果文件同时采用两种以上语言，应向投标者提出解释顺序。

(2) 应要求投标人在投标文件中对 CM 单位的酬金进行报价。CM 酬金包括 CMcost、CMfee 以及 CM 单位所要求的其他款项，诸如奖金、对节约的提成等。CM 单位可对 CMfee 和 CMcost 分别进行报价，其中对 CMfee 应报出具体计算方法，对 CMcost 应详细列出各项费用的组成，包括它们的计算依据、计算方法和金额。

(3) 如果是 CM/Non-Agency 模式，业主为了了解投标人的工程费用估算能力并为今后编制 GMP 提供参考，在 CM 招标文件中可要求投标人根据现有图纸和资料，按照公司的习惯作出建筑安装工程和设备费用的初步估算，在投标书中列出详细计算表，或按招标文件规定的统一格式编制估算汇总表，即 Budget 0。

(4) 为了了解投标商在本项目上所采用的组织方案以及管理人员的派遣安排，应要求投标商在投标书中详细报出CM班子的组织结构，包括组织结构图及其说明；同时填报CM班子人员一览表，对其中主要成员应提供简历。

(5) 要求投标商提供CM工作方案，其主要内容包括：CM工作的原则和总目标、CM工作的内容和范围、对分包合同结构方案的设想、施工组织方案等。

7.2.4 CM项目的评标

在CM项目招标文件中，业主应按常规说明评标的方法、时间和评标原则；如果是公开招标或邀请招标，应说明开标的时间和地点；如果是议标，则应说明议标谈判的方式和时间。

根据CM模式的特点，招标文件中的评标指标主要包括以下几个方面：

(1) CM承包商的综合实力。包括CM模式的经验、质量管理水平、财务状况、资质等级、银行信誉等级等。由于CM模式在我国的应用还刚刚起步，工作经验不足，以及外国公司对国内的情况不熟悉，因此中外合作程度也是CM承包商的综合实力的重要标志。

(2) CM经理的能力。是指CM经理设计和施工经验、大型项目建设的指挥、领导和组织协调能力。

(3) CM班子的能力。指CM班子成员的专业资格、专业配套情况(技术、合同、费用估算、进度计划、质量控制等配套是否齐全)、是否具有在当地施工的经验。

(4) CM服务内容。主要包括确定分包合同结构和招标方案、制定项目进度计划、实施设计和施工的相互搭接、控制项目的总投资；在设计阶段采用价值工程等方法，向设计单位提供能降低施工成本的合理化建议。负责全部的招标和评标的组织、招标文件和合同文件的编写，并主持评标和合同谈判；在施工阶段直接管理、指挥和协调各分包商，甚至直接从事未分包工程和零星工程的施工。

(5) CM酬金。由CM利润与风险费(CMfee)和CM成本(CMcost)组成。CMfee是指CM承包商向业主收取的作为利润的酬金，其中也包含了业主对CM承包商承担管理工作所具有的风险的补偿；CMcost是指承包商在施工阶段为实施工程所发生的必需费用。

(6) Budget 0编制水平。一般CM承包商在早期进入项目，资料不齐全，仅有可行性研究报告、初步设计等早期资料，在投标时只能提供初步的预算即Budget 0，但是随着合同的逐步实施，CM班子将和业主共同制定Budget 1、Budget 2、Budget 3等，同时业主要求CM承包商在适当的时候提出保证最大工程费用GMP，对项目费用进行控制，因此Budget 0编制水平反映了对项目费用控制的能力。

总之，对CM项目评标的重点不是在经济方面(报价)，而是在管理方面(组织、人员和目标控制能力)。

7.3 D+B 或 EPC 模式下的工程招标投标

我国工程总承包主要包括设计采购施工(EPC)/交钥匙总承包、设计一施工总承包(DB)模式。设计采购施工(EPC)/交钥匙总承包和设计一施工总承包(DB)模式实际上并没有本质区别，国际上往往用“设计+施工模式”作为它们的统称。

设计+施工总承包项目集设计、采购、施工于一体，此类型的工程投标往往要求投标人在项目前期就介入，全面考虑项目的设计、采购、进度安排和成本控制等工作。这就导致设计+施工总承包项目的投标具有时间长、成本高、标书编制复杂、一揽子报价以及投标风险大的特点。而且设计+施工总承包项目要求投标人自行完成工程设计并以此进行报价，需投入大量的人力、物力，若未中标，就会给投标人带来极大损失。因此不论是从业主角度还是从承包商角度出发，都应采取十分慎重的态度，通过各种手段尽量降低风险。所以，设计+施工总承包项目的招投标有一些新的内容，以下主要介绍不同的内容。

7.3.1 设计+施工项目的招标文件

设计+施工模式招标文件的内容主要包括四大部分。第一部分是投标须知和合同条款，具体分为投标邀请、投标须知、技术标书的格式及内容、合同条款；第二部分是项目要求，具体分为工作范围/分工、服务范围、项目执行要求及业主管理规定、时间进度计划、承包商提供的技术文件清单、业主推荐的分包商清单、业主推荐的供应商清单；第三部分是设计基础，具体分为项目设计基础、设计原则及工程规定、项目标准规范清单；第四部分是设备装置技术要求，具体分为工作完成定义、性能保证与考核标准、基础设计及其他技术文件。

7.3.2 设计+施工项目的资格预审

设计+施工模式的资格预审主要是对总承包商的经济实力、信誉、拟对本工程安排的人员、机械设备、分包商等进行综合评价。主要内容有：

(1) 经济实力

1) 承包商的年营业额；

2) 流动资金额与可贷款金额的数量之和等。

(2) 信誉

1) 近5年完成的类似工程情况；

2) 近几年的履约情况，包括合同完成率、工程优良率等。

(3) 对本工程的计划安排

1) 派驻本工程的主要人员情况；

2) 派驻本工程的机械设备情况；

3) 本工程安排的分包商等。

7.3.3 设计＋施工项目的投标

1. 熟悉招标文件

在设计＋施工总承包项目的投标报价过程中，首要工作就是熟悉和研究招标文件。招标文件是全面体现业主意图的重要文件，对招标文件中的总承包范围、技术规格、商务条件、资金风险、承包商责任、业主的特殊要求，以及投标文件的深度要求等进行重点研究。

2. 现场考察、市场调研、资料收集

总承包工程的投标报价是一项非常复杂的综合性工作，必须充分、准确掌握工程的现场情况，工程所在地的资源情况，业主的资金来源和财务状况，竞争市场的情况，当地的物价水平以及类似工程的相关资料等。因此，现场考察、标前会、市场调研和资料收集非常重要。

(1) 现场考察

主要是了解现场的各种自然条件(水文、地质、地貌等)，现场环境(交通、能源状况等)，现场的施工条件，现场旧有建、构筑物的现状以及现场周围车间正在生产的状况(业主非常重视建设不影响现有生产)等。

现场考察中重要的方面是参加标前会，主要目的是澄清对标书存在的疑问，如总承包范围，以及影响设计方案和施工方案的问题。标书澄清要注意技巧，如标书中的含混条款，要根据利弊选择澄清与否及澄清的深度，要注意避免竞争对手从我方澄清的问题中，了解我方的报价方案；另外注意澄清问题的方式方法，不要使业主感到为难，甚至反感等。

(2) 市场调研

1）同类型工程(生产厂)的调研。主要调研总图布置、工艺流程、生产状况、主要装备、主要供货厂商、主要设备结构、主要的施工方案和施工措施、厂房结构、水电风气设施等工程内容情况以及影响工程造价的主要因素。

2）设备制造厂的调研。主要调研重要设备制造厂的财务状况和生产能力，特别是大型专有设备制造厂相对较少，如果这些厂商的任务饱满，报价时必须考虑设备价格较高，制造周期较长的因素。在有些总承包工程中，由于未对某些大型专有设备制造厂进行必要的调研，造成资金支付大大提前，工期反而拖延较长的问题。

3）施工企业的调研。如果设计院是总承包牵头单位，则施工是分包的，而施工企业施工方案的编制和建安费报价对投标报价至关重要。通过调研，有利于预选联合投标的施工伙伴。在选择施工伙伴时还应注意以往经常为业主服务的施工企业。

4）业主内部设备和施工企业的调研。国内有些业主如大型冶金企业内部基本上都有设备材料制造厂和施工单位，在总承包工程选择供货商及施工分包商方面，业主往往会要求承包方优先选择内部企业，因此，应通过对其生产能力和价格水平的调研，更好地掌握报价主动权。

5）工程所在地的运输及仓储条件的调研。当地的道路状况、运输能力及仓储条件对报价时计算设备的运杂费和仓储费非常重要。

6）工程所在地资源状况的调研。主要调研所在地材料及人工的价格水平，如水泥、木材、钢材、砂石、油料、人工费等，这些数据对报价时计算建安费有较大的影响。

(3) 资料收集

不能忽略业主类似工程的竣工决算价格、老厂改造图纸、有关项目文件等，特别是业主目前的财务状况和资金来源，以便供投标决策参考。

3. 投标决策

在研究招标文件后，投标小组在针对与拟建工程项目相关的承包市场和生产要素市场进行调查的基础上，通过量化方法分析公司中标的可能性，从而作出投标决策。

4. 选择分包商

鉴于设计施工总承包项目的规模一般较大，承包商往往需要将一部分工程分包出去，这些分包工作可能包括工程设计、劳务、运输、材料设备的制造等方面。虽然分包商只承担工程小部分的工作，但他们仍然会对整个工程的质量、进度和投资起到重大影响。因此，在投标阶段就制定分包计划，进行分包询价和拟定分包人选，会在很大程度上降低总承包商的风险，有利于工程在约定的工期内顺利完成。

5. 编制标书

(1) 工程设计、核算工程量。工程设计是核算工程量和估算报价的基础，是编制施工方案的依据，也是影响投标成败的关键。因此，工程设计必须按照招标文件的有关要求和相关技术规范的标准，根据工程的特点和当地的自然地理条件，选择科学的工艺和流程，最大限度地实现质量、进度和投资三者之间的完美结合。

(2) 就有关问题向业主质疑。投标阶段的技术澄清是相当重要的。投标者须知本身肯定会有缺陷或问题，有些问题可能是由于技术水平的局限、方案的不成熟或出版打印的错误造成的，有些问题则是业主有意模糊或掩饰，给投标者一个比实际情况要好的错误印象。所以投标人必须对这些问题提出质疑。

(3) 编制施工方案。施工方案是承包商技术、经验、资源状况和管理能力的体现，也是工程质量达标、按期完成和节约成本的途径，因此承包商必须依据设计文件和已核算的工程量，参照工地现场的水文地质条件以及劳动力、材料和机械设备的供应情况等，在满足工期的前提下制定出科学合理的施工方案。

(4) 市场询价。承包商应对工程建设所需的人、机、料在当地、国内和国外分别询价，并且还应根据其历史变化预测出未来的市场价格。工程物资询价还涉及到物资的供货、运输、保险、保存等方面，采购必须满足施工进度的要求，这也是在询价中必须考虑的问题。

(5) 计算和确定报价。承包商应该开展国际市场调研，搜集和整理国际价格信息资料，建立市场经济的观念和适应市场经济的计价方法。

(6) 编制投标文件。对于设计施工总承包项目来说，投标书技术文件的编制应紧密结合招标文件，不宜细化和引申，更不应作过多的承诺。如果为中标而做了某些承诺，也应该有条件，以免带来被动局面。

7.3.4 设计＋施工项目投标报价的影响因素

1. 设计方案

设计方案对设计施工总承包项目投标报价的影响是根本性的。在设计中影响工程报价的主要因素有总图布置、工艺技术方案的选择、装备水平、建筑的结构方案、设备选型以及设计深度等。

总图布置应做到工艺流程顺畅，少占地，尽量减少厂区的管网、铁路和道路，结合现场的地形、地貌，因地制宜，避免大填大挖。工艺技术方案应做到系统优化，经济合理，做到既简化工艺，又降低工程费用。设计深度首先应达到标书要求的深度，同时要适应投标报价的需要。设计越详细，报价所需的工程量和设备询价所需的技术参数就越准确；大型项目设计施工总承包报价的设计深度至少不能低于初步设计的深度，最好能达到施工图方案的深度，这样编制的报价书才能做到心中有数。

2. 建设工期

业主要求的工程建设工期与以往正常工期相比往往大大压缩。但在设计施工总承包工程投标报价中容易忽视工期的影响。因为靠加快施工进度来缩短工期，需要采取很多缩短工期的措施，如加班加点、增加人力或机械设备、采用费用较高的施工方法等。

3. 施工方案

在设计施工总承包项目投标报价中，应特别注意施工方案对投标报价的影响。宜邀请几家有实力的施工单位进行联合投标，进行多方案的比较。施工方案与设计方案进行有效结合、互动优化，实现降低投资、减少工期的目标。

4. 市场价格水平及供求关系

掌握市场的价格水平，设备制造厂的生产任务状况，以及分析工程建设期间市场价格水平可能变化的趋势，对确定设备、材料的价格以及识别设计施工总承包投标报价的风险都是非常必要的。

7.3.5 设计＋施工项目的评标

1. 评标方法

设计＋施工总承包项目的评标方法主要有4种：

(1) 采用符合技术标准的最低价中标；

(2) A＋B评标方法。即考虑工期的时间价值，在满足技术标准的条件下，投标价和其投标工期的时间价值(指缩短计划工期给业主带来的收益)之和最低者为中标人；

(3) 首先对技术标进行综合打分，在满足技术标准的条件下，投标价与技术评分之比最低者中标，计算公式为：综合得分＝投标价/技术标得分；

(4) 综合评价方法，即对每一个评价因素赋予权重，然后再对每一个评价因素打分，综合得分最高者中标。

以上四种评标方法大都采用两阶段评标。通过邀请招标或公开招标方式，首先对每一个总承包商进行资格预审，然后再对通过资格预审的总承包商进行技术和商务标评选，选出对业主满意或最有利的总承包商。上述四种方法中，第一和第二种评标往往很难选出技术实力最强的总承包商；第三和第四种评标考虑的因素虽很全面，但业主参与的程度大为降低，不利于业主的投资决策。

2. 评标程序

由于设计＋施工项目的评标工作量非常大，一般采用邀请招标的方式，通过资格预审的总承包商往往限制在3～7个。设计＋施工项目的评标程序，即选择最有价值的承包商，参见图7-2。

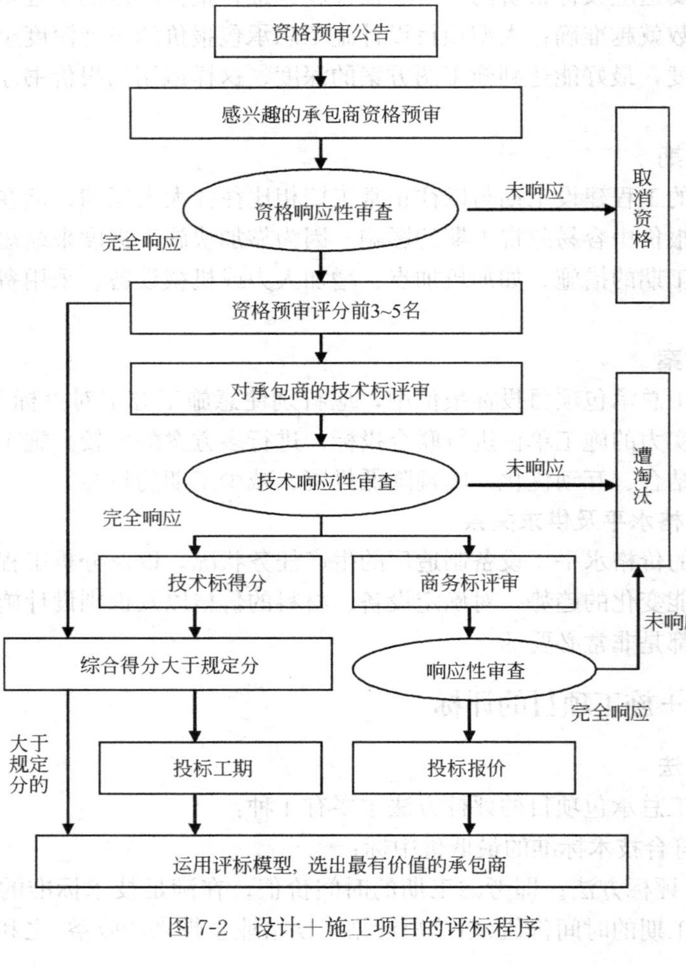

图7-2 设计＋施工项目的评标程序

3. 评标指标

设计＋施工项目的评标主要包括商务、技术和管理三大指标。

(1) 商务指标。商务标的评价是以控制工程造价为目的，因此投标报价是业主评判投标书的重要因素。对于工程总承包项目而言，在满足业主招标要求的条件下，投标人的报价可能基于不同的设计方案。因此不仅需要考虑投标者的工程报价，而且还应考虑由于不同设计方案所导致项目全寿命期内运营费用的不同，运营费越高，该项指标的得分就越低。此外还应考虑投标报价组成的合理性，如整个报价可分解为设计、采购、施工三大项费用，如果投标人采用不合理的不平衡报价，会导致业主支付一定的“隐性”不合理费用。因此商务指标的评价内容主要有：

1）投标报价；

2）全寿命周期运营费用；

3）报价组成的合理性等。

（2）技术指标。技术指标一般包括设计、永久设施与设备、施工三个方面。投标人应根据业主的要求和招标文件要求提出自己的设计方案。国际上，业主要求投标人在投标阶段提供的设计深度并无统一规定，一般达到基础设计（Basic Design）或初步设计（Preliminary Design）的深度，由业主来判断投标人设计方案的优劣。业主关心的设计评价内容主要有：

1）设计完整性和合理性；

2）是否符合业主的要求（总体布局、功能、使用、安全、环境、美学等）；

3）创新性，设计技术的可靠性、先进性；

4）可建造性，设计与施工的协调性；

5）关键设计人员等。

业主关心的采购与设备评价内容主要有：

1）工程设施对气候、环境的总体适应性；

2）拟用设备功能、质量和操作的便利性；

3）工程设施对规定的性能标准的达标程度；

4）备件类型、数量及易购性和维修服务等。

业主关心的施工评价内容主要有：

1）施工方案的合理性、可靠性和先进性；

2）施工总体布置的合理性；

3）施工机具的充分性、适用性和先进性；

4）关键施工技术人员等。

（3）管理指标。在技术方案可行的条件下，总承包商能否按期、保质、安全并以环保的方式顺利完成整个工程，主要取决于总承包商的管理水平，包括总承包商的计划能力、组织能力和控制能力。

计划能力包括：

1）设计计划；

2）采购计划；

3）施工计划；

4）分包计划；

5）类似工程总承包的经验等。

组织能力包括：

1）项目经理及管理团队的整体综合实力；

2）内部组织结构与沟通；

3）公司总部的支持机构等。

控制能力包括：

1）设计和施工等质量管理体系的完备性；

2）设计进度和施工工期的控制能力；

3）价值工程与价值管理；

4）健康、安全、环保(HSE)的完备性等。

本章小结

本章介绍了我国工程项目招标的范围、施工招标方式、招标范围确定、施工招标程序等内容；探讨了施工投标的主要工作和投标报价方法与策略；最后介绍了CM、设计十施工总承包等采购模式下的工程招投标及其管理。

复习思考题

1. 简述工程建设项目招标的范围。
2. 简述投标资格预审的内容。
3. 简述工程项目施工招标应满足的条件。
4. 简述资格预审及资格预审文件的内容。
5. 简述招标文件及投标文件的主要内容。
6. 简述投标报价的主要技巧与策略。
7. CM模式资格预审的内容及与普通承包商的资格预审的区别？
8. 简述CM招标文件的内容。
9. CM模式招标文件中的评标指标的主要内容？
10. 简述设计施工总承包项目投标报价的影响因素。

第8章 工程项目合同主要内容

8.1 传统模式下的工程合同内容

8.1.1 建设工程施工合同的主要内容

根据《中华人民共和国合同法》、《中华人民共和国建筑法》、《中华人民共和国招标投标法》等法律、法规，结合我国工程建设施工的实际情况，并借鉴国际上广泛使用的FIDIC土木工程施工合同条件，国家建设部、工商行政管理局于1999年12月24日印发了《建设工程施工合同(示范文本)》(GF—1999—0201)(以下简称《施工合同(示范文本)》。该示范文本可适用于土木工程，包括各类公用建筑、民用住宅、工业厂房、交通设施及线路管道的施工和设备安装，是我国目前适用于传统采购模式的标准合同文件之一。

《施工合同示范文本》由《协议书》、《通用条款》和《专用条款》三部分组成，并附有三个附件：附件一是《承包人承揽工程项目一览表》，附件二是《发包人供应材料设备一览表》，附件三是《工程质量保修书》。

8.1.1.1 词语定义及合同文件

1. 词语定义

下列词语除专用条款另有约定外，应具有本条所赋予的定义：

(1) 通用条款：是根据法律、行政法规规定及建设工程施工的需要订立，通用于建设工程施工的条款。

(2) 专用条款：是发包人与承包人根据法律、行政法规规定，结合具体工程实际，经协商达成一致意见的条款，是对通用条款的具体化、补充或修改。

(3) 发包人：指在协议书中约定，具有工程发包主体资格和支付工程价款能力的当事人以及取得该当事人资格的合法继承人。

(4) 承包人：指在协议书中约定，被发包人接受的具有工程施工承包主体资格的当事人以及取得该当事人资格的合法继承人。

(5) 项目经理：指承包人在专用条款中指定的负责施工管理和合同履行的代表。

(6) 设计单位：指发包人委托的负责本工程设计并取得相应工程设计资质等级证书的单位。

(7) 监理单位：指发包人委托的负责本工程监理并取得相应工程监理资质等级证书的单位。

(8) 工程师：指本工程监理单位委派的总监理工程师或发包人指定的履行本合同的代表，其具体身份和职权由发包人承包人在专用条款中约定。

(9) 工程造价管理部门：指国务院有关部门、县级以上人民政府建设行政主管部门或其委托的工程造价管理机构。

(10) 工程：指发包人承包人在协议书中约定的承包范围内的工程。

(11) 合同价款：指发包人承包人在协议书中约定，发包人用以支付承包人按照合同约定完成承包范围内全部工程并承担质量保修责任的款项。

(12) 追加合同价款：指在合同履行中发生需要增加合同价款的情况，经发包人确认后按计算合同价款的方法增加的合同价款。

(13) 费用：指不包含在合同价款之内的应当由发包人或承包人承担的经济支出。

(14) 工期：指发包人承包人在协议书中约定，按总日历天数(包括法定节假日)计算的承包天数。

(15) 开工日期：指发包人承包人在协议书中约定，承包人开始施工的绝对或相对的日期。

(16) 竣工日期：指发包人承包人在协议书约定，承包人完成承包范围内工程的绝对或相对的日期。

(17) 图纸：指由发包人提供或由承包人提供并经发包人批准，满足承包人施工需要的所有图纸(包括配套说明和有关资料)。

(18) 施工场地：指由发包人提供的用于工程施工的场所以及发包人在图纸中具体指定的供施工使用的任何其他场所。

(19) 书面形式：指合同书、信件和数据电文(包括电报、电传、传真、电子数据交换和电子邮件)等可以有形地表现所载内容的形式。

(20) 违约责任：指合同一方不履行合同义务或履行合同义务不符合约定所应承担的责任。

(21) 索赔：指在合同履行过程中，对于并非自己的过错，而是应由对方承担责任的情况造成的实际损失，向对方提出经济补偿和(或)工期顺延的要求。

(22) 不可抗力：指不能预见、不能避免并不能克服的客观情况。

(23) 小时或天：本合同中规定按小时计算时间的，从事件有效开始时计算(不扣除休息时间)；规定按天计算时间的，开始当天不计入，从次日开始计算。时限的最后一天是休息日或者其他法定节假日的，以节假日次日为时限的最后一天，但竣工日期除外。时限的最后一天的截止时间为当日24时。

2. 组成合同的文件及解释顺序

施工合同文件应能相互解释、互为说明。除专用条款另有约定外，组成施工合同文件和优先解释顺序为：

(1) 双方签署的合同协议书；

(2) 中标通知书；

(3) 投标书及其附件；

(4) 施工合同专用条款；

(5) 施工合同通用条款；

(6) 施工合同适用的标准、规范及有关技术文件；

(7) 图纸；

(8) 工程量清单；

(9) 工程报价单或预算书。

合同履行中，发包人和承包人有关工程的洽商、变更等书面协议或文件视为本合同的组成部分。

上述合同文件应能相互解释、互为说明。当合同文件中出现矛盾或不一致时，上面的顺序就是合同的优先解释顺序。在不违反法律和行政法规的前提下，当事人可以通过协商变更施工合同的内容，这些变更的协议或文件，其效力高于其他合同文件，且签署在后的协议或文件效力高于签署在前的协议或文件。

当合同文件内容出现含糊不清或不相一致时，在不影响工程正常进行的情况下由双方协商解决。双方也可以提请负责监理的工程师作出解释。双方协商不成或不同意负责监理的工程师作出解释时，可按争议的处理方式解决。

8.1.1.2 双方一般权利和义务

1. 工程师及其职权

(1) 工程师产生与易人

1) 发包人委托。发包人可以委托监理单位全部或者部分负责合同的履行。对于国家规定实行强制监理的工程施工，发包人必须委托监理；对于国家未规定实施强制监理的工程施工，发包人也可以委托监理。工程施工监理应当依照法律、行政法规及有关的技术标准、设计文件和建设工程施工合同，对承包人在施工质量、建设工期和建设资金使用等方面，代表发包人实施监督。发包人应当将委托的监理单位名称、工程师的姓名、监理内容及监理权限以书面形式通知承包人。除合同内有明确约定或经发包人同意外，负责监理的工程师无权解除承包人的任何义务。监理单位委派的总监理工程师在施工合同中称为工程师，总监理工程师是经监理单位法定代表人授权，派驻现场组织监理的总负责人，行使监理合同赋予监理单位的权利和义务，全面负责受委托工程的建设监理工作。监理单位委派的总监理工程师姓名、职务、职责应当向发包人报送，在施工合同专用条款中应当写明总监理工程师的姓名、职务、职责。

2）发包人派驻代表。发包人派驻施工现场履行合同的代表在施工合同中也称工程师。发包人代表是经发包人单位法定代表人授权，派驻施工现场的负责人，其姓名、职务、职责在专用条款内约定，但其职责不得与监理单位委派的总监理工程师职责相互交叉；双方职责发生交叉或不明确时，由发包人明确双方职责，并以书面形式通知承包方。目前，许多工程发包人同时委托监理和派驻代表，两者职责发生交叉后，给工程施工的管理带来了困难。发包人应避免这种情况的出现，一旦出现，应尽早解决。

3）工程师易人。工程师易人，发包人应至少于易人之前7天以书面形式通知承包人，后任继续履行合同文件约定的前任的权利和义务，不得更改前任作出的书面承诺。

(2) 工程师的职责

工程师应按合同约定，及时向承包人提供所需指令、批准并履行约定的其他义务。由于工程师未能按合同约定履行义务造成工期延误，发包人应承担延误造成的追加合同价款，并赔偿承包人有关损失，顺延延误的工期。

(3) 工程师委派和指令

1）工程师委派代表。在施工过程中，不可能所有的监督和管理工作都由工程师亲自完成。工程师可委派具体管理人员，行使自己的部分权力和职责，并可在认为必要时撤回委派。委派和撤回均应提前7天以书面形式通知承包人，负责监理的工程师还应将委派和撤回通知发包人，委派书和撤回通知作为合同附件。

2）工程师代表在工程师授权范围内向承包人发出的任何书面形式的函件，与工程师发出的函件具有同等效力。承包人对工程师代表向其发出的任何书面形式的函件有疑问时，可将此函件提交工程师，工程师应进行确认。工程师代表发出指令有失误时，工程师应进行纠正。除工程师或工程师代表外，发包人派驻工地的其他人均无权向承包人发出任何指令。

3）工程师发布指令、通知。工程师的指令、通知由本人签字后，以书面形式交给项目经理，项目经理在回执上签署姓名和收到时间后生效。确有必要时，工程师可发出口头指令，并在48小时内给予书面确认，承包人对工程师的指令应予执行。工程师不能及时给予书面确认，承包人应于工程师发出口头指令后7天内提出书面确认要求。工程师在承包人提出确认要求后48小时内不予答复，应视为承包人要求已被确认。

4）承包人认为工程师指令不合理，应在收到指令后24小时内提出书面申告；工程师在收到承包人申告后24小时内作出修改指令或继续执行原指令的决定，并以书面形式通知承包人。紧急情况下，工程师要求承包人立即执行的指令或承包人虽有异议，但工程师决定仍继续执行的指令，承包人应予执行。因指令错误发生的追加合同价款和给承包人造成的损失由发包人承担，延误的工期相应顺延。

2. 项目经理及其职权

(1) 项目经理的产生与变更

项目经理是由承包人单位法定代表人授权的、派驻施工场地的承包人的总负责人，他代表承包人负责工程施工的组织、实施。因为施工质量、进度管理方面的好坏与项目经理的水平、能力、工作热情有很大的关系，所以在投标书中一般都应当明确项目经理，并作为评标的一项内容。最后，项目经理的姓名、职务在专用条款内写明。项目经理一旦确定后，则不能随意更换。

项目经理更换，承包人应至少提前7天以书面形式通知发包人，并征得发包人同意。后任者继续履行合同文件约定的前任者的权利和义务，不得更改前任者作出的书面承诺。因为前任项目经理的书面承诺是代表承包人的，项目经理的更换并不意味着合同主体的变更，双方都应履行各自的义务。

发包人可以与承包人协商，建议调换其认为不称职的项目经理。

(2) 项目经理的职责

1) 代表承包人向发包人提出要求和发出通知。项目经理有权代表承包人向发包人提出要求和发出通知。承包人的要求和通知，以书面形式由项目经理签字后送交工程师，工程师在回执上签署姓名和收到时间后生效。

2) 组织施工。项目经理按发包人认可的施工组织设计(施工方案)和工程师依据合同发出的指令组织施工。在情况紧急且无法与工程师联系时，项目经理应当采取保证人员生命和工程、财产安全的紧急措施，并在采取措施后48小时内向工程师送交报告。如果责任在发包人和第三人，由发包人承担由此发生的追加合同价款，相应顺延工期；如果责任在承包人，由承包人承担费用，不顺延工期。

3. 发包人工作

根据专用条款约定的内容和时间，发包人应分阶段或一次完成以下的工作：

(1) 办理土地征用、拆迁补偿、平整施工场地等工作，使施工场地具备施工条件，并在开工后继续解决以上事项的遗留问题；

(2) 将施工所需水、电、电讯线路从施工场地外部接至专用条款约定地点，并保证施工期间需要；

(3) 开通施工场地与城乡公共道路的通道，以及专用条款约定的施工场地内的主要道路，满足施工运输的需要，保证施工期间的畅通；

(4) 向承包人提供施工场地的工程地质和地下管线资料，保证数据真实，位置准确；

(5) 办理施工许可证，法律、法规规定的临时用地、停水、停电、中断道路交通、爆破作业以及可能损坏道路、管线、电力、通讯等公共设施的作业的申请批准手续，及其他施工所需的证件(证明承包人自身资质的证件除外)；

(6) 确定水准点与坐标控制点，以书面形式交给承包人，并进行现场交验；

(7) 组织承包人和设计单位进行图纸会审和设计交底；

(8) 协调处理施工现场周围地下管线和邻近建筑物、构筑物(包括文物保护建筑)、古树名木的保护工作，并承担有关费用；

(9) 发包人应做的其他工作，双方在专用条款内约定。

发包人可以将上述部分工作委托承包人办理，具体内容由双方在专用条款内约定，其费用由发包人承担。发包人不按合同约定完成以上义务，导致工期延误或给承包人造成损失的，应赔偿承包人的有关损失，顺延延误的工期。

4. 承包人工作

承包人按专用条款约定的内容和时间完成以下工作：

(1) 根据发包人的委托，在其设计资质等级和业务允许的范围内，完成施工图设计或与工程配套的设计，经工程师确认后使用，发生的费用由发包人承担。

(2) 向工程师提供年、季、月工程进度计划及相应进度统计报表。

(3) 根据工程需要，提供和维修非夜间施工使用的照明、围栏设施，并负责安全保卫。

(4) 按专用条款约定的数量和要求，向发包人提供在施工现场办公和生活的房屋及设施，发生费用由发包人承担。

(5) 遵守政府有关部门对施工场地交通、施工噪声、环境保护和安全生产等的管理规定，按管理规定办理有关手续，并以书面形式通知发包人。发包人承担由此发生的费用，因承包人责任造成的罚款除外。

(6) 已竣工工程未交付发包人之前，承包人按专用条款约定负责已完工程的成品保护工作，保护期间发生的损坏，承包人自费予以修复。发包人要求承包人采取特殊措施保护的单位工程的部位和相应追加的合同价款，在专用条款内约定。

(7) 按专用条款的约定做好施工现场地下管线和邻近建筑物、构筑物(包括文物保护建筑)、古树名木的保护工作。

(8) 保证施工场地清洁，符合环境卫生管理的有关规定。交工前现场清理达到专用条款约定的要求，承担因自身原因违反有关规定造成的损失和罚款。

(9) 承包人应做的其他工作，双方在专用条款内约定。

承包人不履行上述各项义务，造成发包人损失的，承包人赔偿发包人有关损失。

8.1.1.3 进度控制条款

进度控制条款的作用在于促使合同当事人在合同规定的工期内完成施工任务，发包人按时做好准备工作，承包人按照施工进度计划组织施工。施工合同的进度控制条款可以分为施工准备阶段、施工阶段和竣工验收阶段三个阶段的进度控制条款。

1. 施工准备阶段的进度控制条款

施工准备阶段的许多工作都对施工的开始和进度有直接的影响，包括合同当事人对合同工期的约定、承包人提交进度计划、设计图纸的提供、材料设备的采购、延期开工的处理等。

(1) 施工合同工期

施工合同工期，是指建设工程从开工起到施工合同专用条款中约定的全部工程内容的完成并达到竣工验收标准所经历的总日历天数。合同当事人双方应当在开工日期前做好一切开工的准备工作，承包人则应按约定的开工日期开工。

(2) 施工进度计划

承包人应按专用条款约定的日期，将施工组织设计和工程进度计划提交工程师。群体工程中按单位工程分阶段进行施工的，承包人应按照发包人提供图纸及有关资料的时间，按单位工程编制进度计划，分别提交工程师。工程师接到承包人提交的进度计划后，应当按双方在专用条款中的约定时间予以确认或者提出修改意见，如果逾期不确认也不提出书面意见的，则视为同意。

工程师对进度计划予以确认或者提出修改意见的主要目的，是为工程师对进度进行检查、监督提供依据，承包人的施工组织设计和工程进度计划本身的缺陷所导致的实际进度与进度计划不符的责任，由承包人承担。

(3) 开工及延期开工

1）承包人要求的延期开工。承包人应当按照施工合同约定的开工日期开工。若承包人不能按时开工，应在不迟于施工合同约定的开工日期前7天，以书面形式向工程师提出延期开工的理由和要求。工程师在接到延期开工申请后48小时内以书面形式答复承包人。工程师在接到延期开工申请后48小时内不答复，视为同意承包人的要求，工期相应顺延。如果工程师不同意延期要求，工期不予顺延。如果承包人未在规定时间内提出延期开工要求，工期也不予顺延。

2）发包人原因延期开工。因发包人的原因不能按照施工合同约定的开工日期开工，工程师以书面形式通知承包人后，推迟开工日期。承包人对延期开工的通知没有否决权，但发包人应当赔偿承包人因延期开工而造成的损失并相应顺延工期。

2. 施工阶段的进度控制条款

(1) 工程师对进度计划的检查与监督

开工后，承包人必须按照工程师确认的进度计划组织施工，接受工程师对工程进度的检查、监督。检查、督促的依据一般是双方已经确认的月度进度计划。一般情况下，工程师每月检查一次承包人的进度计划执行情况，由承包人提交一份上月进度计划实际执行情况和本月的施工计划。同时，工程师还应进行必要的现场实地检查。

工程实际进度与经确认的进度计划不符时，承包人应按工程师的要求提出改进措施，经工程师确认后执行。但是，对于因承包人自身的原因导致实际进度与进度计划不符时，所有的后果都应由承包人自行承担，承包人无权就改进措施追加合同价款，工程师也不对改进措施的效果负责。如果采取改进措施后，经过一段时间工程实际进展赶上了进度计划，则仍可按原进度计划执行。如果采取改进措施一段时间后，工程实际进展仍明显与进度计划不符，则工程师可以要求承包人修改原进度计划，并经工程师确认后执行。但是，这种确认并不是工程师对工程延期的批准，而仅仅是要求承包人在合理的状态下施工。因此，如果承包人按修改后的进度计划施工不能按期竣工的，承包人仍应承担相应的违约责任。

(2) 暂停施工

1）工程师要求的暂停施工。工程师认为确有必要暂停施工时，应当以书面形式要求承包人暂停施工，并在提出要求后48小时内提出书面处理意见。承包人应当按工程师要求停止施工，并妥善保护已完工程。承包人实施工程师作出的处理意见后，可以书面形式提出复工要求，工程师应当在48小时内给予答复。工程师未能在规定时间内提出处理意见，或收到承包人复工要求后48小时内未予答复的，承包人可自行复工。因发包人原因造成停工的，由发包人承担所发生的追加合同价款，赔偿承包人由此造成的损失，相应顺延工期；因承包人原因造成停工的，由承包人承担发生的费用，工期不予顺延。因工程师不及时作出答复，导致承包人无法复工，由发包人承担违约责任。

2）因发包人违约导致承包人主动暂停施工。当发包人出现某些违约情况时，承包人可以暂停施工，这是合同赋予承包人保护自身权益的有效措施。如发包人不按合同约定及时向承包人支付工程预付款、工程进度款且双方未达成延期付款协议，在承包人发出要求付款通知后仍不付款的，经过一段时间后，承包人均可暂停施工。这时，发包人应当承担相应的违约责任。出现这种情况时，工程师应当尽量督促发包人履行合同，以求减少双方的损失。

3）意外事件导致的暂停施工。在施工过程中出现一些意外情况，如果需要承包人暂停施工的，承包人应该暂停施工。此时工期是否给予顺延，应视风险责任应由谁承担而确定。如发现有价值的文物、发生不可抗力事件等，风险责任应由发包人承担，工期顺延。

(3) 工程设计变更

工程师在其可能的范围内应尽量减少设计变更，以避免影响工期。如果必须对设计进行变更，应当严格按照国家的规定和合同约定的程序进行。

1）发包人对原设计进行变更。施工中发包人如果需要对原工程设计进行变更，应提前14天以书面形式向承包人发出变更通知。变更超过原设计标准或者批准的建设规模时，发包人应报规划管理部门和其他有关部门重新审查批准，并由原设计单位提供变更的相应图纸和说明。承包人按照工程师发出的变更通知及有关要求，进行下列变更：更改工程有关部分的标高、基线、位置和尺寸；增减合同中约定的工程量；改变有关工程的施工时间和顺序；其他有关工程变更需要的附加工作。由于发包人对原设计进行变更，造成合同价款的增减及承包人的损失，由发包人承担，延误的工期相应顺延。合同履行中发包人要求变更工程质量标准及发生其他实质性变更，由双方协商解决。

2）承包人要求对原设计进行变更。承包人应当严格按照图纸施工，不得对原工程设计进行变更。因承包人擅自变更设计发生的费用和由此导致发包人的直接损失，由承包人承担，延误的工期不予顺延。承包人在施工中提出的合理化建议涉及对设计图纸或施工组织设计的更改及对材料、设备的换用，须经工程师同意。工程师同意变更后，也须取得有关主管部门的批准，并由原设计单位提供相应的变更图纸和说明。未经同意擅自更改或换用时，承包人承担由此发生的费用，并赔偿发包人的有关损失，延误的工期不予顺延。工程师同意采用承包人的合理化建议，所发生的费用或获得的收益，发包人和承包人另行约定分担或分享的比例和方法。

(4) 工期延误

承包人应当按照合同工期完成工程施工，如果由于其自身原因造成工期延误，则应承担违约责任。但因以下原因造成工期延误的，经工程师确认，工期相应顺延：

1) 发包人未能按专用条款的约定提供图纸及开工条件；

2) 发包人未能按约定日期支付工程预付款、进度款，致使施工不能正常进行；

3) 工程师未按合同约定提供所需指令、批准等，致使施工不能正常进行；

4) 设计变更和工程量增加；

5) 一周内非承包人原因停水、停电、停气造成停工累计超过 8 小时；

6) 不可抗力；

7) 专用条款中约定或工程师同意工期顺延的其他情况。

上述这些情况工期可以顺延的原因在于：这些情况属于发包人违约或者是应当由发包人承担的风险。承包人在以上情况发生后的 14 天内，就延误的工期以书面形式向工程师提出报告，工程师在收到报告后 14 天内予以确认，逾期不予确认也不提出修改意见的，视为同意顺延工期。

3. 竣工验收阶段的进度控制条款

竣工验收阶段进度控制条款的作用在于督促承包人完成工程扫尾工作，协调参加竣工验收各方的关系，使各方及时参加竣工验收。

(1) 提前竣工

在施工中，发包人如果要求提前竣工，应当与承包人进行协商，协商一致后应签订提前竣工协议，并把它作为合同文件组成部分。其包括以下内容：

1) 提前的时间；

2) 承包人采取的赶工措施；

3) 发包人为赶工提供的条件；

4) 承包人为保证工程质量和安全采取的措施；

5) 提前竣工所需的追加合同价款。

(2) 甩项竣工

因特殊原因，发包人要求部分单位工程或工程部位甩项竣工的，双方应当另行签订甩项竣工协议，明确各方责任和工程价款的支付方法。

(3) 拖期竣工

因承包人原因不能按照协议书约定的竣工日期或工程师同意顺延的工期竣工的，承包人承担违约责任。

(4) 竣工验收的程序

1) 当工程按合同要求全部完成后，工程具备了竣工验收条件，承包人按国家工程竣工验收的有关规定，向发包人提供完整的竣工资料和竣工验收报告，并按专用条款要求的日期和份数向发包人提交竣工图。

2）发包人在收到竣工验收报告后 28 天内组织有关部门验收，并在验收 14 天内给予认可或者提出修改意见。承包人应当按要求进行修改，并承担由自身原因造成修改的费用。竣工日期为承包人送交竣工验收报告日期。工程需修改后才能达到验收要求的，竣工日期为承包人修改后提请发包人验收的日期。中间交工工程的范围和竣工时间，由双方在专用条款内约定，其验收程序与上述规定相同。

3）发包人收到承包人送交的竣工验收报告后 28 天内不组织验收，或者在验收后 14 天内不提出修改意见，则视为竣工验收报告已经被认可。发包人收到承包人送交的竣工验收报告后 28 天内不组织验收，从第 29 天起承担工程保管及一切意外责任。

8.1.1.4 质量控制条款

工程施工中的质量控制是合同履行中的重要环节，涉及许多方面的工作，任何一个方面工作的缺陷和疏漏，都会使工程质量无法达到预期的标准。质量控制条款可分为工程验收、材料设备供应、质量保修三方面的内容。

1. 工程验收的质量控制条款

(1) 工程质量标准

1）工程质量应当达到施工合同约定的质量标准，质量标准的评定以国家或者专业的质量检验评定标准为依据。发包人对部分或者全部工程质量有特殊要求的，应支付由此增加的追加合同价款，其对工期有影响的应给予相应顺延。

2）达不到约定的质量标准的工程部分，工程师一经发现，可要求承包人返工，承包人应当按照工程师的要求返工，直到符合约定的质量标准。因承包人的原因达不到约定的质量标准，由承包人承担返工费用，工期不予顺延。因发包人的原因达不到约定的质量标准，由发包人承担返工的追加合同价款，工期相应顺延。因双方原因达不到约定的质量标准，责任由双方分别承担。双方对工程质量有争议，由专用条款约定的工程质量监督部门鉴定，所需费用及因此造成的损失，由责任方承担。双方均有责任，由双方根据其责任分别承担。

(2) 施工中的检查和返工

1）承包人应认真按照标准、规范和设计图纸要求以及工程师依据合同发出的指令施工，随时接受工程师及其委派人员的检查检验，并为检查检验提供便利条件。工程质量达不到约定的质量标准的部分，工程师一经发现，可要求承包人拆除和重新施工，承包人应按工程师及其委派人员的要求拆除和重新施工，直到符合约定标准。因承包人原因达不到约定的质量标准，承包人承担拆除和重新施工的费用，工期不予顺延。

2）工程师检查检验不应影响施工正常进行。如果影响施工正常进行，检查检验不合格时，影响正常施工的费用由承包人承担。除此之外影响正常施工的追加合同价款由发包人承担，相应顺延工期。

3）因工程师指令失误和其他非承包人原因发生的追加合同价款，由发包人承担。

(3) 隐蔽工程和中间验收

1) 对于中间验收，合同双方应在专用条款中约定需要进行中间验收的单项工程和部位的名称、验收的时间和要求，以及发包人应提供的便利条件。

2) 工程具备隐蔽条件或达到专用条款约定的中间验收部位，承包人进行自检，并在隐蔽或中间验收前48小时以书面形式通知工程师验收。通知包括隐蔽和中间验收的内容、验收时间和地点。承包人准备好验收记录，验收合格及工程师在验收记录上签字后，承包人可进行隐蔽和继续施工。验收不合格，承包人在工程师限定的时间内修改后重新验收。

3) 经工程师验收，工程质量符合标准、规范和设计图纸等的要求，验收24小时后，工程师不在验收记录上签字，视为工程师已经认可验收记录，承包人可进行隐蔽或者继续施工。

4) 工程师不能按时进行验收，应在验收前24小时向承包人提出书面延期要求，延期不能超过48小时。工程师未能按以上时间提出延期要求，不进行验收，承包人可自行组织验收，工程师应承认验收记录。

(4) 重新检验

无论工程师是否参加验收，当其提出对已经隐蔽的工程重新检验的要求时，承包人应按要求进行剥露开孔，并在检验后重新覆盖或者修复。检验合格，发包人承担由此发生的全部追加合同价款，赔偿承包人损失，并相应顺延工期。检验不合格，承包人承担发生的全部费用，工期不予顺延。

(5) 工程试车

对于设备安装工程，应当组织试车。试车内容应与承包人承包的安装范围相一致。

1) 单机无负荷试车。设备安装工程具备单机无负荷试车条件，由承包人组织试车。承包人应在试车前48小时书面通知工程师。通知包括试车内容、时间、地点。承包人准备试车记录，发包人根据承包人要求为试车提供必要条件。试车合格，工程师在试车记录上签字。工程师不能按时参加试车，须在开始试车前24小时以书面形式向承包人提出延期要求，延期不能超过48小时。工程师未能按以上时间提出延期要求，不参加试车，应承认试车记录。

2) 联动无负荷试车。设备安装工程具备无负荷联动试车条件，由发包人组织试车，并在试车前48小时书面通知承包人。通知内容包括试车内容、时间、地点和对承包人的要求，承包人按要求做好准备工作和试车记录。试车通过，双方在试车记录上签字。

3) 投料试车。投料试车应当在工程竣工验收后由发包人负责。如发包人要求在工程竣工验收前进行或需要承包人配合时，应当征得承包人同意，另行签订补充协议。

试车的双方责任如下：

1) 由于设计原因试车达不到验收要求，发包人应要求设计单位修改设计，承包人按修改后的设计重新安装。发包人承担修改、拆除及重新安装的全部费用和追加合同价款，工期相应顺延。

2）由于设备制造原因试车达不到验收要求，由该设备采购一方负责重新购置或修理，承包人负责拆除和重新安装。设备由承包人采购，由承包人承担修理或重新购置、拆除及重新安装的费用，工期不予顺延；设备由发包人采购的，发包人承担上述各项追加合同价款，工期相应顺延。

3）由于承包人施工原因试车达不到验收要求，承包人按工程师要求重新安装和试车，并承担重新安装和试车的费用，工期不予顺延。

4）试车费用除已包括在合同价款之内或者专用条款另有约定外，均由发包人承担。

5）工程师在试车合格后不在试车记录上签字，试车结束 24 小时后，视为工程师已经认可试车记录，承包人可继续施工或办理竣工手续。

2. 材料设备供应的质量控制条款

工程材料设备供应的质量控制，是整个工程质量控制的基础。建筑材料、构配件生产及设备供应单位对其生产或者供应的产品质量负责。而材料设备的需方则应根据买卖合同的规定进行质量验收。

(1) 发包人供应材料设备

对于由发包人供应的材料设备，双方应当将此制成一览表，作为合同附件。一览表的内容应当包括材料设备的种类、规格、型号、数量、单价、质量等级、提供的时间和地点。发包人按照一览表的约定提供材料设备，并向承包人提供其供应材料设备的产品合格证明，并对这些材料设备的质量负责。发包人应在其所供应的材料设备到货前 24 小时，以书面形式通知承包人，由承包人派人与发包人共同清点。

发包人供应的材料设备经双方共同验收后由承包人妥善保管，发包人支付相应的保管费用。因承包人的原因发生损坏丢失的，由承包人负责赔偿。发包人不按规定通知承包人验收，发生的损坏丢失由发包人负责。如果发包人供应的材料设备与约定不符时，应当由发包人承担有关责任，具体按照下列情况进行处理：

1）材料设备单价与合同约定不符时，由发包人承担所有差价。

2）材料设备的种类、规格、型号、数量、质量等级与合同约定不符时，承包人可以拒绝接收保管，由发包人运出施工场地并重新采购。

3）发包人供应材料的规格、型号与合同约定不符时，承包人可以代为调剂代换，发包方承担相应的费用。

4）到货地点与合同约定不符时，发包人负责运至合同约定的地点。

5）供应数量少于合同约定的数量时，发包人将数量补齐；多于合同约定的数量时，发包人负责将多余部分运出施工场地。

6）到货时间早于合同约定时间，发包人承担因此发生的保管费用；到货时间迟于合同约定的供应时间，由发包人承担相应的追加合同价款。发生延误，相应顺延工期，发包人赔偿由此给承包人造成的损失。

发包人供应的材料设备进入施工现场后需要在使用前检验或者试验的，由承包人负责，费用由发包人承担。即使在承包人检验通过之后，如果又发现材料设备有质量问题的，发包人仍应承担重新采购及拆除重建的追加合同价款，并相应顺延工期。

(2) 承包人采购材料设备

1）对于合同约定由承包人采购的材料设备，发包人不得指定生产厂家或者供应商。承包人根据专用条款的约定及设计和有关标准要求采购工程需要的材料设备，并提供产品合格证明。承包人在材料设备到货前 24 小时通知工程师验收。这是工程师的一项重要职责，工程师应当严格按照合同约定、有关标准进行验收。

2）承包人采购的材料设备与设计或者标准要求不符时，工程师可以拒绝验收。由承包人按照工程师要求的时间运出施工场地，重新采购符合要求的产品，并承担由此发生的费用，由此延误的工期不予顺延。工程师发现材料设备不符合设计或者标准要求时，应要求承包人负责修复、拆除或者重新采购，并承担发生的费用，由此造成的工期延误不予顺延。

3）承包人需要使用代用材料时，须经工程师认可后方可使用，由此增减的合同价款由双方以书面形式议定。承包人采购的材料设备在使用前，承包人应按工程师的要求进行检验或试验，不合格的不得使用，检验或试验费用由承包人承担。

8.1.1.5 投资控制条款

投资控制条款的作用在于把建设项目投资控制在批准的投资限额以内，随时纠正发生的偏差，按计划在工程各阶段合理使用人力、物力和财力，以取得最好的投资效益。

1. 施工合同价款及调整

招标工程的合同价款由发包人承包人依据中标通知书中的中标价格在施工合同内约定。非招标工程的合同价款由发包人承包人依据工程预算书在施工合同内约定。合同价款在施工合同内约定后，任何一方不得擅自改变。合同价款可以按照固定价格合同、可调价格合同、成本加酬金合同三种方式确定，采用其中哪一种方式由双方在专用条款内约定。

(1) 固定价格合同。双方在专用条款内约定合同价款包含的风险范围和风险费用的计算方法，在约定的风险范围内合同价款不再调整。风险范围以外的合同价款调整方法，应当在专用条款内约定。

(2) 可调价格合同。合同价款可根据双方的约定而调整，双方在专用条款内约定合同价款调整方法。可调价格合同中合同价款的调整因素包括：

1）国家法律、法规和政策变化影响合同价款。

2）工程造价管理部门公布的价格调整。

3）一周内非承包人原因而发生的停水、停电、停气所造成的停工累计超过 8 小时。

4）双方约定的其他调整或增减因素。

承包人应当在价格可以调整的情况发生后 14 天内，将调整原因、金额以书面形式通知工程师，工程师确认后作为追加合同价款，与工程款同期支付。工程师收到承包人通知之后 14 天内不作答复也不提出修改意见，视为已经同意该项调整。

(3) 成本加酬金合同。合同价款包括成本和酬金两部分，双方在专用条款内约定成本构成和酬金的计算方法。

2. 工程预付款

预付款是在工程开工前发包人预先支付给承包人用来进行工程准备的一笔款项。实行工程预付款的，双方应当在专用条款内约定发包人向承包人预付工程款的时间和数额，开工后按约定的时间和比例逐次扣回。预付时间应不迟于约定的开工日期前 7 天。发包人不按约定预付，承包人在约定预付时间 7 天后向发包人发出要求预付的通知，发包人收到通知后仍不能按要求预付的，承包人可在发出通知后 7 天停止施工，发包人应从约定应付之日起向承包人支付应付款的贷款利息，并承担违约责任。

工程款预付可根据主管部门的规定，双方协商确定后把预付工程款的时间(如于每年的 1 月 15 日前按预付款额度比例支付)、金额或占合同价款总额的比例(如为合同额的 5%～15%)、方法(如根据承包人的年度承包工作量)和扣回的时间、比例、方法(预付款一般应在工程竣工前全部扣回，可采取当工程进展到某一阶段，如完成合同额的 60%～65%时开始起扣，也可从每月的工程付款中扣回)在专用条款内写明。

3. 工程进度款

(1) 工程量的确认

对承包人已完成工程量进行计量、核实与确认，是发包人支付工程款的前提。工程量具体的确认程序如下：

1) 承包人应按专用条款约定的时间，向工程师提交已完工程量的报告。

2) 工程师接到报告后 7 天内按设计图纸核实已完工程量(计量)，并在计量前 24 小时以书面形式通知承包人，承包人应为计量提供便利条件并派人参加。承包人收到通知后不参加计量，计量结果有效，作为工程价款支付的依据。

3) 工程师收到承包人报告后 7 天内未进行计量，从第 8 天起，承包人报告中开列的工程量即视为已被确认，作为工程价款支付的依据。工程师不按约定时间通知承包人，致使承包人未能参加计量，计量结果无效。对承包人超出设计图纸范围和因承包人原因造成返工的工程量，工程师不予计量。

(2) 工程款(进度款)支付

发包人应在双方计量确认后 14 天内，向承包人支付工程款(进度款)。按约定时间发包人应扣回的预付款，与工程款(进度款)同期结算。合同价款调整、设计变更调整的合同价款及追加的合同价款，应与工程款(进度款)同期调整支付。

发包人超过约定的支付时间不支付工程款(进度款)，承包人可向发包人发出要求付款的通知，发包人在收到承包人通知后仍不能按要求支付，可与承包人协商签订延期付款协议，经承包人同意后可延期支付。协议须明确延期支付时间和从确认计量结果后第 15 天起计算应付款的贷款利息。发包人不按合同约定支付工程款(进度款)，双方又未达成延期付款协议，导致施工无法进行的，承包人可停止施工，由发包人承担违约责任。

(3) 工程款(进度款)结算方式

1) 按月结算。这是国内外常见的一种工程款支付方式，一般在每个月末，承包人提交已完工程量报告，经工程师审查确认，签发月度付款证书后，由发包人按合同约定的时间支付工程款。

2) 按形象进度分段结算。这是国内一种常见的工程款支付方式，实际上是按工程形象进度分段结算。当承包人完成合同约定的工程形象进度时，承包人提出已完工程量报告，经工程师审查确认，签发付款证书后，由发包人按合同约定的时间付款。如专用条款中可约定：当承包人完成基础工程施工时，发包人支付合同价款的 20%；完成主体结构工程施工时，支付合同价款的 50%；完成装饰工程施工时，支付合同价款的 15%；工程竣工验收通过后，再支付合同价款的 10%；其余 5% 作为工程保修金，在保修期满后返还给承包人。

3) 竣工后一次性结算。当工程项目工期较短或合同价格较低时，可以采用工程价款每月月中预支、竣工后一次性结算的方法。

4) 其他结算方式。结算双方可以在专用条款中约定采用并经开户行银行同意的其他结算方式。

4. 变更价款的确定

(1) 变更价款的确定方法

承包人在工程变更确定后 14 天内，提出变更工程价款的报告，经工程师确认后调整合同价款。变更合同价款按照下列方法进行：

1) 合同中已有适用于变更工程的价格，按合同已有的价格计算、变更合同价款；

2) 合同中只有类似于变更工程的价格，可以参照此价格确定变更价格，变更合同价款；

3) 合同中没有适用或类似于变更工程的价格，由承包人提出适当的变更价格，经工程师确认后执行。

(2) 变更价款的确定程序

1) 设计变更发生后，承包人在工程设计变更确定后 14 天内，提出变更工程价款的报告，经工程师确认后调整合同价款。承包人在确定变更后 14 天内，不向工程师提出变更工程价款的报告，视为承包人认可该项设计变更不涉及合同价款的变更。

2) 工程师在收到变更工程价款报告之日起 14 天内予以确认。工程师无正当理由不确认时，自变更价款报告送达之日起 14 天后变更工程价款报告自行生效。工程师不同意承包人提出的变更价格，按照合同约定的争议解决方法处理。

5. 施工中涉及的其他费用

(1) 安全施工方面的费用

1) 承包人应按工程质量、安全及消防管理有关规定，采取严格的安全防护措施组织施工，承担由于自身安全措施不力造成的事故的责任和因此而发生的费用。非承包人责任所造成的安全事故，由责任方承担责任和发生的费用。

2）发包人应对其在施工场地的工作人员进行安全教育，并对他们的安全负责。发包人不得要求承包人违反安全管理的规定进行施工。因发包人原因导致的安全事故，由发包人承担相应责任及所发生的费用。

3）承包人在动力设备、输电线路、地下管道、密封防震车间、易燃易爆地段以及临街交通要道附近施工时，施工前应向工程师提出安全保护措施，经工程师认可后方可实施，防护措施费用由发包人承担。

4）实施爆破作业，在放射性、毒害性环境中施工（含存储、运输、使用），以及使用毒害性、腐蚀性物品施工时，承包人应在施工前 14 天以书面形式通知工程师，并提出相应的安全措施，经工程师认可后实施。安全保护措施费用由发包人承担。

5）发生重大伤亡及其他安全事故，承包人应按有关规定立即上报有关部门并通知工程师，同时按政府有关部门要求处理，由事故责任方承担发生的费用。双方对事故责任有争议时，应按政府有关部门的认定处理。

(2) 专利技术及特殊工艺涉及的费用

发包人要求使用专利技术或特殊工艺，须负责办理相应的申报手续，承担申报、试验、使用等费用，承包人应按发包人要求使用，并负责试验等有关工作。承包人提出使用专利技术或特殊工艺，报工程师认可后实施，承包人负责办理申报手续并承担有关费用。

(3) 文物和地下障碍物

1）在施工中发现古墓、古建筑遗址等文物及化石或其他有考古、地质研究价值的物品时，承包人应立即保护好现场并于 4 小时内以书面形式通知工程师，工程师应于收到书面通知后 24 小时内报告当地文物管理部门，并按有关管理部门要求采取妥善保护措施。发包人承担由此发生的费用，延误的工期相应顺延。

2）施工中发现影响施工的地下障碍物时，承包人应在 8 小时内书面通知工程师，同时提出处置方案，工程师收到处置方案后 8 小时内予以认可或提出修正方案。发包人承担由此发生的费用，延误的工期相应顺延。

6. 竣工结算

(1) 竣工结算程序

工程竣工验收报告经发包人认可后 28 天内，承包人向发包人递交竣工结算报告及完整的结算资料，双方按照协议书约定的合同价款及专用条款约定的合同价款调整内容，进行工程竣工结算。发包人收到承包人递交的竣工结算报告及结算资料后 28 天内进行核实，给予确认或者提出修改意见。发包人确认竣工结算报告后通知经办银行向承包人支付工程竣工结算价款。承包人收到竣工结算价款后 14 天内将竣工工程交付给发包人。

(2) 竣工结算相关的违约责任

1）发包人收到竣工结算报告及结算资料后 28 天内无正当理由不支付工程竣工结算价款，从第 29 天起按承包人同期向银行贷款利率支付拖欠工程价款的利息，并承担违约责任。

2）发包人收到竣工结算报告及结算资料后28天内不支付工程竣工结算价款，承包人可以催告发包人支付结算价款。发包人在收到竣工结算报告及结算资料后56天内仍不支付的，承包人可以与发包人协议将该工程折价，也可以由承包人申请人民法院将该工程依法拍卖，承包人就该工程折价或者拍卖的价款优先受偿。目前在建设领域，拖欠工程款的情况十分严重，承包人采取有力措施，保护自己的合法权利是十分重要的。

3）工程竣工验收报告经发包人认可后28天内，承包人未能向发包人递交竣工结算报告及完整的结算资料，造成工程竣工结算不能正常进行或工程竣工结算价款不能及时支付，发包人要求交付工程的，承包人应当交付，发包人不要求交付工程的，承包人承担保管责任。

4)承发包双方对工程竣工结算价款发生争执时，按合同条款关于争议的约定处理。

7. 质量保修

承包人应按法律、行政法规或国家关于工程质量保修的有关规定，对交付发包人使用的工程在质量保修期内承担质量保修责任。承包人应在工程竣工验收之前，与发包人签订质量保修书，作为本合同附件。质量保修书的主要内容包括：

(1) 质量保修项目内容及范围；

(2) 质量保修期；

(3) 质量保修责任；

(4) 质量保修金的支付方法。

保修金由承包人向发包人支付，也可由发包人从应付承包人工程款内预留。质量保修金的比例及金额由双方约定，一般不超过施工合同价款的3%。在质量保修期满后14天内，发包人将剩余保修金和利息返还承包人。

8.1.1.6 施工合同的管理性内容

在建设工程施工合同的履行过程中，承发包双方不可避免会发生矛盾和纠纷，也会发生一些涉及第三方的情况与客观的意外情况，因此需要工商行政管理机关、建设行政主管机关、金融机构，以及承发包双方、监理单位依据法律和行政法规、规章制度，采取法律的、行政的手段，对施工合同的履行进行有效的组织、指导、协调及监督，以保护施工合同当事人的合法权益，解决施工合同纠纷，防止和制裁违法行为，保证施工合同的公平、公正、充分、有效地履行。《建设工程施工合同(示范文本)》针对建设工程施工合同履行过程中涉及的有关问题作了相应的具体规定。

1. 不可抗力

建设工程施工中的不可抗力包括因战争、动乱、空中飞行物坠落或其他非发包人责任造成的爆炸、火灾，以及专用条款约定的风、雨、雪、洪水、地震等自然灾害。

(1) 不可抗力事件发生后双方的工作

不可抗力事件发生后，承包人应立即通知工程师，并在力所能及的条件下迅速采取措施，尽量减少损失；并在不可抗力事件结束后48小时内向工程师通报受害情况和损失情况，以及预计清理和修复的费用。发包人应协助承包人采取措施。不可抗力事件继续发生时，承包人应每隔7天向工程师报告一次受害情况，并于不可抗力事件结束后14天内，向工程师提交清理和修复费用的正式报告及有关资料。

(2) 不可抗力的后果承担

因不可抗力事件导致的费用及延误的工期由双方按以下方法分别承担：

1) 工程本身的损害、因工程损害导致第三方人员伤亡和财产损失以及运至施工场地用于施工的材料和待安装的设备的损害，由发包人承担；

2) 承发包双方人员伤亡由其所在单位负责，并承担相应费用；

3) 承包人机械设备损坏及停工损失，由承包人承担；

4) 停工期间，承包人应工程师要求留在施工场地的必要的管理人员及保卫人员的费用由发包人承担；

5) 工程所需清理、修复费用，由发包人承担；

6) 延误的工期相应顺延。

因合同一方迟延履行合同后发生不可抗力的，不能免除迟延履行方的相应责任。

2. 保险

虽然我国对工程保险(主要是施工过程中的保险)没有强制性的规定，但随着项目法人责任制的推行，以前存在着事实上由国家承担不可抗力风险的情况将会有很大改变，工程项目参加保险的情况会越来越多。承发包双方的保险义务一般分担如下：

(1) 工程开工前，发包人应当为建设工程和施工场地内的发包方人员及第三方人员的生命财产办理保险，支付保险费用。发包人可以将上述保险事项委托承包人办理，但费用由发包人承担。

(2) 承包人必须为从事危险作业的职工办理意外伤害保险，并为施工场地内自有人员的生命财产和施工机械设备办理保险，支付保险费用。

(3) 运至施工场地内用于工程的材料和待安装设备，不论由承发包双方的任何一方保管，都应由发包人(或委托承包人)办理保险，并支付保险费用。

(4) 保险事故发生时，承发包双方有责任尽力采取必要的措施，防止或者减少损失。具体投保内容和相关责任，发包人承包人在专用条款中约定。

3. 担保

发包人承包人为了全面履行合同，应互相提供以下担保：

(1) 发包人向承包人提供履约担保，按合同约定支付工程价款及履行合同约定的其他义务。

(2) 承包人向发包人提供履约担保，按合同约定履行自己的各项义务。

(3) 一方违约后，另一方可要求提供担保的第三人承担相应责任。提供担保的内容、方式和相关责任，发包人承包人除在专用条款中约定外，还应由被担保方与担保方签订担保合同，作为本合同附件。

4. 工程分包

（1）承包人按专用条款的约定分包所承包的部分工程，并与分包单位签订分包合同。非经发包人同意，承包人不得将承包工程的任何部分分包。

（2）承包人不得将其承包的全部工程转包给他人，也不得将其承包的全部工程肢解以后以分包的名义分别转包给他人。

（3）工程分包不能解除承包人任何责任与义务。承包人应在分包场地派驻相应管理人员，保证本合同的履行。分包单位的任何违约行为或疏忽导致工程损害或给发包人造成其他损失，承包人应承担连带责任。

（4）分包工程价款由承包人与分包单位结算。发包人未经承包人同意不得以任何形式向分包单位支付各种工程款项。

5. 违约责任

(1) 发包人违约

1）本通用条款第24条提到的发包人不按时支付工程预付款。

2）本通用条款第26.4款提到的发包人不按合同约定支付工程款，导致施工无法进行。

3）本通用条款第33.3款提到的发包人无正当理由不支付工程竣工结算价款。

4）发包人不履行合同义务或不按合同约定履行义务的其他情况。

发包人承担违约责任，赔偿因其违约给承包人造成的经济损失，顺延延误的工期。双方在专用条款内约定发包人赔偿承包人损失的计算方法或者发包人应当支付违约金的数额或计算方法。

(2) 承包人违约

1）本通用条款第14.2款提到的因承包人原因不能按照协议书约定的竣工日期或工程师同意顺延的工期竣工。

2）本通用条款第15.1款提到的因承包人原因工程质量达不到协议书约定的质量标准。

3）承包人不履行合同义务或不按合同约定履行义务的其他情况。

承包人承担违约责任，赔偿因其违约给发包人造成的损失。双方在专用条款内约定承包人赔偿发包人损失的计算方法或者承包人应当支付违约金的数额或计算方法。

一方违约后，另一方要求违约方继续履行合同时，违约方承担上述违约责任后仍应继续履行合同。

6. 索赔

发包人承包人一方向另一方提出索赔时，要有正当索赔理由，且有索赔事件发生的有效证据。发包人未能按合同约定履行自己的各项义务或发生错误以及应由发包人承担责任的其他情况，造成工期延误和(或)承包人不能及时得到合同价款及承包人的其他经济损失，承包人可按下列程序以书面形式向发包人索赔：

(1) 索赔事件发生后 28 天内，向工程师发出索赔意向通知。

(2) 发出索赔意向通知后 28 天内，向工程师提出延长工期和(或)补偿经济损失的索赔报告及有关资料。

(3) 工程师在收到承包人送交的索赔报告和有关资料后，于 28 天内给予答复，或要求承包人进一步补充索赔理由和证据。

(4) 工程师在收到承包人送交的索赔报告和有关资料后 28 天内未予答复或未对承包人作进一步要求，视为该项索赔已经认可。

(5) 当该索赔事件持续进行时，承包人应当阶段性向工程师发出索赔意向，在索赔事件终了后 28 天内，向工程师送交索赔的有关资料和最终索赔报告。索赔答复程序与前(3)、(4)条规定相同。

(6) 承包人未能按合同约定履行自己的各项义务或发生错误，给发包人造成经济损失，发包人可按以上确定的时限向承包人提出索赔。

7. 合同争议的解决

(1) 争议解决方式

发包人承包人在履行合同时发生争议，可以和解或者要求有关主管部门调解，当事人不愿和解、调解或和解、调解不成的，双方可以在专用条款内约定以下一种方式解决争议：

1) 双方达成仲裁协议，向约定的仲裁委员会申请仲裁；

2) 向有管辖权的人民法院起诉。

(2) 争议发生后允许停止履行合同的情况

发生争议后，在一般情况下，双方都应继续履行合同，保持施工连续，保护好已完工程。只有出现下列情况时，当事人方可停止履行施工合同：

1) 单方违约导致合同确已无法履行，双方协议停止施工；

2) 调解要求停止施工，且为双方接受；

3) 仲裁机构要求停止施工；

4) 法院要求停止施工。

8. 施工合同的解除

建设工程施工合同订立后，双方当事人应当按照合同的约定履行义务。但是，在一定的条件下，合同没有履行或者没有完全履行，当事人也可以解除合同。

(1) 可以解除合同的情况

1) 建设工程施工合同当事人双方协商一致时，可以解除合同。

2) 发包人不按合同约定支付工程款(进度款)，双方又未达成延期付款协议，导致施工无法进行，承包人停止施工超过 56 天，发包人仍不支付工程款(进度款)，承包人有权解除合同。

3) 承包人将其承包的全部工程转包给他人，或者将其肢解以后以分包的名义分别转包给他人，发包人有权解除合同。

4) 发生不可抗力或者非合同当事人的原因而造成工程停建或缓建，致使合同无法履行时，合同双方可以解除合同。

(2) 当事人一方主张解除合同的程序

一方主张解除合同，应向对方发出解除合同的书面通知，并在发出通知前7天告知对方。通知到达对方时合同解除。对解除合同有异议时，按照通用条款解决合同争议的约定处理。

(3) 合同解除后的善后处理

合同解除后，当事人双方约定的结算和清理条款仍然有效。承包人应当妥善做好已完工程和已购材料、设备的保护和移交工作，按照发包人要求，将自有机械设备和人员撤出施工场地。发包人应为承包人撤出提供必要条件，支付以上所发生的费用，并按合同约定支付已完工程价款。已经订货的材料、设备由订货方负责退货或解除订货合同，不能退还的货款和因退货、解除订货合同发生的费用，由发包人承担。因未及时退货造成的损失由责任方承担。除此之外，有过错的一方应当赔偿因合同解除给对方造成的损失。

9. 合同生效与终止

双方在协议书中约定本合同生效方式，双方当事人可选择以下几种方式之一：

(1) 本合同于××年××月××日签订，自即日起生效；

(2) 本合同双方约定应进行公(鉴)证，自公(鉴)证之日起生效；

(3) 本合同签订后，自发包人提供图纸或支付预付款或提供合格施工场地或下达正式开工指令之日起生效；

(4) 本合同签订后，需经发包人上级主管部门批准，自上级主管部门正式批准之日起生效，但双方应约定合同签订后多少天内发包人上级主管部门应办完正式批准手续；

(5) 其他方式等。

除了质量保修方面双方的权利和义务，如果发包人、承包人履行完合同全部义务，竣工结算价款支付完毕，承包人向发包人交付竣工工程后，本合同即告终止。合同的权利义务终止后，发包人、承包人应当遵循诚实信用原则，履行通知、协助、保密等义务。

10. 合同份数

施工合同正本2份，具有同等效力，由发包人、承包人分别保存1份。施工合同副本份数，由双方根据需要在专用条款中约定。

8.1.2 施工专业分包合同的主要内容

为进一步规范施工分包活动，加强分包合同管理，建设部和国家工商行政管理总局于2003年发布了《建设工程施工专业分包合同(示范文本)》[GF—2003—0213] (以下简称专业分包合同)。该文本由协议书、通用条款、专用条款三部分组成。协议书主要包括10个方面的内容。

(1) 分包工程概况。主要包括分包工程名称、分包工程地点、分包工程承包范围。

(2) 分包合同价款。

(3) 合同工期。包括开工日期、竣工日期、合同工期总日历天数。

(4) 工程质量标准。

(5) 组成分包合同的文件。主要包括：本合同协议书、中标通知书(如有时)、分包人的报价书、除总承包合同工程价款之外的总承包合同文本、本合同专用条款、本合同通用条款、本合同工程建设标准、图纸及有关技术文件以及合同履行过程中承包人和分包人协商一致的其他书面文件。

(6) 本协议书中有关词语的含义与本合同第二部分《通用条款》中分别赋予它们的定义相同。

(7) 分包人向承包人承诺，按照合同约定的工期和质量标准，完成本协议书第一条约定的工程，并在质量保修期内承担保修责任。

(8) 承包人向分包人承诺，按照合同约定的期限和方式，支付本协议书第二条约定的合同价款，及其他应当支付的款项。

(9) 分包人向承包人承诺，履行总包合同中与分包工程有关的承包人的所有义务，并与承包人承担履行分包工程合同以及确保分包工程质量的连带责任。

(10) 合同的生效。包括合同订立时间(年、月、日)；合同订立地点；本合同双方约定生效的时间。

《通用条款》是根据《合同法》、《建筑法》、《建设工程施工合同管理办法》等法律、行政法规规定及建设工程施工的需要制订的，基本适用于各类建设工程施工专业分包合同。通用条款包括了双方一般权力与义务、工期、质量与安全、合同价款与支付、工程变更等 10 部分 38 条组成。

1. 双方一般的权利和义务

(1) 承包人的工作

承包人应按合同专用条款约定的内容和时间，一次或分阶段完成下列工作：

1) 向分包人提供根据总包合同由发包人办理的与分包工程相关的各种证件、批件、各种相关资料，向分包人提供具备施工条件的施工场地；

2) 按照合同专用条款约定的时间，组织分包人参加发包人组织的图样会审，向分包人进行设计图样交底；

3) 提供合同专用条款中约定的设备和设施，并承担因此发生的费用；

4) 随时为分包人提供确保分包工程的施工所要求的施工场地和通道等，满足施工运输的需要，保证施工期间的畅通；

5) 负责整个施工场地的管理工作，协调分包人与同一施工场地的其他分包人之间的交叉配合，确保分包人按照经批准的施工组织设计进行施工；

6) 承包人应做的其他工作，双方在合同专用条款内约定。

承包人未履行上述各项义务，导致工期延误或给分包人造成损失的，承包人赔偿分包人的相应损失，顺延延误的工期。

(2) 分包人的工作

分包人应按合同专用条款约定的内容和时间，完成下列工作：

1) 分包人应按照分包合同的约定，对分包工程进行设计(分包合同有约定时)、施工、竣工和保修。分包人在审阅分包合同和(或)总包合同时，或在分包合同的施工中，如发现分包工程的设计或工程建设标准、技术要求存在错误、遗漏、失误或其他缺陷，应立即通知承包人。

2）按照合同专用条款约定的时间，完成规定的设计内容，报承包人确认后在分包工程中使用。承包人承担由此发生的费用。

3）在合同专用条款约定的时间内，向承包人提供年、季、月度工程进度计划及相应进度统计报表。分包人不能按承包人批准的进度计划施工时，应根据承包人的要求提交一份修订的进度计划，以保证分包工程如期竣工。

4）分包人应在专用条款约定的时间内，向承包人提交一份详细施工组织设计；承包人应在专用条款约定的时间内批准，分包人方可执行。

5）遵守政府有关主管部门对施工场地交通、施工噪声及环境保护和安全文明生产等的管理规定，按规定办理有关手续，并以书面形式通知承包人；承包人承担由此发生的费用，因分包人责任造成的罚款除外。

6）分包人应允许承包人、发包人、工程师及其三方中任何一方授权的人员在工作时间内，合理进入分包工程施工场地或材料存放的地点，及施工场地以外与分包合同有关的分包人的任何工作或准备的地点，分包人应提供方便。

7）已竣工工程未交付承包人之前，分包人应负责已完成分包工程的成品保护工作，保护期间发生损坏，分包人自费予以修复；承包人要求分包人采取特殊措施保护的工程部位和相应的追加合同价款，双方在合同专用条款内约定。

8）分包人应做的其他工作，双方在合同专用条款内约定。

分包人未履行上述各项义务，造成承包人损失的，分包人赔偿承包人有关损失。

2. 工期

(1) 开工与延期开工

1）分包人应当按照合同协议书约定的开工日期开工。分包人不能按时开工，应当不迟于合同协议书约定的开工日期前5天，以书面形式向承包人提出延期开工的理由。承包人应当在接到延期开工申请后的48小时内以书面形式答复分包人。承包人在接到延期开工申请后48小时内不答复，视为同意分包人要求，工期相应顺延。承包人不同意延期要求或分包人未在规定时间内提出延期开工要求，工期不予顺延。

2）因承包人原因不能按照合同协议书约定的开工日期开工，项目经理应以书面形式通知分包人，推迟开工日期。承包人赔偿因延期开工造成的损失，并相应顺延工期。

(2) 工期延误

因下列原因之一造成分包工程工期延误，经项目经理确认，工期相应顺延：

1）承包人根据总包合同从工程师处获得与分包合同相关的竣工时间延长；

2）承包人未按合同专用条款的约定提供图样、开工条件、设备设施、施工场地；

3）承包人未按约定日期支付工程预付款、进度款，致使分包工程施工不能正常进行；

4）项目经理未按分包合同约定提供所需的指令、批准或所发出的指令错误，致使分包工程施工不能正常进行；

5）非分包人原因的分包工程范围内的工程变更及工程量增加；

6）不可抗力的原因；

7）合同专用条款中约定的或项目经理同意工期顺延的其他情况。

分包人应在上述情况发生后14日内，就延误的工期以书面形式向承包人提出报告。承包人在收到报告后14日内予以确认，逾期不予确认也不提出修改意见，视为同意顺延工期。

(3) 暂停施工

发包人或工程师认为确有必要暂停施工时，应以书面形式通过承包人向分包人发出暂停施工指令，并在提出要求后48小时内提出书面处理意见。分包人停工和复工程序及暂停施工所发生的费用，按总包合同相应条款履行。

(4) 工程竣工

1）分包人应按照合同协议书约定的竣工日期或承包人同意顺延的工期竣工。

2）因分包人原因不能按照合同协议书约定的竣工日期或承包人同意顺延的工期竣工的，分包人承担违约责任。

3）提前竣工程序按总包合同相应条款履行。

(5) 质量与安全

1）分包工程质量应达到合同协议书和合同专用条款约定的工程质量标准，质量评定标准按照总包合同相应条款履行。因分包人原因工程质量达不到约定的质量标准，分包人应承担违约责任，违约金计算方法或额度在合同专用条款内约定。

2）双方对工程质量的争议，按照总包合同相应的条款履行。

3）分包工程的检查、验收及工程试车等，按照总包合同相应的条款履行。分包人应就分包工程向承包人承担总包合同约定的承包人应承担的义务，但并不免除承包人根据总包合同应承担的总包质量管理的责任。

4）分包人应允许并配合承包人或工程师进入分包人施工场地检查工程质量。

5）分包人应遵守工程建设安全生产有关管理规定，严格按照安全标准组织施工，承担由于自身安全措施不力造成事故的责任和因此发生的费用。

6）在施工场地涉及危险地区或需要安全防护措施施工时，分包人应提出安全防护措施，经承包人批准后实施，发生的相应费用由承包人承担。

7）发生安全事故，按照总包合同相应条款处理。

3. 合同的价款与支付

(1) 合同价款及调整

1）招标工程的合同价款由承包人与分包人依据中标通知书中的中标价格在合同协议书内约定；非招标工程的合同价款由承包人与分包人依据工程报价书在合同协议书内约定。

2）分包工程合同价款在合同协议书内约定后，任何一方不得擅自改变。合同价款的方式应与总包合同约定的方式一致。

3）可调价格计价方式中合同价款的调整因素与施工合同规定一致。

4）分包人应当在上述情况发生后10天内，将调整原因、金额以书面形式通知承包人，承包人确认调整金额后作为追加合同价款，与工程价款同期支付。承包人收到通知后10天内不予确认也不提出修改意见，视为已经同意该项调整。

5）分包合同价款与总包合同相应部分价款无任何连带关系。

(2) 工程量的确认

1）分包人应按合同专用条款约定的时间向承包人提交已完工程量报告，承包人接到报告后7天内自行按设计图样计量或报经工程师计量。承包人在自行计量或由工程师计量前24小时应通知分包人，分包人为计量提供便利条件并派人参加。分包人收到通知后不参加计量，计量结果有效，作为工程价款支付的依据；承包人不按约定时间通知分包人，致使分包人未能参加计量，计量结果无效。

2）承包人在收到分包人报告后7天内未进行计量或因工程师的原因未计量的，从第8天起，分包人报告中开列的工程量即视为被确认，作为工程价款支付的依据。

3）分包人未按合同专用条款约定的时间向承包人提交已完工程量报告，或其所提交的报告不符合承包人要求且未做整改的，承包人不予计量。

4）对分包人自行超出设计图样范围和因分包人原因造成返工的工程量，承包人不予计量。

(3) 合同价款的支付

1）实行工程预付款的，双方应在合同专用条款内约定承包人向分包人预付工程款的时间和数额，开工后按约定的时间和比例逐次扣回。

2）在确认计量结果后10天内，承包人应按专用条款约定的时间和方式，向分包人支付工程款(进度款)。按约定时间承包人应扣回的预付款，与工程款(进度款)同期结算。

3）分包合同约定的工程变更调整的合同价款、合同价款的调整、索赔的价款或费用以及其他约定的追加合同价款，应与工程进度款同期调整支付。

4）承包人超过约定的支付时间不支付工程款(预付款、进度款)，分包人可向承包人发出要求付款的通知。

5）承包人不按分包合同约定支付工程款(预付款、进度款)，导致施工无法进行，分包人可停止施工，由承包人承担违约责任。

4. 工程变更

(1) 工程变更

分包人应根据以下指令，以更改、增补或省略的方式对分包工程进行变更：

1）工程师根据总包合同作出的变更指令。该变更指令由工程师作出并经承包人确认后通知分包人。

2）除上述①项以外的承包人作出的变更指令。

分包人不执行从发包人或工程师处直接收到的未经承包人确认的有关分包工程

变更的指令。如分包人直接收到此类变更指令，应立即通知项目经理并向项目经理提供一份该直接指令的复印件。项目经理应在 24 小时内提出关于对该指令的处理意见。

(2) 确定变更价格

1）分包工程变更价款的确定应按照总包合同的相应条款履行。分包人应在工程变更确定后 11 天内向承包人提出变更分包工程价款的报告，经承包人确认后调整合同价款。

2）分包人在双方确定变更后 11 天内不向承包人提出变更分包工程价款的报告，视为该项变更不涉及合同价款的变更。

3）承包人在收到变更分包工程价款报告之日起 17 天内予以确认，无正当理由逾期未予确认时，视为该报告已被确认。

5. 竣工验收及结算

(1) 竣工验收

1）分包工程具备竣工验收条件的，分包人应向承包人提供完整的竣工资料及竣工验收报告。双方约定由分包人提供竣工图的，应在专用条款内约定提交日期和份数。

2）承包人应在收到分包人提供的竣工验收报告之日起 3 天内通知发包人进行验收，分包人应配合承包人进行验收。根据总包合同无需由发包人验收的部分，承包人应按照总包合同约定的验收程序自行验收。发包人未能按照总包合同及时组织验收的，承包人应按照总包合同规定的发包人验收的期限及程序自行组织验收，并视为分包工程竣工验收通过。

3）分包工程竣工验收未能通过且属于分包人原因的，分包人负责修复相应缺陷并承担相应的质量责任。

4）分包工程竣工日期为分包人提供竣工验收报告之日。需要修复的，为修复后提供竣工报告之日。

(2) 竣工结算及移交

1）分包工程竣工验收报告经承包人认可后 14 天内，分包人向承包人递交分包工程竣工结算报告及完整的结算资料，双方按照合同协议书约定的合同价款及合同专用条款约定的合同价款调整内容，进行工程竣工结算。

2）承包人收到分包人递交的分包工程竣工结算报告及结算资料后 28 天内进行核实，给予确认或者提出明确的修改意见。承包人确认竣工结算报告后 7 天内向分包人支付分包工程竣工结算价款。分包人收到竣工结算价款之日起 7 天内，将竣工工程交付承包人。

3）承包人收到分包工程竣工结算报告及结算资料后 28 天内无正当理由不支付工程竣工结算价款，从第 29 天起按分包人同期向银行贷款利率支付拖欠工程价款的利息，并承担违约责任。

(3) 质量保修

在包括分包工程的总包工程竣工交付使用后，分包人应按国家有关规定对分包工程出现的缺陷进行保修，具体保修责任按照分包人与承包人在工程竣工验收之前签订的质量保修书执行。

6. 违约、索赔及争议

(1) 违约

当发生下列情况之一时，视为承包人违约：

1）承包人不按分包合同的约定支付工程预付款、工程进度款，导致施工无法进行；

2）承包人不按分包合同的约定支付工程竣工结算价款；

3）承包人不履行分包合同义务或不按分包合同约定履行义务的其他情况。

承包人承担违约责任，赔偿因其违约给分包人造成的经济损失，顺延延误的工期。双方在合同专用条款内约定承包人赔偿分包人损失的计算方法或承包人应当支付违约金的数额。

当发生下列情况之一时，视为分包人违约：

1）分包人与发包人或工程师发生直接工作联系；

2）分包人将其承包的分包工程转包或再分包；

3）因分包人原因不能按照合同协议书约定的竣工日期或承包人同意顺延的工期竣工；

4）因分包人原因工程质量达不到约定的质量标准；

5）其他情况。

分包人承担违约责任，赔偿因其违约给承包人造成的经济损失。双方在合同专用条款内约定分包人赔偿承包人损失的计算方法或分包人应当支付违约金的数额。

分包人违反合同可能产生的后果：如分包人有违反分包合同的行为，分包人应保障承包人免于承担因此违约造成的工期延误、经济损失及根据总包合同承包人将负责的任何赔偿费，在此情况下，承包人可从应支付分包人的任何价款中扣除此笔经济损失及赔偿费，并且不排除采用其他补救方法的可能。

(2) 索赔

1）当一方向另一方提出索赔时，要有正当的索赔理由，且有索赔事件发生时的有效证据。

2）承包人未能按分包合同的约定履行自己的各项义务或发生错误及应由承包人承担责任的其他情况，造成工期延误和(或)分包人不能及时得到合同价款或分包人的其他经济损失，分包人可按总包合同约定的程序以书面形式向承包人索赔。

3）在分包工程施工过程中，如分包人遇到不利外部条件等根据总包合同可以索赔的情况，分包人可按照总包合同约定的索赔程序通过承包人提出索赔要求。在承包人收到分包人索赔报告后21天内给予分包人明确的答复，或要求进一步补充索赔理由和证据。索赔成功后，承包人应将相应部分转交分包人。分包人应按照总包合同的规定及时向承包人提交分包工程的索赔报告，以保证承包人可以及时向发包人进行索赔。承包人在35天内未能对分包人的索赔报告给予答复，视为分包人的索赔报告已经得到批准。

4）承包人根据总包合同的约定向工程师递交任何索赔意向通知或其他资料，要求分包人协助时，分包人应就分包工程方面的情况，以书面形式向承包人发出相关通知或其他资料以及保持并出示同期施工记录，以便承包人能遵守总包合同有关索赔的约定。分包人没有积极配合，使得承包人涉及分包工程的索赔未获成功，则承包人可在按分包合同约定应支付给分包人的金额中扣除上述应获得的索赔款项中适当比例的部分。

(3) 争议

争议的解决方式与施工合同规定一致，发生争议后，除非出现下列情况，双方应继续履行合同，保持分包工程施工连续，保护好已完工程。

1）单方违约导致合同确已无法履行，双方协议停止施工。

2）调解要求停止施工，且为双方接受。

3）仲裁机构要求停止施工。

4）法院要求停止施工。

7. 保障、保险及担保

(1) 保障

除应由承包人承担的风险外，分包人应保障承包人免于承担在分包工程施工过程中及修补缺陷引起的下列损失、索赔及与此有关的索赔、诉讼、损害赔偿：

1）人员的伤亡；

2）分包工程以外的任何财产的损失或损害。

上述损失应由造成损失的责任方承担。

承包人应保障分包人免于承担与下列事宜有关的索赔、诉讼、损害赔偿费、诉讼费、指控费和其他开支：

1）按分包合同约定，实施和完成分包合同及保修过程当中所导致的无法避免的对财产的损害；

2）由于发包人、承包人或其他分包商的行为或疏忽造成的人员伤亡或财产损失或损害，或与此相关的索赔、诉讼等。

上述损失应由造成损失的责任方承担。

(2) 保险

1）承包人应为运至施工场地内用于分包工程的材料和待安装设备办理保险。发包人已经办理的保险视为承包人办理的保险。

2）分包人必须为从事危险作业的职工办理意外伤害保险，并为施工场地内自有人员生命财产和施工机械设备办理保险，支付保险费用。

3）保险事故发生时，承包人、分包人均有责任尽力采取必要的措施，防止或者减少损失。具体投保内容和相关责任，承包人、分包人在合同专用条款内约定。

(3) 担保

1）如分包合同要求承包人向分包人提供支付担保时，承包人应与分包人协商担保方式和担保额度，在合同专用条款内约定。

2）如分包合同要求分包人向承包人提供履约担保时，分包人应与承包人协商担保方式和担保额度，在合同专用条款内约定。

3）分包人提供的履约担保，不应超过总包合同中承包人向发包人提供的履约担保的额度。

8. 分包合同的解除

(1) 解除合同的主要形式

1）承包人和分包人协商一致，可以解除分包合同。

2）承包人不按分包合同约定支付工程款（预付款、进度款），导致施工无法进行，分包人可停止施工，停止施工超过28天，承包人仍不支付工程款（预付款、进度款），分包人有权解除合同。

3）分包人再分包或转包其承包的工程，承包人有权解除合同。

4）因不可抗力导致合同无法履行，承包人、分包人可以解除合同。

5）因一方违约（包括因发包人原因造成工程停建或缓建）导致合同无法履行，另一方可以解除合同。

(2) 总包合同解除

1）如在分包人没有全面履行分包合同义务之前，总包合同解除，则承包人应及时通知分包人解除分包合同，分包人接到通知后应尽快撤离现场。

2）分包人可以得到：已完工程价款、分包人员工的遣散费、二次搬运费等补偿。如总包合同终止是因为分包人的严重违约，则只能得到已完工程价款补偿。

3）分包人经承包人同意为分包工程已采购或已运至施工场地的材料设备，应全部移交给承包人，由承包人按合同专用条款约定的价格支付给分包人。

(3) 分包合同解除程序及善后处理

均按总包合同相应条款履行。分包合同解除后，不影响双方在合同中约定的结算条款的效力。

8.1.3 施工劳务分包合同的主要内容

国家建设部和国家工商行政管理总局依据《建设工程施工合同（示范文本）》（GF—1999—0201）、《建设工程施工专业分包合同（示范文本）》（GF—2003—0213）以及《建筑业企业资质管理规定》，并根据有关工程建设法律、法规，借鉴《FIDIC土木工程施工分包合同条件》等合同条件，制定了《建设工程施工劳务分包合同（示范文本）》（GF—2003—0214），并于2003年8月发布。

《建设工程施工劳务分包合同（示范文本）》（GF—2003—0214）与《建设工程施工合同（示范文本）》（GF—1999—0201）、《建设工程施工专业分包合同（示范文本）》（GF—2003—0213）的结构有很大不同，仅由一部分组成，没有再细分为协议书、通用条件、专用条件，但另附有三个附件，分别为：附件一是工程承包人供应材料、设备、构配件计划；附件二是工程承包人提供施工机具、设备一览表；附件三是工程承包人提供周转、低值易耗材料一览表。

1. 劳务分包人资质情况

劳务分包人资质情况包括资质证书号码、发证机关、资质专业及等级、复审时间及有效期四项内容。

2. 劳务分包工作对象及提供劳务内容

本项包括工程名称、工程地点、分包范围、提供分包劳务工作内容四项内容。

3. 分包工作期限

分包工作期限包括开始工作日期、结束工作日期、总日历工作天数三项内容。

4. 质量标准

工程质量按总(分)包合同有关质量的约定、国家现行的《建筑施工及验收规范》和《建筑安装工程质量评定标准》，本工作必须达到的质量评定等级。

5. 合同文件及解释顺序

组成本合同的文件及优先解释顺序如下所示：

(1) 本合同。

(2) 本合同附件。

(3) 本工程施工总承包合同。

(4) 本工程施工专业(分)包合同。

6. 标准规范

除本工程总(分)包合同另有约定外，本合同适用的标准规范。

7. 总(分)包合同

(1) 工程承包人应提供总(分)包合同(有关承包工程的价格细节除外)，供劳务分包人查阅。当劳务分包人要求时，工程承包人应向劳务分包人提供一份总包合同或专业分包合同(有关承包工程的价格细节除外)的副本或复印件。

(2) 劳务分包人应全面了解总(分)包合同的各项规定(有关承包工程的价格细节除外)。

这两条规定首次明确了劳务分包人对总(分)包合同的知情权。以前施工总承包人或专业承(分)包人与劳务分包人签订劳务合同时，多数总承包人或专业承(分)包人一般不会向劳务分包人出示总(分)包合同，一些承包人不仅不出示总(分)包合同，甚至还千方百计隐瞒工程承包真相。由于这种信息不对称现象的存在，劳务分包人在签订合同时往往带有相当大的盲目性，缺乏对整个工程的了解，尤其是缺乏对发包方与承包方的一些约定的了解，导致劳务分包人缺乏全局观念。其实，劳务分包人越是全面了解总承包合同或专业承(分)包合同的各种规定，越有助于增强双方的信任感，使劳务分包人心中有数，从而有助于劳务分包人更好地履行合同条款，进而更好地完成合同任务。

8. 项目经理

本项包括工程承包人委派的担任驻工地履行劳务分包合同的项目经理和劳务分包人委派的担任驻工地履行劳务分包合同的项目经理的姓名、职务和职称。

9. 工程承包人义务

(1) 组建与工程相适应的项目管理班子，全面履行总(分)包合同，组织实施施工管理的各项工作，对工程的工期和质量向发包人负责。

(2) 除非合同另有约定，工程承包人完成劳务分包人施工前期的下列工作并承担相应费用：向劳务分包人交付具备本合同项下劳务作业开工条件的施工场地；完成水、电、热、电信等施工管线和施工道路，并满足完成合同劳务作业所需的能源供应、通信及施工道路畅通的时间和质量要求；向劳务分包人提供相应的工程地质和地下管网线路资料；办理工作手续(如各种证件、批件、规费，但涉及劳务分包人自身的手续除外)；向劳务分包人提供相应的水准点与坐标控制点位置；向劳务分包人提供生产、生活临时设施。

(3) 负责编制施工组织设计，统一制定各项管理目标，组织编制年、季、月施工计划、物资需用量计划，实施对工程质量、工期、安全生产、文明施工，计量分析、实验化验的控制、监督、检查和验收。

(4) 负责工程测量定位、沉降观测、技术交底，组织图纸会审，统一安排技术档案资料的收集整理及交工验收。

(5) 统筹安排、协调解决非劳务分包人独立使用的生产、生活临时设施、工作用水和用电及施工场地。

(6) 按时提供图纸，及时交付供应材料、设备，所提供的施工机械设备、周转材料和安全设施保证施工需要。

(7) 按本合同约定，向劳务分包商支付劳动报酬。

(8) 负责与发包人、监理、设计及有关部门联系，协调现场工作关系。

10. 劳务分包人义务

(1) 对本合同劳务分包范围内的工程质量向工程承包人负责，组织具有相应资格证书的熟练工人投入工作；未经工程承包人授权或允许，不得擅自与发包人及有关部门建立工作联系；自觉遵守法律法规及有关规章制度。

(2) 劳务分包人根据施工组织设计总进度计划的要求按约定的日期(一般为每月底前若干天)提交下月施工计划，有阶段工期要求的提交阶段施工计划，必要时按工程承包人要求提交旬、周施工计划，以及与完成上述阶段、时段施工计划相应的劳动力安排计划，经工程承包人批准后严格实施。

(3) 严格按照设计图纸、施工验收规范、有关技术要求及施工组织设计精心施工，确保工程质量达到约定的标准；科学安排作业计划，投入足够的人力、物力，保证工期；加强安全教育、认真执行安全技术规范，严格遵守安全制度，落实安全措施，确保施工安全；加强现场管理，严格执行建设主管部门及环保、消防、环卫等有关部门对施工现场的管理规定，做到文明施工；承担由于自身责任造成的质量修改、返工、工期拖延、安全施工、现场脏乱造成的损失及各种罚款。

(4) 自觉接受工程承包人及有关部门的管理、监督和检查；接受工程承包人随时检查其设备、材料保管、使用情况，及其操作人员的有效证件、持证上岗情况；与现场其他单位协调配合，照顾全局。

(5) 按工程承包人统一规划堆放材料、机具，按工程承包人标准化工地要求设置标牌，搞好生活区的管理，做好自身责任区的治安保卫工作。

(6) 按时提交报表、完整的原始技术经济资料，配合工程承包人办理交工验收。

(7) 做好施工场地周围建筑物、构筑物和地下管线和已完工程部分的成品保护工作，因劳务分包人责任发生损坏，劳务分包人自行承担由此引起的一切经济损失及各种罚款。

(8) 妥善保管、合理使用工程承包人提供和租赁给劳务分包人使用的机具、周转材料及其他设施。

(9) 劳务分包人须服从工程承包人转发的发包人及工程师的指令。

(10) 除非本合同另有约定，劳务分包人应对其作业内容的实施、完工负责，劳务分包人应承担并履行总(分)包合同约定的、与劳务作业有关的所有义务及工作程序。

11. 安全施工与检查

(1) 劳务分包人应遵守工程建设安全生产有关管理规定，严格按安全标准进行施工，并随时接受行业安全检查人员依法实施的监督检查，采取必要的安全防护措施，消除事故隐患。由于劳务分包人安全措施不力造成事故的责任和因此而发生的费用，由劳务分包人承担。

(2) 工程承包人应对其在施工场地的工作人员进行安全教育，并对他们的安全负责。工程承包人不得要求劳务分包人违反安全管理的规定进行施工。因工程承包人原因导致的安全事故，由工程承包人承担相应责任及发生的费用。

12. 安全防护

(1) 劳务分包人在动力设备、输电线路、地下管道、密封防震车间、易燃易爆地段以及临街交通要道附近施工时，施工开始前应向工程承包人提出安全防护措施，经工程承包人认可后实施，防护措施费用由工程承包人承担。

(2) 实施爆破作业，在放射性、毒害性环境中工作(含储存、运输、使用)及使用毒害性、腐蚀性物品施工时，劳务分包人应在施工前10天以书面形式通知工程承包人，并提出相应的安全防护措施，经工程承包人认可后实施，由工程承包人承担安全保护措施费用。

(3) 劳务分包人在施工现场内使用的安全保护用品(如安全帽、安全带及其他保护用品)，由劳务分包人提供使用计划，经工程承包人批准后，由工程承包人负责供应。

13. 事故处理

(1) 发生重大伤亡事故及其他安全事故，劳务分包人应按有关规定立即上报有关部门并报告工程承包人，同时按国家有关法律、行政法规对事故进行处理。

(2) 劳务分包人和工程承包人对事故责任有争议时，应按相关规定处理。

14. 保险

(1) 劳务分包人施工开始前，工程承包人应获得发包人为施工场地内的自有人员及第三人生命财产办理的保险，且不需劳务分包人支付保险费用。

(2) 运至施工场地用于劳务施工的材料和待安装设备，由工程承包人办理或获得保险，且不需劳务分包人支付保险费用。

(3) 工程承包人必须为租赁或提供给劳务分包人使用的施工机械设备办理保

险，并支付保险费用。

(4) 劳务分包人必须为从事危险作业的职工办理意外伤害保险，并为施工场地内自有人员生命财产和施工机械设备办理保险，支付保险费用。

(5) 保险事故发生时，劳务分包人和工程承包人有责任采取必要的措施，防止或减少损失。

15. 材料设备供应

(1) 劳务分包人应在接到图纸后的约定时间内，向工程承包人提交材料、设备、构配件供应计划；经确认后，工程承包人按供应计划要求的质量、品种、规格、型号、数量和供应时间等组织货源并及时交付；需要劳务分包人运输、卸车的，劳务分包人必须及时进行，费用另行约定。如质量、品种、规格、型号不符合要求，劳务分包人应在验收时提出，工程承包人负责处理。

(2) 劳务分包人应妥善保管、合理使用工程承包人供应的材料、设备。因保管不善发生丢失、损坏，劳务分包人应赔偿，并承担因此造成的工期延误等发生的一切经济损失。

(3) 工程承包人委托劳务分包人采购的低值易耗性材料(列明名称、规格、数量、质量或其他要求)。

(4) 工程承包人委托劳务分包人采购低值易耗性材料的费用，由劳务分包人凭采购凭证，另加约定的管理费向工程承包人报销。

16. 劳务报酬

(1) 劳务报酬采用以下三种计算方式：①固定劳务报酬(含管理费)；②约定不同工种劳务的计时单价(含管理费)，按确认的工时计算；③约定不同工作成果的计件单价(含管理费)，按确认的工程量计算。

(2) 劳动报酬，除下述3)款规定的情况外，均为一次包死，不再调整。

(3) 在下列情况下，固定劳务报酬或单价可以调整：①以本合同约定价格为基准，市场人工价格的变化幅度超过约定的数额，按变化前后价格的差额予以调整；②后续法律及政策变化，导致劳务价格变化的，按变化前后价格的差额予以调整；③双方约定的其他情形。

17. 工时及工程量的确认

(1) 采用固定劳务报酬方式的，施工过程中不计算工时和工程量。

(2) 采用按确定的工时计算劳务报酬的，由劳务分包人每日将劳务人数报工程承包人，由工程承包人确认。

(3) 采用按确认的工程量计算劳务报酬的，由劳务分包人每月(或旬、日)将完成的工程量提交工程承包人，由工程承包人确认。对劳务分包人未经工程承包人认可、超出设计图纸范围和劳务分包人原因造成返工的工程量，工程承包人不予计量。

18. 劳务报酬的中间支付

(1) 采用固定劳务报酬方式支付劳务报酬的，劳务分包人与工程承包人按约定的方法支付。

（2）采用计时单价或计件单价方式支付劳务报酬的，劳务分包人与工程承包人双方按约定的方法支付。

（3）本合同确定调整的劳务报酬、工程变更调整的劳务报酬及其他条款中约定的追加劳务报酬，应与上述劳务报酬同期调整支付。

19. 施工机具、周转材料供应

（1）工程承包人提供给劳务分包人劳务作业使用的机具、设备，性能应满足施工的要求，及时运入场地，安装调试完毕，运行良好后交付劳务分包人使用。周转材料、低值易耗材料（由工程承包人依据本合同委托劳务分包人采购的除外）应按时运进现场交付劳务分包人，保证施工需要。如需要劳务分包人运输、卸车、安装调试时，费用另行约定。

（2）工程承包人应提供施工使用的机具、设备一览表。

（3）工程承包人应提供周转材料、低值易耗材料一览表。

20. 施工变更

（1）施工中如发生对原工作内容进行变更，工程承包人项目经理应提前7天以书面形式向劳务分包人发出变更通知，并提供变更的相应图纸和说明。劳务分包人按照工程承包人（项目经理）发出的变更通知及有关要求，进行下列需要的变更：①更改工程有关部分的标高、基线、位置和尺寸；②增减合同约定的工程量；③改变有关的施工时间和顺序；④其他有关工程变更需要的附加工作。

（2）因变更导致劳务报酬的增加及造成的劳务分包人损失，由工程承包人承担，延误的工期相应顺延；因变更减少工程量，劳务报酬应相应减少，工期相应调整。

（3）施工中劳务分包人不得对原工程设计进行变更。因劳务分包人擅自变更设计发生的费用和由此导致工程承包人的直接损失，由劳务分包人承担，延误的工期不予顺延。

（4）因劳务分包人自身原因导致的工程变更，劳务分包人无权要求追加劳务报酬。

21. 施工验收

（1）劳务分包人应确保所完成施工的质量，应符合本合同约定的质量标准。劳务分包人施工完毕，应向工程承包人提交完工报告，通知工程承包人验收；工程承包人应当在收到劳务分包人的上述报告后7天内对劳务分包人施工成果进行验收，验收合格或者工程承包人在上述期限内未组织验收的，视为劳务分包人已经完成了本合同约定工作。但工程承包人与发包人间的隐蔽工程验收结果或工程竣工验收结果表明劳务分包人施工质量不合格时，劳务分包人应负责无偿修复，不延长工期，并承担由此导致的工程承包人的相关损失。

（2）全部工程竣工（包括劳务分包人完成工作在内）一经发包人验收合格，劳务分包人对其承包的劳务作业的施工质量不再承担责任，在质量保修期内的质量保修责任由工程承包人承担。

22. 施工配合

(1) 劳务分包人应配合工程承包人对其工作进行的初步验收，以及工程承包人按发包人或建设行政主管部门要求进行的涉及劳务分包人工作内容、施工场地的检查、隐蔽工程验收及工程竣工验收；工程承包人或施工场地内第三方的工作必须劳务分包人配合时，劳务分包人应按工程承包人的指令予以配合。除上述初步验收、隐蔽工程验收及工程竣工验收之外，劳务分包人因提供上述配合而发生的工期损失和费用由工程承包人承担。

(2) 劳务分包人按约定完成劳务作业，必须由工程承包人或施工场地内的第三方进行配合时，工程承包人应配合劳务分包人工作或确保劳务分包人获得该第三方的配合，且工程承包人应承担因此而发生的费用。

23. 劳务报酬最终支付

(1) 全部工作完成，经工程承包人认可后14天内，劳务分包人向工程承包人递交完整的结算资料，双方按照本合同约定的计价方式，进行劳务报酬的最终支付。

(2) 工程承包人收到劳务分包人递交的结算资料后14天内进行核实，给予确认或者提出修改意见。工程承包人确认结算资料后14天内向劳务分包人支付劳务报酬尾款。

(3) 劳务分包人和工程承包人对劳务报酬结算价款发生争议时，按本合同关于争议的约定处理。

24. 违约责任

(1) 当发生下列情况之一时，工程承包人应承担违约责任：①工程承包人违反合同的约定，不按时向劳务分包人支付劳动报酬；②工程承包人不履行或不按约定履行合同义务的其他情况。

(2) 工程承包人不按约定核实劳务分包人完成的工程量或不按约定支付劳务报酬或劳务报酬尾款时，应按劳务分包人同期向银行贷款利率向劳务分包人支付拖欠劳务报酬的利息，并按拖欠金额向劳务分包人支付违约金。

(3) 工程承包人不履行或不按约定履行合同的其他义务时，应向劳务分包人支付违约金，工程承包人尚应赔偿因其违约给劳务分包人造成的经济损失，顺延延误的劳务分包人工作时间。

(4) 当发生下列情况之一时，劳务分包人应承担违约责任：①劳务分包人因自身原因延期交工的；②劳务分包人施工质量不符合本合同约定的质量标准，但能够达到国家规定的最低标准的；③劳务分包人不履行或不按约定履行合同的其他义务时，劳务分包人尚应赔偿因其违约给工程承包人造成的经济损失，延误的劳务分包人工作时间不予顺延。

(5) 一方违约后，另一方要求违约方继续履行合同时，违约方承担上述违约责任后仍应继续履行合同。

25. 索赔

(1) 工程承包人根据总(分)包合同向发包人递交索赔意向通知或其他资料时，

劳务分包人应予以积极配合，保持并出示相应资料，以便工程承包人能遵守总(分)包合同。

(2) 在劳务作业实施过程中，如劳务分包人遇到不利外部条件等根据总(分)包合同可以索赔的情形出现，则工程承包人应该采取一切合理步骤，向发包人主张追加付款或延长工期。当索赔成功后，工程承包人应该将索赔所得的相应部分转交给劳务分包人。

(3) 当本合同一方向另一方提出索赔时，应有正当的索赔理由，并有索赔事件发生时有效的相应证据。

(4) 工程承包人未按约定履行自己的各项义务或发生错误，以及应由工程承包人承担责任的其他情况，造成工作时间延误和(或)劳务分包人不能及时得到合同报酬及劳务分包人的其他经济损失，劳务分包人可按下列程序以书面形式向工程承包人索赔：①索赔事件发生后21天内，向工程承包人项目经理发出索赔意向通知；②发出索赔意向通知后21天内，向工程承包人项目经理提出延长工作时间和(或)补偿经济损失报告及有关资料；③工程承包人项目经理在收到劳务分包人送交的索赔报告和有关资料后，于21天内给予答复，或要求劳务分包人进一步补充索赔理由和证据；④工程承包人项目经理在收到劳务分包人送交的索赔报告和有关资料后21天内未给予答复或未对劳务分包人作进一步要求，视为该项索赔已经认可；⑤当该项索赔事件持续进行时，劳务分包人应当阶段性地向工程承包人发出索赔意向，在索赔事件终了后21天内，向工程承包人项目经理送交索赔的有关资料和最终索赔报告。

(5) 劳务分包人未按约定履行自己的各项义务或发生错误，给工程承包人造成经济损失，工程承包人可按上述程序和时限以书面形式向劳务分包人索赔。

26. 争议

(1) 工程承包人和劳务分包人在履行合同时发生争议，可以自行和解或要求有关主管部门调解，任何一方不愿和解、调解或和解、调解不成的，按双方约定的方式解决争议。第一种解决方式是双方达成仲裁协议，向约定的仲裁委员会申请仲裁；第二种解决方式是向有管辖权的人民法院起诉。

(2) 发生争议后，除非出现下列情况，双方都应继续履行合同，保持工作连续，保护已完工作成果：

1) 单方违约导致合同确已无法履行，双方协议终止合同；

2) 调解要求停止合同工作，且为双方接受；

3) 仲裁机构要求停止合同工作；

4) 法院要求停止合同工作。

27. 禁止转包或再分包

(1) 劳务分包人不得将本合同项下的劳务作业转包或再分包给他人。否则，劳务分包人将依法承担责任。

(2) 建设工程施工领域实行总分包制度，是国际上比较通行的做法，目前我国也不例外，只是我国对工程转包与分包的限制要更加严格。《建筑法》、《建设工程质量管理条例》均严格禁止转包与再分包，这是根据我国基本建设领域的市场环境、法制环境和市场主体行为而作出的选择。因为过多层次的分包，不仅会造成管理层次的增加和协调的困难，还会导致建筑工程质量及进度出现问题。

（3）劳务分包领域的违法分包现象相当普遍，主要表现为总承包人或专业承（分）包人将劳务作业分包给不具备相应劳务资质条件的包工头。产生这种现象的原因是多方面的，既有承包人的习惯做法，也有劳务分包企业门槛过高、有相应资质的劳务分包企业数量过少等原因。

28. 不可抗力

（1）本合同不可抗力的定义与总包合同中的定义相同。

（2）不可抗力事件发生后，劳务分包人应立即通知工程承包人项目经理，并在力所能及的条件下迅速采取措施，尽量减少损失，工程承包人应协助劳务分包人采取措施。工程承包人项目经理认为劳务分包人应当暂停工作，劳务分包人应暂停工作。不可抗力事件结束后48小时内劳务分包人向工程承包人项目经理通报受害情况和损失情况，以及预计清理费用和修复的费用。不可抗力事件持续发生，劳务分包人应每隔7天向工程承包人项目经理通报一次受害情况。不可抗力结束后14天内，劳务分包人应向工程承包人项目经理提交清理和修复费用的正式报告和有关资料。

（3）因不可抗力事件导致的费用和延误的工作时间由双方按以下办法分别承担：①工程本身的损害、因工程损害导致第三人人员伤亡和财产损失以及运至施工场地用于劳务作业的材料和待安装的设备的损害由工程承包人承担；②工程承包人和劳务分包人的人员伤亡由其所在单位负责，并承担相应费用；③劳务分包人自有机械设备损坏及停工损失，由劳务分包人自行承担；④工程承包人提供给劳务分包人使用的机械设备损坏，由工程承包人承担，但停工损失由劳务分包人自行承担；⑤停工期间，劳务分包人应工程承包人项目经理要求留在施工场地的必要的管理人员及保卫人员的费用由工程承包人承担；⑥工程所需清理、修理费用，由工程承包人承担；⑦延误的工作时间相应顺延。

（4）因合同一方迟延履行合同后发生不可抗力的，不能免除迟延履行方的相应责任。

29. 文物和地下障碍物

（1）在劳务作业中发现古墓、古建筑遗址等文物和化石或其他有考古、地质研究价值的物品时，劳务分包人应立即保护好现场，并于4小时内以书面形式通知工程承包人项目经理。工程承包人项目经理应于收到书面通知后24小时内报告当地文物管理部门，工程承包人和劳务分包人按文物管理部门的要求采取妥善保护措施。工程承包人承担由此发生的费用，顺延合同工作时间。如劳务分包人发现后隐瞒不报或哄抢文物，致使文物遭受破坏，责任者依法承担相应责任。

（2）劳务作业中发现影响工作的地下障碍物时，劳务分包人应于8小时内以书面形式通知工程承包人项目经理，同时提出处置方案，工程承包人项目经理收到处置方案后24小时内予以认可或提出修改方案，工程承包人承担由此发生的费用，顺延合同工作时间。所发现的地下障碍物有归属单位时，工程承包人应报请有关部门协同处置。

30. 合同解除

（1）如果工程承包人不按照本合同的约定支付劳务报酬，劳务分包人可以停止工作。停止工作超过28天，工程承包人仍不支付劳务报酬，劳务分包人可以发出通知解除合同。

（2）如在劳务分包人没有完全履行本合同义务之前，总包合同或专业分包合同终止，工程承包人应通知劳务分包人终止本合同。劳务分包人接到通知后尽快撤离现场，工程承包人应支付劳务分包人已完工程的劳务报酬，并赔偿因此而遭受的损失。

（3）如因不可抗力致使本合同无法履行，或因一方违约或因发包人原因造成工程停建或缓建，致使合同无法履行的，工程承包人和劳务分包人可以解除合同。

（4）合同解除后，劳务分包人应妥善做好已完工程和剩余材料、设备的保护和移交工作，按工程承包人要求撤出施工场地。工程承包人应为劳务分包人撤出提供必要条件，支付以上所发生的费用，并按合同约定支付已完工作劳务报酬。有过错的一方应当赔偿因合同解除给对方造成的损失。合同解除后，不影响双方在合同中约定的结算和清理条款的效力。

8.2 D+B合同的主要内容

8.2.1 D+B合同的基本要素

和任何其他合同条件一样，设计+施工总承包模式的合同条件是对合同双方的权利、责任、风险的规定。设计+施工总承包模式合同条件要反映该模式的特征和做法，其要素有以下几个方面：

（1）在质量方面反映总承包商对其所承包的设计和施工的单点责任（Single-point responsibility），也就是说总承包商是其所承包的设计和施工任务的责任主体。单点责任避免了传统施工总承包模式下设计者和施工承包商之间互相推诿责任的问题。

（2）在工程进度方面反映设计与施工合理搭接技术（快速路径技术的应用），以缩短整个建设周斯。快速路径技术的应用主要牵涉到合理划分合同包（Packaging）的问题，合同条件里要有关于合同包的划分以及合同界面协调方面的规定。

（3）在合同价格方面反映计价方式（单价、总价、成本加酬金），反映工程款的具体支付方式。

（4）反映施工与设计的整合，将施工知识、经验等融入到设计过程中，以增强设计方案的可建造性，降低工程造价，缩短整个建设周期。这个方面牵涉到总承包商的可建造性研究和价值工程活动。FIDIC1995年版《设计—建造与交钥匙合同条件》的14.2款就对价值工程做了专门的规定。

(5) 确定总承包商所承包工作的范围。范围管理(Scope management)对于设计＋施工总承包模式十分重要，合同条件里必须有确定总承包商工作范围方面的内容。

我国目前的标准合同文本都是针对传统施工承包模式的，到目前为止还没有制定出设计＋施工模式的标准合同条件和协议书格式。标准合同条件的缺乏，很大程度上阻碍着我国设计＋施工总承包模式的发展和完善。以下简单介绍 FIDIC 设计—施工与交钥匙工程合同条件的主要内容，与施工合同相同的内容不作重复。

8.2.2 D＋B 合同通用条件的主要内容

1. 业主

(1) 进入现场的权力。业主应在投标书附录中规定的时间内给予承包商进入和占有现场的权利。但是上述进入和占用权并非一定由订立本合同的承包商所独享；如果合同要求，业主应按要求中注明的时间和方式给予承包商对基础、结构、工程设备或交通手段的占用权，但必须在承包商提交了履约保证之后才给予此权利；如业主未能在规定的时间内做到这一点，承包商有权获得工期或费用的补偿，包括合理的利润，但如因承包商的原因导致此类延误，则承包商不能获得补偿。

(2) 许可、执照和批准。业主应向承包商提供合理的帮助，使承包商获得一切必需的法律文本、许可、执照和批准，如货物运输、清关以及设备运离现场所需的各种许可。

(3) 业主的人员。业主应保证现场的人员与承包商合作，并遵守安全措施和环境保护中的规定。

(4) 业主的资金安排。业主应在接到承包商要求之后的 28 天内向承包商提交其资金安排表，安排支付款额，如果此安排有变更，应通知承包商。本条对于有承包商融资的情况下尤其适用，这也是对业主的一种约束。

(5) 业主的索赔。业主和承包商都有向对方索赔的权利。当业主认为根据合同，自己有权获得缺陷通知期的延长或任何付款时，可向承包商要求索赔。索赔时一般业主或工程师应向承包商发出通知并说明具体情况，但因向承包商提供水、电、气、设备、材料或其他服务而提出的支付要求无须发出通知。索赔通知要及时，要求延长缺陷责任期的通知应在相关的缺陷通知期满之前发出。如果业主索赔的证据充足，工程师应在协商后作出延长缺陷通知期或由承包商向业主支付一笔款项的决定，这笔款额将从合同价格及支付证书中扣除。

2. 工程师

(1) 工程师的职责和权利。工程师由业主任命，行使合同中明确规定的或隐含的权力。业主与工程师签订咨询服务协议。工程师无权修改合同。如果要求工程师在行使某种权力之前需获得业主的批准，必须在专用合同条件中规定，并且如果没有承包商的同意，业主对工程师的权力不能进一步加以限制。工程师的任何指示不解除承包商未能遵守合同的责任。

(2) 工程师的授权。工程师有权随时将他的职责和权利委托给其助理，并随时可以撤回。工程师的助理在授权范围内作出的指示或决定，应与工程师作出的具有同等效力。如对工程师助理作出的指示或决定有质疑，承包商可提请工程师处理。

(3) 工程师的指示。工程师可根据合同规定，为实施工程或修补缺陷向承包商发出指示。由此引起的变更，适用于变更和调整。承包商应遵守工程师或工程师助理的指示，这些指示应以书面形式给出。

(4) 工程师的替换。如果业主准备撤换工程师，则必须在拟撤换日期前42天通知承包商并说明拟替换工程师的姓名、地址及相关经历。如承包商对替换人选向业主发出拒绝通知，并附具体的证明资料，则业主不得替换。

(5) 决定。合同条件中多处要求工程师按照合同条款对某些事宜作出某些商定或决定。这种情况下，工程师应首先与双方进行协商并力求达成一致；如果不能达成一致，则由工程师根据合同规定和相关情况自行作出公正决定。业主和承包商都应遵守达成的一致意见或工程师决定，但在执行的同时可以提出索赔或仲裁。

3. 承包商

承包商应承担工程的设计并对其设计负责。承包商的设计人员应是有资格的设计工程师或相关的专业人员，承包商选择的设计分包商需经工程师同意。承包商应保证其设计人员或设计分包商有经验和能力完成设计工作，并应保证其设计人员在整个合同期间随时可以参加与工程师有关设计问题的讨论。一旦收到开工通知，承包商应仔细检查“业主的要求”中的设计标准和计算书以及各参照项。在“投标书附录”中规定的时间内，承包商应就业主的要求中发现的任何错误、缺陷等通知工程师。收到上述通知后，工程师应决定是否按变更处理。如果工程师认为上述错误或缺陷是一个有经验的承包商在提交其投标书前所应该发现的，此类错误不构成变更，承包商不可以进行索赔。

4. 风险责任

(1) 业主的风险

业主主要承担因外部社会和人为事件导致的损害，并且是保险公司不承保的事件，如战争、叛乱、承包商和分包商以外的罢工、爆炸和飞行物压力波等5个方面的事件。

(2) 承包商的风险

1) 固定总价合同是属于承包商承担主要风险的合同。承包商在投标书中声明已经取得与风险、意外事件有关的资料，在签订合同时就接受了承担“应当预见的困难和费用”的全部责任，在执行合同时将对任何“未预见到的困难和费用”不应考虑调整价格。惟有加上一笔不可预见费用在标价中，以降低风险。

2) 承包商承担的建设任务多，不但有施工风险，还应负担设计方面的风险等。

5. 工程质量管理

(1) 承包商应按合同要求编制质量保证体系。在设计和施工每一阶段开始前，均应将所有工作程序的执行文件提交给工程师或业主代表，按照合同约定的细节要求对质量保证措施加以说明。工程师或业主代表有权审查和检查其中的任何方面，未通过的则指令其改正。

（2）DB合同中对施工期间检验的规定与传统施工合同条件完全相同，但是因为设计由承包商完成，工程项目中设备安装和调试又往往占很大比例，因此非常注重竣工检验。合同规定：承包商要先依次进行试车前的测试、试车测试、试运行，而后才能通知工程师进行包括性能测试在内的竣工检验以确认工程是否符合“业主的要求”及“性能保证表”的规定。

6. 价格与支付管理

（1）DB合同的价格类型属于不调价的总价合同，在履行期间，除因法律法规变化而对工程成本影响外，由于税费变化、市场物价浮动等都不应影响合同价格。但是，如施工期长，也允许在专用合同条件中约定物价调整代替通用合同条件。在合同变更条款中，规定承包商在实施过程中做好变更工作的各项费用记录，以便申报支付。

（2）预付款

如支付用于施工动员和设计预付款，在合同的专用条件中约定：①须付款数额；②分期付款次数和时间安排计划；③扣还比例等。

（3）工程进度款支付

1）支付程序在合同的专用条件中约定：按月支付或按阶段支付，可以任选，并约定支付时间和数额。如按工期除合同额，平均分配；或开工期多付，递减支付；最不利的是延期支付。据约定形式制订出“付款计划表”，承包商按时向业主递交期中付款申请的“支付报表”，工程师或业主代表按期审核报表，并检查实际工程进度是否与付款吻合，无误则支付；若有误则承包商修改重报、重审。

2）申请工程进度款支付证书的主要内容以及竣工结算和最终结算的形式，由合同双方商定。

7. 工程变更

对于DB合同，总承包商承担了设计和施工任务，能够将设计、施工和设备安装各方面因素统一考虑，可以减少一些不可预见的矛盾，相对可减少变更因素。但是变更仍可能存在，如业主可能出于对工程的预期功能、提高部分工程的标准和因法律法规政策调整等方面的考虑而提出变更。承包商在实施过程中，可能提出对原来计划变更的建议，经业主同意也可以变更。

在DB合同通用条款中对变更作了明确规定：

（1）不允许业主以变更方式删减部分工作，而交给其他承包商完成。

（2）承包商变更工作开始前必须编制和提交变更计划书，实施中做好变更工作的各项费用记录。

（3）业主接到承包商延长工期要求，应对照以前的决定进行审查，合同工期可以增加，但对约定的总工期或已批准延长的总工期不得减少。

（4）对待工程变更必须持严肃和慎重态度，业主不可随意提高质量标准和增加工程内容，而承包商应认真对待“建议变更”，不可轻易提出变更建议。任何一方提出的变更必须对工程建设、工程质量、施工期和工程成本控制有利。

(5) 按合同约定做好工程变更索赔。

8.3 CM 合同的主要内容

CM 模式产生于美国，并且在北美得到了广泛的应用，1991 年和 1992 年美国建筑师学会(American Institute of Architects，简称 AIA)和美国总承包商协会(Associated General Contractor of American，简称 AGC)先后共同制定了 CM 标准合同条件，是美国通用 CM 合同条件。目前 CM 模式在欧洲也得到了推广，并且在英国、澳大利亚、中国香港等地区已开始广泛地对 CM 模式进行研究和实践。由于在 FIDIC 体系和 JCT、ICE 体系中目前都还没有专门适用于 CM 模式的标准合同文本，因此目前在国际上采用 CM 模式的项目中通常采用或参考美国 AIA 的 CM 标准合同条件。该文件共有两份，其中一份适用于 CM/Non-Agency，被 AIA 定为“A121/CMc”，同时被美国总承包商协会定为“AGC565”；另一份适用于 CM/Agency 的标准合同文件，被 AIA 定为“B801/CMa”，同时被 AGC 定为“AGC510”。

A121/CMc 和 AGC565 合同条件名称为《Standard Form of Agreement Between Owner and Construction Manager，where the Construction Manager is also the Constructor》，即业主与 CM 经理之间协议书标准文本，其中 CM 经理又是承包商。该文件颁布于 1991 年，其合同条件由 11 个条款组成。B801/CMa 和 AGC510 合同条件全称为《Standard Form of Agreement Between Owner and Construction Manager，Where the Construction Manager is not a Constructor》，即业主与 CM 经理之间协议书标准文本，其中 CM 经理不是一名承包商。该文件颁布于 1992 年，其合同条件由 14 个条款组成。上述两份合同的结构如表 8-1 所示。

CM 模式下的合同结构 **表 8-1**

A121/CMc 和 AGC565 的合同结构		B801/CMa 和 AGC510 的合同结构	
项目	条款	项目	条款
1. 总则	1.1 双方关系 1.2 一般关系	1. CM 经理的责任	1.1 CM 经理提供的服务
2. CM 经理职责	2.1 施工前阶段 2.2 GMP 提案提出和确定的时间 2.3 施工阶段 2.4 专业性服务工作 2.5 不安全材料	2. CM 经理的基本服务范围	2.1 定义 2.2 施工前阶段 2.3 施工阶段—施工合同管理
3. 业主的责任	3.1 资料与帮助 3.2 业主任命的代表 3.3 建筑师 3.4 法律要求	3. 增加的服务	3.1 总则 3.2 不可遇见的额外服务 3.3 可选择的额外服务

续表

A121/CMc 和 AGC565 的合同结构		B801/CMa 和 AGC510 的合同结构	
项目	条款	项目	条款
4. 施工前阶段工作的报酬和付款	4.1 报酬 4.2 付款	4. 业主的责任	4.1 提供全部资料 4.2 确定和更新总预算 4.3 提供财务保证 4.4 提供一名业主代表 4.5 委托一名建筑师 4.6 提供有关检验和测试报告 4.7 提供法律、会计和保险的服务工作 4.8 提供足够数量的施工文件 4.9 及时通报所发现的缺陷错误
5. 施工阶段工作的报酬	5.1 报酬 5.2 GMP 5.3 工程变更	5. 施工费用	5.1 定义 5.2 施工费用责任
6. 施工阶段的工程费用	6.1 应付费用 6.2 不应支付费用 6.3 贴现、折扣和退款 6.4 账目记录	6. 施工支持活动	6.1 受承包商协议的约束 6.2 回扣等款项的偿还
7. 施工阶段的付款	7.1 施工进度付款 7.2 最终付款	7. 建筑师的图纸说明书和其他文件和所有权	7.1 CM经理对图纸、说明书和其他文件不得拥有版权
8. 保险和保函	8.1 CM经理需要的保险 8.2 业主需要的保险 8.3 履约保函和付款保函	8. 仲裁	8.1 据英国仲裁协会建筑业仲裁法则执行 8.2 仲裁申请 8.3 施工前阶段 8.4 施工阶段—施工合同管理
9. 其他规定	9.1 施工前阶段争议的解决 9.2 施工阶段中争议解决 9.3 其他规定	9. 终止、暂停或放弃	
10. 终止或中止	10.1 在GMP之前的终止 10.2 GMP之后终止 10.3 中止	10. 其他规定	
11. 其他条件和服务		11. 保险	11.1 CM经理的责任保险
		12. 对CM经理的付款	12.1 直接人工费 12.2 应支付费用 12.3 对基本服务的付款 12.4 对额外服务和应支付费用的付款 12.5 付款拒绝 12.6 CM经理的财务记录
		13. 服务费基础	13.1 首期付款 13.2 基本服务费 13.3 额外服务费 13.4 应支付费用 13.5 补充规定
		14. 其他条件和服务	

由于CM模式与DB、EPC以及传统模式有很大的区别，因此美国AIA的CM标准合同与FIDIC颁布的《施工合同条件(Condition of Contract for Construction)》、《永久设备与设计－建造合同条件(Conditions of Contract for Plant and Design-Build)》和《EPC交钥匙项目合同条件(Condition of Contract for EPC Turnkey Projects)》以及我国制定的《建设工程施工合同(示范文本)》(GF—1999—0201)相比，有很大的区别。同时适用于CM/Non-Agency的A121/CMc的标准合同与适用于CM/Agency的B801/CMa标准合同文件之间也有较大的区别。下面将从相关文件的使用、CM单位提供的服务以及费用等方面就上述两类合同的差别给予介绍。

1. 相关文件的配套使用

由于建设工程承包不是一般的加工定制产品，它具有耗资巨大、履约时间长、涉及面广等特点，在合同履行过程中甲乙双方关系复杂，因此在A121/CMc和B801/CMa合同条件中仅有11条和14条合同条款，这是远远不够的。事实上，美国AIA和AGC共同颁布的这两份CM标准合同必须分别与其他文件一起协调使用，具体如表8-2所示。

CM标准合同配套使用的相关文件 **表8-2**

CM标准合同的类型	配套使用合同的编号	配套使用合同的名称	适用范围
A121/CMc和AGC565	1. A201 2. B141	1.《施工合同的一般条件(General Conditions of the Contract for Construction)》 2.《业主和建筑师协议书标准文本(Standard Form of Agreement Between Owner and Architect)》	适用于CM/Non-Agency
B801/CMa和AGC510	1. A101/CMc 2. A201/CMa 3. B141/CMa	1.《业主与承包商的协议书，固定费用总额，CM经理——顾问版本(Owner-Contractor Agreement, Stipulated Sum, Construction Manager-Adviser Ed.)》 2.《施工合同一般条件，CM经理——顾问版本(General Conditions of the Contract for Construction, Construction Manager-Adviser Ed.)》 3.《业主与建筑师的协议书，CM经理——顾问版本(Owner-Architect Agreement, Construction Manager-Adviser Ed.)》	适用于CM/ Agency

2. 对CM单位提供服务的规定

AIA合同系列中A121/CMc和B801/CMa分别对CM单位在项目建设中所承担的工作进行了明确规定。通过这些规定可以看出CM单位与普通承包商所承担任务的不同，同时上述两种模式中CM单位所承担的任务也是有区别的，具体如表8-3和表8-4所示。

A121/CMc 中规定的 CM 单位提供的服务　　表 8-3

合同	阶段	提供服务的内容	适用范围
A121/CMc 和 AGC565	施工前阶段	初步评估业主提出的进度计划和预算；向设计提供咨询和建议；编制项目总进度计划；确定分包合同结构方案；编制并修改项目预算；选择分包商或供货商，并进行资格预审；编制主要设备采购计划；提交 GMP 提案，并与业主、建筑师讨论修改后确定等 （共有 10 项条款对施工前阶段的服务作了规定）	适用于 CM/Non-Agency
	施工阶段	主持与分包商或供货商的招标、议标；与分包商或供货商进行合同谈判并签约；管理和协调各分包商，主持召开各种工程会议；编制工程进度报告并控制其执行；制定工程成本控制系统，并保证不超过 GMP；管理各类工程记录并报业主和建筑师等 （共有 7 项条款对施工阶段的服务作了规定）	
	无增加的服务条款规定		

B801/CMa 中规定的 CM 单位提供的服务　　表 8-4

合同	CM 单位提供的服务类型与阶段		适用范围
B801/CMa 和 AGC510	基本服务	施工前阶段服务 （共有 21 项条款对施工前阶段的服务作了规定）	适用于 CM/Agency
		施工阶段服务 （共有 25 项条款对施工阶段的服务作了规定）	
	增加服务	不可预见的额外服务	
		可选择的额外服务	

对 CM 单位提供的服务，B801/CMa 和 AGC510 的规定比 A121/CMc 和 AGC565 的规定要详细得多。但是这并不意味着 B801/CMa 所规定的 CM 单位的工作量和范围比 A121/CMc 所规定的大。事实上，由于 CM/Non-Agency 要与分包商签订合同，因此其组织协调和合同管理的工作量将大于 CM/Agency。除此之外，单从 CM 单位在工作中所承担的工作任务内容来看，两者并无太大的区别。那么为什 CM/Agency 合同条件对 CM 提供的服务条款比 CM/Non-Agency 多呢？一方面因为在 CM/Non-Agency 模式中，CM 单位是承包商，它要承担经济责任（即 GMP），因此其所应承担责任和所应从事的工作相对比较明确。而在 CM/Agency 模式中，CM 单位提供的是顾问和咨询服务，而顾问和咨询服务不同于承包，其工作内容和标准不是十分明确的，因此其具体工作内容必须在合同上予以明确，从而为业主检查和衡量 CM 单位的工作业绩提供标准。另一方面，在 CM/Agency 模式

中，CM单位与业主班子工作关系更加密切，合作更加频繁，因此必须通过合同文字来明确分清双方的责任和义务。

3. 业主支付给CM单位的费用或酬金

A121/CMc和AGC565规定了CM/Non-Agency模式中，业主支付给CM单位的费用由施工前阶段工作报酬和施工阶段合同总费用两大部分组成。施工前阶段工作的报酬通常按照管理人员的直接人员费乘一定比例系数计取，而施工阶段合同总费用由施工阶段工程费用(Cost of the Work)和CMfee两大部分组成。CMfee是CM单位向业主收取的作为CM单位利润的酬金，其中也包含了业主对CM单位承担管理工作所具有的风险的补偿。

B801/CMa和AGC510详细规定了CM/Agency模式中，业主所应支付CM单位的酬金主要由管理人员费和应支付的费用两部分组成。其中管理人员费包括基本服务费和额外服务费，基本服务费又由施工前阶段服务费和施工阶段服务费组成。应支付费用主要由交通费、通讯费、各种手续费、复印费、邮寄传真费、搬运费、业主批准的超时工作费和特殊险种保险费等组成。业主对CM酬金中的应支付费用的实际支付，不单是上述所列各项费用的实报实销，而应包括对基本服务和额外服务的服务费的补偿。

由此可以看出CM/Agency酬金有以下特点：(1)CM单位收取的是CM班子的直接工作成本加一定比例的补偿，CM单位不向业主单独收取CMfee；(2)CM合同中不包括在CM/Non-Agency中所包括的“Cost of the Work(施工费用)”，其组成比CM/Non-Agency简单得多。

4. CM/Non-Agency中保证最大工程费用(GMP)的规定

在A121/CMc和AGC565中规定，CM经理应向业主保证，施工阶段合同总费用(施工阶段工程费用+CMfee)将不超过最大工程费用GMP，这是CM合同的又一重要特点。

5. CM/Agency模式中施工费用的定义

与A121/CMa和AGC565类似，在B801/CMa和AGC510中对施工费用也进行了定义和说明，该文件定义：“施工费用是指由建筑师设计和确定的，本项目由业主承担的所有部分的费用和相关费用”。施工费用包括业主提供的劳务和材料费、设备费、各分包商合同价和CM酬金等，不包括设计费、土地费和资金费用等。但是与A121/CMa和AGC565相比，本文件对施工费用的具体组成未作详细规定。

本文件规定由CM经理负责对施工费用进行初步估算、修订和详细估算，但不要求CM经理保证实际费用与估算不发生偏差，不要求CM经理对施工费用确定一个固定的限价，除非当事双方人对此固定限价以书面形式形成一致意见。但即使有此固定限价，CM经理也不对实际费用超出的部分承担经济责任，也不对节约的部分提成。

8.4 EPC合同的主要内容

8.4.1 EPC合同概述

1. EPC合同的概念及适用范围

所谓EPC合同，即设计—采购—施工（Engineering, Procurement and Construct）合同，是一种包括设计、设备采购、施工、安装和调试，直至竣工移交的总承包模式。

在EPC合同中，承包商的工作范围包括设计、工程材料和设备的采购、工程施工直至最后竣工，并在交付业主时能够立即运行。基于以上特点，决定了并不是所有工程项目都适合EPC合同模式。它主要适用于以下项目：

（1）化工、冶金、电站、铁路等大型基础设施项目，含有机电设备的采购和安装的工程项目；

（2）涉及某些专业技术或技术专利的项目，承包商不仅承担项目实施，还要负责技术专利转让；

（3）承包商不仅要负责项目实施，还要承担对业主人员的技术培训和操作指导，直至业主指定的工作人员能独立操作生产设备、正常进行运营管理的项目；

（4）需要承包商融资的BOT项目；需要承包商垫资、带资的延期付款项目；

（5）设计与咨询力量比较强的承包商愿意以EPC合同承包设计与施工联系紧密、技术含量较高的工程项目；

（6）业主希望将项目实施中的主要风险交给承包商承担，并愿为此多支付费用的项目。

2. 参与合同管理的有关各方

（1）合同当事人。总承包合同的当事人是业主和承包商，而不是指任何一方的受让人。合同中的权利义务设定为当事人之间的关系。

（2）参与合同管理有关方的关系。合同履行过程中，参与合同管理有关各方除了业主、承包商和分包商之外，还包括：①业主代表，业主雇用的工程师作为业主代表，在授权范围内负责合同履行过程中的监督和管理，但无权解除承包商的任何合同责任；②承包商代表，承包商代表是承包商雇用并经业主同意而授权任命负责合同履行管理的负责人，其职责是与业主代表共同建立合同正常履行中的管理关系，以及对承包商和分包商的设计、施工提供一切必要的监督。

3. 合同文件

构成对业主与承包商有约束力的总承包合同文件是指合同协议书、中标函、业主的要求、投标书、专用条件、通用条件、资料表、支付申请表、承包商的建议书9个方面的内容。

“业主的要求”是招标文件中发出的对工作范围、标准、设计准则、进度计划等要求。作为总承包商投标阶段据以报价的基础，还包括合同履行过程中业主对上述内容所作的任何变更或修正的书面通知。“承包商的建议书”和“资料表”是承包商随“投标书”一同递交的两个文件，前者是工程的初步设计方案和实施计划，后者是与承包工程有关的主要资料和数据（其中包括估计工程量清单和价格取费表等）。

如果各文件间出现矛盾或歧义时，执行的优先次序如下：

(1) 合同协议书。

(2) 合同的专用条件。

(3) 合同通用条件。

(4) 业主要求。

(5) 投标书。指包含在合同中的由承包商提交并被中标函接受的为完成工程的报价书及附件。

(6) 构成合同组成部分的其他文件。如①与投标书同时提交，作为合同文件组成部分的信息与数据资料，包括工程量清单、数据、表目、费率或价格；②付款计划表或作为付款申请的组成部分的报表；③随投标书一同递交的方案设计(标前设计)文件等。

8.4.2 EPC合同的主要内容

EPC总承包合同具有与施工合同相似的形式。双方的责任和权益，工程的价格、进度、质量管理，保险和风险责任、争执和索赔的解决与施工合同基本相同。但由于承包商的工程范围扩展，工程的运作方式有些变化，所以EPC总承包合同还有一些新的内容。在下面的分析中与施工合同相同的内容不作重复，主要介绍不同的内容。

1. 业主的责任和权力

(1) 业主代表的任命。EPC合同条件中，没有独立的工程师这一角色，而由“业主的代表”管理。他代表业主利益，所享有的权力和应履行的职责都由业主分派。由业主代表管理工程，下达指令，行使业主的权力。例如审查承包商的质量保证体系；发出开工通知，控制进度，指示承包商暂停施工；负责工程计量，签发期中支付证书，批准竣工报表，审查最终报表，颁发最终支付证书；签发工程的移交证书和履约证书等。

(2) 业主对工程勘测负责。业主应按合同规定日期，向承包商提供由他负责的工程勘测所取得的现场水文及地表以下的资料。承包商应负责核实和解释所有此类资料。除合同明确规定业主应负责的情况以外，业主对这些资料的准确性、充分性和完整性不承担责任。

(3) 业主代表指令或批准变更。与施工合同相比，总承包工程的变更主要指经业主指示或批准的对业主要求或工程的改变。通常对施工文件的修改，或对不符合合同的工程进行纠正不构成变更。

(4) 业主代表检查与审核施工文件。业主代表有权检查与审核承包商的施工文件，包括承包商绘制的“竣工图纸”。“竣工图纸”的尺寸、参照系统及其他有关细节必须经业主代表认可。

(5) 业主代表对缺陷和损害的处理。若发生缺陷和损害，而承包商不能在现场迅速修复时，业主代表有权同意将有缺陷或损害的工程的任何部分移出现场修复，有权要求和指令承包商调查产生任何缺陷的原因，并就此决定是否调整合同价格。

2. 承包商的责任

总承包商不仅具有传统的施工承包合同所规定的合同责任，如对报价负责，对现场环境调查负责，对所有现场作业、所有施工方法的完备性、稳定性和安全性承担责任等，而且还有如下新的重要合同责任，具体包括以下方面：

(1) 承包商的总体责任

承包商应按照合同设计、实施和完成工程，并修补工程中的任何缺陷。完成后，工程应能满足合同规定的工程预期目的。承包商应提供合同规定的生产设备和承包商文件，以及设计、施工、竣工和修补缺陷所需的所有临时性或永久性的承包商人员、货物、消耗品及其他物品和服务。工程应包括为满足业主要求或合同隐含要求的任何工作，以及(合同虽未提及但)为工程的稳定、或完成、或安全和有效运行所需的所有工作。承包商应对所有现场作业、所有施工方法和全部工程的完备性、稳定性和安全性承担责任。

(2) 承包商承担的设计责任

1) 承包商负责工程的设计。承包商应使自己的设计人员和设计分包商符合业主要求的规定标准。如果合同未规定，承包商使用的任何设计人员、设计分包商都必须事先征得业主代表的同意，具备从事设计所必需的经验与能力，并能随时参与业主代表的讨论。

2) 开始设计之前，承包商应完全理解业主要求，并将业主要求中出现的任何错误、失误、缺陷通知业主代表。除合同明确规定业主应负责的部分外，承包商对业主要求(包括设计标准和计算)的正确性负责。承包商从业主或其他方面收到任何数据或资料，不解除承包商对设计和工程施工承担的责任。业主对原提供的业主要求中的任何错误、不准确或遗漏，以及对业主提供的任何数据或资料的准确性或完备性不承担责任。

3) 承包商应以合理的技能慎重地进行设计，达到预定的要求，保证工程设计的适宜性和工程的可用性。业主代表有权在工程施工前对设计文件进行审查、修改。如果在承包商文件中发现有错误、遗漏、含糊、不一致、不适当或其他缺陷，尽管业主根据本条作出了任何同意或批准，承包商仍应自费对这些缺陷和其带来的工程问题进行改正。

4) 承包商应被视为在基准日期前已仔细审查了业主要求。承包商应负责工程的设计，并在除下列业主应负责的部分外，对业主要求(包括设计标准和计算)的正确性负责。除下述情况外，业主不应对原包括在合同内的业主要求中的任何错误、不准确、或遗漏负责，并不应被认为对任何数据或资料给出了任何不准确性或完整性的表示。承包商从业主或其他方面收到任何数据或资料，不应解除承包商对设计和工程施工承担的职责。但是，业主应对业主要求中的下列部分，以及由(或代表)

业主提供的下列数据和资料的正确性负责：在合同中规定的由业主负责的、或不可变的部分、数据和资料；对工程或其任何部分的预期目的的说明；竣工工程的试验和性能的标准。

(3) 承包商对承包商文件承担责任

1) 承包商文件应包括业主要求中规定的技术文件、为满足所有规章要求报批的文件、以及竣工文件及操作和维修手册中所述的文件。除非业主要求中另有说明，承包商文件应使用法律和合同规定的交流语言书写。

2) 承包商应编制所有的承包商文件，还应编制指导承包商人员所需要的任何其他文件。如果业主要求中描述了要提交业主审核的承包商文件，这些文件应依照要求，连同下文叙述的通知一并上报。除非业主要求中另有说明，每项审核期不应超过 21 天，从业主收到一份承包商文件和承包商通知的日期算起。该通知应说明，本承包商文件是已可供按照本款进行审核和使用。通知还应说明本承包商文件符合合同规定的情况，或是哪些范围不符合。业主在审核期可向承包商发出通知，指出承包商文件(在说明的范围)不符合合同的规定。如果承包商文件确实不符合，该文件应由承包商承担费用，修正后重新上报，并审核。除双方另有协议的范围外，对工程每一部分都应在有关该部分的设计和施工的承包商文件的审核期尚未期满前，不得开工；该部分的实施，应按上报审核的承包商文件进行；如果承包商希望对已送审的设计或文件进行修改，应立即通知业主。然后，承包商应按照前述程序将修改后的文件提交业主。任何协议或任何审核，都不应解除承包商的任何义务或职责。

3) 承包商文件应由承包商保存和照管，直到被业主接收为止。除非合同中另有规定，承包商应向业主提供承包商文件一式 6 份。由承包商负责编制的承包商文件及其他设计文件，就合同双方而言，其版权和其他知识产权归承包商所有。未经承包商同意，业主不得在本合同以外，为其他目的使用。承包商若要修改已获批准的承包商文件，应通知业主代表，并提交修改后的文件供其审核。在业主要求不变的情况下，对承包商文件的任何变更不属于工程变更。承包商应编制足够详细的施工文件，以符合业主代表的要求，并对他所编制的施工文件的完备性、正确性负责。

4) 承包商应按照业主要求中规定的范围、详细程度提供维修和操作手册，对业主人员进行工程操作和维修培训。操作维修手册应能满足业主操作、维修、拆卸、重新组装、调整和修复生产设备的需要。

5) 承包商的设计、承包商文件、实施和竣工的工程必须符合工程所在国的法律及构成合同的各项文件，均应符合工程所在国的技术标准，建筑、施工与环境方面的法律和适用于工程生产的产品的法律，以及业主要求的适用于工程或法律规定的其他标准。

(4) 承包商应负责工程的协调

承包商应负责与业主要求中指明的其他承包商的协调，负责安排自己的分包商、承包商本人、业主的其他承包商在现场的工作场所和材料存放地。

(5) 承包商承担现场环境和水文地质条件风险责任

现场水文地质资料及环境方面的资料等在基准日期前以及基准日期后由业主提供，但不作为业主要求和合同文件。承包商应负责核实和解释所有此类资料。除合同明确规定的情况外，业主对这些资料的准确性、充分性和完整性不承担责任。

(6) 承包商承担的工作量和价格风险责任

总承包合同通常采用总价合同形式，除了业主要求和工程有重大变更，一般不允许调整合同价格，EPC总承包合同还规定：

1）承包商应支付根据合同要求应由其支付的各项税费。除合同明确规定的情况外，合同价格不应因任何这些税费进行调整。

2）当基准日期后，工程所在国的法律有改变(包括使用新的法律，废除或修改现有法律)，或对此类法律的司法或政府解释有改变，对承包商履行合同规定的义务产生影响时，合同价格应考虑由上述改变造成的任何费用增减和调整。

3）当合同价格要根据劳动力、货物、以及工程的其他投入的成本的升降进行调整时，应按照专用条件的规定进行计算。

4）对不可预见的风险，除合同另有说明外，承包商被认为已经取得对工程可能产生影响和作用的有关风险、意外事件和其他情况的全部资料；承担对预见到的、为顺利完成工程的所有困难和费用的全部责任；合同价格对任何未预见到的困难和费用不予以调整。

(7) 承包商的其他责任

除非专用条件中另有规定，承包商应负责工程需要的所有货物和其他物品的包装、装货、运输、接收、卸货、存储和保护，应及时将任何工程设备或每项其他主要货物运到现场的日期通知业主。

从上述分析可见，承包商对业主要求定义的整个工程的功能和运营目标负全部责任。其责任是完备的、一体化的。各专业工程的设计、供应、施工之间没有责任盲区。

3. 质量保证与现场监督体系

承包商应按合同要求编制质量保证体系。在每一设计和施工阶段开始前，均应将所有工作程序的执行文件提交业主代表，遵照合同约定的细节要求对质量保证措施加以说明。业主代表有权审查和检查其中的任何方面，对不满意之处可令其改正。工作内容不像单独施工合同那样明确、具体。业主仅提出功能、设计准则等基本要求，承包商完成设计后才能确定工程实施细节，进而编制施工计划并予以完成。

(1) 对设计的质量控制

1）承包商应保证设计质量。承包商应充分理解“业主要求”中提出的项目建设意图，依据业主提供及自行勘测考察现场情况的基本资料和数据，遵守设计规范要求完成设计工作。业主代表对设计文件的批准，不解除承包商的合同责任。承包商应保障业主不因其侵犯专利权行为而受到损害。

2）业主代表对设计的监督。未在合同专用条件中注明的承包商设计人员或设计分包商，承担工程任何部分的设计任务前必须征得业主代表的同意。尽管设计人员或设计分包商不直接与业主发生合同关系，但承包商应保障他们在所有合理时间内能随时参与同业主代表的讨论。为了缩短工程的建设周期，交钥匙合同并不严格要求完成整个工程的初步设计或施工图设计后再开始施工，允许某一部分工程在施工文件编制完成并经过业主代表批准后即开始实施。业主代表对设计的质量控制主要表现在以下几个方面：①批准施工文件。承包商应遵守规范和标准编制足够详细的施工文件，内容除设计文件外还应包括对供货商和施工人员实施工程提供的指导，以及对竣工后工程运行情况的描述。当施工文件的每部分编制完毕提交审查时，业主代表应在合同约定的“审核期”内(不超过 21 天)完成批准手续。②监督施工文件的执行。任何施工文件获得批准前或审核期限届满前(两者较迟者)，均不得开始该项工程部分的施工。施工应严格按施工文件进行。如果承包商要求对已批准文件加以修改，应及时通知业主代表，随后按审核程序再次获得批准后才可执行。③对竣工资料的审查。竣工检验前，承包商应提交竣工图纸、工程至竣工的全部记录资料、操作和维修手册请业主代表审查。

(2) 对施工的质量控制

1) 施工文件应由业主代表进行施工前的检查和审核，否则不得施工。如果承包商的施工文件不符合业主要求中的规定，承包商应自费修正，并重新提交审核。施工必须按已批准的施工文件进行。如果业主代表为实施工程的需要指令提供进一步的施工文件，则承包商在接到该指令后应立即编制。若承包商要对任何设计和文件进行修改，须通知业主代表，并提交修改后的文件供其审核。

2) 承包商应于施工前提供材料样品及资料供业主代表审核。如果承包商提出使用专利技术或特殊工艺，必须报工程师认可后实施。承包商负责办理申报手续并承担有关费用。对合同规定的所有试验，承包商应提供所需的全部文件和其他资料，提供所有装置和仪器、电力、燃料、消耗品、工具、材料，以及具有适当资质和经验的人员、劳动力。

3) 竣工检验。“竣工检验”开始前，承包商应对照有关规范和数据表制定一整套工程实施的竣工记录；绘制该工程的竣工图纸；编制业主要求中规定的竣工文件以及操作和维修手册，并分别按要求提交业主代表，这是工程竣工移交的前提条件。承包商提交了“竣工图纸”及操作和维修手册以后，应进行竣工检验。一旦工程通过了竣工检验，承包商须向业主以及业主代表提交一份有关所有此类检验结果的证明报告。业主代表应对承包商的检验证书批注认可，就此向承包商颁发证书。如果工程或某区段未能通过竣工检验，则业主代表有权拒收。业主代表或承包商可要求按相同条款或条件重复进行此类检验以及对任何相关工作的检验。当该工程或区段仍未能通过按上述规定所进行的重复竣工检验时，业主代表有权拒收整个工程或某区段，并将它作为承包商违约处理，承包商应赔偿业主相应的损失；或业主可以接收，颁发移交证书，合同价格应相应予以减少。

4) 竣工后检验。总承包合同可以要求进行竣工后检验。该检验应在移交后尽快进行。竣工后检验的责任、程序、结果的处理由合同明确规定。

5）承包商的缺陷责任。由于工程的设计、工程设备、材料或工艺不符合合同要求，或承包商未履行他的任何合同义务引起工程的缺陷，由承包商自费进行维修。对其他情况引起的缺陷，则按变更处理。如果发生承包商缺陷责任的情况，而承包商不能按合同要求修补缺陷，则业主可以：以合理方式由自己或他人进行此项工作，由承包商承担风险和费用，由业主从承包商处收回此费用；要求业主代表确定与证明合同价格的合理减少额；如果该缺陷导致业主基本无法享用工程带来的全部利益，业主有权对不能按期投入使用的部分工程终止合同，拆除工程，清理现场，并将工程设备和材料退还承包商。业主有权收回该部分工程价款和为上述工作所支付的全部费用。

4. 合同价款与支付

（1）"合同价格"是根据合同规定并在合同协议书中写明，为工程的设计、实施与竣工以及修补缺陷应付给承包商的金额。通常总承包合同为总价合同，支付以总价为基础。

1）如果合同价格要随劳务、货物和其他工程费用的变化进行调整，应在专用条款中规定。如果发生任何未预见到的困难和费用，合同价格不予调整。

2）承包商应支付他为完成合同义务所引起的关税和税收，合同价格不因此类费用变化进行调整，但因法律和法规变更除外。

3）资料表中可能列出的任何工程量仅为估算工程量，不得视为承包商履行合同规定义务应完成的实际或正确的工程量。

4）在总价合同中也可能有按照实际完成的工程量和单价支付的分项，即采用单价计价方式。有关它的测量和估价方法可以在合同专用条款中规定。

（2）合同价格的期中支付。合同价格可以采用按月支付或分期(工程阶段)支付方式。如果分期支付，则合同应包括一份支付表，列明合同价格分期支付的详细情况。

（3）对拟用于工程但尚未运到现场的生产设备和材料，如果根据合同规定承包商有权获得期中付款，则必须具备下列条件之一：①相关生产设备和材料在工程所在国，并已按业主的指示，标明是业主的财产；②承包商已向业主提交保险的证据和符合业主要求的与该项付款相同的银行保函。

5. 索赔和工程范围的不确定性

（1）在总承包合同的执行中，承包商的索赔机会较少。在索赔的处理方法上，索赔的原因分析、索赔值的计算和最终解决都是相当困难的。

（2）承包商对报价负责，即使是报价中的数字计算错误，评标或工程结算时一般都不能修正，原因在于总价合同中总价优先，双方确认的是合同总价。

（3）工作量和工程质量标准的不确定性。总承包合同通常都是总价合同，总承包商承担工作量和报价风险。承包商按照合同条件和业主要求确定的工程范围、工作量和质量要求报价。但业主要求主要是面对功能的，没有明确的工作量(连图纸都没有)，总承包合同规定：工程的范围应包括为满足业主要求或合同隐含要求的任何工作，以及合同中虽未提及但是为了工程安全和稳定、工程的顺利完成和有效运行所需的所有工作。因此总承包商在投标报价时工作量和质量的细节是不确定的。合同签订后才有方案设计、详细设计和施工计划，但这些须经过业主的批准才能进一步实施。这样最终按照详细设计核算的工程量与投标报价时的假定工作量之间可能存在很大的差异。在工程施工过程中，由于设计的修改或调整，或业主对工程具体要求的修改，工作量和工程质量还可能有变化。但是如果这些变化使最终完成的工程范围没有超过原先提出的业主要求；或是修改后工程的功能没有变化，那么这些变化将不作为变更，这是总承包商承担的风险。

(4) 变更范围问题。通常总承包合同规定，变更是经业主指示或批准的、对业主要求或工程所做的变更。在业主要求不变的情况下，业主对设计、施工计划的调整要求，一般不作为工程变更。

6. 业主与承包商的风险分担

(1) 业主承担的风险

合同条件明确规定业主的风险包括：①战争、敌对行动(不论宣战与否)、入侵、外敌行动；②工程所在国国内的叛乱、恐怖活动、革命、暴动、军事政变或篡夺政权，或内战；③暴乱、骚乱或混乱，完全局限于承包商的人员以及承包商和分包商的其他雇用人员中间的事件除外；④工程所在国的军火、爆炸性物质、离子辐射或放射性污染，由于承包商使用此类军火、爆炸性物质、辐射或放射性活动的情况除外；⑤以音速或超音速飞行的飞机或其他飞行装置产生的压力波。而在传统施工合同条件中，除了上述风险之外，业主的风险还包括以下三项：①雇主使用或占用永久工程的任何部分，合同中另有规定的除外；②因工程任何部分设计不当而造成的，而此类设计是由雇主的人员提供的，或由雇主所负责的其他人员提供的；③一个有经验的承包商不可预见且无法合理防范的自然力的作用。从上面的对比来看，业主在 EPC 合同条件下承担的风险要比施工合同条件中承担的少。

(2) 承包商承担的风险

1) 从业主承担的风险可以看出，在 EPC 合同条件下，承包商要单方面承担发生最频繁的“外部自然力的作用”这一风险，这无疑大大地增加了承包商在实施过程中的风险。另外合同条件还明确规定：承包商应负责核查和解释业主提供的现场地下和水文条件及环境方面的有关资料，业主对此类数据的准确性、充分性和完整性不负担任何责任。EPC 合同条件对不可预见的困难的规定：①承包商被认为已取得了可能对投标文件或工程产生影响或作用的有关风险、意外事故及其他情况的全部必要的资料；②在签订合同时，承包商应已经预见到了今后为圆满完成工程而可能发生的一切困难和费用；③不能因任何没有预见的困难和费用而进行合同价格的调整。而在传统施工合同条件中“不可预见的外部条件”中却规定：如果承包商在工程实施过程中遇到了一个有经验的承包商在提交投标书之前无法预见的不利条件，则他就有可能得到工期和费用方面的补偿。由此可见，在 EPC 合同条件下，承包商承担的各类风险比传统施工合同条件中承包商承担的风险要多。

2) 项目早期管理风险。对总承包而言，项目早期管理指工程规划、初步设计阶段的管理。在这一阶段，总承包商要根据业主所提供的设计要求进行规划、初步设计。这一阶段所花费的资金只占总承包项目合同价的很小一部分，但决定了项目合同价绝大部分的花费。规划、初步设计阶段的管理工作至关重要，但常常容易被忽视。

3）选择分包商的风险。由于EPC项目规模大，涉及的技术、专业多，一般由一家公司总承包或采取联合体方式总承包后再分包，因此，各分包商的履约情况对于项目目标的实现具有非常大的影响。

4）在实施过程中的项目管理风险。在实施过程中经常由于各分包商只考虑自身利益，从而造成工作分散、全过程费用较大，对于总承包商项目管理能力要求更高。

7. 解除合同关系

（1）业主有权在任何时候终止合同。业主可在规定的时间内向承包商发出通知，将履约保函退还承包商，则合同即被终止。业主不应为了要自己实施或安排另外的承包商实施工程而终止合同。

（2）由于承包商责任造成工程缺陷和损害使业主基本上无法享用全部工程或部分工程所带来的全部收益时，对不能按期投入使用的部分工程业主有权终止合同，并向承包商收回已支出的全部费用和拆除工程的费用。

本 章 小 结

本章首先介绍了传统采购模式下《建设工程施工合同》(GF—99—0201)、《建设工程施工专业分包合同》(GF—2003—0213)和《建设工程施工劳务分包合同》(GF—2003—0214)的主要内容；并介绍了DB模式、CM模式和EPC模式合同管理的特点及其合同主要内容。

复习思考题

1. 简述《施工合同文本》的组成及施工合同文件构成。
2. 简述工程师的产生与职责。
3. 承包人在何种情况下可以要求调整合同价款？
4. 简述变更价款的确定程序与确定方法。
5. 简述施工合同对工程分包有何规定？
6. 简述工程索赔的程序。
7. 简述施工合同争议的解决办法。
8. 简述DB合同的含义、适用范围及特点。
9. DB合同通用条款对工程变更是如何规定的？
10. 简述CM模式下的合同结构。
11. 简述EPC合同中工作量和工程质量标准的不确定性。

第9章 工程合同签订与管理

9.1 合同谈判

工程施工合同具有标的物特殊、履行周期长、条款内容多、涉及面广的特点，而且往往一个大型工程施工合同的签订关系到一家企业的生存和发展。所以应给予工程施工合同谈判足够的重视，从而能从合同条款上全力维护当事人的合法权益。

合同谈判，是工程施工合同签订双方对是否签订合同以及合同具体内容达成一致的协商过程。通过谈判，能够充分了解对方及项目的情况，为高层决策提供信息和依据。

9.1.1 合同谈判的目的与准备

1. 谈判的含义与原则

辞书对谈判的解释是：有关方面在一起相互通报或协商以便对某重大问题找出解决办法，或通过讨论对某事取得某种程度的一致或妥协的行为或过程。美国谈判学会主席尼尔伦伯格 1968 年在他的名著《谈判的艺术》中对谈判赋予的定义是："只要人们为了改变相互关系而交换观点，或为某种目的企求取得一致并进行磋商，即是谈判"。英国谈判学家马什长期以来从事谈判策略以及谈判的数学与经济分析方法的研究，他于 1971 年在《合同谈判手册》一书中给谈判下的定义是："所谓谈判是指有关各方为了自身的目的，在一项涉及各方利益的事务中进行磋商，并通过调整各自提出的条件，最终达成一项各方较为满意的协议这样一个不断协调的过程。"按照马什的观点，整个谈判是一个"过程"。谈判应遵循如下基本原则：

(1) 客观性原则。要求谈判人员全面搜集信息材料，客观分析信息材料，寻求客观标准，如法律规定、国际惯例等，不屈从压力，只服从事实和真理。

(2) 求同存异的原则。谈判的前提是各方需要和利益的不同，但谈判的目的不是扩大分歧，而是弥合分歧，使各方成为谋求共同利益、解决问题的伙伴。

(3) 公平竞争的原则。谈判是为了谋求一致，需要合作，但合作并不排斥竞争。要做到公平竞争，首先各方地位一律平等。其二，标准要公平。这个标准不应以一方认定的标准判断，而应以各方都认同的标准为标准。其三，给人以选择机会，即从各自提出的众多方案中筛选出最优的方案——最大限度满足各方需要的方案，没有选择就无从谈判。其四，协议公平。尼尔伦伯格认为"谈判获得成功的基本哲理是：每方都是胜者"，即我们今天所说的"双赢"。只有公平的协议，才能保证协议的真正履行。强权之下达成的不平等协议是没有持久约束力的。

(4) 妥协互补原则。所谓妥协就是用让步的方法避免冲突或争执。但妥协不是目的，而是求得利益互补，在谈判中会出现许多僵局，而唯有某种妥协才能打破僵局，使谈判得以继续，直至达成协议。至于妥协，有根本妥协和非根本妥协之分。谈判各方的利益都不是单一的，这表现在谈判方案的多项条款中，其中某些主要条款必须是志在必得，不得放弃的，妥协只能在非根本利益上的条款体现，有时即使谈判破裂也在所不惜，因为即使在非根本利益上得到补偿，也不足以弥补根本的损失。所以，谈判前，各方都必须明确自己的根本利益。

(5) 依法谈判的原则。国与国之间的谈判要依据国际法和国际惯例，国内商务谈判自然应遵守我国有关的法律和法规。

2. 合同谈判的目的

(1) 发包方合同谈判的目的

1) 发包方可根据参加谈判的投标者的建议和要求，也可吸收其他投标者的建议，对设计进行某些优化和修改，并估计可能对工程报价和质量产生的影响。

2) 了解和审查投标者的施工规划和各项技术措施是否合理，以及负责项目实施的班子力量是否足够雄厚，能否保证工程质量和进度。

3) 通过谈判，发包方还可以了解投标者报价的组成，进一步审核和压低报价。

(2) 投标方合同谈判的目的

1) 争取中标，即通过谈判宣传自己的优势，以及建议方案的特点等，以争取中标。

2) 争取合理的价格，既要准备对付发包方压价，又要准备当发包方拟修改设计、增加项目或提高标准时适当增加报价。

3) 争取改善合同条款，主要包括：争取修改过于苛刻的不合理的条款，澄清模糊条款和增加有利于保护投标者利益的条款。

3. 合同谈判的准备工作

(1) 合同谈判的思想准备

谈判活动的成功与否，通常取决于谈判准备工作的充分程度和在谈判过程中策略与技巧的运用。合同谈判是一项艰苦复杂的工作，只有有了充分思想准备，才能在谈判中坚持立场，适当妥协，最后达到目标。因此，谈判之前应确定谈判的基本立场和原则。确定谈判的基本立场和原则是指确定谈判中哪些问题必须坚持，哪些问题可以作出一定的合理让步以及让步程度等。同时，还应具体分析在谈判中可能遇到的各种复杂情况及其对谈判目标实现的影响，谈判有无失败的可能，遇到实质性问题争执不下该如何解决等。做到既保证合同谈判能够顺利进行，又保证自己能够获得于己有利的合同条款。

(2) 合同谈判的组织准备

在明确谈判目标并做好了应付各种复杂局面的思想准备后，就必须着手组织一个精明强干、经验丰富的谈判班子具体进行谈判准备和谈判工作。谈判组成成员的专业知识结构、综合业务能力和基本素质对谈判结果有着重要的影响。一个合格的谈判小组一般应由三部分人员组成：一是熟悉建设法律法规和相关政策的法律人员，以保证所签订的合同符合国家的法律法规和相关政策；二是工程技术人员。由于建筑工程专业性比较强，涉及范围广，在谈判中要充分发挥这方面人员的作用；三是建筑经济方面的人员。因为建筑企业要通过承揽项目获得利润，所以要求合同谈判人员必须有懂建筑经济方面专业知识的人员。谈判小组人员应有实质性谈判经验，谈判组长应由思维敏捷、思路清晰、具备高度组织能力与应变能力、熟悉业务并有着丰富经验的谈判专家承担。

(3) 合同谈判资料准备与分析

合同谈判必须有理有据，因此谈判前最重要的工作就是收集整理有关项目的各种资料和背景材料。这些资料的内容包括对方的资信状况、履约能力、发展阶段、已有成绩等，还包括工程项目的由来、土地获得情况、项目目前的进展和资金来源等。这些资料的体现形式可以是我方通过合法调查手段获得的信息，前期接触过程中已经达成的意向书、会议纪要、备忘录和合同等。并将资料分成三类：一是准备原始招标文件中的合同条件、技术规范及投标文件、中标函等文件，以及向对方提出的建议等资料；二是准备好谈判时对方可能索取的资料以及在充分估计对方可能提出各种问题的基础上准备的适当资料，以便对这些问题作出恰如其分的回答；三是准备好能够证明自己能力和资信程度的资料，使对方能够确信自己具备履约能力。在获得了这些基础材料、背景材料的基础上，即可进行具体分析。谈判的重要准备工作就是对己方和对方进行充分分析。

1）对己方的分析。签订工程施工合同之前，必须对自己的情况进行详细分析。对发包人来说，必须按照可行性研究的有关规定，作定性和定量的分析研究，并论证项目在技术上和经济上的可行性，经过方案比较，推荐出最佳方案。在此基础上，了解自己建设准备工作情况，包括技术准备、征地拆迁、现场准备及资金准备等情况，以及自己对项目在质量、工期与造价等方面的要求，以确定己方的谈判方案。对于承包方而言，在获得发包方发出招标公告或通知的消息后，不应一味盲目地投标，首先应该作一系列调查研究工作，承包方需要了解下列问题：工程建设项目是否确实由发包方立项？项目的规模如何？是否适合自身的资质条件？发包方的资金实力如何等等。这些问题可以通过审查有关文件，如发包方的法人营业执照、项目可行性研究报告、立项批复、建设用地规划许可证等加以解决。承包方为了承接项目，往往主动提出某些让利的优惠条件，但是，在项目是否真实，发包方主体是否合法，建设资金是否落实等原则性问题上不能让步。

2）对对方的分析。首先是对对方谈判人员的分析。了解对方组成人员的身份、地位、权限、性格和喜好等，掌握与对方建立良好关系的办法与途径，进而发展谈判双方的友谊，争取在到达谈判桌以前就有一定的亲切感和信任感，为谈判创造良好的氛围。其次是对对方实力的分析。指的是对对方资信、技术、物力和财力等状况的分析。在当今信息时代，很容易通过各种渠道和信息传递手段取得有关资料。外国公司很重视这方面的工作，他们往往通过各种机构和组织以及信息网络，对我国公司的实力进行调研。实践中，无论是发包方还是承包方都要对对方实力进行考察。对于承包商而言，一要注意审查发包方是否为工程项目的合法主体，发包方作为合格的施工合同的一方，对拟建项目应持有立项批文、建设用地规划许可证、建设用地批准书、建设工程规划许可证、施工许可证等证件。二要注意调查发包方的资信情况，是否具备足够的履约能力。如果发包方在开工伊始就发生资金紧张问题，就很难保证今后项目的正常进行，就会出现目前建筑市场上屡禁不止的拖欠工程款和垫资施工现象。对于发包方而言，则须注意承包方是否有承包该工程项目的相应资质，对于无资质证书承揽工程、越级承揽工程、以欺骗手段获取资质证书或允许其他单位或个人使用本企业的资质证书、营业执照取得工程的施工企业很难保证工程质量。因此，对对方实力分析是关系到项目成败的关键所在。

3）双方地位及谈判目标的可行性分析。对双方所处的地位的分析也是必要的。这一地位包括整体的与局部的优劣势。如果己方在整体上存在优势，而在局部存有劣势，则可以通过以后的谈判等弥补局部的劣势。但如果己方在整体上已显劣势，则除非能有契机转化这一情势，否则就不宜再耗时耗资去进行无利的谈判。谈判目标的可行性分析包括自身设置的谈判目标是否正确合理、是否切合实际、是否能为对方接受，以及对方设置的谈判目标是否正确合理。如果自身设置的谈判目标有疏漏或错误，或盲目接受对方的不合理谈判目标，同样会造成项目实施过程中的无穷后患。在实际操作中，由于建筑市场目前是发包方市场，承包方中标心切，故往往接受发包方极不合理的要求，比如带资垫资、工期极短等造成其在今后发生回收资金、获取工程款、费用索赔等方面的困难。

(4) 谈判方案的准备

在上述情况综合分析的基础上，可总结出该项目的操作风险、双方的共同利益、双方的利益冲突，以及双方在哪些问题上已取得一致，哪些问题还存在着分歧甚至原则性的分歧等，从而拟定合同谈判的初步方案，决定谈判的重点和难点，在运用谈判策略和技巧的基础上，获得谈判胜利。

(5) 谈判会议的安排准备

这是谈判开始前必须的准备工作，包括三方面内容：选择谈判的时机、谈判的地点以及谈判议程的安排。尽可能选择有利于己方的时间和地点，同时要求兼顾对方能够接收。应根据具体情况安排议程，议程安排应松紧适度。

9.1.2 合同谈判的策略和技巧

谈判是通过不断的会晤确定各方权利、义务的过程，它直接关系到谈判桌上各方最终利益的得失。因此，谈判决不是一项简单的机械性工作，而是集合了策略与技巧的艺术。以下介绍几种常见的谈判策略和技巧。

1. 掌握谈判议程，合理分配各议题的时间

工程建设项目的合同谈判通常会涉及许多需要讨论的事项，而各事项的重要性往往并不相同，谈判各方对同一事项的关注程度也并不相同。成功的谈判者应掌握谈判的进程，在充满合作气氛的阶段，展开自己所关注的议题的商讨，从而抓住时机，达成有利于己方的协议。而在气氛紧张时，则引导谈判进入双方具有共识的议题，一方面缓和气氛，另一方面缩小双方差距，推进谈判进程。同时，谈判者应懂得合理分配谈判时间，对于各议题的商讨时间应得当，以缩短谈判时间，降低交易成本。

2. 高起点战略

谈判的过程是各方妥协的过程，通过谈判，各方都或多或少会放弃部分利益以求得项目的进展。而有经验的谈判者在谈判之初会有意识向对方提出苛求的谈判条件，这样对方会过高估计本方的谈判底线，从而在谈判中更多作出让步。

3. 注意谈判氛围

谈判各方往往存在利益冲突，各方通过谈判主要是维护各方利益，求同存异，达到谈判各方利益的一种相对平衡。有经验的谈判者会在各方分歧严重，谈判气氛激烈的时候采取润滑措施，舒缓压力。在我国最常见的方式是饭桌式谈判。通过餐宴，联络谈判方的感情，拉近双方的心理距离，进而在和谐的氛围中重新回到议题，使得谈判议题得以继续进行。

4. 拖延和休会

当谈判遇到障碍、陷入僵局的时候，拖延和休会可以使明智的谈判方有时间冷静思考，在客观分析形势后提出替代性方案。在一段时间的冷处理后，各方都可以进一步考虑整个项目的意义，进而弥合分歧，将谈判从低谷引向高潮。

5. 避实就虚

谈判各方都有自己的优势和弱点，谈判者应在充分分析形势的情况下，作出正确判断，利用对方的弱点，猛烈攻击，迫其就范，作出妥协。而对于己方的弱点，则要尽量注意回避。

6. 对等让步

当己方准备对某些条件作出让步时，可以要求对方在其他方面也应作出相应的让步。要争取把对方的让步作为自己让步的前提和条件。同时应分析对方让步与己方作出的让步是否均衡，在未分析研究对方可能作出的让步之前轻易表态让步是不可取的。

7. 分配谈判角色，充分发挥专家的作用

任何一方的谈判团都由众多人士组成，谈判中应利用各人不同的性格特征各自扮演不同的角色。有的唱红脸，积极进攻；有的唱白脸，和颜悦色。这样软硬兼施，可以事半功倍。建设工程项目的合同谈判涉及广泛学科领域，充分发挥各领域专家的作用，既可以在专业问题上获得技术支持，又可以利用专家的权威性给对方以心理压力，从而取得谈判的成功。

8. 善于抓住实质性问题

任何一项谈判都有其主要目标和主要内容，在整个项目的谈判过程中，要始终注意抓住主要的实质性问题，如工作范围、合同价格、工期、支付条件、验收及违约责任等来谈。要防止对方转移视线，回避主要问题，而故意在无关紧要的问题上兜圈子。

9.1.3 不同模式下合同谈判的主要内容

合同谈判的内容因不同采购模式、项目情况和合同性质、原招标文件规定、业主的要求而异。一般来讲合同谈判会涉及合同的商务、技术所有条款。下面将从承包商角度介绍不同模式下合同谈判的主要内容。

9.1.3.1 传统模式下合同谈判的主要内容

1. 关于工程内容和范围的确认

(1) 合同的“标的”是合同最基本的要素，工程承包合同的标的就是工程承包内容和范围。因此，在签订合同前的谈判中，必须首先共同确认合同规定的工程内容和范围。承包商应当认真重新核实投标报价的工程项目内容与合同中表述的内容是否一致，合同文字的描述和图纸的表达都应当准确，不能模糊含混。承包商应当查实自己的标价有没有任何只能凭推测和想象计算的成分。如果有这种成分，则应当通过谈判予以澄清和调整。应当力争删除或修改合同中出现的诸如“除另有规定外的一切工程”、“承包商可以合理推知需要提供的为本工程实施所需的一切辅助工程”之类含混不清的工程内容或工程责任的说明文字和词句。对于在谈判讨论中经双方确认的内容及范围方面的修改或调整，应和其他所有在谈判中双方达成一致的内容一样，以文字方式确定下来，并以“合同补遗”或“会议纪要”方式作为合同附件并说明它构成合同的一部分。

(2) 业主提出增减工程项目或要求调整工程量和工程内容时，务必在技术和商务等方面重新核实，确有把握方可应允。同时应以书面文件、工程量表和/或图纸予以确定，其价格亦应通过谈判确认并填入工程量表。

(3) 对业主提出的改进方案或业主提出的某些修改和变动，或业主接受承包商的建议方案等，首先应认真对其技术合理性、经济可行性以及在商务方面的影响等进行综合分析，权衡利弊后方能表态接受、有条件接受甚至拒绝。如果接受了业主关于工程内容的变动或业主提出的方案，自然会对价格和工期等产生影响，应利用这一时机争取变更价格或要求业主改善合同条件以谋求更好的效益。

(4) 对于原招标文件中的“可供选择的项目”和“临时项目”应力争说服业主在合同签订前予以明确，或商定一个确认最后期限，不能拖到工程后期才明确，造成承包商工作的被动。

(5) 对于为监理(咨询)工程师提供的建筑物、家具、车辆以及各项服务，也应逐项详细地予以明确。

(6) 对于一般的单价合同，如业主在原招标文件中未明确工程量变更部分的限度，则谈判时应要求与业主共同确定一个“增减量幅度”(FIDIC 的合同条件建议为 15%)，当超过该幅度时，承包商有权要求对工程单价进行调整。

2. 关于技术要求或技术规范和施工技术方案

技术要求是业主极为关切而承包商亦应更加注意的问题，由于我国具体情况，在采用技术规范方面往往还和国外有一定差异。对于业主提出的规范，承包商应事先熟悉和了解并核实是否可以达到该规范要求。合同谈判前承包商应认真核实招标书中规定的要求是否和报价编制过程中所采用的施工方法、质量控制条件、所采用的规范相符，如业主对某项工程内容有特殊要求或承包商自己常规施工方法有差别时，更应予以注意，要研究自己是否能做到，以及其经济性如何。如果有问题，则应研究采取对应措施，或与业主协商，力争改用承包商熟悉而又不会影响质量的其他规范。在个别国家或地区，在进行比较和说明后，有时业主可能同意采用中国规范，则应将谈判结果落实在合同文件上。

施工技术措施和技术方案也是合同谈判中业主希望和承包商讨论和落实的主要问题。对于施工项目尤其是施工程序比较复杂的项目，像水坝工程、道路工程、隧道工程和技术要求高的工业与民用建筑工程等，在承包商提交的投标文件中都应提交施工组织设计方案或技术建议书，业主和咨询工程师在评标阶段对该方案会认真地进行评定和研究，往往在合同谈判阶段业主会对该方案与承包商进行讨论，承包商应组织工程技术人员认真进行答辩，力争通过答辩使业主和咨询工程师对你提出的方案理解和赞同，以显示公司的实力和实施该项工程的能力。除此之外，对于大中型项目的关键技术问题尤其应予以注意。当业主提供的技术基础资料如水文资料、气象资料、地质资料不充分时，除在投标报价时做好相应的技术措施准备，以及考虑足够的不可预见费外，应力争让业主承担由于资料不足或不准确而产生的风险。

3. 关于合同价格

在进行合同谈判时承包商应抓住机会力争利用各种因素签订一个在价格上对自己有利的合同。除此之外，价格调整条款也是不可忽视的重要内容。因为承包工程工期长，由于货币贬值和通货膨胀因素影响，可能使承包商遭受损失。价格调整条款可以比较公正地解决这一非承包商可控制的风险损失。

4. 关于合同价款支付方式

在承包实践中，工程承包项目一般施工时间长，占用资金金额大，大多数承包商是负债经营，资金周转的快慢决定着项目的经济效益的好坏。即使合同价格基本符合行情甚至有较大的预期效益，但由于支付条款(支付方式，付款条件等)不合理而造成承包商不能达到预期效益，或产生亏损甚至使合同无法继续执行下去的实例也是很多的。

因此，承包商除了在投标过程中，以及通过合同谈判力争能得到一个合适的价格外，还要注意在合同中有保证合理支付的条款，即：何时支付、如何支付、支付方式以及如何确保支付的条款等问题，业主也同样对此极为重视。这也是合同谈判中的重要内容之一。

毫无疑问，商业经营中的“早收迟付”的黄金原则对工程承包也适用。但是因为业主方面也希望“早做晚付”，这就需要通过合同谈判在招标文件所规定的付款条款基础上进行协商，力争达到一个双方都可以接受、而且对顺利实施项目有利的合同价款支付方式。

5. 关于工期

工期与工程内容、工程质量及价格一样是承包工程成交的重要要素之一，在合同谈判中双方一定要在原投标条件基础上重新核实和确认，并在合同文件中明确。

9.1.3.2 CM模式下合同谈判的重要内容

CM模式下合同谈判的重点除了在传统模式下合同谈判的主要内容外，还包括以下几个方面：

1. 关于能否接受GMP

如前所述，GMP是CM/Non-Agency模式在合同计价方法上的一大特点，它代表了CM单位在其管理工作中所将承担的经济责任。但是，在中国建筑市场中应用CM模式时，承包商很有可能在GMP问题上产生某些疑惑，因而使GMP问题成为合同谈判的一个难点。投标人可能在以下几个方面产生顾虑：

(1) 国外投标人不了解中国建筑市场，不了解我国建筑业的有关政策、法规、取费标准以及有关工程建设程序，因而不敢承担GMP责任。

(2) 中国建筑市场价格尚不稳定，影响物价上涨的因素很多，包括设备材料价格的上涨、费率和收费标准变化、税收增加、汇率和贷款利息变化、工资和津贴调整等，均给承包商承担GMP带来许多风险。

(3) 在我国工程项目建设中的人为干扰因素较多，这是以往很多项目造成投资失控的原因之一。CM单位担心这种干扰难免还会发生，给自己的利益造成损失。

(4) 国外承包商不了解国内分包商的情况，万一分包合同谈判产生困难，或产生分包商违约、终止合同、索赔或其他合同纠纷，CM单位将蒙受损失。

(5) 由于业主建设意图的变化造成设计变更，或者是由于业主方面的其他原因造成GMP的变化，可能会引起双方关于修改GMP冗长的淡判，或者是双方无法达成一致，给CM单位带来风险。

2. 关于CM fee的费率

CM fee是CM/Non-Agency模式中，业主支付CM单位的利润，以及对其所承担风险的补偿。CM fee的计算方法比较复杂，通常是按工程费用的一定比例计取，因此有关CM fee取费的费率是CM fee谈判的焦点。

3. 关于CM cost的取费

CM cost是CM班子的工作成本，是业主支付CM单位的费用中很重要的一个组成部分，因而CM cost问题也是合同谈判的一个难点。

4. 关于投标人的其他收费

除了 CM fee 和 CM cost 以外，CM 单位在谈判中还可能向业主提出以下收费(不包括分包商、供货商的合同价)：

(1) 经 CM 单位的努力，使工程实际费用小于 GMP，要求对节约额提成，作为对 CM 单位的奖励。

(2) 由于 CM 单位采用价值工程(VE)方法，对设计和施工提出合理化建议而使工程款节约，要求对节约额提成。

(3) CM 单位除支付分包商或供货商意外的其他必要支出，这些支出尚未在 CM cost 中计取，而 CM 单位为完成任务而必须发生，要求业主支付。

9.1.3.3 设计＋施工总承包模式下合同谈判的重要内容

设计＋施工总承包模式下合同谈判的重点除了传统模式下合同谈判的主要内容外，还包括以下几个方面：

1. 关于外汇风险

与传统模式项目不同，设计＋施工总承包模式下的项目多采用国际招标，一般是跨越国界并使用非本国货币的项目，它属于国际间服务贸易的范畴，必然产生国际间的资金转移或本国货币与其他货币之间的兑换。承包商在实施工程中，至少要使用以下多种货币：承包商本国货币、工程所在国的当地货币和第三国货币。由于承包工程的工期长，上述多种货币在国际市场的换汇汇率不断变化，使承包商的收入和支出的货币价值总是处在浮动变化之中，稍有失误，就会造成损失。这就是承包工程支付货币的价值浮动风险。承包商为防止汇率变化风险，希望从项目收取比较坚挺和稳定的自由货币，但业主同样为了减少外汇风险，则希望支付本国货币，这个矛盾需要在承包合同中共同商定，予以合理解决。

2. 货币支付风险

关于货币支付条款要确定以下问题：是否有外汇支付；是否限定外币币种；是否限定外币币种数量；是否限定外汇比例(金额)限额；外汇是按浮动汇率还是固定汇率；汇率如何确定等因素。

3. 关于缺陷责任期

合同文本中应当对维修工程的范围、维修责任和维修期的开始和结束时间有明确的说明。承包商应力争以维修保函来代替业主扣留的保证金，维修保函对承包商有利，主要是因为可提前取回被扣留的现金，而且保函是有时效的，期满将自动作废。同时，它对业主并无风险，真正发生维修费用，业主可凭保函向银行索回款项。因此，这一作法是比较公平的。维修期满后应及时从业主处撤回保函。

9.2 合同签订

工程合同的订立，是指发包人和承包人之间为了建立承发包合同关系，通过对工程合同具体内容进行协商而形成合同的过程。

9.2.1 订立工程合同的基本原则

1. 平等、自愿原则

我国《合同法》第3条规定："合同当事人的法律地位平等，一方不得将自己的意志强加给另一方。"所谓平等是指当事人之间在合同的订立、履行和承担违约责任等方面都处于平等的法律地位，彼此的权利和义务对等。合同的当事人，无论是法人和其他组织之间，还是法人、其他组织和自然人之间，虽然他们的体制、财力、经济效益、隶属关系各异，但是只要他们以合同主体的身份参加到合同法律关系中，那么他们之间就处于平等的法律地位，法律予以平等的保护。订立工程合同必须体现发包人和承包人在法律地位上完全平等。

《合同法》第4条规定："当事人依法享有订立合同的权利，任何单位和个人不得干预。"所谓自愿原则，是指是否订立合同、与谁订立合同、订立合同的内容以及变更不变更合同，都要由当事人依法自愿决定。订立工程合同必须遵守自愿原则。

2. 公平原则

《合同法》第5条规定："当事人应当遵循公平原则确定各方的权利和义务。"所谓公平原则是指当事人在设立权利、义务、承担民事责任方面，要公正、公允、合情、合理。贯彻该原则最基本的要求即是发包人与承包人的合同权利、义务、承担责任要对等而不能显失公平。实践中，发包人常常利用自身在建筑市场的优势地位，要求工程质量达到优良标准，但又不愿优质优价；要求承包人大幅度缩短工期，但又不愿支付赶工措施费；竣工日期提前，发包人不支付奖励或奖励很少，而竣工日期延迟，发包人却要承包人承担一倍、有时甚至几倍于提前奖金的违约金。上述情况均违背了订立工程合同时承发包方应遵循的公平原则。

3. 诚实信用原则

《合同法》第6条规定："当事人行使权利、履行义务应当遵循诚实信用原则。"诚实信用原则主要是指当事人在订立、履行合同的全过程中，应当抱着真诚的善意，相互协作，密切配合，言行一致，正确、适当地行使合同规定的权利，全面履行合同规定的义务，不做损害对方和国家、集体、第三人以及社会公共利益的事情。

4. 合法原则

《合同法》第7条规定："当事人订立、履行合同，应当遵守法律、行政法规……。"所谓合法原则主要是指在合同法律关系中，合同主体、合同的订立形式、订立合同的程序、合同的内容、履行合同的方式、对变更或者解除合同权利的行使等都必须符合我国的法律、行政法规。实践中，下列工程合同常常因为违反法律、行政法规的强制性规定而无效或部分无效：没有从事建筑经营活动资格而订立的合同；超越资质等级订立的合同；未取得《建设工程规划许可证》或者违反《建设工程规划许可证》的规定进行建设，严重影响城市规划的合同；未取得《建设用地规划许可证》而签订的合同；未依法取得土地使用权而签订的合同；必须招标投标的项目，未办理招标投标手续而签订的合同；根据无效中标结果所订立的合同；非法转包合同；不符合分包条件而分包的合同等等。

9.2.2 订立工程合同的形式和程序

1. 订立工程合同的形式

《合同法》第10条规定："当事人订立合同，有书面合同、口头形式和其他形式"。法律、行政法规规定采用书面形式的，应当采用书面形式。当事人约定采用书面形式的应当采用书面形式。书面形式是指合同书、信件和数据电文(包括电报、电传、传真、电子数据交换和电子邮件)等可以有形地表现所载内容的形式。

工程合同由于涉及面广、内容复杂、建设周期长、标的金额大，《合同法》第270条规定："工程施工合同应当采用书面形式"。

2. 订立工程合同的程序

根据我国《合同法》、《招标投标法》及《房屋建筑和市政基础设施工程施工招标投标管理办法》的规定，工程合同的订立程序如下：

(1) 要约邀请。即发包人采取招标通知或公告的方式，向不特定人发出的，以吸引或邀请相对人发出要约为目的的意思表示。

(2) 要约。即投标，指投标人按照招标人提出的要求，在规定的期间内向招标人发出的，以订立合同为目的的，包括合同主要条款的意思表示。根据《房屋建筑和市政基础设施工程施工招标投标管理办法》的规定，投标人应当按照招标文件的要求编制投标文件，对招标文件提出的实质性要求和条件作出响应。投标文件应当包括投标函、施工组织设计或者施工方案、投标报价及招标文件要求提供的其他材料。

(3) 承诺。即中标通知，指由招标人通过评标后，在规定期间内发出的，表示愿意按照投标人所提出的条件与投标人订立合同的意思表示。

(4) 签约。根据《合同法》规定，在承诺生效后，即中标通知产生法律效力后，工程合同就已经成立。但是，由于工程建设的特殊性，招标人和中标人在此后还需要按照中标通知书、招标文件和中标人的投标文件等内容经过合同谈判，订立书面合同后，工程合同成立并生效。需要注意的是：《招标投标法》及《房屋建筑和市政基础设施工程施工招标投标管理办法》规定，书面合同的内容必须与中标通知书、招标文件和中标人的投标文件等内容基本一致，招标人和中标人不得再订立背离合同实质性内容的其他协议。

9.3 合同审查与分析

合同审查分析是一项技术性很强的综合性工作，它要求合同管理者必须熟悉与合同相关的法律法规，精通合同条款，对工程环境有全面了解，有合同管理的实际工作经验并有足够的细心和耐心。

9.3.1 合同效力与完备性审查

1. 合同效力审查与分析

合同效力是指合同依法成立所具有的约束力。《合同法》第8条规定："依法成立的合同，对当事人具有法律约束力。当事人应当按照约定履行自己的义务，不得擅自变更或解除合同。依法成立的合同，受法律保护。"第44条规定："依法成立的合同，自成立时生效。法律、行政法规规定应当办理批准、登记等手续生效的，依照其规定。"有效的工程施工合同，有利于建设工程规范顺利的进行。我国《民法通则》第58条和《合同法》第52条已对无效合同的认定作了规定，主要为：

1）一方以欺诈、胁迫的手段订立合同，损害国家利益的；

2）恶意串通，损害国家、集体或者第三人利益的；

3）以合法形式掩盖非法目的的；

4）损害社会公共利益的；

5）违反法律、行政法规的强制性规定的。

合同必须在法律和法规的范围内签订和实施，否则会导致合同全部或部分无效，从而给合同当事人带来不必要的损失，这是合同审查分析的最基本也是最重要的工作。合同效力的审查与分析主要从以下几方面入手：

(1) 合同当事人资格的审查

建设工程合同的签订双方是否有专门从事建筑业务的资格，是合同有效、无效的重要条件之一。如作为发包方的房地产开发企业应有相应的开发资格。《中华人民共和国城市房地产管理法》第29条规定，房地产开发企业是以营利为目的，从事房地产开发和经营的企业。设立房地产开发企业，应当具备下列条件：第一，有自己的名称和组织机构；第二，有固定的经营场所；第三，有符合国务院规定的注册资本；第四，有足够的专业技术人员；第五，法律、行政法规规定的其他条件。设立房地产开发企业，应当向工商行政管理部门申请设立登记。工商行政管理部门对符合规定条件的，应当予以登记，发给营业执照；对不符合规定条件的，不予登记。同样，作为承包方的勘察、设计、施工单位均应有其经营资格。《建筑法》第二章"建筑许可"第二节"从业资格"第十二条规定，从事建筑活动的建筑施工企业、勘察单位、设计单位和工程监理单位，应当具备下列条件：第一，有符合国家规定的注册资本；第二，有与其从事的建筑活动相适应的具有法定执业资格的专业技术人员；第三，有从事相关建筑活动所应有的技术装备；第四，法律、行政法规规定的其他条件。

建筑工程合同的主体除了具备可以支配的财产、固定的经营场所和组织机构外，还必须具备与建设工程项目相适应的资质条件，而且也只能在资质证书核定的范围内承接相应的建设工程任务，不得擅自越级或超越规定的范围。《建筑法》第13条规定，从事建筑活动的建筑施工企业、勘察单位、设计单位和工程监理单位，按照其拥有的注册资本、专业技术人员、技术装备和已完成的建筑工程业绩等资质条件，划分为不同的资质等级，经资质审查合格，取得相应等级的资质证书后，方可在其资质等级许可的范围内从事建筑活动。国务院于2000年1月30日发布的《建设工程质量管理条例》第18条规定，从事建设工程勘察、设计的单位应当依法取得相应等级的资质证书，并在其资质等级许可的范围内承揽工程。禁止勘察、设计单位超越其资质等级许可的范围或者以其他勘察、设计单位的名义承揽工程。禁止勘察、设计单位允许其他单位或者个人以本单位的名义承揽工程。《建设工程质量管理条例》第25条规定，施工单位应当依法取得相应等级的资质证书，并在其资质等级许可的范围内承揽工程。禁止施工单位超越本单位资质等级许可的业务范围或者以其他施工单位的名义承揽工程。禁止施工单位允许其他单位或者个人以本单位的名义承揽工程。

由此可见，合同签订时，无论是发包方还是承包方均应对对方进行资格审查，审查对方有无订立合同的资格与能力，这直接影响到合同是否有效，以及合同能否实际正确履行。

(2) 工程项目合法性审查

即合同客体资格的审查。主要审查工程项目是否具备招标投标、签订和实施合同的一切条件，包括：

1）是否具备工程项目建设所需要的各种批准文件；

2）工程项目是否已经列入年度建设计划；

3）建设资金与主要建筑材料和设备来源是否已经落实。

(3) 合同订立过程的审查

订立合同由要约与承诺两个阶段构成。在建设工程合同尤其是总承包合同和施工总承包合同的订立中，通常通过招标投标的程序，招标为要约邀请，投标为要约，中标通知书的发出意味着承诺。对通过这一程序缔结的合同，我国《招标投标法》对必须进行招投标的项目以及招投标过程中应遵循的公平、公正的原则有着严格的规定。建设工程合同订立过程审查主要包括：招标人是否有规避招标行为和隐瞒工程真实情况的现象；投标人是否有串通作弊、哄抬标价或以行贿的手段谋取中标的现象；招标代理机构是否有泄露应当保密的与招标投标活动有关的情况和资料的现象，以及其他违反公开、公平、公正原则的行为。同时，有些合同需要公证，或由相关政府部门批准后才能生效，这应当在招标文件中说明。在国际工程中，有些国家项目、政府工程，在合同签订后，或业主向承包商发出中标通知书后，还得经过政府批准后合同才能生效。对此，应当特别注意。

(4) 合同内容合法性审查

合同内容合法性审查主要审查合同条款和所指的行为是否符合法律规定，主要包括：分包转包的规定、劳动保护的规定、环境保护的规定、赋税和免税的规定、外汇额度条款、材料、设备进出口等条款是否符合相应的法律规定。

如我国《建筑法》允许建设工程总承包单位将承包工程中的部分发包给具有相应资质条件的分包单位，但是除总承包合同中约定的分包外，其他分包必须经建设单位认可。而且属于施工总承包的，建筑工程主体结构的施工必须由总承包单位自行完成。也就是说，未经建设单位认可的分包和施工总承包单位将工程主体结构分包出去所订立的分包合同，都是无效的。此外，将建设工程分包给不具备相应资质条件的单位或分包后将工程再分包的，均是法律禁止的。同时，《建筑法》及其他法律、法规规定：禁止承包单位将其承包的全部建筑工程转包或将其承包的全部建筑工程肢解以后以分包的名义分别转包给他人。

2. 合同的完备性审查

根据《合同法》规定，合同应包括合同当事人、合同标的、标的数量和质量、合同价款或酬金、履行期限、地点和方式、违约责任和解决争议的方法。一份完整的合同应包括上述所有条款。由于建设工程的工程活动多，涉及面广，合同履行中不确定性因素多，从而给合同履行带来很大风险。如果合同不够完备，就可能会给当事人造成重大损失。因此，必须对合同的完备性进行审查。合同的完备性审查包括以下几方面内容：

(1) 合同文件完备性审查

即审查属于该合同的各种文件是否齐全。如发包人提供的技术文件等资料是否与招标文件中规定的相符，合同文件是否能够满足工程需要等。

(2) 合同条款完备性审查

这是合同完备性审查的重点，即审查合同条款是否齐全，是否对工程涉及的各方面问题都有规定，合同条款是否存在漏项等。合同条款完备性程度与采用何种合同文本有很大关系。

1）如果采用的是合同示范文本，如 FIDIC 条件，或我国施工合同示范文本等，则一般认为该合同条款较完备。此时，应重点审查专用合同条款是否与通用合同条款相符，是否有遗漏等。

2）如果未采用合同示范文本，但合同示范文本存在。在审查时应当以示范文本为样板，将拟签订的合同与示范文本的对应条款一一对照，从中寻找合同漏洞。

3）无标准合同文本，如联营合同等。无论是发包人还是承包人在审查该类合同的完备性时，应尽可能多地收集实际工程中的同类合同文本，并进行对比分析，以确定该类合同的范围和合同文本结构形式。再将被审查的合同按结构拆分开，并结合工程的实际情况，从中寻找合同漏洞。

9.3.2 合同内容的审查与分析

合同条款的内容直接关系到合同双方的权利义务，在工程施工合同签订之前，应当严格审查各项合同内容，重点审查如下内容：

1. 工作范围

即承包人所承担的工作范围，包括施工，材料和设备供应，施工人员的提供，工程量的确定，质量、工期要求及其他义务。工作范围是制定合同价格的基础，因此工作范围是合同审查与分析中一项极其重要的不可忽视的问题。招标文件中往往有一些含糊不清的条款，故有必要进一步明确工作范围。在这方面，经常发生的同题有以下几方面：

（1）因工作范围和内容规定不明确或承包人未能正确理解而出现报价漏项，从而导致成本增加甚至整个项目出现亏损。

（2）由于工作范围不明确，对一些应包括进去的工程量没有进行计算而导致施工成本上升。

（3）规定工作内容时，对于规格、型号、质量要求、技术标准文字表达不清楚，从而在实施过程中易产生合同纠纷。

（4）对于承包的国际工程，在将外文标书翻译成中文时出现错误，如将楼梯的金扶手翻译成镀金扶手，将发电机翻译成发动机等。这必然导致报价失误。

因此，合同审查一定要认真仔细，规定工作内容时一定要明确具体，责任分明。特别是在固定总价合同中，根据双方已达成的价格，查看承包人应完成哪些工作，界面划分是否明确，对追加工程能否另计费用。对招标文件中已经体现，工程量表也已列入，但总价中未计人者，是否已经逐项指明不包括在本承包范围内，否则要补充计价并相应调整合同价格。为现场监理工程师提供的服务如包含在报价内，分析承包人应提供的办公及住房的建筑面积、标准，工作、生活设备数量和标准等是否明确。合同中有否诸如“除另有规定外的一切工程”、“承包人可以合理推知需要提供的为本工程服务所需的一切工程”等含糊不清的词句。

2. 权利和责任

合同应公平合理地分配双方的责任和权益。因此，在合同审查时，一定要列出双方各自的责任和权利，在此基础上进行权利义务关系分析，检查合同双方责权是否平衡，合同有否逻辑问题等。同时，还必须对双方责任和权力的制约关系进行分析。如在合同中规定一方当事人有一项权力，则要分析该权力的行使会对对方当事人产生什么影响，该权力是否需要制约，权力方是否会滥用该权力，使用该权力的权力方应承担什么责任等。据此可以提出对该项权力的反制约，例如合同中规定“承包商在施工中随时接受工程师的检查”条款。作为承包商，为了防止工程师滥用检查权，应当相应增加“如果检查结果符合合同规定，则业主应当承担相应的损失(包括工期和费用赔偿)”条款，以限制工程师的检查权。

如果合同中规定一方当事人必须承担一项责任，则要分析承担该责任应具备什么前提条件，以及相应该拥有什么权力，如果对方不履行相应的义务时应承担什么责任等。例如，合同规定承包商必须按时开工，则在合同中应相应地规定业主应按时提供现场施工条件，及时支付预付款等。

在审查时，还应当检查双方当事人的责任和权益是否具体、详细、明确，责权范围界定是否清晰等。例如，对不可抗力的界定必须清晰，如风力为多少级，降雨量为多少毫米，地震的震级为多少等等。如果招标文件提供的气象、水文和地质资料明显不全，则应争取列入非正常气象、水文和地质情况下业主提供额外补偿的条款，或在合同价格中约定对气象、水文和地质条件的估计，如超过该假定条件，则需要增加额外费用。

3. 工期和施工进度计划

(1) 工期

工期的长短直接与承发包双方利益密切相关。对发包人而言，工期过短，不利于工程质量，还会造成工程成本增加；而工期过长，则影响发包人正常使用，不利于发包人及时收回投资。因此，发包人在审查合同时，应当综合考虑工期、质量和成本三者的制约关系，以确定最佳工期。对承包人来说，应当认真分析自己能否在发包人规定的工期内完工；为保证自己按期竣工，发包人应当提供什么条件，承担什么义务；如发包人不履行义务应承担什么责任，以及承包人不能按时完工应当承担什么责任等。如果根据分析，很难在规定工期内完工，承包人应在谈判过程中依据施工规划，在最优工期的基础上，考虑各种可能的风险影响因素，争取确定一个承发包双方都能够接受的工期，以保证施工的顺利进行。

(2) 开工

主要审查开工日期是已经在合同中约定还是以工程师在规定时间发出开工通知为准，从签约到开工的准备时间是否合理，发包人提交的现场条件的内容和时间能否满足施工需要，施工进度计划提交及审批的期限，发包人延误开工、承包人延误进点各应承担的责任等。

(3) 竣工

主要审查竣工验收应当具备什么条件，验收的程序和内容；对单项工程较多的工程，能否分批分栋验收交付，已竣工交付部分，其维修期是否从出具该部分工程竣工证书之日算起；工程延期竣工罚款是否有最高限额；对于工程变更、不可抗力及其他发包人原因而导致承包人不能按期竣工的，承包人是否可延长竣工时间等。

4. 工程质量

主要审查工程质量标准的约定能否体现优质优价的原则；材料设备的标准及验收规定；工程师的质量检查权力及限制；工程验收程序及期限规定；工程质量瑕疵责任的承担方式；工程保修期期限及保修责任等。

5. 工程款及支付问题

工程造价条款是工程施工合同的关键条款，但通常会发生约定不明或设而不定的情况，往往为日后争议和纠纷的发生埋下隐患。实际情况表明，业主与承包商之间发生的争议、仲裁和诉讼等，大多集中在付款上，承包工程的风险或利润，最终也都要在付款中表现出来。因此，无论发包人还是承包人都必须花费相当多的精力来研究与付款有关的各种问题。

(1) 合同价格

包括合同的计价方式，如采用固定价格方式，则应检查在合同中是否约定合同价款风险范围及风险费用的计算方法，价格风险承担方式是否合理；如采用单价方式，则应检查在合同中是否约定单价随工程量的增减而调整的变更限额百分比（如15%、20%或25%）；如采用成本加酬金方式，则应检查合同中成本构成和酬金的计算方式是否合理，还应分析工程变更对合同价格的影响。

同时，还应检查合同中是否约定工程最终结算的程序、方式和期限。对单项工程较多的工程，是否约定按各单项工程竣工日期分批结算；对“三边”工程，能否设定分阶段决算程序。当合同当事人对工程最终结算价格有异议时应当如何处理等。

(2) 工程款支付

工程款支付主要包括以下内容：

1) 预付款。由于施工初期承包人的投入较大，因此如在合同中约定预付款以支付承包人初期准备费用是公平合理的。对承包人来说，争取预付款既可以使自己减少垫付的周转资金及利息，也可以表明业主的支付信用，减少部分风险。因此，承包人应当力争取得预付款，甚至可适当降低合同价款以换取部分预付款，同时还要分析预付款的比例、支付时间及扣还方式等。在没有预付款时，通过合同，分析能否要求发包人根据工程初期准备工作的完成情况给付一定的初期付款。

2) 付款方式，对于采用按月支付工程款的，主要审查工程计量及工程款的支付程序，以及检查合同中是否有中期支付的支付期限及延期支付的责任。对于采用按工程形象进度付款的，应重点分析各付款阶段付款额对工程资金现金流的影响，以合理确定各阶段的付款比例。

3) 支付保证。支付保证包括承包人预付款保证和发包人工程款支付保证。对预付款保证，应重点审查保证的方式及预付款保证的保值是否随被扣还的预付款金额而相应递减。业主支付能力直接影响到承包商资金风险是否会发生及风险发生后影响程度的大小，承包商事先必须详细调查业主的资信状况，并尽可能要求业主提供银行出具的资金到位的证明或资金支付担保。

4) 保留金。主要检查合同中规定的保留金限额是否合理，保留金的退还时间，分析能否以维修保函代替扣留的保留金。对于分批交工的工程，是否可分批退还保留金。

6. 违约责任

违约责任条款订立的目的在于促使合同双方严格履行合同义务，防止违约行为的发生。发包人拖欠工程款、承包人不能保证工程质量或不按期竣工，均会给对方以及第三人带来不可估量的损失。因此违约责任条款的约定必须具体、完整。在审查违约责任条款时，要注意：

1) 对双方违约行为的约定是否明确，违约责任的约定是否全面。在工程施工合同中，双方的义务繁多，因此一些违反非合同主要义务的责任承担往往容易被忽视。而违反这些义务极可能影响到整个合同的履行，所以应当注意必须在合同中明确违约行为，否则很难追究对方的违约责任。

2) 违约责任的承担是否公平。针对自己关键性权利，即对方的主要义务，应向对方规定违约责任，如对承包人必须按期完工、发包人必须按规定付款等，都要详细规定各自的履行义务和违约责任。在对自己确定违约责任时，一定要同时规定对方的某些行为是自己履约的先决条件，否则自己不应当承担违约责任。

3）对违约责任的约定不应笼统化，而应区分情况作相应约定。有的合同不论违约的具体情况，笼而统之约定一笔违约金，这很难与因违约而造成的实际损失相匹配，从而导致出现违约金过高或过低等不合理现象。因此，应当根据不同的违约行为，如工程质量不符合约定、工期延误等分别约定违约责任。同时，对同一种违约行为，应视违约程度，承担不同的违约责任。

4）虽然规定了违约责任，在合同中还要强调，对双方当事人发生争执而又解决不了的违约行为及由此而造成的损失可用协商调解和仲裁（或诉讼）办法来解决，以作为督促双方履行各自的义务和承担违约责任的一种保证措施。

此外，在合同审查时，还必须注意合同中关于保险、担保、工程保修、变更、索赔、争议的解决及合同的解除等条款的约定是否完备、公平合理。

9.3.3 合同审查表

1. 合同审查表的作用

合同审查后，对上述分析研究结果可以用合同审查表进行归纳整理。用合同审查表可以系统地针对合同文本中存在的问题提出相应的对策。合同审查表的主要作用有：

(1) 由于合同条文难懂，连贯性差，通过合同审查表将合同归纳整理，并进行结构分解，使之更易于理解，并使合同当事人及合同谈判者对合同有一个全面的了解；

(2) 检查合同内容的完备性，与标准的合同结构对照，即可发现该合同缺少哪些必需条款；

(3) 分析评价每一合同条款执行的法律后果及给合同双方带来的问题和风险，为合同谈判和签订提供决策依据；

(4) 通过审查还可以发现：①合同条款之间的矛盾，即不同条款对同一问题的规定或要求不一致；②不公平条款，如过于苛刻、责权利不平衡、单方面约束性条款；③隐含着较大风险的条款；④内容含糊，概念不清，或未能完全理解的条款。

对于一些重大工程或合同关系与合同文本很复杂的工程，合同审查的结果应经律师或合同法律专家核对评价，或在其指导下进行审查，以减少合同风险，减少合同谈判和签订中的失误。

2. 合同审查表的格式

要达到合同审查的目的，合同审查表应具备以下功能：

(1) 完整的审查项目和审查内容，通过审查表可以直接检查合同条款的完整性；

(2) 被审查合同在对应审查项目上的具体条款和内容；

(3) 对合同内容的分析评价，即合同中有什么样的问题和风险；

(4) 针对分析出来的问题提出建议或对策。

某承包人的合同审查表见表 9-1。

合同审查表 表9-1

审查项目编号	审查项目	条款号	条款内容	条款说明	建议与对策
J02020	工程范围	3.1	工程范围包括BQ单中所列出的工程，及承包商可合理推知需要提供的为本工程服务所需要的一切辅助工程	工程范围不清楚，业主可以随意扩大工程范围，增加新项目	(1)限定工程范围仅为BQ单中所列出的工程；(2)增加对新增工程可重新约定价格条款
S06021	责任和义务	6.1	承包商严格遵守工程师对本工程的各项指令并使工程师满意	工程师权限过大，使工程师满意，对承包商产生极大约束	工程师指令及满意仅限于技术规范及合同条件范围内，并增加反约束条款
S080812	维修期	54	自甲方初步验收之日起，维修保质期为12(年)。在此期间发现缺点和不足，则乙方应在收到甲方通知之日一周内进行维修，费用由乙方承担	这里未定义"缺点"和"不足"的责任，即由谁引起的	在"缺点和不足"前加上"由于乙方施工和材料质量原因引起的"
S08082	支付保证	无	无	这一条极为重要，必须补上	要求业主提供银行出具的资金到位证明或资金支付担保
……	……	……	……	……	……

3. 合同审查表的主要内容

(1) 审查项目。审查项目的建立和合同结构标准化是审查的关键。在实际工程中，某一类合同，其条款内容、性质和说明的对象往往基本相同，此时，即可将这类合同的合同结构固定下来，作为该类合同的标准结构。合同审查可以将合同标准结构中的项目和子项目作为对象，即具体的审查项目。

(2) 编码。这是为了计算机数据处理的需要而设计的，以方便调用、对比、查询和储存。编码应能反映所审查项目的类别、项目、子项目等项目特征，对复杂的合同还可以细分。为便于操作，合同结构编码系统要统一。

(3) 合同条款号。审查表中的条款号必须与被审查合同条款号相对应。

(4) 内容。被审查合同相应条款的内容是合同风险分析研究的对象。在表上可从被审查合同中直接摘录该被审查合同条款到合同审查表中来。

(5) 问题和风险分析。这是对该合同条款存在的问题和风险进行分析研究。主要是具体客观地评价该条款执行的法律后果及将给合同当事人带来的风险。这是合同审查中的核心问题，分析结果是否正确、完备将直接影响到以后的合同谈判、签订乃至合同履行时合同当事人的地位和利益。因此，合同当事人对此必须给予高度重视。目前，合同问题和风险分析主要依赖合同管理者的知识、经验和能力，合同管理者应注重经验积累，合同结束后应作合同后评价，对照合同条款与合同执行情况，分析实施的利弊得失。

(6) 建议与对策。针对审查分析得出的合同中存在问题和风险，应采取的相应措施，并将合同审查表交给合同当事人和合同谈判者。

合同审查后，将合同审查结果以最简洁的形式表达出来，交给合同主谈判者。合同主谈人在谈判中可以针对审查出来的问题和风险与对方谈判，同时在谈判中落实审查表中的建议或对策，这样可以做到有的放矢。

本 章 小 结

本章首先介绍了合同谈判的目的、合同谈判的准备工作以及几种常见的谈判策略和技巧；分析了传统采购模式、CM模式、DB模式下合同谈判的主要内容；介绍了订立工程合同应遵守的基本原则、订立工程合同的形式及程序；最后介绍了工程合同效力的审查与分析，主要包括合同当事人资格审查、工程项目合法性审查、合同订立过程的审查与合同内容合法性审查、合同文件和条款的完备性审查、合同内容的审查与分析，以及合同审查表的作用。

复习思考题

1. 简述合同谈判的准备工作。
2. 简述传统模式下合同谈判的主要内容。
3. 简述CM模式下合同谈判的主要内容。
4. 设计十施工总承包模式下合同谈判的重要内容有哪些？
5. 简述工程合同订立的程序。
6. 简述合同效力的审查与分析的主要内容。
7. 简述工程合同重点审查的内容。

第10章 项目目标控制与合同管理

在市场经济体制下，工程合同是组织工程建设任务的主要手段之一，它不仅涉及到参与项目建设各方的责任、权利和义务关系问题，而且也关系到项目投资、进度、质量和SHE(安全/健康/环境)目标的控制问题。因此应对工程合同管理予以高度重视，通过建立科学的合同管理体系，保证工程建设顺利进行，最终实现项目的总目标。

10.1 项目目标控制

10.1.1 控制概述

1. 控制流程

控制过程基本上可分为4个步骤：建立控制标准、根据预定的标准检查或衡量实际业绩、鉴别分析偏差、采取纠正措施。建设工程目标控制的流程如图10-1所示。

由于建设工程的建设周期长，在工程实施过程中所受到的风险因素很多，因而实际状况偏离目标和计划的情况是经常发生的，往往出现投资增加、工期拖延、工程质量和功能未达到预定要求等问题。这就需要在工程实施过程中，通过对目标、过程和活动的跟踪，全面、及时、准确地掌握有关信息，将工程实际状况与目标和计划进行比较。如果偏离了目标和计划，就需要采取纠正措施，或改变投入，或修改计划，使工程能在新的计划状态下进行。而任何控制措施都不可能一劳永逸，原有的矛盾和问题解决了，还会出现新的矛盾和问题，需要不断地进行控制，这就是动态控制原理。上述控制流程是一个不断循环的过程，直至工程建成交付使用，因而建设工程的目标控制是一个有限循环过程。

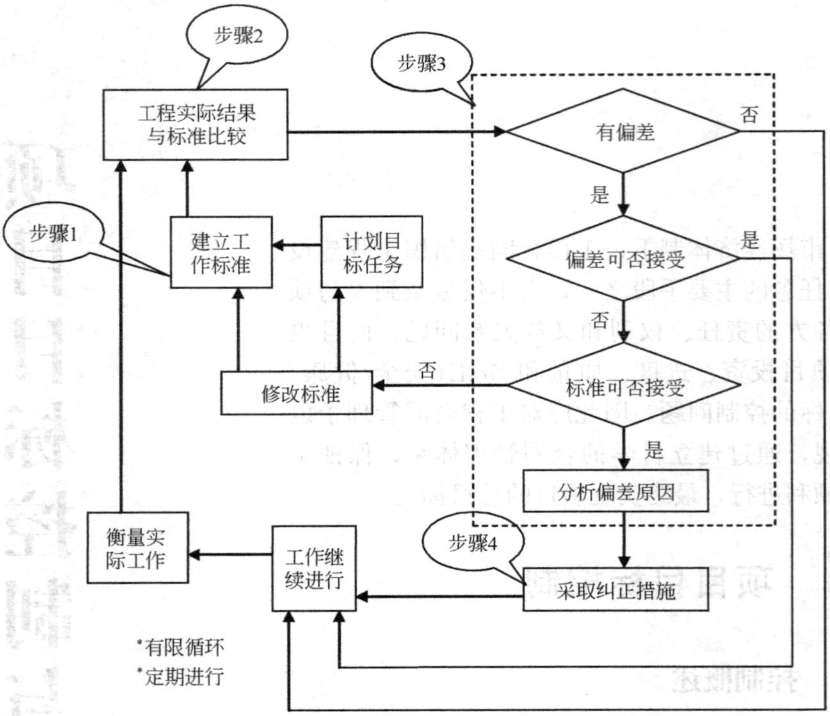

图 10-1　控制的工作流程

对于建设工程目标控制系统来说，由于收集实际数据、偏差分析、制定纠偏措施都主要是由目标控制人员来完成，都需要时间，这些工作不可能同时进行并在瞬间内完成，因而其控制实际上表现为周期性的循环过程。一般情况下，控制周期按周或月计，而严重的工程质量问题和事故，则需要及时加以控制。

此外，通常在一个完整的计划中会有若干个关键点，为了进行有效的控制，也就是以最低的费用或其他代价来探查和阐明实际偏离或可能偏离计划的偏差及其原因，需要特别注意那些有关键意义的控制点，把处于关键控制点的工作预期成果作为控制标准。这样，控制人员就不必了解计划实际执行中的每一个步骤和细节，只将注意力集中于计划执行中的一些主要影响因素上，就能知道实际工作的进展情况。事实上，控制住了关键点，也就控制住了全局。在实际工作中，要根据工程系统所要达到的目标来确定关键点。

2. 控制类型

根据划分依据的不同，可将控制分为不同的类型。例如，按照控制措施作用于控制对象的时间，可分为事前控制、事中控制和事后控制；按照控制信息的来源，可分为前馈控制和反馈控制；按照控制过程是否形成闭合回路，可分为开环控制和闭环控制；按照控制措施制定的出发点，可分为主动控制和被动控制。控制类型的划分是人为的(主观的)，是根据不同的分析目的而选择的，而控制措施本身是客观的。因此同一控制措施可以表述为不同的控制类型，或者说，不同划分依据的不同控制类型之间存在内在的同一性。这里，把控制主要划分为主动控制和被动控制两大类。

(1) 主动控制

所谓主动控制，是在预先分析各种风险因素及其导致目标偏离的可能性和程度的基础上，拟订和采取有针对性的预防措施，从而减少乃至避免目标偏离。因此，主动控制是一种面对未来的控制，它可以解决传统控制过程中存在的时滞影响，尽最大可能避免偏差已经成为现实的被动局面，降低偏差发生的概率及其严重程度，从而使目标得到有效控制。主动控制通常是一种开环控制(见图 10-3)。

工程主动控制主要是根据已建同类工程实施情况的综合分析结果，结合拟建工程的具体情况和特点，将教训上升为经验，用以指导拟建工程的实施，起到避免重蹈覆辙的作用。它必须在计划实施之前就采取控制措施，以降低目标偏离的可能性或其后果的严重程度，起到防患于未然的作用。主动控制措施一般如下：

1）详细调查并分析外部环境条件，以确定那些影响目标实现和计划运行的各种有利和不利因素，并将它们考虑到计划和其他管理职能当中。

2）识别风险，努力将各种影响目标实现和计划执行的潜在因素揭示出来，为风险分析和管理提供依据，并在计划实施过程中做好风险管理工作。

3）用科学的方法制定计划，做好计划可行性分析，消除那些造成资源不可行、技术不可行、经济不可行和财务不可行的各种错误和缺陷，保障工程的实施能够有足够的时间、空间、人力、物力和财力，并在此基础上力求计划优化。

4）高质量地做好组织工作，使组织与目标和计划高度一致，把目标控制的任务与管理职能落实到适当的机构和人员，做到职权与职责明确，使全体成员能够通力协作，为共同实现目标而努力。

5）制定必要的应急备用方案，以对付可能出现的影响目标或计划实现的情况。一旦发生这些情况，则有应急措施作保障，从而减少偏离量，或避免发生偏离。

6）计划应留有余地，这样可避免那些经常发生、又不可避免的干扰对计划的不断影响，减少“例外”情况产生的数量，使管理人员处于主动地位。

7）沟通信息流通渠道，加强信息收集、整理和研究工作，为预测工程未来发展提供全面、及时、可靠的信息。

(2) 被动控制

所谓被动控制，是从计划的实际输出中发现偏差，通过对产生偏差原因的分析，研究制定纠偏措施，以使偏差得以纠正，工程实施恢复到原来的计划状态，或虽然不能恢复到计划状态但可以减少偏差的严重程度。因此，被动控制是一种面对现实的控制。虽然目标偏离已成为客观事实，但是，通过被动控制措施，仍然可能使工程实施恢复到计划状态，至少可以减少偏差的严重程度。被动控制是一种闭环控制(见图 10-2)。

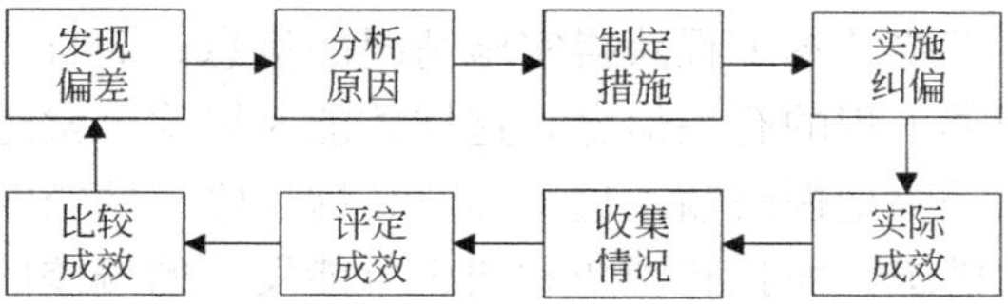

图 10-2 被动控制的闭合回路

工程被动控制是在计划实施过程中对已经出现的偏差采取控制措施，它是根据本工程实施情况（即反馈信息）的综合分析结果进行的控制，其控制效果在很大程度上取决于反馈信息的全面性、及时性和可靠性。

不可否认，被动控制仍然是一种有效的控制，也是十分重要而且经常运用的控制方式。因此，对被动控制应当予以足够的重视，并努力提高其控制效果。被动控制的措施如下：

1）应用现代化方法、手段、一起跟踪、测试、检查项目实施过程的数据，发现异常情况及时采取措施。

2）建立项目实施过程中人员控制系统，明确控制责任，检查偏差情况及时处理。

3）建立有效的信息反馈系统，及时将偏离计划目标值进行反馈，以使其及时采取措施。

(3) 主动控制与被动控制结合

由以上分析可知，在建设工程实施过程中，如果仅仅采取被动控制措施，出现偏差是不可避免的，而且偏差可能有累积效应，即虽然采取了纠偏措施，但偏差可能越来越大，从而难以实现预定的目标。另一方面，主动控制的效果虽然比被动控制好，但是，仅仅采取主动控制措施却是不现实的，或者说是不可能的。因为建设工程实施过程中有相当多的风险因素是不可预见甚至是无法防范的，如政治、社会、自然等因素。而且，采取主动控制措施往往要付出一定的代价，即耗费一定的资金和时间，对于那些发生概率小且发生后损失亦较小的风险因素，采取主动控制措施有时可能是不经济的。这表明，是否采取主动控制措施以及究竟采取什么主动控制措施，应在对风险因素进行定量分析的基础上，通过技术经济分析和比较来决定。在某些情况下，被动控制倒可能是较佳的选择。因此，对于建设工程目标控制来说，主动控制和被动控制两者缺一不可，都是实现建设工程目标所必须采取的控制方式，应将主动控制与被动控制紧密结合起来，如图 10-3 所示。

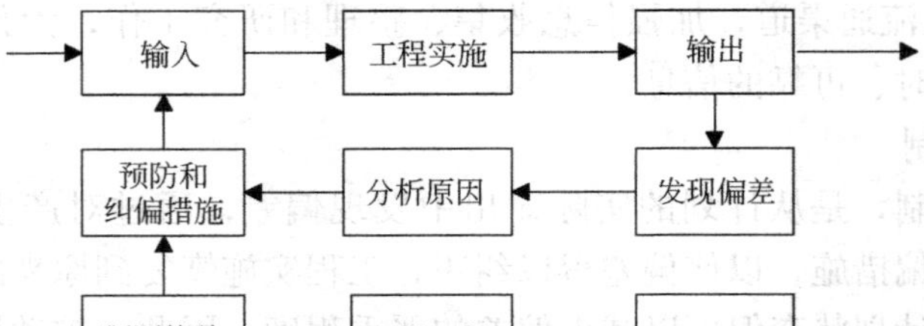

图 10-3　主动控制与被动控制相结合

要做到主动控制与被动控制相结合，关键在于处理好以下两方面问题：一是要扩大信息来源，即不仅要从本工程获得实施情况的信息，而且要从外部环境获得有关信息，包括已建同类工程的有关信息，这样才能对风险因素进行定量分析，使纠偏措施有针对性；二是要把握好输入这个环节，即要输入两类纠偏措施，不仅有纠正已经发生的偏差的措施，而且有预防和纠正可能发生的偏差的措施，这样才能取得较好的控制效果。

10.1.2 项目目标控制系统

1. 项目目标

建设工程项目的目标就是实施一个工程项目所要达到的预期结果。从广义的目标内涵来看，工程项目的目标已经由传统的质量、工期、成本三大目标，演化为社会责任、“人本”价值和与环境协调三大新目标，也就是说，建设工程目标已经从现实思维提高到哲学思维，如图10-4所示。但本文所探讨的建设工程目标主要是与合同相关的传统的进度、质量和投资三大目标和SHE(安全/健康/环境)目标。

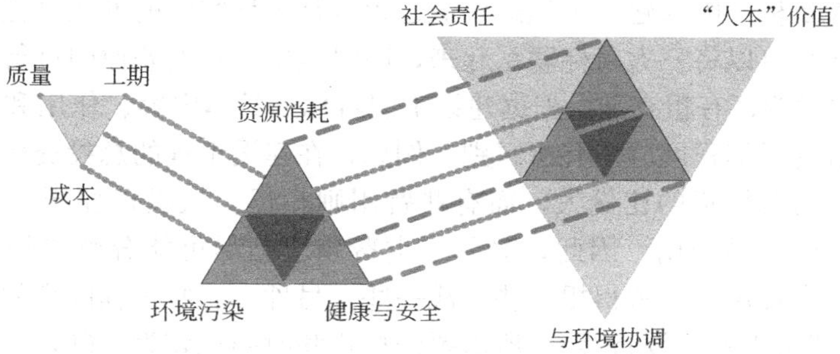

图10-4 项目目标由传统目标向可持续目标的演进

(1) 项目目标应满足的条件

建设工程项目的目标必须明确、可行、具体和可以度量，并须在投资方与业主、承包商之间达成一致。通常不允许在工程项目实施中仍存在目标的不确定性和对目标做过多、过大的修改。一般来讲，建设工程目标应满足以下条件：

1）目标应是具体的，具有可评估性和可量化性，不应含混模糊；

2）目标应与上级组织目标一致；

3）在可能的情况下，应以可交付成果的形式对目标进行说明，如评估报告、设计图纸等；

4）目标是可理解的，即必须让其他人知道要努力达到什么；

5）目标是现实的，通过努力是可以达到的；

6）目标应具有时间性，如果目标没有时间限制，可能永远无法达到；

7）目标是可达到的，但需要努力和承担一定的风险；

8）目标的可授权性，即每个目标都可授权给具体的人来负责。

(2) 项目目标的特点

1）多目标性。工程项目目标可以表现为：时间、费用、质量、安全、环境等。

2）优先性。工程项目的多目标性以及各目标之间在资源利用等方面的相互冲突，使工程项目组织在建立工程项目目标系统、协调各目标间的关系时，应根据需要对某些目标优先考虑。

3）层次性。工程项目目标系统可通过分解表现为一个有层次的体系。上层目标是下层目标的目的，下层目标是实现上层目标的手段，层次越低，目标越具体和易于操作。

2. 项目目标的分解

为了在建设工程实施过程中有效地进行目标控制，仅有总目标还不够，还必须将总目标进行适当的分解，从而建立起细化的工作标准，这也是控制工作的首要步骤。建设工程目标分解应遵循以下几个原则：

(1) 能分能合。这要求建设工程的总目标能够自上而下逐层分解，也能够根据需要自下而上逐层综合。这一原则实际上是要求目标分解要有明确的依据并采用适当的方式，避免目标分解的随意性。

(2) 按工程部位分解，而不按工种分解。这主要针对建设工程实体的投资、进度、质量三大目标。因为建设工程的建造过程也是工程实体的形成过程，这样分解比较直观，而且可以将三大目标联系起来，同时也便于对偏差原因进行分析。

(3) 区别对待，有粗有细。根据建设工程目标的具体内容、作用和所具备的数据，目标分解的粗细程度应当有所区别。例如，在建设工程的总投资构成中，有些费用数额大，占总投资的比例大，而有些费用则相反。从投资控制工作的要求来看，重点在于前一类费用。因此，对前一类费用应当尽可能分解得细一些、深一些；而对后一类费用则分解得粗一些、浅一些。另外，有些工程内容的组成非常明确、具体(如建筑工程、设备等)，所需要的投资和时间也较为明确，可以分解得很细；而有些工程内容则比较笼统，难以详细分解。因此，对不同工程内容目标分解的层次或深度，不必强求一律，要根据目标控制的实际需要和可能来确定。

(4) 有可靠的数据来源。目标分解本身不是目的而是手段，是为目标控制服务的。目标分解的结果是形成不同层次的分目标，这些分目标就成为各级目标控制组织机构和人员进行目标控制的依据。如果数据来源不可靠，分目标就不可靠，就不能作为目标控制的依据。因此，目标分解所达到的深度应当以能够取得可靠的数据为原则，并非越深越好。

(5) 目标分解结构与组织分解结构相对应。如前所述，目标控制必须要有组织加以保障，要落实到具体的机构和人员，因而就存在一定的目标控制组织分解结构。只有使目标分解结构与组织分解结构相对应，才能进行有效的目标控制。当然，一般而言，目标分解结构较细、层次较多，而组织分解结构较粗、层次较少，目标分解结构在较粗的层次上应当与组织分解结构一致。

建设工程的总目标可以按照不同的方式进行分解。其中按工程内容分解是建设工程目标分解最基本的方式，适用于投资、进度、质量三个目标的分解。但是，三个目标分解的深度不一定完全一致。一般来说，将投资、进度、质量三个目标分解到单项工程和单位工程是比较容易办到的，其结果也是比较合理和可靠的。在施工图设计完成之前，目标分解至少都应当达到这个层次。至于是否分解到分部工程和分项工程，一方面取决于工程进度所处的阶段、资料的详细程度、设计所达到的深度等，另一方面还取决于目标控制工作的需要。SHE(安全/健康/环境)目标主要是落实责任人。

3. 项目目标的系统管理

工程项目的目标系统是一个层次结构，首先将工程项目的总目标分解成子目标，子目标再分解成可执行的第三级目标，如此一直分解下去，形成层次性的目标系统。目标系统至少由系统目标、子目标和可执行目标三个层次构成。

(1) 系统目标，即整个工程项目的总目标。系统目标通常可按质量目标、投资目标、进度目标和SHE(安全/健康/环境)目标加以划分。

(2) 子目标，由系统目标分解得到。它仅适用于工程项目的某一方面，相当于目标系统中的子系统目标。

(3) 可执行目标，该级目标应具有可操作性，也称作操作目标，用于确定工程项目的详细构成。

建设工程目标的系统管理就是把整个项目的工作任务和目标作为一个完整的系统加以管理。一是首先设立工程项目总目标，采用工作分解结构(Work Breakdown Structure，WBS)方法将总目标层层分解成若干个子目标和可执行目标，并将它们落实到工程项目建设周期的各个阶段和各个责任人，并建立由上而下，由整体到局部的目标控制系统；二是做好整个系统中各目标(如进度目标、费用目标、质量目标、SHE目标)的协调平衡和各分项目标的协调，使整个系统步调一致，有序进行，从而保证总目标的实现。

10.1.3 项目目标控制的措施

为了取得目标控制的理想成果，应当从多方面采取措施实施控制，通常可以将这些措施归纳为组织措施、技术措施、经济措施、合同措施等四个方面。这四方面措施在建设工程实施的各个阶段的具体运用不完全相同。

组织措施是从目标控制的组织管理方面采取的措施，如落实目标控制的组织机构和人员，明确各级目标控制人员的任务和职能分工、权力和责任，改善目标控制的工作流程等。组织措施是其他各类措施的前提和保障，而且一般不需要增加什么费用，运用得当可以收到良好的效果。尤其是对由于业主原因所导致的目标偏差，这类措施可能成为首选措施，故应予以足够的重视。

技术措施不仅对解决建设工程实施过程中的技术问题是不可缺少的，而且对纠正目标偏差亦有相当重要的作用。任何一个技术方案都有基本确定的经济效果，不同的技术方案就有着不同的经济效果。因此，运用技术措施纠偏的关键，一是要能提出多个不同的技术方案，二是要对不同的技术方案进行技术经济分析。在实践中，要避免仅从技术角度选定技术方案而忽视对其经济效果的分析论证。

经济措施是最易为人接受和采用的措施。需要注意的是，经济措施决不仅仅是审核工程量及相应的付款和结算报告，还需要从一些全局性、总体性的问题上加以考虑，往往可以取得事半功倍的效果。另外，不要仅仅局限在已发生的费用上。通过偏差原因分析和未完工程投资预测，可发现一些现有和潜在的问题将引起未完工程的投资增加，对这些问题应以主动控制为出发点，及时采取预防措施。由此可见，经济措施的运用决不仅仅是财务人员的事情。

由于投资控制、进度控制、质量控制和SHE控制均要以合同为依据，因此合同措施就显得尤为重要。对于合同措施要从广义上理解，除了拟订合同条款、参加合同谈判、处理合同执行过程中的问题、防止和处理索赔等措施之外，还要协助业主确定对目标控制有利的建设工程组织管理模式和合同结构，分析不同合同之间的相互联系和影响，对每一个合同的具体分析等。这些合同措施对目标控制更具有全局性的影响，其作用也就更大。

目前在工程建设领域出现了“项目总控”（Project Controlling）的概念，它是指以独立和公正的方式，对工程项目实施活动进行综合协调，围绕工程项目目标的费用、进度和质量进行综合系统规划，以使工程项目的实施形成一种可靠安全的目标控制机制。工程项目总控包括费用控制（Cost Controlling）、进度控制（Time Controlling）、质量控制（Quality Controlling）、合同控制（Contract Controlling）和资源控制（Resource Controlling）。其中，合同控制是工程项目总控的核心，所有的控制任务可围绕合同控制展开，在此基础上提出控制报告。因此，加强合同管理是建设工程目标顺利实现的有效保障。

10.2 进度控制与合同管理

一个工程项目能否在预定的时间内交付使用，直接关系到投资效益的发挥，因此对工程项目进度进行有效的控制，使其顺利达到预定的目标，是业主、监理工程师和承包商在进行项目管理时的重要任务和在项目实施中的一项必不可少的重要环节。

10.2.1 进度控制概述

1. 项目进度控制的目标

建设工程进度控制的目标可以表达为：通过有效的进度控制工作和具体的进度控制措施，在满足投资、质量和 SHE 要求的前提下，力求使工程实际工期不超过计划工期，即合同工期。施工合同中关于合同工期的规定，是基于业主整个项目的总体进度目标而确定的，在合同协议书内应明确注明工程的开工日期、竣工日期和合同工期总日历天数，它们是进行进度控制的基准。在一般情况下，合同中有关时间期限的定义如图 10-5 所示。

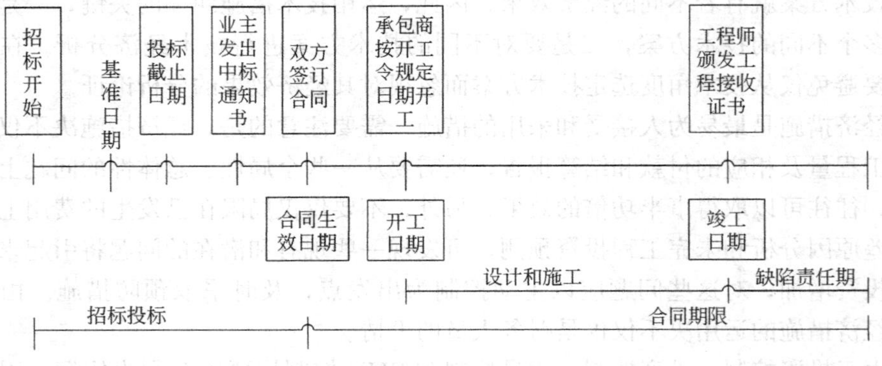

图 10-5　合同中关于工期定义

现有合同一般只明确了开工日期和竣工日期，对中间环节不加以规定或规定得很笼统，没有过程控制条款，难以保证最终目标的实现。在合同履行过程中产生争议时，双方往往在合同条款中寻找对自己有利的漏洞和不严密之处，任意解释，相互推卸责任，致使合同失去了作为最终目标控制的依据作用。因此，只有合同订立得相对严谨、周密和具体，计划工期才具有可预见性和可控制性，也才具备可操作性。

2. 项目进度控制的程序

为保证整个项目总进度目标的实现，工程师必须严格按合同工期目标进行控制，及时掌握每个合同的实际进度状态，按合同中有关进度的条款对实际进度情况进行监督检查和跟踪控制。合同进度目标控制工作程序如图 10-6 所示。

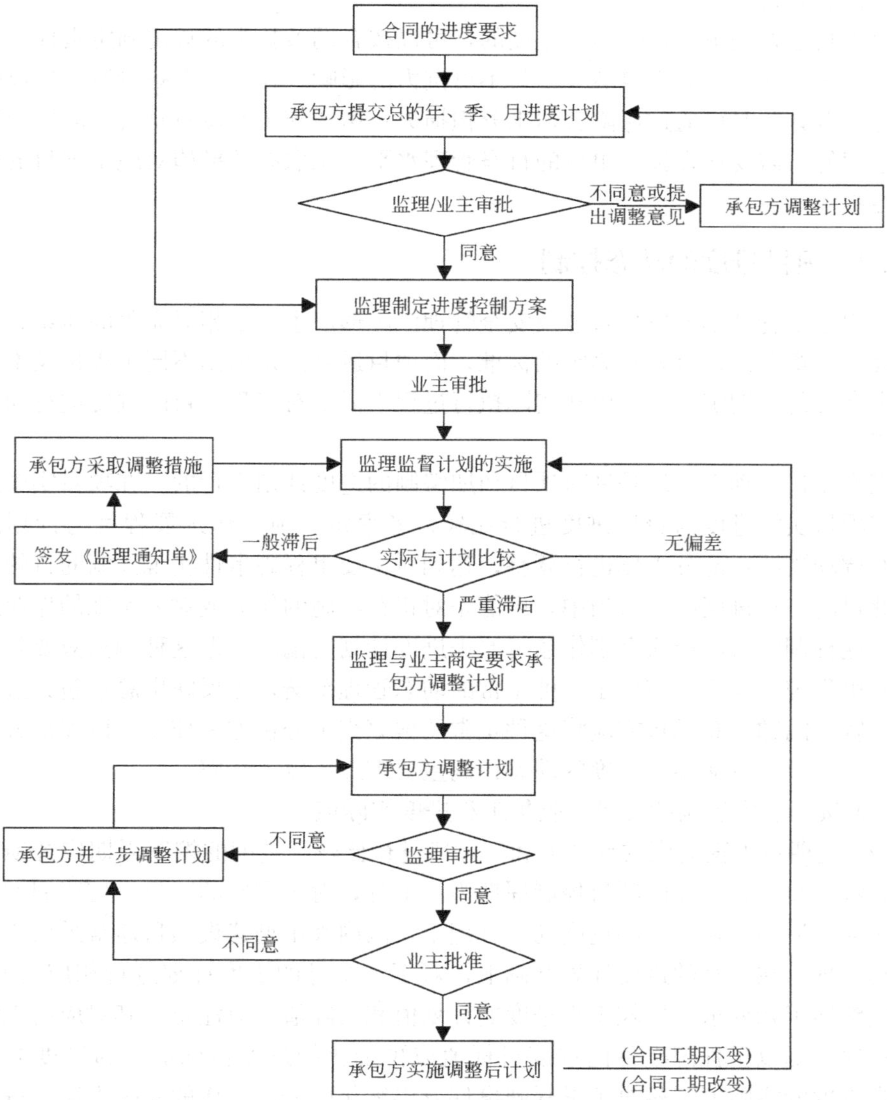

图 10-6 合同进度目标控制工作程序

3. 进度控制的影响因素

对项目进度的控制决定着能否按期完成合同规定的义务。通常，在施工过程中影响施工进度的因素主要有：

(1) 项目部内部因素。主要表现为：施工组织不合理、人力、机械设备调配不当，出现问题不及时解决；施工技术措施不当或发生质量事故造成返工；项目部管理水平低，管理混乱等。

(2) 相关单位因素。如业主未按要求及时提供设计图纸；业主提出变更，材料设备未能及时进场；业主未能按时拨付工程款等。

(3) 不可预见因素。比如出现不常见的恶劣天气状况，如暴雨、洪水以及出现地震等自然灾害。

由于其他相关单位影响施工进度的，可以按合同条款中的规定确定责任，通过索赔方式弥补损失；对于自然灾害与不可抗力的影响，在施工准备阶段作出风险防范措施，有必要时可通过保险公司来分担损失；由于施工单位自身管理问题而影响施工进度的，需要加强施工单位的自身管理水平，采取有效措施对施工项目的进度进行控制。

10.2.2 项目进度的动态控制

工程进度管理不象质量管理及安全管理已经形成了一个相对完善的体系，在管理过程中有章可循，有相对固定的标准，而项目进度只是依据不同工程量及不同地域给出参考的工期定额。所以在实际执行过程中需要对工程项目的进度进行动态化的管理。

工程项目的动态管理是针对项目初期编制的进度计划进行的，在项目实施过程中，将项目实际进度与目标进度进行比较，考察每一项工作进展程度与计划的偏差，并调动资源对部分工作进行调整，达到对主要里程碑事件实现控制的目的。为实现此目的，在进度的调整当中，可能是对正在实施的作业或对未实施的作业进行调整，这种调整可能造成个别作业与原来进度计划的偏离，但这种偏离只要是不影响控制里程碑的实现，应属于一种正常的动态管理范畴，也反映出总承包方进度控制的适宜性问题。总承包方应将这种正常的偏离交由分包方来控制，以保证分包方在资源调配上的灵活性。进度的动态控制主要需经历以下步骤：

(1) 按照进度控制的要求，收集工程进度实际值。

(2) 定期对工程进度的计划值和实际值进行比较。进度的控制周期应视项目的规模和特点而定，一般的项目控制周期为一个月，对于重要的项目，控制周期可定为一旬或一周等。在实际的进度动态管理中，国内大中型建设项目通常采用 3 个月的滚动计划，在当月的进度计划基础上，对下 2 个月的进度计划进行相应的调整，以适应整体工期要求。比较工程进度的计划值和实际值时应注意，其对应的工程内容应一致，如以里程碑事件的进度目标值或再细化的进度目标值作为进度的计划值，则进度的实际值是相对于里程碑事件或再细化的分项工作的实际进度。进度的计划值和实际值的比较应是定量的数据比较，比较的成果是进度跟踪和控制报告，如编制进度控制的旬、月、季、半年和年度报告等。

(3) 通过工程进度计划值和实际值的比较，如发现进度的偏差，则必须采取相应的纠偏措施。如：由于管理的原因而影响进度的问题，可采取相应的措施、调整进度管理的方法和手段、改变施工管理和强化合同管理、及时解决工程款支付和落实加快工程进度所需的资金、改进施工方法和改变施工机具等。

如有必要(即发现原定的工程进度目标不合理，或原定的工程进度目标无法实现等)，则调整工程进度目标。

10.2.3 关键控制点

施工进度控制就是不断按计划要求控制工程实施，同时也根据现场实际情况调整计划，保证项目以更合理的方式达到合同要求。工程师在进度控制中重点审查总进度计划是否与合同约定工期相一致，里程碑工期是否合理，施工组织措施能否保证计划的实现。施工合同进度控制的关键点，主要包括进度计划的审批、开工审查、实际施工进度的跟踪检查、控制和协调、工程延期审查等的监督检查工作。同时要严格控制合同变更，对各方提出的工期变更和设计变更，工程师应进行严格审查。

1. 进度计划的审批

进度计划对于项目有序实施起着重大作用。承包商根据合同及竣工日期的要求，结合工程进展情况分别编制总体进度计划、年度进度计划、关键工程进度计划以及阶段性进度计划。对进度计划的主要审核内容有：

(1) 项目总目标和所分解的子目标的内在联系是否合理。

(2) 施工进度中的内容是否全面，有无遗漏项目，是否能保证施工质量和安全的需要。

(3) 施工程序和作业顺序安排是否正确合理。

(4) 各类资源供应计划是否能保证施工进度计划的实现，供应是否均衡。

(5) 总分包之间和各专业之间，在施工时间和位置的安排上是否合理，有无干扰。

(6) 总分包之间的进度计划是否相协调，专业分工与计划的衔接是否明确、合理。

(7) 对实施进度计划的风险是否分析清楚，是否有相应的防范对策和应变预案。

(8) 各项保证进度计划的措施设计得是否周到、可行、有效。

2. 开工审核

开工审核的重点是：施工许可证已获政府主管部门批准；施工场地能满足工程进度的需要；施工组织设计已获得批准；承包商现场管理人员已到位，机具及施工人员已进场，主要工程材料已落实；进场道路及水、电、通讯等已满足开工要求等。

3. 实际进度的监督和检查

为保证合同进度目标的实现，工程师应对实际进度的执行情况进行监督和检查，当实际进度与计划进度基本相符(尤其是关键线路上)时，不应干预承包商对进度计划的执行。当实际进度与计划进度出现偏差时，视情况分为一般滞后和严重滞后，此时应根据整个项目的进展情况，确定是否需要调整或赶工，以保证整个项目的进度要求或与其他合同的协调，具体可见图10-6。至于工期和费用的责任问题，按照合同的规定执行。

4. 工程暂停及复工处理

工程师对工程暂停及复工处理的原则是：

（1）工程暂停令签发前，工程师应就工程暂停后引起的工期和费用问题提出处理建议；

（2）工程暂停令必须明确停工原因和范围，避免承包商提出不必要的工程索赔；

（3）工程暂停期间，工程师应记录现场发生的各类情况，便于日后处理合同争议；

（4）按合同规定的程序和时间，审核承包单位申报的复工审批表。

5. 工程延期处理

工程师对工程延期处理的原则是：

（1）工程延期申请的期限及资料提供应符合合同规定；

（2）延期影响事件具有连续性时，工程师应先批准临时延期，便于承包商调整进度计划，收到承包商正式延期申请报告后，再批准最终延期；

（3）延期评估应主要从以下方面进行评定：承包商提交的申请资料必须真实、齐全，满足评审需要；申请延期的合同依据必须准确；申请延期的理由必须正确与充分；申请延期天数的计算原则与方法应恰当。

工程延期的管理程序见图 10-7。

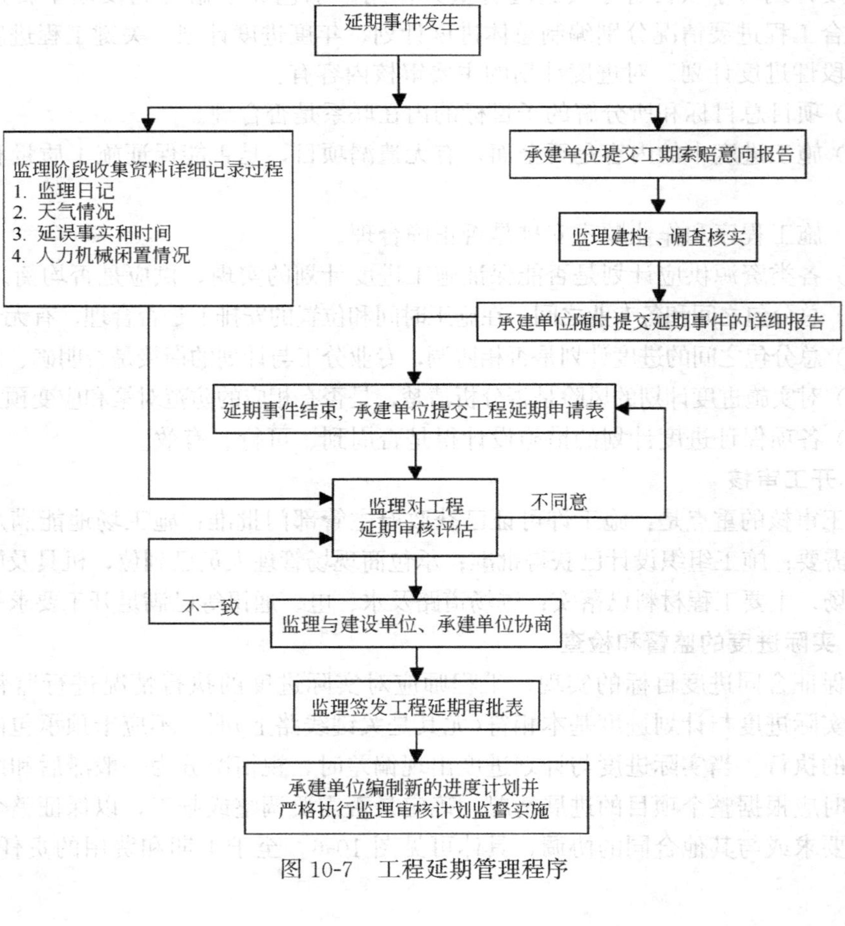

图 10-7　工程延期管理程序

此外，在进度控制中，要特别注意以下问题：

(1) 按关键路线图(Critical Path Method)进行施工安排，使工程进度符合施工计划进度；

(2) 及时解决出现的技术难题或不利的自然条件(Adverse Physical Conditions，简写为 APC)，采取对应的措施；

(3) 加强施工调度，协调各分项工程间的进度，使整个工程项目的施工进度紧密协调，防止个别部位的严重滞后使整个工程进度受影响；

(4) 注意物资供应工作，保证施工进度不受设备、材料供应不及时的影响。

10.2.4 不同采购模式下的进度控制

工程项目的建设过程一般包括项目建议、设计、采购、招标、施工和交付等。工程项目的总进度指从项目建议开始到项目结束这一全过程的时间。如果工程建设过程可以搭接重叠时，则进度就可以加快。但有时由于工程变更或其他原因，可能造成工程返工或重做，此时过多的搭接工作反而会降低建设进度。以下是不同项目采购模式下进度控制的比较。

1. DBB 项目采购模式

DBB 项目采购模式最突出的特点是强调工程项目的实施必须按照设计、招标、建造的顺序方式进行，只有一个阶段结束后另一个阶段才能开始，如图 10-8 所示。也就是说，项目要等到施工图纸全部出齐后再进行工程招标，开工日期较迟，项目周期势必较长。而且 DBB 采购模式的项目进度管理相对比较被动，主要体现在各分包方进行进度管理时各自编制进度计划，相互独立，不能形成进度计划体系，相互间缺少进度的协调。

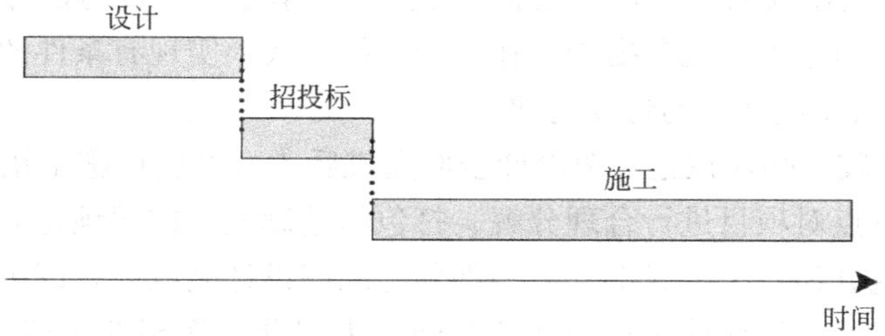

图 10-8 DBB 模式下项目开展顺序

2. D+B 项目采购模式

D+B 项目采购模式简化了传统模式中的某些程序，而且完成一部分设计后就可以开始施工，设计和施工的搭接可以使工程提前开工。同时，由于设计时就可以考虑选择节省施工工期的方案，由于招标次数的减少以及集成整合设计施工使得设计变更减少，因此在缩短项目总工期方面，D+B 模式存在着一定的优势。

3. EPC 项目采购模式

EPC 项目采购模式在缩短工程建设周期方面具有明显的优势。由于设计与施工由一个单位统筹安排，使两个阶段能够有机地融合，一般都能做到设计阶段与施工阶段相互搭接，在进度控制上能实现深度交叉。因此，对进度目标控制有利。

对大量成功 EPC 项目的研究表明，EPC 项目的进度曲线遵循一定的统计规律，表现为设计、采购、施工三阶段的进度曲线形状（图 10-9，该图中采购进度按已发定单金额测算）和各主要进度控制点（表 10-1）之间存在相对稳定的内在联系，该联系规定了 EPC 项目进度曲线的标准形状，成为指导 EPC 计划编制和进度控制的重要参照。

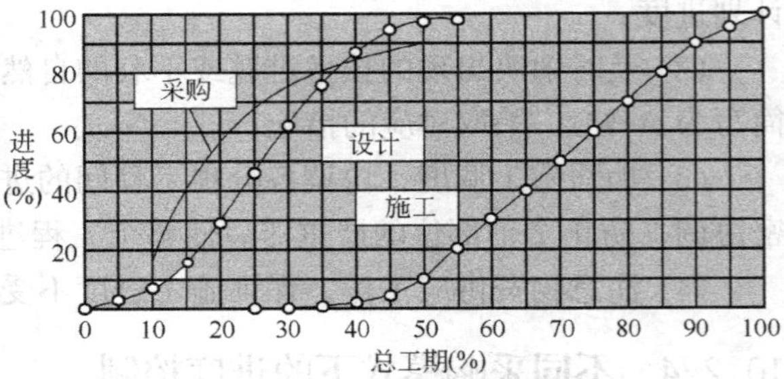

图 10-9　EPC 进度曲线

EPC 项目的主要进度控制点　　　　**表 10-1**

阶　段	控制点名称	时间点（总工期%）	备　注
采　购	采购订单金额完成 50% 设备到货开始 设备到货结束	23 50 80	
设　计	完成设计进度控制体系 完成设计的 80%	13 43	 施工可全面展开
施　工	施工开始 施工全面展开 施工人力高峰开始 施工人力高峰结束	25 43 66 82	 现场准备开始 罐安装管段预制开始

4. CM 项目采购模式

CM 项目采购模式的基本思想是业主委托一个单位来负责与设计协调，并管理施工，通过设计与施工的充分搭接，在生产组织方式上实现有条件的“边设计、边施工”，从而大大缩短项目的建设周期。

CM 模式打破了必须在施工图设计全部完成后才可以进行施工招标的常规，在根据工程施工特点对项目进行合理分解、打包的基础上，按照预先分解的标段将施工图设计有机地分为若干组成部分，一部分施工图设计完成后，即可以先进行该部分工程的施工招标，从而使工程的开工时间大大提前，实现缩短建设周期的目的。CM 项目采购模式的进度控制可参见图 10-10。

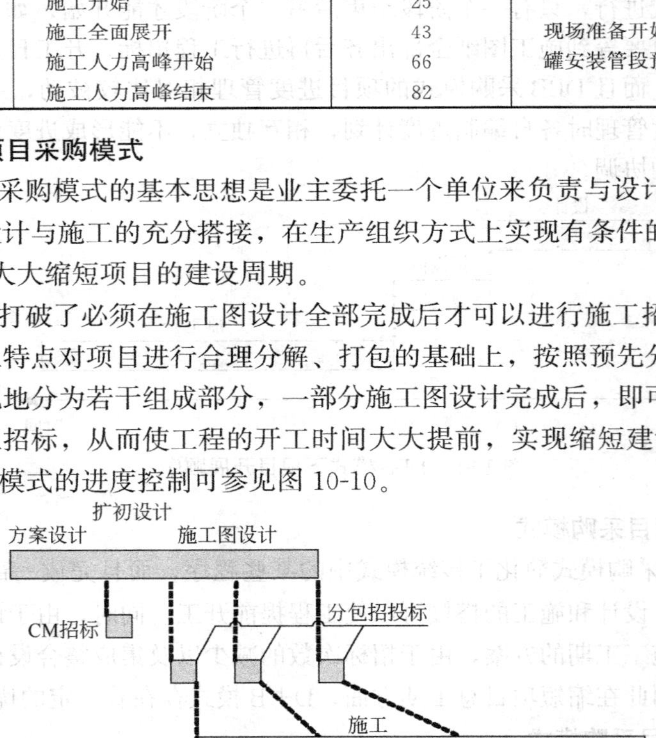

图 10-10　CM 模式下项目开展顺序

10.3 质量控制与合同管理

10.3.1 质量控制概述

1. 项目质量控制的目标

建设工程全寿命期的质量目标应当追求工作质量、工程质量、最终项目功能、产品或服务质量的统一性，还要着眼于工程技术系统的整体功能、技术标准、安全性等。主要包括：

(1) 设计质量。包括设计标准；系统的均衡性和协调性、设计工作质量；技术标准；可施工性等。

(2) 工程施工质量。包括材料质量；设备质量；施工质量体系；各分部工程质量；工程总体质量。

(3) 运营质量。包括工程的使用功能；产品或服务质量；运营和服务的可靠性；运营的安全性、可维修性。

建设工程质量控制的目标，就是通过有效的质量控制工作和具体的质量控制措施，在满足投资和进度要求的前提下，实现工程预定的质量目标。预定的质量目标即合同约定的质量标准，质量标准的评定以国家或行业的质量检验评定标准为依据。

工程项目质量是国家现行的有关法律、法规、技术标准、设计文件及工程合同中对工程的安全、使用、经济、美观等特性的综合要求。建设工程的质量目标有以下两方面的含义：

(1) 建设工程的质量首先必须符合国家现行的关于工程质量的法律、法规、技术标准和规范等的有关规定，尤其是强制性标准的规定。这实际上也就明确了对设计、施工质量的基本要求。从这个角度讲，同类建设工程的质量目标具有共性，不因其业主、建造地点以及其他建设条件的不同而不同。

(2) 工程项目一般都是按照合同条件承包建设的，因此工程项目质量是在“合同环境”下形成的。合同条件中对工程项目的功能、使用价值及设计、施工质量等的明确规定都是业主的“需要”，因而都是质量的内容，其范围更广、内容更具体。任何建设工程都有其特定的功能和使用价值。由于建设工程都是根据业主的要求而兴建，不同的业主有不同的功能和使用价值要求，即使是同类建设工程，具体的要求也不同。因此，建设工程的功能与使用价值的质量目标是相对于业主的需要而言，并无固定和统一的标准。从这个角度讲，建设工程的质量目标都具有个性。

因此，建设工程质量控制的目标就要实现以上两方面的工程质量目标。由于工程共性质量目标一般都有严格明确的规定，因而质量控制工作的对象和内容都比较明确，也可以比较准确、客观地评价质量控制的效果。而工程个性质量目标具有一定的主观性，有时没有明确、统一的标准，因而质量控制工作的对象和内容较难把握，对质量控制效果的评价与评价方法和标准密切相关。因此，在建设工程的质量控制工作中，要注意对工程个性质量目标的控制，最好能预先明确控制效果定量评价的方法和标准。

另外，对于合同约定的质量目标，必须保证其不得低于国家强制性质量标准的要求。

2. 项目质量控制的程序

工程质量目标控制的工作程序如图 10-11 所示。

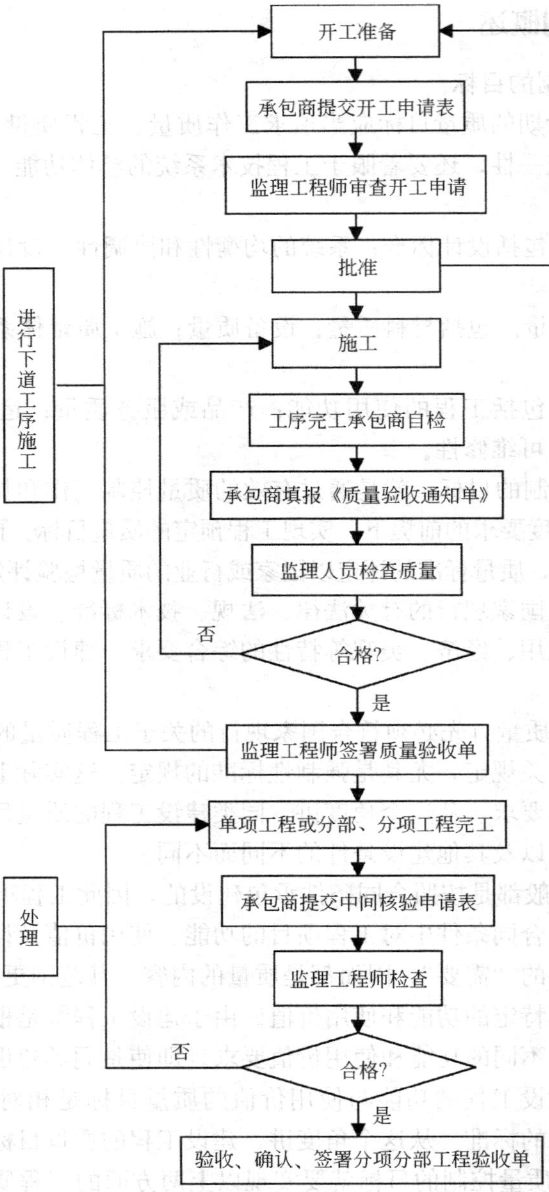

图 10-11　工程质量控制程序

3. 质量控制的影响因素

影响建设工程质量目标的因素很多，可以从不同的角度加以归纳和分类。这里主要将这些影响因素划分为 4M1E，即人（Man）、材料（Material）、机械（Machine）、方法（Method）和环境（Environment）五个方面。对这五方面因素严格控制，并通过合同加以有效约束，是保证工程质量的关键。

(1) 人(Man)。人是质量活动的主体，对建设工程项目而言，人是泛指与工程有关的单位、组织及个人。人的因素是4M1E的首要因素，它决定了其他几个因素，人的素质、管理水平、技术、操作水平高低将最终影响工程实体质量的好坏。在质量控制中，除按规定建立健全质量保证体系外，还应该强调质量责任制的落实，增强项目参与人的质量责任意识。

(2) 材料(Material)。材料(包括原材料、成品、半成品、构配件等)是工程施工的物质条件。材料质量是工程质量的基础，材料质量不符合要求，工程质量也就不可能符合标准。加强材料的质量控制，是提高工程质量的重要保证。

(3) 机械(Machine)。施工机械设备是工程建设必不可少的，机械设备的性能、数量对工程质量也将产生影响。在施工阶段必须综合考虑施工现场条件、建筑结构形式、施工工艺和方法、建筑技术经济等，合理选择机械的类型、数量、参数，合理使用机械设备，正确操作，并加强对施工机械的维修、保养、管理。

(4) 方法(Method)。方法包含整个建设周期内所采取的技术方案、工艺流程、组织措施、检测手段、施工组织设计等。施工方案正确与否，直接影响工程质量控制能否顺利实现。施工过程中，由于施工方案考虑不周而拖延进度、影响质量、增加投资的情况屡见不鲜。

(5) 环境(Environment)。影响工程质量的环境因素较多，有工程地质、水文、气象、噪声、通风、振动、照明、污染等。环境因素对工程质量的影响具有复杂而多变的特点，如气象条件就变化万千，温度、湿度、大风、暴雨、酷暑、严寒都直接影响工程质量，往往前一工序就是后一工序的环境，前一分项、分部工程也就是后一分项、分部工程的环境。因此，根据工程特点和具体条件，应对影响质量的环境因素，采取有效的措施严加控制。此外，冬雨期、炎热季节、风季施工时，还应针对工程的特点，尤其是混凝土工程、土方工程、水下工程及高空作业等，拟定季节性保证施工质量的有效措施，以免工程质量受到冻害、干裂、冲刷等的危害。同时，要不断改善施工现场的环境，尽可能减少施工所产生的环境污染。

10.3.2 关键控制点

为保证工程质量，工程师应依据合同和国家有关法律法规的规定，对合同实施过程中的工程质量进行监督和检查。关键控制点主要包括设计交底、施工组织设计(施工方案)的审查，承包方现场质量的审查，测量放线控制，工程材料、构配件、设备质量的监督，审查分包单位资质，对质量行为、工程质量形成过程进行监督检查，进行各种检查验收等，以保证工程质量符合合同、图纸规范和有关法律法规的要求。

1. 施工组织设计(施工方案)的审核

为保证工程质量，施工组织设计(或施工方案)在实施前须得到工程师的确认。施工组织设计(或施工方案)审核的工作程序如图10-12所示。工程师对施工组织设计(或施工方案)的审核应侧重于：是否经承包商上级技术管理部门审批，技术负责人有无签字；施工方案是否切实可行(结合工程特点和工地环境)、安全可靠；主要的技术措施是否符合规范的要求，是否齐全等。

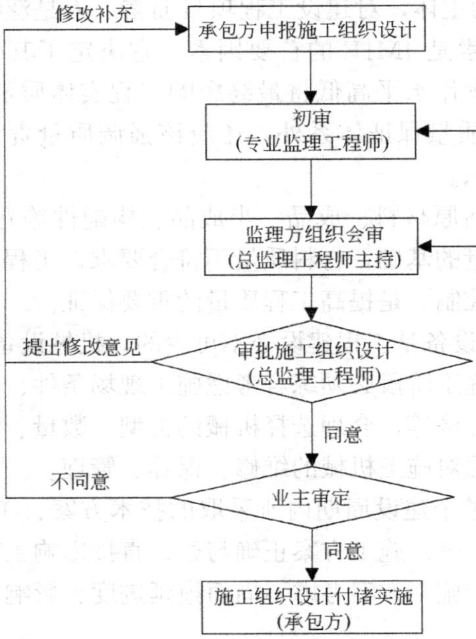

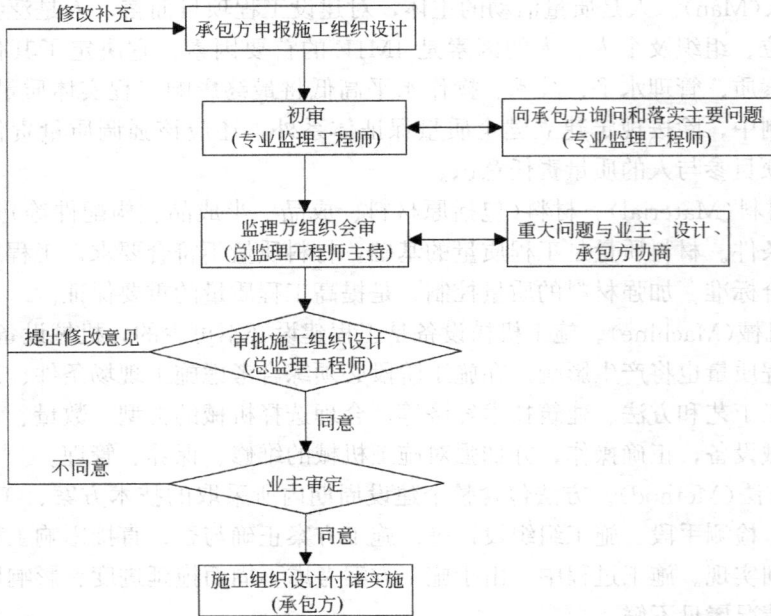

图 10-12　施工组织设计(或施工方案)审核的工作程序

2. 承包商现场管理体系的审核

工程师对承包商现场管理体系进行审核时，应注意：承包商现场质量管理体系必须经上级技术管理部门审核同意后方可报审；现场质量管理体系要贯彻“横向到边、纵向到底”原则；管理人员、特种作业人员数量应符合工程进度计划安排要求等，承包商现场管理体系的审核程序如图 10-13 所示。

3. 工程材料、构配件、设备的审查

采购单位进行建筑材料(设备)报审时应提供生产许可证、质保书、相应性能测试报告，由工程师复核。工程师要参与送验材料的见证取样，确保样品有代表性。具体程序如图 10-14 所示。工程原材料和设备的采购工作可以由承包商负责，也可以由发包人负责，这就需要在合同专用条款中具体约定。

4. 分包单位资格的审核

我国《建筑法》规定，在得到业主同意的情况下，承包商可以将部分自己没有实施资质的项目分包，也可以将部分较为简单的工程项目分包，但绝不允许将主体工程分包。由于工程分包涉及两个施工合同，合同管理相对较复杂，为了避免分包给工程质量造成不良影响，工程分包应征得业主同意，并且其资格由监理工程师进行审核。审核内容包括分包单位的营业执照、资质等级证书；分包单位特殊行业施工许可证，国外(境外)企业在国内承包工程许可证；分包单位的业绩；拟分包工程的内容和范围；专职管理人员和特种作业人员的资格证、上岗证。施工合同中已指明的分包单位，其资质在招标时已经通过审核，承包商可不报审，但其管理人员和特种作业人员的资格证、上岗证应报审。具体程序如图 10-15 所示。

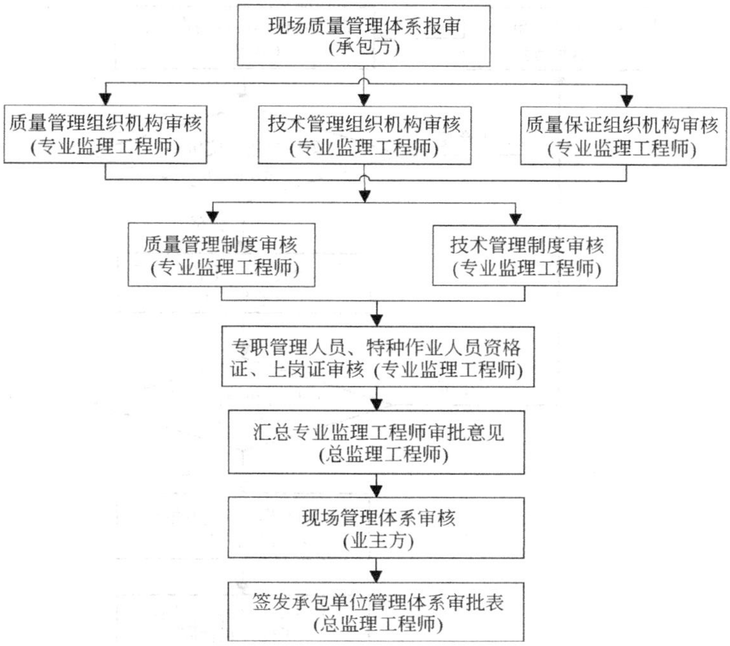

图 10-13　承包方现场管理体系的审核工作程序

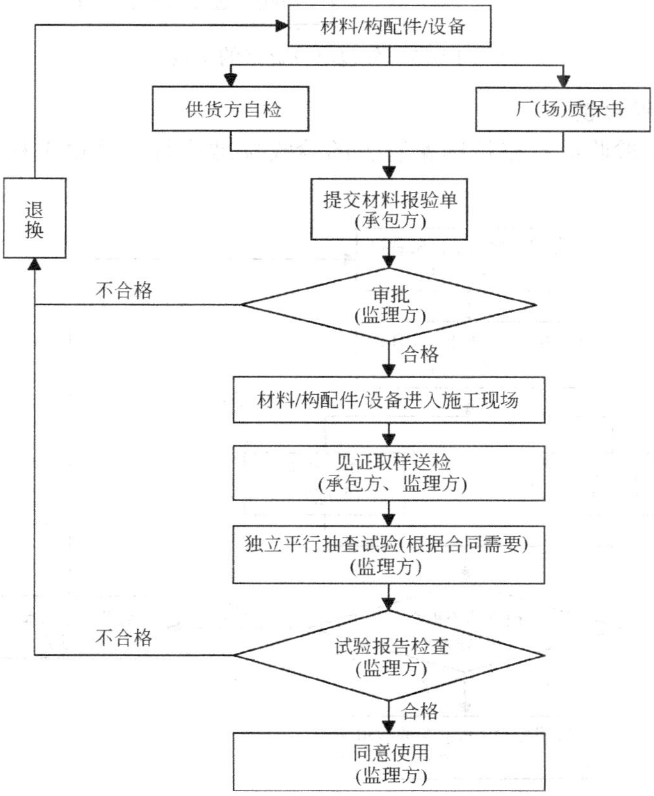

图 10-14　工程材料、构配件、设备的审查工作程序

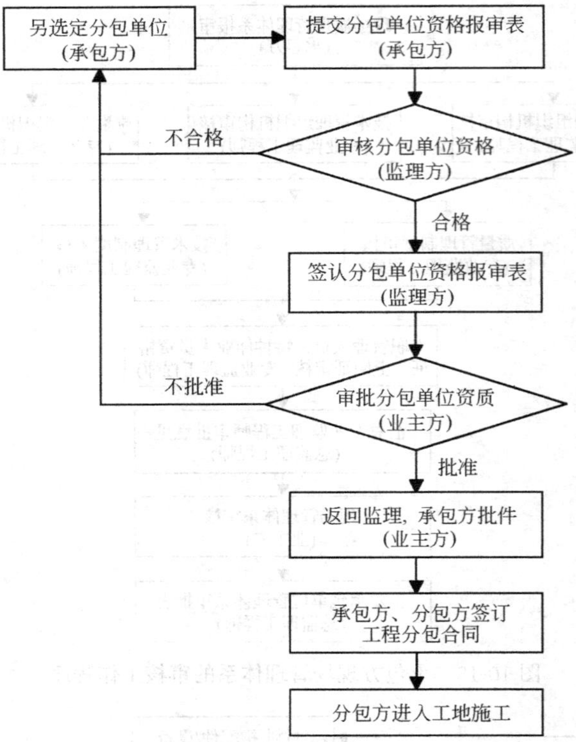

图 10-15　分包单位资格的审核

5. 分项工程验收

分项工程的验收应严格按国家有关的验收标准执行。分项工程验收程序如图10-16 所示。

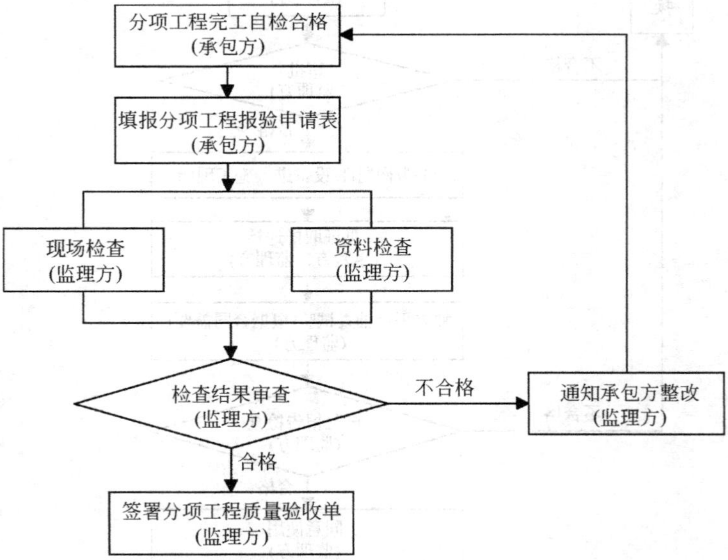

图 10-16　分项工程验收程序

6. 隐蔽工程验收

施工中经后道工序遮盖，不宜或不能再检查的工程内容均属隐蔽工程验收范围。重要的隐蔽工程验收项目有：桩基施工、基坑验槽；钢筋工程、预埋件；基础分部工程；防水工程(防水工程基础处理、防水层数)；各种变形缝的处理；管道的接头、防腐、保温、基底、支架的施工；电气的跨接、避雷引下线、接地极埋设与接地待连接处焊接等。隐蔽工程验收程序如图 10-17 所示。

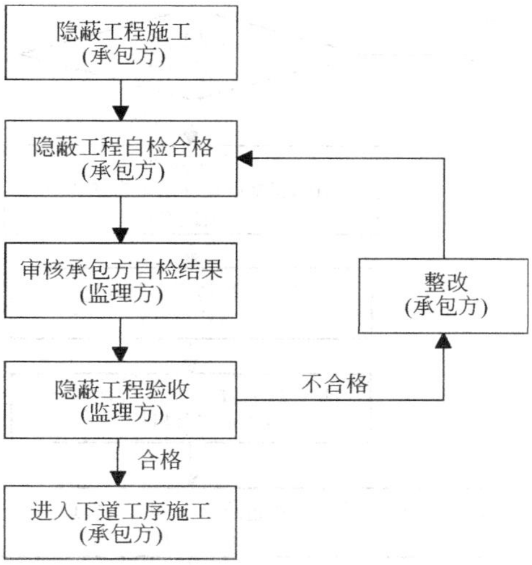

图 10-17　隐蔽工程验收程序

7. 中间验收

中间验收主要内容包括桩基础工程、地基与基础工程、主体工程、安装工程、燃气工程、电梯安装工程等以及业主或质监机构根据工程特点及有关规定确认的有关分部(分项)工程。中间验收程序如图 10-18 所示。

(1) 分部工程验收。分部工程的验收结果在分项评定的基础上经统计而得；分部验收的工程质量评估报告应表明监理方对工程质量评定的意见；地基基础与主体分部工程的质量评定应在施工企业技术部门和质量部门核定后再向监理方报审。监理方确认评定意见前应进行现场检查。

(2) 单位工程验收。总监要组织专业监理工程师对质量情况、使用功能进行全面检查，对需要进行功能试验的项目应督促承包商及时完成；单位工程验收要在承包商自查自评的基础上，结合质量保证资料核查、观感质量评定和关键部位全面检查；检查中发现的质量问题和缺陷要按部位、按层次逐项列出清单，要求承包商限期整改，验收中存在的质量问题不得隐瞒；业主组织各方和政府有关部门共同验收，再由政府有关部门备案。

(3) 交工验收。交工检查小组由业主、监理、设计、承包单位指定负责人参加，邀请质量监督部门或竣工备案部门参加。对交工申请重点审查工程范围、交工工程质量、质量缺陷处理、交工资料完成情况、剩余工程计划。现场主要检查外观质量、外型尺寸及所有现场清理工作，评价工程缺陷的修复。

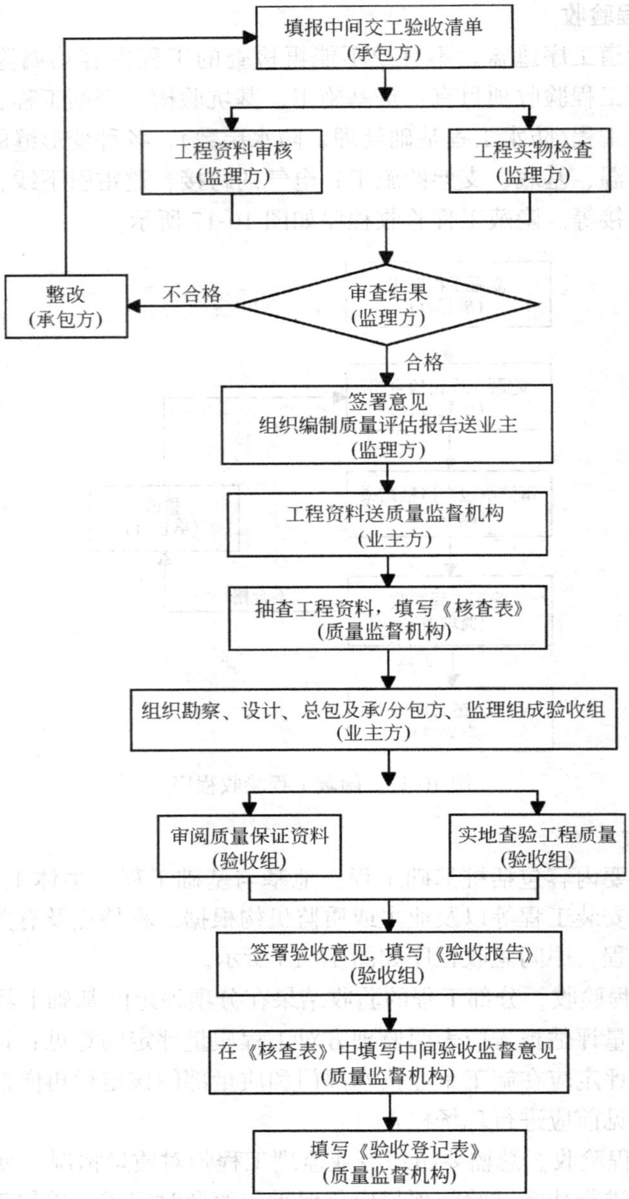

图 10-18　中间验收程序

工程建设管理水平的高低主要体现在合同管理的水平上，在工程建设中，如果能够严格按照合同的要求进行管理，工程的质量就能够有效地得到保障，进度和投资的目标也就能够顺利实现。

10.3.3　不同采购模式下的质量控制

在不同的合同采购模式下，由于业主介入的程度不同，对工程项目质量的监控程度也就不同。各采购模式下的质量控制特点可参见表 10-2。

不同采构模式的质量控制特点　　表 10-2

采购模式	质量控制的特点
DBB	业主可在许多环节对设计和施工进行控制，避免设计和施工质量低下
DB	业主对设计和施工的控制减弱，有可能会导致工程质量的降低
EPC	由于业主对项目的过程控制比较少，不宜过多介入工程实施，故而容易出现质量失控的状况，质量控制难度大
CM	设计与施工有机地搭接，后期进行的工程可以根据前期施工的情况及时调整设计，从宏观上保证了项目质量

10.4 投资控制与合同管理

10.4.1 投资控制概述

1. 项目投资控制的目标

工程项目的建设过程是一个周期长、数量大的生产消费过程。为了便于工程建设过程中各方经济关系的建立，适应工程投资控制和管理的要求，需要按照工程的设计和建设阶段分解成若干工程投资控制目标，其过程见图 10-19。

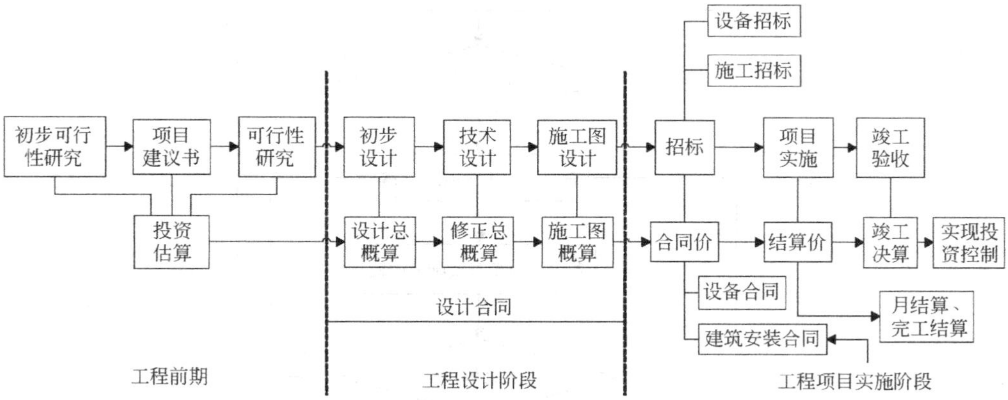

图 10-19　工程项目实施过程的投资管理

建设者在初期占有的经验知识是有限的，只能设置一个大致的投资控制目标，这就是投资估算。建设项目投资控制目标的设置要随着工程项目的不断深入而分阶段进行。具体来讲，投资估算应是设计方案选择和进行初步设计的建设项目投资控制目标；设计概算应是进行技术设计和施工图设计的项目投资控制目标；施工图预算或建安工程承包合同价则应是施工阶段控制建安工程投资的目标。有机联系的各阶段目标相互制约，相互补充，前者控制后者，后者补充前者，才能共同组成项目投资控制的目标系统。

如图 10-19 所示，整个工程项目的建设过程就是若干项经济合同的执行过程，合同管理从工程项目的设计阶段到项目实施阶段，直至竣工验收，一环扣一环，前者制约后者，后者补充前者，任何环节疏忽，都导致项目投资失控。因此，对工程项目进行全过程全方位的合同管理是工程投资控制的关键，也是惟一和有效的手段。

建设项目投资的有效控制是工程建设管理的重要组成部分。投资控制的目标就是在投资决策阶段、设计阶段、建设项目发包阶段和建设实施阶段，把建设项目投资的发生控制在批准的投资限额以内，随时纠正发生的偏差，以保证项目投资管理目标的实现，以求在各个建设项目中能合理使用人力、物力、财力，取得较好的投资效益和社会效益。

2. 项目投资控制的程序

投资控制过程实质上是合同付款条款的执行过程，因此，必须严格按合同条款履行合同，定期检查、调整合同执行情况来保证合同管理目标的实现。建设工程投资控制的程序如图 10-20 所示。

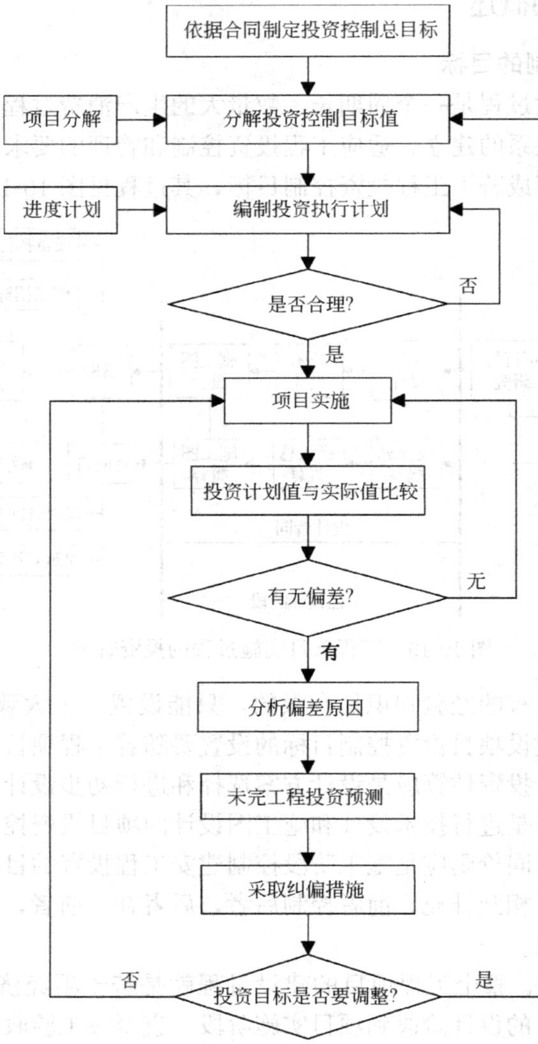

图 10-20　工程投资控制程序

3. 项目投资控制的影响因素

由于工程建设的周期往往都比较长，如高层建筑需要 2～3 年，大型工业建设项目、港口工程、高速公路往往需要 3～5 年，而大型水电站工程需要 5～10 年。在这样一个比较长的建设周期中，急剧的通货膨胀、关键材料的短缺与外币汇率的变化等因素都会造成工程价格和工程内容的变化。因此在考虑工程投资时，必须考虑与工程有关的各种价格的波动。

一般来说，影响工程投资的因素主要的几种，如图 10-21 所示。

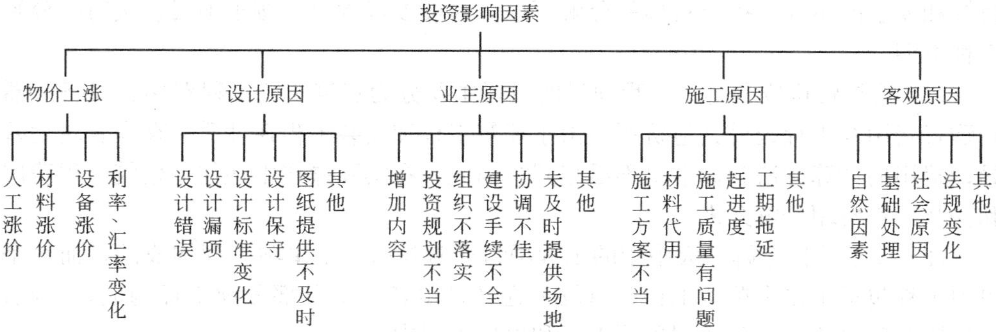

图 10-21　工程项目投资影响因素

10.4.2 项目投资控制的方法

工程投资控制的方法简单地说就是把合同价款作为控制目标，按合同条款要求进行层层分解，并在合同条款履行过程经常进行目标值和实际值对比和分析，不断采取措施进行调整和修正，使结算价款都满足合同要求且准确合理。

1. 投资控制的关键阶段

在建设工程实施过程中，一方面，累计投资在设计阶段和招标阶段缓慢增加，进入施工阶段后则迅速增加，到施工后期，累计投资的增加又趋于平缓。另一方面，节约投资的可能性(或影响投资的程度)从设计阶段到施工开始前迅速降低，其后的变化就相当平缓了。累计投资和节约投资可能性的上述特征可用图 10-22 表示。

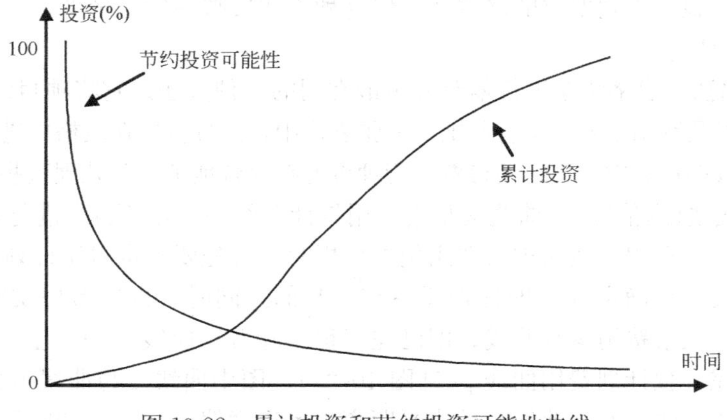

图 10-22　累计投资和节约投资可能性曲线

图 10-22 表明，虽然建设工程的实际投资主要发生在施工阶段，但节约投资的可能性却主要在施工以前的阶段，尤其是在设计阶段。因此，从设计阶段就开始进行投资控制，并将投资控制工作贯穿于建设工程实施的全过程，直至整个工程建成且延续到保修期结束。要特别强调早期控制的重要性，越早进行控制，投资控制的效果越好，节约投资的可能性越大。

2. 投资目标的分解方法

编制投资计划过程中最重要的步骤，就是项目投资目标的分解。根据投资控制目标和要求的不同，投资目标的分解可以分为按投资构成、按子项目、按时间分解三种类型。

(1) 按投资构成分解。工程项目的投资主要分为建筑安装工程费用、设备工器具购置费用及工程建设其他费用。由于建筑工程和安装工程在性质上存在着较大差异，费用的计算方法和标准也不尽相同。因此，在实际操作中往往将建筑工程费用和安装工程费用分解开来。

(2) 按子项目分解。大中型的工程项目通常是由若干单项工程构成的，而每个单项工程包括了多个单位工程，单位工程又是由若干个分部分项工程构成，因此，首先要把项目总投资分解到单项工程和单位工程中。

(3) 按时间进度分解。工程项目的投资总是分阶段、分期支出的，资金应用是否合理与资金的时间安排有密切关系。为了编制项目投资计划，并据此筹措资金，尽可能减少资金占用和利息支出，有必要将项目总投资按其使用时间进行分解。编制按时间进度的投资计划，通常可利用控制项目进度的网络图进一步扩充而得，即在建立网络图时，一方面确定完成各项工作所需花费的时间，另一方面同时确定完成这一工作的合适的投资支出计划。

3. 投资偏差的分析方法

投资偏差分析可采用不同的方法，常用的有横道图法、表格法和曲线法。

(1) 横道图法。用横道图法进行费用偏差分析，是用不同的横道标识已完工程计划费用、拟完工程计划费用和已完工程实际费用，横道的长度与其金额成正比例。横道图法具有形象、直观、一目了然等优点，它能够准确表达出费用的绝对偏差，而且能一眼感受到偏差的严重性。但这种方法反映的信息量少，一般在项目的较高管理层应用。

(2) 表格法。表格法是进行偏差分析最常用的一种方法。它将项目编号、名称、各费用参数以及费用偏差数综合归纳入一张表格中，并且直接在表格中进行比较。由于各偏差参数都在表中列出，使得费用管理者能够综合地了解并处理这些数据。

(3) 曲线法(赢值法)。曲线法是用费用累计曲线(S 形曲线)来进行费用偏差分析的一种方法。在用曲线法进行费用偏差分析时，首先要确定费用计划值曲线。费用计划值曲线是与确定的进度计划联系在一起的。同时，也应考虑实际进度的影响，应当引入三条费用参数曲线，即已完工程实际费用曲线 a，已完工程计划费用曲线 b 和拟完工程计划费用曲线 p(见图 10-23)。图中曲线 a 与曲线 b 的竖向距离表示费用偏差，曲线 b 与曲线 p 的水平距离表示进度偏差。图 10-23 反映的偏差为累计偏差。用曲线法进行偏差分析同样具有形象、直观的特点，但这种方法很难直接用于定量分析，只能对定量分析起一定的指导作用。

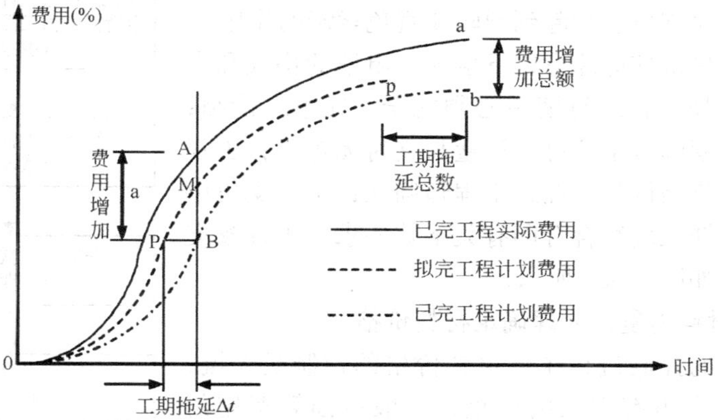

图 10-23　三种费用参数曲线

10.4.3　关键控制点

1. 工程计量

工程师进行工程计量的原则是：不符合合同文件要求及质量要求的工程不得计量；按合同文件所规定方法、范围、内容、单位计量；按工程师同意的计量方法计量；承包商填报计量通知、工程师进行现场计量以及填报“中间计量表”的期限均应符合合同规定。工程计量程序如图 10-24 所示。

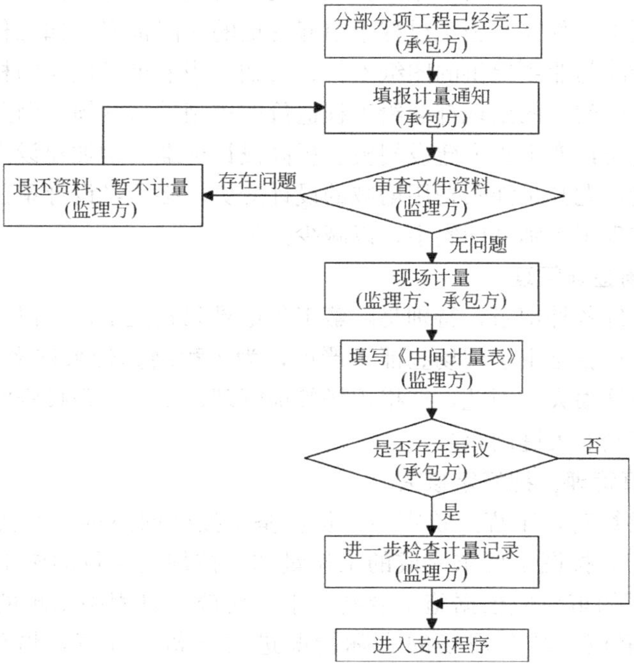

图 10-24　工程计量程序

2. 工程款支付审核

工程价款审核与支付是合同管理的一项重要内容，合理审核与及时支付也能起到预防和避免索赔的作用。

工程款支付审核应注意以下事项：申请的格式和内容应满足合同规定；结算清单必须完全、完整、清晰；证明资料有工程师签字认可；计量与支付无重复；工程变更、索赔、价格调整已经过工程师确认；工程支付申报和审批工作期限应符合合同有关条款要求。工程款支付审核的程序如图 10-25 所示。

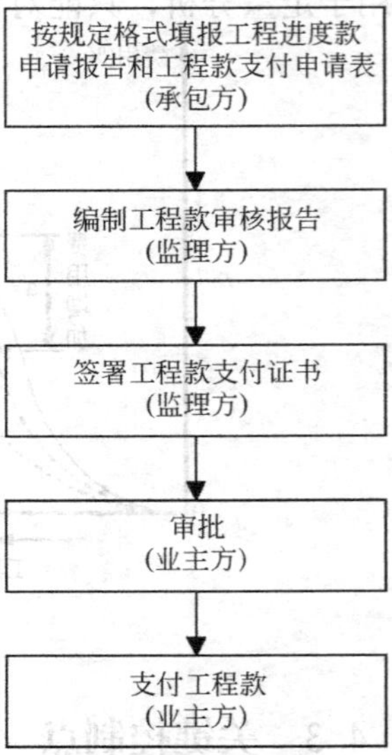

图 10-25　工程款支付审核的程序

3. 控制材料用量，合理确定材料价格

工程投资的控制过程中，材料价格的控制是关键。材料费在工程中占有很大的比重，一般占预算费用的70%，占直接费的80%左右。因此，施工过程中必须按照合同内容的规定严格控制材料的用量，合理确定材料的价格，从而实现工程投资的有效控制。市场经济的发展，为材料的供应提供了多种渠道，材料品种繁多，价格不一，因而业主的预算人员和现场管理人员要及时了解建筑材料的市场行情，掌握最新的施工情况及材料信息，为工程的投资控制提供可靠的依据。

4. 严格控制变更

严格控制设计变更以及由于业主、项目组织者或工程师工作不当而引起的工程变更，控制变更申请程序。施工过程中引起变更的原因很多，如工程设计粗糙，会使工程的实际情况与业主提供的图纸不符；又如，当前市场供应的材料规格不符合设计要求等，这些问题的出现都会给工程造价的控制带来麻烦。因此，必须严把变更关，严禁通过设计变更扩大建设规模、提高设计标准、增加建设内容等。对必须发生的设计变更，尤其是涉及费用增减的设计变更，必须经设计单位代表、建设单位现场代表、监理工程师共同签字，以减少损失。

5. 严格现场签证管理

承包商要做好各种记录，特别是隐蔽工程记录和签证工作，以减少结算时的扯皮现象。许多工程就是由于现场签证不严肃，为工程结算带来许多不必要的麻烦，造成相当大的经济损失。因此，严格现场签证管理，掌握工程投资的变化，是施工阶段工程投资控制的关键内容之一。

6. 加强结算管理，把好审核关

工程竣工决算时，工程造价审核人员应坚持按合同办事，严格控制工程预算外的费用。对于未按图纸要求完成的工作量和未按规定执行的施工签证应一律核减费用。工程量的审核应根据施工合同要求，对施工过程中出现的设计变更、现场签证等进行审核，结合现场的实际情况进行分析、计算，做到客观、公正、合理。

10.4.4 不同采购模式的投资控制

1. DBB项目采购模式

DBB项目采购模式下投资控制的目标比较明确，但工程项目要经过规划、设计、施工三个环节之后才移交给业主，业主前期投入大，管理费用较高，变更时容易引起较多索赔。

2. D+B项目采购模式

D+B项目采购模式下，承包商的权限较大，有可能会利用变更，造成工程投资的增加，因此必须加强工程变更的管理，包括合同条款及审批手续的完善。但另一方面，设计施工的一体化，避免了设计和施工的矛盾，在设计上可及早考虑可施工性，有经验的承包商还可能对项目进行结构设计和施工的系统优化，从这个角度来看，工程投资可以得到较好的控制。

3. EPC项目采购模式

EPC项目采购模式常采用固定总价合同，投资控制的目标明确。由于EPC模式的风险大，也导致了其投资控制的难度较大。EPC项目采购模式下投资控制的主要环节包括设计阶段、采购阶段和施工阶段。国内外统计资料显示，三个阶段所发生的成本费用比例为：设计费约占总投资额的5%，设备材料购置费用约占75%，施工费用约占20%。每个阶段的投资控制有着各自不同的特点，针对这些不同的特点，应采取不同的投资控制措施。其中，设计阶段是投资控制最有效的阶段。在EPC模式下，总承包方应将设计作为控制工程投资的核心，通过优化工程设计、开展限额设计、运用价值工程、严格控制设计变更等措施，有效而合理地控制整个项目的投资。

4. CM项目采购模式

CM项目采购模式主要有两种形式：代理型CM模式和非代理型CM模式。不同的模式下对投资控制的要求有所不同。

在代理型CM模式下，代理型的CM并不承担总价的风险，与业主签订的合同本质上属于成本加酬金形式的合同。分包合同由业主来签订。因此，可以说业主担负了投资控制的大部分责任。而且工程采购开始时还无法确定工程的最终成本，随着工程进展，工程成本逐渐明确，只有工程项目接近完成时才可能最终明确工程成本，投资控制的难度大。

在非代理型CM模式下，业主往往要求在CM合同中预先确定一个包括总的工程费用和CM费的“最高总价”，即GMP(Guaranteed maximum price)，并在合同条款中规定：如果实际发生的总费用超过了GMP，其超出部分由CM单位承担；反之，节余部分归业主，或由业主和CM单位按一定比例分成。因此，在非代理型CM模式下，减少了业主的投资控制风险，将业主承担的工程费用风险转由CM单位来承担，同时为业主控制工程费用在早期提供一个明确的标准。一方面，GMP给CM承包商的费用控制水平提出了更高的要求。另一方面，可以有效地避免投资失控这一项业主最为担心的风险。

10.5 SHE(安全/健康/环境)控制与合同管理

10.5.1 SHE管理概述

1. SHE管理的内涵

SHE(Safety，Health and Environment)管理是一种全新的施工管理概念，它通过对健康、安全、环境的全方位管理，要求将施工中的危险、对社会的危害、对环境的破坏降低到最低点。相关法律条文、我国和国际组织的合同示范文本中均明确规定承包商要对工地的安全和环境保护承担主要责任。

由于建筑企业的特殊性，对职业健康安全和环境管理提出了更高的要求。建筑工人长时间在比较恶劣的环境中工作，危险系数高，更需要加强防护措施和加强对建筑工人健康的关注。同时，工程建设过程中，会遗留大量的固体废弃物，以及污水、生活垃圾等，如果处理不好，会对环境造成很大的危害。因此，把职业健康安全与环境管理作为建设工程项目管理的主要内容之一是时代的要求，我们不能以牺牲劳动者的健康与安全和破坏人类赖以生存的自然环境为代价来追求高速度。加强职业健康安全与环境管理是可持续发展的必要保证。

SHE管理体系也是一种风险管理体系，是一种事前进行风险分析，估计活动可能发生的危害及后果，从而采取有效的防范手段和控制措施，以便减少可能引起的人员伤害、财产损失和环境污染的有效管理方式。

(1) 安全、健康生产的含义

目前我国正在进行历史上也是世界上最大规模的基本建设，工程建设的投资巨大以及从业人员众多，使得健康、安全事故的后果异常严重。安全、健康生产是指在劳动生产过程中，通过努力改善劳动条件、克服不安全因素，防止伤亡事故发生，使劳动生产在保障劳动者安全健康和国家财产及人民生命财产不受损失的前提下顺利进行。

安全、健康生产的对象包含人和设备等一切不安全因素，其中人是第一位的。消除危害人身安全健康的一切不良因素，保障职工的安全和健康，使其舒适地工作，称之为人身安全；消除损坏设备、产品和其他财产的一切危险因素，保证生产正常进行，称之为设备安全。

(2) 环境管理的含义

建设项目的环境是指围绕建设项目的所有要素和条件的总合，从广义上来说，主要包括项目的社会环境、技术环境、经济环境和自然环境等，如图10-26所示。

建设项目自身是一个复杂的大系统，建设项目的环境也是一个复杂的系统，它是由相互作用和相互依赖的若干组成部分结合成的、具有特定功能的有机整体。建设项目对环境的影响是巨大的，项目的建设对环境的影响包括：消耗大量的能源和原材料，产生大量的废水、废气和建筑垃圾，产生噪声污染、光污染、振动、粉尘，占有土地，破坏景观等。随着“可持续发展”理念日益得到广泛的接受和认

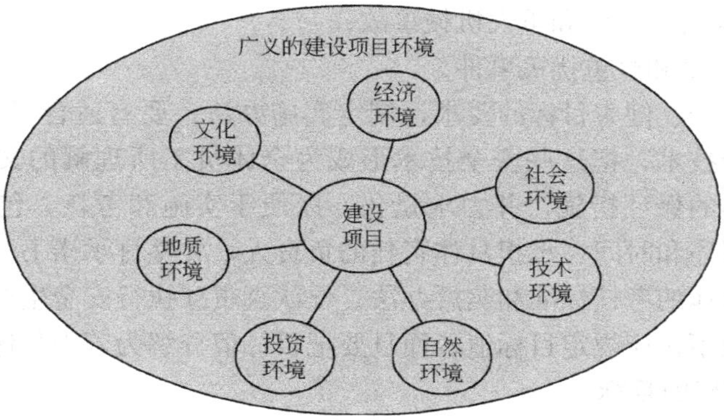

图 10-26 建设项目的环境系统

同，环境管理也成了建设项目管理工作的一项重要内容。

2. SHE 管理的原则

(1) 管理与自律并重。严格的管理大大遏制了安全事故和环境问题的发生，但也会使得被管理者产生依赖心理，主动防范的意识逐渐淡化。因此，在加强管理的同时强调劳动者保护自己和他人安全及环境的义务非常重要。

(2) 强制与引导并重。现行的法律法规和技术规范都是必须遵守的基本要求，强制执行和必要的惩罚必不可少。但通过一系列的激励措施，使劳动者自觉主动地参与到安全、健康、环境管理活动中将会收到更好的效果。

(3) 治标与治本并重。目前的检查重点是法律法规和技术规范的执行情况，一般情况下事故调查的结论也停留在较浅的层次上，对管理方面的检查评价缺乏科学的方法，对事故机制方面的研究与治理不够深入，应加强对 SHE 管理的深层次研究，从根本上解决问题。

(4) 现场管理与文件管理并重。由于建设工程的特点，SHE 管理的大量工作需要通过现场的检查与纠正来完成，而有些项目的文字材料不是太多，就是流于形式。实际上，全面周详的文件系统是保证 SHE 管理顺利实施的前提，特别是需要通过签字来划分和确认责任的文件，对于增强责任心和事故处理有非常重要的意义。

3. SHE 控制的目标

(1) 安全、健康的目标管理

施工项目安全、健康目标管理是管理者根据工程的整体目标，在分析外部环境和内部条件的基础上，确定安全、健康生产所要达到的目标，并采取一系列措施去努力实现的活动过程。安全、健康目标管理的基本内容包括目标体系的确立、目标的实施及目标成果的检查与考核。

首先确定切实可行的目标值。采用科学的目标预测法，根据需要和可能，采取系统分析的办法，确定合适的目标值，并研究围绕达到目标应采取的措施和手段。施工项目安全、健康管理的目标主要包括以下方面：

1) 杜绝因工重伤、死亡事故的发生；

2) 负轻伤频率控制在一定范围以内；

3）不发生火灾、中毒和重大机械事故；

4）无环境污染和严重扰民事件。

其次根据安全、健康目标的要求，制定实施办法。要有适合于工程项目规模、特点的应用安全技术，把这些安全技术形成为全体员工所理解的文件，并实施保持。做到有具体的保证措施，并力求量化，以便于实施和考核，包括组织技术措施、明确完成程序和时间、承担具体责任的负责人，并签订承诺书。

最后规定具体的考核标准和奖惩办法。要认真贯穿执行安全生产目标管理考核标准，考核标准不仅应规定目标值，而且要把目标值分解为若干具体要求来考核。

(2) 环境管理的目标

环境管理的目的是保护生态环境，使社会经济发展与人类的生存环境相协调。建设项目环境管理的目标为：通过建设项目所有相关者的共同努力，在项目全生命期内，采取各种管理措施和技术措施（包括环保设计要求、节能技术、新的施工技术、污染处理技术、建筑垃圾分类处理及回收利用技术等），在实现项目功能、成本、质量、工期等目标的基础上，减少建设项目全生命期内的能源消耗、原材料消耗，减少污染，减少对自然生态环境的影响，最终实现建设项目的可持续发展。其具体目标可参见图 10-27。

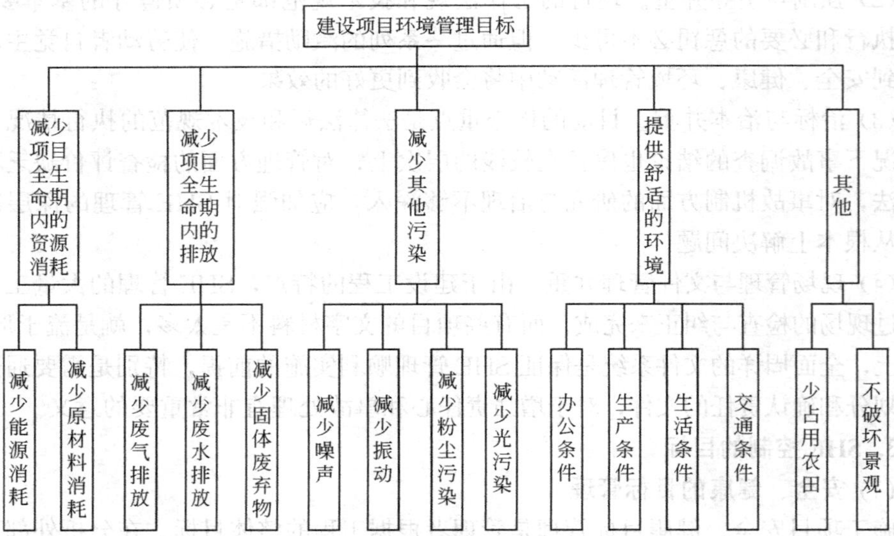

图 10-27　建设项目环境管理的目标

10.5.2　SHE 控制的策划

1. SHE 控制的运行机制

建设工程是一个庞大的人机工程。在项目建设过程中，施工人员与各种施工机具和施工材料为了完成一定的任务，既各自发挥自己的作用，又必须相互联系，相互配合。这一系统的安全性和可靠性不仅取决于施工人员的行为，还取决于各种施工机具、材料以及建筑产品（统称为物）的状态。一般来说，施工人员的不安全行为和物的不安全状态是导致意外伤害事故以及造成损害的直接原因。而建设工程中的人、物以及施工环境中存在的导致事故的风险因素非常多，如果不能及时发现并且排除，将很容易导致安全事故。

建立一个由“计划、实施、检查、处理”诸环节构成的 PDCA 动态循环过程，连同起主导作用的 SHE 管理目标，是 SHE 控制体系运行的基本模式，而每一环节又涉及若干要素，如图 10-28 所示。这些要素是保证施工现场安全、健康和环保的重点所在。

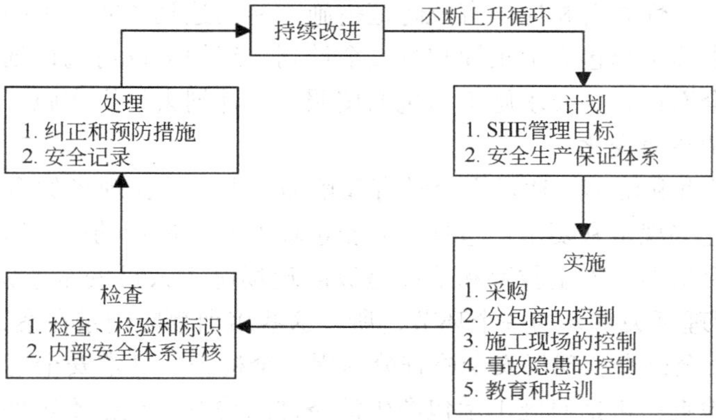

图 10-28 SHE 控制的运行机制

2. SHE 管理的要素

(1) 一个完善的安全组织机构和体系是搞好现场 SHE 管理的基本保障，它运行的好坏将直接影响到现场 SHE 管理最终的成败。通常的做法是：

1) 成立现场安全委员会。它的主要职责是制订和通过现场各项安全制度、组织现场安全检查、召开现场的安全会议、对现场的安全事故和未遂事故作出最后的处理意见等。

2) 建立安全责任人制度。根据不同的施工特点将现场划分为若干个施工区域，每个区域设置一个安全责任人，负责对所辖区域内的安全进行全面的管理，并将现场的各项安全要求传达给所负责区域内的每一名施工人员，现场发生的安全违章事故由他们落实整改。

(2) 健全现场各项安全生产制度和明确所遵循的安全准则。

(3) 在施工合同中须明确遵循的安全规定。这些安全规定包括国家有关安全规范、行业有关安全规定、地方政府制订的安全法规、装置所在厂制定的安全规章制度、以及业主制定的现场安全规定等。

(4) 根据项目特点和业主要求制定安全制度和安全程序。这些制度和程序包括现场安全着装制度、现场安全奖罚制度、现场保安制度、现场施工许可证制度、现场安全检查制度、现场安全报告制度、现场安全培训制度，现场紧急情况反应程序和现场紧急救护反应程序等。

(5) 编写现场安全手册和现场安全小常识作为现场安全管理的指导准则。随着工程的进展，根据现场产生的新问题和新情况还要不断地完善和修改安全制度和安全准则，使它更加合理和实用。

(6) 现场安全会议。现场安全会议是现场 SHE 管理最好的沟通方式，施工现场应定期(一般是一周一次)举行安全会议，并建立安全会议制度，明确会议的组织形式和会议应达到的目标。

(7) 现场安全计划。现场安全计划是根据周施工计划和月施工计划制订下周和下月施工中的安全重点并制订相应的防范措施。在现场安全管理中，事先制定一个详细和周密的计划是至关重要的，它能使安全管理人员抓住工作重点，使每一步的工作都具有可预见性并有相应的有效防范措施，从而达到预防为主的目的。在现场安全管理中要求施工承包商上报周和月安全计划，组织会议讨论计划中安全防范措施的可行性和全面性，并要求施工承包商按照这个计划去组织实施。安全计划需要随施工计划的调整而变化。

(8) 安全教育和培训。通过安全教育和培训的方式，让现场的全体管理人员和施工人员清楚这些规定和要求。包括针对新进场的职工进行的安全培训、日常安全培训和专项安全培训。安全教育和培训是提高现场施工人员安全意识的主要手段，是现场 SHE 管理至关重要的一个环节，所有这些培训都应记录在案。

(9) 现场安全检查。现场安全检查分为周安全检查、日常安全巡检、专项安全检查等。安全检查还包括对施工承包商生活条件的检查，包括不定期对施工承包商的住宿条件、食堂卫生进行检查，对检查发现的问题要求施工承包商整改完善，为职工创造一个良好的生活环境。

(10) 其他方面，包括：

1) 劳动保护用品。劳动保护用品是对进入施工现场的所有人员的基本保证，人人必须配备。劳动保护用品包括一般保护用品和特殊保护用品。一般保护用品是进入现场的所有人员必须配备的保护用品，如戴安全帽、穿安全鞋等。特殊保护用品是指从事特殊施工作业的施工人员必须配置的劳保用品，如进行凿岩工作的工人必须戴护目镜；高空作业必须系挂安全带等。正确合理地使用质量良好、配置齐全的劳保用品是工人在施工中避免受到伤害的基本保障。

2) 文明施工。创造一个整洁、干净、舒适的施工环境是现场 SHE 管理的基本要求。达到这个要求需要采取一定的措施，比如在施工现场按区域放置垃圾桶(箱)，用于收集现场垃圾和施工废料，现场所有的材料、设备、机具都要在指定的地点堆放搁置整齐；工人在每天作业完毕后，收拾好自己的工具并清理作业现场；在施工过程中废弃的材料必须回收入库；现场配备足够的清洁工每天清扫现场等等。

3) 临时用电。施工临时用电在施工过程中自始至终都是安全管理控制的重点，一旦发生事故，对人的伤害和造成的财产损失都是巨大的，对施工造成的不良后果是严重的。临时用电安全管理的基本要求包括所有开关必须是空气开关，每一开关旁须注明下一极的走向；所有的配电栏、配电盘、开关盒上都装有漏电保护器、上锁并有防雨措施；主配电柜须用围栏进行围护，并挂有警示牌；使用中的配电箱要挂有“有人工作，禁止拉闸”或“有人工作，禁止合闸”的牌子；临时电缆埋地 700mm，并用红砖覆盖；掩埋后插上“下有电缆”的警示牌并标明电缆走向；所有电工必须持证上岗等等。

4）危险品的管理。现场的危险品管理包括对危险品进场、存放和使用三个方面的管理。危险品的进场必须填写专门的表格，经总承包商认可后方能进场。危险品必须存放在指定的危险品库中，危险品每天都必须回库，禁止随意搁置在现场；氧气、乙炔、氨气瓶分类放在现场气瓶库内，盖上瓶盖并固定牢靠。现场严格执行关于明火与气瓶保持足够的安全距离的规定，动火作业点附近严禁进行油漆作业，并经常检查气瓶在使用过程中是否有泄露。

5）设备、工具的使用管理。一是保证施工设备、工具本身的质量和性能的完好。设备、工具入场前要进行检查，检查合格后贴上合格证方可进场使用。二是要正确的使用它们。通过仔细阅读设备、工具的说明书，了解它们的使用方法和使用中应注意的事项，在实际工作中按照正确的方法进行作业，这样才能保证安全施工。

6）气候的影响。气候影响永远是安全生产中的一个重大因素。恶劣的气候条件会给施工造成很多不利的负面影响，比如：潮湿的气候会导致漏电伤人；下雨会导致边坡的塌方；大风会导致刮落物体伤人等。所以在恶劣的气候条件下应该停止有关施工作业，避免造成人员的伤亡。

3. 各施工阶段安全监控的重点

(1) 基础挖土开槽和基础施工阶段

1）挖土机械的作业安全；

2）边坡防坍塌；

3）坑边的防护与降水设备的使用安全；

4）临时用电安全；

5）人工挖孔桩施工安全；

6）基础及外墙防水时的防火、防毒。

(2) 结构施工阶段

1）临时用电安全；

2）内外架及洞口防护；

3）作业面交叉施工及临边防护；

4）大模板和现场堆料防倒塌；

5）机械设备的使用安全。

(3) 装饰、装修阶段

1）室内多工种、多工序的立体交叉防护；

2）外墙面装饰防坠落；

3）做防水和油漆时的防火、防毒；

4）临电、照明及电动工具的使用安全。

(4) 季节性施工

1）雨期防电、防雷击、防尘、防沉陷坍塌、防大风，临时用电安全；

2）高温季节防中暑、防疲劳、防中暑作业；

3）冬季施工防冻、防火、防煤气中毒、防大风雪、大雾，用电(包括加温及采暖等)安全。

4. SHE管理的监督检查

业主和监理单位均应安排有资质的管理人员负责SHE管理的监督检查工作;并做好安全、文明施工的日常检查,检查结果应留有记录;重大安全事故应按有关规定向政府部门及时汇报;定期组织SHE工作检查。SHE管理的监督检查的程序如图10-29所示。

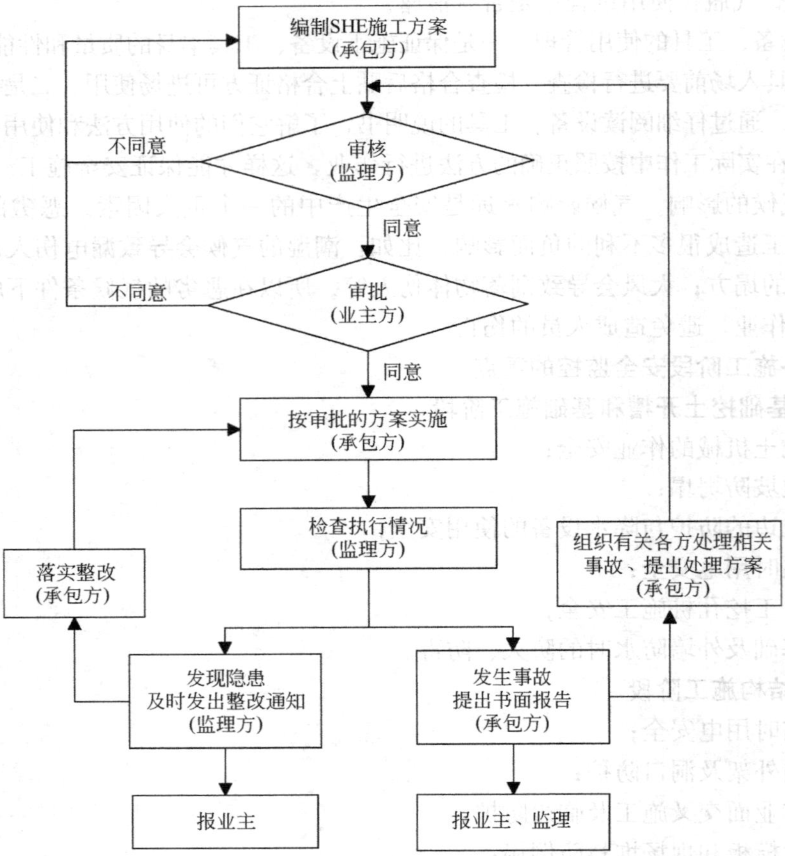

图10-29 SHE管理的监督检查程序

10.5.3 不同采购模式下的SHE控制

1. DBB项目采购模式

DBB项目采购模式下由于设计和施工相对独立,使得在SHE控制过程中责任主体不够明确,因此,业主应当负责项目全生命期SHE控制的协调工作,尽量用标准化的技术文件、制度等来进行SHE控制,使项目在不同阶段的SHE控制具有统一的模式和标准。

2. D+B项目采购模式

D+B项目采购模式下,承包商可以根据设计和施工阶段的特点,系统的进行

SHE控制。同时，业主也应当担负起SHE控制的责任。

3. EPC项目采购模式

EPC项目采购模式下，总承包商全面负责工程的安全管理工作，是SHE控制的主体。总承包商要重视SHE管理的前期准备工作，适时编制相关文件，加强对SHE管理工作的领导。同时在签订分包合同时，要明确各方的安全、健康和环境责任。

总承包商对施工分包商的安全工作进行监督、检查，制止违章指挥和违章作业。施工分包单位服从总承包商的领导和管理，遵守总承包商的规章制度和安全操作规定。施工分包商的负责人，要对本单位职工的安全、健康负责。同时，要参加总承包商组织的各项安全活动。

4. CM项目采购模式

在代理型CM模式下，由业主与各分包商签订分包合同，在分包合同中必须有安全生产的具体指标和要求。代理的CM应履行SHE管理的职责，但业主和承包商应该说是SHE控制的主体。

在非代理型CM模式下，业主与非代理的CM单位所签订的合同中应当包含有安全、环保等SHE目标。在非代理的CM单位与承包商签订分包合同中，也必须有安全生产的具体指标和要求。如果分包方较多时，非代理的CM单位在签订分包合同的同时要签订安全生产合同或协议书。这时业主对SHE目标的监控力度要小得多。

本章小结

在市场经济体制下，建设工程主要通过合同的有效管理来实现项目投资、进度、质量目标和SHE(安全/健康/环境)目标。本章主要介绍了项目投资、进度、质量和SHE目标的内涵、目标之间的相互关系、各目标控制的过程和关键控制点，并讨论了不同项目采购模式下的目标控制重点。

复习思考题

1. 对于建设工程项目的目标，人们的认识有了怎样的发展与变化？
2. 建设工程目标控制的措施有哪些？
3. 建设工程进度计划的表示方法主要有哪些？
4. 不同合同采购模式下的进度控制各有什么特点？
5. 建设工程中，影响工程质量的因素主要有哪些？
6. 建设工程中对于质量的关键控制点主要包括哪些方面？
7. 建设工程投资控制的关键阶段是什么？
8. 如何进行投资控制？常用的方法有哪些？
9. SHE管理的内涵和目标是什么？
10. 如何进行SHE控制？

第11章 项目合同履行与管理

11.1 工程合同总体分析与结构分解

11.1.1 合同总体分析概述

1. 合同总体分析的概念

合同总体分析是指从执行的角度分析、补充、解释合同，将合同目标和合同规定落实到合同实施的具体问题上和具体事件上，用以指导具体工作，使合同能符合日常工程管理的需要。

从项目管理的角度来看，合同总体分析就是为合同控制确定依据。合同总体分析确定合同控制的目标，并结合项目进度控制、质量控制、成本控制计划，为合同控制提供相应的合同目标、合同对策、合同措施。从此意义上讲，合同总体分析是承包商项目管理的起点。

合同履行阶段的合同分析不同于合同谈判阶段的合同审查与分析。合同谈判时的合同分析主要是对尚未生效的合同草案的合法性、完备性和公正性进行审查，其目的是针对审查发现的问题，争取通过合同谈判改变合同草案中于己不利的条款，以维护己方的合法权益。而合同履行阶段的合同分析主要是对已经生效的合同进行分析，其目的主要是明确合同目标，并进行合同结构分解，将合同落实到合同实施的具体问题上和具体事件上，用以指导具体工作，保证合同能够得到顺利履行。

2. 合同总体分析的必要性

业主和承包商及各参与方的各职能人员和各工程小组都必须熟练地掌握合同，用合同指导工程实施和工作，以合同作为行为准则，国际工程承包商都强调“天天念合同经”。但在实际工作中，合同本身及合同执行可能存在以下一些问题：

(1) 合同条文的一些法律语言不容易理解。只有在合同实施前进行合同总体分析，将合同规定用最简单易懂的语言和形式表达出来，使人一目了然，这样才能方便日常管理工作。工程参加者各方以及各层管理人员对合同条文的解释必须具有统一性和同一性。在业主与承包商之间，合同解释权归工程师。而在承包商的施工组织中，合同解释权必须归合同管理人员。如果在合同实施前，不对合同作分析和统一的解释，而让各人在执行中翻阅合同文件，极容易造成解释不统一，而导致工程实施中的混乱。特别对复杂的合同，或承包商不熟悉的合同条件，各方面合同关系比较复杂的工程，这个工作极为重要。

(2) 合同的复杂体系与关系。在一个工程项目中，合同是一个复杂的体系，往往几份、十几份甚至几十份合同之间有十分复杂的关系。即使一份工程承包合同，有时涉及某一个问题可能在许多条款，甚至在许多合同文件中都有规定，这在实际工作中极不方便。例如，对一分项工程，工程量和单价包含在工程量清单中，质量要求又包含在工程图纸和规范中，而合同双方的责任、价格结算等又包含在合同文本的不同条款中。这很容易导致执行中的混乱。

(3) 合同事件和工程活动的具体要求相关。如工期、质量、费用等，合同各方的责任关系，事件和活动之间的逻辑关系极为复杂。要使工程按计划、有条理地进行，必须在工程开始前将它们落实下来，并从工期、质量、成本、相互关系等各方面予以定义。

(4) 许多工程小组、项目管理职能人员所涉及到的活动和问题不是全部合同文件，而仅为合同的部分内容。他们没有必要在工程实施中死抱着合同文件。通常比较好的办法是由合同管理专家先作全面分析，再向各职能人员和工程小组进行合同交底。

(5) 合同中依然存在问题和风险。包括合同审查时已经发现的风险和还可能隐藏着的尚未发现的风险。合同中还必然存在用词含糊、规定不具体、不全面、甚至矛盾的条款。在合同实施前有必要作进一步的全面分析，对风险进行确认和界定，具体落实对策措施。风险控制在合同控制中占有十分重要的地位。如果不能透彻地分析风险，就不可能对风险有充分的准备，在实施中很难进行有效的控制。

(6) 合同总体分析实质上又是合同执行的计划，在分析过程中应具体落实合同执行战略。

(7) 合同双方会有许多争端。合同争执常常起因于合同双方对合同条款理解的不一致。要解决这些争执，首先必须作合同总体分析，按合同条文的表达，分析它的意思，以判定争执的性质。要解决争端，双方必须就合同条文的理解达成一致。在索赔过程中，索赔要求必须符合合同规定，通过合同总体分析可以提供索赔理由和根据。

3. 合同总体分析的基本要求

(1) 准确性。合同总体分析的结果应准确、全面地反映合同内容。一定要准确理解合同中的用语和措辞的含义，在合同中对某些词语作出定义的情况下，应严格按这些定义对合同条款作出解释。如果分析中出现误差，它必然反映在执行中，导致合同实施更大的失误。所以不能透彻、准确地分析合同，就不能有效、全面地执行合同。许多工程失误和争执都起源于不能准确地理解合同。

(2) 客观性。指合同总体分析不能“自以为如何”和“想当然”，而应依据合同解释的一般原则和国际惯例作出解释。例如，对合同风险的分析，合同双方责任和权益的划分，都必须实事求是地按照合同条款、依据合同精神进行解释，而不能以当事人的主观愿望解释合同。否则，必然导致实施过程中出现合同争执，导致损失。

(3) 简明性。合同总体分析的结果必须简单明了，使用不同层次的管理人员、工作人员能够接受的表达方式，使用简单易懂的工程语言，如图、表等形式，对不同层次的管理人员提供不同要求、不同内容的分析资料。

(4) 全面性。合同总体分析的全面性，应从两个角度来理解：一是对合同的每一条款、每句话，甚至每个词都应认真推敲、细心琢磨，全面落实；二是要全面、整体地理解，而不能断章取义，特别是当不同文件、不同合同条款之间不一致、出现矛盾时，应按照合同文件的优先性原则作出解释。

(5) 一致性。合同双方、承包商的所有工程小组、分包商等对合同理解应有一致性。合同分析实质上是双方对合同的详细解释。由于在合同分析时要落实各方面的责任界面，这容易引起争执。因此，双方在合同分析时应尽可能协调一致，分析的结果应能为对方认可，以减少合同争执。

11.1.2 合同总体分析的内容

合同总体分析的主要对象是合同协议书和合同条件等。通过合同总体分析，才能将合同条款和合同规定落实到一些带有全局性的具体问题上。合同总体分析在不同的时期，为了不同的目的，有不同的内容。可以把合同总体分析大体上划分为两个阶段：

(1) 在合同签订后、实施前，监理工程师和承包商必须首先作合同总体分析。这种分析的重点是：承包方的主要合同责任、工程范围；业主(包括工程师)的主要责任和权力；合同价格、计价方法和价格补偿条件；工期要求和顺延条件；合同双方的违约责任；合同变更方式、程序及工程验收的方法；争执的解决等。在分析中应对合同中的风险、执行中应注意的问题作出特别的说明和提示。

(2) 在重大的争端处理过程中的合同总体分析。例如在重大的或一揽子索赔处理中，首先要进行合同总体分析。分析的重点是合同中的索赔条款与事件。

合同总体分析的结果是工程施工总的指导性文件，应将它以最简单的语言表达出来，交给项目经理、各职能人员，并进行合同交底。合同总体分析的内容如下：

1. 合同的适用法律基础

要总体分析合同，就必须了解合同签订和实施的法律背景。对合同中明示的法律应重点分析，以指导合同的履行和索赔工作。

2. 合同的计价方式与类型

合同的计价方式包括：固定合同总价、单价合同、成本加酬金合同等。不同的计价方式，其履行方式、特点等都不一样。合同的类型不一样，如总承包、联合承包、分包合同等，则责权利也不相同，合同分析的结果就不同。

3. 承包商的合同责任和权力

这是合同总体分析的重点之一，分析内容通常有：

(1) 承包商的总任务，即合同标的。承包商在设计、采购、生产、试验、运输、土建、安装、验收、试生产、缺陷责任期维修等方面的主要责任，施工现场的管理，给业主的管理人员提供生活和工作条件等责任。

(2) 工作范围。它通常由合同中的工程量清单、图纸、工程说明、技术规范等定义。工程范围的界限应很清楚，否则会影响工程变更和索赔，特别对固定总价合同。

(3) 关于工程变更的规定。这在合同管理和索赔处理中极为重要，要重点分析：

1) 工程变更程序。在合同实施过程中，变更程序非常重要，通常要作工程变更工作流程图，并交给相关的职能人员。工程变更通常须由业主的工程师下达书面指令，出具书面证明。承包商开始执行变更，同时进行费用补偿谈判，在一定期限内达成补偿协议。这里要特别注意工程变更的实施、价格谈判和业主批准价格补偿三者之间在时间上的矛盾性。这里常常会包含着较大的风险。

2) 工程变更的补偿范围，通常以合同金额一定的百分比表示。例如某承包合同规定，工程变更在合同价的5%范围内为承包商的风险或机会。在这个范围内，承包商无权要求任何补偿。通常这个百分比越大，承包商的风险越大。有时某些特殊的规定应重点分析，例如某施工合同规定，业主有权指令进行工程变更，业主对工程变更的补偿范围仅指重大变更，且仅按单个建筑物和设施地平以上体积变化量计算补偿费用，这实质上排除了工程变更索赔的可能。

3) 工程变更的索赔有效期，由合同具体规定，一般为28天，也有14天的。一般这个时间越短，对承包商管理水平要求越高，对承包商越不利。有效期是索赔有效性的保证，应落实在具体工作中。

4. 业主的责任

业主作为工程的发包人选择承包商并向承包商颁发中标函。业主的合同责任是承包商顺利完成合同所规定任务的前提，同时又是进行索赔的理由和推卸工程拖延责任的托词；而业主的权利又是承包商的合同责任，是承包商容易产生违约行为的地方。

(1) 业主雇佣工程师并委托他全权履行业主的合同责任。在合同实施中要注意工程师的职权范围，这在FIDIC中有比较全面的规定。但每个合同又有它自己独特的规定，业主一般不会给工程师授予FIDIC规定的全部权力。对此要作专门分析。

(2) 业主和工程师有责任划分平行的各承包商和供应商之间的责任界限，协调他们的工作，并承担管理和协调失误造成的损失。例如设计单位、施工单位、供应单位之间的相互干扰由业主承担责任。这经常是承包商工期索赔的理由。

(3) 及时作出承包商履行合同所必须的决策，如下达指令、履行各种批准手续、作出认可、答复请示、完成各种检查和验收手续等。

(4) 提供施工条件。如及时提供设计资料、图纸、施工场地、道路等。

(5) 按合同规定及时支付工程款，及时接收已完工程等。

5. 合同价格

合同的价格应重点分析：

(1) 合同种类。如固定总价合同、单价合同、成本加酬金合同或目标合同等，以及合同所采用的计价方法。

(2) 工程计量方法和付款程序。如进度付款、竣工结算、最终结算时的程序及合同规定。

(3) 合同价格的调整。如费用索赔的条件、价格调整方法、计价依据、索赔有效期的规定。合同实施环境的变化对合同价格的影响。例如当通货膨胀、汇率变化、国家税收政策变化、法律变化时的合同价格的调整条件和方法。

对于附加工程价格的调整，则可以直接使用原合同的单价；若仅有相似的分项工程，则可对它的单价作相应调整后使用；如果既无相同又无相似的分项工程，则应重新决定价格。

又如某合同规定，承包商必须在工程施工中完成由业主的工程师书面指令的工程变更和附加工程。前提为，变更净增加不超过合同价格的25%，净减少不超过10%。如果工程变更总价突破上述界限，相应合同单价可作适当调整。

(4) 拖欠工程款的合同责任。

6. 合同工期

工期拖延极为常见和频繁，而且对合同实施和索赔的影响很大，所以要特别重视。重点分析合同规定的开竣工日期、主要工程活动的工期、工期的影响因素、获得工期补偿的条件及可能性。对于业主原因造成的停工，承包商不仅可要求延长工期，还有费用索赔和终止合同的权利。FIDIC和我国的施工合同都有相关规定，如前面章节所述。

7. 违约责任

若合同一方未遵守合同规定，造成对方损失，应受到相应的合同处罚。这是合同总体分析的重点之一，其中常常会隐藏较大的风险。通常应分析下列问题；

(1) 承包商不按合同规定工期完成工程的违约金或承担业主损失的条款；

(2) 由于管理上的疏忽造成对方人员和财产损失的赔偿条款；

(3) 由于预谋或故意行为造成对方损失的处罚和赔偿条款；

(4) 由于承包商不履行或不能正确地履行合同义务，或出现严重违约时的处理规定；

(5) 由于业主不履行或不能正确地履行合同义务，或出现严重违约时的处理规定，特别是对业主不及时付款的规定。

8. 工程的验收、移交和缺陷责任期

工程的验收内容包括材料和机械设备的进场验收、隐蔽工程验收、单项工程验收、全部工程的验收等。在合同的分析中，可对主要的验收要求、时间程序以及验收所带来的法律后果作出说明。

工程的移交在竣工验收合格后办理。作为一个重要的合同事件，同时又是一个重要的法律概念，工程移交表示：

（1）业主认可并接收工程，承包商工程施工任务的完结；

（2）工程所有权的转让；

（3）承包商工程照管责任的结束和业主工程照管责任的开始；

（4）缺陷责任期的开始。

缺陷责任期也叫保修期。一般合同规定的工程保修期为1年，在国际工程合同中也有要求保修2年甚至更长时间的条款。缺陷责任期内常常引起争端的是，在工程使用中出现的责任问题的划分。通常，由于承包商的施工质量、材料不合格等原因造成的质量问题，必须由承包商负责免费维修。而因业主使用和管理不善造成的问题不属于维修范围，承包商也必须修复，但费用由业主出；在缺陷责任期，业主还扣留着承包商的部分保留金。通常要求承包商在接到业主维修通知后一定期限内（通常为1个星期）完成修理。否则，业主请他人维修，费用由承包商支付。在保修期，工程使用中出现问题的责任划分常常是双方争端的焦点。

9. 索赔程序和争端的解决

索赔的程序决定着索赔的解决方法。这里要分析索赔依据的法律、争端解决的方法、仲裁地点、方式和程序、仲裁结果的约束力等。如果没有上述仲裁条款，就不能用仲裁的方法解决争端，这在很大程度上决定了承包商的索赔策略。

11.1.3 合同的结构分解

合同结构分解是指按照系统规则和要求将合同对象分解成互相独立、互相影响、互相联系的单元。合同的结构分解应与项目的合同目标相一致。根据结构分解的一般规律和施工合同条件自身的特点，施工合同条件结构分解应遵守如下规则：

（1）保证施工合同条件的系统性和完整性。施工合同条件分解和结果应包含所有的合同要素，这样才能保证应用这些分解结果时等同于应用施工合同条件。

（2）保证各分解单元间界限清晰、意义完整、内容大体上相当，这样才能保证分解结果明确有序且各部分工作量相当。

（3）易于理解和接受，便于应用，即要充分尊重人们已经形成的概念和习惯，只在根本违背合同原则的情况下才作出更改。

（4）便于按照项目的组织分工落实合同工作和合同责任。

为此，结合国内及国际施工合同的结构，可将工程施工合同进行分解，分解结构见图11-1。

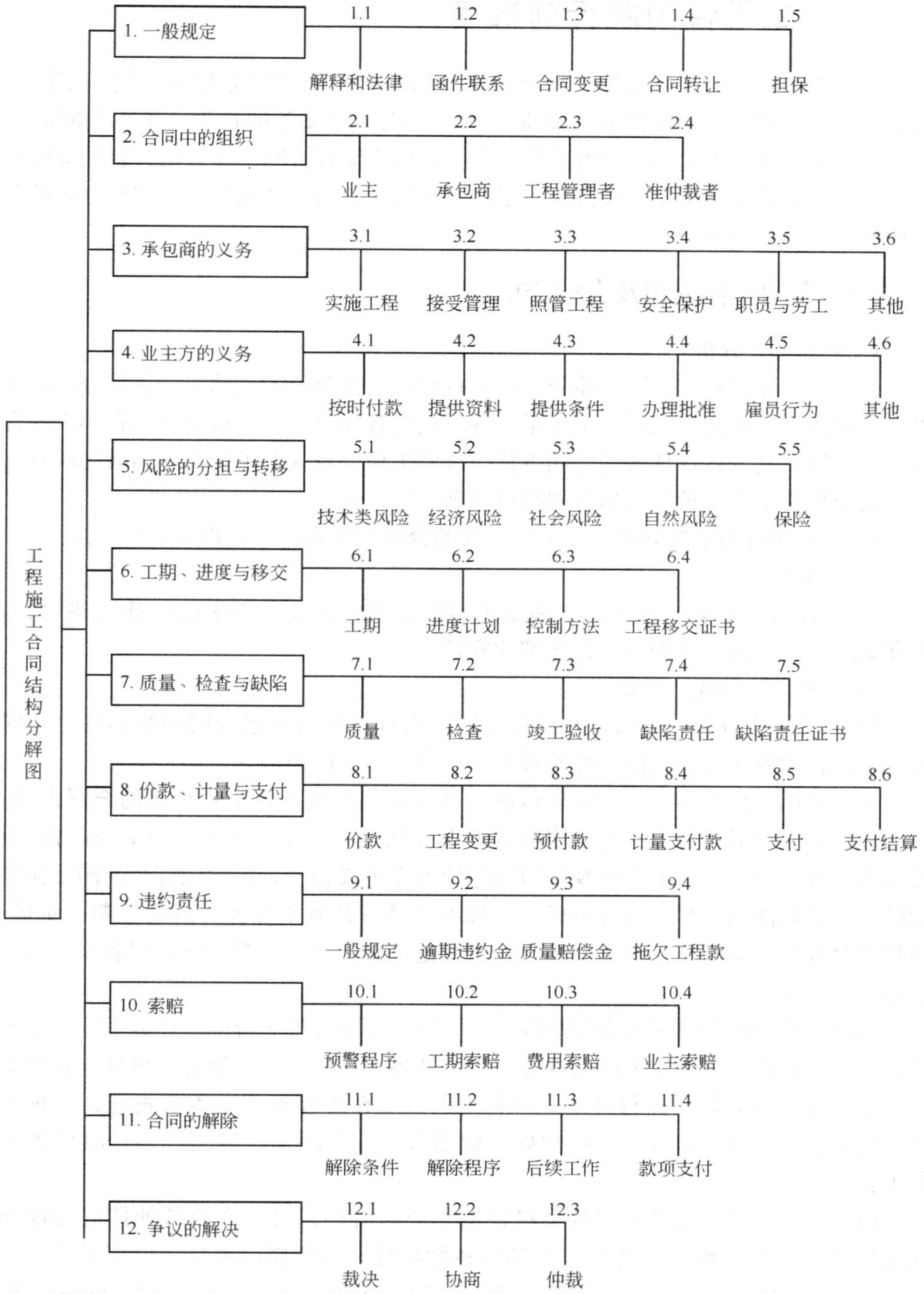

图 11-1　工程施工合同结构分解图

11.2 工程合同履行前准备

土木工程合同的履行是指工程建设项目的发包方和承包方根据合同规定的时间、地点、方式、内容及标准等要求，各自完成合同义务的行为。工程合同履行前，在合同总体分析和结构分解的基础上，还应当做好合同工作分析、合同交底及合同界面协调的准备工作，并按照一定的原则履行合同，从而为顺利完成合同的各项任务打下良好的基础。

11.2.1 合同工作分析及合同交底

1. 合同工作分析

合同工作分析是在合同总体分析和进行合同结构分解的基础上，依据合同协议书、合同条件、规范、图纸、工作量表等，确定各项目管理人员及各工程小组的合同工作，以及划分各责任人的合同责任。合同工作分析涉及承包商签约后的所有活动，其结果实质上是承包商的合同执行计划，它包括：

1）工程项目的结构分解，即工程活动的分解和工程活动逻辑关系的安排。

2）技术会审工作。

3）工程实施方案、总体计划和施工组织计划。在投标书中已包括这些内容，但在施工前，应进一步细化，作详细的安排。

4）工程详细的成本计划。

5）合同工作分析，不仅针对承包合同，而且包括与承包合同同级的各个合同的协调，包括各个分合同的工作安排和各分合同之间的协调。

根据合同工作分析，落实各分包商、项目管理人员及各工程小组的合同责任。对分包商，主要通过分包合同确定双方的责权利关系，以保证分包商能及时按质、按量地完成合同责任。如果出现分包商违约或完不成合同，可对他进行合同处罚和索赔。对承包商的工程小组可以通过内部的经济责任制来保证。落实工期、质量、消耗等目标后，应将它们与工程小组经济利益挂钩，建立一套经济奖罚制度，以保证目标的实现。

合同工作分析的结果是合同事件表。合同事件表反映了合同工作分析的一般方法，它是工程施工中最重要的文件之一，它从各个方面定义了该合同事件。它实质上是承包商详细的合同执行计划，有利于项目组在工程施工中落实责任，安排工作，进行合同监督、跟踪、分析和处理索赔事项。合同事件表（表 11-1）具体说明如下：

（1）事件编码。这是为了计算机数据处理的需要，对事件的各种数据处理都靠编码识别。所以编码要能反映事件的各种特性，如所属的项目、单项工程、单位工程、专业性质、空间位置等。通常它应与网络事件（或活动）的编码相一致。

（2）事件名称和简要说明。对一个确定的承包合同，承包商的工程范围、合同

合 同 事 件 表 **表 11-1**

<table>
<tr><td>子项目</td><td>事件编码</td><td>最近一次的变更日期</td><td>变更次数</td></tr>
<tr><td colspan="4">事件名称和简要说明</td></tr>
<tr><td colspan="4">事件内容说明</td></tr>
<tr><td colspan="4">前提条件</td></tr>
<tr><td colspan="4">本事件的主要活动</td></tr>
<tr><td colspan="4">负责人(单位)</td></tr>
<tr><td>费用：</td><td></td><td colspan="2" rowspan="2">工期
计划
实际</td></tr>
<tr><td>计划
实际</td><td>其他参加者</td></tr>
</table>

责任是一定的，则相关的合同事件和工程活动也是一定的，在一个工程中，这样的事件通常可能有几百甚至几千件。

(3) 变更次数和最近一次的变更日期。它记载着与本事件相关的工程变更。在接到变更指令后，应落实变更，修改相应栏目的内容。最近一次的变更日期表示，从这一天以来的变更尚未考虑到。这样可以检查每个变更指令落实情况，既防止重复，又防止遗漏。

(4) 事件的内容说明。主要为该事件的目标，如某一分项工程的数量、质量、技术要求以及其他方面的要求。这由工程量清单、工程说明、图纸、规范等定义，是承包商应完成的任务。

(5) 前提条件。该事件进行前应有哪些准备工作？应具备什么样的条件？这些条件有的应由事件的责任人承担，有的应由其他工程小组、其他承包商或业主承担。这里不仅确定事件之间的逻辑关系，而且确定了各参加者之间的责任界限。

(6) 本事件的主要活动。即完成该事件的一些主要活动和它们的实施方法、技术与组织措施。这完全从施工过程的角度进行分析，这些活动组成该事件的子网络。例如设备安装可包括如下活动：现场准备；施工设备进场、安装；基础找平、定位；设备就位；吊装；固定；施工设备拆卸、出场等。

(7) 责任人。即负责该事件实施的工程小组负责人或分包商。

(8) 成本(或费用)。这里包括计划成本和实际成本，有如下两种情况：

1) 若该事件由分包商承担，则计划费用为分包合同价格。如果在总包和分包之间有索赔，则应修改这个值，而相应的实际费用为最终实际结算账单金额总和。

2) 若该事件由承包商的工程小组承担，则计划成本可由成本计划得到，一般为直接费成本，而实际成本为会计核算的结果，在事件完成后填写。

(9) 计划和实际的工期。计划工期由网络分析得到。这里有计划开始期、结束期和持续时间。实际工期按实际情况，在该事件结束后填写。

(10) 其他参加人。即对该事件的实施提供帮助的其他人员。

2. 合同交底

合同交底指合同管理人员在对合同的主要内容作出解释和说明的基础上，通过组织项目管理人员和各工程小组负责人学习合同条文和合同总体分析结果，使大家熟悉合同中的主要内容、各种规定、管理程序，了解承包商的合同责任和工程范围、各种行为的法律后果等，使大家都树立全局观念，避免在执行中的违约行为，同时使大家的工作协调一致。

在我国传统的施工项目管理系统中，人们十分注重"图纸交底"工作，但却没有"合同交底"工作，所以项目组和各工程小组对项目的合同体系、合同基本内容不甚了解。我国工程管理者和技术人员有十分牢固的按图施工的观念，这本身无可厚非。但在现代市场经济中必须转变到"按合同施工"上来，特别在工程使用非标准合同文本或本项目组不熟悉的合同文本时，这个"合同交底"工作就显得更为重要。

合同交底应分解落实如下合同和合同分析文件：合同事件表(任务单、分包合同)，图纸，设备安装图纸，详细的施工说明等。最重要的是如下几方面内容：

(1) 工程的质量、技术要求和实施中的注意点；

(2) 工期要求；

(3) 消耗标准；

(4) 合同事件之间的逻辑关系；

(5) 各工程小组(分包商)责任界限的划分；

(6) 完不成责任的影响和法律后果等。

合同管理人员应在合同的总体分析和合同结构分解、合同工作分析的基础上，按施工管理程序，在工程开工前，逐级进行合同交底，使得每一个项目参加者都能够清楚地掌握自身的合同责任，以及自己所涉及的应当由对方承担的合同责任，以保证在履行合同义务过程中自己不违约，同时，如发现对方违约，及时向合同管理人员汇报，以便及时要求对方履行合同义务及进行索赔。在交底的同时，应将各种合同事件的责任分解落实到各分包商或工程小组直至每一个项目参加者，以经济责任制形式规范各自的合同行为，以保证合同目标能够得到实现。

11.2.2 合同界面的协调

不同合同之间的界面往往是合同管理的薄弱环节，是最容易出现交叉重复、遗漏疏忽、相互推诿现象的地方。在合同履行前，对合同界面的协调也是合同管理的重要工作内容。

在合同履行中业主(工程师)应做好各合同履行时相互关系的协调，特别是各个合同之间工程内容和范围的界定以及工期的衔接问题，尽可能保证在合同界面上不出现矛盾或遗漏。例如，设计合同与施工合同之间的界面主要表现在设计图纸提供的时间能否满足施工进度的要求，在处理两者的关系时，应保证图纸的供应，否则不仅工期目标可能会受到影响，而且业主也会面临施工单位索赔的风险；又如，土建施工合同履行时，工程师应注意土建施工的阶段性进度对装修、安装单位进场时间及其进度的要求是否相一致；再如，施工合同与材料采购合同的界面在于材料供应的时间、数量和质量要符合施工的要求，而安装合同与设备采购合同的界面则在于设备供应的时间、数量和质量能满足安装施工的要求，这些都是工程师在合同履行阶段对合同界面进行协调所需注意的问题。

为做好合同界面的协调，在合同界面所涉及合同中的主导合同(例如，就设计合同与施工合同的合同界面而言，设计合同是主导合同)已经签订的情况下，需要对合同界面有深刻的了解并对后续合同的有关问题要有充分的考虑。当合同履行中发现已经签订的合同未能很好的处理合同界面问题时，要及时采取补救措施，或签订补充协议或在签订后续合同时予以解决，避免或缓解已出现的合同界面问题。例如，当设计合同对设计进度的规定不能满足施工进度的需要时，可与设计单位协商加快设计进度，或分阶段提供施工图，必要时可适当支付一些设计赶工费。当然在处理合同界面所出现的问题时，既要考虑措施的可能性和可行性，又要考虑所需付出的代价，在服从整个项目目标要求的前提下，作出最优的决策。

业主方进行合同界面协调时，除做好合同策划工作，对合同工作计划及时作出调整外，还可以通过工程例会或专题会议等方式进行及时处理。

11.3 工程合同过程控制

11.3.1 合同控制过程

要完成目标就必须对其实施有效的控制。控制是项目管理的重要职能之一。所谓控制就是行为主体为保证在变化的条件下实现其目标，按照拟定的计划和标准，通过各种方法，对被控制对象实施中发生的各种实际值与计划值进行检查、对比、分析和纠正，以保证工程实施按预定的计划进行，顺利地实现预定的目标。

合同控制指承包商的合同管理组织为保证合同所约定的各项义务的全面完成及各项权利的实现，以合同分析的成果为基准，对整个合同实施过程进行全面监督、检查、对比和纠正的管理活动，其控制程序见图 11-2。它包括以下几个方面：

(1) 工程实施监督

工程实施监督是工程管理的日常事务性工作，首先应表现在对工程活动的监督上，即保证按照预先确定的各种计划、设计、施工方案实施工程。工程实施状况反映在原始的工程资料(数据)上，如质量检查报告、分项工程进度报告、记工单、用料单、成本核算凭证等。

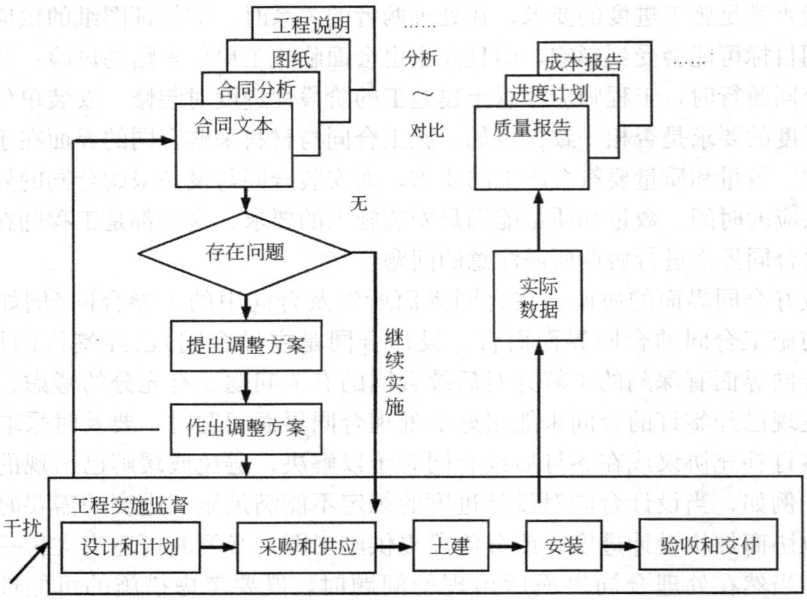

图 11-2 工程合同控制

(2) 跟踪

即将收集到的工程资料和实际数据进行整理，得到能够反映工程实施状况的各种信息，如各种质量报告，各种实际进度报表，各种成本和费用收支报表及它们的分析报告。将这些信息与工程目标(如合同文件、合同分析文件、计划、设计等)进行对比分析，就可以发现两者的差异。差异的大小，即为工程实施偏离目标的程度。如果没有差异，或差异较小，则可以按原计划继续实施工程。

(3) 诊断

即分析差异的原因，采取调整措施。差异表示工程实施偏离目标的程度，必须详细分析差异产生的原因和它的影响，并对症下药，采取措施进行调整，否则这种差异会逐渐积累，最终导致工程实施远离目标，甚至可能导致整个工程失败。所以，在工程实施过程中要不断进行调整，使工程实施一直围绕合同目标进行。

11.3.2 合同控制的日常工作

(1) 参与落实计划。合同管理人员与项目的其他职能人员一起落实合同实施计划，为各工程小组、分包商的工作提供必要的保证，如施工现场的安排，人工、材料、机械等计划的落实，工序间的搭接关系和安排及其他一些必要的准备工作。

(2) 协调各方关系。在合同范围内协调业主、工程师、项目管理各职能人员、所属的各工程小组和分包商之间的工作关系，解决相互之间出现的问题。如合同责任界面之间的争执、工程活动之间时间上和空间上的不协调。合同责任界面争执在工程实施中很常见。承包商与业主、与业主的其他承包商、与材料和设备供应商、与分包商，以及承包商的分包商之间、工程小组与分包商之间常常互相推卸一些合同中或合同事件表中未明确划定的工程活动的责任。这会引起内部和外部的争执，对此合同管理人员必须做好判定和调解工作。

(3) 指导合同工作。对各工程小组和分包商进行工作指导，作经常性的合同解释，使各工程小组都有全局观念，对工程中发现的问题提出意见、建议或警告。合同管理人员在工程实施中起“漏洞工程师”的作用，但他不是寻求与业主、工程师、各工程小组、分包商的对立，他的目标不仅仅是索赔和反索赔，而是将各方面在合同关系上联系起来，防止漏洞和弥补损失，更完善地完成工程。例如，促使工程师放弃不适当、不合理的要求(指令)，避免对工程的干扰、工期的延长和费用的增加；协助工程师工作，弥补工程师工作的漏洞，如及时提出对图纸、指令、场地等的申请，尽可能提前通知工程师，让工程师有所准备，使工程更为顺利。

(4) 参与其他项目控制工作。会同项目管理的有关职能人员每天检查、监督各工程小组和分包商的合同实施情况，对照合同要求的数量、质量、技术标准和工程进度，发现问题并及时采取对策措施。对他们的已完工程作最后的检查核对，对未完成的工程，或有缺陷的工程指令限期采取补救措施，防止影响整个工期。按合同要求，会同业主及工程师等对工程所用材料和设备开箱检查或作验收，看是否符合质量、图纸和技术规范等的要求，进行隐蔽工程和已完工程的检查验收，负责验收文件的起草和验收的组织工作，参与工程结算，会同造价工程师对向业主提出的工程款账单和分包商提交来的收款账单进行审查和确认。

(5) 合同实施情况的追踪、偏差分析及参与处理。

(6) 负责工程变更管理。

(7) 负责工程索赔管理。

(8) 负责工程文档管理。对向分包商发出的任何指令，向业主发出的任何文字答复、请示，业主方发出的任何指令，都必须经合同管理人员审查，记录在案。

(9) 争议处理。承包商与业主、与分包商的任何争议的协商和解决都必须有合同管理人员的参与，解决结果进行合同和法律方面的审查、分析和评价。这样不仅保证工程施工一直处于严格的合同控制中，而且使承包商的各项工作更有预见性，更能及早地预测合同行为的法律后果。

11.3.3 合同跟踪

在工程实施过程中，由于实际情况千变万化，导致合同实施与预定目标(计划和设计)的偏离，如果不采取措施，这种偏差常常由小到大，日积月累。这就需要对合同实施情况进行跟踪，以便及时发现偏差，不断调整合同实施，使之与总目标一致。

1. 合同跟踪的依据

合同跟踪时，判断实际情况与计划情况是否存在差异的依据主要有：合同和合同分析的结果，如各种计划、方案、合同变更文件等，它们是比较的基础，是合同实施的目标和方向；各种实际的工程文件，如原始记录、各种工程报表、报告、验收结果、量方结果等；工程管理人员每天对现场情况的直观了解，如施工现场的巡视、与各种人谈话、召集小组会议、检查工程质量、量方等。

2. 合同跟踪的对象

合同实施情况追踪的对象主要有如下几个方面：

(1) 具体的合同事件

对照合同事件表的具体内容，分析该事件的实际完成情况。如以设备安装事件为例分析：

1）安装质量，如标高、位置、安装精度、材料质量是否符合合同要求？安装过程中设备有无损坏？

2）工程数量，如是否全都安装完毕？有无合同规定以外的设备安装？有无其他的附加工程？

3）工期，是否在预定期限内施工？工期有无延长？延长的原因是什么？该工程工期变化原因可能是：业主未及时交付施工图纸；生产设备未及时运到工地；基础土建工程施工拖延；业主指令增加附加工程；业主提供了错误的安装图纸，造成工程返工；工程师指令暂停施工。

4）成本的增加和减少等。

将上述内容在合同事件表上加以注明，这样可以检查每个合同事件的执行情况。对一些有异常情况的特殊事件，即实际和计划存在大的偏离的事件，可以列特殊事件分析表，作进一步的处理。从这里可以发现索赔机会，因为经过上面的分析可以得到偏差的原因和责任。

(2) 工程小组或分包商的工程和工作

一个工程小组或分包商可能承担许多专业相同、工艺相近的分项工程或许多合同事件，所以必须对它们实施的总情况进行检查分析。在实际工程中常常因为某一工程小组或分包商的工作质量不高或进度拖延而影响整个工程施工。合同管理人员在这方面应给他们提供帮助，如协调他们之间的工作，对工程缺陷提出意见、建议或警告，责成他们在一定时间内提高质量、加快工程进度等。

作为分包合同的发包方，总承包商必须对分包合同的实施进行有效的控制。这是总承包商合同管理的重要任务之一。分包合同控制的目的如下：

1）控制分包商的工作，严格监督他们按分包合同完成工程责任。分包合同是总承包合同的一部分，如果分包商完不成他的合同责任，则总包商就不能顺利完成总包合同责任。

2）为向分包商索赔和对分包商反索赔作准备。总包商和分包商之间利益是不一致的，双方之间常常有尖锐的利益争执。在合同实施中，双方都在进行合同管理，都在寻求向对方索赔的机会，所以双方都有索赔和反索赔的任务。

3）对分包商的工程和工作，总承包商负有协调和管理的责任，并承担由此造成的损失。所以分包商的工程和工作必须纳入总承包工程的计划和控制中，防止因分包商工程管理失误而影响全局。

(3) 业主和工程师的工作

业主和工程师是承包商的主要工作伙伴，对他们的工作进行监督和跟踪是十分重要的。

1）业主和工程师必须正确、及时地履行合同责任，及时提供各种工程实施条件，如及时发布图纸、提供场地、及时下达指令、作出答复、及时支付工程款等。这常常是承包商推卸工程责任的托词，所以要特别重视。在这里合同工程师应寻找合同中以及对方合同执行中的漏洞。

2）在工程实施中承包商应积极主动地做好工作，如提前催要图纸、材料，对工作事先通知。这样不仅可以让业主和工程师及时准备，以建立良好的合作关系，保证工程顺利实施，而且可以推卸自己的责任。

3）有问题及时与工程师沟通，多向他汇报情况，及时听取他的指示(书面的)。

4）及时收集各种工程资料，对各种活动、双方的交流作出记录。

5）对有恶意的业主提前防范，并及时采取措施。

(4) 工程总的实施状况

1）工程整体施工秩序状况。如果出现以下情况，合同实施必定存在问题：现场混乱、拥挤不堪；承包商与业主的其他承包商、供应商之间协调困难；合同事件之间和工程小组之间协调困难；出现事先未考虑到的情况和局面；发生较严重的工程事故等。

2）已完工程没有通过验收，出现大的工程质量事故，工程试运行不成功或达不到预定的生产能力等。

3）施工进度未能达到预定计划，主要的工程活动出现拖期，在工程周报和月报上计划和实际进度出现大的偏差。

4）计划和实际的成本曲线出现大的偏离。在工程项目管理中，工程累计成本曲线对合同实施的跟踪分析起很大作用。计划成本累计曲线通常在网络分析、各事件计划成本确定后得到，在国外它又被称为工程项目的成本模型。而实际成本曲线由实际施工进度安排和实际成本累计得到，两者对比，可以分析出实际和计划的差异。

通过合同实施情况追踪、收集、整理，能反映工程实施状况的各种工程资料和实际数据，如各种质量报告、各种实际进度报表、各种成本和费用收支报表及其分析报告。将这些信息与工程目标，如合同文件、合同分析的资料、各种计划、设计等进行对比分析，可以发现两者的差异。根据差异的大小确定工程实施偏离目标的程度。如果没有差异，或差异较小，则可以按原计划继续实施工程。

11.3.4 合同实施情况偏差分析

合同实施情况偏差表明工程实施偏离了工程目标，应加以分析调整，否则这种差异会逐渐积累，越来越大，最终导致工程实施远离目标，使承包商或合同双方受到很大的损失，甚至可能导致工程的失败。

合同实施情况偏差分析，指在合同实施情况追踪的基础上，评价合同实施情况及其偏差，预测偏差的影响及发展的趋势，并分析偏差产生的原因，以便对该偏差采取调整措施。

合同实施情况偏差分析的内容包括：

1. 合同执行差异的原因分析

通过对不同监督和跟踪对象的计划和实际的对比分析，不仅可以得到合同执行的差异，而且可以探索引起这个差异的原因。原因分析可以采用鱼刺图、因果关系分析图(表)、成本量差、价差、效率差分析等方法定性或定量地进行。

例如，通过计划成本和实际成本累计曲线的对比分析，不仅可以得到总成本的偏差值，而且可以进一步分析差异产生的原因。引起上述计划和实际成本累计曲线偏离的原因可能有：整个工程加速或延缓；工程施工次序被打乱；工程费用支出增加，如材料费、人工费上升；增加新的附加工程，使主要工程的工程量增加；工作效率低下，资源消耗增加等。

上述每一类偏差原因还可进一步细分，如引起工作效率低下可以分为：①内部干扰，如施工组织不周，夜间加班或人员调遣频繁；机械效率低，操作人员不熟悉新技术，违反操作规程，缺少培训；经济责任不落实，工人劳动积极性不高等。②外部干扰，如图纸出错，设计修改频繁；气候条件差；场地狭窄，现场混乱，施工条件如水、电、道路等受到影响等。

在上述基础上还应分析出各原因对偏差影响的权重。

2. 合同差异责任分析

即这些原因由谁引起？该由谁承担责任？这常常是索赔的理由。一般只要原因分析详细、有根有据，则责任分析自然清楚。责任分析必须以合同为依据，按合同规定落实双方的责任。

3. 合同实施趋向预测

分别考虑不采取调控措施和采取调控措施，以及采取不同的调控措施情况下合同的最终执行结果：

(1) 最终的工程状况，包括总工期的延误、总成本的超支、质量标准、所能达到的生产能力(或功能要求)等。

(2) 承包商将承担什么样的后果，如被罚款、被清算，甚至被起诉，对承包商资信、企业形象、经营战略的影响等。

(3) 最终工程经济效益(利润)水平。

11.3.5 合同实施情况偏差处理

根据合同实施情况偏差分析的结果，承包商应采取相应的调整措施。调整措施可分为：

(1) 组织措施：如增加人员投入，重新进行计划或调整计划，派遣得力的管理人员。

(2) 技术措施：例如变更技术方案，采用新的更高效率的施工方案。

(3) 经济措施：如增加投入，对工作人员进行经济激励等。

（4）合同措施：例如进行合同变更，签订新的附加协议、备忘录，通过索赔解决费用超支问题等。

合同措施是承包商的首选措施，该措施主要由承包商的合同管理机构来实施。承包商采取合同措施时通常应考虑：

（1）如何保护和充分行使自己的合同权力，例如通过索赔以降低自己的损失。

（2）如何利用合同使对方的要求降到最低，即如何充分限制对方的合同权力，找出业主的责任。如果通过合同诊断，承包商已经发现业主有恶意、不支付工程款或自己已经陷入到合同陷阱中，或已经发现合同亏损，而且估计亏损会越来越大，则要及早确定合同执行战略。例如及早解除合同，降低损失；争取道义索赔，取得部分补偿；采用以守为攻的办法拖延工程进度，消极怠工。因为在这种情况下，承包商投入资金越多，工程完成得越多，承包商越被动，损失会越大。等到工程完成交付使用，承包商的主动权就没有了。

11.3.6 合同清理

通过合同跟踪工作能够及时掌握合同履行状态和整个工程的进展状况。根据合同履行的实际状态，可能需要对后续合同工作计划进行动态的调整，特别是对于大型项目，因合同种类、数量众多，合同关系复杂，应定期或不定期地对合同进行清理。根据合同清理的工作成果及时对合同工作计划进行调整。

所谓合同清理，是指在项目实施过程中对所有合同的履行情况进行全面综合性分析，不仅要发现各合同存在或需解决的主要问题，而且要发现不同合同之间的相互影响，包括已签订的合同之间的相互影响和已签订合同对尚未签订合同的影响，从而抓住主要矛盾加以解决，有时需对尚未签订的合同作出必要的调整。

合同清理与合同跟踪既有区别又有联系。两者的区别在于：合同跟踪是针对每一个具体合同的履行情况而言，要求深入而细致，不放过任何一个问题；而合同清理则注重从不同合同之间的相互关系进行全面综合性分析，突出那些需要及时处理或决策的问题。两者的联系则体现在，合同跟踪是合同清理的依据和基础，而合同清理则是对合同跟踪情况的综合处理和深入分析。

合同清理工作可以由合同主管部门主持，工程管理部门的主要负责人参加。这些部门的负责人分别管理设计、施工、监理和设备材料采购等合同，他们不仅对自己分管合同的履行情况了如指掌，而且对相关合同的要求也心中有数，一般可采用联席会议的方式进行相互交流和沟通。

合同清理工作分为经常性清理和全面性清理两种，可以定期或不定期进行，主要是根据合同实际履行情况和工作需要来安排合同清理工作。合同清理工作对尚未签订合同的作用相对较大，对解决已签订且已实施合同扫尾工作或遗留问题也有重要的作用。

根据合同清理工作的结果，对下一步合同工作及时作出调整，以利于项目目标的实现。

11.4 工程合同变更管理

11.4.1 合同变更概述

由于工程建设的周期长，涉及的经济关系和法律关系复杂，受自然条件和客观因素的影响大，导致合同的实际履行情况与签订合同时的情况相比会发生一些变化。合同变更是工程合同的特点之一，是工程合同履行过程中不可避免的，合同变更管理属于合同履行过程中的正常管理工作。合同变更指合同成立以后，履行完毕以前由双方当事人依法对原合同的内容所进行的修改。

1. 合同变更的起因

合同内容频繁的变更是工程合同的特点之一。一个工程，合同变更的次数、范围和影响的大小与该工程的招标文件(特别是合同条件)的完备性、技术方案设计的正确性，以及实施方案和实施计划的科学性直接相关。合同变更一般主要有以下几方面的原因：

(1) 现代工程的特点是工程量大、投资多、结构复杂、技术和质量要求高、工期长。在工程开始前工程设计会有许多不完备的地方，如错误、遗漏、不协调等。

(2) 工程环境的多变性。最常见的有：地质条件的变化、建筑市场和建材市场的变化、货币的贬值、城建和环保部门对工程新的建议和要求或干涉、自然条件的变化等。它们会直接导致工程目标、设计和计划的变更。

(3) 工程合同在工程开始前签订，是基于对未来情况预测的基础上。对如此复杂的工程和环境，合同不可能对所有的问题作出预见和规定，并对所有的工程和工作作出准确的说明。工程合同条件越来越复杂，合同中难免有考虑不周的条款、缺陷和不足之处，如措词不当、说明不清楚、有二义性。这会导致合同条件的变更。

(4) 业主要求的变化导致大量的工程变更，如项目目标的修改，建筑的功能、形式、质量标准、实施方式和过程、工程量、工程质量的变化。

合同确定的工期和价格是基于投标时的合同条件、工程环境和实施方案，即“合同状态”。由于上述这些内部的和外部的干扰因素引起“合同状态”中某些因素的变化，打破了“合同状态”，造成合同变更。所以合同变更又是“合同状态”的变更与调整。

2. 合同变更的影响

合同变更实质上是对合同的修改，是双方新的要约和承诺。这种修改通常不能免除或改变承包商的合同责任，但对合同实施影响很大，造成原“合同状态”的变化，必须对原合同规定的内容作相应的调整。主要表现在如下几方面：

(1) 定义工程目标和工程实施情况的各种文件，如设计图纸、成本计划和支付计划、工期计划、施工方案、技术说明和适用的规范等，都应作相应的修改和变更。

当然相关的其他计划也应作相应调整，如材料采购计划、劳动力安排、机械使用计划等。它不仅引起与承包合同平行的其他合同的变化，而且会引起所属的各个分合同，如供应合同、租赁合同、分包合同的变更。有些重大的变更会打乱整个施工部署。

(2) 引起合同双方，承包商的工程小组之间，总承包商和分包商之间合同责任的变化。如工程量增加，则增加了承包商的工程责任，增加了费用开支和延长了工期。所以常常必然会导致工程索赔。

(3) 变更的时间不同，会对工程有不同的影响。例如：

1) 与变更相关的分项工程尚未开始，只需对工程设计作修改或补充。如事前发现图纸错误，业主对工程有新的要求等。在这种情况下，工程变更时间比较充裕，价格谈判和变更的落实可以有条不紊地进行。

2) 变更所涉及到的工程正在进行施工，如在施工中发现设计错误或业主突然有新的要求。这种变更通常时间很紧迫，甚至可能发生现场停工，等待变更指令。

3) 变更所涉及的工程已经完工，必须作返工处理，还会引起现场工程施工的停滞，施工秩序打乱，已购材料的损失等。

(4) 合同变更常常会引起合同争执，双方可能就变更的责任、范围、补偿方式和数额产生争议。

3. 合同变更的范围

合同变更是合同实施调整措施的综合体现。合同变更的范围很广，一般在合同签订后所有工程范围，进度，工程质量要求，合同条款内容，合同双方责权利关系的变化等都可以被看作为合同变更。最常见的变更有如下几种：

(1) 涉及合同条款的变更，合同条件和合同协议书所定义的双方责权利关系，或一些重大问题的变更。这是狭义的合同变更，以前人们定义合同变更即为这一类。

(2) 工程变更，指在工程施工过程中，工程师或业主代表在合同约定范围内对工程范围、质量、数量、性质、施工次序和实施方案等作出变更。这是最常见和最多的合同变更。

现代工程合同扩大了工程变更的范围，赋予业主(工程师)更大的变更工程的权力。以 FIDIC 施工合同为例：

1) 承包商为业主的人员、业主的其他承包商、任何合法的公共当局的人员提供适当的服务、承包商的设备和临时工程，导致不可预见的费用增加。

2) 工程现场遇到不可预见的物质条件，承包商执行工程师的任何导致工程变更的处理指示。

3) 工程师指定分包商。

4) 业主和工程师的特殊要求，例如合同规定以外的钻孔，勘探开挖；对材料、工程设备、工艺作合同规定以外的检查试验，造成工程损坏或费用增加，而最终证明承包商的工程质量符合合同要求；要求承包商完成合同规定以外的工作或工程，为业主，业主的其他承包商、工作人员、任何合法机构人员提供临时工程、临时设施和各种服务等。

5）由于非承包商责任，工程师改变合同所规定的试验的位置或细节，或指示承包商进行附加试验，或指示承包商提供附加样品。

6）承包商预测将来可能会发生对工程造成不利影响、增加合同价格、延误工期的事件或情况，向工程师发出通知，工程师要求承包商提出这些影响的估计和处理建议。如果工程师批准承包商的处理建议，则产生变更。

7）工程师指令暂停超过 84 天，承包商要求复工。在要求提出后 28 天工程师没有给出许可，承包商可将暂停所影响的工程部分作为删减项目，引起变更。

8）在缺陷通知期，承包商修补非承包商责任的缺陷引起变更。

9）工程师要求承包商调查任何缺陷的原因，而这些缺陷属于非承包商责任和应承担的风险。

10）工程师指令工程变更，包括：任何工作内容的数量的改变；或工作量清单上有错误；任何工作内容的质量或其他特性的改变；任何部分工程的标高、位置或尺寸的改变；任何工作的删减，但业主不能将删减的工程再交他人实施；永久工程所需要的任何附加工作、生产设备、材料或服务；实施工程的顺序或时间的改变等。

11）承包商提出合理化建议（价值工程）。承包商可随时向工程师提交书面建议，提出可以加快竣工，降低业主工程施工、维护或运行的费用，或提高竣工工程的效率或价值，或给业主带来其他利益的建议。

（3）合同主体的变更。如由于特殊原因造成合同责任和权益的转让，或合同主体的变化。

需要注意的是，合同变更只能是在原合同规定的工程范围内的变动，业主和工程师应注意不能使合同变更引起工程性质方面有很大的变动，否则应重新订立合同。从法律角度讲，合同变更应经合同双方协商一致。根据诚实信用的原则，业主显然不能通过合同的约定而单方面的对合同作出实质性的变更。从工程角度讲，工程性质若发生重大的变更而要求承包商无条件继续施工并不恰当。承包商在投标时并未准备这些工程的施工机械设备，需另行购置或运进机具设备，使承包商有理由要求另签合同，而不能作为原合同的变更，除非合同双方都同意将其作为原合同的变更。承包商认为某项变更指示已超出本合同的范围，或工程师的变更指示的发布没有得到有效的授权时，可以拒绝进行变更工作。

4. 合同变更的处理要求

（1）变更尽可能快地作出。在实际工作中，变更决策时间过长和变更程序太慢会造成很大的损失，应注意以下问题：

1）施工停止，承包商等待变更指令或变更会谈决议。等待变更为业主责任，承包商通常可提出索赔。

2）变更指令不能迅速作出，而现场继续施工，造成更大的返工损失。

3）这不仅要求提前发现变更需求，而且要求变更程序非常简单和快捷。

(2) 迅速、全面、系统地落实变更指令。变更指令作出后，承包商应迅速、全面、系统地落实变更指令。

1) 全面修改相关的各种文件，例如图纸、规范、施工计划、采购计划等，使它们一直反映和包容最新的变更。

2) 在相关的各工程小组和分包商的工作中落实变更指令，并提出相应的措施，对新出现问题作出解释和提供对策，同时又要协调好各方面工作。

合同变更指令应立即在工程实施中得到贯彻。在实际工程中，这方面问题常常很多。由于合同变更与合同签订不一样，没有一个合理的计划期，变更时间紧，难以详细地计划和分析，很难全面落实责任，就容易造成计划、安排、协调方面的漏洞，引起混乱，导致损失。而这个损失往往被认为是承包商管理失误造成的，难以得到补偿。所以合同管理人员在这方面起着很大的作用。只有合同变更得到迅速落实和执行，合同监督和跟踪才可能以最新的合同内容作为目标，这是合同动态管理的要求。

(3) 保存原始设计图纸、设计变更资料、业主或工程师书面指令、变更后发生的采购合同、发票以及实物或现场照片。

(4) 对合同变更的影响作进一步分析。合同变更是索赔机会，应在合同规定的索赔有效期内完成对它的索赔处理。在合同变更过程中就应记录、收集、整理所涉及到的各种文件，如图纸、各种计划、技术说明、规范和业主的变更指令，以作为进一步分析的依据和索赔的证据。在实际工作中，合同变更必须与提出索赔同步进行，甚至对重大的变更，应先进行索赔谈判，待达成一致后，再实施变更。在这里赔偿协议是关于合同变更的处理结果，也作为合同的一部分。

由于合同变更对工程施工过程的影响大，会造成工期的拖延和费用的增加，容易引起双方的争执。所以合同双方都应十分慎重地对待合同变更问题。按照国际工程统计，工程变更是索赔的主要起因。

11.4.2 合同变更的程序

合同变更应有一个正规的程序，应有一整套申请、审查、批准手续。

1. 重大的合同变更程序

对重大的合同变更，由双方签署变更协议确定。合同双方经过会谈，对变更所涉及到的问题，如变更措施、变更的工作安排、变更所涉及的工期和费用索赔的处理等，达成一致。然后双方签署备忘录、修正案等变更协议。双方签署的合同变更协议与合同一样具有法律约束力，而且法律效力优先于合同文本。所以，对它也应与对待合同一样，进行认真研究，审查分析，及时答复。

2. 工程变更程序

(1) 工程变更的提出

1) 承包商提出工程变更。承包商在提出工程变更时，一般情况是工程遇到不能预见的地质条件或地下障碍。如原设计的某大厦的基础为钻孔灌注桩，承包商根据开工后钻探的地质条件和施工经验，认为改成沉井基础较好。另一种情况是承包商为了节约工程成本或加快工程施工进度，提出工程变更。

2）业主方提出变更。业主一般可通过工程师提出工程变更。但如果业主方提出的工程变更内容超出合同限定的范围，则属于新增工程，只能另签合同处理，除非承包方同意作为变更。

3）工程师提出工程变更。工程师往往根据工地现场工程进展的具体情况，认为确有必要时，可提出工程变更。工程施工中，因设计考虑不周，或施工时环境发生变化，工程师本着节约工程成本和加快工程与保证工程质量的原则，提出工程变更。只要提出的工程变更在原合同规定的范围内，一般是切实可行的。若超出原合同，新增了很多工程内容和项目，则属于不合理的工程变更请求，工程师应和承包商协商后酌情处理。

在工程项目管理中，工程变更通常要经过一定的申请手续，工程变更申请表的格式和内容可以按具体工程需要设计。表 11-2 为某工程项目的工程变更申请表。

工程变更申请表 **表 11-2**

申请人	申请表编号	合同号
相关的分项工程和该工程的技术资料说明 工程号　　　图号 施工段号		
变更的依据	变更说明	
变更涉及的标准		
变更所涉及的资料		
变更影响(包括技术要求，工期，材料，劳动力，成本，机械，对其他工程的影响等)		
变更类型	变更优先次序	
审查意见： 计划变更实施日期：		
变更申请人(签字)		
变更批准人(签字)		
变更实施决策/变更会议		
备注		

(2) 工程变更的批准

由承包商提出的工程变更，应交给工程师审查并批准。由业主提出的工程变更，为便于工程的统一管理，一般可由工程师代为发出。而工程师发出工程变更通知的权力，一般由工程施工合同明确约定。当然该权力也可约定为业主所有，然后，业主通过书面授权的方式使工程师拥有该权力。如果合同对工程师提出工程变更的权力作了具体限制，而约定其余均应由业主批准，则工程师就超出其权限范围的工程变更发出指令时，应附上业主的书面批准文件，否则承包商可拒绝执行。但在紧急情况下，不应限制工程师向承包商发布他认为必要的此类变更指示。如果在上述紧急情况下采取行动，他应将情况尽快通知业主。例如，当工程师在工程现场认为出现了危及生命、工程或相邻第三方财产安全的紧急事件时，在不解除合同规定的承包商的任何义务和职责的情况下，工程师可以指示承包商实施他认为解除或减少这种危险而必须进行的所有这类工作。尽管没有业主的批准，承包商也应立即遵照工程师的任何此类变更指示。工程师应根据 FIDIC 合同条件第 13 条，对每项变更应按合同中有关测量和估价的规定进行估价，并相应地通知承包商，同时将一份复制件呈交业主。

工程变更审批的一般原则应为：首先考虑工程变更对工程进展是否有利；第二要考虑工程变更是否可以节约工程成本；第三应考虑工程变更是否兼顾业主、承包商或工程项目之外其他第三方的利益，不能因工程变更而损害任何一方的正当权益；第四必须保证变更工程符合本工程的技术标准；最后一种情况为工程受阻，如遇到特殊风险、人为阻碍、合同一方当事人违约等不得不变更工程。

(3) 工程变更指令的发出及执行

为了避免耽误工作，工程师在和承包商就变更价格达成一致意见之前，有必要先行发布变更指示，即分两个阶段发布变更指示：第一阶段是在没有规定价格和费率的情况下直接指示承包商继续工作；第二阶段是在通过进一步协商之后，发布确定变更工程费率和价格的指示。

工程变更指示的发出有两种形式：书面形式和口头形式。

1）一般情况要求工程师签发书面变更通知令。当工程师书面通知承包商变更时，承包商才执行工程的变更。

2）当工程师发出口头指令要求工程变更，例如增加框架梁的配筋及数量时，这种口头指示在事后一定要补签一份书面的工程变更指示。如果工程师口头指示后忘了补签书面指示，承包商(须 7 天内)应以书面形式证实此项指示，交与工程师签字，工程师若在 14 天之内没有提出反对意见，应视为认可。

所有工程变更必须用书面或一定规格写明。对于要取消的任何一项分部工程，工程变更应在该部分工程还未施工之前进行，以免造成人力、物力、财力的浪费，避免造成业主多支付工程款项。

根据通常的工程惯例，除非工程师明显超越合同赋予其的权限，承包商应该无条件的执行其工程变更的指示。如果工程师根据合同约定发布了工程变更的书面指令，则不论承包商对此是否有异议，不论工程变更的价款是否已经确定，也不论监理方或业主答应给予付款的金额是否令承包商满意，承包商都必须无条件地执行此种指令。即使承包商有意见，也只能是一边进行变更工作，一边根据合同规定寻求索赔或仲裁解决。在争议处理期间，承包商有义务继续进行正常的工程施工和有争议的变更工程施工，否则可能会构成承包商违约。

图 11-3 描述了业主对承包商提出的工程变更进行控制的程序。

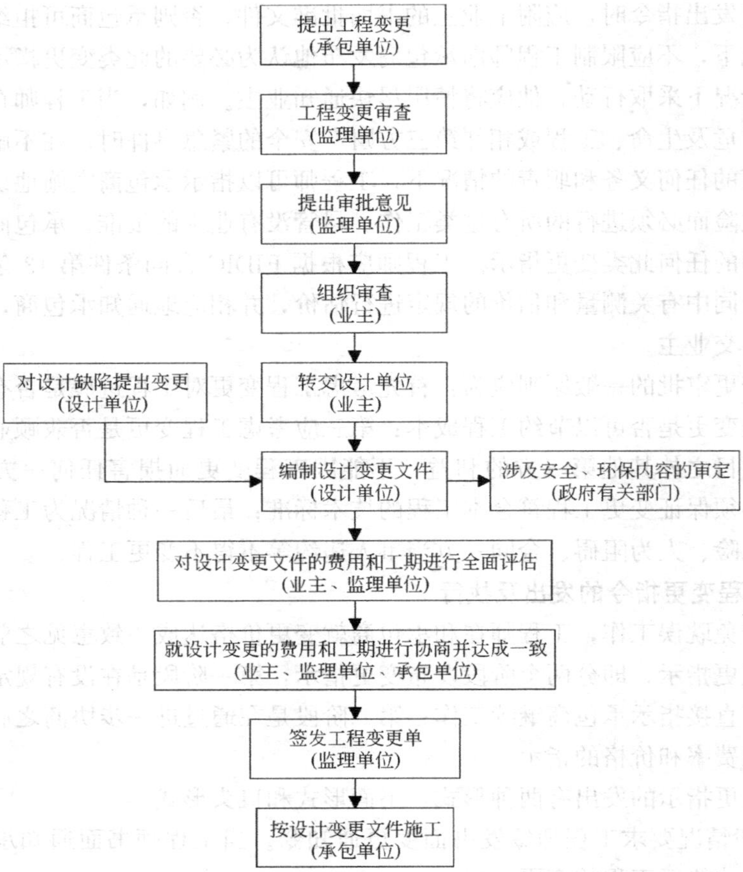

图 11-3 工程变更控制程序

11.4.3 合同变更责任分析及价格调整

1. 合同变更的互相联系分析

在前面的合同变更的起因中，几种常见的变更存在互相联系，有因果关系(见图 11-4)。这是合同变更责任分析的基本逻辑关系。

(1) 环境变化有可能导致业主要求、设计、实施组织和方法、施工项目范围和合同条款的变更。

(2) 业主要求的变更可能会导致设计、合同条款、实施组织和方法、施工项目范围和实施过程的变更。

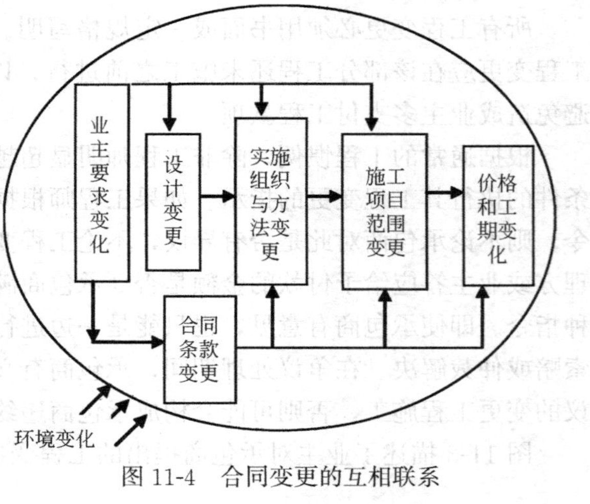

图 11-4 合同变更的互相联系

(3) 设计和合同条款的变化会直接导致实施组织和方法、施工项目范围和承包商责任的变更。

(4) 工程实施组织和方法的变更会直接导致施工项目范围和承包商责任的变更。

(5) 这些变更最终都可能导致合同价格和工期的变更。价格和工期的变更是结果性的。

在一般情况下，反向引起的可能性不大。

2. 合同变更的责任分析

在合同变更中，最频繁和数量最大的是工程变更(包括设计变更、实施组织和方法变更、项目范围和实施过程变更等)。它在工程索赔中所占的份额也最大。工程变更的责任分析是工程变更起因与工程变更问题处理，即确定赔偿问题的桥梁。

(1) 合同变更的前提条件。在工程合同(如FIDIC施工合同)中，“变更”是特别定义的，它是指业主必须对此付款的。在工程合同的实施过程中，变化是经常性的，但一项变化要作为合同所定义的“变更”应具备一些前提条件：

1) 新增工作不在原始合同描述的范围内，不属于承包商义务或责任(明示或默示的)，或者与合同描述的性质、内容不一样。

2) 变更不是承包商自愿完成的，而是由业主或他的代理人发出变更指令。

3) 非承包商责任(如他的过错)引起的。

(2) 设计变更的责任分析。设计变更会引起工程量的增加、减少，新增或删除工程分项，工程质量和进度的变化，实施方案的变化。一般工程施工合同赋予业主(工程师)这方面的变更权力，可以直接通过下达指令，重新发布图纸或规范实现变更。它的起因可能有：

1) 由于业主要求、政府城建环保部门的要求、环境变化(如地质条件变化)、不可抗力、原设计错误等导致设计的修改，必须由业主承担责任。

2) 由于承包商施工过程、施工方案出现错误、疏忽而导致设计的修改，必须由承包商负责。例如在某桥梁工程中采用混凝土灌注桩。在钻孔尚未达到设计深度时，钻头脱落，无法取出，桩孔报废。经设计单位重新设计，改在原桩两边各打一个小桩承受上部荷载。则由此造成的费用损失由承包商承担。

3) 在现代工程中，承包商承担的设计工作逐渐增多。承包商提出的设计必须经过工程师(或业主代表)的批准。对不符合业主在招标文件中提出的工程要求的设计，工程师有权不认可，并要求承包商修改。这种修改不属于工程变更。

(3) 施工方案(实施组织与方法)的变更责任分析。在投标文件中，承包商在施工组织设计中提出比较完备的施工方案，但施工组织设计不作为合同文件的一部分。对此有如下问题应注意：

1) 在一些招标文件的技术规范中业主对施工方法和临时工程做了详细的规定。承包商必须按照业主要求的施工方法投标。如果承包商的施工方法与规范不同，工程师有权指令要求承包商按照规范进行修改，而不属于工程变更。

2) 如果规范没有规定施工方法，则从总体上说，承包商对施工方法负责，选择施工方法是承包商的责任和权力。施工方案虽不是合同文件，但它也有约束力。业主向承包商授标就表示对这个方案的认可。在合同签订后一定时间内，承包商应提交详细的施工计划供业主代表或工程师审查，业主代表也可以要求承包商对施工方案作出说明。如果承包商的施工方法不符合合同的要求，不能保证实现合同目标，业主代表或工程师有权指令承包商修改方案，以保证承包商圆满地完成合同责任。

3）施工合同规定，承包商应对所有现场作业和施工方法的完备、安全、稳定负全部责任。这一责任表示：①在通常情况下由于承包商自身原因(如失误或风险)修改施工方案所造成的损失由承包商负责；②投标书中的施工方法被证明不可行的，工程师不批准或指令承包商改变施工方法不能构成工程变更；③承包商为保证工程质量，保证实施方案的安全和稳定所增加的工程量，如扩大工程边界，应由承包商自己负责，不属于工程变更。

4）编制施工方案作为承包商责任的同时，又隐含着承包商对决定和修改施工方案具有相应的权利，业主不能随便干预承包商的施工方案；为了更好地完成合同目标(如缩短工期)，或在不影响合同目标的前提下承包商有权采用更为科学和经济合理的施工方案，即承包商可以进行中间调整，不属违约。尽管合同规定必须经过工程师的批准，但工程师(业主)也不得随便干预。当然承包商承担重新选择施工方案的风险和机会收益。

5）为了使工程师能够有效的控制承包商的工程施工，保证工程的效率和保护业主利益，合同规定，承包商中标后必须向工程师提交详细的施工方案，并获得他的批准(或同意)。如果在工程施工中，承包商修改施工方法，必须经过工程师的批准或同意。如果工程师无正当理由不同意可能会导致一个变更指令。这里的正当理由通常有：①工程师有证据证明或认为，承包商的施工方案不能保证按时完成他的合同责任，例如不能保证质量、保证工期，或承包商没有采用良好的施工工艺。②不安全，造成环境污染或损害健康。③承包商要求变更方案(如变更施工次序、缩短工期)，而业主无法完成合同规定的配合责任。例如，无法按这个方案及时提供图纸、场地、资金、设备，则有权要求承包商执行原定方案。④当承包商已施工的工程没有达到合同要求，如质量不合格，工期拖延，工程师指令承包商变更施工方案，以尽快摆脱困境，达到合同要求。则工程师有权指令承包商变更他的施工方案。工程师的这些指令都不能构成工程变更，承包商无权提出索赔。

6）重大的设计变更常常会导致施工方案的变更。如果设计变更应由业主承担责任，则相应的施工方案的变更也由业主负责。反之，则由承包商负责。

7）对不利异常的地质条件所引起的施工方案的变更，一般作为业主的责任。一方面这是一个有经验的承包商无法预料现场气候条件除外的障碍或条件，另一方面业主负责地质勘察和提供地质报告，则他应对报告的正确性和完备性承担责任。

8）施工进度的变更。施工进度的变更是十分频繁的：在招标文件中，业主给出工程的总工期目标；承包商在投标书中有一个总进度计划(一般以横道图形式表示)；中标后承包商还要提出详细的进度计划，由工程师批准(或同意)；在工程开工后，每月都可能有进度的调整。通常只要工程师(或业主)批准(或同意)承包商的进度计划（或调整后的进度计划），则新进度计划就成为有约束力的。如果业主不能按照新进度计划完成按合同应由业主完成的责任，如及时提供图纸、施工场地、水电等，则属业主的违约行为。

3. 工程变更价款的确定

按照国际土木工程合同管理的惯例（如 FIDIC 第 12、13 条约定），一般合同工程变更估价的原则为：

（1）对于所有按工程师指示的工程变更，若属于原合同中的工程量清单上增加或减少的工作项目的费用及单价，一般应根据合同中工程量清单所列的单价或价格而定或参考工程量清单所列的单价或价格而定。

（2）如果合同中的工程量清单中没有包括此项变更工作的单价或价格，则应在合同的范围内使用合同中的费率和价格作为估价的基础。若做不到这一点，适合的价格要由工程师与业主和承包商三方共同协商解决而定。如协商达不成协议，则应由工程师在其认为是合理和恰当的前提下，决定此项变更工程的费率和价格，并通知业主和承包商。如业主和承包商仍不能接受，工程师可再行确定单价和价格，直到达成一致协议。如估价达不成最终的一致协议，在费用或价格经同意或决定之前，工程师应确定暂时的费率或价格，以便有可能作为暂付款包括在按 FIDIC 合同条件第 13 条签发的支付证书中。承包商一般同工程师协商，合理地要求到自己争取的单价和价格，或可以提出索赔。

（3）工程师需作决定的单项造价及费率，是相对于整个工程或分项工程中工程性质和数量有较大的变更，用工程量清单中价格已是不合理的或不合适时，例如在概算工程量清单内已有 200 个同样的分部细目，而工程师又命令多做 10 个同样的分部细目，这毫无疑问可以用工程量清单内的价格；若倒过来讲，原工程量清单中只有 10 个同样的细目，这时多做 200 个同样的分部细目显然是对承包商有利，可以用同样的施工机具、模板、支架等手段来施工时，引用原来的单价显然不合理，需要把单价调低一些。我国施工合同示范文本所确定的工程变更估价原则为：

1）合同中已有适用于变更工程的价格，按合同已有的价格变更合同价款；

2）合同中只有类似于变更工程的价格，可以参照类似价格变更合同价款；

3）合同中没有适用或类似于变更工程的价格，由承包人提出适当的变更价格，经工程师确认后执行。施工合同示范文本确认的工程变更估价原则也为我国法律所确认。

建设部 1999 年颁发的《建设工程施工发包与承包价格管理暂行规定》第 17 条规定变更价款的估价原则为：

1）中标价或审定的施工图预算中已有与变更工程相同的单价，应按已有的单价计算；

2）中标价或审定的施工图预算中没有与变更工程相同的单价时，应按定额相类似项目确定变更价格；

3）中标价或审定的施工图预算或定额分项没有适用和类似的单价时，应由乙方编制一次性补充定额单价送甲方代表审定并报当地工程造价管理机构备案。乙方提出和甲方确认变更价款的时间按合同条款约定，如双方对变更价款不能达成协议则按合同条款约定的办法处理。

11.4.4 合同变更的管理

1. 注意对工程变更条款的合同分析

对工程变更条款的合同分析应特别注意：工程变更不能超过合同规定的工程范围，如果超过这个范围，承包商有权不执行变更或坚持先商定价格后再进行变更。业主和工程师的认可权必须限制。业主常常通过工程师对材料的认可权提高材料的质量标准、对设计的认可权提高设计质量标准、对施工工艺的认可权提高施工质量标准。如果合同条文规定比较含糊或设计不详细，则容易产生争执。但是，如果这种认可权超过合同明确规定的范围和标准，承包商应争取业主或工程师的书面确认，进而提出工期和费用索赔。

此外，与业主、与总(分)包之间的任何书面信件、报告、指令等都应经合同管理人员进行技术和法律方面的审查，这样才能保证任何变更都在控制中，不会出现合同问题。

2. 促成工程师提前作出工程变更

在实际工作，变更决策时间过长和变更程序太慢会造成很大的损失。常有两种现象：一种现象是施工停止，承包商等待变更指令或变更会谈决议；另一种现象是变更指令不能迅速作出，而现场继续施工，造成更大的返工损失。这就要求变更程序尽量快捷，即使仅从自身角度出发，承包商也应尽早发现可能导致工程变更的种种迹象，尽可能促使工程师提前作出工程变更。施工中发现图纸错误或其他问题，需进行变更，首先应通知工程师，经工程师同意或通过变更程序再进行变更。否则，承包商可能不仅得不到应有的补偿，而且会带来麻烦。

3. 对工程师发出的工程变更应进行识别

特别在国际工程中，工程变更不能免去承包商的合同责任。对已收到的变更指令，特别对重大的变更指令或在图纸上作出的修改意见，应予以核实。对超出工程师权限范围的变更，应要求工程师出具业主的书面批准文件。对涉及双方责权利关系的重大变更，必须有业主的书面指令、认可或双方签署的变更协议。

4. 迅速、全面落实变更指令

变更指令作出后，承包商应迅速、全面、系统地落实变更指令。承包商应全面修改相关的各种文件，例如有关图纸、规范、施工计划、采购计划等，使它们一直反映和包容最新的变更。承包商应在相关的各工程小组和分包商的工作中落实变更指令，并提出相应的措施，对新出现的问题作出解释和制定对策，同时又要协调好各方面工作。

合同变更指令应立即在工程实施中贯彻并体现出来。在实际工程中，这方面问题常常很多。由于合同变更与合同签订不一样，没有一个合理的计划期，变更时间紧，难以详细地计划和分析，使责任落实不全面，容易造成计划、安排、协调方面的漏洞，引起混乱，导致损失。而这个损失往往被认为是承包商管理失误造成的，难以得到补偿。因此，承包商应特别注意工程变更的实施。

5. 分析工程变更的影响

合同变更是索赔机会，应在合同规定的索赔有效期内完成对它的索赔处理。在合同变更过程中就应记录、收集、整理所涉及到的各种文件，如图纸、各种计划、技术说明、规范和业主或工程师的变更指令，以作为进一步分析的依据和索赔的证据。

在实际工作中，合同变更前最好事先能就价款及工程的谈判达成一致后再进行合同变更。在商讨变更、签订变更协议过程中，承包商最好提出变更补偿问题，在变更执行前就应明确补偿范围、补偿方法、索赔值的计算方法、补偿款的支付时间等。

但事实上，工程变更的实施、价格谈判和业主批准三者之间存在时间上的矛盾性。所以，应特别注意这样的情况，工程师先发出变更指令要求承包商执行，但价格谈判及工期谈判迟迟达不成协议，或业主对承包商的补偿要求不批准，此时承包商应采取适当的措施来保护自身的利益。对此可采取如下措施：

(1) 控制(即拖延)施工进度，等待变更谈判结果，这样不仅损失较小，而且谈判回旋余地较大。

(2) 争取以点工或按承包商的实际费用支出计算费用补偿，如采取成本加酬金方法，这样避免价格谈判中的争执。

(3) 应有完整的变更实施记录和照片，请业主、工程师签字，为索赔作准备。在工程变更中，特别注意因变更造成返工、停工、窝工、修改计划等引起的损失，注意这方面证据的收集。在变更谈判中应对此进行商谈，保留索赔权。在实际工程中，人们常常会忽视这些损失证据的收集，而最后提出索赔报告时往往因举证和验证困难而被对方否决。

业主、工程师控制工程变更的措施如下：

(1) 业主对工程变更及变更价具有决定权。业主是工程的投资者、拥有者。工程变更直接影响到工程及工程投资。因此，业主具有工程变更及变更价的决定权。工程施工中应尽可能减少工程变更。有时从局部衡量，某项变更是需要的，但从工程功能及投资整体衡量，该项变更可以省略，则应否决该项变更。

(2) 工程师接受业主委托发布工程变更指令。发生工程变更时，业主委托工程师发布工程变更指令。有工程变更指令，才有变更价的协商。没有工程变更指令，承包商不得进行任何工程变更。

对于以下情况，一般不发布工程变更指令：

1) 工程量清单中工程量的变化；

2) 删去某一工作；

3) 技术规范、标准和施工方法的变化；

4) 缺陷通知期修补缺陷。

工程师应加强对工程变更指令的跟踪管理。

(3) 严格工程变更的程序。工程变更必须按照合同条件中规定的工程变更程序进行。首先审查工程变更，经业主决定，确需工程变更时由工程师发布工程变更指令，之后确定工程变更单价并实施工程。

(4) 控制工程变更价。工程变更容易引起费用变更，从而影响工程项目的投资。因此，业主、工程师应注意严格控制工程变更价。

应尽可能采用原合同价实施变更工程，当原合同价实在不能采用时，也要在原合同价的基础上做适当的调整；在不能直接采用又不能调整采用原合同价的情况下才能协商新价，这时应注意防范承包商过高抬价，由工程师确定新价，并抄送业主。

(5) 承包商应按照指令执行工程变更。承包商必须服从指令、执行指令。当收到工程师发布的工程变更令时，承包商应执行工程变更，如对所确定的工程变更价不满意，也要实施工程，而在其后索赔。此外，没有工程变更指令，承包商不得实施任何工程变更。

11.5 工程合同信息管理

11.5.1 工程合同信息管理概述

在工程实施过程中，合同管理主要是对工程承包合同的签订、履行、变更和解除进行监督检查，对合同双方争议进行调解和处理，以保证合同的依法签订和全面履行。合同管理是工程项目管理的一个重要组成部分，工程项目的目标是通过工程合同加以确定，工程项目的各参与方通过合同确立各自的权利和义务，项目实施环境和条件的变化而引起的变更和纠纷的解决也需要依据合同。由于工程项目合同管理涉及的时间长、范围广、内容多、信息量大，因此有必要建立工程项目合同管理信息系统，对合同信息进行管理。

工程合同信息包括合同前期信息、合同原始信息、合同跟踪信息、合同变更信息、合同结束信息。其具体内容见表11-3。

工程合同信息的内容 表11-3

序号	名称	内容
1	合同前期信息	工程项目招投标信息
2	合同原始信息	合同名称、合同类型、合同编码、合同主体、合同标的、商务条款、技术条款、合同参与方、关联合同等静态数据
3	合同跟踪信息	合同进度、合同费用(投资/成本)、合同确定的项目质量等动态数据
4	合同变更信息	合同变更参与方提出的变更建议、变更方案、变更令、变更引起的标的变更
5	合同结束信息	合同支付、合同结算、合同评价信息、合同归档信息

建设工程合同信息管理既有一般信息管理的特点，也有其特有的特点：

(1) 工程合同信息管理覆盖合同管理的全过程。工程合同信息管理的全生命周期包括合同前期的工程招投标阶段、项目合同执行阶段、项目合同结束阶段。工程招投标是工程项目合同形成的过程，这一阶段将产生工程合同的前期信息和合同的原始信息。项目合同执行阶段将合同执行过程中跟踪的进度、费用、质量实际数据与合同目标的原始信息进行比较分析，对执行工程中合同变更的信息进行跟踪记录，并且作为合同结算的依据。合同结束阶段对合同的实际信息进行汇总、分析、保存，对合同索赔、合同纠纷解决信息进行记录、分析、保存。合同信息是从工程项目的招投标开始，到项目结束的合同管理全生命周期中流动、传递、变化。因此，工程合同管理信息系统的信息管理应该覆盖从招投标到合同结束的全过程。

(2) 工程合同信息管理是项目管理信息系统的一个组成部分。工程项目管理信息系统包括工程项目范围管理、进度管理、费用管理、质量管理、合同管理、安全管理、环境管理等子系统。合同管理作为一个子系统与其他的子系统相关，尤其与进度管理子系统、费用管理子系统、质量管理子系统、范围管理子系统有着密切的关系。他们的信息有着输入/输出的关系，本子系统的输入来自于其他子系统，在本子系统中经过处理、加工、生成的新的信息又是其他子系统的输入信息。对工程合同信息管理决不是孤立的信息处理，它必须涉及和影响工程项目管理信息系统的其他部分。

(3) 工程合同信息管理涉及项目各参与方。工程合同根据其不同的类型，有两方合同、三方合同，围绕一个工程项目合同，有多个合同的参与方，一个普通的工程施工承包合同就有项目业主方、监理方、承包方，一个大型投资工程项目可能涉及投资方、开发方、业主方、咨询方、设计方、监理方、施工承包方、设备供应方、分包方等等。当然这里涉及的不是一个合同，但是围绕着同一个工程项目的各个合同之间，有着不可解脱的关系。因此，工程合同信息管理系统要涉及项目的诸多参与方，各参与方的合同管理信息将传递、交换、汇总、整合。

(4) 工程合同信息管理的动态性。工程合同信息在全生命周期中不是静态的，随着项目的进展，合同目标信息(进度信息、费用信息、质量信息)不断更新，如果合同条件发生变化，合同信息也就随着发生变更。为了控制合同执行，需要根据合同的实际信息和合同变更信息对合同风险进行分析，调整项目管理对策。因此，合同信息的动态特性是合同信息管理系统设计的重要依据。

(5) 工程合同信息管理的“协同性”。工程合同信息管理的“协同性”体现在，项目各参与方围绕同一个合同，需要协同处理合同信息。合同信息管理必须与进度信息管理、费用信息管理、质量信息管理、范围信息管理等进行协同。合同信息管理应该与知识库管理、数据库管理、沟通管理等进行协同。

(6) 工程合同信息管理的网络特性。合同各参与方的办公地点不在同一个地域，而合同管理的“协同”又要求他们打破“信息孤岛”，同时进行信息处理，共享合同信息。因此，合同信息管理要求各参与方通过网络将大家联通，共同处理相关的合同信息。合同信息管理系统的网络可以是“广域网”，可以是各参与方的“Internet”组成的合同管理的“Extranet”，可以是“虚拟专用网络 VPN”，也可以通过“合同信息管理门户网站”、“项目管理门户网站”进行合同信息管理，或者可以通过“项目管理信息门户 PIP”进行合同信息管理。

纵观工程合同信息管理的发展历程，其主要经历了以下几个阶段：简单合同信息查询系统(类似图书资料管理)、工程项目合同管理系统(单一管理)、与工程项目管理系统集成的信息系统、多参与方协同的工程合同信息管理门户。

11.5.2 工程合同信息管理系统的功能

工程合同信息管理系统由合同管理协同工作平台、合同管理数据库、知识库、工作流程管理和多个合同管理子系统组成。其功能主要有以下几个方面：

(1) 支持合同管理的全生命周期。合同信息管理系统通过合同信息编码，支持全生命周期合同信息共享。合同前期信息、合同原始信息、合同跟踪信息、合同变更信息、合同结束信息对于整个信息管理系统是连续的、共享的、公用的。

(2) 工程项目招投标信息管理。合同前期的招投标信息管理是合同数据的来源。有的合同管理信息系统不包括工程项目招投标管理系统，但是一个完整的工程项目合同信息管理系统应该包括招投标管理。工程招投标信息系统包括：招标管理、投标管理、评标管理、决策支持、知识库、业务流程管理等。工程招投标管理可以自成系统，可以通过公共招投标门户网站，可以通过构建政府一级公共招投标门户系统进行工程项目招投标信息管理。

(3) 工程项目合同目标管理。工程合同目标是构成项目“标的”的重要内容，它主要包括了合同进度目标、合同费用目标、合同质量目标和项目功能目标等合同原始信息。这些信息来自于工程项目招投标的最终结果。这些信息构成了项目跟踪、比较、分析、调整、控制的基准信息。通过这些信息，建立项目进度跟踪管理的进度基准线、费用控制赢得值分析的计划工作预算费用曲线(BCWS曲线)、质量管理的质量控制标准等。项目实施过程中，按照合同规定的周期，对这些目标进行跟踪，比较差异，分析预测目标的最终结果，调整实施措施，保证合同目标的实现。

(4) 工程项目合同跟踪管理。合同执行过程中，必须对合同信息进行跟踪，尤其是跟踪合同目标的动态信息。合同跟踪周期，根据合同要求或法律法规要求加以确定。合同管理系统可以用户自定义跟踪周期——天、周、旬、半月、月。合同目标跟踪信息的入口，可以是承包商，可以是监理单位，也可以是项目管理方的现场项目部人员。合同跟踪管理信息，应该有相应的时效性、准确性和可靠性。跟踪管理的输出除了各种表格外，应该提供可视化图表、照片以及视频。

(5) 工程项目合同支付管理。合同支付是合同管理的重要内容。系统应该包括各种不同合同类型的不同支付功能。系统应包括预付款管理、日常支付管理、合同结算管理。合同支付管理包括了信息的输入，合同支付程序的控制，审批流程的控制，合同支付信息的生成、汇总、统计、保存和查询。

(6) 工程项目合同变更管理。工程合同变更管理包括变更过程跟踪、变更流程控制、变更信息的输入、根据变更修改调整项目合同的目标。变更管理涉及业主、设计方、监理方、承包商，需要系统提供变更参与方同步处理有关信息的功能。

(7) 工程项目合同索赔管理。工程合同索赔管理包括索赔文件管理、索赔程序控制、索赔法律法规检索。索赔管理涉及业主、设计方、监理方、承包商，需要系统提供索赔参与方同步处理有关信息的功能。

(8) 工程项目合同风险管理。工程合同风险管理包括合同风险识别、合同风险分析(定性分析、定量分析)、合同风险监控和预警、合同风险应对策略和决策支持等功能。

(9) 多重合同管理。多重合同管理提供从总承包合同到设计分包、施工分包、供应分包、专业分包、劳务分包的分层管理功能。应具备项目不同标段合同的同步管理功能，以及提供各合同相关的信息接口、合同变更引起相关合同的索赔处理功能。

(10) 查询和输出。系统支持合同管理信息的多重检索查询。系统对使用者实施权限管理，以保证系统安全。系统提供对全生命期各个阶段的合同前期信息、合同原始信息、合同跟踪信息、合同变更信息、合同结束信息的查询，这里包括知识库和决策支持信息。查询信息的显示方式取决于系统硬件和参与方的需求，可以是报表打印、屏幕显示、门户网页。

(11) 知识管理与决策支持。知识管理包括法律法规库、历史项目合同库、分类合同模板库、历史项目数据库、行业定额库、地方定额库、内部定额库、分类项目风险库，以及决策支持、数据仓库、数据挖掘功能。

(12) 协同平台和系统集成。协同平台提供了不同参与方的协同信息处理功能、全生命周期不同阶段信息的协同处理功能、各子系统信息的协同处理功能。系统应提供集成外部软件的标准接口。

(13) 网络系统。工程合同管理的计算机网络系统，连接各参与方的网络系统，可以采用"广域网"方案或者将各参与方的"Internet"组成合同管理的"Extranet"，也可以采用"虚拟专用网络 VPN"，还可以通过"合同信息管理门户网站"、"项目管理门户网站"、"项目管理信息门户 PIP"支持工程合同信息管理。

11.5.3 工程合同信息管理系统设计

1. 总体规划

由于工程合同信息管理系统是一个由多个子系统组成，由多个合同参与方共同使用的大系统，系统需要融合多项 IT 技术，系统比较复杂，投资比较大，开发周期比较长。因而，系统开发必须根据用户需求，明确系统的总目标和主要功能。然后，根据总目标和主要功能构建系统的目标功能框架。通过系统分析为系统设计提供设计原则和设计依据。

总体规划阶段主要工作包括：按照项目要求，通过调查进行需求分析；根据需求报告，通过系统分析，确定系统目标和系统框架。总体规划应该包括：

系统规划——网络系统，操作系统，数据库系统，应用系统平台，子系统分解。

设计规划——协同平台定义，功能模块结构分解，数据库结构组成，面向对象设计方法，输入/输出界面可视化设计原则，开发数据接口规划，网络拓扑规划。

2. 协同平台设计

工程合同信息管理系统涉及多个参与方，需要实现多个功能的整合，需要实现数据的交换和共享，需要开放外部软件的应用。合理设计系统协同平台是系统目标实现的关键。如图 11-5 所示。

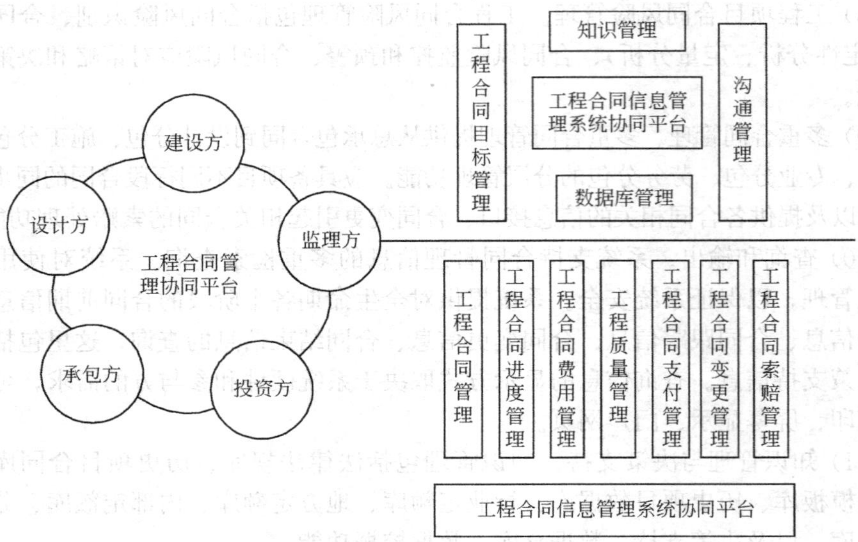

图 11-5　协同平台概念图

协同平台功能应该包括合同各参与方远程管理的协同，工程合同管理与项目管理、企业管理的协同，工程合同管理子系统之间的协同，合同信息数据库与知识库、方法库、模型库的协同，LAN 与 WAN、Internet(企业内部网)、Extranet(企业外部网)、Internet、VPN(虚拟专用网)、PSWS(项目管理专用网站)、PIP(项目管理门户)之间的协同。因为系统协同平台是位于操作系统之上的，所以协同平台必须满足开放性要求。

3. 功能模块设计

功能模块设计是系统功能目标分解的细化，采用自上而下的层次分解方法。功能模块分解不可能无限制的持续，一般也就分解到合同管理的一个“手工”业务处理流程的重现或再造(如图 11-6)。也可以将分解细化原则确定为每个模块有明确的、独立的输入/输出，确定的处理方法或工具的功能单元(如图 11-7)。

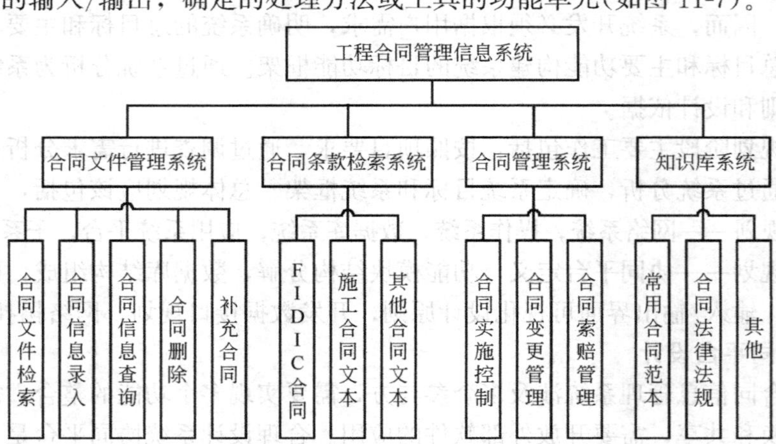

图 11-6　系统模块的分解结构

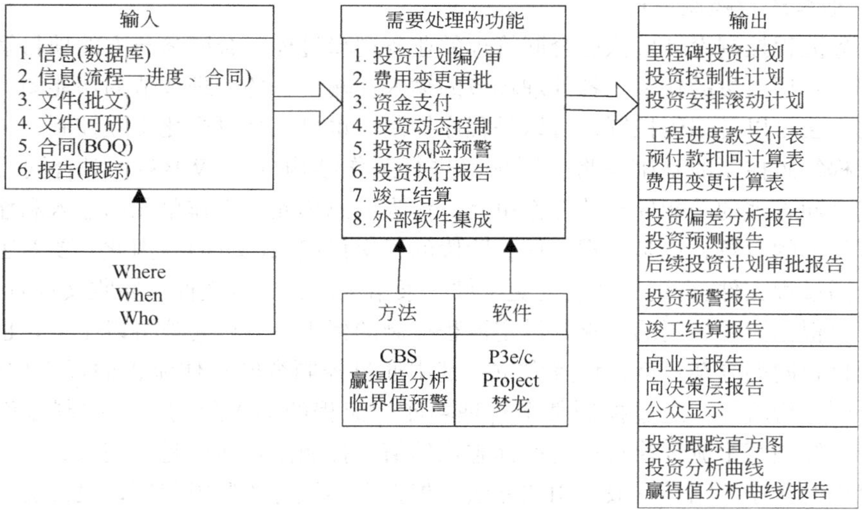

图 11-7 系统模块的分解结构细化

功能模块设计的依据是需求分析、系统分析的成果。每个功能模块之间的数据流应该满足合同管理的业务流程，前一个模块的输出就是管理业务逻辑的后模块的输入。由于数据的共享和公用，合同信息入口只有一个，不能有“二义性”。功能模块的输出形式，根据用户需求可以是“报表”、“统计图形”、“工程照片”、“视频文件”、“数据库”。功能模块的处理方法，可以是一个程序、一个子程序，也可以是一个外部软件或外部软件的外挂程序。

功能模块设计一般采用面向对象的设计方法、可视化设计方法。现在常用的设计语言，一般均具有这两种技术的功能，它给我们设计带来极大的方便。

4. 数据库设计

数据库系统选择已经不再是什么困难的问题，因为现在的数据库系统均支持开发和管理大型多媒体数据库应用系统，而且它们均支持面向对象技术和可视化技术。一般应用比较多的是 Oracle，MS SQL Serve，Sybase，IBM DB2 等。

数据库设计是系统开发的另一个核心工作。数据库设计的依据是系统的需求分析和系统分析，尤其是系统的数据流分析。由于数据库技术的发展，数据库系统功能的加强，使数据库设计工作大大简化。现在的数据库系统一般均支持面向对象技术、可视化开发技术，数据库均支持多媒体信息。

工程合同信息数据库设计，必须与系统模块设计相适应，以支持系统功能的实现，但是这绝不等于数据库与模块一一对应，数据共享和公用是数据库设计的一个重要原则。

数据库可以按照工程合同目标分类进行划分，可以按照工程合同全生命周期不同阶段进行划分，可以按照合同的不同参与方进行划分，可以按照工程合同管理的特殊过程进行划分，还可以按照不同数据特征进行划分。

数据库还应该包括合同风险识别数据库、合同风险跟踪数据库等。

5. 业务流程控制设计

业务流程控制设计要依据合同管理的业务逻辑过程、合同参与方的项目管理责任矩阵、管理人员的权限、各处理环节的输入和输出、各处理环节的功能图。流程控制的方法可以是编码控制，可以是程序控制，也可以是可视化交互控制。

流程编码控制的基础是将合同项目进行工作结构分解(WBS)。对合同目标可以明确合同管理的功能处理的工作单元，作为编码单元。工作单元的输入和输出是该工作处理的对象，也是管理工作各阶段的可交付成果(文件)。因此，要对工作单元和合同过程文件(合同文件、变更文件、索赔文件、支付文件、验收文件)进行编码。编码根据流程控制的要求，设定流程控制的标志位。标志位可以1个，也可以根据项目合同的复杂程度，设置多位。其中通过控制合同总体流程的标志位的值，控制合同执行阶段；通过控制某个管理功能的流程的标志位的值，控制流程的进展；通过控制某个流程执行情况的标志位的值，控制流程功能是否完成。

流程的程序控制是一般采用的办法，根据合同执行的逻辑程序，设计流程控制程序。流程控制程序必须满足合同管理的工作流、数据流、控制流。

可视化交互流程控制是将流程定制，并且制作成可视化图标流程，在屏幕上显示。合同管理人员根据显示的进程和责任矩阵规定的职责，进入处理阶段，对相应的过程进行权限赋予的处理。过程处理完毕，图标显示进入下一个流程工作单元。

6. 面向对象，可视化设计

可视化设计既包含了输入、输出界面的可视化、系统人机交互的可视化、系统帮助的可视化，还包含了系统的可视化设计。应用可视化设计技术，根据系统模块设计的结果，直接在计算机屏幕上生成“系统对象”——窗口，输入对话框、菜单、工具钮等。也可根据用户需求和系统设计的要求，按照B/S结构、Windows浏览器页面，设计客户端界面。

7. 开放接口设计

由于工程合同信息管理系统有多个协同工作平台，需要与工程项目管理信息系统协同工作，需要与工程项目的各参与方协同工作，系统要求具有开放性，需要与外部系统进行数据交换，需要与外部软件进行集成。开放接口包括接口语言的开放性、数据格式的标准化，数据库满足开放数据库连接标准ODBC。

8. 两个体系结构设计

(1) NET设计体。Microsoft. NET是微软的XML Web Services平台。不论操作系统或编程语言有何差别，XML Web Services都能够使应用程序在Internet上传输和共享数据。Microsoft. NET平台包含广泛的产品系列，它们都是基于XML和Internet行业标准进行构建的，提供从开发、管理、使用到体验XML Web Services的每个方面。XML Web Services将成为Microsoft的应用程序、工具和服务器的一部分。

(2) J2EE设计体。J2EE(Java Version 2 Enterprise Edition，Java 2企业版)是一种适合实现企业应用系统集成的体系结构。J2EE体系结构的采用有利于实现多种异构应用系统、多服务器、甚至广域网部署的应用系统的整合。

11.5.4 工程合同管理几种常用软件

早期工程合同管理信息系统一般为单机软件，其功能比较简单，主要为合同文档的存储和检索。后来合同管理发展为项目管理信息系统的一个子系统，其功能一般包括合同登记、合同变更、索赔记录、合同结算。但是，很少有将合同管理与项目的其他管理功能相关联，比较多的是将合同管理与费用支付相结合。更少有将招投标与工程合同管理结合在一起的。目前国内外工程项目管理商品软件几乎都标明具有合同管理功能，但是，其合同管理功能是弱化的。单独的功能比较强的工程合同管理软件不多。

包含工程合同管理的项目管理信息系统软件有美国 Primavera 的 P3e/C，国内的梦龙 LinkProject 项目管理平台，新中大的 Psoft，广联达 GPM，豪力 eFIDIC，建文 ERP/J2 等。

1. 梦龙 LinkProject 项目管理平台

合同管理与控制系统是梦龙 LinkProject 项目管理平台软件系统的一个部分，它的功能为：

(1) 合同管理的模板设计，制定标准的合同范本。

(2) 资金统计，可以对合同的费用进行全面的监视。

(3) 远程项目合同管理，严格根据权限管理合同，尽可能减少遗漏而导致的索赔与争议。

(4) 报表的输出，完全个性设计，可以制作出用户所需要的任何形式的报表。

2. 新中大 Psoft

新中大工程管理系统中的合同管理包括了合同的文档管理、合同的资金管理、合同的变更管理、合同事务管理等管理内容。系统支持项目施工承包、分包合同、供货合同等多种固定模式的合同形式。

(1) 合同管理典型流程

系统将项目施工承包合同的全过程分为二个阶段，即合同的形成阶段与合同的执行阶段。合同形成阶段的信息从招投标管理(Psoft 系统的一个部分)中取得。

合同执行阶段所产生的静态、动态台账信息纳入到“合同台账管理”模块中进行管理；涉及合同的其他业务的管理(如进度、质量和安全的管理)分别在各业务相应的子系统中进行管理。系统提供的功能模块可满足合同从产生到履行结束全过程管理的需求。

(2) 合同费用控制

系统从合同管理信息中自动创建项目合同的评测基准，即自动生成原合同计划费用、合同变更费用、合同已完成费用、合同尚未完成费用、预测完成时(含变更)合同费用总值、目标差异、当前差异等数据信息。合同费用管理能随施工进度的执行得到动态的控制，数据分布信息与进度保持完全一致，同时针对业主方可将项目承包费用中的甲供材料工程费用自动处理。

系统可按 WBS、OBS 统计、分析、查询费用数据信息。系统可根据管理组织职能、管理流程自动将工程费用信息在项目部、财务部、采购部、领导层间进行传递，实现财务业务一体化。可设置控制警戒线，用于风险防范。

(3) 模块特点

1）对合同协议基本信息、工程量清单以及工程扣款款项、扣款参数等信息进行维护。

2）可以对合同变更进行全程的跟踪和管理。如合同变更请示文件、变更建议、变更令等；并全程跟踪变更过程，将变更处理过程完整的记录下来，以便用户今后查询和分析变更的原因和处理方法。

3）合同之间可以形成嵌套的关系，即可以管理分包合同，分包合同与总承包合同形成父子合同关系。

4）对合同执行全过程进行监控。即对进度款的申请、工程合同的变更、阶段结算等进行管理和监控。

5）用户可以对每个合同进行操作权限的设置，保证合同管理的严密性和规范性。

6）较强的报表查询功能，为工程合同管理和执行提供丰富的数据依据。

7）合同管理的方法和程序，符合 FIDIC、NEC 等国际先进的合同管理惯例。

8）与工程项目的其他业务管理连接，在工程进度管理、采购仓储管理、费用控制管理、质量安全管理等各个管理软件之间起到协调、监控作用。

9）可以在系统中记录违约和索赔中产生的相关信息，并将违约和索赔发生的过程完整的记录备案。

3. 广联达 GPM 工程项目管理系统

GPM 可以对不同类型合同进行管理

(1) 建安合同管理

1）建安合同登记：登记和管理项目建安合同信息；

2）建安合同变更：登记和管理项目建安合同变更信息；

3）合同预算书管理：支持广联达其他软件数据的导入、Excel 的导入；

4）预算拆分：将预算拆分到 WBS 节点上；

5）核定量输入：业主、监理单位、施工单位三方共同对实际发生的工程量进行核定；

6）核定量超额查询：查询各清单项现场核定结果；

7）合同签证：记录施工现场签证信息。

(2) 监理合同管理

1）监理合同登记：登记和管理项目监理合同信息；

2）监理合同变更：登记和管理项目监理合同变更信息；

3）监理合同费用拆分(按分摊方式、不进行拆分)。

(3) 其他合同管理

1）其他合同登记：登记和管理项目其他合同信息；

2）其他合同变更：登记和管理项目其他合同变更信息；

3）其他合同费用拆分(按分摊方式、不进行拆分)。

本 章 小 结

项目合同的履行与管理是建设项目过程管理的重要环节，是实现建设项目预定目标的重要保障。本章在工程合同总体分析的基础上探讨了工程项目合同履行与管理过程中的主要关键问题，包括合同的过程控制方法、合同的变更管理及合同的信息管理。

复习思考题

1. 什么是合同总体分析？其基本要求是什么？
2. 合同总体分析的内容主要包括哪些？
3. 在工程合同履行前，应作好哪些准备工作？
4. 什么是合同工作分析？包括哪些内容？
5. 土木工程合同履行的基本原则是什么？
6. 建设工程项目合同控制与目标控制的关系如何？
7. 合同跟踪的对象主要包括哪些方面？
8. 工程变更的程序是什么？
9. 工程合同变更中，如何进行各方的责任分析？
10. 在工程变更发生后，工程价款如何重新确定？
11. 工程合同信息管理的内容包括哪些？
12. 工程合同信息管理系统能实现哪些功能？

第12章 项目风险与合同管理

12.1 工程合同风险描述

12.1.1 工程合同风险概述

1. 风险的概念及特性

风险是个复杂且抽象的概念，目前学术界对风险的内涵还没有统一的定义。其中，为学术界和实务界较为普遍接受的有以下两种观点：风险是未来可能结果发生的不确定性；风险是预期与实际结果的变动。风险具有以下特征：

（1）客观性。风险是不以人的意志为转换的客观存在。我们只能降低风险发生的概率和减少风险造成的损失，而不能从根本上完全消除风险。

（2）不确定性。不确定性是风险最本质的特征。由于客观条件的不断变化以及人们对未来环境认识的不充分性，导致人们对事件未来的结果不能完全确定。

（3）潜在性。尽管风险是一种客观存在，但它的不确定性决定了它的一种特定出现只是一种可能，这种可能要变为现实还有一段距离，还有赖于其他相关条件，这一特性就是风险的潜在性。风险的潜在性使人类可以利用科学的方法，正确鉴别风险，改变风险发生的环境条件，从而减小风险、控制风险的负面结果。

（4）可测性。对大量风险而言，风险发生可以用概率加以测度，人们可以根据以往发生的一系列类似事件的统计资料，经过分析，对风险发生的频率及其造成的经济损失程度作出统计分析和主观判断，从而对可能发生的风险进行预测与衡量。

（5）双重性。风险具有双重性，风险的损失与收益机会共存。根据风险结果的双重性，在对待风险时，不应仅仅是消极对待其损失一面，也应将风险当作是一种经营机会，通过风险管理尽量获得风险收益。

(6) 风险具有特定的根源。对于某一具体的风险，由于是一种随机现象，在风险发生以前，人们无法准确地预测它何时会发生，以及发生的结果。但是风险都有特定的根源，有发生的特定的征候和一定的表现形式。风险的根源、迹象、征候和形式常常是可见的和可推测的。

(7) 行为相关性。行为相关性是指决策者面临的风险与其决策行为是紧密关联的。不同的决策者对同一风险事件会有不同的决策行为，具体反映在其采取的不同策略和不同的管理方法，也因此会面临不同的风险结果。传统上的研究将在风险环境中的决策行为称为风险态度。实质上任何一种风险都是由决策行为与风险状态结合而成的，风险状态是客观的，但其结果会因不同风险态度的决策行为而不同。

2. 工程项目风险的概念

工程项目由于其投资的巨大性、地点的固定性、生产的单件性以及规模大、周期长、施工过程复杂等特点，比一般产品生产具有更大的风险。工程项目的立项及其可行性研究、设计和计划都是基于可预见的技术、管理和组织条件和对工程项目的环境(政治、经济、社会、自然等各方面)理性预测的基础上作出的，而在工程项目实施以及项目建成后运行的过程中，这些因素都有可能会产生变化，在各个方面都存在着不确定性。这些变化会使得原定的计划、方案受到干扰，使原定的目标不能实现，这些事先不能确定的内部和外部的干扰因素，就是工程项目的风险，它是项目系统中的不可靠因素。

由于工程建设周期持续时间长，所以涉及的风险因素众多。对建设工程的风险因素，最常用的是按风险产生的原因进行分类，这些风险因素都会不同程度地作用于建设工程，产生错综复杂的影响。工程中常见的风险有如下几类：

(1) 项目外界环境的风险

1) 在国际工程中，工程所在国政治环境的变化，如发生战争、禁运、罢工、社会动乱等造成工程中断或终止。

2) 经济环境的变化，如通货膨胀、汇率调整、工资和物价上涨。物价和货币风险在工程中经常出现，而且影响非常大。

3) 合同所依据的法律环境的变化，如新的法律颁布，国家调整税率或增加新税种，新的外汇管理政策等。在国际工程中，以工程所在国的法律作为合同的法律基础，这本身对承包商就有很大的风险。

4) 自然环境的变化，如百年未遇的洪水、地震、台风等，以及工程水文、地质条件存在不确定性，复杂且恶劣的气候天气条件和现场条件，可能存在其他方面对项目的干扰因素等。环境风险是工程项目中的其他风险的根源。

(2) 项目组织成员资信和能力风险

1) 业主(包括投资者)资信与能力风险。例如：①业主企业的经营状况恶化，濒于倒闭，支付能力差，资信不好，恶意拖欠工程款，撤走资金，或改变投资方向，改变项目目标；②业主为了达到不支付，或少支付工程款的目的，在工程中苛刻刁难承包商，滥用权力，施行罚款或扣款，或对承包商合理的索赔要求不作答复，或拒不支付；③业主经常随便改变主意，如改变设计方案、实施方案，打乱工程施工秩序，发布错误的指令，非程序地干预工程，但又不愿意给承包商以补偿等；④业主不能完成他的合同责任，如不及时供应他负责的设备、材料，不及时交付场地，不及时支付工程款；在国内的许多工程中，拖欠工程款已成为承包商最大的风险之一，是妨碍施工企业正常生产经营的主要原因之一；⑤业主的工作人员存在私心和其他不正之风等。

2）承包商（分包商、供应商）资信和能力风险。承包商是工程的实施者，是业主的最重要的合作者。承包商的资信和能力情况对业主的工程总目标的实现有决定性影响。承包商的资信和能力风险主要有以下几方面：①承包商的技术能力、施工力量、装备水平和管理能力不足，没有适合的技术专家和项目经理，不能积极地履行合同；②财务状况恶化，企业处于破产境地，无力采购和支付工资，工程被迫中止；③承包商的信誉差，不诚实，在投标报价和工程采购、施工中有欺诈行为；④设计单位设计错误，工程技术系统之间不协调、设计文件不完备、不能及时交付图纸，或无力完成设计工作；⑤在国际工程中还常常出现对当地法律、语言不熟悉，对技术文件、工程说明和规范理解不正确或出错的现象；⑥承包商的工作人员、分包商、供应商不积极地履行合同责任，罢工、抗议或软抵抗等。

3）项目管理者（如监理工程师）的信誉和能力风险。例如：①项目管理者没有与本工程相适应的管理能力、组织能力和经验；②项目管理者缺乏工作热情和积极性，职业道德素质低下，公正性差；③项目管理者的管理风格、文化偏见导致他不能正确地执行合同，在工程中对承包商要求苛刻。

4）其他方面。例如中介人的资信、可靠性差；政府机关工作人员、城市公共供应部门（如水、电等部门）的干预、苛求和个人需求；项目周边或涉及到的居民或单位的干预、抗议或苛刻的要求等。

（3）管理过程风险

1）业主的项目决策错误。工程相关的产品和服务的市场分析错误，进而造成项目目标设计错误。业主对投资预算、质量要求、工期限制得太紧，无法按时、按质、按量完成项目。

2）对环境调查和预测的风险。

3）起草错误的招标文件、合同文件。合同条款不严密、错误、二义性，过于苛刻的单方面约束的、不完备的条款。工程范围和标准存在不确定性。

4）承包商错误的投标策略，错误理解业主意图和招标文件，导致实施方案错误，报价失误等。

5）承包商的技术设计、施工方案、施工计划和组织措施存在缺陷和漏洞，计划不周。

6）实施控制中的风险。例如：①合同伙伴争执、责任不明，产生索赔要求；②没有得力的措施来保证进度、安全和质量要求；③由于分包层次太多，造成计划执行和调整、实施控制的困难；④监理工程师下达错误的指令等。

3. 工程合同风险的概念

合同风险是指合同中的以及由合同引起的不确定性。工程合同风险主要有如下几种：

(1)由合同种类所定义的风险

合同风险首先与所签订的合同类型有关。如果签订的是固定总价合同，则承包商承担单价和工程量变化的风险；而对成本加酬金合同，承包商一般不承担任何风险；对常见的单价合同，单价变化的风险由承包商承担，而工程量变化的风险由业主承担。

(2)合同明确规定应由一方承担的风险

即对上述列举工程项目中的几类风险，通过合同定义和分配，明确规定或隐含的风险承担者，则成为合同风险。

1) 工程承包合同明确规定业主风险，如工程变更的范围、承包商的索赔、业主风险和不可抗力等条款。

2) 承包商风险。工程施工合同中，关于承包商风险的规定比较具体。通常包括：①承包商对现场以及周围环境调查负责，并已取得对影响投标报价的风险、意外事件和其他情况的所有资料。承包商对环境条件应有一个合理预测，只有出现有经验的承包商(在投标时承包商总是申明他是“有经验的”)不能预测的情况，才能对他免责。②承包商是经过认真阅读和研究招标文件，并全面、正确地理解了合同精神，明确了自己的责任和义务，对招标文件的理解自行负责。③承包商对投标书以及报价的正确性、完备性满意。报价已包括了他完成全部合同责任的花费，如果出现报价问题，如错报、漏报，则均由他自己负责。④合同规定的其他承包商风险。业主为了转嫁风险提出单方面约束性的、过于苛刻的、责权利不平衡的合同条款，这在合同中经常表现为：“业主对……不负任何责任”，或“在……情况下不得调整合同价格”，或“在……情况下，一切损失由承包商负责”。例如，业主对任何潜在的问题，如工期拖延、施工缺陷、付款不及时等所引起的损失不负责；业主对招标文件中所提供的地质资料、试验数据、工程环境资料的准确性不负责；业主对工程实施中发生的不可预见风险不负责；业主对由于第三方干扰造成的工期拖延不负责等。

(3)合同缺陷导致的风险

1) 条文不全面、不完整，没有将合同双方的责权利关系全面表达清楚，没有预计到合同实施过程中可能发生的各种情况，导致合同过程中的激烈争执，最终导致损失。例如缺少工期拖延违约金的最高限额的条款或限额太高；缺少工期提前的奖励条款；缺少业主拖欠工程款的处罚条款。又如，对工程量变更、通货膨胀、汇率变化等引起的合同价格的调整没有具体规定调整方法、计算公式、计算基础等；对材料价差的调整没有具体说明是否对所有的材料，是否对所有相关费用(包括基价、运输费、税收、采购保管费等)作调整，以及价差支付时间。在合同订立时不可忽略对承包商权益的保护条款，如在工程受到外界干扰情况下的工期和费用的索赔权等。由于没有具体规定，如果发生这些情况，业主完全可以以“合同中没有明确规定”为理由，推卸自己的合同责任，使承包商受到损失。例如，在某国际工程施工合同中遗漏工程价款的外汇额度条款，结果承包商无法获得已商定好的外汇款额。

2）合同表达不清晰、不细致、不严密、有错误、矛盾、二义性。

3）合同签订、合同实施控制的问题。对合同内容理解错误，不完善的沟通和不适宜的合同管理等导致的损失。

需要注意的是，参与工程建设的各方均有风险，但各方的风险不尽相同。工程建设各方所遇到的风险事件有较大的差异，即使是同一风险事件，对建设工程不同参与方的后果有时迥然不同。例如，同样是通货膨胀风险事件，在可调价格合同条件下，对业主来说是相当大的风险，而对承包商来说则风险很小(其风险主要表现在调价公式是否合理)；但是，在固定总价合同条件下，对业主来说就不是风险，而对承包商来说是相当大的风险(其风险大小还与承包商在报价中所考虑的风险费或不可预见费的数额或比例有关)。因此，对工程项目合同风险的分析，一定要首先明确出发点，即从哪一方的角度进行分析。分析的出发点不同，分析的结果自然也就不同。

12.1.2 工程合同风险的分配原则

1. 工程合同风险分配的重要性

合同风险如何负担是决定合同形式的主要影响因素之一。合同的起草和谈判实质上很大程度上是风险的分配问题。作为一份完备的公平的合同，不仅应对风险有全面的预测和定义，而且应全面地落实风险责任，在合同双方之间公平合理地分配风险。

对合同双方来说，如何对待风险是个战略问题。由于业主起草招标文件、合同条件，确定合同类型，承包商必须按业主要求投标，所以对风险的分配业主起主导作用，有更大的主动权与责任。但业主不能随心所欲地不顾主客观条件，任意在合同中加上对承包商的单方面约束性条款和对自己的免责条款，把风险全部推给对方，一定要理性分配风险。

业主如果在合同文件起草、合同谈判及合同执行中，不能公平地对待承包商，这可能产生如下后果：

(1) 如果业主不承担风险，则他也缺乏工程控制的积极性和内在动力，工程也不能顺利进行。

(2) 如果由于合同不平等，承包商没有合理的利润，不可预见的风险太大，则会对工程缺乏信心和缺乏履约的积极性。如果风险发生，不可预见风险费用不足以弥补承包商的损失，则他通常要想办法弥补损失，或减少开支。例如偷工减料、减少工作量、降低材料设备和施工的质量标准以降低成本，甚至放慢施工速度，或停工要求业主给予额外补偿，最终影响工程的整体效益。

(3) 如果合同所定义的风险没有发生，则业主多支付了报价中的不可预见风险费，承包商取得了超额利润。

所以合理地分配风险有如下好处：

(1) 业主可以获得一个合理的报价，承包商报价中的不可预见风险费较少；

(2) 减少合同的不确定性，承包商可以准确地计划和安排工程施工；

(3) 可以最大限度发挥合同双方风险控制和履约的积极性；

(4) 整个工程的产出效益可能会最好。

业主应公平合理地善待承包商，公平合理地分担风险责任。一个苛刻的、责权利关系严重不平衡的合同往往是一把“双面刃”，不仅伤害承包商，而且最终会损害工程的整体利益，伤害业主自己。

2. 工程合同风险分配的原则

风险应该按照效率原则和公平原则进行分配。

(1) 从工程整体效益的角度出发，最大限度地发挥双方的积极性

风险的分配应当按照有利于项目成功的最大可能性来分配。从项目整体来说，风险承担者的风险损失低于其他方的因风险的收益，在收益方赔偿损失方的损失后仍然获利，这样的分配是合理的。从这个角度出发分配风险应尽可能做到：

1) 谁能最有效地(有能力和经验)预测、防止和控制风险，或能够有效地降低风险损失，或能将风险转移给其他方面，则应由他承担相应的风险责任。

2) 承担者控制相关风险是经济的，即能够以最低的成本来承担风险损失，同时他管理风险的成本、自我防范和市场保险费用最低，同时又是有效、方便、可行的。

3) 通过风险分配，加强责任，发挥双方管理和技术革新的积极性等。

(2) 公平合理，责权利平衡

对工程合同，风险分配应当符合公平原则。它具体体现在：

1) 承包商提供的工程(或服务)与业主支付的价格之间应体现公平，这种公平通常以当地当时的市场价格为依据。

2) 风险责任与权利之间应平衡。风险作为一项责任，它应与权利相平衡。任何一方有一项责任则必须有相应的权利，防止单方面权利或单方面义务条款。例如业主起草招标文件，则应对它的正确性(风险)承担责任；业主指定监理工程师、指定分包商，则应承担相应的风险；承包商对施工方案负责，则他应有权决定施工方案，并有权采用更为经济和合理的施工方案的权利。如采用成本加酬金合同，业主承担全部风险，则他就有权选择施工方案、干预施工过程；而采用固定总价合同，承包商承担全部风险，则承包商就应有相应的权利，业主不应多干预施工过程。

3) 风险责任与机会对等，即风险承担者同时应能享有风险控制获得的收益和机会收益。例如承包商承担工期风险，拖延要支付违约金；反之若由于工期控制使工期提前应有奖励；如果承包商承担物价上涨的风险，则物价下跌带来的收益也应归他所有。

4) 承担的可能性和合理性，即给风险承担者以风险预测、计划、控制的条件和可能性。风险承担者应能最有效地控制导致风险的事件，能通过一些手段(如保险、分包)转移风险；一旦风险发生，他能进行有效的处理；能够通过风险责任发挥他计划、工程控制的积极性和创造性；风险的损失能由于他的作用而减少。例如承包商承担报价风险、环境调查风险、施工方案风险和对招标文件理解风险，则他应有合理的做标时间，业主应能提供一定详细程度的工程技术文件和工程环境文件（如水文地质资料）。如果没有这些条件，则他不能承担这些风险（最好用成本加酬金合同）。

（3）符合现代工程管理理念

在风险分配中要考虑现代工程管理理念和理论的应用，如双方伙伴关系、风险共担、达到双赢的目的等。在国外一些新的合同中，将许多不可预见的风险由双方共同承担，如不可抗力、恶劣的气候条件、汇率、政府行为、政府稳定性、环境限制和适应性等。

（4）符合工程惯例

风险分配应符合工程惯例，即符合通常的工程处理方法。一方面，惯例一般比较公平合理，较好反映双方的要求；另一方面，合同双方对惯例都很熟悉，工程更容易顺利实施。如果合同中的规定严重违反惯例，往往就违反了公平合理原则。

按照惯例承包商承担对招标文件理解，环境调查的风险；报价的完备性和正确性风险；施工方案的安全性、正确性、完备性、效率的风险；材料和设备采购风险；自己的分包商、供应商、雇用的工作人员的风险；工程进度和质量风险等。业主应承担的风险包括：招标文件及所提供资料的正确性；工程量变动、合同缺陷（设计错误、图纸修改、合同条款矛盾、二义性等）风险；国家法律变更风险；一个有经验的承包商不能预测的情况风险；不可抗力因素作用；业主雇用的监理工程师和其他承包商风险等。而物价风险的分担比较灵活，可由一方承担，也可划定范围双方共同承担。

公平的合同能使双方都愉快合作，而显失公平的合同会导致合同的失败，进而损害工程的整体利益。但在实际工程中，公平合理往往难以评价和衡量。尽管我国合同法规定显失公平的合同为可撤销合同，但实际工作中难以判定一份合同的公平程度（除了极端情况外），这是因为：

1）即使采用固定总价合同，让承包商承担全部风险，也是正常的。因为在理论上，承包商自由报价，可以按风险程度调整价格。

2）建筑市场是买方市场，业主占据主导地位。业主在起草招标文件时经常提出一些苛刻的不公平的合同条款，使业主权力大，责任小，风险分配不合理。但双方自由商签合同，承包又自由报价，可不必接受业主的条件，这又是公平的。

3）由招标投标确定的工程价格是动态的，市场价格没有十分明确的标准。

4）施工合同规定承包商必须对报价的正确性承担责任，如果承包商报价失误，造成漏报、错报或出于经营策略降低报价，这属于承包商的风险。

3. 不同采购模式下的合同风险分配

（1）DBB 项目采购模式

在 DBB 项目采购模式下，对于风险的分担一般采用“双赢”（win-win）方式。业主和承包商的风险分担一般遵循两个原则：最有能力控制风险的一方承担风险；

合同各方对己方及其工作人员在工作过程中因自身过失造成的风险负责。因此，业主和承包商会比较合理地分担风险。业主的风险大致包括：政治风险、社会风险、经济风险、法律风险、外界风险等，其余风险由承包商承担。当然，出现不可抗力时，业主一般担负承包商的直接损失。

（2）DB 项目采购模式

DB 项目采购模式下，总承包商将独立承担工期和价格风险。由于要同时进行设计和施工，总承包商的风险范围较大，主要包括地质勘察风险、现场条件变化等风险。而对于业主，主要的风险就是工程管理风险。同时业主对总承包商的选择必须慎重，如果承包商选择不善，将会对工程带来极大的危害，不但不能发挥 DB 模式的优势，而且对于造价控制及工程质量都不能保证。

（3）EPC 项目采购模式

在 EPC 模式下，设计、采购、施工任务全部由承包商来完成。承包商承担工程建设过程中的绝大部分风险。一些情况下业主过失风险往往也要求承包商来承担。例如业主不承担合同文件中存在错误、遗漏或者不一致的风险，而承包商要对合同文件的准确性和充分性负责。EPC 模式下一般采用总价合同，合同价格并不因为不可预见的困难和费用而予以调整。与其他模式相比，EPC 项目承包商承担了更高的风险。

在 FIDIC 条款中规定，由业主承担"一个有经验的承包商不可预见且无法合理防范的自然力作用"的风险，而在 EPC 模式中，这类风险也由承包商承担。这无疑大大增加了承包商在工程实施过程中的风险。

（4）CM 项目采购模式

CM 项目采购模式主要有两种形式：代理型 CM 模式和非代理型 CM 模式。不同的模式有不同的风险分配方式。

在代理型 CM 模式下，代理型的 CM 只履行管理的职能，与业主签订的合同本质上属于成本加酬金形式的合同，承担的风险较小。分包合同由业主来签订。因此，工程风险主要由业主和分包商承担。

在非代理型 CM 模式下，分包合同由非代理的 CM 来签订，非代理的 CM 根据分包合同的约定承担了一部分工程风险。而且业主往往会在 CM 合同中预先确定一个包括总的工程费用和 CM 费的"最高总价"，并在合同条款中规定：如果实际发生的总费用超过了 GMP，其超出部分由 CM 单位承担；反之，节余部分归业主，或由业主和 CM 单位按一定比例分成。这样，在非代理型 CM 模式下，就减少了业主的投资控制风险，将业主承担的工程费用风险转由 CM 单位来承担。

12.1.3 工程合同风险的管理过程

风险管理是人们对未来的不确定性进行辩识、评估、预防和控制的过程，是用最低的费用把项目中可能发生的各种风险控制在最低限度的一种管理体系。建立项目风险的管理程序及应对机制，可以有效减低项目风险发生的可能性，或一旦风险的确发生，风险对于项目所冲击的不利后果能够最小。风险管理是一个系统的、完整的过程，同时也是一个循环过程。工程合同的风险管理程序由风险识别、风险评价、风险决策和风险监测四个主要环节组成，如图 12-1 所示。

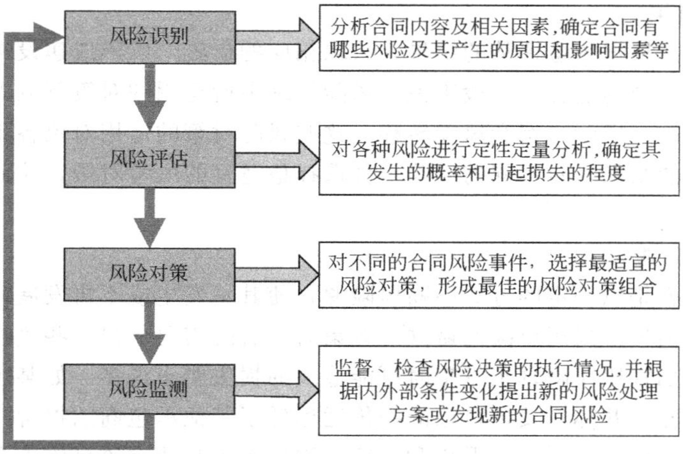

图 12-1 工程合同风险的管理程序

1. 风险识别

风险识别是指找出影响项目质量、进度、投资等目标顺利实现的主要合同风险，是项目合同风险管理的第一步，也是最重要的一步，要求必须了解与合同有关的关键点、风险因素及其产生的条件。这一阶段主要侧重于对风险的定性分析。风险识别的结果是建立建设工程风险清单，风险识别的过程如图 12-2 所示。

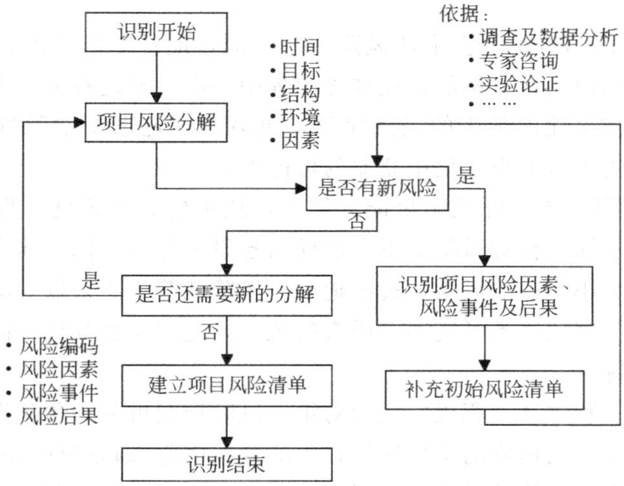

图 12-2 建设工程风险识别程序

常见的风险识别方法有：头脑风暴法、德尔菲法、因果分析法及情景分析法。

2. 风险评估

风险评估是将建设工程风险事件的发生可能性和损失后果进行定量化的过程。这个过程在系统地识别建设工程风险与合理地作出风险对策之间起着重要的桥梁作用。风险评估的结果主要在于确定各种风险事件发生的概率及其对建设工程目标影响的严重程度，如投资增加的数额、工期延误的天数等。

3. 风险对策

风险对策是根据风险评估的结果，采取相应的措施，以形成建设工程合同风险事件最佳对策组合的过程。一般来说，风险管理中所运用的对策有以下四种：风险回避、风险控制、风险自留和风险转移。这些风险对策的适用对象各不相同，需要根据风险评价的结果，对不同的风险事件选择最适宜的风险对策，从而形成最佳的风险对策组合。

（1）风险回避

风险回避就是以一定的方式中断风险源，使其不发生或不再发展，从而避免可能产生的潜在损失。采用风险回避这一对策时，有时需要作出一些牺牲，但较之承担风险，这些牺牲比风险真正发生时可能造成的损失要小得多。如某承包商参与某建设工程的投标，开标后发现自己的报价远远低于其他承包商的报价，经仔细分析发现，自己的报价存在严重的误算和漏算，因而拒绝与业主签订施工合同。虽然这样做将被没收投标保证金或投标保函，但比承包后严重亏损的损失要小得多。

在采用风险回避对策时需要注意以下问题：

1）回避一种风险可能产生另一种风险。在建设工程实施过程中，绝对没有风险的情况几乎不存在。就技术风险而言，即使是相当成熟的技术也存在一定的风险。例如，在地铁工程建设中，采用明挖法施工有支撑失败、顶板坍塌等风险。如果为了回避这种风险而采用逆作法施工方案的话，又会产生地下连续墙失败等其他新的风险。

2）回避风险的同时也失去了从风险中获益的可能性。由风险的特征可知，它具有损失和获益的两重性。例如，在涉外工程中，由于缺乏有关外汇市场的知识和信息，为避免承担由此而带来的经济风险，决策者决定选择本国货币作为结算货币，从而也就失去了从汇率变化中获益的可能性。

3）回避风险可能不实际或不可能。例如，从承包商的角度，投标总是有风险的，但绝不会为了回避投标风险而不参加任何建设工程的投标。建设工程的几乎每一个活动都存在大小不一的风险，过多地回避风险就等于不采取行动，而这可能是最大的风险所在。因此，不可能回避所有的风险，这就需要其他不同的风险对策。

（2）风险控制

风险控制是一种主动、积极的风险对策。风险控制可分为预防损失和减少损失两方面工作。预防损失措施的主要作用在于降低或消除（通常只能做到减少）损失发生的概率，而减少损失措施的作用在于降低损失的严重性或遏制损失的进一步发展，使损失最小化。一般来说，风险控制方案都应当是预防损失措施和减少损失措施的有机结合。

（3）风险转移

风险转移是建设工程合同风险管理中非常重要而且广泛应用的一项对策，是指借用合同或协议，在风险事件发生时将损失的一部分或全部转移到有相互经济利益关系的另一方。分为非保险转移和保险转移两种形式。

1）保险风险转移。保险是最重要的风险转嫁方式，是指通过购买保险的办法将风险转移给保险公司或保险机构。工程保险是业主和承包商转移风险的一种重要手段。当出现保险范围内的风险，造成财务损失时，承包商可以向保险公司索赔，以获得一定数量的赔偿。一般在合同文件中，业主都已指定承包商投保的种类，并在工程开工后就承包商的保险作出审查和批准。通常承包工程保险有工程一切险、施工设备保险、第三方责任险、人身伤亡保险等。现代工程采取较为灵活的保险策略，即保险范围、投保人和保险责任可以在业主和承包商之间灵活地确定。承包商应充分了解这些保险所保的风险范围、保险金计算、赔偿方法、程序、赔偿额等详细情况，以作出正确的保险决策。

2）非保险风险转移。又称为合同转移，一般是通过签订合同的方式将工程风险转移给非保险人的对方当事人。建设工程风险最常见的非保险转移有三种情况：①业主将合同责任和风险转移给对方当事人，一般情况下被转移者多数是承包商；②承包商进行合同转让或工程分包；③第三方担保。合同一方当事人要求另一方为其履约行为提供第三方担保。

通过转嫁方式处置风险，风险本身并没有减少，只是风险承担者发生了变化。因此转移出去的风险，应尽可能让最有能力的承受者分担。否则，就有可能给项目带来意外的损失。

（4）风险自留

风险自留可分为非计划性风险自留和计划性风险自留两种类型。

1）非计划性风险自留。由于风险管理人员没有意识到工程某些风险的存在，或者没有有意识地采取有效措施，以致风险发生后只好由自己承担。这样的风险自留就是非计划性的和被动的。导致非计划性风险自留的主要原因有：缺乏风险意识、风险识别失误、风险评价失误、风险决策延误、风险决策实施延误。事实上，对于大型、复杂建设工程，风险管理人员几乎不可能识别出所有的工程风险。从这个意义上讲，非计划性风险自留有时是无可厚非的，因而也是一种适用的风险处理策略。但是风险管理人员应当尽量减少风险识别和风险评价的失误，要及时作出风险对策策略，并及时实施对策，从而避免被迫承担重大和较大的工程风险。总之，虽然非计划性风险自留不可能不用，但应尽可能少用。

2）计划性风险自留。计划性风险自留是主动的、有意识的、有计划的选择，是风险管理人员在经过正确的风险识别和风险评价后作出的风险对策策略，是整个建设工程风险对策计划的一个组成部分。也就是说，风险自留绝不可能单独运行，而应与其他风险对策结合使用。在实行风险自留时，应保证重大和较大的建设工程风险已经进行了工程保险或实施了损失控制计划。计划性风险自留的计划性主要体现在风险自留水平和损失支付方式两方面。所谓风险自留水平，是指选择哪些风险事件作为风险自留的对象。确定风险自留水平可以从风险量数值大小的角度考虑，一般应选择风险量小或较小的风险事件作为风险自留的对象。计划性风险自留还应从费用、期望损失、机会成本、服务质量和税收等方面与工程保险比较后才能得出结论。损失支付方式的含义比较明确，即在风险事件发生后，对所造成的损失通过什么方式或渠道来支付。

4. 风险监测

在建设工程实施过程中，要对各项风险对策的执行情况不断地进行检查，并评价各项风险对策的执行效果；在工程实施条件发生变化时，要确定是否需要提出不同的风险处理方案。除此之外，还需要检查是否有被遗漏的工程风险或者发现新的工程风险，也就是进入新一轮的风险识别，开始新一轮的风险管理过程。

12.2 工程担保与合同管理

12.2.1 担保的内涵

1. 担保的概念

担保是指承担保证义务的一方，即保证人（担保人），应债务人（被保证人或称被担保人）的要求，就债务人应对债权人（权利人）的某种义务向债权人作出的书面承诺，保证债务人按照合同规定条款履行义务和责任，或及时支付有关款项，保障债权人实现债权的信用工具。担保应遵循平等、自愿、公平、诚实信用的原则。

2. 担保的特征

（1）从属性。从属性是一种附随特性。担保是为了保证债权人债权的实现而设置的，所以从属于被担保的债权。被担保的债权是主债权，而主债权人对担保人享有的权利是从债权。没有主债权的存在，从债权就没有依托；主债权消灭，担保的义务也归于消灭。

（2）条件性。债权人只能在债务人不履行和不能履行债务时才能向担保人主张权利。

（3）相对独立性。担保设立须有当事人的合意，与被担保的债权的发生和成立是两个不同的法律关系。另外，根据我国担保法的规定，当事人可以约定担保不依附主合同而单独发生效力，也就是即使主债权无效，也不影响担保权的效力。

3. 担保的方式

担保的方式主要有人的担保、物的担保和货币担保三类。其中，人的担保主要指保证；物的担保指通过设定担保物权及其他非典型物的方式设立的担保，如抵押、质押、留置等，如表12-1所示。

担保的方式　　表12-1

担保类型	担保方式	内　容
人的担保	保　证	一般保证
		连带责任保证

续表

担保类型	担保方式	内　　容
物的担保	抵　　押	抵押人所有或有权处分的房屋、机器、交通工具、土地使用权以及依法可以抵押的其他财产等
	质　　押	汇票、支票、本票、债券、存款单、仓单和提单；依法可以转让的股份、股票、商标、专利权、著作权等
	留　　置	债权人依法或依合同约定占有的债务人的财产
货币担保	定　　金	预付款

1）保证。保证担保，又称第三方担保，是指保证人和债权人约定，当债务人不履行债务时，保证人按照约定履行债务或者承担责任的行为。按担保的责任划分，可以分为一般保证和连带责任保证。当事人在保证合同中约定，债务人不能履行债务时，由保证人承担保证责任的，为一般保证。当事人在保证合同中约定保证人与债务人对债务承担连带责任的，为连带责任保证。连带责任保证的债务人在主合同规定的债务履行期届满没有履行债务的，债权人可以要求债务人履行债务，也可以要求保证人在其保证范围内承担保证责任。当事人对保证方式没有约定或者约定不明确的，按照连带责任保证承担保证责任。

2）抵押。抵押是指债务人或者第三人不转移对所拥有财产的占有，将该财产作为债权的担保。债务人不履行债务时，债权人有权依法从将该财产折价或者拍卖、变卖该财产的价款中优先受偿。

3）质押。质押是指债务人或者第三人将其质押物移交债权人占有，将该物作为债权的担保。债务人不履行债务时，债权人有权依法从将该物折价或者拍卖、变卖的价款中优先受偿。

4）留置。留置是指债权人按照合同约定占有债务人的动产，债务人不按照合同约定的期限履行债务的，债权人有权依法留置该财产，以该财产折价或者以拍卖、变卖该财产的价款优先受偿。

5）定金。当事人可以约定一方向对方给付定金作为债权的担保。债务人履行债务后，定金应当抵作价款或者收回。给付定金的一方不履行约定的债务的，无权要求返还定金；收受定金的一方不履行约定的债务的，应当双倍返还定金。

4. 反担保

指第三人为债务人向债权人提供担保时，可以要求债务人提供反担保，也就是要求被担保人向担保人提供一份担保。反担保方式可以是债务人提供的抵押或者质押，也可以是其他人提供的保证、抵押或者质押。

5. 联合担保

同一债务有两个以上保证人的，保证人应当按照保证合同约定的保证份额，承担保证责任。没有约定保证份额的，保证人承担连带责任，债权人可以要求任何一个保证人承担全部保证责任，保证人都负有担保全部债权实现的义务。已经承担保证责任的保证人，有权向债务人追偿，或者要求承担连带责任的其他保证人清偿其应当承担的份额。

6. 担保合同的形式

担保合同可以是独立订立的保证合同、抵押合同、质押合同、定金合同等的书面合同，包括当事人之间的具有担保性质的信函、传真等，也可以是主合同中的担保条款。

担保制度在国际上已有很长的历史，已经形成了比较完善的法规体系和成熟的运作方式。中国的担保制度的建设是以 1995 年颁布《中华人民共和国担保法》为标志的，现在已经进入了一个快速发展阶段。

12.2.2 工程担保的概念

由于保证担保利用了社会信用资源，增加了担保资源，可以有效改善信用管理，降低交易费用。因此，在工程担保中大量采用的是第三方担保，也就是保证担保。工程保证担保是合同当事人为了保证工程合同的切实履行，由保证人作为第三方对建设工程中一系列合同的履行进行监管并承担相应的责任，是一种采用市场经济的手段和法律手段进行风险管理的机制。在工程建设中，权利人(债权人)为了避免因义务人(债务人)原因而造成的损失，往往要求由第三方为义务人提供保证，即通过保证人向权利人进行担保，倘若被保证人不能履行其对权利人的承诺和义务，以致权利人遭受损失，则由保证人代为履约或负责赔偿。

工程保证担保制度在世界发达国家已有一百多年的发展历程，已成为一种国际惯例。《世界银行贷款项目招标文件范本》、国际咨询工程师联合会 FIDIC《土木工程施工合同条件》、英国土木工程师协会 ICE《新工程合同条件(NEC)》、美国建筑师协会 AIA《建筑工程标准合同》等对于工程担保均进行了具体的规定。

根据我国建设工程施工合同示范文本的要求，发包人、承包人为了全面履行合同，应互相提供担保：发包人向承包人提供履约担保，按合同约定支付工程价款及履行合同约定的其他义务；承包人向发包人提供履约担保，按合同约定履行自己的各项义务。提供担保的内容、方式和相关责任，发包人承包人除在专用条款中约定外，被担保方与担保方还应签订担保合同，作为施工合同的附件，其关系如图 12-3 所示。

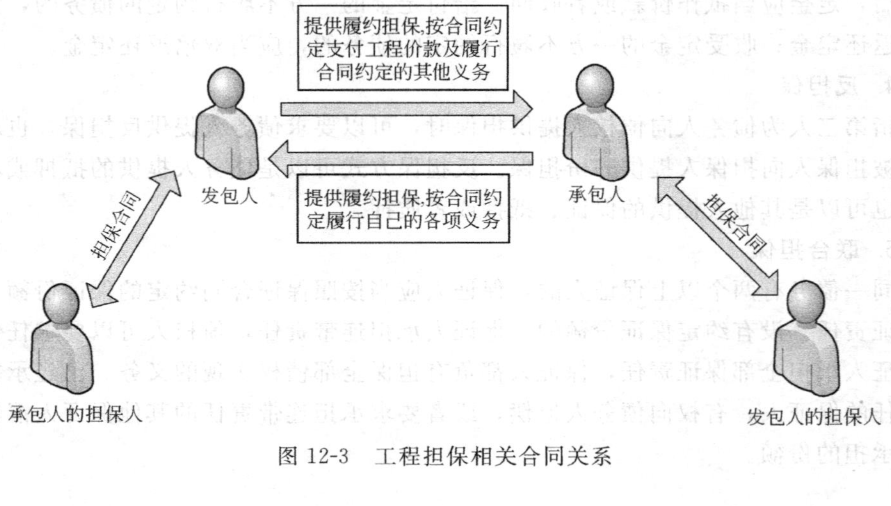

图 12-3 工程担保相关合同关系

工程担保制度以经济责任链条建立起保证人与建设市场主体之间的责任关系。工程承包人在工程建设中的任何不规范行为都可能危害担保人的利益，担保人为维护自身的经济利益，在提供工程担保时，必然对申请人的资信、实力、履约记录等进行全面的审核，根据被保证人的资信并实行差别费率，并在建设过程中对被担保人的履约行为进行监督。通过这种制约机制和经济杠杆，可以迫使当事人提高素质、规范行为，保证工程质量、工期和施工安全。另外，承包商拖延工期、拖欠工人工资和供货商货款、保修期内不履行保修义务和设计人迟延交付图纸及业主拖欠工程款等问题光靠工程保险解决不了，而必须借助工程担保。实践已经证明工程保证担保制度对规范建筑市场、防范建筑风险特别是违约风险、降低建筑业的社会成本、保障工程建设的顺利进行等方面都有十分重要和不可替代的作用。引进并建立符合中国国情的工程保证担保制度是完善和规范我国建设市场的重要举措。

12.2.2.1 工程保证担保

1. 保证担保的主体

保证担保的主体必须是具有代为清偿债务能力的法人、其他组织或者公民。国家机关以及以公益为目的的事业单位、社会团体不得为保证人；企业法人的分支机构、职能部门也不得为保证人。保证担保的主体具体可划分为以下几种：

(1) 银行担保。由银行作为担保人出具保函担保，这是最常用的担保方式。

(2) 担保公司担保。担保公司是经工商部门注册登记，并经政府职能部门批准设立的具有从事经济担保资格的专门担保机构。担保公司以其信誉和设立的基金为担保基础，出具的是担保保证书。

(3) 同业担保。是由同行出具保证书的担保。同业担保的优点是可以保证债务履行的同时，保证工程建设的正常进行，因为当债务人不履行和不能履行合同时，债权人就可以要求保证人直接接管工程，履行主债权合同。但采用同业担保方式的，应注意只有相同资质等级的企业才可以为同级别企业担保，否则只能为比其级别低的企业担保。

(4) 母公司担保。母公司担保是特指母公司为其子公司担保。母公司担保具有同业担保相似的作用，又有很好的信任基础，可以简化资信审查手续。

(5) 联合担保。联合担保往往出现在大型工程建设的担保中。基于对风险的承受能力，由两家或两家以上的担保人签订联合担保协议，共同对某一建设项目进行担保，出具担保保证书。

2. 保证担保的形式

通常对银行出具的担保称为“保函”，企业法人出具的担保称为“保证书”。

(1) 保函

保函由担保银行出具，是担保人就担保事宜向权利人所作的书面承诺。当接受担保方因被保证人的违约行为凭保函索赔时，按银行是否以被担保人同意作为支付的先决条件，可以将保函划分为无条件保函和有条件保函两大类。

1) 无条件保函。被担保人出现严重违约行为而使合同标的无法保证顺利实现时，对方当事人无需征得被保证人同意，仅凭有效保函向银行索赔即可获得支付的保函称为无条件保函。

2）有条件保函。被担保人出现严重违约行为而使合同标的无法保证顺利实现时，对方当事人凭保函向银行索赔前，必需首先取得被保证人的认可，银行才予支付的保函称为有条件保函。此时往往会导致合同争议，若通过仲裁或诉讼程序裁定、判定被保证人违约应按保函赔偿时，银行才予支付。

由此可见，无条件保函对被保证人风险较大。但采用何种格式，是由发包人在招标文件和合同条款中予以规定的。国际工程担保一般采用见索即付的无条件保函，即保证人无需介入对被保证人违约责任的认定，只要权利人在保函的有效期内，根据有关法规及保函规定的索赔程序向担保人出示相应的索赔文件，担保人应当立即无条件地就担保金额向权利人支付索赔款项。在任何情况下，主合同双方都应提供相同类型的保函。

保函是由银行作为保证人的担保方式，主要特点表现为：①担保的信用高。银行的商业信誉高于一般企业法人，由银行作保证人的担保信用高。如果发生被保证人的严重违约行为，合同对方当事人依据合同规定进行索赔时可以不需直接找被保证人而直接向银行索赔，银行的立即支付可以使受到的损害及时得到补偿。②减少被保证人流动资金的占用。目前很多工程采用保证金方式，由被保证人自己提供保证。

保函与保证金相比有以下优点：

1）在保证期内，如采用保证金方式，则被保证人的该笔资金被冻结使用，容易造成流动资金的紧张而影响承包活动的实施。保函中的金额只是银行担保的最高限额，如果被保证人不违约，此项金额不实际发生，被保证人只需按保函开列的金额和担保期限向银行交纳规定的手续费。

2）保函担保的金额较高。如履约保函的金额通常为合同价的5%～10%；预付款保函的金额与预付款等额，因此，当承包人违约时发包人可以获得有效的损害补偿。

3）能够获得有效赔偿。保函不同于支票或存折，除了它不需要冻结实际金额外，另一特点是保函一经开出被担保人不能要求撤销，只有保函内注明的担保期限到期后自动失效。这样规定可以避免被保证人严重违约时到银行撤销保函，使发包人的损失无法获得有效补偿。

4）不可撤销保函。保函内应有明确约定的担保期限。银行开具保函后，不允许申请开保函方单方要求减少担保金额或缩短担保期限。只有接受保函方同意并通知银行后，才可以对保函的内容加以修改。

5）保函赔偿有最高限额。保函内注明的金额为发包人可以索赔的最高限额。如果被担保人所造成的损害超过最高限额时，银行不再承担进一步的赔偿义务。

（2）保证书

保证书是企业法人提供的保证方式。担保人可以是母公司或其他有履行合同义务能力的法人组织。保证书与保函的主要区别表现为：

1）保证人承担的是主合同义务的连带责任，即当被保证人不能履行合同义务时，由保证人履行合同义务及赔偿对方损失。而出具保函时，银行只承担担保金额内的赔偿责任，不承担继续履行合同未尽义务责任。

2）保证书的担保金额通常高于保函的担保金额。如《水利水电工程施工合同和招标文件示范文本》（GF—2000—0208）中对履约担保的说明中规定，保函的担保金额一般为合同价格的5%～10%，而履约保证书的担保金额可为合同价格的30%。因为银行作为担保人只有赔偿能力，而企业法人作为担保人具有实施合同义务的能力。因此，采用高额担保约束担保人在被保证人不履行合同时由保证人来履行合同义务。投标担保和履约担保通常可以采用保证书或保函形式；支付担保和预付款担保一般要求采用保函方式。

3. 保证合同的内容

（1）被保证的主债权种类、数额；

（2）债务人履行债务的期限；

（3）保证的方式；

（4）保证担保的范围；

（5）保证的期间；

（6）担保费用；

（7）双方认为需要约定的其他事项。

4. 保证人的责任

（1）保证担保的范围包括主债权及利息、违约金、损害赔偿金和实现债权的费用，当事人对保证担保的范围没有约定或者约定不明确的，保证人应当对全部债务承担责任。

（2）主合同有效而担保合同无效，债权人无过错的，担保人与债务人对主合同债权人的经济损失，承担连带赔偿责任；债权人、担保人有过错的，担保人承担民事责任的部分，不应超过债务人不能清偿部分的二分之一。

（3）主合同无效而导致担保合同无效，担保人无过错的，担保人不承担民事责任；担保人有过错的，担保人承担民事责任的部分，不应超过债务人不能清偿部分的三分之一。

（4）保证期间，债权人依法将主债权转让给第三人的，保证人在原保证担保的范围内继续承担保证责任；债权人许可债务人转让债务的，应当取得保证人书面同意，保证人对未经其同意转让的债务，不再承担保证责任。保证合同另有约定的除外。

（5）债权人与债务人协议变更主合同的，应当取得保证人书面同意，未经保证人书面同意的，保证人不再承担保证责任，除非合同另有约定。

5. 保证人免责条件

（1）合同当事人双方串通，骗取保证人提供保证的。

（2）主合同债权人采取欺诈、胁迫等手段，使保证人在违背真实意思的情况下提供保证的。

6. 保证合同的有效期

保证合同有约定的，依照约定执行；如果保证人与债权人未约定保证期的，保证有效期为主债务履行期届满之日起六个月。

7. 保证担保的费用

担保合同中应该约定在担保人承担了担保责任后，被担保人应向担保人支付担保费用。担保费一般按担保金额的比例计取，也可约定一个固定的金额。工程担保费用应计入工程成本，投标人投标担保和承包商履约担保的担保费用可作为投标报价的一部分参与竞争。

12.2.2.2 工程担保的内容

（1）投标担保。投标保证担保是在建设工程总包或分包的招投标过程中，保证人为合格的投标人向招标人提供的担保，保证投标人不在投标有效期内中途撤标；中标后与招标人签订施工合同并提供招标文件要求的履约担保以及预付款担保。如果投标人违约，招标人可以没收其投标保函，要求保证人在保函额度内予以赔偿。

（2）承包商履约担保。履约担保是指由于非业主的原因，承包商无法履行合同义务，保证人应该接受该工程，并经业主同意由其他承包商继续完成工程建设。业主只按原合同支付工程款，保证人须将保证金付给业主作为赔偿。履约保证充分保障了业主依照合同条件完成工程的合法权益。

（3）承包商付款担保。付款担保是指，若承包商没有根据工程进度按时支付工人工资以及分包商和材料设备供应商的相关费用，经调查确认后由保证人予以代付。付款保证使得业主避免了不必要的法律纠纷和管理负担。

（4）预付款担保。预付款担保要求承包商保证工程预付款全部用于该工程项目，不准承包商挪作他用及携款潜逃。

（5）维修担保。维修担保是为保障维修期内出现质量缺陷时，承包商负责维修而提供的担保，维修担保可以单列，也可以包含在履约担保内，也有采用扣留一定比例工程款作担保的。

（6）业主付款担保。业主工程款支付保证是保证人为有支付能力的业主向承包商提供的担保，保证业主按施工合同的约定向承包商支付工程款。若业主违约，保证人在保函额内代为支付。

（7）业主责任履行担保。业主责任保证是保证人为业主履行合同约定的义务和责任而向承包商提供的担保，保证业主按合同的约定履行义务，承担责任。

（8）完工担保。完工担保是保证人为承包商按照承包合同约定的工期和质量完成工程向业主提供的担保。

我国的工程担保制度尚处在试点阶段，主要开展的是投标担保、履约担保及业主支付担保。

12.2.3 工程投标担保

投标担保是指投标人在投标报价前或者在投标报价的同时向招标人提供的担保，保证投标人一旦中标，即按中标通知书、投标文件、招标文件等有关规定与业主签订施工合同。

（1）担保方式。投标担保可以采用银行保函、担保公司担保书、同业担保书和投标保证金担保方式，但一般都采用银行投标保函或投标保证金担保的方式，具体方式由招标人在招标文件中规定。对未能按招标文件要求提交投标担保的投标，可视为不响应招标而予以拒绝。

（2）投标担保的额度。投标担保额度为投标总价的0.5%～2%，视工程大小及工程所在地区的经济状况，并参照当地的惯例，由招标文件规定。我国房屋和基础设施工程招标的投标保证金为投标价的2%，但最高不超过50万元。

（3）担保的有效期。投标担保的有效期应超出投标有效期的10～28d，但在确定中标人后3～10d以内返还未中标人保函、担保书或投标保证金。不同的工程可以有不同的时间规定，这些都应该在招标文件中明确。

（4）投标担保的解除。招标文件应明确规定在确定中标人后多少天以内返还未中标人保函、担保书或保证金。中标人的投标担保可以直接转为履约担保的一部分，或在其提交了履约担保，并签订了承包合同之后退还。

（5）违约责任。采用银行保函或者担保公司保证书的，除不可抗力外，投标人在开标后和投标有效期内撤回投标文件，或者中标后在规定时间内不与招标人签订工程合同的，由提供担保的银行或者担保公司按照担保合同承担赔偿责任。如果是收取投标保证金的，除不可抗力外，投标人在开标后的有效期内撤回投标文件，或者中标后在规定时间内不与招标人签订工程合同的，招标人可以没收其投标保证金；实行合理低价中标的，还可以要求按照与第二标投标报价的差额进行赔偿。

12.2.4 承包商履约担保

履约担保是承包商为保障履行工程合同所作的一种承诺，这是工程担保中最重要、也是担保金额最大的一种工程担保。

（1）担保方式。承包商履约担保可以采用银行保函、担保公司担保书和履约保证金的方式，也可以采用同业担保方式，由实力强、信誉好的承包商为其提供履约担保，但应当遵守国家有关企业之间提供担保的有关规定，不允许两家企业互相担保或者多家企业交叉互保。

（2）担保额度。采用履约担保金方式（包括银行保函）的履约担保额度为5%～10%；采用担保书和同业担保方式的一般为合同价的10%～15%。

（3）履约担保担责方式。采用银行保函担保的，当承包商由于非业主的原因而不履行合同义务时，一般都是由担保人在担保额度内，对业主损失支付赔偿。采用担保公司或同业担保书担保的，当承包商由于非业主的原因而不履行合同义务时，应由担保人向承包商提供资金、设备或者技术援助，使其能继续履行合同义务；或直接接管该项工程，代为履行合同义务；或另觅经业主同意的其他承包商，继续履行合同义务；或按照合同约定，在担保额度范围内，对业主的损失支付赔偿。采用履约保证金的，中标人不履行合同的，履约保证金不予退还，给招标人造成的损失超过履约保证金数额的，应当对超过部分予以赔偿；履约保证金可以是现金也可以是支票、银行汇票或银行保函。

（4）履约担保的有效期。承包商履约担保的有效期应当截止到承包商根据合同完成了工程施工并经竣工验收合格之日。业主应当按承包合同约定在承包商履约担保有效期截止日后若干天之内退还承包商的履约担保。

（5）履约担保的索取。为了防止业主恶意支取承包商的履约担保金，一般应在合同中规定在任何情况下，业主就承包商履约担保向保证人提出索赔之前，应当书面通知承包商，说明导致索赔的违约性质，并得到项目总监理工程师及其监理单位对索赔理由的书面确认。

（6）履约担保的递补。当承包商在业主就其履约担保索赔了全部担保金额之后，应当向业主重新提交同等担保金额的履约担保，否则业主有权解除承包合同，由承包商承担违约责任。若剩余合同价值已不足原担保金额，则承包商重新提交的履约担保的担保金额以不低于剩余合同价值为限。

12.2.5 业主支付担保

业主支付担保是保证业主不拖欠工程款而提供的担保，对于解决我国普遍存在的拖欠工程款现象是一项有效的措施。

（1）担保方式与额度。业主应当在签订工程承包合同时，向承包商提交支付担保。担保金额应当与承包商履约担保的金额相等。业主可以采用银行保函或者担保公司担保书的方式，小型工程项目也可以由业主依法实行抵押或者质押担保。

（2）担保有效期。业主支付担保的有效期应当截止到业主根据合同约定完成了除工程质量保修金以外的全部工程结算款项支付之日。承包商应当按合同约定在业主支付担保有效期截止日后若干天内退还业主的支付担保。

（3）担保的索付。在任何情况下，承包商就业主支付担保向保证人提出索赔之前，应当书面通知业主，说明导致索赔的原因。

（4）业主支付担保的递补。业主在承包商就其支付担保索赔了全部担保金额之后，应当及时向承包商重新提交同等担保金额的支付担保，否则承包商有权解除承包合同，由业主承担违约责任。若剩余合同价值已不足原担保金额，则业主重新提交的支付担保的担保金额以不低于剩余合同价值为限。

12.2.6 设计—施工总承包合同模式下的工程担保

设计—施工总承包合同提出了若干独特的担保问题。许多担保公司虽然可多收取一些担保手续费，但仍不愿意为设计—施工项目提供履约担保和付款担保。原因之一是设计—施工合同常用于边设计边施工项目，对于这样的项目，担保公司不能准确地确定担保数额。为了减少风险，担保公司只能分阶段为边设计边施工项目担保。当然，担保公司完全可以在施工过程中停止，不再为项目的以后阶段继续提供担保，当项目未完成之前就遭受较大损失时容易出现这种情况。一旦出现这种情况，业主就很难找到其他公司为项目的其余部分担保。担保公司遇到的另一个问题是，设计单位不再是独立的设计单位，因此担保公司可聘请独立的建筑师或工程师对付款证书进行审查，防止设计—施工承包商多收工程进度款，降低风险。

12.3 工程保险与合同管理

12.3.1 保险概述

保险是指投保人根据合同约定，向保险人支付保险费，保险人对于合同约定的可能发生的事故因其发生所造成的财产损失承担赔偿保险金责任，或者当被保险人死亡、伤残、疾病或者达到合同约定的年龄、期限时承担给付保险金责任的商业保险行为。

保险合同是投保人与保险人在公平互利、协商一致、自愿且不损害社会公共利益的原则下约定保险权利义务关系的协议。除法律、行政法规规定必须保险的以外，保险公司和其他单位不得强制他人订立保险合同。合同的重要内容是关于保险标的、保险金额、保险费和保险责任的约定。

1. 保险标的

保险标的是保险保障的目标和实体，指保险合同双方当事人权利和义务所指向的对象，可以是财产、可以是与财产有关的利益或责任，也可以是人的生命或身体。根据保险标的的不同，保险可分为财产保险(包括财产损失保险、责任保险、信用保险等)和人身保险(包括人寿保险、健康保险、意外伤害保险等)两大类，而工程保险既涉及了财产保险，又涉及了人身保险。

2. 保险金额

保险金额是保险利益的货币价值表现，简称保额，是保险合同中的一个专用名词。它是指按照保险合同的约定，保险人承担赔偿或给付保险金责任的最高限额。财产的实际价值是保险人确定保险额的价值基础。被保险人投保财产险时，有义务将财产的实际价值如实向保险人陈述。允许按财产的部分价值投保，但不允许用高于保险财产的价值投保。

当保险金额接近于或等于财产的实际价值时，就称为足额保险或等额保险。对足额保险的财产，发生保险危险事故时，可以得到保险公司的足额补偿。当保险财产的保险金额小于其实际价值时，称为不足额保险，其不足部分由被保险人自己负责。所以当保险财产发生保险责任范围内的损失时，被保险人只能按比例请求保险补偿。如果保险金额高于保险财产的实际价值，则称为超额保险。对超额部分，保险公司不负补偿责任，即不允许被保险人通过投保而获得额外利益。

3. 保险费

保险费，简称保费，是投保人为转嫁风险支付给保险人的与保险责任相应的价金。投保人交纳保险费是保险合同生效和保险人承担保险责任的先决条件之一。保险费的多少由保险金额的大小和保险费率的高低两个因素决定。

4. 保险责任

保险责任是保险人根据合同的规定应予承担的责任。由于保险公司对各类保险都编制了标准化的格式条款，因此保险责任可以划分为基本责任和特约责任。基本责任是指标准化的保险合同中规定，保险人承担赔偿或给付的直接和间接责任；特约责任是指标准化保险合同规定属于除外责任中不保的范围，而另经双方协商同意后在保险合同内特别注明承保负担的一种责任。

保险受益人通过投保后，并非将不可合理预见的风险全部转移给了保险人，保险合同内都列有除外责任的条款。除外责任属于一种免赔的责任范围，指保险人不承担责任范围。各类保险合同中由于标的的差异，规定的除外责任不尽相同，但比较一致的有以下几项：

(1) 投保人故意行为所造成的损失。

(2) 因被保险人不忠实履行约定的义务所造成的损失。

(3) 战争或军事行为所造成的损失。

(4) 保险责任范围以外，其他原因所造成的损失。

12.3.2 工程保险概念

工程保险是对以工程建设过程中所涉及的财产、人身和建设各方当事人之间权利义务关系为对象的保险的总称；是对建筑工程项目、安装工程项目及工程中的施工机具、设备所面临的各种风险提供的经济保障；是业主和承包商为了工程项目的顺利实施，以建设工程项目，包括建设工程本身、工程设备和施工机具以及与之有关联的人作为保险对象，向保险人支付保险费，由保险人根据合同约定对建设过程中遭受自然灾害或意外事故所造成的财产和人身伤害承担赔偿保险金责任的一种保险形式。投保人将威胁自己的工程风险通过按约向保险人交纳保险费的办法转移给保险人(保险公司)，如果事故发生，投保人可以通过保险公司取得损失赔偿，以保证自身免受损失。它的好处是参加者付出一定的小量保险费，换得遭受大量损失时得到补偿的保障，从而增强抵御风险的能力。对工程保险应注意以下几点：

(1) 国际工程保险是强制性的，在合同条件中有明文规定。同国内工程不同，几乎所有的国际工程合同都强制要求进行各种保险，例如工程保险、第三方责任险、工人工伤事故险等。例如 FIDIC 的《施工合同条件》中对保险问题作了十分明确和严格的要求。这种强制性的要求，固然是为了保障业主本身的利益，同时对承包商也是有利的，因为所有的工程招标都承认承包商可以将保险金计入到投标报价和合同价格之中。

(2) 进行保险可使业主和承包商转移和减轻风险。由于土木工程周期很长，遇到的各种复杂情况往往是难以完全预测和防范的。特别是一些大型工程，有些灾害和重大事故会给业主和承包商带来灾难性的、无法补救的经济损失。但通过保险，他们可以从保险公司得到赔偿或部分经济补偿，这就至少可使承包商在从事工程承包这一风险事业时获得一定的经济保障。我国的工程公司在国际、国内工程承包中，从保险受益的实例很多。例如我国某公司在吐鲁番至乌鲁木齐的高速公路项目，1997 年因为洪水突然暴发而造成工地淹没，幸好人员紧急撤离未造成伤亡，但一些大型机具设备和工程材料受淹损坏严重，由于进行了工程保险，获得了保险公司的赔偿。

(3) 保险后仍须预防灾害和事故，尽量避免和减少风险危害。承包商和业主虽联名或分别对工程进行了各种保险，并且交纳了相当数量的保险费，但工程保险并不能解决所有的风险问题，只是转移了部分重大风险可能带来的损害。业主和承包商仍然要采取各种有力措施防止事故和灾害的发生，并阻止事故的扩大。

我国的工程保险起源于20世纪80年代初，目前主要集中在一些经济发达地区。在发达国家，建设工程投保率均在90%以上，险种也很齐全，而我国目前建设工程投保率比较低，承保的工程险险种主要也只有建筑工程一切险、安装工程一切险以及以从事危险作业的职工的生命健康为保险标的的意外伤害险和第三方责任险。所以在我国工程保险还有一段漫长的路要走，其中有许多问题需要研究，但制度化、规范化、普遍化是其必然的趋势。

12.3.3 工程保险种类

按照国际惯例以及国内合同范本的要求，施工合同的通用条件中对易于发生重大损害风险事件的投保范围作了明确的规定，投保的范围包括工程一切险、第三者责任保险、人身意外伤害险、承包人设备保险等。

12.3.3.1 工程一切险

正在施工的工程项目可能会遇到众多的不确定事件的损害，因此要求办理工程险的投保。按照我国保险制度，工程险包括“建筑工程一切险”和“安装工程一切险”两类。在施工过程中如果发生保险责任事件使工程本体受到损害后，已支付进度款部分的工程已属于项目法人的财产，尚未获得支付但已完成的部分仍属于承包人的财产，因此要求投保人办理保险时，应以双方共同名义投保。为了保证保险的有效性和连贯性，国内工程通常由项目法人办理保险，国际工程一般要求承包人办理保险。

如果承包商不愿投保“一切险”，也可以就承包商的材料、机具装备、临时工程、已完工程等分别进行保险，但应征得业主的同意。一般来说，集中投保一切险，可能比分别投保的费用要花得少些。有时，承包商将临时工程、劳务或某一部分永久性工程分包给其他分包商，那么，他可以要求分包商投保其分担责任的那一部分保险，而自己则按扣除该分包价格的余额进行保险。

保险费率与项目的性质(例如，一般民用建筑、公路桥梁、工业建筑、化工装置、危险物品仓库等)和项目所在地的地理条件、自然条件以及工期的长短、免赔额的高低等因素有关，承包商可以就本项目的具体情况与保险公司协商一个合理的费率。

保险的期限要根据合同条件要求确定，它至少应包括全部施工期，如果业主要求缺陷责任期内由于施工缺陷造成的损害也属于保险范围，则可以在投保申请书中写明。一般来说，实际保险期限可以比合同工期略长一些，这是考虑到可能工期拖长，以免今后再办理保险延期手续。

1. 建筑工程一切险

公路、桥梁、电站、港口、宾馆、住宅等工业建筑、民用建筑的土木建筑工程项目均可投保建筑工程一切险。建筑工程一切险的相关条款可参见本章12.3.7的内容。

2. **安装工程一切险**

安装工程一切险承保安装各种工厂用的机器、设备、储油罐、起重机、吊车，以及包含机械工程因素的任何建造工程因自然灾害或意外事故而引起的一切损失。由于目前机电设备价值日趋高昂、工艺和构造日趋复杂，这使安装工程的风险越来越高。因此，在国际保险市场上，安装工程一切险已发展成专业性很强的综合保险。

安装工程一切险的投保人可以是业主，也可以是承包商或卖方（供货商或制造商）。在合同中，有关利益方，如所有人、承包人、转承包人、制造人、供货人等，都可被列为被保险人。

安装工程一切险也可以根据投保人的要求附加第三者责任险。在安装工程建设过程中因发生任何意外事故，造成在工地及邻近地区的第三者人身伤亡、致残或财产损失，依法应由被保险人承担赔偿责任时，保险人将负责赔偿并包括被保险人因此而支付的诉讼费用或事先经保险人同意支付的其他费用。

安装工程一切险的保险期限，通常应以整个工期为保险期限。一般是从被保险项目在施工地点开工时起生效到工程预计竣工验收交付使用之日止。如安装工程验收完毕先于保险单列明的终止日，则验收完毕时保险期亦即终止。若工期延长，被保险人应及时书面通知保险人申请延长保险期，并按规定增缴保险费。第三者责任保险若作为安装工程一切险的附加险，其保险期限应当与安装工程一切险相同。在制定安装工程一切险的费率时应注意安装工程的特点，主要有：

(1) 保险标的从安装开始就存在于工地上，风险一开始就比较集中；

(2) 试车考核期内任何潜在因素都可能造成损失，且试车期的损失率占整个安装期风险的50%以上；

(3) 人为因素造成的损失较多。

总的来讲，安装工程一切险的费率要高于建筑工程一切险。

12.3.3.2 第三者责任险

该项保险是指由于施工的原因导致项目法人和承包人以外的第三人受到财产损失或人身伤害的赔偿。第三者责任险的被保险人也应是项目法人和承包人。该险种一般附加在建筑工程（安装工程）一切险中。保险期为保险生效之日到工程保修期结束。

在FIDIC合同条件中，明确规定承包商应当以承包商和业主的联合名义进行“第三方责任保险”，而且还规定了这种保险金额的最低限额。即此保险金额至少应为投标书附件中所规定的数额。承包商可以按FIDIC合同条件的规定，与“工程一切险”合并在一起向保险公司投保。第三方责任险的赔偿限额由双方商定，费率大约为2.5‰～3.5‰。

在发生这种涉及第三方损失的责任时，保险公司将对承包商由此遭到的赔款和发生诉讼等费用进行赔偿。但是应当注意，属于承包商或业主在工地的财产损失，或其本公司和其他承包商在现场从事与工作有关的职工的伤亡不属于第三方责任险的赔偿范围，而属于工程一切险和人身意外险的范围。领有公共交通和运输用执照的车辆事故造成的第三方的损失，也不属于这项第三方责任险赔偿范围，它们属于汽车保险范围。

12.3.3.3 人身意外伤害险

为了将参与项目建设人员由于施工原因受到人身意外伤害的损失转移给保险公司，应对从事危险作业的工人和职员办理意外伤害保险。此项保险义务分别由发包人、承包人对本方参与现场施工的人员负责投保。

承包商应对其施工人员（包括所雇职员和工人）进行人身意外事故保险，这是FIDIC合同条件第18.3和第18.4条的规定。业主一般都要求承包商保证，不因这类事故而使业主遭到索赔、诉讼和其他损失。即业主对承包商的雇员所受伤亡不负责任，除非该损伤是由业主的行动或失误所造成的。

对于每一职员造成的意外事故保险金额，要按工程所在国的劳工法和社会安全法来确定，不能低于这些法律规定的最低限额。在进行人身意外保险时，还可以同时附加事故致伤的医疗保险，这主要是指抢救和治疗工伤，平常的疾病不属于这一附加医疗保险的赔偿范围。

有些国家对于承包商雇用的外籍职员和工人，允许在外国的保险公司投保，但对工程所在国籍雇员和工人，规定必须在当地保险公司投保。这一点应当在签订合同时予以明确。

中国人民保险公司办有团体人身意外伤害保险，一般以一年为期，也可投保短期险。保险额最低为1000元，最高为10000元。具体数额可由投保人选定。一般保险费为每人每年保险金额的2%～7%不等，视工种和工作环境而定。我国在国外承保工程时，有两种办保险的办法：

（1）中方派出人员由中国人民保险公司承保，工人每人保险金额为人民币2万元，保险费率为1%；技术人员的保险金额较高，例如总工程师可达10万元。

（2）在工程所在国雇佣当地人员，可按当地法律规定或习惯办理人身意外保险。

12.3.3.4 承包人设备保险

保险的范围包括承包人运抵施工现场的施工机具和准备用于永久工程的材料及设备。在国际承包工程中，由于较多采用包工包料承包，因此，要求承包人只用自己的名义单方投保。在我国的工程一切险中，将此保险内容包括在其中。

12.3.3.5 执业责任险

执业责任险是以设计人、咨询商（监理人）的设计、咨询错误或员工工作疏漏给业主或承包商造成的损失为保险标的的险种。

12.3.3.6 CIP保险

CIP是英文Controlled Insurance Programs的缩写；有人译为受控保险计划，也有人翻译为投保工程一切险，其实质是“一揽子保险”。CIP保险的基本运行机制是在工程承包合同中明确规定，由业主或承包商统一购买“一揽子保险”，保障范围覆盖业主、承包商及所有分包商，内容包括了劳工赔偿、雇主责任险、一般责任险、建筑工程一切险、安装工程一切险。

在CIP保险模式下，工程项目的保险商在工程现场设置安全管理顾问，指导项目的风险管理，并向承包商、分包商提供包括风险管理程序和管理指南。业主、承包商和分包商要制定相关的防损计划和事故报告程序，并在安全管理顾问的严格监督下实施。CIP保险具有其特有的优点。

(1) CIP保险以最优的价格提供最佳的保障范围。因为CIP保险的“一揽子保险计划”，覆盖了工程项目的业主、承包商、分包商在工程进展过程中的几乎所有相关风险，避免了各个承包商、分包商分别购买保险时可能出现的重复保险和漏保。对业主来说，可以通过避免重复保险，争取大保单的优惠保险费率，降低工程造价。

(2) 能实施有效的风险管理。由于CIP保险设置了安全管理顾问，采用了一致的安全计划和措施，现场指导、监督防损计划和事故报告程序的制定和执行，从而实现了对项目风险管理进行实时的、有效的监控，可以有效的减少或杜绝损失事件的发生，保障建设项目目标的实现。

(3) 降低赔付率，进而降低保险费率。CIP保险实行专业化的、实时动态的、全面的安全管理，能够最大限度地避免风险事故的发生，降低保险人的赔付率，增进其经济效益。所以CIP保险可以比普通保险更低的保险费率承保，为投保人节约保险费支出，何况风险事故的减少对于业主、承包商和分包商来说，受益的远不止保险费的节约。

(4) 避免诉讼便于索赔。在有多个承保人的传统保险方式下，当损失发生时，为了确定损失事故的最终责任，各个承包商、各个承保人之间往往相互推诿责任，极易导致诉讼，而CIP保险模式下只有唯一的承保人，所以能避免这种情况的发生。同时由于保险人有安全管理顾问介入工程项目的风险管理，对保险人迅速而正确地理赔创造了有利条件。

12.3.4 工程保险的投保

12.3.4.1 投保程序

1. 选择保险顾问或保险经纪人。

2. 确定投保方式和投保发包方式。投保方式是指一揽子投保，还是分别投保；是业主投保还是承包商投保，或者各自投保。投保发包方式是指通过招标投保还是直接询价投保。

3. 准备有关承保资料，提出保险要求，如果采取保险招标，则应准备招标文件。

(1) 承保资料。为了对项目风险进行准确的评估，保险人通常会需要投保人提供与工程有关的文件、图纸和资料，包括工程地质水文报告、地形图、工程设计文件和工程造价文件、工程合同、工程进度表以及有关业主的情况、投资额多少、资金来源、承包方式、施工单位的资料等。

(2) 保险要求。保险要求是投保人对保险安排的设想，主要解决保什么？怎么保？保险人在对工程项目评估后就可根据投保人的保险要求设计保险方案。所以保险方案是投保人的要求和保险人的承保计划的体现，主要包括：

1）保险责任范围；

2）建筑工程项目，各分项保险金额及总保额；

3）物质损失免赔额及特种危险的赔偿限额；

4）安装项目及其名称、价值和试车期；

5）是否投保施工、安装机具设备，其种类和重置价值；

6）是否投保场地清理费和现有建筑物及其保额；

7）是否加保保证期，其种类、期限；

8）是否投保第三者责任险，赔偿限额和免赔额；

9）其他特别附加条款。

（3）保险招标文件。当确定采用招标选择保险人时，招标文件编写就是选择保险人最关键的工作。主要的内容有：

1）保险标的(保险项目清单)及保险金额；

2）保险费的计算方法；

3）投标资格要求；

4）投保人要求；

5）评标标准与方法；

6）保险合同条款。一般都采用标准的文本。

4. 将有关资料发给国内保险公司并要求报价，如采取招标方式，应发售招标文件。

5. 谈判或经过开标、评标选定保险人。

6. 填写投保申请表或投保单。

7. 就保单的一些细节进行最后商定。

8. 双方签署保险单。

12.3.4.2 选择保险人应考虑的因素

投保人应从安全的角度出发，全盘考虑保险安排的科学性，以合理的保费支出，寻求可靠的保险保障。对保险人的选择主要应考虑以下几个方面：

（1）保险人的资信、实力。

（2）风险管理水平。

（3）同类工程项目的管理经验。

（4）保险服务。

（5）技术水平。

（6）费率水平及分保条件。

12.3.4.3 保险合同的构成

（1）投保申请书或投保单

有的险种习惯使用投保申请书，有的险种习惯使用投保单。投保申请书、投保单主要内容包括投保人、工程关系各方、被保险人，工程建设地点、建设工期、建设地的地质水文资料以及建设工程的详细情况，投保保险标的(清单)及相应的投保金额，随申请附的资料等。

由投保人如实和尽可能详尽地填写并签字后作为向保险公司投保建筑、安装工程险的依据。投保申请书(投保单)为工程保单的组成部分。投保申请书(投保单)在未经保险公司同意或未签发保险单之前不发生保险效力。

(2)保险单

保险单一般由保险公司提供标准格式，每个险种都有其相应的标准格式。主要内容是确认的投保人、被保险人和保险人，工程建设地点、建设工期、建设现状，保险险种、保险标的(清单)、保险金额、保险费，特殊保险内容的约定。

保险公司根据投保人投保申请书(投保单)，在投保人缴付约定的保险费后，同意按保险单条款、附加条款及批单的规定以及明细表所列项目及条件承保约定的险种。投保申请书(投保单)为保险单的组成部分。

(3)保险条款

保险条款是规定保险合同双方权利义务的法律文件，一般使用标准文本。目前使用的保险合同文本是中国人民保险公司编制的。常用的有建筑工程一切险保险条款和安装工程一切险保险条款。保险合同的主要条款有：

(1) 保险人名称和住所；

(2) 投保人、被保险人名称和住所，以及人身保险的受益人的名称和住所；

(3) 保险标的；

(4) 保险责任和责任免除；

(5) 保险期间和保险责任开始时间；

(6) 保险价值；

(7) 保险金额；

(8) 保险费以及支付办法；

(9) 保险金赔偿或者给付办法；

(10) 违约责任和争议处理；

(11) 订立合同的年、月、日。

12.3.5 不同采购模式下的工程保险方式

在不同的承包方式下，被保险人投保方式会有所不同。投保人可能是业主，或主承包商，也有可能是分承包商。

各承包商安排工程保险方式各方的合同关系如图 12-4 所示。

总承包商安排工程总体保险计划方式的合同关系如图 12-5 所示。

业主安排工程总体保险计划方式的合同关系如图 12-6 所示。

传统上，建筑工程的各项保险都由业主所发包的各承包商来安排投保，业主惟一的安全保障就是在合同条款中列入业主要求承包商的带有强制性的适当的保险。然而，由于承包商考虑的是从工程承包中获得最大利润，而业主关心的是工程投资能得到全面的控制，这种由承包商安排他们各自保险计划的方式具有许多严重的缺点。

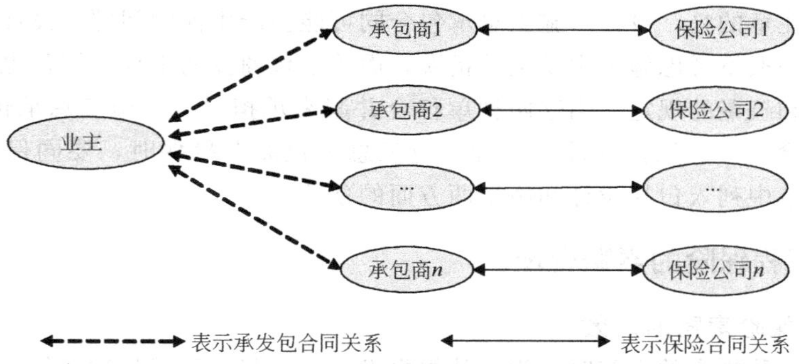

图 12-4　各承包商安排工程保险方式的合同关系

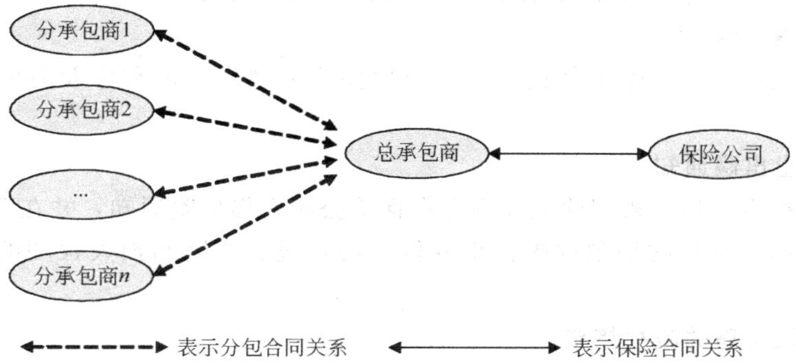

图 12-5　总承包商安排工程保险方式的合同关系

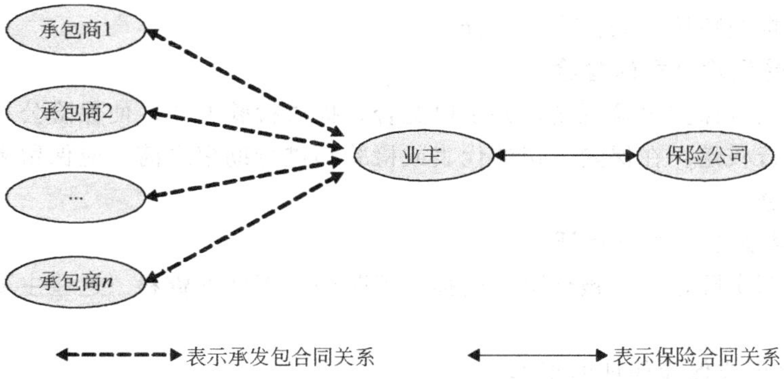

图 12-6　业主安排工程总体保险计划方式的合同关系

业主安排工程保险计划有如下优点：保险保障更全面；保险条款清楚详细；避免重复投保和漏保，减少保费，降低免赔额，有利于业主控制投资；有效控制索赔；避免各承包商和保险公司之间的争议。

主承包商出面投保有如下优点：免除业主为安排项目保险而须做的大量事务性工作，包括投保、交保费、保单生效后风险变更通知、损失通知和索赔等义务。

投保原则：对于建筑工程一切险或安装工程一切险(包括第三者责任险)，平行承发包管理模式应该由业主投保，风险性 CM 管理模式应该由主承包商投保，其余模式可根据具体情况，由业主或主承包商投保。

还应当注意的是，设计—施工总承包合同可能会产生保险问题。设计单位投的专业责任险一般不考虑施工中发生的错误，而总承包商投的工程一切险也没有关于设计中错误和疏漏的规定。当这两种单位合并起来承担设计—施工总承包合同时，上述两种保险都不适用。因此，设计—施工总承包商在投保时，要同保险公司商谈，在保险单中列入包括设计和施工两方面的条款。

12.3.6 工程保险的索赔管理

12.3.6.1 保险索赔的时效

工程一切险规定的索赔时效为，从损失发生之日起，不得超过两年。但为了有利于获得保险赔偿和继续完成后续工程，被保险人应当及时索赔。

12.3.6.2 索赔程序

被保险人在发生保险事件损害后，应按保险公司规定的程序及时向保险公司索赔。

（1）发出出险通知

保险事故发生后，被保险人应立即向保险公司发出出险通知，并在7天内或保险公司书面同意延长的期限内提供事故发生的经过、原因和损失程度的书面说明材料。

（2）采取合理的减损措施

事故发生后，被保险人应采取一切合理的措施施救、整理、防止损失扩大，力求把损失减少到最低程度，不能延误抢救良机，更不能袖手旁观任其发展，否则，保险人有权拒绝赔偿损失扩大的部分。

（3）接受保险公司的检验

被保险人应保护出险现场，并予以配合，提供检验方便，使保险公司能正确而又迅速地进行核赔。在保险公司的代表或检验师进行勘察之前，应保留事故现场及有关实物证据。

（4）提供必要的索赔单证

为了说明实际损失，被保险人应提供索赔的合理证据资料。这些主要单证通常包括：

1）保险单或保险凭证的正本。

2）已交付保险费的凭证。

3）反映物质损害的账册、收据、发票、装箱单和运输合同等有关保险财产的原始单据。

4）保险事故证明及损害结果证明，如调查检验报告、出险证明、损害鉴定和被保险人死亡证明等。

5）索赔清单，如受损财产清单、各种费用清单和其他要求保险人给付的详细清单。

（5）领取保险金

被保险人领取的保险金是其得到的理赔款额，保险人一般以现金支付。此时可能涉及不是全部损坏而含有余损情况的保险金额问题：

1）约定的保险金额相应减少。保险公司赔偿损失后，保险金额从损失发生之日起扣除已赔偿工程部分的投保价值，并且不退还保险金额减少部分的保险费。

2）约定的保险金额不变。被保险人按约定的保险费率加缴应减少保险金额部分从损失发生之日起到保险期限终止之日止，按日计算的保险费。

12.3.7 建筑工程一切险的保险条款

我国保险公司编制的工程保险标准化合同分为“建筑工程一切险及第三者责任险”和“安装工程一切险及第三者责任险”两类。安装工程一切险的基本条款与建筑工程一切险的约定大体相同，在此仅介绍建筑工程一切险的部分主要条款。

12.3.7.1 物质损失

（1）物质损失的责任范围

在保险有效期内，如果发生除外责任以外的任何自然灾害或意外事故使被保险财产造成物质损坏或灭失，保险公司负责赔偿损失所产生的有关费用。

1）自然灾害：指地震、海啸、雷电、飓风、台风、龙卷风、风暴、暴雨、洪水、水灾、冻灾、冰雹、地崩、山崩、雪崩、火山爆发、地面下陷下沉以及其他人力不可抗拒的破坏力强大的自然现象。

2）意外事故：指不可预料的以及被保险人无法控制并造成物质损失或人身伤亡的突发性事件，包括火灾和爆炸。

（2）物质损失的除外责任

保险公司不负责赔偿的事件包括：

1）设计错误引起的损失和费用。

2）自然磨损、内在或潜在缺陷、物质本身变化、自燃、自热、氧化、锈蚀、渗漏、鼠咬、虫蛀、大气(气候或气温)变化、正常水位变化或其他渐变原因造成的保险财产自身的损失和费用。

3）因原材料缺陷或工艺不善引起的保险财产本身的损失以及为换置、修理或矫正这些缺点错误所支付的费用。

4）非外力引起的机械或电气装置的本身损失，或施工用机具、设备、机械装置失灵造成的本身损失。

5）维修保养或正常检修的费用。

6）档案、文件、账簿、票据、现金、各种有价证券、图表资料及包装物料的损失。

7）盘点时发现的短缺。

8）领有公共运输行驶执照的，或已由其他保险予以保障的车辆、船舶和飞机的损失。

9）除非另有约定，在保险工程开始以前已经存在或形成的位于工地范围内或其周围的属于被保险人的财产的损失。

10）除非另有约定，在本保险单保险期限终止以前，保险财产中已由工程所有人签发完工验收证书或验收合格或实际占有或使用或接收的部分。

12.3.7.2 第三者责任险

（1）保险公司的责任范围

1）在保险有效期内，发生与所承保工程直接相关的意外事故引起工地内及邻近区域的第三者人身伤亡、疾病或财产损失，依法应由被保险人承担的经济赔偿责任，由保险公司负责赔偿。

2）对被保险人因上述原因而支付的诉讼费用以及事先经保险公司同意而支付的其他费用，保险公司负责赔偿。

3）保险公司对每次事故的赔偿金额，以法院或政府有关部门根据现行法律裁定的保险人应偿付的金额为准。但在任何情况下均不得超过保险单明细表中对应列明的每次事故赔偿限额，且所有经济赔偿的最高赔偿责任不得超过保险单明细表中列明的累计赔偿限额。

（2）除外责任

1）属于工程险项下或本应在该项下予以负责的物质损失及各种费用。

2）由于震动、移动或减弱支撑而造成的任何财产、土地、建筑物的损失及由此造成的任何人身伤害和物质损失。

3）工程所有人、承包人或其他关系方或他们所雇用的在工地现场从事与工程有关工作的职员、工人以及他们的家庭成员的人身伤亡或疾病。

4）工程所有人、承包人或其他关系方或他们所雇用的职员、工人所有的或由其照管、控制的财产发生的损失。

5）领有公共运输行驶执照的车辆、船舶、飞机造成的事故。

6）被保险人根据与他人的协议应支付的赔偿或其他款项，但即使没有这种协议，被保险人仍应承担的责任不在此限。

12.3.7.3 总除外责任

除了以上两种情况的具体除外责任外，保险合同内还列有总除外责任，不负责赔偿的范围包括：

1）战争、类似战争行为、敌对行为、武装冲突、恐怖活动、谋反、政变引起的任何损失、费用和责任。

2）政府命令或任何公共当局的没收、征用、销毁或毁坏。

3）罢工、暴动、民众骚乱引起的任何损失、费用和责任。

4）被保险人及其代表的故意行为或重大过失引起的任何损失、费用和责任。

5）核裂变、核聚变、核武器、核材料、核辐射及放射性污染引起的任何损失、费用和责任。

6）大气、土地、水污染及其他各种污染引起的任何损失、费用和责任。

7）工程部分停工或全部停工引起的任何损失、费用和责任。

8）罚金、延误、丧失合同及其他后果损失。

9）保险单明细表或有关条款中规定的应由被保险人自行负担的免赔额。

12.3.7.4 保险金额

（1）保险金额的计算内容

1）建筑工程——保险工程建筑完成时的总价值，包括原材料费用、设备费用、建造费、安装费、运输费和保险费、关税、其他税项和费用，以及由工程所有人提供的原材料和设备的费用。

2）施工用机器、装置和机械设备应不低于重置同型号、同负载的新机器、装置和机械设备所需的费用。

3）其他保险项目由被保险人与本公司商定的金额。

（2）以工程概算总价投保

如果投保时以工程概算总价作为保险金额，但工程实施过程中实际发生的成本和费用可能与保险金额有差异(较大幅度的增加或减少)，为了保证工程能够得到足够的保障和交纳的保险费公平合理，投保人除了需按概算总价缴纳保险费外，在合同履行过程中当事人双方还必须遵守以下规定：

1）工程造价中包括的各项费用因涨价或升值原因而超出原保险工程造价时，必须尽快书面通知保险公司，并与保险公司相应调整保险金额。

2）在保险期限内对相应的工程细节作出精确记录，并允许保险公司对该项记录进行查验，以保证保险金额的真实性。

3）若保险工程的建造期超过3年，须从保险合同生效之日起每隔12个月向保险公司申报当时的工程实际投入金额及调整后的工程总造价，保险公司据此调整保险费。

4）在保险期限届满后3个月内向保险公司申报最终的工程总造价，保险公司再以多退少补的方式对预收保险费进行调整。

12.3.7.5 保险期限

（1）建筑期物质损失及第三者责任保险

1）保险责任自保险工程在工地动工或用于保险工程的材料、设备运抵工地之时起始，至工程所有人对部分或全部工程签发完工验收证书或验收合格，或工程所有人实际占有或使用或接收该部分或全部工程之时终止，以先发生者为准。但在任何情况下，建筑期保险期限的起始或终止不得超出保险单明细表中列明的建筑期保险生效日或终止日。

2）不论安装的保险设备的有关合同中对试车和考核期如何规定，保险公司仅在保险单明细表中列明的试车和考核期限内对试车和考核所引发的损失、费用和责任负责赔偿；若保险设备本身是在本次安装前已被使用过的设备或转手设备，则自其试车之时起，保险公司对该项设备的保险责任即行终止。

3）上述保险期限的展延，须事先获得保险公司的书面同意，否则，从保险单明细表中列明的建筑期保险期限终止日起至保证期终止日止期间内发生的任何损失、费用和责任，保险公司不负责赔偿。

（2）保证期物质损失保险

保证期的保险期限与工程合同中规定的保证期一致，从工程所有人对部分或全部工程签发完工验收证书或验收合格，或工程所有人实际占有或使用或接收该部分或全部工程时起算，以先发生者为准。但在任何情况下，保证期的保险期不得超出保险单明细表中列明的保证期。

12.3.7.6 赔偿处理

(1) 对保险财产遭受的损失，保险公司可以选择以支付赔款或以修复、重置受损项目的方式予以赔偿，但对保险财产在修复或重置过程中发生的任何变更、性能增加或改进所产生的额外费用，保险公司不负责赔偿。

(2) 在发生保险单物质损失项下的损失后，保险公司按下列方式确定赔偿金额：

1) 可以修复的部分损失——以将保险财产修复至其基本恢复受损前状态的费用扣除残值后的金额为准。但若修复费用等于或超过保险财产损失前的价值时，则按下列第2项的规定处理。

2) 全部损失或推定全损——以保险财产损失前的实际价值扣除残值后的金额为准，但保险公司有权不接受被保险人对受损财产的委付。

3) 发生损失后，被保险人为减少损失而采取必要措施所产生的合理费用，保险公司可予以赔偿，但本项费用以保险财产的保险金额为限。

(3) 保险公司赔偿损失后，由保险公司出具批单将保险金额从损失发生之日起相应减少，并且不退还保险金额减少部分的保险费。如被保险人要求恢复至原保险金额，应按约定的保险费率加缴恢复部分从损失发生之日起至保险期限终止之日止按日比例计算的保险费。

(4) 在发生保险单第三者责任项下的索赔时：

1) 未经保险公司书面同意，被保险人或其代表对索赔方不得作出任何责任承诺或拒绝、出价、约定、付款或赔偿。在必要时，保险公司有权以被保险人的名义接办对任何诉讼的抗辩或索赔的处理。

2) 保险公司有权以被保险人的名义，为保险公司的利益自付费用向任何责任方提出索赔的要求。未经保险公司书面同意，被保险人不得接受责任方就有关损失作出的付款或赔偿安排或放弃对责任方的索赔权利，否则，由此引起的后果将由被保险人承担。

3) 在诉讼或处理索赔过程中，保险公司有权自行处理任何诉讼或解决任何索赔案件，被保险人有义务向保险公司提供一切所需的资料和协助。

(5) 被保险人的索赔期限，从损失发生之日起，不得超过两年。

12.3.7.7 被保险人义务

被保险人及其代表应严格履行下列义务：

(1) 在投保时，被保险人及其代表应对投保申请书中列明的事项以及保险公司提出的其他事项作出真实、详尽的说明或描述；

(2) 被保险人及其代表应根据保险单明细表和批单中的规定按期缴付保险费；

(3) 在保险期限内，被保险人应采取一切合理的预防措施，包括认真考虑并付诸实施保险公司代表提出的合理的防损建议，谨慎选用施工人员，遵守一切与施工有关的法规和安全操作规程，由此产生的一切费用，均由被保险人承担；

(4) 在发生引起或可能引起保险单项下索赔的事故时，被保险人或其代表应：

1) 立即通知保险公司，并在7天或经保险公司书面同意延长的期限内以书面报告提供事故发生的经过、原因和损失程度；

2) 采取一切必要措施防止损失的进一步扩大并将损失减少到最低程度；

3) 在保险公司的代表或检验师进行勘察之前，保留事故现场及有关实物证据；

4) 在保险财产遭受盗窃或恶意破坏时，立即向公安部门报案；

5) 在预知可能引起诉讼时，立即以书面形式通知保险公司，并在接到法院传票或其他法律文件后，立即将其送交保险公司；

6) 根据保险公司的要求提供作为索赔依据的所有证明文件、资料和单据。

(5) 若在某一保险财产中发现的缺陷表明或预示类似缺陷亦存在于其他保险财产中时，被保险人应立即自付费用进行调整并纠正该缺陷。否则，由类似缺陷造成的一切损失应由被保险人自行承担。

12.3.7.8 总则

(1) 保单效力

被保险人严格地遵守和履行保险单的各项规定，是保险公司在本保险单项下承担赔偿责任的先决条件。

(2) 保单无效

如果被保险人或其代表漏报、错报、虚报或隐瞒有关本保险的实质性内容，则保险单无效。

(3) 保单终止

除非经保险公司书面同意，本保险单将在下列情况下自动终止：

1) 被保险人丧失保险利益；

2) 承保风险扩大。

保险单终止后，保险公司将按日比例退还被保险人该保险单项下未到期部分的保险费。

(4) 权益丧失

如果任何索赔含有虚假成份，或被保险人或其代表在索赔时采取欺诈手段企图在本保险单项下获取利益，或任何损失是由被保险人或其代表的故意行为或纵容所致，被保险人将丧失其在本保险单下的所有权益。对由此产生的包括本公司已支付的赔款在内的一切损失，应由被保险人负责赔偿。

(5) 合理查验

保险公司的代表有权在任何适当的时候对保险财产的风险情况进行现场查验。被保险人应提供一切便利及本公司要求的用以评估有关风险的详情和资料。但上述查验并不构成保险公司对被保险人的任何承诺。

(6)比例赔偿

在发生本保险物质损失项下的损失时，若受损保险财产的分项或总保险金额低于对应的应保险金额，其差额部分视为被保险人所自保，保险公司则按保险单明细表中列明的保险金额与应保险金额的比例负责赔偿。

(7)重复保险

保险单负责赔偿损失、费用或责任时，若另有其他保障相同的保险存在，不论是否由被保险人或他人以其名义投保，也不论该保险赔偿与否，保险公司仅负责按比例分摊赔偿的责任。

若保险单下负责的损失涉及其他责任方时，不论保险公司是否已赔偿被保险人，被保险人应立即采取一切必要的措施行使或保留向该责任方索赔的权利。在保险公司支付赔款后，被保险人应将向该责任方追偿的权利转让给保险公司，移交一切必要的单证，并协助保险公司向责任方追偿。

(8)争议处理

被保险人与保险公司之间的一切有关本保险的争议应通过友好协商解决。如果协商不成，可申请仲裁或向法院提出诉讼。除事先另有协议外，仲裁或诉讼应在被告方所在地进行。

本 章 小 结

建设项目的风险是影响项目目标顺利实现的重要因素，应通过对风险的有效识别和控制，保障建设工程项目的顺利实施和目标的有效实现。工程担保和保险是转移建设工程项目风险的主要措施和手段，本章对建设项目的风险及工程担保和保险进行了重点论述。

复习思考题

1. 建设工程中常见的风险有哪几种？

2. 什么是工程合同风险？主要包括哪些方面？应注意什么问题？

3. 工程合同风险分配的原则是什么？不同采购模式下的合同风险分配各有什么特点？

4. 工程合同风险的管理过程包括哪些？它们之间是怎样的关系？

5. 常见的风险识别方法有哪些？

6. 风险管理中常运用的风险对策有哪些？各自的适用对象是什么？

7. 什么是工程担保？担保的内容有哪些？

8. 联系实际，分析承包商履约担保如何实施？

9. 工程保险包括哪些种类？保险标的有什么差异？

10. 结合具体工程项目，分析工程保险的投保程序和索赔程序。

第13章 项目合同索赔管理

13.1 项目合同索赔基础

13.1.1 索赔的基本概念

在市场经济条件下，工程索赔在土木工程市场中是一种正常的现象。工程索赔在国际土木工程市场上是合同当事人保护自身正当权益、弥补工程损失、提高经济效益的重要和有效的手段。许多国际工程项目，承包人通过成功的索赔能使工程收入的增加达到工程造价的10%～20%，有些工程的索赔额甚至超过了合同额本身。“中标靠低标，盈利靠索赔”便是许多国际承包人的经验总结。索赔管理以其本身花费较小、经济效果明显而受到承包人的高度重视。但在我国，由于工程索赔处于起步阶段，对工程索赔的认识尚不够全面、正确，在土木工程施工中，还存在发包人(业主)忌讳索赔，承包人索赔意识不强，监理工程师不懂如何处理索赔的现象。因此，应当加强对索赔理论和方法的研究，认真对待和做好土木工程索赔。

1. 索赔概念及特点

(1) 索赔的含义

索赔(Claim)一词具有较为广泛的含义，其一般含义是指对某事、某物权利的一种主张、要求、坚持等。工程索赔通常是指在工程合同履行过程中，合同当事人一方因非自身责任或对方不履行或未能正确履行合同而受到经济损失或权利损害时，通过一定的合法程序向对方提出经济或时间补偿的要求。索赔是一种正当的权利要求，它是发包人、工程师和承包人之间一项正常的、大量发生而且普遍存在的合同管理业务，是一种以法律和合同为依据的、合情合理的行为。

（2）索赔的特征

1）索赔是双向的，不仅承包人可以向发包人索赔，发包人同样也可以向承包人索赔。由于实践中发包人向承包人索赔发生的频率相对较低，而且在索赔处理中，发包人始终处于主动和有利的地位，他可以直接从应付工程款中扣抵或没收履约保函、扣留保留金甚至留置承包商的材料设备作为抵押等来实现自己的索赔要求，不存在“索”。因此在工程实践中，大量发生的、处理比较困难的是承包人向发包人的索赔，也是索赔管理的主要对象和重点内容。承包人的索赔范围非常广泛，一般认为只要因非承包人自身责任造成工程工期延长或成本增加，都有可能向发包人提出索赔。

2）只有实际发生了经济损失或权利损害，一方才能向对方索赔。经济损失是指发生了合同外的额外支出，如人工费、材料费、机械费、管理费等额外开支；权利损害是指虽然没有经济上的损失，但造成了一方权利上的损害，如由于恶劣气候条件对工程进度的不利影响，承包人有权要求工期延长等。因此发生了实际的经济损失或权利损害，应是一方提出索赔的一个基本前提条件。

3）索赔是一种未经对方确认的单方行为，它与工程签证不同。在施工过程中签证是承发包双方就额外费用补偿或工期延长等达成一致的书面证明材料和补充协议，它可以直接作为工程款结算或最终增减工程造价的依据，而索赔则是单方面行为，对对方尚未形成约束力，这种索赔要求能否得到最终实现，必须要通过确认（如双方协商、谈判、调解或仲裁、诉讼）后才能实现。

许多人一听到“索赔”两字，很容易联想到争议的仲裁、诉讼或双方激烈的对抗，因此往往认为应当尽可能避免索赔，担心因索赔而影响双方的合作或感情。实质上索赔的性质属于经济补偿行为，而不是惩罚。索赔是一种正当的权利或要求，是合情、合理、合法的行为，它是在正确履行合同的基础上争取合理的偿付，不是无中生有、无理争利。索赔同守约、合作并不矛盾、对立，索赔本身就是市场经济中合作的一部分，只要是符合有关规定的、合法的或者符合有关惯例的，就应该理直气壮地、主动地向对方索赔。大部分索赔都可以通过和解或调解等方式获得解决，只有在双方坚持己见而无法达成一致时才会提交仲裁或诉诸法院求得解决，即使诉诸法律程序，也应当被看成是遵法守约的正当行为。索赔的关键在于“索”，你不“索”，对方就没有任何义务主动地来“赔”，同样“索”得乏力、无力，即索赔依据不充分、证据不足、方式方法不当，也是很难成功的。国际工程承包的实践经验告诉我们，一个不敢、不会索赔的承包人最终必然是要亏损的。

2. 索赔的起因

引起工程索赔的原因非常多和复杂，主要有以下几个方面：

（1）工程项目的特殊性

现代工程规模大、技术性强、投资额大、工期长、材料设备价格变化快。工程项目的差异性大、综合性强、风险大，使得工程项目在实施过程中存在许多不确定变化因素，而合同则必须在工程开工前签订，它不可能对工程项目所有的问题都能作出合理的预见和规定，而且发包人在工程实施过程中还会有许多新的决策，这一切使得合同变更比较频繁，而合同变更必然会导致项目工期和成本的变化。

（2）工程项目内外部环境的复杂性和多变性

工程项目的技术环境、经济环境、社会环境、法律环境的变化，诸如地质条件变化、材料价格上涨、货币贬值、国家政策、法规的变化等，会在工程实施过程中经常发生，使得工程的实际情况与计划实施过程不一致，这些因素同样会导致工程工期和费用的变化。

（3）参与工程建设主体的多元性

由于工程参与单位多，一个工程项目往往会有发包人、总承包商、工程师、分包商、指定分包商、材料设备供应商等众多参加单位，各方面的技术、经济关系错综复杂，相互联系又相互影响，只要一方失误，不仅会造成自己的损失，而且会影响其他合作者，造成他人损失，从而导致索赔和争执。

（4）工程合同的复杂性及易出错性

工程合同文件多且复杂，经常会出现措词不当、缺陷、图纸错误，以及合同文件前后自相矛盾或者可作不同解释等问题，容易造成合同双方对合同文件理解不一致，从而出现索赔。

（5）投标的竞争性

现代土木工程市场竞争激烈，承包人的利润水平逐步降低，在竞标时，大部分靠低标价甚至保本价中标，回旋余地较小。特别是，在招标投标过程中，每个合同专用文件内的具体条款，一般是由发包人自己或委托工程师、咨询单位编写后列入招标文件，编制过程中承包人没有发言权，虽然承包人在投标书的致函内和与发包人进行谈判过程中，可以要求修改某些对他风险较大的条款的内容，但不能要求修改的条款数目过多，否则就构成对招标文件有实质上的背离而被发包人拒绝，因而工程合同在实践中往往发包人与承包人风险分担不公，把主要风险转嫁于承包人一方，稍遇条件变化，承包人即处于亏损的边缘，这必然迫使他寻找一切可能的索赔机会来减轻自己承担的风险。因此索赔实质上是工程实施阶段承包人和发包人之间在承担工程风险比例上的合理再分配，这也是目前国内外土木工程市场上，索赔无论在数量、款额上呈增长趋势的一个重要原因。

以上这些问题会随着工程的逐步开展而不断暴露出来，使工程项目必然受到影响，导致工程项目成本和工期的变化，这就是索赔形成的根源。因此，索赔的发生，不仅是一个索赔意识或合同观念的问题，从本质上讲，索赔也是一种客观存在。

3. 索赔管理的特点

要健康地开展索赔工作，必须全面认识索赔，完整理解索赔，端正索赔动机，才能正确对待索赔，规范索赔行为，合理地处理索赔事件。因此发包人、工程师和承包人应对索赔工作的特点有个全面认识和理解。

（1）索赔工作贯穿工程项目始终

合同当事人要做好索赔工作，必须从签订合同起，直至履行合同的全过程中，要认真注意采取预防保护措施，建立健全索赔业务的各项管理制度。

在工程项目的招标、投标和合同签订阶段，作为承包人应仔细研究工程所在国的法律、法规及合同条件，特别是关于合同范围、义务、付款、工程变更、违约及罚款、特殊风险、索赔时限和争议解决等条款，必须在合同中明确规定当事人各方的权利和义务，以便为将来可能的索赔提供合法的依据和基础。

在合同执行阶段，合同当事人应密切注视对方的合同履行情况，不断地寻求索赔机会；同时自身应严格履行合同义务，防止被对方索赔。

（2）索赔是融工程技术和法律的综合学问和艺术

索赔问题涉及的层面相当广泛，既要求索赔人员具备丰富的工程技术知识与实际施工经验，使得索赔问题的提出具有科学性和合理性，符合工程实际情况，又要求索赔人员通晓法律与合同知识，使得提出的索赔具有法律依据和事实证据，并且还要求在索赔文件的准备、编制和谈判等方面具有一定的艺术性，使索赔的最终解决表现出一定程度的伸缩性和灵活性。这就对索赔人员的素质提出了很高的要求，他们的个人品格和才能对索赔成功的影响很大。索赔人员应当是头脑冷静、思维敏捷、处事公正、性格刚毅且有耐心，并具有以上多种才能的综合人才。

（3）影响索赔成功的相关因素多

索赔能否获得成功，除了上述方面的条件以外，还与企业的项目管理基础工作密切相关，主要有以下四个方面：

1）合同管理：合同管理与索赔工作密不可分，有的学者认为索赔就是合同管理的一部分。从索赔角度看，合同管理可分为合同分析和合同日常管理两部分。合同分析的主要目的是为索赔提供法律依据。合同日常管理则是收集、整理施工中发生事件的一切记录，包括图纸、订货单、会谈纪要、来往信件、变更指令、气象图表、工程照片等，并加以科学归档和管理，形成一个能清晰描述和反映整个工程全过程的数据库，其目的是为索赔及时提供全面、正确、合法有效的各种证据。

2）进度管理：工程进度管理不仅可以指导整个施工的进程和次序，而且可以通过计划工期与实际进度的比较、研究和分析，找出影响工期的各种因素，分清各方责任，及时地向对方提出延长工期及相关费用的索赔，并为工期索赔值的计算提供依据和各种基础数据。

3）成本管理：成本管理的主要内容有编制成本计划，控制和审核成本支出，进行计划成本与实际成本的动态比较分析等，它可以为费用索赔提供各种费用的计算数据和其他信息。

4）信息管理：索赔文件的提出、准备和编制需要大量工程施工中的各种信息，这些信息要在索赔时限内高质量地准备好，离开了当事人平时的信息管理是不行的，应该采用计算机进行信息管理。

13.1.2 索赔的分类

由于索赔贯穿于工程项目全过程，可能发生的范围比较广泛，其分类随标准、方法不同而不同，主要有以下几种分类方法：

1. 按索赔有关当事人分类

(1) 承包人与发包人间的索赔。这类索赔大都是有关工程量计算、变更、工期、质量和价格方面的争议，也有中断或终止合同等其他违约行为的索赔。

(2) 总承包人与分包人间的索赔。其内容与(1)大致相似，但大多数是分包人向总包人索要付款和赔偿及承包人向分包人罚款或扣留支付款等。

(3) 发包人或承包人与供货人、运输人间的索赔。其内容多系商贸方面的争议，如货品质量不符合技术要求、数量短缺、交货拖延、运输损坏等。

(4) 发包人或承包人与保险人间的索赔。此类索赔多系被保险人受到灾害、事故或其他损害或损失，按保险单向其投保的保险人索赔。

2. 按索赔的依据分类

(1) 合同内索赔(Contractual Claim)。合同内索赔是指索赔所涉及的内容可以在合同文件中找到依据，并可根据合同规定明确划分责任。一般情况下，合同内索赔的处理和解决要顺利一些。

(2) 合同外索赔(Non-Contractual Claim)。合同外索赔是指索赔所涉及的内容和权利难以在合同文件中找到依据，但可从合同条文引申含义和合同适用法律或政府颁发的有关法规中找到索赔的依据。

(3) 道义索赔(Ex-Gratia Payment)。道义索赔是指承包人在合同内或合同外都找不到可以索赔的依据，因而没有提出索赔的条件和理由，但承包人认为自己有要求补偿的道义基础，而对其遭受的损失提出具有优惠性质的补偿要求，即道义索赔。道义索赔的主动权在发包人手中，发包人一般在下面四种情况下，可能会同意并接受这种索赔：第一，若另找其他承包人，费用会更大；第二，为了树立自己的形象；第三，出于对承包人的同情和信任；第四，谋求与承包人更理解或更长久的合作。

3. 按索赔目的分类

(1) 工期索赔(Claim for Extension of Time)。即由于非承包人自身原因造成拖期的，承包人要求发包人延长工期，推迟原规定的竣工日期，避免违约误期罚款等。

(2) 费用索赔(Cost Claim)：即要求发包人补偿费用损失，调整合同价格，弥补经济损失。

4. 按索赔事件的性质分类

(1) 工程延期索赔。因发包人未按合同要求提供施工条件，如未及时交付设计图纸、施工现场、道路等，或因发包人指令工程暂停或不可抗力事件等原因造成工期拖延的，承包人对此提出索赔。

(2) 工程变更索赔。由于发包人或工程师指令增加或减少工程量或增加附加工程、修改设计、变更施工顺序等，造成工期延长和费用增加，承包人对此提出索赔。

(3) 工程终止索赔。由于发包人违约或发生了不可抗力事件等造成工程非正常终止，承包人因蒙受经济损失而提出索赔。

(4) 工程加速索赔。由于发包人或工程师指令承包人加快施工速度，缩短工期，引起承包人的人、财、物的额外开支而提出的索赔。

(5) 意外风险和不可预见因素索赔。在工程实施过程中，因人力不可抗拒的自然灾害、特殊风险以及一个有经验的承包人通常不能合理预见的不利施工条件或客观障碍，如地下水、地质断层、溶洞、地下障碍物等引起的索赔。

(6) 其他索赔。如因货币贬值、汇率变化、物价、工资上涨、政策法令变化等原因引起的索赔。

这种分类能明确指出每一项索赔的根源所在，使发包人和工程师便于审核分析。

5. 按索赔处理方式分类

(1) 单项索赔。单项索赔就是采取一事一索赔的方式，即在每一件索赔事项发生后，报送索赔通知书，编报索赔报告，要求单项解决，不与其他的索赔事项混在一起。单项索赔是针对某一干扰事件提出的，在影响原合同正常运行的干扰事件发生时或发生后，由合同管理人员立即处理，并在合同规定的索赔有效期内向发包人或工程师提交索赔要求和报告。单项索赔通常原因单一，责任单一，分析起来相对容易，由于涉及的金额一般较小，双方容易达成协议，处理起来也比较简单。因此合同双方应尽可能地用此种方式来处理索赔。

(2) 综合索赔。综合索赔又称一揽子索赔，即对整个工程(或某项工程)中所发生的数起索赔事项，综合在一起进行索赔。一般在工程竣工前和工程移交前，承包人将工程实施过程中因各种原因未能及时解决的单项索赔集中起来进行综合考虑，提出一份综合索赔报告，由合同双方在工程交付前后进行最终谈判，以一揽子方案解决索赔问题。在合同实施过程中，有些单项索赔问题比较复杂，不能立即解决，为不影响工程进度，经双方协商同意后留待以后解决。有的是发包人或工程师对索赔采用拖延办法，迟迟不作答复，使索赔谈判旷日持久。还有的是承包人因自身原因，未能及时采用单项索赔方式等，都有可能出现一揽子索赔。由于在一揽子索赔中许多干扰事件交织在一起，影响因素比较复杂而且相互交叉，责任分析和索赔值计算都很困难，索赔涉及的金额往往又很大，双方都不愿或不容易作出让步，使索赔的谈判和处理都很困难。因此综合索赔的成功率比单项索赔要低得多。

13.1.3 索赔事件

索赔事件又称干扰事件，是指那些使实际情况与合同规定不符合，最终引起工期和费用变化的那类事件。不断地追踪、监督索赔事件就是不断地发现索赔机会。在工程实践中，可以分承包人或发包人可以提出的索赔事件。

1. 承包人可以提出的索赔事件

(1) 业主违约(风险)或指令

1) 发包人未按合同约定完成基本工作。如：发包人未按时交付合格的施工现场及行驶道路、接通水电等；未按合同规定的时间和数量交付设计图纸和资料；提供的资料不符合合同标准或有错误(如工程实际地质条件与合同提供资料不一致)等。

2) 发包人未按合同规定支付预付款及工程款等。一般合同中都有支付预付款和工程款的时间限制及延期付款计息的利率要求。如果发包人不按时支付，承包人可据此规定向发包人索要拖欠的款项并索赔利息，敦促发包人迅速偿付。对于严重拖欠工程款，导致承包人资金周转困难，影响工程进度，甚至引起中止合同的严重后果，承包人则必须严肃地提出索赔，甚至诉讼。

3）发包人（业主）应该承担的风险。由于发生业主承担的风险而导致承包人的费用损失时，承包人可据此提出索赔。许多合同规定，承包人不仅对由此而造成工程、业主或第三人的财产的破坏和损失及人身伤亡不承担责任，而且业主应保护和保障承包人不受上述特殊风险后果的损害，并免于承担由此而引起的与之有关的一切索赔、诉讼及其费用。相反，承包人还应当可以得到由此损害引起的任何永久性工程及其材料的付款及合理的利润，以及一切修复费用、重建费用及上述特殊风险而导致的费用增加。如果由于特殊风险而导致合同终止，承包人除可以获得应付的一切工程款和损失费用外，还可以获得施工机械设备的撤离费用和人员遣返费用等。

4）发包人或工程师要求工程加速。当工程项目的施工计划进度受到干扰，导致项目不能按时竣工，发包人的经济效益受到影响时，有时发包人或工程师会要求承包人加班赶工来完成工程项目，承包人不得不在单位时间内投入比原计划更多的人力、物力与财力进行施工，以加快施工进度。

5）设计错误、发包人或工程师错误的指令或提供错误的数据等造成工程修改、停工、返工、窝工，发包人或工程师变更原合同规定的施工顺序，打乱了工程施工计划等。由于发包人和工程师原因造成的临时停工或施工中断，特别是根据发包人和工程师不合理指令造成了工效的大幅度降低，从而导致费用支出增加，承包人可提出索赔。

6）发包人不正当地终止工程。由于发包人不正当地终止工程，承包人有权要求补偿损失，其数额是承包人在被终止工程上的人工、材料、机械设备的全部支出，以及各项管理费用、保险费、贷款利息、保函费用的支出（减去已结算的工程款），并有权要求赔偿其盈利损失。

（2）不利的自然条件与客观障碍

不利的自然条件和客观障碍一般是指有经验的承包人无法合理预料到的不利的自然条件和客观障碍。“不利的自然条件”中不包括气候条件，而是指投标时经过现场调查及根据发包人所提供的资料都无法预料到的其他不利自然条件，如地下水、地质断层、溶洞、沉陷等。“客观障碍”是指经现场调查无法发现、发包人提供的资料中也未提到的地下（上）人工建筑物及其他客观存在的障碍物，如下水道、公共设施、坑、井、隧道、废弃的旧建筑物、其他水泥砖砌物，以及埋在地下的树木等。由于不利的自然条件及客观障碍，常常导致工程变更、工期延长或成本大幅度增加，承包人可以据此提出索赔要求。

（3）工程变更

由于发包人或工程师指令增加或减少工程量、增加附加工程、修改设计、变更施工顺序、提高质量标准等，造成工期延长和费用增加，承包人可对此提出索赔。注意由于工程变更减少了工作量，也要进行索赔。比如在住房施工过程中，发包人提出将原来的100栋减为70栋，承包人可以对管理费、保险费、设备费、材料费（如已订货）、人工费（多余人员已到）等进行索赔。工程变更索赔通常是索赔的重点，但应注意，其变更绝不能由承包人主动提出建议，而必须由发包人提出，否则不能进行索赔。

（4）工期延长和延误

工期延长和延误的索赔通常包括两方面：一是承包人要求延长工期；二是承包人要求偿付由于非承包人原因导致工程延误而造成的损失。一般这两方面的索赔报告要求分别编制，因为工期和费用索赔并不一定同时成立。如果工期拖延的责任在承包人方面，则承包人无权提出索赔。

（5）工程师指令和行为

如果工程师在工作中出现问题、失误或行使合同赋予的权力造成承包人的损失，业主必须承担相应合同规定的赔偿责任。工程师指令和行为通常表现为：工程师指令承包人加速施工、进行某项工作、更换某些材料、采取某种措施或停工，工程师未能在规定的时间内发出有关图纸、指示、指令或批复（如批准材料订货及进口许可过晚），工程师拖延发布各种证书（如进度付款签证、移交证书、缺陷责任合格证书等），工程师的不适当决定和苛刻检查等。因为这些指令（包括指令错误）和行为而造成的成本增加和（或）工期延误，承包人可以索赔。

（6）合同缺陷

合同缺陷常常表现为合同文件规定不严谨甚至前后矛盾、合同规定过于笼统、合同中的遗漏或错误。这不仅包括商务条款中的缺陷，也包括技术规范和图纸中的缺陷。在这种情况下，一般工程师有权作出解释，但如果承包人执行工程师的解释后引起成本增加或工期延长，则承包人可以索赔，工程师应给予证明，发包人应给予补偿。一般情况下，发包人作为合同起草人，他要对合同中的缺陷负责，除非其中有非常明显的含糊或其他缺陷，根据法律可以推定承包人有义务在投标前发现并及时向发包人指出。

（7）物价上涨

由于物价上涨的因素，带来了人工费、材料费、甚至施工机械费的不断增长，导致工程成本大幅度上升，承包人的利润受到严重影响，也会引起承包人提出索赔要求。

（8）国家政策及法律、法规变更

国家政策及法律法规变更，通常是指直接影响到工程造价的某些政策及法律法规的变更，比如限制进口、外汇管制或税收及其他收费标准的提高。就国际工程而言，合同通常都规定：如果在投标截止日期前的第28天以后，由于工程所在国家或地方的任何政策和法规、法令或其他法律、规章发生了变更，导致了承包人成本增加，对承包人由此增加的开支，发包人应予补偿；相反，如果导致费用减少，则也应由发包人收益。就国内工程而言，因国务院各有关部、各级建设行政主管部门或其授权的工程造价管理部门公布的价格调整，比如定额、取费标准、税收、上缴的各种费用等，可以调整合同价款，如未予调整，承包人可以要求索赔。

（9）货币及汇率变化

就国际工程而言，合同一般规定：如果在投标截止日期前的第28天以后，工程所在国政府或其授权机构对支付合同价格的一种或几种货币实行货币限制或货币汇兑限制，发包人应补偿承包人因此而受到的损失。如果合同规定将全部或部分款额以一种或几种外币支付给承包人，则这项支付不应受上述指定的一种或几种外币与工程所在国货币之间的汇率变化的影响。

（10）其他承包人干扰

其他承包人干扰是指其他承包人未能按时、按序进行并完成某项工作、各承包人之间配合协调不好等而给本承包人的工作带来干扰。大中型土木工程，往往会有几个独立承包人在现场施工，由于各承包人之间没有合同关系，工程师有责任组织协调好各个承包人之间的工作；否则，将会给整个工程和各承包人的工作带来严重影响，引起承包人的索赔。比如，某承包人不能按期完成他那部分工作，其他承包人的相应工作也会因此而拖延，此时，被迫延迟的承包人就有权向发包人提出索赔。在其他方面，如场地使用、现场交通等等，各承包人之间也都有可能发生相互干扰的问题。

（11）其他第三人原因等

其他第三人的原因通常表现为因与工程有关的其他第三人的问题而引起的对本工程的不利影响，如：银行付款延误、邮路延误、港口货物压港等。如发包人在规定时间内依规定方式向银行寄出了要求向承包人支付款项的付款申请，但由于邮路延误，银行迟迟没有收到该付款申请，因而造成承包人没有在合同规定的期限内收到工程款。在这种情况下，由于最终表现出来的结果是承包人没有在规定时间内收到款项，所以，承包人往往向发包人索赔。对于第三人原因造成的索赔，发包人给予补偿后，应该根据其与第三人签订的合同规定或有关法律规定再向第三人追偿。

2. 发包人可以提出的索赔事件

（1）施工责任

当承包人的施工质量不符合施工技术规程的要求，或在保修期未满以前未完成应该负责修补的工程时，发包人有权向承包人追究责任。如果承包人未在规定的时限内完成修补工作，发包人有权雇佣他人来完成工作，发生的费用由承包人负担。

（2）工期延误

在工程项目的施工过程中，由于承包人的原因，使竣工日期拖后，影响到发包人对该工程的使用，给发包人带来经济损失时，发包人有权对承包人进行索赔，即由承包人支付延期竣工违约金。建设工程施工合同中的误期违约金，通常是由发包人在招标文件中确定的。

（3）承包人超额利润

如果工程量增加很多(超过有效合同价的15%)，使承包人预期的收入增大，因工程量增加承包人并不增加固定成本，合同价应由双方讨论调整，发包人有权收回部分超额利润。由于法规的变化导致承包人在工程实施中降低了成本，产生了超额利润，也应重新调整合同价格，收回部分超额利润。

（4）指定分包商的付款

在工程承包人未能提供已向指定分包商付款的合理证明时，发包人可以直接按照工程师的证明，将承包人未付给指定分包商的所有款项(扣除保留金)付给该分包商，并从应付给承包人的任何款项中如数扣回。

(5)承包人不履行的保险费用

如果承包人未能按合同条款指定的项目投保，并保证保险有效，发包人可以投保并保证保险有效，发包人所支付的必要的保险费可在应付给承包人的款项中扣回。

(6)发包人合理终止合同或承包人不正当地放弃工程

如果发包人合理地终止承包人的施工，或者承包人不合理地放弃工程，则发包人有权从承包人手中收回由新的承包人完成工程所需的工程款与原合同未付部分的差额。

(7)人身或财产损失的索赔

由于工伤事故给发包方人员和第三方人员造成的人身或财产损失的索赔，以及承包人运送建筑材料及施工机械设备时损坏了公路、桥梁或隧洞，交通管理部门提出的索赔等。

上述这些事件能否作为索赔事件，进行有效的索赔，还要看具体的工程和合同背景、合同条件，不可一概而论。

13.1.4 索赔的依据与证据

1. 索赔的依据

索赔的依据主要是法律、法规及工程建设惯例，尤其是双方签订的工程合同文件。由于不同的具体工程有不同的合同文件，索赔的依据也就不完全相同，合同当事人的索赔权利也不同。表 13-1、表 13-2 分别给出了 FIDIC 合同条件(1987 年，第四版)和我国建设工程施工合同示范文本(GF—99—0201)中业主(发包人)和承包商(承包人)的索赔依据和索赔权利，可供参考。

业主向承包商的索赔依据(或权利)　　表 13-1

合同文本种类	条款序号								
FIDIC 合同条件	6.5 29.1 53.1	8.2 30.2 60.9	10.3 37.4 63.1	20.1 38.2 64.1	20.2 39.2	22.1 46.1	24.1 47.1	26.1 49.3	28.1 49.4
建设工程施工合同示范文本(GF—99—0201)	4.1 29.2，3	7.3 35.2	9.2 39.3	12 41	14.2，15	18	19.5	20.1，22	27.3，28

承包商向业主的索赔依据(或权利)　　表 13-2

合同文本种类	条款序号								
FIDIC 合同条件	2.5 22.3 38.2 51.1 66.1	5.2 25.4 40.1 52.1 69	6.3 27.1 40.2 52.2 70.1	6.4 28.1 40.3 52.3 70.2	7.1 30.3 42.2 53.1 71.1	12.2 31.2 44.1 59.2	17.1 36.4 44.3 60.10	18.1 36.5 49.3 65.3	20.3 38.1 50.1 65.5～65.8

续表

合同文本种类	条款序号							
建设工程施工合同示范文本（GF—99—0201）	6.2，3 19.5 33.3，4	7.3 20.2 35.1	8.3 21.1，2 36	11.2 22 39.3	12 23.3 40	13 24 41	14.3 26 43	16.3，4 27.4	18 29.1

2. **索赔证据**

索赔证据是当事人用来支持其索赔成立或和索赔有关的证明文件和资料。索赔证据作为索赔文件的组成部分，在很大程度上关系到索赔的成功与否。证据不全、不足或没有证据，索赔是很难获得成功的。

在工程项目的实施过程中，会产生大量的工程信息和资料，这些信息和资料是开展索赔的重要依据。如果项目资料不完整，索赔就难以顺利进行。因此在施工过程中应始终做好资料积累工作，建立完善的资料记录和科学管理制度，认真系统地积累和管理合同文件、质量、进度及财务收支等方面的资料。对于可能会发生索赔的工程项目，从开始施工时就要有目的地收集证据资料，系统地拍摄现场，妥善保管开支收据，有意识地为索赔文件积累所必要的证据材料。常见的索赔证据主要有：

（1）各种合同文件，包括工程合同及附件、中标通知书、投标书、标准和技术规范、图纸、工程量清单、工程报价单或预算书、有关技术资料和要求等。具体的如发包人提供的水文地质、地下管网资料，施工所需的证件、批件、临时用地占地证明手续、坐标控制点资料等。

（2）经工程师批准的承包人施工进度计划、施工方案、施工组织设计和具体的现场实施情况记录。各种施工报表有：①驻地工程师填制的工程施工记录表，这种记录能提供关于气候、施工人数、设备使用情况和部分工程局部竣工等情况；②施工进度表；③施工人员计划表和人工日报表；④施工用材料和设备报表。

（3）施工日志及工长工作日志、备忘录等。施工中发生的影响工期或工程资金的所有重大事情均应写入备忘录存档，备忘录应按年、月、日顺序编号，以便查阅。

（4）工程有关施工部位的照片及录像等。保存完整的工程照片和录像能有效地显示工程进度。因而除了标书上规定需要定期拍摄的工程照片和录像外，承包人自己应经常注意拍摄工程照片和录像，注明日期，作为自己查阅的资料。

（5）工程各项往来信件、电话记录、指令、信函、通知、答复等。有关工程的来往信件内容常常包括某一时期工程进展情况的总结以及与工程有关的当事人，尤其是这些信件的签发日期对计算工程延误时间具有很大参考价值。因而来往信件应妥善保存，直到合同全部履行完毕，所有索赔均获解决时为止。

（6）工程各项会议纪要、协议及其他各种签约、定期与业主雇员的谈话资料等。业主雇员对合同和工程实际情况掌握第一手资料，与他们交谈的目的是摸清施工中可能发生的意外情况，会碰到什么难处理的问题，以便做到事前心中有数，一旦发生进度延误，承包人即可提出延误原因，说明延误原因是业主造成的，为索赔埋下伏笔。在施工合同的履行过程中，业主、工程师和承包人定期或不定期的会谈所作出的决定或决议，是施工合同的补充，应作为施工合同的组成部分，但会谈纪要只有经过各方签署后方可作为索赔的依据。业主与承包人、承包人与分包人之间定期或临时召开的讨论工程情况的现场会议记录，能被用来追溯项目的执行情况，查阅业主签发工程内容变动通知的背景和签发通知的日期，也能查阅在施工中最早发现某一重大情况的确切时间。另外这些记录也能反映承包人对有关情况采取的行动。

(7) 发包人或工程师发布的各种书面指令书和确认书，以及承包人要求、请求、通知书，气象报告和资料，如有关天气的温度、风力、雨雪的资料等。

(8) 投标前业主提供的参考资料和现场资料。

(9) 施工现场记录。工程各项有关设计交底记录、变更图纸、变更施工指令等，工程图纸、图纸变更、交底记录的送达份数及日期记录，工程材料和机械设备的采购、订货、运输、进场、验收、使用等方面的凭据及材料供应清单、合格证书，工程送电、送水、道路开通、封闭的日期及数量记录，工程停电、停水和干扰事件影响的日期及恢复施工的日期等。

(10) 工程各项经业主或工程师签认的签证。如承包人要求预付通知，工程量核实确认单，工程结算资料和有关财务报告。如工程预付款、进度款拨付的数额及日期记录，工程结算书、保修单等。

(11) 各种检查验收报告和技术鉴定报告。由工程师签字的工程检查和验收报告反映出某一单项工程在某一特定阶段竣工的程度，并记录了该单项工程竣工的时间和验收的日期，应该妥为保管。如质量验收单、隐蔽工程验收单、验收记录、竣工验收资料、竣工图。

(12) 各类财务凭证。需要收集和保存的工程基本会计资料包括工卡、人工分配表、注销薪水支票、工人福利协议、经会计师核算的薪水报告单、购料定单收讫发票、收款票据、设备使用单据、注销账应付支票、账目图表、总分类账、财务信件、经会计师核准的财务决算表、工程预算、工程成本报告书、工程内容变更单等。工人或雇请人员的薪水单据应按日期编存归档，薪水单上费用的增减能揭示工程内容增减的情况和开始的时间。承包人应注意保管和分析工程项目的会计核算资料，以便及时发现索赔机会，准确地计算索赔的款额，争取合理的资金回收。

(13) 其他，包括分包合同、官方的物价指数、汇率变化表以及国家、省、市有关影响工程造价、工期的文件、规定等。

3. 索赔证据的基本要求

(1) 真实性。索赔证据必须是在实施合同过程中确实存在和实际发生的，是施工过程中产生的真实资料，能经得住推敲。

(2) 及时性。索赔证据的取得及提出应当及时。这种及时性反映了承包人的态度和管理水平。

(3) 全面性。所提供的证据应能说明事件的全部内容。索赔报告中涉及的索赔理由、事件过程、影响、索赔值等都应有相应证据，不能零乱和支离破碎。

(4) 关联性。索赔的证据应当与索赔事件有必然联系，并能够互相说明、符合逻辑，不能互相矛盾。

(5) 有效性。索赔证据必须具有法律效力。一般要求证据必须是书面文件，有关记录、协议、纪要必须是双方签署的；工程中重大事件、特殊情况的记录、统计必须由工程师签证认可。

13.1.5 索赔文件

1. 索赔文件的一般内容

索赔文件也称索赔报告，它是合同一方向对方提出索赔的书面文件，它全面反映了一方当事人对一个或若干个索赔事件的所有要求和主张，对方当事人也是通过对索赔文件的审核、分析和评价来作认可、要求修改、反驳甚至拒绝的回答，索赔文件也是双方进行索赔谈判或调解、仲裁、诉讼的依据，因此索赔文件的表达与内容对索赔的解决有重大影响，索赔方必须认真编写索赔文件。

在合同履行过程中，一旦出现索赔事件，承包人应该按照索赔文件的构成内容，及时地向业主提交索赔文件。单项索赔文件的一般格式如下：

(1) 题目。索赔报告的标题应该能够简要准确地概括索赔的中心内容。如关于……事件的索赔。

(2) 事件。详细描述事件过程，主要包括：事件发生的工程部位、发生的时间、原因和经过、影响的范围以及承包人当时采取的防止事件扩大的措施、事件持续时间、承包人已经向业主或工程师报告的次数及日期、最终结束影响的时间、事件处置过程中的有关主要人员办理的有关事项等。也包括双方信件交往、会谈，并指出对方如何违约，证据的编号等。

(3) 理由。是指索赔的依据，主要是法律依据和合同条款的规定。合理引用法律和合同的有关规定，建立事实与损失之间的因果关系，说明索赔的合理合法性。

(4) 结论。指出事件造成的损失或损害及其大小，主要包括要求补偿的金额及工期，这部分只须列举各项明细数字及汇总数据即可。

(5) 详细计算书(包括损失估价和延期计算两部分)。为了证实索赔金额和工期索赔值的真实性，必须指明计算依据及计算资料的合理性，包括损失费用、工期延长的计算基础、计算方法、计算公式及详细的计算过程及计算结果。

(6) 附件。包括索赔报告中所列举事实、理由、影响等各种编过号的证明文件和证据、图表。

对于一揽子索赔，其格式比较灵活，它实质上是将许多未解决的单项索赔加以分类和综合整理。

一揽子索赔文件往往需要很大的篇幅甚至几百页材料来描述其细节。一揽子索赔文件的主要组成部分如下：

(1) 索赔致函和要点；

(2) 总情况介绍(叙述施工过程、对方失误等)；

(3) 索赔总表(将索赔总数细分、编号，每一条目写明索赔内容的名称和索赔额)；

(4) 上述事件详述；

(5) 上述事件结论；

(6) 合同细节和事实情况；

（7）分包人索赔；

（8）工期延长的计算和损失费用的估算；

（9）各种证据材料等。

2. 索赔文件编写要求

编写索赔文件需要实际工作经验，索赔文件如果起草不当，会失去索赔方的有利地位和条件，使正当的索赔要求得不到合理解决。对于重大索赔或一揽子索赔，最好能在律师或索赔专家的指导下进行。编写索赔文件的基本要求有：

（1）符合实际

索赔事件要真实、证据确凿。索赔的根据和款额应符合实际情况，不能虚构和扩大，更不能无中生有，这是索赔的基本要求。这既关系到索赔的成败，也关系到承包人的信誉。一个符合实际的索赔文件，可使审阅者看后的第一印象是合情合理，不会立即予以拒绝。相反如果索赔要求缺乏根据，不切实际地漫天要价，使对方一看就极为反感，甚至连其中有道理的索赔部分也被置之不理，不利于索赔问题的最终解决。

（2）说服力强

1）符合实际的索赔要求，本身就具有说服力，但除此之外索赔文件中责任分析应清楚、准确。一般索赔所针对的事件都是由于非承包人责任而引起的，因此，在索赔报告中要善于引用法律和合同中的有关条款，详细、准确地分析并明确指出对方应负的全部责任，并附上有关证据材料，不可在责任分析上模棱两可、含糊不清。对事件叙述要清楚明确，不应包含任何估计或猜测。

2）强调事件的不可预见性和突发性。说明即使一个有经验的承包人对它不可能有预见或有准备，也无法制止，并且承包人为了避免和减轻该事件的影响和损失已尽了最大的努力，采取了能够采取的措施，从而使索赔理由更加充分，更易于对方接受。

3）论述要有逻辑。明确阐述由于索赔事件的发生和影响，使承包人的工程施工受到严重干扰，并为此增加了支出，拖延了工期。应强调索赔事件、对方责任、工程受到的影响和索赔之间有直接的因果关系。

（3）计算准确

索赔文件中应完整列入索赔值的详细计算资料，指明计算依据、计算原则、计算方法、计算过程及计算结果的合理性，必要的地方应作详细说明。计算结果要反复校核，做到准确无误，要避免高估冒算。计算上的错误，尤其是扩大索赔款的计算错误，会给对方留下恶劣的印象，他会认为提出的索赔要求太不严肃，其中必有多处弄虚作假，会直接影响索赔的成功。

（4）简明扼要

索赔文件在内容上应组织合理、条理清楚，各种定义、论述、结论正确，逻辑性强，既能完整地反映索赔要求，又要简明扼要，使对方很快地理解索赔的本质。索赔文件最好采用活页装订，印刷清晰。同时，用语应尽量婉转，避免使用强硬、不客气的语言。

13.1.6 索赔工作程序

索赔工作程序是指从索赔事件产生到最终处理全过程所包括的工作内容和工作步骤。由于索赔工作实质上是承包人和业主在分担工程风险方面的重新分配过程，涉及到双方的众多经济利益，因而是一项繁琐、细致、耗费精力和时间的过程。因此，合同双方必须严格按照合同规定办事，按合同规定的索赔程序工作，才能获得成功的索赔。具体工程的索赔工作程序，应根据双方签订的施工合同产生。图13-1给

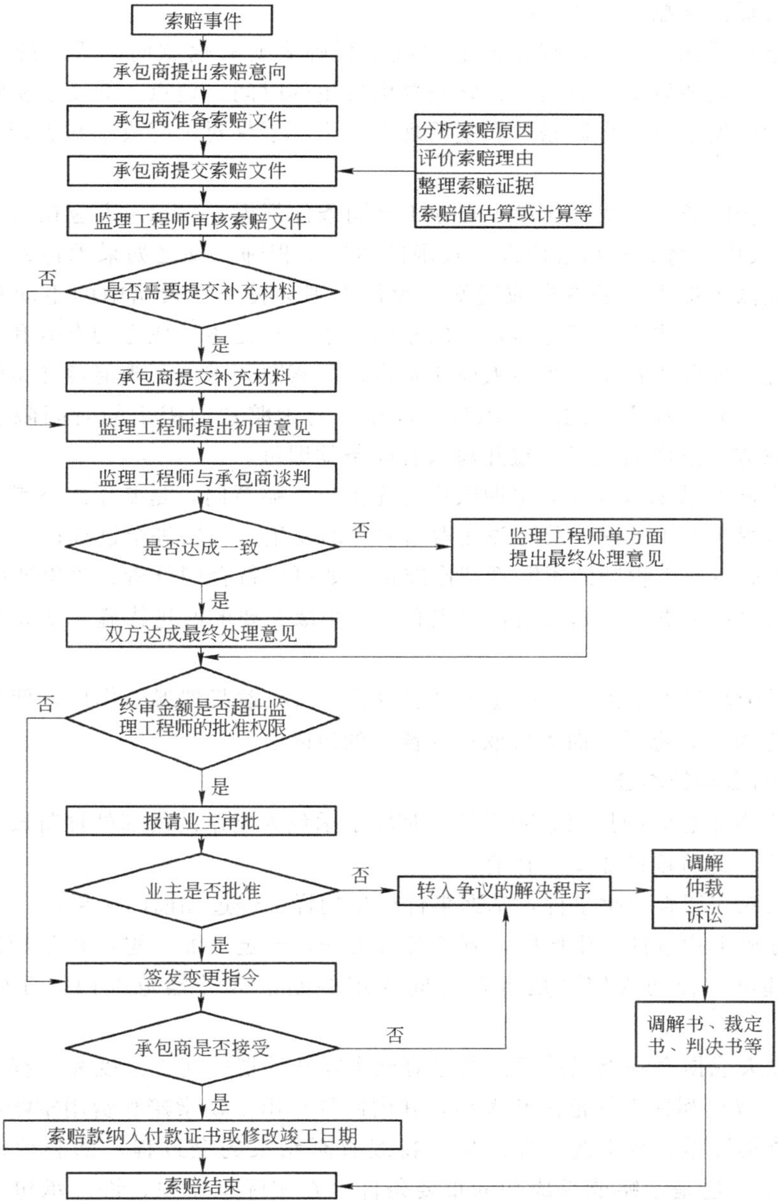

图13-1 某工程项目索赔工作程序

出了国内某工程项目承包人的索赔工作程序，可供参考。

在工程实践中，比较详细的索赔工作程序一般可分为如下主要步骤：

1. 索赔意向通知

在工程实施过程中，承包人发现索赔或意识到存在潜在的索赔机会后，要做的第一件事是在合同规定的时间内将自己的索赔意向，用书面形式及时通知业主或工程师，亦即向业主或工程师就某一个或若干个索赔事件表示索赔愿望、要求或声明保留索赔的权利。索赔意向的提出是索赔工作程序中的第一步，其关键是抓住索赔机会，及时提出索赔意向。

索赔意向通知，一般仅仅是向业主或工程师表明索赔意向，所以应当简明扼要。通常只要说明以下几点内容：索赔事由发生的时间、地点、简要事实情况和发展动态；索赔所依据的合同条款和主要理由；索赔事件对工程成本和工期产生的不利影响。

FIDIC合同条件及我国建设工程施工合同条件都规定，承包人应在索赔事件发生后的28天内，将其索赔意向以正式函件通知工程师。反之如果承包人没有在合同规定的期限内提出索赔意向或通知，承包人则会丧失在索赔中的主动和有利地位，业主和工程师也有权拒绝承包人的索赔要求，这是索赔成立的有效和必备条件之一。因此在实际工作中，承包人应避免合理的索赔要求由于未能遵守索赔时限的规定而导致无效。在实际的工程承包合同中，对索赔意向提出的时间限制不尽相同，只要双方经过协商达成一致并写入合同条款即可。

施工合同要求承包人在规定期限内首先提出索赔意向，是基于以下考虑：

(1) 提醒业主或工程师及时关注索赔事件的发生、发展等全过程；

(2) 为业主或工程师的索赔管理作准备，如可进行合同分析、收集证据等；

(3) 如属业主责任引起索赔，业主有机会采取必要的改进措施，防止损失的进一步扩大；

(4) 对于承包人来讲，意向通知可以对其合法权益起到保护作用，使承包人避免“因被称为‘志愿者’而无权取得补偿”的风险。

2. 索赔资料的准备

从提出索赔意向到提交索赔文件，是属于承包人索赔的内部处理阶段和索赔资料准备阶段。此阶段的主要工作有：

(1) 跟踪和调查干扰事件，掌握事件产生的详细经过和前因后果。

(2) 分析干扰事件产生原因，划清各方责任，确定由谁承担，并分析这些干扰事件是否违反了合同规定，是否在合同规定的赔偿或补偿范围内，即确定索赔根据。

(3) 损失或损害调查或计算。通过对比实际和计划的施工进度和工程成本，分析经济损失或权利损害的范围和大小，并由此计算出工期索赔和费用索赔值。

(4) 收集证据。从干扰事件产生、持续直至结束的全过程，都必须保留完整的当时记录，这是索赔能否成功的重要条件。在实际工作中，许多承包人的索赔要求都因没有或缺少书面证据而得不到合理解决，这个问题应引起承包人的高度重视。

(5) 起草索赔文件。按照索赔文件的格式和要求，将上述各项内容系统反映在索赔文件中。

索赔的成功很大程度上取决于承包人对索赔作出的解释和真实可信的证明材料。即使抓住合同履行中的索赔机会，如果拿不出索赔证据或证据不充分，其索赔要求往往难以成功或被大打折扣。因此，承包人在正式提出索赔报告前的资料准备工作极为重要。这就要求承包人注意记录、积累和保存工程施工过程中的各种资料，并可随时从中提取与索赔事件有关的证明资料。

3. 索赔文件的提交

承包人必须在合同规定的索赔时限内向业主或工程师提交正式的书面索赔文件。FIDIC合同条件和我国建设工程施工合同条件都规定，承包人必须在发出索赔意向通知后的28天内或经工程师同意的其他合理时间内，向工程师提交一份详细的索赔文件和有关资料，如果干扰事件对工程的影响持续时间长，承包人则应按工程师要求的合理间隔(一般28天)，提交中间索赔报告，并在干扰事件影响结束后的28天内提交一份最终索赔报告。如果承包人未能按时间规定提交索赔报告，则他就失去了该项事件请求补偿的索赔权力，此时他所受到损害的补偿，将不超过工程师认为应主动给予的补偿额，或把该事件提交仲裁解决时，补偿额将不超过仲裁机构依据合同和同期记录可以证明的损害补偿额。

4. 工程师对索赔文件的审核

工程师是受业主的委托和聘请，对工程项目的实施进行组织、监督和控制工作。在业主与承包人之间的索赔事件发生、处理和解决过程中，工程师是个核心人物。工程师在接到承包人的索赔文件后，必须以完全独立的身份，站在客观公正的立场上审查索赔要求的正当性，必须对合同条件、协议条款等有详细的了解，以合同为依据来公平处理合同双方的利益纠纷。工程师应该建立自己的索赔档案，密切关注事件的影响和发展，有权检查承包人的有关同期记录材料，随时就记录内容提出他的不同意见或他认为应予以增加的记录项目。

工程师根据业主的委托或授权，对承包人索赔的审核工作主要分为判定索赔事件是否成立和核查承包人的索赔计算是否正确、合理两个方面，并可在业主授权的范围内作出自己独立的判断。

承包人索赔要求的成立必须同时具备如下4个条件：

(1) 与合同相比较，事件已经造成了承包人实际的额外费用增加或工期损失；

(2) 造成费用增加或工期损失的原因不是由于承包人自身的责任所造成；

(3) 这种经济损失或权利损害也不是由承包人应承担的风险所造成；

(4) 承包人在合同规定的期限内提交了书面的索赔意向通知和索赔文件。

上述4个条件没有先后主次之分，并且必须同时具备，承包人的索赔才能成立。其后工程师对索赔文件的审查重点主要有两步：

第一步，重点审查承包人的申请是否有理有据，即承包人的索赔要求是否有合同依据，所受损失确属不应由承包人负责的原因造成，提供的证据是否足以证明索赔要求成立，是否需要提交其他补充材料等。

第二步，工程师应以公正的立场、科学的态度，重点审查并核算索赔值的计算是否正确、合理，分清责任，对不合理的索赔要求或不明确的地方提出反驳和质疑，或要求承包人作出进一步的解释和补充，并拟定自己计算的合理索赔款项和工期延展天数。

5. **工程师索赔处理**

工程师核查后初步确定应予补偿的额度，往往与承包人索赔报告中要求的额度不一致，甚至差额较大，主要原因大多为对承担事件损害责任的界限划分不一致、索赔证据不充分、索赔计算的依据和方法分歧较大等，因此双方应就索赔的处理进行协商。通过协商达不成共识的话，工程师有权单方面作出处理决定，承包人仅有权得到所提供的证据满足工程师认为索赔成立那部分的付款和工期延展。不论工程师通过协商与承包人达成一致，还是他单方面作出的处理决定，批准给予补偿的款额和延展工期的天数如果在授权范围之内，则可将此结果通知承包人，并抄送业主。补偿款将计入下月支付工程进度款的支付证书内，业主应在合同规定的期限内支付，延展的工期加到原合同工期中去。如果批准的额度超过工程师的权限，则应报请业主批准。

对于持续影响时间超过 28 天以上的工期延误事件，当工期索赔条件成立时，对承包人每隔 28 天报送的阶段索赔临时报告审查后，每次均应作出批准临时延长工期的决定，并于事件影响结束后 28 天内承包人提出最终的索赔报告后，批准延展工期总天数。应当注意的是：最终批准的总延展天数，不应少于以前各阶段已同意延展天数之和。规定承包人在事件影响期间每隔 28 天提出一次阶段报告，可以使工程师能及时根据同期记录批准该阶段应予延展工期的天数，避免事件影响时间太长而不能准确确定索赔值。

工程师经过对索赔文件的认真评审，并与业主、承包人进行了较充分的讨论后，应提出自己的索赔处理决定。通常，工程师的处理决定不是终局性的，对业主和承包人都不具有强制性的约束力。

我国建设工程施工合同条件规定，工程师收到承包人送交的索赔报告和有关资料后应在 28 天内给予答复，或要求承包人进一步补充索赔理由和证据。如果在 28 天内既未予答复、也未对承包人作进一步要求，则视为承包人提出的该项索赔要求已经认可。

6. **业主审查索赔**

当索赔数额超过工程师权限范围时，由业主直接审查索赔报告，并与承包人谈判解决，工程师应参加业主与承包人之间的谈判，工程师也可以作为索赔争议的调解人。业主首先根据事件发生的原因、责任范围、合同条款审核承包人的索赔文件和工程师的处理报告，再依据工程建设的目的、投资控制、竣工投产日期要求以及针对承包人在施工中的缺陷或违反合同规定等的有关情况，决定是否批准工程师的处理决定。例如，承包人某项索赔理由成立，工程师根据相应条款的规定，既同意给予一定的费用补偿，也批准延展相应的工期，但业主权衡了施工的实际情况和外部条件的要求后，可能不同意延展工期，而宁愿给承包人增加费用补偿额，要求他采取赶工措施，按期或提前完工，这样的决定只有业主才有权作出。索赔报告经业主批准后，工程师即可签发有关证书。对于数额比较大的索赔，一般需要业主、承包人和工程师三方反复协商才能作出最终处理决定。

7. **最终索赔处理**

如果承包人同意接受最终的处理决定，索赔事件的处理即告结束。如果承包人不同意，则可根据合同约定，将索赔争议提交仲裁或诉讼，使索赔问题得到最终解决。在仲裁或诉讼过程中，工程师作为工程全过程的参与者和管理者，可以作为见证人提供证据、做答辩。

工程项目实施中会发生各种各样、大大小小的索赔、争议等问题，应该强调：合同各方应该争取尽量在最早的时间、最低的层次，尽最大可能以友好协商的方式解决索赔问题，不要轻易提交仲裁或诉讼。因为对工程争议的仲裁或诉讼往往是非常复杂的，要花费大量的人力、物力、财力和精力，对工程建设也会带来不利，有时甚至是严重的影响。

13.2 工期索赔

13.2.1 工程延误的合同规定及要求

工程延误是指工程实施过程中任何一项或多项工作实际完成日期迟于计划规定的完成日期，从而可能导致整个合同工期的延长。工程工期是施工合同中的重要条款之一，涉及到业主和承包人多方面的权利和义务关系。工程延误对合同双方一般都会造成损失。业主因工程不能及时交付使用、投入生产，就不能按计划实现投资效果，失去盈利机会，损失市场利润；承包人因工期延误而会增加工程成本，如现场工人工资开支、机械停滞费用、现场和企业管理费等，生产效率降低，企业信誉受到影响，最终还可能导致合同规定的误期损害赔偿费处罚。因此工程延误的后果是形式上的时间损失，实质上的经济损失，无论是业主还是承包人，都不愿意无缘无故地承担由工程延误给自己造成的经济损失。工程工期是业主和承包人经常发生争议的问题之一，工期索赔在整个索赔中占据了很高的比例，也是承包人索赔的重要内容之一。

1. **关于工期延误的合同一般规定**

如果由于非承包人自身原因造成工程延期，在土木工程合同和房屋建造合同中，通常都规定承包人有权向业主提出工期延长的索赔要求，如果能证实因此造成了额外的损失或开支，承包人还可以要求经济赔偿，这是施工合同赋予承包人要求延长工期的正当权利。

FIDIC 合同条件第 44 条规定：“如果由于任何种类的额外或附加工程量，或本合同条件中规定的任何原因的拖延，或异常的恶劣气候条件，或其他可能发生的任何特殊情况，而非由于承包商的违约，使得承包商有理由为完成工程而延长工期，则工程师应确定该项延长的期限，并应相应通知业主和承包商……。”

我国建设工程施工合同条件第 13 条也对工期可以相应顺延进行了规定(参见第 6 章第 2 节)。

此外，英国 JCT63 合同第 23 条、JCT80 合同第 25 条和 IFC84 合同第 2.3、2.4、2.5 条等也有相近的规定。

2. 关于误期损害赔偿费的合同一般规定

如果由于承包人自身原因未能在原定的或工程师同意延长的合同工期内竣工时，承包人则应承担误期损害赔偿费(见 FIDIC 第 47 条，英国 JCT63 第 23 条，JCT80 第 24 条，IFC84 第 2.6、2.7、2.8 等条款)，这是施工合同赋予业主的正当权利。具体内容主要有两点：

(1) 如果承包人没有在合同规定的工期内或按合同有关条款重新确定的延长期限内完成工程时，工程师将签署一个承包人延期的证明文件。

(2) 根据此证明文件，承包人应承担违约责任，并向业主赔偿合同规定的延期损失。业主可从他自己掌握的已属于或应属于承包人的款项中扣除该项赔偿费，且这种扣款或支付，不应解除承包人对完成此项工程的责任或合同规定的承包人的其他责任与义务。

3. 承包人要求延长工期的目的

(1) 根据合同条款的规定，免去或推卸自己承担误期损害赔偿费的责任。

(2) 确定新的工程竣工日期及其相应的保修期。

(3) 确定与工期延长有关的赔偿费用，如由于工期延长而产生的人工费、材料费、机械费、分包费、现场管理费、总部管理费、利息、利润等额外费用。

13.2.2 工程延误的分类、识别与处理原则

1. 工程延误的分类和识别

整个工程延误分类见图 13-2。

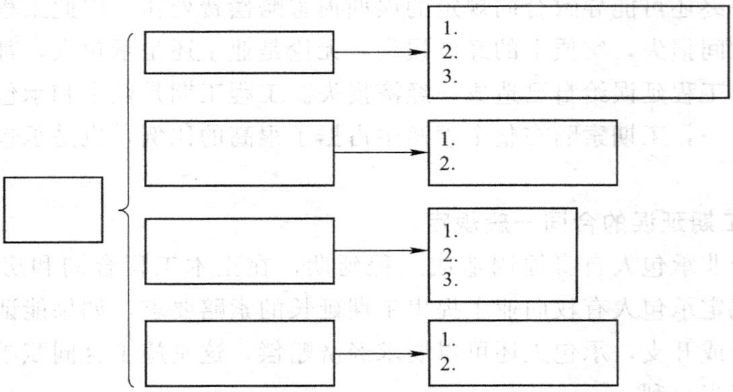

图 13-2 工程延误分类图

(1) 按工程延误原因划分

1) 因业主及工程师自身原因或合同变更原因引起的延误。包括：业主拖延交

付合格的施工现场；拖延交付图纸；业主或工程师拖延审批图纸、施工方案、计划；拖延支付预付款或工程款；业主提供的设计数据或工程数据延误；业主指定的分包商违约或延误；业主未能及时提供合同规定的材料或设备；业主拖延关键线路上工序的验收时间，造成承包人下道工序施工延误；业主或工程师发布指令延误，或发布的指令打乱了承包人的施工计划；因业主或工程师原因暂停施工导致的延误；业主对工程质量的要求超出原合同的约定，业主设计变更或要求修改图纸，要求增加额外工程，导致工程量增加，工程变更或工程量增加引起施工程序的变动等。

2）因承包商原因引起的延误。由承包人原因引起的延误一般是其内部计划不周、组织协调不力、指挥管理不当等原因引起的。如：①施工组织不当，如出现窝工或停工待料现象；②质量不符合合同要求而造成的返工；③资源配置不足，如劳动力不足，机械设备不足或不配套，技术力量薄弱，管理水平低，缺乏流动资金等造成的延误；④开工延误；⑤劳动生产率低；⑥承包人雇佣的分包人或供应商引起的延误等。显然上述延误难以得到业主的谅解，也不可能得到业主或工程师给予延长工期的补偿。

3）不可控制因素导致的延误。包括：人力不可抗拒的自然灾害导致的延误；特殊风险如战争、叛乱、革命、核装置污染等造成的延误；不利的自然条件或客观障碍引起的延误；施工现场中其他承包人的干扰，合同文件中某些内容的错误或互相矛盾，罢工及其他经济风险引起的延误；如政府抵制或禁运而造成工程延误等。

（2）按工程延误的可能结果划分

1）可索赔延误：是指非承包人原因引起的工程延误，包括业主或工程师的原因和双方不可控制的因素引起的延误，并且该延误工序或作业一般应在关键线路上，此时承包人可提出补偿要求，业主应给予相应的合理补偿。根据补偿内容的不同，可索赔延误可进一步分为以下三种情况：第一，只可索赔工期的延误。这类延误是由业主、承包人双方都不可预料、无法控制的原因造成的延误，如上文所述的不可抗力、异常恶劣气候条件、特殊社会事件、其他第三方等原因引起的延误。对于这类延误，一般合同规定：业主只给予承包人延长工期，不给予费用损失的补偿。但有些合同条件（如 FIDIC）中对一些不可控制因素引起的延误，如“特殊风险”和“业主风险”引起的延误，业主还应给予承包人费用损失的补偿；第二，只可索赔费用的延误。这类延误是指由于业主或工程师的原因引起的延误，但发生延误的活动对总工期没有影响，而承包人却由于该项延误负担了额外的费用损失。在这种情况下，承包人不能要求延长工期，但可要求业主补偿费用损失，前提是承包人必须能证明其受到了损失或发生了额外费用，如因延误造成的人工费增加、材料费增加、劳动生产率降低等。第三，可索赔工期和费用的延误。这类延误主要是由于业主或工程师的原因而直接造成工期延误并导致经济损失。如业主未及时交付合格的施工现场，既造成承包人的经济损失，又侵犯了承包人的工期权利。在这种情况下，承包人不仅有权向业主索赔工期，而且还有权要求业主补偿因延误而发生的、与延误时间相关的费用损失。在正常情况下，对于此类延误，承包人首先应得到工期延长的补偿。但在工程实践中，由于业主对工期要求的特殊性，对于即使因业主原因造成的延误，业主也不批准任何工期的延长，即业主愿意承担工期延误的责任，却不希望延长总工期。业主这种做法实质上是要求承包人加速施工。由于加速施工所采取的各种措施而多支出的费用，就是承包人提出费用补偿的依据。

2）不可索赔延误：是指因可预见的条件或在承包人控制之内的情况、或由于承包人自己的问题与过错而引起的延误。如果没有业主或工程师的不合适行为，没有上面所讨论的其他可索赔情况，则承包人必须无条件地按合同规定的时间实施和完成施工任务，而没有资格获准延长工期，承包人不应向业主提出任何索赔，业主也不会给予工期或费用的补偿。相反，如果承包人未能按期竣工，还应支付误期损害赔偿费。

（3）按延误事件之间的时间关联性划分

1）单一延误：是指在某一延误事件从发生到终止的时间间隔内，没有其他延误事件的发生，该延误事件引起的延误称为单一延误或非共同延误。

2）共同延误：当两个或两个以上的单个延误事件从发生到终止的时间完全相同时，这些事件引起的延误称为共同延误。共同延误的补偿分析比单一延误要复杂。图 13-3 列出了共同延误发生的部分可能性组合及其索赔补偿分析结果。

3）交叉延误：当两个或两个以上的延误事件从发生到终止只有部分时间重合

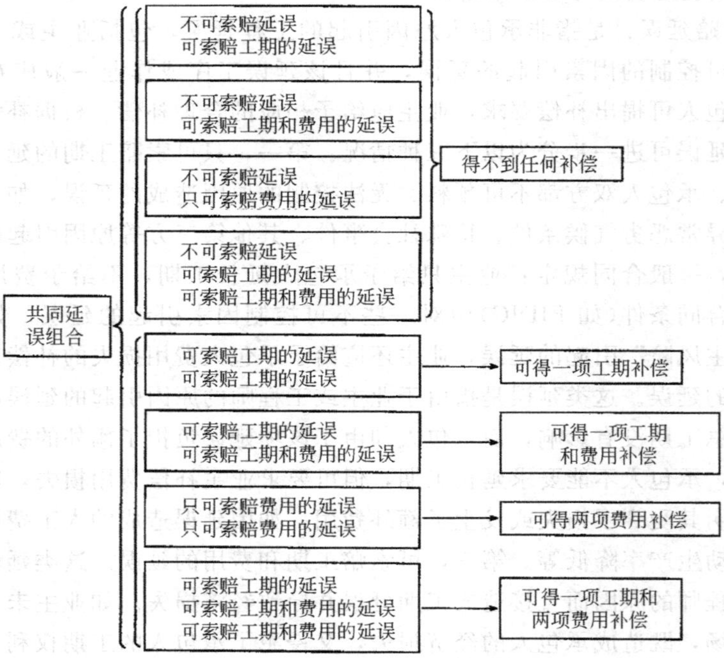

图 13-3 共同延误组合及其补偿分析

时，称为交叉延误。由于工程项目是一个复杂的系统工程，影响因素众多，常常会出现多种原因引起的延误交织在一起，这种交叉延误的补偿分析比较复杂。实际上，共同延误是交叉延误的一种特殊情况。

（4）按延误发生的时间分布划分

1）关键线路延误：是指发生在工程网络计划关键线路上活动的延误。由于在关键线路上全部工序的总持续时间即为总工期，因而任何工序的延误都会造成总工期的推迟，因此，非承包人原因引起的关键线路延误，必定是可索赔延误。

2）非关键线路延误：是指在工程网络计划非关键线路上活动的延误。由于非关键线路上的工序可能存在机动时间，因而当非承包人原因发生非关键线路延误时，会出现两种可能性：第一，延误时间少于该工序的机动时间。在此种情况下，所发生的延误不会导致整个工程的工期延误，因而业主一般不会给予工期补偿。但若因延误发生额外开支时，承包人可以提出费用补偿要求。第二，延误时间多于该工序的机动时间。此时，非关键线路上的延误会全部或部分转化为关键线路延误，从而成为可索赔延误。

2. 工程延误的一般处理原则

（1）一般处理原则

工程延期的影响因素可以归纳为两大类：第一类是合同双方均无过错的原因或因素而引起的延误，主要指不可抗力事件和恶劣气候条件等；第二类是由于业主或工程师原因造成的延误。

一般地说，根据工程惯例对于第一类原因造成的工程延误，承包人只能要求延长工期，很难或不能要求业主赔偿损失；而对于第二类原因，假如业主的延误已影响了关键线路上的工作，承包人既可要求延长工期，又可要求相应的费用赔偿；如果业主的延误仅影响非关键线路上的工作，且延误后的工作仍属非关键线路，而承包人能证明因该延误，引起的损失或额外开支，如工人窝工、机械停滞费用等，则承包人不能要求延长工期，但完全有可能要求费用赔偿。

（2）共同和交叉延误的处理原则

共同延误可分两种情况：在同一项工作上同时发生两项或两项以上延误；在不同的工作上同时发生两项或两项以上延误，这是从对整个工程的综合影响方面讲的“共同延误”。第一种情况主要有以下几种基本组合：

1）可索赔延误与不可索赔延误同时存在。在这种情况下，承包人无权要求延长工期和费用补偿。可索赔延误与不可索赔延误同时发生时，则可索赔延误就变成不可索赔延误，这是工程索赔的惯例之一。

2）两项或两项以上可索赔工期的延误同时存在，承包人只能得到一项工期补偿。

3）可索赔工期的延误与可索赔工期和费用的延误同时存在，承包人可获得一项工期和费用补偿。

4）两项只可索赔费用的延误同时存在，承包人可得两项费用补偿。

5）一项可索赔工期的延误与两项可索赔工期和费用的延误同时存在，承包人可获得一项工期和两项费用补偿。即：对于多项可索赔延误同时存在时，费用补偿可以叠加，工期补偿不能叠加，见图 13-3。

第二种情况比较复杂。由于各项工作在工程总进度表中所处的地位和重要性不同，同等时间的相应延误对工程进度所产生的影响也就不同。所以对这种共同延误的分析就不像第一种情况那样简单。比如，不同工作上业主延误（可索赔延误）和承包人延误（不可索赔延误）同时存在，承包人能否获得工期延长及经济补偿？对此应通过具体分析才能回答。首先我们要分析不同工作上业主延误和承包人延误分别对工程总进度造成了什么影响，然后将两种影响进行比较，对相互重叠部分按第一种情况的原则处理。最后，看看剩余部分是业主延误还是承包人延误造成的，如果是业主延误造成的，则应该对这一部分给予延长工期和经济补偿；如果是承包人延误造成的，就不能给予任何工期延长和经济补偿。对其他几种组合的共同延误也应具体问题具体分析。

对于交叉延误，可能会出现以下几种情况，参见图 13-4。具体分析如下：

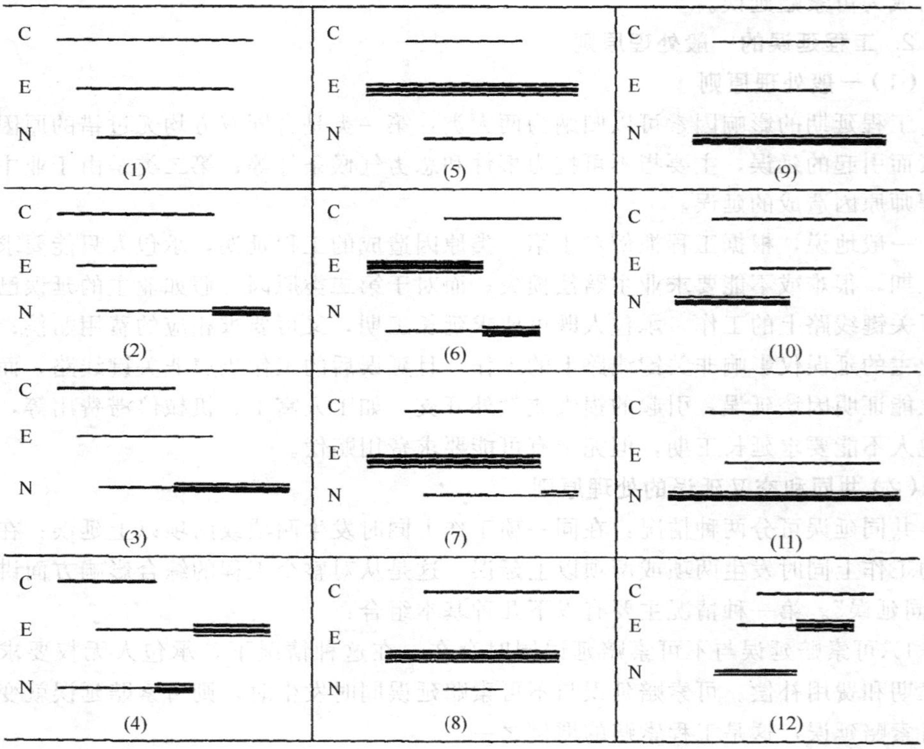

图 13-4　工程延误的交叉与补偿分析图

（注：C 为承包商原因造成的延误；E 为业主或工程师原因造成的延误；N 为双方不可控制因素造成的延误；——为不可得到补偿的延期；▬▬为可以得到时间补偿的延期；▬▬为可以得到时间和费用补偿的延期。

1）在初始延误是由承包人原因造成的情况下，随之产生的任何非承包人原因的延误都不会对最初的延误性质产生任何影响，直到承包人的延误缘由和影响已不复存在。因而在该延误时间内，业主原因引起的延误和双方不可控制因素引起的延误均为不可索赔延误。见图 13-4 中的(1)～(4)。

2）如果在承包人的初始延误已解除后，业主原因的延误或双方不可控制因素造成的延误依然在起作用，那么承包人可以对超出部分的时间进行索赔。在图 13-4 中(2)和(3)的情况下，承包人可以获得所示时段的工期延长，并且在图中(4)等情况下还能得到费用补偿。

3）反之，如果初始延误是由于业主或工程师原因引起的，那么其后由承包人造成的延误将不会使业主摆脱(尽管有时或许可以减轻)其责任。此时承包人将有权获得从业主的延误开始到延误结束期间的工期延长及相应的合理费用补偿，如图 13-4 中(5)～(8)所示。

4）如果初始延误是由双方不可控制因素引起的，那么在该延误时间内，承包人只可索赔工期，而不能索赔费用，见图 13-4 中的(9)～(12)。只有在该延误结束后，承包人才能对由业主或工程师原因造成的延误进行工期和费用索赔，如图 13-4 中(12)所示。

13.2.3 工期索赔分析方法

1. 工期索赔的依据与合同规定

表 13-3 列出了 FIDIC 合同条件和我国建设工程施工合同条件中有关工期延误与索赔的规定，工期索赔的依据主要有：合同约定的工程总进度计划；合同双方共同认可的详细进度计划，如网络图、横道图等；合同双方共同认可的月、季、旬进度实施计划；合同双方共同认可的对工期的修改文件，如会谈纪要、来往信件、确认信等；施工日志、气象资料；业主或工程师的变更指令；影响工期的干扰事件；受干扰后的实际工程进度；其他有关工期的资料等。此外在合同双方签订的工程施工合同中有许多关于工期索赔的规定，它们可以作为工期索赔的法律依据，在实际工作中可供参考。

工程索赔的依据和合同规定　　表 13-3

序号	干扰事件	FIDIC 合同条件（1987 年，第四版本）	建设工程施工合同示范文本(GF—99—0201)
一	由于业主或工程师失误造成的延误		
1	业主拖延交付合格的施工现场	42	8.1，13
2	业主拖延交付图纸	6.3，6.4	4.1，13.1
3	业主或工程师拖延审批图纸、施工方案、计划等	44.3	6，8，11，12，13
4	业主拖延支付工程款或预付款	60.10	24，26，33
5	业主指定分包商违约或延误	59.2	
6	业主未能及时提供合同规定的材料或设备	70.1	27
7	业主拖延验收时间	38.1，38.2	16.3
8	其他	17.1，22.3	11，18，19.5

续表

序号	干扰事件	FIDIC 合同条件（1987 年，第四版本）	建设工程施工合同示范文本（GF—99—0201）
二	因业主或工程师的额外要求导致延误		
1	业主要求修改图纸	7.1	29.1
2	业主对质量要求提高		30
3	业主指令打乱了施工计划	2.5，49.3	6.2
4	业主要求增加额外工程	20.3，60.3，44.1	13，29.1
5	业主的其他变更指令	18.1，36.4，51.1，52.3	
三	双方不可控制因素导致的延误		
1	人力不可抗拒的自然灾害	44.1	39.3
2	特殊风险	65.6～65.8，70.2	11，39
3	不利的施工条件或外界障阻	12.2，28.1	43
四	其他因素		
1	由于合同文件模糊	5.2	
2	其他		

2. 工期索赔的程序

不同的工程合同条件对工期索赔有不同的规定。在工程实践中，承包人应结合具体工程的合同条件，在规定的索赔时限内提出有效的工期索赔。下面从承包人的角度来分析几种不同合同条件下进行工期索赔时承包人的职责和一般程序。

(1)建设工程施工合同条件(GF—1999—0201)

建设工程施工合同条件第 13 条规定了工期相应顺延的前提条件和程序(参见第 6 章第 2 节)。此外，建设工程施工合同条件第 36 条规定：如果发包人未能按合同约定履行自己的各项义务或发生错误以及应由发包人承担责任的其他情况，造成承包人工期延误的，承包人可按照索赔条款规定的程序向发包人提出工期索赔。

(2)水利水电土建工程施工合同条件(GF—2000—0208)

水利水电土建工程施工合同条件第 19 条第 2 款规定，属于下列任何一种情况引起的暂停施工，均为发包人的责任，由此造成的工期延误，承包人有权要求延长工期：

1）由于发包人违约引起的暂停施工；

2）由于不可抗力的自然或社会因素引起的暂停施工；

3）其他由于发包人原因引起的暂停施工。

该条件第 20 条规定，在施工过程中，发生下列情况之一使关键项目的施工进度计划拖后而造成工期延误时，承包人可要求发包人延长合同规定的工期：

1）增加合同中任何一项的工作内容；

2）增加合同中关键项目的工程量超过专用合同条款规定的百分比；

3）增加额外的工程项目；

4）改变合同中任何一项工作的标准或特性；

5）本合同中涉及的由发包人责任引起的工期延误；

6）异常恶劣的气候条件；

7）非承包人原因造成的工期延误。

发生上述事件后，承包人应按下列程序办理：

1）发生上述事件时，承包人应立即通知发包人和监理人，并在发出该通知后的28天内，向监理人提交一份细节报告，详细说明该事件的情节和对工期的影响程度，并按合同规定修订进度计划和编制赶工措施报告报送监理人审批。若发包人要求修订的进度计划仍应保证工程按期完工，则应由发包人承担由于采取赶工措施所增加的费用。

2）若事件的持续时间较长或事件影响工期较长，当承包人采取了赶工措施而无法实现工程按期完工时，除应按第1)项规定的程序办理外，承包人应在事件结束后的14天内，提交一份补充细节报告，详细说明要求延长工期的理由，并修订进度计划。此时发包人除按上述第1)项规定承担赶工费用外，还应按以下第3)项规定的程序批准给予承包人延长工期的合理天数。

3）监理人应及时调查核实上述第1)和2)项中承包人提交的细节报告和补充细节报告，并在审批修订进度计划的同时与发包人和承包人协商确定延长工期的合理天数和补偿费用的合理额度，并通知承包人。

（3）FIDIC施工合同条件

FIDIC施工合同条件第44条规定，如果由于：

1）额外或附加工作的数量或性质，或

2）本合同条件中提到的任何延误原因，如获得现场占有权的延误(第42条)，颁发图纸或指示的延误(第6条)，不利的自然障碍或条件(第12条)，暂时停工(第40条)，额外的工作(第51条)，工程的损害或延误(第20和65条)等，或

3）异常恶劣的气候条件，或

4）由业主造成的任何延误、干扰或阻碍，或

5）除去承包商不履行合同或违约或由他负责的以外，其他可能发生的特殊情况，则在此类事件开始发生之后的28天内，承包商应通知工程师并将一份副本呈交业主；在上述通知之后的28天内，或在工程师可能同意的其他合理的期限内，向工程师提交承包商认为他有权要求的任何延期的详细申述，以便可以及时对他申述的情况进行研究。工程师详细复查全部情况后，应在与业主和承包商适当协商之后，决定竣工日期延长的时间，并相应地通知承包商，同时将一份副本呈交业主。

（4）JCT80合同条件

英国联合合同审定委员会(Joint Contracts Tribunal)制订的标准合同文本JCT条件规定，承包商在进行工期索赔时必须遵循如下步骤(其流程图见图13-5)：

1）一旦承包商认识到工程延误正在发生或即将发生，就应该立即以书面形式正式通知建筑师，而且该延误通知书中必须指出引起延误的原因及其相关事件。

2）承包商应尽可能快地详细给出延误事件的可能后果。

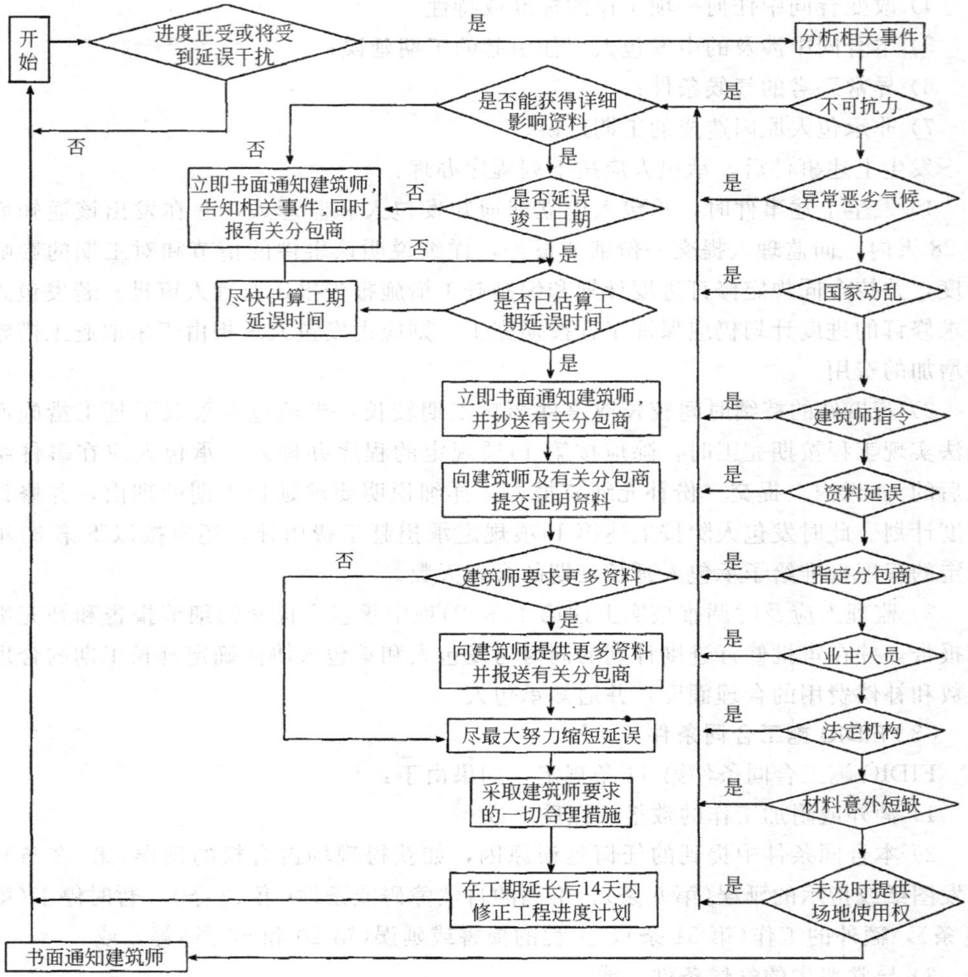

图 13-5　JCT80 合同条件下的工期索赔程序图

3）承包商必须尽快估算出竣工日期的推迟时间，而且必须单独说明每一个延误事件的影响，以及延误事件之间的时间相关性。

4）若承包商在延误通知书中提及了任一指定分包商，他就必须将延误通知书、延误的细节及估计后果等复印件送交该指定分包商。

5）承包商必须随时向建筑师递交关于延误的最新发展状况及其对竣工日期的影响报告，并同时将复印件送交有关的指定分包商。承包商有责任在合同执行的全过程中，随时报告延误的发生、发展及其影响，直至工程已实际完成。

6）承包商必须不断地尽最大努力阻止延误发展，并尽可能减少延误对竣工日期的影响。这不是说承包商必须增加支出以挽回或弥补延误造成的时间损失，但是承包商应确信工程进度是积极、合理的。

7）承包商必须完成建筑师的所有合理要求。如果业主要求并批准采用加速措施，并支付合理的费用，承包商就有责任完成工程加速。

3. **工期索赔的分析流程**

工期索赔的分析流程包括延误原因分析、网络计划(CPM)分析、业主责任分析和索赔结果分析等步骤，具体内容可见图13-6。

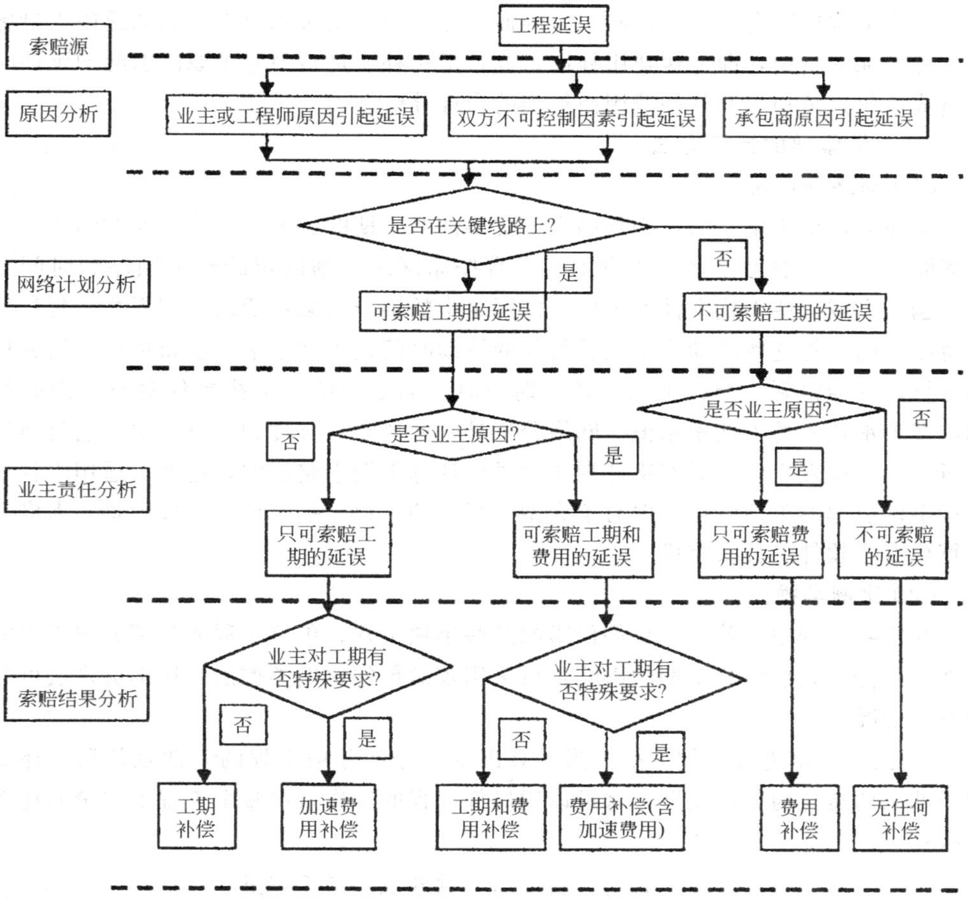

图13-6 工期索赔的分析流程图

(1) 原因分析。分析引起工期延误是哪一方的原因，如果由于承包人自身原因造成的，则不能索赔，反之则可索赔。

(2) 网络计划分析。运用网络计划(CPM)方法分析延误事件是否发生在关键线路上，以决定延误是否可索赔。注意：关键线路并不是固定的，随着工程进展，关键线路也在变化，而且是动态变化。关键线路的确定，必须是依据最新批准的工程进度计划。在工程索赔中，一般只限于考虑关键线路上的延误，或者一条非关键线路因延误已变成关键线路。

(3) 业主责任分析。结合CPM分析结果，进行业主责任分析，主要是为了确定延误是否能索赔费用。若发生在关键线路上的延误是由于业主原因造成的，则这种延误不仅可索赔工期，而且还可索赔因延误而发生的额外费用，否则，只能索赔工期。若由于业主原因造成的延误发生在非关键线路上，则只可能索赔费用。

(4) 索赔结果分析。在承包人索赔已经成立的情况下，根据业主是否对工期有特殊要求，分析工期索赔的可能结果。如果由于某种特殊原因，工程竣工日期客观上不能改变，即对索赔工期的延误，业主也可以不给予工期延长。这时，业主的行为已实质上构成隐含指令加速施工。因而，业主应当支付承包人采取加速施工措施而额外增加的费用，即加速费用补偿。此处费用补偿是指因业主原因引起的延误时间造成承包人负担了额外的费用而得到的合理补偿。

4. 工期索赔的计算方法

(1) 网络分析法

承包人提出工期索赔，必须确定干扰事件对工期的影响值，即工期索赔值。工期索赔分析的一般思路是：假设工程一直按原网络计划确定的施工顺序和时间施工，当一个或一些干扰事件发生后，使网络中的某个或某些活动受到干扰而延长施工持续时间。将这些活动受干扰后的新的持续时间代入网络中，重新进行网络分析和计算，即会得到一个新工期。新工期与原工期之差即为干扰事件对总工期的影响，即为承包人的工期索赔值。网络分析是一种科学、合理的计算方法，它是通过分析干扰事件发生前、后网络计划之差异而计算工期索赔值的，通常可适用于各种干扰事件引起的工期索赔。但对于大型、复杂的工程，手工计算比较困难，需借助计算机专业软件工具来完成。

(2) 比例类推法

在实际工程中，若干扰事件仅影响某些单项工程、单位工程或分部分项工程的工期，要分析它们对总工期的影响，可采用较简单的比例类推法。比例类推法可分为两种情况：

1) 按工程量进行比例类推。当计算出某一分部分项工程的工期延长后，还要把局部工期转变为整体工期，这可以用局部工程的工作量占整个工程工作量的比例来折算。

$$\text{工期索赔值}=\text{原工期}\times\frac{\text{额外或新增工程量}}{\text{原工程量}} \tag{13-1}$$

2) 按造价进行比例类推。若施工中出现了很多大小不等的工期索赔事由，较难准确地单独计算且又麻烦时，可经双方协商，采用造价比较法确定工期补偿天数。

$$\text{工期索赔值}=\text{原合同工期}\times\frac{\text{附加或新增工程量价格}}{\text{原合同总价}} \tag{13-2}$$

比例类推法简单、方便，易于被人们理解和接受，但不尽科学、合理，有时不符合工程实际情况，且对有些情况如业主变更施工次序等不适用，甚至会得出错误的结果，在实际工作中应予以注意，正确掌握其适用范围。

(3) 直接法

有时干扰事件直接发生在关键线路上或一次性地发生在一个项目上，造成总工期的延误。这时可通过查看施工日志、变更指令等资料，直接将这些资料中记载的延误时间作为工期索赔值。如承包人按工程师的书面工程变更指令，完成变更工程所用的实际时间即为工期索赔值。

13.3 费用索赔

13.3.1 费用索赔的原因及分类

1. 费用索赔的含义及特点

费用索赔是指承包人在非自身因素影响下而遭受经济损失时向业主提出补偿其额外费用损失的要求。因此费用索赔应是承包人根据合同条款的有关规定，向业主索取的合同价款以外的费用。索赔费用不应被视为承包人的意外收入，也不应被视为业主的不必要开支。实际上，索赔费用的存在是由于建立合同时还无法确定的某些应由业主承担的风险因素导致的结果。承包人的投标报价中一般不考虑应由业主承担的风险对报价的影响，因此一旦这类风险发生并影响承包人的工程成本时，承包人提出费用索赔是一种正常现象和合情合理的行为。

费用索赔是工程索赔的重要组成部分，是承包人进行索赔的主要目标。与工期索赔相比，费用索赔有以下一些特点：

（1）费用索赔的成功与否及其大小事关承包人的盈亏，也影响业主工程项目的建设成本，因而费用索赔常常是最困难、也是双方分歧最大的索赔。特别是对于发生亏损或接近亏损的承包人和财务状况不佳的业主，情况更是如此。

（2）索赔费用的计算比索赔资格或权利的确认更为复杂。索赔费用的计算不仅要依据合同条款与合同规定的计算原则和方法，而且还可能要依据承包人投标时采用的计算基础和方法，以及承包人的历史资料等。索赔费用的计算没有统一、合同双方共同认可的计算方法，因此索赔费用的确定及认可是费用索赔中一项困难的工作。

（3）在工程实践中，常常是许多干扰事件交织在一起，承包人成本的增加或工期延长的发生时间及其原因也常常相互交织在一起，很难清楚、准确地划分开，尤其是对于一揽子综合索赔。对于像生产率降低损失及工程延误引起的承包人利润和总部管理费损失等费用的确定，很难准确计算出来，双方往往有很大的分歧。

2. 费用索赔的原因

引起费用索赔的原因是由于合同环境发生变化使承包人遭受了额外的经济损失。归纳起来，费用索赔产生的常见原因主要有：业主违约、工程变更、业主拖延支付工程款或预付款、工程加速、业主或工程师责任造成的可索赔费用的延误、非承包人原因的工程中断或终止、工程量增加、其他如业主指定分包商违约、合同缺陷、国家政策及法律、法令变更等。

13.3.2 费用索赔的费用构成

1. 可索赔费用的分类

（1）按可索赔费用的性质划分

在工程实践中，承包人的费用索赔包括额外工作索赔和损失索赔。额外工作索赔费用包括额外工作实际成本及其相应利润。对于额外工作索赔，业主一般以原合同中的适用价格为基础，或者以双方商定的价格或工程师确定的合理价格为基础给予补偿。实际上，进行合同变更、追加额外工作，可索赔费用的计算相当于一项工作的重新报价。损失索赔包括实际损失索赔和可得利益索赔。实际损失是指承包人多支出的额外成本；可得利益是指如果业主不违反合同，承包人本应取得的、但因业主违约而丧失了的利益。

计算额外工作索赔和损失索赔的主要区别是：前者的计算基础是价格，而后者的计算基础是成本。

（2）按可索赔费用的构成划分

可索赔费用按项目构成可分为直接费和间接费。其中直接费包括人工费、材料费、机械设备费、分包费，间接费包括现场和公司总部管理费、保险费、利息及保函手续费等项目。可索赔费用计算的基本方法是按上述费用构成项目分别分析、计算，最后汇总求出总的索赔费用。

按照工程惯例，承包人对索赔事项的发生原因负有责任的有关费用；承包人对索赔事项未采取减轻措施，因而扩大的损失费用；承包人进行索赔工作的准备费用；索赔金额在索赔处理期间的利息、仲裁费用、诉讼费用等是不能索赔的，因而不应将这些费用包含在索赔费用中。

2. 常见索赔事件的费用构成

索赔费用的主要组成部分，同建设工程施工合同价的组成部分相似。由于我国关于施工合同价的构成规定与国际惯例不尽一致，所以在索赔费用的组成内容上也有所差异。按照我国现行规定，建筑安装工程合同价一般包括直接费、间接费、计划利润和税金。而国际上的惯例是将建安工程合同价分为直接费、间接费、利润三部分。

从原则上说，凡是承包人有索赔权的工程成本的增加，都可以列入索赔的费用。但是，对于不同原因引起的索赔，可索赔费用的具体内容则有所不同。索赔方应根据索赔事件的性质，分析其具体的费用构成内容。表 13-4 分别列出了工期延误、工程加速、工程中断和工程量增加等索赔事件可能的费用项目。

索赔事件的费用项目构成示例表 表 13-4

索赔事件	可能的费用项目	说明
工程延误	（1）人工费增加	包括工资上涨、现场停工、窝工、生产效率降低，不合理使用劳动力等损失
	（2）材料费增加	因工期延长引起的材料价格上涨
	（3）机械设备费	设备因延期引起的折旧费、保养费、进出场费或租赁费等
	（4）现场管理费增加	包括现场管理人员的工资、津贴等，现场办公设施，现场日常管理费支出，交通费等
	（5）因工期延长的通货膨胀使工程成本增加	
	（6）相应保险费、保函费增加	
	（7）分包商索赔	分包商因延期向承包商提出的费用索赔
	（8）总部管理费分摊	因延期造成公司总部管理费增加
	（9）推迟支付引起的兑换率损失	工程延期引起支付延迟

续表

索赔事件	可能的费用项目	说　明
工程加速	(1) 人工费增加	因业主指令工程加速造成增加劳动力投入，不经济地使用劳动力，生产效率降低等
	(2) 材料费增加	不经济地使用材料，材料提前交货的费用补偿，材料运输费增加
	(3) 机械设备费	增加机械投入，不经济地使用机械
	(4) 因加速增加现场管理费	也应扣除因工期缩短减少的现场管理费
	(5) 资金成本增加	费用增加和支出提前引起负现金流量所支付的利息
工程中断	(1) 人工费增加	如留守人员工资，人员的遣返和重新招雇费，对工人的赔偿等
	(2) 机械使用费	设备停置费，额外的进出场费，租赁机械的费用等
	(3) 保函、保险费、银行手续费	
	(4) 贷款利息	
	(5) 总部管理费	
	(6) 其他额外费用	如停工、复工所产生的额外费用，工地重新整理等费用
工程量增加	费用构成与合同报价相同	合同规定承包商应承担一定比例(如5%，10%)的工程量增加风险，超出部分才予以补偿 合同规定工程量增加超出一定比例时(如15%～20%)可调整单价，否则合同单价不变

此外，索赔费用项目的构成会随工程所在地国家或地区的不同而不同，即使在同一国家或地区，随着合同条件具体规定的不同，索赔费用的项目构成也会不同。美国工程索赔专家J. J. Adrian在其“Construction Claims”一书中总结了索赔类型与索赔费用构成的关系表(见表13-5)，可供参考。

索赔种类与索赔费用构成关系表　　　　**表13-5**

序号	索赔费用项目	索赔种类			
		延误索赔	工程范围变更索赔	加速施工索赔	现场条件变更索赔
1	人工工时增加费	×	√	×	√
2	生产率降低引起人工损失	√	○	√	○
3	人工单价上涨费	√	○	√	○
4	材料用量增加费	×	√	○	○
5	材料单价上涨费	√	√	○	○
6	新增的分包工程量	×	√	×	○
7	新增的分包工程单价上涨费用	√	○	○	√
8	租赁设备费	○	√	√	√
9	自有机械设备使用费	√	√	○	√
10	自有机械台班费率上涨费	○	×	○	○
11	现场管理费(可变)	○	√	○	√
12	现场管理费(固定)	√	×	×	○

续表

序号	索赔费用项目	索赔种类			
		延误索赔	工程范围变更索赔	加速施工索赔	现场条件变更索赔
13	总部管理费(可变)	○	○	○	○
14	总部管理费(固定)	√	○	×	○
15	融资成本(利息)	√	○	○	○
16	利润	○	√	○	√
17	机会利润损失	○	○	○	○

注：√表示一般情况下应包含；×表示不包含；○表示可含可不含，视具体情况而定。

索赔费用主要包括的项目如下：

（1）人工费

人工费主要包括生产工人的工资、津贴、加班费、奖金等。对于索赔费用中的人工费部分来说，主要是指完成合同之外的额外工作所花费的人工费用；由于非承包人责任的工效降低所增加的人工费用；超过法定工作时间的加班费用；法定的人工费增长以及非承包人责任造成的工程延误导致的人员窝工费；相应增加的人身保险和各种社会保险支出等。

在以下几种情况下，承包人可以提出人工费的索赔：

1）因业主增加额外工程，或因业主或工程师原因造成工程延误，导致承包人人工单价的上涨和工作时间的延长。

2）工程所在国法律、法规、政策等变化而导致承包人人工费用方面的额外增加，如提高当地雇佣工人的工资标准、福利待遇或增加保险费用等。

3）若由于业主或工程师原因造成的延误或对工程的不合理干扰打乱了承包人的施工计划，致使承包人劳动生产率降低，导致人工工时增加的损失，承包人有权向业主提出生产率降低损失的索赔。

（2）材料费

可索赔的材料费主要包括：

1）由于索赔事项导致材料实际用量超过计划用量而增加的材料费。

2）由于客观原因导致材料价格大幅度上涨。

3）由于非承包人责任工程延误导致的材料价格上涨。

4）由于非承包人原因致使材料运杂费、采购与保管费用的上涨。

5）由于非承包人原因致使额外低值易耗品使用等。

在以下两种情况下，承包人可提出材料费的索赔：

1）由于业主或工程师要求追加额外工作、变更工作性质、改变施工方法等，造成承包人的材料耗用量增加，包括使用数量的增加和材料品种或种类的改变。

2）在工程变更或业主延误时，可能会造成承包人材料库存时间延长、材料采购滞后或采用代用材料等，从而引起材料单位成本的增加。

（3）机械设备使用费

可索赔的机械设备费主要包括：

1）由于完成额外工作增加的机械设备使用费。

2）非承包人责任致使的工效降低而增加的机械设备闲置、折旧和修理费分摊、租赁费用。

3）由于业主或工程师原因造成的机械设备停工的窝工费。机械设备台班窝工费的计算，如系租赁设备，一般按实际台班租金加上每台班分摊的机械调进调出费计算；如系承包人自有设备，一般按台班折旧费计算，而不能按全部台班费计算，因台班费中包括了设备使用费。

4）非承包人原因增加的设备保险费、运费及进口关税等。

（4）现场管理费

现场管理费是某单个合同发生的、用于现场管理的总费用，一般包括现场管理人员的费用、办公费、通信费、差旅费、固定资产使用费、工具用具使用费、保险费、工程排污费、供热、水及照明费等。它一般约占工程总成本的5％～10％。索赔费用中的现场管理费是指承包人完成额外工程、索赔事项工作以及工期延误期间的工地管理费。在确定分析索赔费用时，有时把现场管理费具体又分为可变部分和固定部分。所谓可变部分是指在延期过程中可以调到其他工程部位（或其他工程项目）上去的那部分人员和设施；所谓固定部分是指施工期间不易调动的那部分人员或设施。

（5）总部管理费

总部管理费是承包人企业总部发生的、为整个企业的经营运作提供支持和服务所发生的管理费用，一般包括总部管理人员费用、企业经营活动费用、差旅交通费、办公费、通信费、固定资产折旧、修理费、职工教育培训费用、保险费、税金等。它一般约占企业总营业额的3％～10％。索赔费用中的总部管理费主要指的是工程延误期间所增加的管理费。

（6）利息

利息，又称融资成本或资金成本，是企业取得和使用资金所付出的代价。融资成本主要有两种：额外贷款的利息支出和使用自有资金引起的机会损失。只要因业主违约（如业主拖延或拒绝支付各种工程款、预付款或拖延退还扣留的保留金）或其他合法索赔事项直接引起了额外贷款，承包人有权向业主就相关的利息支出提出索赔。利息的索赔通常发生于下列情况：

1）业主拖延支付预付款、工程进度款或索赔款等，给承包人造成较严重的经济损失，承包人因而提出拖付款的利息索赔；

2）由于工程变更和工期延误增加投资的利息；

3）施工过程中业主错误扣款的利息。

（7）分包商费用

索赔费用中的分包费用是指分包商的索赔款项，一般也包括人工费、材料费、施工机械设备使用费等。因业主或工程师原因造成分包商的额外损失，分包商首先应向承包人提出索赔要求和索赔报告，然后以承包人的名义向业主提出分包工程增加费及相应管理费用索赔。

（8）利润

对于不同性质的索赔，取得利润索赔的成功率是不同的。在以下几种情况下，承包人一般可以提出利润索赔：

1）因设计变更等变更引起的工程量增加；

2）施工条件变化导致的索赔；

3）施工范围变更导致的索赔；

4）合同延期导致机会利润损失；

5）由于业主的原因终止或放弃合同带来预期利润损失等。

（9）相应保函费、保险费、银行手续费及其他额外费用的增加等。

13.3.3 索赔费用的计算方法

索赔值的计算没有统一、共同认可的标准方法，但计算方法的选择却对最终索赔金额影响很大，估算方法选用不合理容易被对方驳回，这就要求索赔人员具备丰富的工程估价经验和索赔经验。

对于索赔事件的费用计算，一般是先计算与索赔事件有关的直接费，如人工费、材料费、机械费、分包费等，然后计算应分摊在此事件上的管理费、利润等间接费。每一项费用的具体计算方法基本上与工程项目报价计算相似。

1. 基本索赔费用的计算方法

（1）人工费

人工费是可索赔费用中的重要组成部分，其计算方法为

$$C(L)=CL_1+CL_2+CL_3 \tag{13-3}$$

式中 $C(L)$——索赔的人工费；

CL_1——人工单价上涨引起的增加费用；

CL_2——人工工时增加引起的费用；

CL_3——劳动生产率降低引起的人工损失费用。

（2）材料费

材料费在工程造价中占据较大比重，也是重要的可索赔费用。材料费索赔包括材料耗用量增加和材料单位成本上涨两个方面。其计算方法为：

$$C(M)=CM_1+CM_2 \tag{13-4}$$

其中 $C(M)$——可索赔的材料费；

CM_1——材料用量增加费；

CM_2——材料单价上涨导致的材料费增加。

（3）施工机械设备费

施工机械设备费包括承包人在施工过程中使用自有施工机械所发生的机械使用费，使用外单位施工机械的租赁费，以及按照规定支付的施工机械进出场费用等。索赔机械设备费的计算方法为：

$$C(E)=CE_1+CE_2+CE_3+CE_4 \tag{13-5}$$

其中 C(E)——可索赔的机械设备费；

CE_1——承包人自有施工机械工作时间额外增加费用；

CE_2——自有机械台班费率上涨费；

CE_3——外来机械租赁费(包括必要的机械进出场费)；

CE_4——机械设备闲置损失费用。

(4)分包费

分包费索赔的计算方法为

$$C(SC)=CS_1+CS_2 \tag{13-6}$$

其中 C(SC)——索赔的分包费；

CS_1——分包工程增加费用；

CS_2——分包工程增加费用的相应管理费(有时可包含相应利润)。

(5)利息

利息索赔额的计算方法可按复利计算法计算。至于利息的具体利率应是多少，可采用不同标准，主要有以下三种情况：按承包人在正常情况下的当时银行贷款利率；按当时的银行透支利率或按合同双方协议的利率。

(6)利润

索赔利润的款额计算通常是与原报价单中的利润百分率保持一致。即在索赔款直接费的基础上，乘以原报价单中的利润率，即作为该项索赔款中的利润额。

2. 管理费索赔的计算方法

在确定索赔事件的直接费用以后，还应提出应分摊的管理费。由于管理费金额较大，其确认和计算都比较困难和复杂，常常会引起双方争议。管理费属于工程成本的组成部分，包括企业总部管理费和现场管理费。我国现行建筑工程造价构成中，将现场管理费纳入到直接工程费中，企业总部管理费纳入到间接费中。一般的费用索赔中都可以包括现场管理费和总部管理费。

(1)现场管理费

现场管理费的索赔计算方法一般有两种情况：

1)直接成本的现场管理费索赔。对于发生直接成本的索赔事件，其现场管理费索赔额一般可按该索赔事件直接费乘以现场管理费费率，而现场管理费费率等于合同工程的现场管理费总额除以该合同工程直接成本总额。

2)工程延期的现场管理费索赔。如果某项工程延误索赔不涉及直接费的增加，或由于工期延误时间较长，按直接成本的现场管理费索赔方法计算的金额不足以补偿工期延误所造成的实际现场管理费支出，则可按如下方法计算：用实际(或合同)现场管理费总额除以实际(或合同)工期，得到单位时间现场管理费费率，然后用单位时间现场管理费费率乘以可索赔的延期时间，可得到现场管理费索赔额。

(2)总部管理费

目前常用的总部管理费的计算方法有以下几种：

1）按照投标书中总部管理费的比例（3%～8%）计算。

2）按照公司总部统一规定的管理费比率计算。

3）以工程延期的总天数为基础，计算总部管理费的索赔额。

对于索赔事件来讲，总部管理费金额较大，常常会引起双方的争议，一般采用总部管理费分摊的方法，因此分摊方法的选择甚为重要。主要有两种：

1）总直接费分摊法。总部管理费一般首先在承包人的所有合同工程之间分摊，然后再在每一个合同工程的各个具体项目之间分摊。其分摊系数的确定与现场管理费类似，即可以将总部管理费总额除以承包人企业全部工程的直接成本（或合同价）之和，据此比例即可确定每项直接费索赔中应包括的总部管理费。总直接费分摊法是将工程直接费作为比较基础来分摊总部管理费。它简单易行，说服力强，运用面较宽。其计算公式为：

$$单位直接费的总部管理费率=\frac{总部管理费总额}{合同期承包商完成的总直接费}\times 100\% \tag{13-7}$$

$$总部管理费索赔额=单位直接费的总部管理费率\times争议合同直接费 \tag{13-8}$$

总直接费分摊法的局限之处是：如果承包人所承包的各工程的主要费用比例变化太大，误差就会很大。如有的工程材料费、机械费比重大，直接费高，分摊到的管理费就多，反之亦然。此外如果合同发生延期且无替补工程，则延误期内工程直接费较小，分摊的总部管理费和索赔额都较小，承包人会因此而蒙受经济损失。

2）日费率分摊法。日费率分摊法又称 Eichleay 法，得名于 Eichleay 公司一桩成功的索赔案例。其基本思路是按合同额分配总部管理费，再用日费率法计算应分摊的总部管理费索赔值。其计算公式为：

$$争议合同应分摊的总部管理费=\frac{争议合同额}{合同期承包商完成的合同总额}\times同期总部管理费总额 \tag{13-9}$$

$$日总部管理费率=\frac{争议合同应分摊的总部管理费}{合同履行天数} \tag{13-10}$$

$$总部管理费索赔额=日总部管理费率\times合同延误天数 \tag{13-11}$$

该方法的优点是简单、实用，易于被人理解，在实际运用中也得到一定程度的认可。存在的主要问题有：一是总部管理费按合同额分摊与按工程成本分摊结果不同，而后者在通常会计核算和实际工作中更容易被人理解；二是“合同履行天数”中包括了“合同延误天数”，降低了日总部管理费率及承包人的总部管理费索赔值。

从上可知，总部管理费的分摊标准是灵活的，分摊方法的选用要能反映实际情况，既要合理，又要有利。

3. 综合费用索赔的计算方法

对于有许多单项索赔事件组成的综合费用索赔，可索赔的费用构成往往很多，可能包括直接费用和间接费用，一些基本费用的计算前文已叙述。从总体思路上讲，综合费用索赔主要有以下计算方法。

（1）总费用法

总费用法的基本思路是将固定总价合同转化为成本加酬金合同，或索赔值按成本加酬金的方法来计算，它是以承包人的额外增加成本为基础，再加上管理费、利息甚至利润的计算方法。

表 13-6 为总费用法的计算示例，供参考。

总费用法计算示例 表 13-6

序号	费用项目	金额（元）
1	合同实际成本	
	（1）直接费	
	1）人工费	200000
	2）材料费	100000
	3）设备	200000
	4）分包商	900000
	5）其他	＋100000
	合计	1500000
	（2）间接费	＋160000
	（3）总成本[（1）＋（2）]	1660000
2	合同总收入（合同价＋变更令）	－1440000
3	成本超支（1－2）	220000
	加：（1）未补偿的办公费和行政费（按总成本的 10%）	166000
	（2）利润（总成本的 15%＋管理费）	273000
	（3）利息	＋40000
4	索赔总额	699000

总费用法在工程实践中用得不多，往往不容易被业主、仲裁员或律师等所认可，应用该方法时应该注意以下几点：

1）工程项目实际发生的总费用应计算准确，合同生成的成本应符合普遍接受的会计原则，若需要分配成本，则分摊方法和基础选择要合理。

2）承包人的报价合理，符合实际情况，不能是采取低价中标策略后过低的标价。

3）合同总成本超支全系其他当事人行为所致，承包人在合同实施过程中没有任何失误，但这一般在工程实践中是不太可能的。

4）因为实际发生的总费用中可能包括了承包人的原因（如施工组织不善、浪费材料等）而增加了的费用，同时投标报价估算的总费用由于想中标而过低。所以这种方法只有在难以按其他方法计算索赔费用时才使用。

5）采用这个方法，往往是由于施工过程上受到严重干扰，造成多个索赔事件混杂在一起，导致难以准确地进行分项记录和收集资料、证据，也不容易分项计算出具体的损失费用，只得采用总费用法进行索赔。

6）该方法要求必须出具足够的证据，证明其全部费用的合理性，否则其索赔款额将不容易被接受。

（2）修正的总费用法

修正的总费用法是对总费用法的改进，即在总费用计算的原则上，去掉一些不合理的因素，使其更合理。修正的内容如下：

1）将计算索赔款的时段局限于受到外界影响的时间，而不是整个施工期；

2）只计算受影响时段内的某项工作所受影响的损失，而不是计算该时段内所有施工工作所受的损失；

3）与该项工作无关的费用不列入总费用中；

4）对承包人投标报价费用重新进行核算：按受影响时段内该项工作的实际单价进行核算，乘以实际完成的该项工作的工作量，得出调整后的报价费用。

按修正后的总费用计算索赔金额的公式如下：

索赔金额＝某项工作调整后的实际总费用－该项工作的报价费用(含变更款) (13-12)

修正的总费用法与总费用法相比，有了实质性的改进，已相当准确地反映出实际增加的费用。

（3）分项法

分项法是在明确责任的前提下，对每个引起损失的干扰事件和各费用项目单独分析计算索赔值，并提供相应的工程记录、收据、发票等证据资料，最终求和。这样可以在较短时间内加以分析、核实，确定索赔费用，顺利解决索赔事宜。该方法虽比总费用法复杂、困难，但比较合理、清晰，能反映实际情况，且可为索赔文件的分析、评价及其最终索赔谈判和解决提供方便，是承包人广泛采用的方法。表 13-7 给出了分项法的典型示例，可供参考。分项法计算通常分三步：

分项法计算示例　　表 13-7

序号	索赔项目	金额(元)	序号	索赔项目	金额(元)
1	工程延误	256000	5	利息支出	8000
2	工程中断	166000	6	利润(1+2+3+4)×15%	69600
3	工程加速	16000	7	索赔总额	541600
4	附加工程	26000			

1）分析每个或每类索赔事件所影响的费用项目，不得有遗漏。这些费用项目通常应与合同报价中的费用项目一致。

2）计算每个费用项目受索赔事件影响后的数值，通过与合同价中的费用值进行比较即可得到该项费用的索赔值。

3）将各费用项目的索赔值汇总，得到总费用索赔值。分项法中索赔费用主要包括该项工程施工过程中所发生的额外人工费、材料费、施工机械使用费、相应的管理费，以及应得的间接费和利润等。由于分项法所依据的是实际发生的成本记录或单据，所以在施工过程中，对第一手资料的收集整理就显得非常重要。

表 13-7 中每一项费用又有详细的计算方法、计算基础和证据等，如因工程延误引起的费用损失计算参见表 13-8。

工程延误的索赔额计算示例　　表 13-8

序号	索赔项目	金额(元)	序号	索赔项目	金额(元)
1	机械设备停滞费	95000	4	总部管理分摊	16000
2	现场管理费	84000	5	保函手续费、保险费增加	6000
3	分包商索赔	4500	6	合计	256000

本章小结

本章介绍了工程合同索赔的概念、特点、种类、程序及索赔文件构成等基本内容，并重点分析工期索赔和费用索赔的基本方法。

复习思考题

1. 试分析索赔的定义、内涵和特点。
2. 索赔的起因有哪些？索赔管理有哪些特点？
3. 试分析在工程实践中为什么会产生综合索赔？
4. 如何准备索赔文件？索赔的依据和证据有哪些？
5. 索赔工作应遵守的程序是什么？主要工作内容包括哪些？
6. 试分析工期索赔的特点、程序和方法。
7. 试分析费用索赔的特点、程序和方法。
8. 联系实际，分析承包商正确开展索赔应注意的相关问题。

第14章 项目合同争议处理

14.1 项目合同的常见争议

项目合同争议，是指工程合同订立至完全履行前，合同当事人因对合同的条款理解产生歧义或因当事人违反合同的约定，不履行合同中应承担的义务等原因而产生的纠纷。产生工程合同纠纷的原因十分复杂，但常见的争议有以下几个方面：

1. 工程价款支付主体争议

承包人被拖欠巨额工程款已成为整个建设领域中屡见不鲜的“正常事”。往往出现工程的发包人并非工程真正的建设单位，并非工程的权利人。在该种情况下，发包人通常不具备工程价款的支付能力，承包人该向谁主张权利，以维护其合法权益会成为争议的焦点。在此情况下，承包人应理顺关系，寻找突破口，向真正的发包人主张权利，以保证合法权利不受侵害。

【案例 14-1】 1992 年 12 月 26 日，上海某建设发展公司(下称 A 公司)与中国建筑工程局某建筑工程公司(下称建筑公司)签订了《工程施工合同》合同约定：A 公司受上海某商厦筹建处(下称筹建处)委托，并征得市建委施工处、市施工招标办的同意，采用委托施工的形式，择定建筑公司为某商厦工程的施工总承包单位。施工范围按某市建筑设计院所设计的施工图施工，内容包括土建、装饰及室外总体等。同时，合同就工程开竣工时间、工程造价及调整、预付款、工程量的核定确认和工程验收、决算等均作了具体约定。

合同签订后，建筑公司即按约组织施工，于 1996 年 12 月 28 日竣工，并在 1997 年 4 月 3 日通过上海市建设工程质量监督总站的工程质量验收。1997 年 11 月，建筑公司与筹建处就工程总造价进行决算，确认该工程总决算价为人民币50702440元；同月30日，又对已付工程款作了结算，确认截止1997年11月30日，A公司尚欠建筑公司工程款人民币13913923.17元。后经建筑公司不懈地催讨，至1999年2月9日止，A公司尚欠建筑公司工程款人民币950万元。

在施工合同的履行过程中，A公司曾于1993年12月致函建筑公司：《工程施工合同》的甲方名称更改为筹建处。但经查，筹建处未经上海市工商行政管理局注册登记备案。又查：该商厦的实际业主为某上市公司(下称B公司)，且已于1995年12月14日取得上海市外销商品房预售许可证。1999年7月，建筑公司即以A公司为施工合同的发包人，B公司为该商厦的所有人为由，将两公司作为共同被告向人民法院提起诉讼，要求二公司承担连带清偿责任。

庭审中，A、B公司对于950万元的工程欠款均无任何异议。但A公司辩称：A公司为代理筹建处发包，并于1993年12月致函建筑公司，施工合同甲方的名称已改为筹建处；之后，建筑公司一直与筹建处发生联系，事实上已承认了施工合同发包人的主体变更。同时A公司证实，筹建处为某局发文建立，并非独立经济实体，且筹建处资金来源于B公司。所以，A公司不应承担支付950万元工程款项的义务。

B公司辩称：B公司与建筑公司无法律关系。施工合同的发包人为A公司；工程结算在建筑公司与筹建处间进行，与B公司不存在任何法律上的联系；筹建处有“筹建许可证”，系独立经济实体，应当独立承担民事责任。虽然B公司取得了预售许可，但B公司的股东已发生变化，故现在的公司对以前公司股东的工程欠款不应承担民事责任。庭审上，B公司向法庭出示了一份“筹建许可证”，以证明筹建处依法登记至今未撤销。

建筑公司认为：A公司虽接受委托，与建筑公司签订了施工合同，但征得了市建委施工处、市施工招标办的同意，该施工合同应当有效。而它作为施工合同的发包人，理应承担民事责任。而经查实，筹建处未经上海市工商行政管理局注册登记，它不具备主体资格，所以无法取代A公司在施工合同中的甲方地位。对于B公司，虽非施工合同的发包人，但他实际上已取得了该物业，是该商厦的所有权人，为真正的发包人，依法有承担支付工程款项的责任。

一审法院对原、被告出具的施工合同、筹建许可证、预售许可证及相关函件等证据进行了质证，认为：A公司实质上为建设方的代理人，合同约定的权利义务应由被代理人承担，并判由B公司承担支付所有工程欠款的责任。

2. 工程进度款支付、竣工结算及审价争议

尽管施工合同中已列出了工程量，约定了合同价款，但实际施工中会有很多变化，包括设计变更、工程师签发的变更指令、现场条件变化，以及计量方法等引起的工程量增减。这种工程量的变化几乎每天或每月都会发生，而且承包人通常在其每月申请工程进度款报表中列出，希望得到(额外)付款，但常因与工程师有不同意见而遭拒绝或者拖延不决。这些实际已完的工作而未获得付款的金额，由于日积月累，在施工后期可能增到一个很大的数字，发包人更加不愿支付，因而造成更大的分歧和争议。

在整个施工过程中，发包人在按进度支付工程款时往往会根据工程师的意见，扣除那些他们未予确认的工程量或存在质量问题的已完工程的应付款项，这种未付款项累积起来也可能形成一笔很大的金额，使承包人感到无法承受而引起争议，而且这类争议在施工的中后期可能会越来越严重。承包人会认为由于未得到足够的应付工程款而不得不将工程进度放慢下来，而发包人则会认为在工程进度拖延的情况下更不能多支付给承包人任何款项，这就会形成恶性循环而使争端愈演愈烈。

更主要的是，大量的发包人在资金尚未落实的情况下就开始工程建设，致使发包人千方百计要求承包人垫资施工、不支付预付款、尽量拖延支付进度款、拖延工程结算及工程审价进程，致使承包人的权益得不到保障，最终引起争议。

【案例 14-2】 某施工单位与某办事处 1985 年 5 月 18 日签订了一份施工合同，工程项目为办事处建造 8 层楼的招待所，总造价 207 万元，后由于设计变更，建筑面积扩大，装修标准提高，双方于 1986 年 2 月 21 日又签订了补充合同，将造价条款约定为“预计 257 万元……”。施工单位按合同约定的时间完工，办事处前后共支付了工程进度款 205 万元，随后正式进行了竣工验收。双方将施工单位的结算书报送建行审定，办事处在送审的结算书上写明：“坚持按 1985 年 5 月 18 日合同，变更项目按规定结算，其他文件待后协商。”经建行审定，该工程最终造价为 289 万元，施工单位要求办事处按审定数目支付剩余的工程款，并承担从竣工日到支付日的未付款项的利息作为违约金。办事处对审价结果有异议，并拒绝支付余下的工程款，施工单位遂向人民法院起诉。

该案经法院一、二审，均以拖欠工程款为案由，判决办事处败诉，要办事处支付剩余款项的本金与利息。办事处不服，继续申诉，省高级人民法院认为该案确有不当之处，予以提审，高院判决书中认为：该案按工程款拖欠纠纷为案由审理不当，因按第一份合同，办事处已支付完了工程款，不存在拖欠，至于工程设计修改后，造价增加，对增加部分双方有分歧，在最终数量未定之前，不能算办事处违约，只能算工程款结算纠纷，该案案由应定为工程款结算纠纷，是确认之诉，不是给付之诉，所以违约金不能从竣工之日起算，只能从法院确认之日起算。最后高院将违约金计算时间定为从法院确认造价之日到办事处支付之日，判决办事处在此基础上支付施工余款本息。

3. 工程工期拖延争议

一项工程的工期延误，往往是由于错综复杂的原因造成的，要分清各方的责任往往十分困难。在许多合同条件中都约定了竣工逾期违约金。经常可以发现，发包人要求承包人承担工程竣工逾期的违约责任，而承包人则提出因诸多发包人的原因及不可抗力等应相应顺延工期，有时承包人还就工期的延长要求发包人承担停工窝工的费用。

【案例 14-3】 某大型公共道路桥梁工程，跨越平原区河流。桥梁所在河段水深经常在 5m 以上，河床淤泥层较深。工程采用 FIDIC 标准合同条件，中标合同价为 7825 万美元，工期 24 个月。

工程建设开始后，在桥墩基础开挖过程中，发现地质情况复杂，淤泥深度比文件资料中所述数据大得很多，岩基高程较设计图纸高程降低 3.5m。咨询工程师多次修改施工图纸，而且推迟交付图纸。因此，在工程将近完工时，承包商提出索赔，要求延长工期 6.5 个月，补偿附加开支约 3645 万美元。

业主与咨询工程师对该工程进行了分析，原来据业主自行计算，工程造价为 8350 万美元，工期 24 个月，承包商为了中标，将造价报为 7825 万美元，报价偏低(8350－7825)＝525 万美元，工期仍为 24 个月。

根据实际情况来看，该工程实际所需工期为 28 个月，造价约为 9874 万美元。本来 9874－8350＝1524 万美元为承包商可以索赔的上限，但在投标中承包商少报了 525 万美元，可视为承包商自愿放弃。因此，1524－525＝999 万美元为目前承包商可以索赔的上限，工期补偿为 28－24＝4 个月。承包商工期超过合同工期 6.5 个月，其中 2.5 个月应当由业主反索赔，根据原合同，承包商每逾期一天的“误期损害赔偿金”为 9.5 万美元。经业主与承包商反复洽商，最后达成索赔与反索赔协议：

(1) 业主批准给承包商支付索赔款 999 万美元，批准延长工期 4 个月。

(2) 承包商向业主支付误期损害赔偿款 9.5 万美元×76 天＝722 万美元。

(3) 索赔款与反索赔款两相抵偿后，业主一次向承包商支付索赔款 277 万美元。

4. 安全损害赔偿争议

安全损害赔偿争议包括相邻关系纠纷引发的损害赔偿、设备安全、施工人员安全、施工导致第三人安全、工程本身发生安全事故等方面的争议。其中，工程相邻关系纠纷发生的频率越来越高，其牵涉主体和财产价值也越来越多，已成为人民群众十分关心的问题。《建筑法》第 39 条规定：“施工现场对毗邻的建筑物、构筑物和特殊作业环境可能造成损害的，建筑施工企业应当采取安全防护措施。”

【案例 14-4】 某房地产开发公司 A 在某一旧式花园洋房的东南方新建高层，将工程发包给施工企业 B。与此同时，该洋房的正东面已有房地产开发公司 C 新建成一多层住宅。在 C 建设中，该洋房的墙壁出现开裂、地基不均匀下沉。B 施工以后，墙壁开裂加剧，洋房明显倾斜。该洋房的业主以 B、C 为共同被告诉至法院，请求判令被告修复房屋并予赔偿；诉讼过程中又将 A 追加为被告。

审理过程中，法院主持进行了技术鉴定，查明该洋房裂缝产生的原因是地基不均匀沉降：C 已建房屋地基不均匀沉降带动相邻的地基，已产生不利影响；而在其地基尚未稳定的情形下，A 新建房屋由 B 承包后开始开挖地基，此行为又雪上加霜，使该花园洋房损坏加剧出现险象。故最后判决由三企业分别承担部分赔偿责任。

5. 工程质量及保修争议

质量方面的争议包括工程中所用材料不符合合同约定的技术标准要求，提供的设备性能和规格不符，或者不能生产出合同规定的合格产品，或者是通过性能试验不能达到规定的产量要求，施工和安装有严重缺陷等。这类质量争议在施工过程中主要表现为：工程师或发包人要求拆除和移走不合格材料，或者返工重做，或者修理后予以降价处置。对于设备质量问题，则常见于在调试和性能试验后，发包人不同意验收移交，要求更换设备或部件，甚至退货并赔偿经济损失。而承包人则认为缺陷是可以改正的，或者业已改正；对生产设备质量则认为是性能测试方法错误，或者制造产品所投入的原料不合格或者是操作方面的问题等，质量争议往往变成为责任问题争议。

此外，在保修期的缺陷修复问题往往是发包人和承包人争议的焦点，特别是发包人要求承包人修复工程缺陷而承包人拖延修复，或发包人未经通知承包人就自行委托第三人对工程缺陷进行修复。在此情况下，发包人要在预留的保修金扣除相应的修复费用，承包人则主张产生缺陷的原因不在承包人或发包人未履行通知义务且其修复费用未经其确认而不予同意。

【案例 14-5】 某单位（发包人）为建职工宿舍楼，与市建筑公司（承包人）签订一份施工合同，合同约定：建筑面积 6000m^2，高 7 层，总价格 150 万元，由发包人提供建材指标，承包人包工包料，主体工程和内外承重墙一律使用国家标准红机砖，每层有水泥圈梁加固，并约定了竣工日期等其他事项。

承包人按合同约定的时间竣工，在验收时，发包人发现工程 2 至 5 层所有内承重墙体裂缝较多，要求承包人修复后再验收；承包人拒绝修复，认为不影响使用。二个月后，发包人发现这些裂缝越来越大，最大的裂缝能透过其看到对面的墙壁，方提出工程不合格，系危险房屋，不能使用，要求承包人拆除重新建筑，并拒付剩余款项；承包人提出，裂缝属于砖的质量问题，与施工技术无关。双方协商不成，发包人诉至法院。

经法院审理查明：本案建筑工程实行大包干的形式，发包人提供建材指标，承包人为节省费用，在采购机砖时，只采购了外墙和主体结构的红机砖，而对内承重墙则使用了价格较低的烟灰砖，而烟灰砖因为干燥、吸水、伸缩性大，当内装修完毕待干后，导致裂缝出现。经法院委托市建筑工程研究所现场勘察、鉴定，认为：烟灰砖不能适用于内承重墙，强度不够红机砖标准，建议所有内承重墙用钢筋网加水泥砂浆修复加固后方可使用。经法院调解，双方达成协议，承包人将 2～5 层所有内承重墙均用钢筋网加固后再进行内装修，所需费用由承包人承担，竣工验收合格后，发包人在 10 日内将工程款一次结清给承包人。

6. 合同中止及终止争议

合同中止造成的争议有：承包人因这种中止造成的损失严重而得不到足够的补偿，发包人对承包人提出的就中止合同的补偿费用计算有异议；承包人因设计错误或发包人拖欠应支付的工程款而造成困难提出中止合同，发包人不承认承包人提出的中止合同的理由，也不同意承包人的责难及其补偿要求等。

合同终止一般都会给某一方或者双方造成严重的损害。除不可抗力外，任何终止合同的争议往往是难以调和的矛盾造成的。如何合理处置合同终止后双方的权利和义务，往往是这类争议的焦点。合同终止可能有以下几种情况：

(1) 属于承包人责任引起的终止合同。例如，发包人认为并证明承包人不履约，承包人严重拖延工程并证明已无能力改变局面，承包人破产或严重负债而无力偿还致使工程停滞等等。在这些情况下，发包人可能宣布终止与该承包人的合同；将承包人驱逐出工地，并要求承包人赔偿工程终止造成的损失，甚至发包人可能立即通知开具履约保函和预付款保函的银行全额支付保函金额；承包人则否定自己的责任，并要求取得其已完工程付款，要求发包人补偿其已运到现场的材料、设备和各种设施的费用，还要求发包人赔偿其各项经济损失，并退还被扣留的银行保函等。

(2) 属于发包人责任引起的终止合同。例如，发包人不履约、严重拖延支付工程款并被证明已无力支付欠款，发包人破产或无力清偿债务，发包人严重干扰或阻碍承包人的工作等等。在这种情况下，承包人可能宣布终止与该发包人的合同，并要求发包人赔偿其因合同终止而遭受的严重损失。

(3) 不属于任何一方责任引起的终止合同。例如，由于不可抗力使任何一方不得不终止合同，大部分政治因素引起的履行合同障碍都属于此类。尽管一方可以引用不可抗力宣布终止合同，但如果另一方对此有不同看法，或者合同中没有明确规定这类终止合同的后果处理办法，双方应通过协商处理，若达不成一致则按争议处理方式申请仲裁或诉讼。

(4) 任何一方由于自身需要而终止合同。例如发包人因改变整个设计方案、改变工程建设地点或者其他任何原因而通知承包人终止合同，承包人因其总部的某种安排而主动要求终止合同等。这类由于一方的需要而非对方的过失而要求终止合同，大都发生在工程开始的初期，而且要求终止合同的一方通常会认识到并且会同意给予对方适当补偿，但是仍然可能在补偿范围和金额方面发生争议。例如，在发包人因自身原因要求终止合同时，可能会承诺给承包人补偿的范围只限于其实际损失，而承包人可能要求还应补偿其失去承包其他工程机会而遭受的损失和预期利润。

【案例 14-6】 某建筑公司与某厂签订施工合同，承包人为发包人承担 6 台 $400m^3$ 煤气罐检查返修的任务，工期六个月，某年 10 月开工，合同价 42 万元。临近开工时，因煤气罐仍在运行，施工条件不具备，承包人同意发包人的提议将开工日期变更至次年 7 月动工。经发包人许可，承包人着手从本公司基地调集机械和人员如期进入施工现场，搭设脚手架，装配排残液管线。工程进展约两个月，发包人以竣工期无法保证和工程质量差为由，同承包人先是协商提前竣工期，继而洽谈解除合同问题，承包人未同意。接着，发包人正式发文："本公司决定解除合同，望予谅解和支持。"同时，限期让承包人拆除脚手架，迫使承包人无法施工，导致原合同无法履行。为此承包人向法院起诉，要求发包人赔偿其实际损失 24 万元。

在法院审理中，被告方认为：承包人投入施工现场的人员少、素质差，不可能保证工程任务如期完成和工程质量。承包人认为：他们是根据工程进展有计划地调集和加强施工力量，足以保证工期按期完成；对方在工程完工前断言工程质量不可靠，缺乏根据。法院认为：这份施工合同是双方协商一致同意签订的有效合同，现在合同终止是单方毁约行为，应负违约责任。考虑到本案实际情况，继续履行合同有困难。最后在法院主持下双方达成调解协议，施工合同尚未履行部分由发包人承担终止执行责任，由发包人赔偿承包人工程款、工程器材费和赔偿金等共 16 万元。

工程实践证明：工程合同的争议呈现逐步上升并愈演愈烈趋势，这是建筑市场不规范，各种主客观原因综合形成的，不以人的意志为转移。因此，合同双方都应该高度重视、密切关注并研究解决争议的对策，从而促使合同争议尽快合理地解决。

14.2 工程合同争议的解决方式

《合同法》第 128 条规定：当事人可以通过和解或者调解解决合同争议。当事人不愿和解、调解或者和解、调解不成的，可以根据仲裁协议向仲裁机构申请仲裁。涉外合同的当事人可以根据仲裁协议向中国仲裁机构或者其他仲裁机构申请仲裁。当事人没有订立仲裁协议或者仲裁协议无效的，可以向人民法院起诉。当事人应当履行发生法律效力的判决、仲裁裁决、调解书；拒不履行的，对方可以请求人民法院执行。在我国，合同争议解决的方式主要有和解、调解、仲裁和诉讼四种。

14.2.1 和解

和解是指在合同发生争议后，合同当事人在自愿互谅基础上，依照法律、法规的规定和合同的约定，自行协商解决合同争议。和解是解决合同争议最常见的一种最简便、最有效、最经济的方法。所以，发生合同争议后，应当提倡双方当事人进行广泛的、深入的协商，争取通过和解解决争议。和解应遵循合法、自愿、平等、互谅互让等原则。合同当事人在和解过程中应注意以下问题：

(1) 坚持原则。在工程合同争议的协商过程中，双方当事人既要互相谅解，以诚相待，勇于承担各自的责任，又不能进行无原则的和解，要杜绝在解决纠纷中的损害国家利益和社会公共利益的行为，尤其是对解决合同争议中的行贿受贿行为，要进行揭发、检举；对于违约责任的处理，只要工程合同中约定的违约责任是合法的，就应当追究违约方的违约责任，违约方应当主动承担违约责任，受害方也应当积极向违约方追究违约责任，决不能以协作为名，假公济私、慷国家之慨、中饱私囊。

(2) 分清责任。和解解决工程合同争议的基础是分清责任。尤其是在市场竞争中，当事人都应保持良好的形象和信誉，明确各方的权利和责任。当事人双方要实事求是地分析争议产生的原因，不能一味地推卸责任，否则，不利于争议的解决。应当以详细和可靠的证据材料证明事实依据，应当以相应的合同条款作为处理争议的法定依据，始终坚持采取摆事实讲道理的态度对待争议。

(3) 及时解决。双方当事人自愿采取和解方式解决工程合同争议时应当注意合同争议要及时解决。由于和解不具有强制执行的效力，容易出现当事人反悔。如果双方当事人在协商过程中出现僵局，争议迟迟得不到解决时，就不应该继续坚持和解解决的办法，否则会使合同争议进一步扩大，特别是一方当事人有故意不法侵害行为时，更应当及时采取其他方法解决。

（4）注意把握和解的技巧。首先要求当事人双方坚持和解的原则，诚实信用，以理相待，处处表现出宽容和善意。其次，要求当事人在意思表达准确的同时，要恰当使用协商语言，不使用过激的或模棱两可的语言。再次，在协商过程中，要摆事实、讲道理。讲道理时，一定要围绕中心，抓住主要问题，以使合同争议的主要问题及时得到解决。在某些场合下还要注意"得理让人"，对非原则问题，可以作一些必要的让步，以使对方当事人感到诚意，从而使问题及早得到彻底的解决。

任何协商都不是一蹴而就和万事顺利的，可能有多种情况出现。一是双方坚持不让，谈判陷入僵局，这时比较可行的办法是委托双方都有关系的人员进行会外劝解，重新谈判，但第三人只在当事人之间起"牵线搭桥"的作用，并不实质上参与当事人之间的协商。二是谈判达成谅解。这时应及时将谈判结果写成书面文件，并经双方正式签署。新的协议文件应当是处理方案明确，且有处理的合理期限，以利实施。三是谈判破裂，在谈判已明显出现不可能达成妥协方案时，应当为其他解决争议的方式作好准备。

14.2.2 调解

调解是指在合同发生争议后，在第三人的参加与主持下，通过查明事实，分清是非，说服劝导，向争议的双方当事人提出解决方案，促使双方在互谅互让的基础上自愿达成协议从而解决争议的活动。调解一般应遵循自愿、合法、公平等原则。调解方式主要有行政调解、法院调解或仲裁调解及人民(民间)调解。采用调解应注意的问题包括：

（1）选择合适的调解人。调解人可以是自然人临时组成的调解委员会或调解小组，也可以是较有声望的社会团体或组织，例如商会(工程师协会、律师协会等)，还有就是专门的调解机构，有些国家或国际组织设有专门进行排解经济争议的调解中心，例如国际商会和斯德哥尔摩的商会以及中国国际商会、中国国际贸易促进委员会等，均有进行合同争议调解的专门机构，并有其调解程序和规则。由于工程合同的复杂性和技术争论问题较多，调解人除具有公正和独立的声誉外，应当具有专业知识和经验，并有合同和法律知识。在调解委员会或调解小组中最好既有工程专家又有法律人士参加。此外要求调解人保持中立、客观和公正，并且调解人必须双方都能接受。

（2）实事求是，查明起因。调解必须以事实为根据。调解人要采取实事求是的态度，深入到有关方面，进行认真的调查研究，查清工程合同争议发生的时间、地点、原因、双方争执的经过和执行后产生的结果，以及证据和证据的来源。在处理合同争议时，要虚心听取各方面的意见，并加以深入分析和研究。涉及专业技术问题，还需委托有关部门作出技术鉴定，或邀请他们参加质量技术问题的座谈会，提出意见，判明是非和责任所在。

（3）分清责任，依法调解。法律、法规和政策以及工程合同是区分争议是非、明确责任的尺度和准绳。调解必须以法律和合同为准绳。这就要求调解人熟悉法律和合同的有关规定，依照法律和合同办事，分清责任，要做到有法必依，公正调解，排除干扰，不徇私情。这样才能分清是非，明确责任，才能使当事人信服，顺利达成协议。

（4）协调说服，互谅互让。工程合同争议一般涉及各方的经济利益，有些争议还涉及企业的声誉。因此，一旦有了合同争议，不少当事人在调解过程中过分强调对方的过错，甚至隐瞒歪曲事实，谎报情况，这些都是对调解工作不利的因素。所以，调解人在调解工作中，要摆事实，讲道理，必须耐心地做好深入细致的说服教育疏导工作，协调好双方的关系；促使双方当事人相互谅解，保证调解工作的顺利进行。

（5）及时调解，不得影响仲裁或诉讼。调解必须及时，这对于解决合同争议非常重要。如果争议得不到及时解决，就有可能使矛盾激化。同时，也要防止一方恶意利用调解使纠纷复杂化的问题。工程合同争议发生后，不论当事人申请调解还是不申请调解，也不论当事人在调解中没有达成协议还是达成协议后又反悔，均不影响当事人依法向仲裁委员会申请仲裁或向法院起诉。

14.2.3 争议评审委员会(DRB)

1. 争议评审概念

争议评审是指争议双方通过事前的协商，选定独立公正的第三人对其争议作出决定，并约定双方都愿意接受该决定的约束的一种解决争议的程序。

争议评审是工程承包实践活动中出现、总结和发展起来的新的解决争议方式。在工程承包中，如何处理业主与承包商之间的争议，一直是非常困难和复杂的问题。由于工程施工合同与货物销售合同迥然不同，不仅履约时间特别长，大量的技术问题与商务问题、法律问题缠绕在一起，使争议的解决变得十分棘手。特别是在漫长的履约过程中不断出现的纠纷，必须毫不犹豫地及时解决，否则不仅影响工程的进展，而且拖到后来往往会使争议金额变成为一个庞大的数字，即使最后提交仲裁或诉讼，可能会变成为一个费时和费钱的疑难大案。工程界都希望寻求一种能在合同执行过程中随时排除纠纷和解决争议的方式。争议评审委员会（Dispute Review Board，简称DRB)处理承包工程争议的方式是20世纪70年代在美国的隧道工程中发展起来的，它第一次是在美国科罗拉多州的艾森豪威尔隧道工程中使用。这条隧道的土建、电气和装修三个合同(价值1.28亿美元)都采用了争议评审委员会解决争议方式，在整个四年多的工期中，对其28次不同的争议进行了听证和评审，争议评审委员会提出的处理意见都得到争议各方的尊重和执行，从未发生仲裁或诉诸法院解决。

艾森豪威尔隧道工程采用争议评审委员会解决争议方式取得的成功，在美国产生了较大影响，后来不仅在许多地下工程、水坝工程中较为普遍地采用，一些大型的民用工程也有采用。过去，世界银行贷款的项目招标时适用FIDIC的合同条件。现在世界银行已修改其适用贷款工程《采购指南》的某些招标规定，决定对该合同条件的第67条争议解决一节进行修改，规定合同总价超过5000万美元的项目应当采用争议评审委员会方式解决争议，而合同总价小于5000万美元的项目则可以选择争议评审委员会方式或者争议评审专家方式（Dispute Review Expert，简称

DRE)解决争议。

我国的水利水电施工项目借鉴国际工程经验，逐步引入合同争议的评审机制，并在一些大型施工项目上(如二滩水电站等)开始运用。在《水利水电土建工程施工合同条件》(GF—2000 0208)中，规定水利水电工程建设应建立合同争议调解机制，当监理单位的决定无法使合同双方或其中任一方接受而形成争议时，可通过由双方在合同开始执行时聘请的争议调解组或行业争议调解机构进行争议评审和调解，以求得争议的合理、公正解决。

2. 争议评审的基本程序

争议评审一般应有较具体的程序。由于我国缺乏具体的争议评审人主持争议评审的程序规定，如果争议双方愿意采用争议评审的方式解决争议，最好在合同中作出某些规定。特别是对如何指定争议评审人、争议评审的范围、争议评审人作出决断的有效性等应有明确的规定。争议评审的程序规则，可以参考某些仲裁规则，并力求简化。选择争议评审人可能较为困难，一些组织如监理工程师协会、律师协会等可以联合提供有资格的争议评审人名单和其他服务。

争议评审委员会方式和争议评审专家方式采用的基本程序如下：

(1)采用争议评审方式解决争议的协议或合同条款。首先要由业主和承包商共同在其施工合同条款或单独的专项协议中明确采用争议评审委员会或者争议评审专家的方式解决争议，合同条款和协议中还要特别写明这种解决争议的范围、评审委员会成员人数和产生办法、争议评审委员会或争议评审专家方式与监理工程师处理争议以及仲裁或诉讼处理争议的关系等。通常争议评审委员会或争议评审专家处理争议的建议是咨询性的，它并不替代合同中规定的工程师对争议处理的程序，更不排除争议方因不满意争议评审委员会或争议评审专家的建议而诉诸仲裁或诉讼；世界银行关于争议评审委员会的新规定中，写明争议一方在收到争议评审委员会的处理争议建议后 14 天之内应当通知各方其不接受该建议而拟诉诸仲裁的意向，否则该建议被认为是终局的，对争议双方有约束力；无论该建议是否变为终局的和有约束力的，该建议应当成为仲裁或诉讼程序中处理与该建议有关的争议问题的可采纳的证据。

(2)争议评审委员会或争议评审专家成员的选定。通常争议评审委员会有 3 名成员(大型项目可以有 5 名或以上成员)，争议双方各指定一名，并经双方相互确认，而后由该两名已被相互确认的争议评审委员会成员共同推荐第三名成员，并经争议双方批准，该第三名成员将作为争议评审委员会的主席。应当规定争议评审专家成员的基本条件，例如应当是具有与本工程同类项目的管理经验，并有较好的解释合同能力的技术专家，应当是与本工程任何一方没有受雇和财务关系，并没有股份或财务利益的人士，还应当是从未实质上参与过本工程项目的活动，并与争议任何一方没有任何协议或承诺的人士。在争议评审委员会的成员选定中，还应规定时间限制，如果任何一方未能按时指定成员，或者未能及时批准对方指定的成员及共同指定的第三名成员时，应当规定由谁或者某一机构在何时代为指定成员。

(3)争议评审委员会成员被指定后应签署接受指定的声明。该声明应表示同意接受担任该项目的争议委员会成员，并保证与合同双方没有任何受雇和财务往来及任何利益和承诺关系，愿意按规定保密和按秉公与独立的原则处理双方争议。如果是在工程施工合同签订后才确定采用争议评审委员会方式处理争议，则可由业主、承包商和争议评审委员会成员共同签订一份三方协议，这种协议可以就争议评审委员会的工作范围、处理争议的工作程序、三方的责任、争议评审委员会开始和结束工作的时间、报酬与支付、协议的中止、争议评审委员会成员的更换、争议评审委员会的建议书的形式和采纳、以及本三方协议的争议解决等作出明确规定。

(4) 争议评审委员会的一般工作程序。通常是双方的争议先由双方共同协商解决，或提交监理工程师决定。只有在双方协商不能达成一致，或者其中一方对工程师的决定不同意时，可以在某一规定时间内提交给争议评审委员会处理；在一方向争议评审委员会提交争议处理请求时应相应地通知对方；争议评审委员会将决定举行听证会，或者可以在争议评审委员会定期访问现场期间举行听证会。通常听证会在工程现场举行，在此之前双方应向争议评审委员会的每位成员提交书面文件和证据材料；听证会一般不作正式记录和录音、录像，但给争议双方充分的时间陈述和提出证据材料或者书面声明，争议评审委员会成员在听证期间不得就争议的是非曲直发表任何观点，随后争议评审委员会成员将秘密进行讨论，直到形成处理争议的建议，建议以书面提出并由争议评审委员会成员签字。如果争议评审委员会成员中有少数不同意见者，可以附上少数成员的意见，但最好是尽力达成一致性的意见，以利各方执行；书面建议应分发给争议双方。

(5) 争议评审委员会定期访问现场和定期现场会议。为使争议评审委员会成员了解工程施工和进展情况，并使工程进展过程中发生的争议得到及时处理，或者对潜在的争议提出可能的避免方法，一般都规定争议评审委员会成员应定期访问现场（例如每半年一次）。在访问期间，争议评审委员会成员将由业主和承包商的双方代表陪同参观工程的各部位，并召开圆桌会议，听取上次会议以来的工程进展和存在问题的各方说明，听取各方对潜在争议的预测及其解决的建议。如果必要，可指定一方整理定期会议纪要供各方修改和定稿，并分发给三方备存。定期访问期间，DRB成员不得接受任何一方的单独咨询。如果定期访问期间处理已发生的争议，则按工作程序另外安排听证会议。

我国《水利水电土建工程施工合同条件》(GF—2000—0208)通用条款中，对合同争议评审和调解作了如下规定：

1) 争议调解组。发包人和承包人应在签订合同协议书后的84天，共同协商成立争议调解组，并由双方与争议调解组签订协议。争议调解组由3(或5)名有合同管理和工程实践经验的专家组成，专家的聘请方法可由发包人和承包人共同协商确定，亦可请政府主管部门推荐或通过行业合同争议调解机构聘请，并经双方认可。争议调解组成员应与合同双方均无利害关系。争议调解组的各项费用由发包人和承包人平均分担。

2) 争议的提出。发包人和承包人或其中任一方对监理人作出的决定有异议，又未能在监理人的协调下取得一致意见而形成争议，任一方均可以书面形式提请争议调解组解决，并抄送另一方。在争议尚未按“争议的评审”的规定获得解决之前，承包人仍应继续按监理人的指示认真施工。

3）争议的评审。第一，合同双方的争议，应首先由主诉方向争议调解组提交一份详细的申诉报告，并附有必要的文件、图纸和证明材料，主诉方还应将上述报告的一份副本同时提交给被诉方。第二，争议的被诉方收到主诉方申诉报告副本后的 28 天内，亦应向争议调解组提交一份申辩报告，并附有必要的文件、图纸和证明材料。被诉方亦应将报告的一份副本同时提交给主诉方。第三，争议调解组收到双方报告后的 28 天内，邀请双方代表和有关人员举行听证会，向双方调查和质询争议细节；若需要时，争议调解组可要求双方提供进一步的补充材料，并邀请监理人参加听证会。第四，在听证会结束后的 28 天内，争议调解组应在不受任何干扰的情况下，进行独立和公正的评审，将全体专家签名的评审意见提交给发包人和承包人，并抄送监理人。第五，若发包人和承包人接受争议调解组的评审意见，则可由监理人按争议调解组的评审意见，拟定争议解决议定书，经争议双方签字后作为合同的补充文件，并遵照执行。第六，若发包人和承包人或其中任一方不接受争议调解组的评审意见，并要求提交仲裁，则任一方均可在收到上述评审意见后的 28 天内将仲裁意向通知另一方，并抄送监理人。若在上述 28 天期限内双方均未提出仲裁意向，则争议调解组的评审意见为最终决定，双方均应遵照执行。

3. DRB 解决争议方式的优点

在业已采用 DRB 处理争议方式的项目中，建设主管部门、业主、承包商和贷款金融机构等各方面的反映都是良好的。归纳起来，争议评审方式具有以下优点：

(1) 技术专家的参与，处理方案符合实际。由于争议评审委员会成员都是具有施工和管理经验的技术专家，比起将争议交给仲裁或诉讼中的法律专家、律师和法官，仅凭法律条款去处理复杂的技术问题，更令人放心，即其处理结果更符合实际，并有利于执行。

(2) 节省时间，解决争议便捷。由于争议评审委员会成员定期到现场考察情况，他们对争议起因和争议引起的后果了解得更为清楚，无须大量准备文字材料和费尽口舌向仲裁庭或法院解释和陈述；争议评审委员会的决策很快，可以节省很多时间。因为争议评审委员会可以在工程施工期间直接在现场处理大量常见争议，避免了争议的拖延解决而导致工期延误；也可防止由于争议的积累而使之扩大化、更为复杂化，是一种事前预防纠纷产生、扩大的合同控制方法。

(3) 争议评审方式的成本比仲裁和诉讼更便宜。不仅总费用较少，而且所花费用是由争议双方平均分摊的。而在仲裁或诉讼中，则任何一方都有可能要承担双方为处理争议而花费的一切费用的风险。

(4) DRB 并不妨碍再进行仲裁或诉讼。即使争议评审委员会的建议不具有终局性和约束力，或者一方不满意而不接受该建议，仍然可以再诉诸仲裁或诉讼。

14.2.4 仲裁

1. 仲裁概念及特点

仲裁是指由合同双方当事人自愿达成仲裁协议、选定仲裁机构对合同争议依法作出有法律效力的裁决的解决合同争议的方法。在我国境内履行的工程合同，双方当事人申请仲裁的，适用1995年9月1日起施行的《中华人民共和国仲裁法》。仲裁具有灵活性、仲裁程序保密性、仲裁效率较高和费用较低等特点。仲裁应遵循独立、自愿、或裁或审、一裁终局、先行调解等原则。

2. 仲裁的一般程序

（1）仲裁申请和受理

仲裁申请和受理主要有以下三个重要环节：

1）仲裁协议：是指当事人自愿选择仲裁的方式解决他们之间可能发生的或者已经发生的合同争议的书面约定。只有当事人在合同内订立仲裁条款或以其他书面形式在争议发生前或者争议发生后达成了请求仲裁的协议，仲裁委员会才会受理仲裁申请。仲裁协议应当具有以下主要内容：①请求仲裁的意思表示。即双方当事人应当明确表示将合同争议提交仲裁机构解决。②仲裁事项。即双方当事人共同协商确定的提交仲裁的合同争议范围。③选定的仲裁委员会。双方当事人应明确约定仲裁事项由哪一个仲裁机构进行仲裁。

2）仲裁申请：是指当事人向仲裁委员会依照法律的规定和仲裁协议的约定，将争议提请约定的仲裁委员会予以仲裁。当事人申请仲裁必须符合下列条件：有仲裁协议；有具体的仲裁请求和事实、理由；属于仲裁委员会的受理范围。在申请仲裁时，应当向仲裁委员会提交仲裁协议、仲裁申请书及副本。仲裁申请书应当载明下列事项：①当事人的姓名、性别、年龄、职业、工作单位和住所、法人或其他组织的名称、住所和法定代表人或者主要负责人的姓名、职务；②仲裁请求和所根据的事实、理由；③证据和证据来源、证人姓名和住所。

3）仲裁受理：是指仲裁委员会依法接受对争议的审理。仲裁委员会在收到仲裁申请书之日起5日内，认为符合受理条件的，应当受理，并通知当事人；认为不符合受理条件的，应当书面通知当事人不予受理，并说明理由。仲裁委员会在受理仲裁申请后，应当在仲裁规则规定的期限内将仲裁规则和仲裁员名册送达申请人，并将仲裁申请书的副本和仲裁规则、仲裁员名册送达被申请人。

（2）组成仲裁庭

仲裁委员会受理仲裁申请后，应当组成仲裁庭进行仲裁活动。仲裁庭不是一种常设的机构，其组成的原则是一案一组庭。仲裁庭有两种组成方式：

1）仲裁庭由三名仲裁员组成，即合议制的仲裁庭。采用这种方式，应当由当事人双方各自选择或者各自委托仲裁委员会主任指定一位仲裁员。第三名仲裁员即首席仲裁员由当事人共同选定或者共同委托仲裁委员会主任选定。

2）仲裁庭由一名仲裁员组成，即独任制的仲裁庭。这名仲裁员由当事人共同选定或者共同委托仲裁委员会主任指定。

在具体的仲裁活动中，采取上述两种方法中的哪一种，由当事人在仲裁协议中协商决定。当事人没有在仲裁规则规定的期限内约定仲裁庭的组成方式或者选定仲裁员的，由仲裁委员会主任指定。仲裁庭组成后，仲裁委员会应当将仲裁庭的组成情况书面通知当事人。组成仲裁庭的仲裁员，符合《仲裁法》规定需要回避的应当回避，当事人也有权提出回避申请。

（3）开庭和裁决

开庭是指仲裁庭按照法定的程序，对案件进行有步骤有计划的审理。《仲裁法》第 39 条规定："仲裁应当开庭进行"。也就是当事人共同到庭，经调查和辩论后进行裁决。同时，该条还规定："当事人协议不开庭的，仲裁庭可以根据仲裁申请书、答辩书以及其他材料作出裁决。"

在开庭审理以前，仲裁委员会应当在仲裁规则规定的期限内将开庭日期通知双方当事人；经书面通知后，申请人无正当理由不到庭或者未经仲裁庭许可中途退庭的，可以视为撤回仲裁申请。经书面通知后，被申请人无正当理由不到庭或者未经仲裁庭许可中途退庭的，可以缺席裁决。

在仲裁过程中，原则上应由当事人承担对其主张的举证责任。证据应当在开庭时出示，当事人可以质证。当事人在仲裁过程中有权进行辩论。辩论终结时，首席仲裁员或者独任仲裁员应当征询当事人的最后意见。

仲裁庭在作出裁决前，可以先行调解，当事人自愿调解的，仲裁庭应当调解；当事人不愿调解或调解不成的，仲裁庭应当进行裁决。当事人申请仲裁后，可以自行和解。调解达成协议的，仲裁庭应当制作调解书，调解书应当写明仲裁请求和当事人协议的结果。调解书由仲裁员签名，加盖仲裁委员会印章，送达双方当事人。

仲裁裁决是指仲裁机构经过当事人之间争议的审理，依据争议的事实和法律，对当事人双方的争议作出的具有法律约束力的判定。仲裁裁决应当按照多数仲裁员的意见作出，少数仲裁员的不同意见可以记入笔录；仲裁庭不能形成多数意见时裁决按照首席仲裁员的意见作出。裁决应当制作裁决书，裁决书应当写明仲裁请求、争议事实、裁决结果、仲裁费用的负担和裁决日期。裁决书由仲裁员签名加盖仲裁委员会印章，仲裁书自作出之日起发生法律效力。

3. 法院对仲裁的协助和监督

（1）法院对仲裁活动的协助

1）财产保全。财产保全是指为了保证仲裁裁决能够得到实际执行，以免利害关系人的合法利益受到难以弥补的损失，在法定条件下所采取的限制另一方当事人、利害关系人处分财物的保障措施。财产保全措施包括查封、扣押、冻结以及法律规定的其他方法。

2）证据保全。证据保全是指在证据可能毁损、灭失或者以后难以取得的情况下，为保存其证明作用而采取一定的措施加以确定和保护的制度。证据保全是保证当事人承担举证责任的补救方法，在一定意义上也是当事人取得证据的一种手段。证据保全的目的就是保障仲裁的顺利进行，确保仲裁庭作出正确裁决。

3）强制执行仲裁裁决。仲裁裁决具有强制执行力，对双方当事人都有约束力，当事人应该自觉履行。但由于仲裁机构没有强制执行仲裁裁决的权力，因此，为了保障仲裁裁决的实施，防止负有履行裁决义务的当事人逃避或者拒绝仲裁裁决确定的义务，我国《仲裁法》规定，一方当事人不履行仲裁裁决的，另一方当事人可以依照民事诉讼法的有关规定向人民法院申请执行，受申请的人民法院应当执行。这时，法院将只审查仲裁协议的有效性、仲裁协议是否承认仲裁裁决是终局的以及仲裁程序的合法性等，而不审查实体问题。许多国家的法律制度最大限度地减少对仲裁的司法干预，以保证仲裁程序的独立公正、实际和迅速地进行，并确认仲裁裁决的终局性和提供执行的便利。

（2）法院对仲裁的监督

为了提高仲裁员的责任心，保证仲裁裁决的合法性、公正性，保护各方当事人的合法权益，我国《仲裁法》规定了法院对仲裁活动予以司法监督的制度。规定表明，对仲裁进行司法监督的范围是有限的而且是事后的。如果当事人对仲裁裁决没有异议，不主动申请司法监督，法院对仲裁裁决采取不干预的作法；司法监督的实现方式主要是允许当事人向法院申请撤销仲裁裁决和不予执行仲裁裁决。

1）撤销仲裁裁决。当事人提出证据证明裁决有下列情形之一的，可以在自收到仲裁裁决书之日起6个月内向仲裁委员会所在地的中级人民法院申请撤销仲裁裁决：没有仲裁协议的；裁决的事项不属于仲裁协议的范围或者仲裁委员会无权仲裁的；仲裁庭的组成或者仲裁的程序违反法定程序的；裁决所根据的证据是伪造的；对方当事人隐瞒了足以影响公正裁决证据的；仲裁员在仲裁该案时有索贿受贿、徇私舞弊、枉法裁决行为的。以上规定表明，当事人申请撤销裁决应当在法律规定的期限内向法院提出，并应提供证明有以上情形的证据。同时，并非任何法院都有权受理撤销仲裁裁决的申请，只有仲裁委员会所在地的中级人民法院对此享有专属管辖权。此外，法院认定仲裁裁决违背社会公共利益的应当裁定撤销。法院应当在受理撤销裁决申请之日起两个月内作出撤销裁决或者驳回申请的裁定，法院裁定撤销裁决的，应当裁定终止执行；撤销裁决的申请被裁定驳回的，法院应当裁定恢复执行。

2）不予执行仲裁裁决。在仲裁裁决执行过程中，如果被申请人提出证据证明裁决有下列情形之一的，经法院组成合议庭审查核实，裁定不予执行该仲裁裁决：当事人在合同中没有订有仲裁条款或者事后没有达成书面仲裁协议的；裁决的事项不属于仲裁协议的范围或者仲裁机构无权仲裁的；仲裁庭的组成或者仲裁的程序违反法定程序的；认定事实和主要证据不足的；适用法律有错误的；仲裁员在仲裁该案时有贪污受贿、徇私舞弊、枉法裁决行为的。

仲裁裁决被法院裁定不予执行的，当事人之间的争议并没有得到解决，因此，当事人就该争议可以根据双方重新达成的仲裁协议申请仲裁；也可以向法院起诉。

14.2.5 诉讼

1. 诉讼概念和特点

诉讼是指合同当事人按照民事诉讼程序向法院对一定的人提出权益主张并要求法院予以解决和保护的请求。诉讼具有以下特点：

（1）提出诉讼请求的一方，是自己的权益受到侵犯和他人发生争议，请求的目的是为了使法院通过审判，保护受到侵犯和发生争议的权益。任何一方当事人都有权起诉，而无须征得对方当事人的同意。

(2) 当事人向法院提起诉讼，适用民事诉讼程序解决；诉讼应当遵循地域管辖、级别管辖和专属管辖的原则。在不违反级别管辖和专属管辖的原则的前提下，可以依法选择管辖法院。

(3) 法院审理合同争议案件，实行二审终审制度。当事人对法院作出的一审判决、裁定不服的，有权上诉。对生效判决、裁定不服的，尚可向人民法院申请再审。

2. 诉讼参加人

诉讼参加人是指与案件有直接利害关系并受法律判决约束的当事人以及与当事人地位相似的第三人及他们的代理人。诉讼参加人可以是自然人、法人或其他组织。

1) 当事人(原告、被告)：是指因合同争议而以自己的名义进行诉讼，并受法院裁判约束，与案件审理结果有直接利害关系的人。在第一审程序中，提起诉讼的一方称为原告，被诉的一方称被告。原、被告都享有委托代理人、申请回避、提供证据、进行辩论、请求调解、提出上诉、申请保全或执行等诉讼权利，同时也必须承担相应的诉讼义务，包括举证、遵守庭审秩序、履行发生法律效力的判决、裁定和调解协议等。

2) 第三人：是指对他人争议的诉讼标的有独立请求权或者虽然没有独立请求权，但案件的处理结果与其有法律上的利害关系，因而自己请求或根据法院的要求参加到已经开始的诉讼中进行诉讼的人。有独立请求权的第三人享有原告的一切诉讼权利，无独立请求权的第三人不享有原、被告的诉讼权利，只享有维护自己权益所必需的诉讼权利。

3) 诉讼代理人：是指在诉讼中，受当事人的委托以当事人名义在其授予的代理权限内实施诉讼行为的人。在工程合同争议诉讼中，诉讼代理人的代理权大多数是由委托授权而产生的。

3. 第一审普通程序和简易程序

(1) 起诉与受理

起诉是指合同争议当事人请求法院通过审判保护自己合法权益的行为。起诉必须符合下列条件：原告是与案件有直接利害关系的公民、法人和其他组织；有明确的被告；有具体的诉讼请求和事实、理由；请求的事由属于法院的收案范围和受诉法院管辖；原、被告之间没有约定合同仲裁条款或达成仲裁协议。起诉应在诉讼时效内进行。起诉原则上是用书面形式，即原告向人民法院提交起诉状。

起诉状是原告表示诉讼请求和事实根据的一种诉讼文书。起诉状中应记明以下事项：当事人的基本情况；诉讼请求和所根据的事实与理由；证据和证据来源、证人姓名和住处。此外，起诉状还应说明受诉法院的名称、起诉的时间，最后由起诉人签名或盖章。

受理是指法院对符合法律条件的起诉决定立案审理的诉讼行为。法院接到起诉状后，经审查，认为符合起诉条件的，应当在 7 日内立案，并通知当事人；认为不符合起诉条件的，应当在接到起诉状之日起 6 日内裁定不予受理；原告对裁定不服的，可以提起上诉。

（2）审理前的准备

法院应当在立案之日起5日内将起诉状副本送达被告；被告在收到之日起15日内提出答辩状。法院在收到被告答辩状之日起5日内将答辩状副本送达原告，被告不提出答辩状的，不影响审判程序的进行。如被告对管辖权有异议的，也应当在提交答辩状期间提出，逾期未提出的，视为被告接受受诉法院管辖。

法院受理案件后应当组成合议庭，合议庭至少由三名审判员或至少由一名审判员和两名陪审员组成，不包括书记员。合议庭组成后，应当在3日内将合议庭组成人员告知当事人。

其他准备工作有：发送受理案件通知书和应诉通知书，告知当事人的诉讼权利义务。告知合议庭组成人员，确定案件是否公开审理。审核诉讼材料，调查收集必要的证据。追加诉讼第三人。试行调解等。

（3）开庭审理

开庭审理是指在法院审判人员的主持下，在当事人和其他诉讼参与人的参加下，法院依照法定程序对案件进行口头审理的诉讼活动，开庭审理是案件审理的中心环节。审理合同争议案件，除涉及国家秘密或当事人的商业秘密外，均应公开开庭审理。

1）宣布开庭，法院应在3日前将通知送达当事人及有关人员。对公开审理的案件3日前应贴出公告。开庭前，由书记员查明当事人和其他诉讼参与人是否到达法庭及其合法身份，同时宣布法庭纪律。开庭审理时，由审判长或独任审判员宣布开始，同时核对当事人并告知当事人诉讼权利和义务。

2）法庭调查。这是开庭审理的核心阶段，主要任务是审查、核对各种证据，以查清案情认定事实。其顺序是：当事人陈述，先由原告陈述，再由被告陈述；证人作证，法庭应告知证人的权利义务，对未到庭的证人应宣读其书面证言；出示书证、物证和视听资料；宣读鉴定结论；宣读勘验笔录。当事人在法庭上可以提供新证据，可以要求重新调查、鉴定或勘验，是否准许，由法院决定。

3）法庭辩论。法庭辩论是由当事人陈述自己的意见，通过双方的言词辩论，使法院进一步查明事实，分清是非。其顺序是：原告及其诉讼代理人发言；被告及其诉讼代理人答辩；第三人及其诉讼代理人发言或者答辩；互相辩论。法庭辩论终结，由审判长按照原告、被告、第三人的先后顺序征询各方最后意见。

4）评议审判：法庭辩论结束后，由合议庭成员退庭评议，按照少数服从多数原则作出判决。评议中的不同意见，必须如实记入笔录。评议除对工程合同争议案件作出处理决定外，还应对物证的处理、诉讼费用的负担作出决定。判决当庭宣告的，在合议庭成员评议结束重新入庭就座后，由审判长宣判，并在10日内向当事人发送判决书。定期宣判的，审判长可当庭告知双方当事人定期宣判的时间和地点，也可以另行通知。定期宣判后，立即发给判决书。宣判时应当告知当事人上诉权利、上诉期限和上诉法院。

法院的生效判决在法律上具有多方面的效力，主要体现在：

1）判决对人的支配力：判决具有确认某一主体应当为一定行为或不应当为一

定行为的效力。

2）判决对事的确定力：判决一经生效，当事人不得以同一事实和理由提起诉讼，对实体权利义务也不得争执，随意改变。

3）判决的执行力：判决具有作为执行根据、从而进行强制执行的效力。

（4）法院调解

经过法庭调查和法庭辩论后，在查清案件事实的基础上，当事人愿意调解的，可以当庭进行调解，当事人不愿调解或调解不成的，法院应当及时裁决。当事人也可以在诉讼开始后至裁决作出之前，随时向法院申请调解，法院认为可以调解时也可以随时调解。当事人自愿达成调解协议后，法院应当要求双方当事人在调解协议上签字，并根据情况决定是否制作调解书。对不需要制作调解书的协议，应当记入笔录，由争议双方当事人、审判人员、书记员签名或盖章后，即具有法律效力。多数情况下，法院应当制作调解书，调解书应当写明诉讼请求、案件的事实和调解结果。调解书应由审判人员、书记员签名，加盖法院印章，送达双方当事人。

根据民事诉讼法的有关规定，第一审普通程序审理的案件应从立案之日起 6 个月内审结。有特殊情况需要延长的，由本院院长批准，可以延长 6 个月。还需要延长的，报请上级法院批准。

（5）简易程序

基层法院和它的派出法庭收到起诉状经审查立案后，认为事实清楚、权利义务关系明确，争议不大的简单合同争议案件，可以适用简易程序进行审理。在简易程序中可以口头起诉、口头答辩。原被告双方同时到庭的，可以当即进行审理，当即调解。可以用简便方式传唤另一当事人到庭；简易程序中由审判员一人独任审判，不用组成合议庭，在开庭通知、法庭调查、法庭辩论上不受普通程序有关规定的限制。适用简易程序审理的合同争议案件，应当在立案之日起 3 个月内审结。

4. 第二审程序

第二审程序是指诉讼当事人不服第一审法院判决、裁定，依法向上一级法院提起上诉，由上一级法院根据事实和法律，对案件重新进行审理的程序。其审理范围为上诉请求的有关事实和适用的法律。上诉期限，不服判决的为 15 日，不服裁定的为 10 日。逾期不上诉的，原判决、裁定即发生法律效力。当事人提起上诉后至第二审法院审结前，原审法院的判决或裁定不发生法律效力。

第二审法院应当组成合议庭开庭审理，但合议庭认为不需要开庭审理的，也可以直接进行判决、裁定。第二审法院对上诉或者抗诉的案件，经审理后依不同情况分别处理：

1）原判决认定事实清楚、适用法律正确的，判决驳回上诉，维持原判；

2）原判决适用法律错误的，依法改判；

3）原判决认定事实错误，或者原判决认定事实不清、证据不足，裁定撤销原判决，发回原审法院重审，或者查清事实后改判；

4）原判决违反法定程序，可能影响案件正确判决的，裁定撤销原判决，发回原审法院重审。当事人对重审案件的判决、裁定，可以上诉。

第二审法院作出的判决、裁定是终审判决、裁定，当事人没有上诉权。二审法院对判决、裁定的上诉案件，应当分别在案件立案之日起 3 个月内和 1 个月内审结。

第二审法院可以对上诉案件进行调解。调解达成协议的，应当制作调解书，调解书送达后，原审法院的判决即视为撤销。调解不成的，依法判决。

5. **审判监督程序**

审判监督程序是指法院对已经发生法律效力的判决、裁定，发现确有错误需要纠正而进行的再审程序。它是保证审判的正确性，维护当事人合法权益，维护法律尊严的一项重要补救程序。可以提起再审的，只能是享有审判监督权力的机关和公职人员。具体有以下三种情况：

（1）各级法院院长对本院已经发生法律效力的判决、裁定，发现确有错误，认为需要提起再审的，应当提交审判委员会讨论决定。决定再审，即作出裁定撤销原判，另组成合议庭再审。

（2）最高法院对地方各级法院已经发生法律效力的判决、裁定，发现确有错误，有权提审或指令下级法院再审。

（3）上级法院对下级法院已经发生法律效力的判决、裁定，发现确有错误，有权提审或指令下级法院再审。

按照审判监督程序决定再审的案件，应作出中止执行原判决、原裁定的裁定，通知执行人员中止执行。当事人对已经生效的判决、裁定认为有错误，可以向原审法院或上级法院申诉，要求再审，但不停止原判决、裁定的执行。当事人的申请符合下列情形之一的，法院应当再审：

1）有新的证据，足以推翻原判决、裁定的；

2）原判决、裁定认定事实的主要证据不足的；

3）原判决、裁定适用法律确有错误的；

4）法院违反法定程序、可能影响案件正确判决、裁定的；

5）审判人员在审理该案件时有贪污受贿、徇私舞弊、枉法裁判行为的。

此外，当事人对已经发生法律效力的调解书，提出证据证明调解违反自愿原则或者调解协议的内容违反法律的，可以申请再审，经法院查证属实，应当再审。

法院审理再审案件，应当另行组成合议庭，如果发生法律效力的判决、裁定是由第一审法院作出的，再审按第一审普通程序进行，所作出的判决、裁定当事人可以上诉；如果发生法律效力的判决、裁定是由第二审法院作出的，或者上级法院按照审判监督程序提审的，按第二审程序进行。所作出的判决、裁定，即为生效的判决、裁定，当事人没有上诉权。

6. **执行程序**

执行是法院依照法律规定的程序，运用国家强制力，强制当事人履行已生效的判决和其他法律文书所规定的义务的行为，又称强制执行。对于已经发生法律效力的判决、裁定、调解书、支付令、仲裁裁决书、公证债权文书等，当事人应当自动履行。一方当事人拒绝履行的，另一方当事人有权向法院申请执行，也可以由审判员移送执行员执行。申请执行的期限，双方或一方当事人是公民的为一年，双方是法人或其他组织的为六个月，从法律文书规定履行期限的最后一日起计算。

执行中，双方当事人自行和解达成协议的，执行员应当将协议内容记入笔录，由双方当事人签名或盖章。一方当事人不履行和解协议的，经对方当事人申请恢复对原生效法律文书的执行，执行中被执行人向法院提供担保并经申请执行人同意的，法院可以决定暂缓执行及暂缓执行的期限。被执行人逾期仍不履行的，法院有权执行被执行人的担保财产或者担保人的财产。

依照《民事诉讼法》规定，强制执行措施有：法院有权扣留、提取被执行人应当履行义务部分的收入；有权向银行等金融机构查询被执行人的存款情况，冻结、划拨被执行人的存款，但不得超出被执行人应履行义务的范围；查封、扣押、冻结、拍卖、变卖被执行人应当履行义务部分的财产；对被执行人隐匿的财产进行搜查；执行特定行为等。

14.3 项目合同的争议管理

1. 有理有节，争取和解或调解

施工企业面临着众多争议而且又必须设法解决的困惑，不少企业都参照国际惯例，设置并逐步完善了自己的内部法律机构或部门，专职实施对争议的管理，这是企业进入市场之必须。要注意预防解决争议找法院打官司的单一思维，通过诉讼解决争议未必是最有效的方法。由于工程合同争议情况复杂，专业问题多，有许多争议法律无法明确规定，往往造成主审法官难以判断、无所适从。因此，要深入研究案情和对策，处理争议要有理有利有节，能采取和解、调解、甚至争议评审方式解决争议的，尽量不要采取诉讼或仲裁方式。

2. 重视时效，及时主张权利

通过仲裁、诉讼的方式解决工程合同争议的，应当特别注意有关仲裁时效与诉讼时效的法律规定，在法定时效内主张权利。合同当事人在法定提起诉讼或仲裁申请的期限内依法提起诉讼或申请仲裁的，则法院或者仲裁机构对权利人的请求予以保护。在时效期限满后，权利人的请求权就得不到保护，债务人可依法免于履行债务。换言之，若权利人在时效期间届满后才主张权利的，即丧失了胜诉权，其权利不受保护。

《仲裁法》第 74 条规定，法律对仲裁时效有规定的，适用该规定，法律对仲裁时效没有规定的，适用诉讼时效的规定。《民法通则》第 5 条规定，向人民法院请求保护民事权利的诉讼时效期间为 2 年，法律另有规定的除外。《合同法》第 129 条规定：因国际货物买卖合同和技术进出口合同争议提起诉讼或者申请仲裁的期限为 4 年。有关工程合同争议的仲裁和诉讼时效期间的计算问题如下：

1）追索工程款、勘察费、设计费，仲裁和诉讼时效期间均为 2 年，从工程竣工之日起计算，双方对付款时间有约定的，从约定的付款期限届满之日起计算。

2）工程因发包人的原因中途停工的，仲裁和诉讼时效期间从工程停工之日起计算。

3）工程竣工或工程中途停工，承包人应当积极主张权利。实践中，承包人提出工程竣工结算报告或对停工工程提出中间工程竣工结算报告，系承包人主张权利的基本方式，可引起诉讼时效的中断。

4）追索材料款、劳务款，仲裁和诉讼时效期间亦为2年，从双方约定的付款期限届满之日起计算；没有约定期限的，从购方验收之日起计算，或从劳务工作完成之日起计算。

5）出售质量不合格的商品未声明的，仲裁和诉讼时效期间均为1年，从商品售出之日起计算。

根据《民法通则》关于时效中断的规定，对于债权，具备申请仲裁或提起诉讼条件的，应在时效的期限内提请仲裁或提起诉讼。尚不具备条件的，应设法引起时效中断，具体办法有：

1）工程竣工后或工程中间停工的，承包人应尽早向发包人或监理工程师提出结算报告；对于其他债权，亦应以书面形式主张债权。对于履行债务的请求，应争取到对方有关工作人员签名、盖章，并签署日期。

2）债务人不予接洽或拒绝签字盖章的，应及时将要求该单位履行债务的书面文件制作一式数份，自存至少1份备查后，将该文件以电报的形式或其他妥善的方式通知对方。

3. 收集证据，确保客观充分

证据是能够证明案件真实情况的事实。在民事案件中，事实是指发生在当事人之间的引起当事人权利义务的产生、变更或者消灭的活动。证据具有两个基本特征：其一，证据是客观存在的事实，不以人的意志为转移；其二，证据是与案情有联系的事实，这也是证据之所以能起到证明案件真实情况作用的原因。

从不同的角度可以将证据划分为不同的类型。根据能够作为证据的客观事实所借以表现的形式，《民事诉讼法》第63条将证据分为7种，即书证、物证、视听资料、证人证言、当事人的陈述、鉴定结论、勘验笔录。收集证据应当遵守如下要求：

1）为了及时发现和收集到充分、确凿的证据，在收集证据以前应当认真研究已有材料，分析案情，并在此基础上制定收集证据的计划，确定收集证据的方向、调查的范围和对象、应当采取的步骤和方法，同时还应考虑到可能遇到的问题和困难，以及解决问题和克服困难的办法等。

2）收集证据的程序和方式必须符合法律规定。凡是收集证据的程序和方式违反法律规定的，例如，以贿赂的方式使证人作证的，或不经过被调查人同意擅自进行录音的等等，所收集到的材料一律不能作为证据来使用。

3）收集证据必须客观、全面。收集证据必须尊重客观事实，按照证据的本来面目进行收集，不能弄虚作假，断章取义，制造假证据。全面收集证据就是要收集能够收集到的、能够证明案件真实情况的全部证据，不能只收集对自己有利的证据。

4）收集证据必须深入、细致。实践证明，只有深入、细致地收集证据，才能把握案件的真实情况，因此，收集证据必须杜绝粗枝大叶、马虎行事、不求甚解的做法。

5）收集证据必须积极主动、迅速，证据虽然是客观存在的事实，但可能由于外部环境或条件的变化而变化，如果不及时予以收集，就有可能灭失。

有些证据，随着时间的推移、自然条件的变化或者其他原因，可能灭失或者难以取得，在这种情况下当事人应当根据法律规定申请公证机关进行公证，实施证据提存，或者立即提起诉讼，申请人民法院进行保全。《民事诉讼法》第74条规定："在证据可能灭失或者以后难以取得的情况下，诉讼参加人可以向人民法院申请保全证据，人民法院也可以主动采取保全措施。"

4. 摸清财务状况，做好财产保全

对工程合同的当事人而言，提起诉讼的目的，大多数情况下是为了实现金钱债权，因此，必须在申请仲裁或者提起诉讼前调查债务人的财产状况，为申请财产保全做好充分准备。调查债务人的财产范围应包括：

1）固定资产，如房地产、机器设备等尽可能查明其数量、质量、价值，是否抵押等具体情况。

2）开户行、账号、流动资金的数额等情况。

3）有价证券的种类、数额等情况。

4）债权情况，包括债权的种类、数额、到期日等。

5）对外投资情况（如与他人合股、合伙创办经济实体），应了解其股权种类、数额等。

6）债务情况。债务人是否对他人尚有债务未予清偿，以及债务数额、清偿期限的长短等，都会影响到债权人实现债权的可能性。

7）此外，如果债务人系企业的，还应调查其注册资金与实际投入资金的具体情况，两者之间是否存在差额，以便确定是否请求该企业的开办人对该企业的债务在一定范围内承担清偿责任。

执行难是一个令债权人十分头痛的问题。因此，为了有效防止债务人转移、隐匿财产，顺利实现债权，应当在起诉或申请仲裁成立之前向人民法院申请财产保全。《民事诉讼法》第92条第(1)款规定："人民法院对于可能因当事人一方的行为或者其他原因，使判决不能执行或者难以执行的案件，可以根据对方当事人的申请，作出财产保全的裁定；当事人没有提出申请的，人民法院在必要时也可以裁定采取财产保全措施"。"利害关系人因情况紧急，不立即申请财产保全将会使其合法权益受到难以弥补的损害的，可以在起诉前向人民法院申请采取财产保全措施"。应当注意，申请财产保全，一般要向法院提供担保，且起诉前申请财产保全的，必须提供担保。担保应当以金钱、实物或者人民法院同意的担保等形式实现，所提供的担保数额应相当于请求保全的数额。

因此，申请财产保全的应当先作准备，了解保全财产的情况，缜密做好以上各项工作后，即可申请仲裁或提起诉讼。

5. 聘请专业律师，尽早介入争议处理

近年来，各地都已出现了一些熟悉、擅长工程合同争议解决的专业律师和专业律师事务所。由于这些律师经常从事专业案件的处理，具有解决复杂案件的能力，有的已经成为专家。这是法律服务专业化分工的必然结果。

因此，合同当事人不论是否有自己的法律机构，当遇到案情复杂、难以准确判断的争议时，应当尽早聘请专业律师，避免走弯路。目前，不少承包人抱怨，官司打赢了，得到的却是一纸空文，判决无法执行，这往往和起诉时未确定真正的被告和未事先调查执行财产并及时采取诉讼保全有关。工程合同争议的解决不仅取决于行业情况的熟悉，很大程度上取决于诉讼技巧和正确的策略，而这些都是专业律师的专长。

本 章 小 结

本章介绍了工程合同常见的争议类型、争议解决的方式以及合同当事人对项目合同的争议管理要点。

复习思考题

1. 工程建设中常见的争议有哪些？
2. 工程争议的解决方式有哪些？各有何特点？
3. 什么是DRB？其如何运作？
4. 联系实际，承包商应如何避免合同争议的产生？
5. 联系实际，承包商应如何正确处理合同争议？

参考文献

References

1. 李启明，朱树英，黄文杰编著. 工程建设合同与索赔管理. 北京：科学出版社，2001
2. 李启明主编. 土木工程合同管理.（第一次修订）南京：东南大学出版社，2006
3. 李启明主编. 土木工程合同管理. 南京：东南大学出版社，2002
4. 成虎编著. 工程合同管理. 北京：中国建筑工业出版社，2005
5. 黄文杰主编. 工程建设合同管理. 北京：高等教育出版社，2004
6. 北京工程咨询公司编. BOT 项目指南. 北京：地震出版社，1995
7. 戴公兴主编. BOT 项目运作手册. 北京：中国统计出版社，1997
8. 顾永才，田元福. 招投标与合同管理. 北京：科学技术出版社，2006
9. 徐崇禄. 建设工程施工合同系列文本应用. 北京：中国建筑工业出版社，2002
10. 申立银，叶堃辉，邓小鹏. 建筑业企业竞争力. 中国建筑工业出版社，2006
11. 高显义. 工程合同管理. 上海：同济大学出版社，2005
12. 朱宏亮，成虎. 工程合同管理. 北京：中国建筑工业出版社，2006
13. 方东平. 工程建设安全管理. 北京：中国水利水电出版社，2001
14. 雷俊卿，杨平主编. 土木工程合同管理与索赔. 武汉理工大学出版社，2003
15. 万显涛. 工程合同管理快速入门与提高. 北京：中国电力出版社，2006
16. 乌云娜. 项目采购与合同管理. 北京：电子工业出版社，2006
17. 余子华. 工程项目风险管理与工程保险. 浙江大学出版社，2005
18. 佘立中编著. 建设工程合同管理. 华南理工大学出版社，2001
19. 全国监理工程师培训教材编写委员会. 工程建设合同管理. 知识产权出版社，2000
20. 全国建筑施工企业项目经理培训教材编写委员会. 工程招投标与合同管理. 北京：中国建筑工业出版社，2000
21. 徐崇禄等编著. 建设工程施工合同文本应用指南. 北京：中国物价出版社，2000
22. 中国建筑业协会编. 建筑企业经理手册. 北京：中国建筑工业出版社，1997
23. 潘文编著. 国际工程项目的谈判. 北京：中国建筑工业出版社，1999
24. 邹海林，常敏编著. 债权担保的方式和应用. 北京：法律出版社，1998
25. 何伯森主编. 国际工程合同与合同管理. 北京：中国建筑工业出版，1999
26. 雷胜强主编. 国际工程风险管理与保险. 北京：中国建筑工业出版社，1996
27. 汤礼智主编. 国际工程承包总论，北京：中国建筑工业出版社，1997
28. 雷俊卿主编. 合同管理. 人民交通出版社，2000
29. 杨立新著. 合同法总则(上). 北京：法律出版社，1999
30. 张广兴，韩世远著. 合同法总则(下). 北京：法律出版社，1999
31. 王卓甫，简迎辉. 工程项目管理模式及其创新 [M]. 北京：中国水利水电出版社，2006
32. 乐云. 国际新型建筑工程 CM 承发包模式 [M]. 上海：同济大学出版社，1998

33. 汤礼智．国际工程承包总论．北京：中国建筑工业出版社，1997
34. 李启明，申立银．风险管理中的风险效应-行为决策模型及分析．系统工程理论与实践，2001(10)
35. 徐绳墨．FIDIC 合同文件体系和最新动向．建筑经济 2002(1)37
36. 常陆军．论工程采购模式与标准合同条件的发展变化．建设监理 2004(3)46-47
37. 方珺．AIA 与 FIDIC 在文本规定和具体执行中的两个不同点．建筑经济 2001(5)42-43
38. 孙继德．项目总承包模式［J］．土木工程学报，2003，Vol. 36，No. 9，p51-54
39. 于海丰，成虎．工程总承包的发展过程和发展动力［J］．基建优化，2005(2)
40. 张二伟，李启明．设计—施工总承包建设项目的风险管理［J］．建筑管理现代化，2004(3)
41. 张水波，何伯森．工程建设"设计—建造"总承包模式的国际动态研究［J］．土木工程学报，2003(3)
42. 郑增枫，张巍．设计—建造承包模式在中国的推广应用［J］．重庆大学学报，2006(10)
43. 颜敏仁，罗维．统包制度对营建业市场结构之影响—以台湾营建业为例［J］．土木水利，Vol. 27，No. 4，2001，pp. 13-27
44. 孟宪海，赵启．EPC 模式下业主和承包商的风险分担与应对［J］．国际经济合作，2004(12)
45. 张连营，古夫，杨湘．EPC/交钥匙合同条件下的承包商风险管理［J］．中国港湾建设，2003(6)
46. 陈志华，于海丰，成虎．EPC 总承包项目风险管理研究［J］．建筑经济，2006(S2).
47. 孙剑，孙文建．工程建设 PM、CM 和 PMC 三种模式的比较［J］．基健优化，2005. 1
48. 张文娟，王广斌．用 GMP 方法确定 BT 模式下轨道交通项目的造价［J］．建筑经济 2006. 10
49. 常陆军．论工程采购模式与标准合同条件的发展变化．建设监理，2004. 3
50. 张尚．建筑工程项目管理模式 CM 模式与 MC 模式的比较研究．建筑经济，2005. 2
51. 王广斌，张文娟，勒岩．建设项目承发包模式实际案例分析［J］．同济大学学报，2002. 1
52. 马骅．国际工程项目管理——国际工程 EPC 总承包项目的投标．石油工程建设，2004(6)
53. 汤建明，屠晓春，李伟．浅析 EPC 总承包工程投标报价要素．技术经济，2002(5)
54. 陈光，成虎．建设项目全寿命期目标体系研究．土木工程学报，2004，37(10)
55. 张兆孔．EPC 项目施工现场的 HSE 管理．化工建设工程，2003，25(4)
56. 安雪晖．基于信息技术的建设项目生命周期管理．智能建筑与城市信息，2003(4)
57. 王粤，梁戈锋，刘军．浅谈电力工程项目中职业安全健康与环境管理体系的实施．中国职业安全卫生管理体系认证，2004(6)
58. 冯渭景．项目施工阶段工程造价的动态控制．建材技术与应用，2006(1)
59. 夏波．DB 模式应用的问题与对策研究［D］．杭州：浙江大学，2006
60. 刘长江．D-B 总承包模式的招标与评标管理研究［D］．长沙：长沙理工大学，2005
61. 王宏．基于委托代理理论的 DB 模式合同研究［D］．浙江：浙江大学，2006
62. 孙娟芬．DB 模式下承包商风险研究［D］．南京：河海大学，2003
63. 黄鹂．基于建设项目设计—建造总承包的质量管理方法研究［D］．天津：南开大学，2005
64. 刘雯．EPC 交钥匙模式的理论和实践研究［D］．天津大学，2001
65. 刘志华．EPC 模式下建设项目成本控制研究［D］．郑州大学，2004
66. 韩宇．工程项目管理中的 EPC 模式及其应用问题研究［D］．天津大学，2004
67. 窦啸松．EPC 模式下的工程运营管理［D］．复旦大学，2005
68. 邓朗妮．EPC 合同条件下承包商风险管理研究［D］．华中科技大学，2005
69. 王菁．EPC 合同条件下的项目管理［D］．武汉理工大学，2005

70. 马雪峰. EPC模式下项目评标方法的比较研究［D］. 哈尔滨工业大学，2005
71. 陈维武. EPC总承包项目进度管理——以秦皇岛NPK复合肥项目为例［D］. 华东理工大学，2005
72. 易海波. EPC模式项目管理问题的探讨［D］. 华北电力大学，2006
73. 续耀喜. 论公路工程EPC模式［D］. 长安大学，2005
74. 叶少帅. 基于全生命期的建设项目环境管理.［硕士学位论文］，东南大学，2005
75. 韩宇. 工程项目管理中的EPC模式及其应用问题研究.［硕士学位论文］，天津大学，2004
76. 汪金敏撰写. FIDIC与NEC施工合同条件的对比分析与应用. 东南大学硕士学位论文，2000
77. Florence Ying Yng Ling. How project managers can better control the performance of design-build projects [J]. Project Management, 2004, 22: 477-488
78. Ahmet Oztas, Onder Okmen. Risk Analysis on fixed — price design-build construction projects [J]. Building and Environment, 2004, 39: 229-237
79. Natkin, K. H. Legal aspects of design/build [J]. T heA IAJ ournal, 19 94, 83(g): 125-127
80. Keith R. Molenaar, Anthony D. Songer. Model for Public Sector Design-Build Project Selection [J]. Journal of Construction Engineering and Management, 1998: 467-479
81. Keith R. Molenaar. Appropriate Project Characteristics for Public Sector Design-Build Projects [EB]. University of Colorado, 1997
82. Ekambaram Palaneeswaran, Mohan M. Kumaraswamy. Contractor Selection for Design/Build Project [J]. Joumal of Construction Engineering and Management, 2000: 331-339
83. Kevin J. Poter, Victor Sanvido. Implementing a design-build prequalification system [J]. Journal of management in engineering, 1995: 30-34
84. Anthony D. Songer, Keith R. Molenaar, Graham D. Robinson. Selection Factors and Success Criteria for Design-Build in the U. S. and U. K. [EB]. University of Colorado, 1997
85. Poter, K, Sanvido. Design/build prequalification system [J]. Journal of Management in Engineering, 1994: 10(2), 48-56
86. D. Singn, Robert L. K. Tiong. A Fuzzy Decision Framework for Contractor Selection [J]. Journal of Construction Engineering and Management, 2005
87. Florence Yean Yng Ling, Miu Liu. Using neural network to predict performance of design-build projects in Singapore [J]. Building and Environment, 2004(39)
88. El Wardanil M A, Messner J I and Horman M J(2006). Comparing Procurement Methods for Design-Build Projects [J]. Journal of Construction Engineering and Management, Vol. 132, No. 3, p230-238
89. Richard H. Clough Construction Project Management. New York: wiley, 2001
90. Caron F. Integrating the Procurement and Construction Processes, International Journal of Project Management, 1998, 16(5), P311-319
91. W. Edward Back, Karen A. Moreau. Cost and Schedule Impacts of Information Management on EPC process. J. Mgmt. in Engrg. 2000, (16): 36-38
92. K. T. Yeo, J. H. Ning. Integrating Supply Chain and Critical Chain Conpects in Engineer-Procure-Construct(EPC)Projects. International Journal of Project Management, 2002. 20, P253-262
93. Sihem Ben Mahmoud-Jouini, Christophe Midler b, Gilles Garel. Time-to-market vs. time-to-

delivery Managing speed in Engineering, Procurement and Construction projects. International Journal of Project Management, 2004. 22

94. George Joseph Global Virtual Engineering Team Utilization in the Engineering, Procurement, and Construction(EPC) Industry Technical Report No. 49

95. Charles B. Thomsen CM: Developing, Marketing, and Delivering Construction Management Services McGRAW-HILL Book COMPANY, 1981

96. Albert P. C. Chan. Construction Management: A new role to building contractor CIOB HK Branch, 1994

97. Nahapiet H and Nahapiet J(1985) A comparison of contractual arrangements for building projects, Construction Management and Economics, 3, 217-231

98. Bennett, J. and Grice, A. (1990) Procurement systems for building, Quantity Surveying Techniques, New Directions, (ed. P. S. Brandon), BSP Professional Books, Oxford

99. The Institution of Civil Engineers, The Engineering and Construction Contract, Thomas Telford, London, 1995

100. Keith Collier, Construction Contracts(Third Edition), TsingHua University Press, Oct, 2004